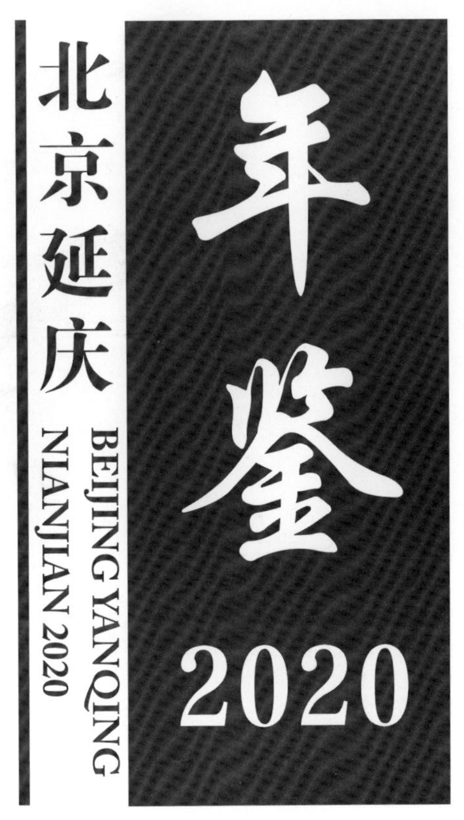

北京市延庆区地方志编纂委员会　编

中山大学出版社
SUN YAT-SEN UNIVERSITY PRESS
·广州·

图书在版编目（CIP）数据

北京延庆年鉴．2020/北京市延庆区地方志编纂委员会编．—广州：中山大学出版社，2020.11

ISBN 978-7-306-06996-2

Ⅰ．①北…　Ⅱ．①北…　Ⅲ．①延庆区—2020—年鉴　Ⅳ．①Z521.3

中国版本图书馆CIP数据核字（2020）第196494号

出 版 人：王天琪
策划编辑：嵇春霞
责任编辑：陈　霞
封面设计：林绵华
责任校对：林梅清
责任技编：何雅涛
出版发行：中山大学出版社
电　　话：编辑部 020-84111996，84113349，84111997，84110779
　　　　　发行部 020-84111998，84111981，84111160
地　　址：广州市新港西路135号
邮　　编：510275　　　　传　真：020-84036565
网　　址：http://www.zsup.com.cn　　E-mail:zdcbs@mail.sysu.edu.cn
印 刷 者：佛山家联印刷有限公司
规　　格：787mm×1092mm　1/16　35.5印张　909千字
版次印次：2020年12月第1版　2020年12月第1次印刷
定　　价：220.00元

北京延庆年鉴

顾　　问：穆　鹏

主　　编：于　波

副 主 编：黄克瀛　刘瑞成

《北京延庆年鉴》编辑部

编辑部主任：马健壮

编辑部副主任：周莉萍　王春光　刘继臣

总　　纂：王新华

栏目编辑：（按姓氏笔画排序）

王亚琴　王春光　王留艳　王新华　冯忠耀
刘继臣　池尚明　孙越凡　李景岩　张　鹏
周长亮　周莉萍　景冰芳

主要撰稿人：于海堂　于海强　王　冬　王永刚　王达超
王丽萍　王来永　王明伟　王佳新　王建军
王建新　王　盼　王艳红　王　莹　王晓吉
王晓洁　王海余　王　颖　尤美倩　邓国军
左　婧　卢　佳　史玉君　史建美　付艳春
白慧颖　冯学敏　冯　烨　边文秀　邢思琪
吕秀芳　吕适艺　朱振银　朱　博　任　宇
刘忆晗　刘宏伟　刘宝生　刘艳萍　刘晓芳
刘雪雅　闫立君　闫成宝　闫承宝　闫　俊

闫　童　闫婷杰　孙　刚　孙　猛　孙越凡　苏　玥

杜少昆　杜　洋　李　丹　李双成　李　屹　李志军

李昀倩　李　征　李洪涛　李艳杰　李　娟　李　颖

李　磊　李　薇　杨　航　杨　策　杨　鑫　连新亮

肖丽娜　肖炉威　时丽霞　时　雨　吴广云　吴玉英

吴丽媛　吴宏宇　吴晨晨　邹思博　沈　速　沈　焱

宋克冰　宋　佳　张小利　张业宇　张永生　张伟娟

张　冰　张志华　张志华　张丽红　张美丽　张艳红

张振环　张栩荻　张晓赫　张啸雪　张铭杨　张　琦

张晶晶　张景睿　张　鹏　张静学　张　潇　陈述升

陈　洋　陈　鸽　陈　鸽　邵雪娇　林杜鹃　林　萍

卓　娅　罗　璇　周宇洋　周英杰　周　颖　郑学伟

郑艳玲　郑　鑫　宗振国　房继欣　赵　飞　赵文新

赵东冉　赵　宁　赵军利　赵　彦　赵　静　赵　曦

郝合奎　胡明丽　胡彦萍　胡晓曼　段玉超　侯得书

姚　燕　秦　颖　贾延文　夏　霖　柴　璐　晏博文

徐　阳　徐所柱　徐　辉　徐　攀　高　军　高爱霞

高　寒　郭万霞　郭文涛　郭冬存　郭奇凡　郭京雪

郭昭君　郭　强　黄坚翔　黄妹妹　黄　荣　曹军娟

龚　伟　常　成　常　森　崔秀妮　康艳宁　康　蔓

韩玉梅　韩　雪　韩　猛　韩　煦　焦丽艳　路　畅

窦文艳　窦茂琴　蔺天娇　翟依霖　翟金永　黎梦婷

薛　媛　魏炜炜　酆兆炜

编 辑 说 明

一、《北京延庆年鉴》是一部大型的综合性资料工具书和史料文献，在中共北京市延庆区委员会和延庆区人民政府的领导下，由北京市延庆区人民政府主办，北京市延庆区地方志编纂委员会编纂，北京市延庆区史志办公室承办。

二、《北京延庆年鉴》以马克思列宁主义、毛泽东思想、邓小平理论、“三个代表”重要思想、科学发展观、习近平新时代中国特色社会主义思想为指导，坚持辩证唯物主义和历史唯物主义的立场、观点和方法，遵循实事求是的原则，真实、客观地反映实际情况。

三、《北京延庆年鉴》自2004年开始，逐年编纂出版。当年出版的年鉴，记述上一年度延庆经济和社会发展各方面的基本情况和重大事件。本部年鉴记述时限为2019年1月1日到2019年12月31日（部分内容依据实际情况，时限略有前后延伸）。书中的“该年”“年内”及直书月、日的，均指2019年。

四、《北京延庆年鉴》采用分类编辑法，用文章和条目两种形式，以条目体为主，用规范的语体文，直陈其事，文字力求朴实、简洁。全书设类目、分目、次分目、条目4个层次。条目标题统一用黑体字并外加【】标明。各目之间的标题，分别用不同型号的字体加以区别。

五、《北京延庆年鉴》所载的政治、经济、文化和社会各业情况栏目采用分类编纂法。内容包括区情综述、特载、专文、大事记、冬奥会延庆赛区筹办、北京世界园艺博览会、中共北京市延庆区委员会、延庆区人民代表大会、延庆区人民政府、政协延庆区委员会、纪检监察、民主党派、人民团体、法治、军事、经济管理、农业与农村经济、工业和信息化建设、商贸、金融、交通邮电业、生态环境保护、城乡建设和管理、教育、文化、旅游、卫生体育、社会民生、街道乡镇、人物荣誉、统计资料、附录共32个类目。全书除文字部分外，还配以地图、彩照、表格，力求全面、具体、准确地反映全区年度发展的全貌。

六、《北京延庆年鉴》收有延庆区党、政、军、团体、乡镇和部分企业负责人名录，所列均以2019年内任职为限，其中有任免情况的分别予以注明。因此，在条目中涉及区级领导，均直书姓名、不写职务，具体职务详见年鉴“2019年组织机构负责人”。

七、选入《北京延庆年鉴》的文章和条目，主要由各部门、各单位确定的专人撰写或提供，并经部门、单位主要领导审阅，区委、区政府有关部、委、办领导审查；正文前收录的彩图，均由各供稿单位提供。

八、《北京延庆年鉴》中引用的统计资料，原则上由区统计局提供。数字一般记至万以上，小数点后保留两位小数，但在记述人均收入、人均生活支出和在岗职工平均工资时，记述至个位。

九、《北京延庆年鉴》中计量单位名称的使用，除特例之外一律采用中华人民共和国法定计量单位。考虑到“亩”仍是农村最主要的土地面积计量单位，在记述农业事项时，均在公顷数之后括注相应亩数作为补充。在记述体育赛事时，使用的是行业通例“公里”和“公斤”。

11月23日，市领导调研冬奥延庆赛区工程建设情况（区冬奥办供稿）

12月，区四套班子领导到冬奥延庆赛区核心区调研（区冬奥办供稿）

9月22日，延崇高速北京段温泉特大桥合龙（区冬奥办供稿）

12月26日，冬奥延庆赛区高山滑雪竞速赛道完成造雪（区冬奥办供稿）

1月7日，冬奥延庆赛区综合管廊隧道全线贯通（区冬奥办供稿）

1月10日—24日，延庆区举办服务冬奥滑雪教练员培训班（区体育局供稿）

4月，冬奥延庆赛区开展突发公共卫生事件处置演练（区冬奥办供稿）

10月18日，区审计人员检查冬奥延庆赛区基础设施建设情况（区审计局供稿）

5月11日，“助力冬奥 奔向2022”主题活动（中关村延庆园服务中心供稿）

12月6日，冬奥延庆赛区开展紧急救援应急演练（区卫健委供稿）

世园会专版

晨曦中的世园会永宁阁
（新华社记者才扬摄）

世园会园区夜景
（新华社记者才扬摄）

世园会中国馆
（新华社记者鞠焕宗摄）

6月6日，世园会“中国国家馆日”演出活动（新华社记者张晨霖摄）

5月1日，世园会“北京日”演出活动（新华社记者鞠焕宗摄）

5月23日，延隆商业公司为世园会免费送绿豆汤（延隆商业公司供稿）

5月30日，市场监管人员检查世园会食品安全工作（区市场监管局供稿）

10月9日，30辆氢燃料电池客车保障世园会闭幕式（中关村延庆园服务中心供稿）

9月28日，延庆志愿者在世园会为外国游客服务（团区委供稿）

5月3日，区城管执法局工作人员在世园会园区保障执法（区城管执法局供稿）

3月13日，交通检查站服务保障世园会攻坚行动启动仪式（区交通局供稿）

5月，驻世园会保障医务人员在医疗站点为外国游客进行治疗（区卫健委供稿）

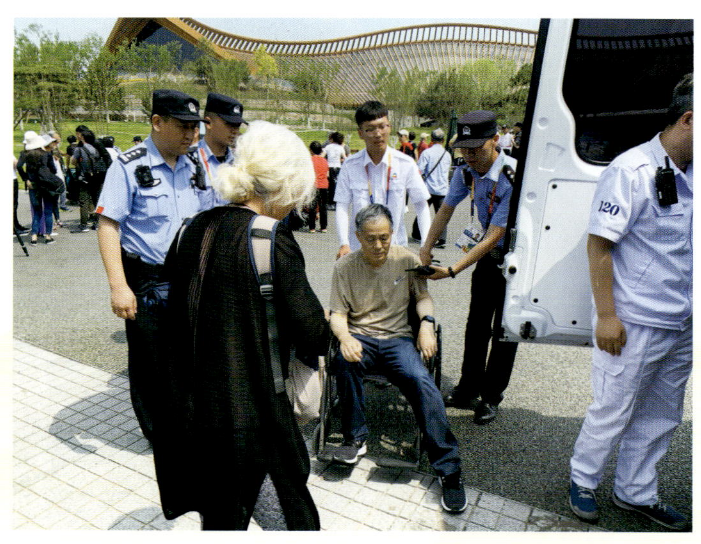

6月6日，执勤民警在世园会救助中暑游客（区公安分局供稿）

5月29日，区人防办检查世园会人防工程（区人防办供稿）

9月1日，世园会“延庆月”演出活动（区文旅局供稿）

3月29日，“延庆榜样”颁奖典礼（区委宣传部供稿）

3月29日，延庆城市品牌标识发布会（区委宣传部供稿）

5月25日，第一期新时代文明实践日活动（区新时代文明中心供稿）

11月23日，民进延庆总支举办“不忘合作初心 继续携手前进”诗歌朗诵会（区委统战部供稿）

9月27日，区老干部庆祝中华人民共和国成立70周年文艺演出（区老干部局供稿）

4月3日，年轻干部培训班在里炮村开展现场教学（区委党校供稿）

9月25日，区人大领导到区养老服务中心调研（区人大供稿）

6月14日，举行直升飞机应急救援演练现场（区应急管理局供稿）

9月18日，韩国首尔市东大门区代表团到访（区外事办供稿）

5月24日，信访宣传活动现场
（区信访办供稿）

11月15日，区政协委员视察里炮村经济合作社园艺产业发展情况
（区政协供稿）

8月6日，第五届“德蕴清风”廉政文化节启动仪式
（区纪检委供稿）

5月26日，延庆职工第三十七届“五月鲜花”歌咏比赛（区总工会供稿）

5月4日，纪念五四运动100周年暨“百花争延”志愿服务活动启动仪式(团区委供稿)

9月20日，区妇联庆祝中华人民共和国成立70周年文艺汇演（区妇联供稿）

1月30日，区科协科技志愿服务队在永安社区举行剪纸技能培训（区科协供稿）

2月2日，区委政法工作会议召开（区委政法委供稿）

6月5日，延庆区检察院开展“十进百家 千人普法”活动（区检察院供稿）

9月29日，法庭进百姓宅院——巡回审判现场
（区法院供稿）

6月17日，扫黑除恶专项斗争法治宣传活动
（区司法局供稿）

3月12日，延庆区与内蒙古乌兰察布市兴和县对接扶贫协作（区发改委供稿）

4月4日，区税务局举办税法宣传活动（区税务局供稿）

2月5日—10日，第三届冰雪文化庙会（八达岭旅游总公司供稿）

6月29日—7月31日，第五届北京百合文化节（八达岭旅游总公司供稿）

1月20日，龙庆峡冰灯艺术节开幕（龙庆峡旅游公司供稿）

6月7日，第十一届端午文化节玉渡山分会场活动（龙庆峡旅游公司供稿）

9月23日，绿富隆公司参加第四届京张优质农产品推介会（绿富隆公司供稿）

9月23日，区领导参观优质农产品推介会（区农业农村局供稿）

8月的世园会百蔬园——盆栽观赏辣椒（区种植中心供稿）

4月30日，小型气吸式多功能精量播种机试验（区农机服务中心供稿）

7月17日，创新创业大赛延庆赛区开幕式（区经信局供稿）

9月11日，世界花卉大会上，区政府与上海市崇明区签订战略合作协议
（中关村延庆园服务中心供稿）

10月17日，市委书记蔡奇参观2019年国际冬博会延庆展区（中关村延庆园服务中心供稿）

4月15日，延康路提级改造工程竣工（区公路分局供稿）

龙泉峪村庄绿化效果（区园林绿化局供稿）

11月15日，延庆区获得“国家森林城市”称号（区园林绿化局供稿）

4月25日，延庆“海陀戴雪”（区水务局供稿）

3月21日，北京市规划和自然资源委员会延庆分局挂牌成立（规自委延庆分局供稿）

11月30日，城区人行道除雪作业（区城管委供稿）

8月27日，国家电网首都电力（延庆）党员服务队宣传“煤改电”政策（延庆供电公司供稿）

3月18日，区气象局科普宣传小组指导八里店小学生拼插风云三号卫星（区气象局供稿）

5月10日，防震减灾宣传活动现场（区地震局供稿）

10月25日，市体育课堂教学观摩展示活动在区十一学校举行（区教委供稿）

3月2日，新版《延庆报》首发仪式（区融媒体中心供稿）

3月5日，区档案馆在妫川广场举办“永远的雷锋”展览（区档案局供稿）

5月19日，消夏避暑季启动（区文旅局供稿）

6月9日，端午文化节盛况（区文旅局供稿）

2月19日，延庆地质博物馆举办第二届元宵节地学科普体验活动（地质公园管理处供稿）

1月24日，北京2022年冬奥会和冬残奥会授牌延庆区医院为定点医院（区卫健委供稿）

8月18日，区卫健委举办第二个中国医师节慰问活动（区卫健委供稿）

9月3日—5日，第三届北方民宿大会在区召开（区文旅局供稿）

10月19日，北京八达岭长城文化节开幕（区文旅局供稿）

12月10日，第三十四届冰雪欢乐季在万科石京龙滑雪场启动（区文旅局供稿）

1月1日，在八达岭长城举行全国新年登高健身大会北京主会场活动（八达岭特区办事处供稿）

野鸭湖风光（野鸭湖管理处供稿）

野鸭湖湿地公园林区
（野鸭湖管理处供稿）

6月15日，第九届北京国际自行车骑游大会在区开幕（区体育局供稿）

8月8日，延庆区广场舞展示活动在妫川广场举办（区体育局供稿）

3月12日，延庆区联合张家口市宣化区开展“春风行动”大型招聘活动（区人力社保局供稿）

10月26日，北京市首届社区邻里节延庆区分会场（区民政局供稿）

4月2日，区第三届清明诗会在平北烈士纪念园举行（区退役军人局供稿）

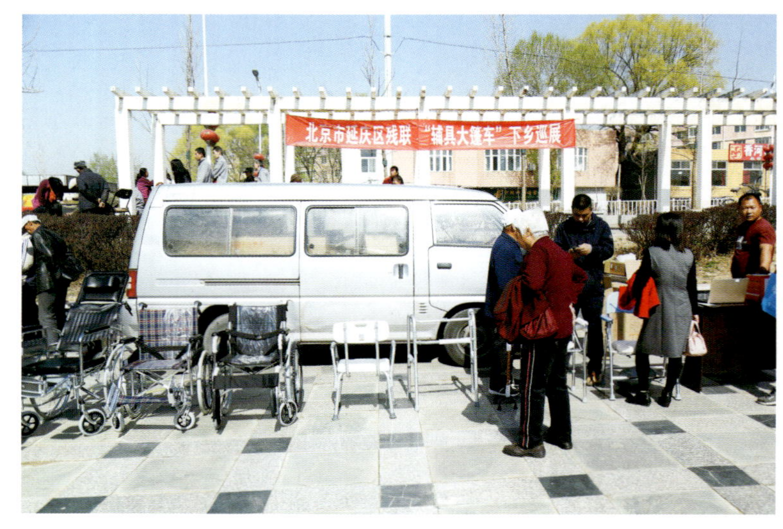

4月16日，残联“辅具大篷车”巡展现场（区残联供稿）

5月7日，举行世界红十字日宣传纪念活动（区红十字会供稿）

4月18日， 新兴西社区成立环保志愿服务队（香水园街道供稿）

7月12日，香水园街道新时代文明实践所新址启用（香水园街道供稿）

2月14日，儒林街道第九届元宵灯展灯谜会（儒林街道供稿）

5月5日，颖泽洲社区“共享美好端午 传承中华文明”活动（百泉街道供稿）

8月的蒋家堡村街心公园（延庆镇供稿）

12月27日，棚改回迁安置房项目奠基仪式（康庄镇供稿）

6月6日，八达岭镇端午文化节（八达岭镇供稿）

5月6日，首届北京牡丹文化节活动（旧县镇供稿）

12月6日，旧县镇云瀑沟冰瀑（旧县镇供稿）

8月24日，四海镇300平方米巨幅国旗亮相花海大地（四海镇供稿）

9月24日，“展榆树人民风采，迎祖国七十华诞”群众文艺汇演（大榆树镇供稿）

6月，井庄镇举行端午节诚信民俗户评比活动（井庄镇供稿）

6月25日，大庄科乡第二届爱国歌曲大赛（大庄科乡供稿）

1月15日，刘斌堡中学学生参加养老餐桌义务服务（刘斌堡乡供稿）

4月16日，杏花节开幕（香营乡供稿）

美丽乡村——山底下村（香营乡供稿）

11月26日，珍珠泉乡新时代文明实践所开展中国结手工艺培训（珍珠泉乡供稿）

目　录

区情综述

特　载

专　文

大事记

冬奥会延庆赛区筹办

北京世界园艺博览会

中共北京市延庆区委员会

延庆区人民代表大会

延庆区人民政府

政协延庆区委员会

纪检监察

民主党派

人民团体

法　治

军　事

经济管理

农业与农村经济

工业和信息化建设

商 贸

金　融

交通邮电业

生态环境保护

城乡建设和管理

教　育

文 化

卫生 体育

社会民生

街道 乡镇

人物荣誉

统计资料

附　录

区情综述

基本地情

延庆区是北京市郊区之一，是京津冀协同发展格局中西北部生态涵养区的重要组成部分，是保障首都可持续发展的关键区域。根据《北京城市总体规划（2016—2035 年）》，延庆区是首都西北部重要生态保育及区域生态治理协作区、生态文明示范区、国际文化体育旅游休闲名区和京西北科技创新特色发展区。

历史沿革。延庆区春秋晚期和战国初期地属燕国。秦统一六国后，属上谷郡。西汉在延庆境内设夷舆、居庸二县，属上谷郡。东汉撤夷舆合入居庸县。唐初属北燕州，唐贞观八年（公元634 年）改称妫州。后晋天福元年（公元936 年）归辽，设儒州缙山县。元延祐三年（公元1316 年）缙山县升为龙庆州。明永乐十二年（公元1414 年）设隆庆州，辖永宁、怀来二县，直隶京师宣府；隆庆元年（公元1567 年）改为延庆州。1912 年，延庆州改为延庆县。1928 年，成立察哈尔省，延庆县属之。1952 年改属河北省，1958 年10 月划归北京市。2015 年12 月延庆撤县设区。

区划设置。1949 年年底，全县合为 7 个区，下辖281 个行政村；1951 年9 月，撤四海县，将其原属两个行政区划入延庆县，全县设9 个行政区，下辖330 个行政村；1958 年8 月，全县分为5 个大公社，1961 年又划分成27 个公社。1983 年公社改为乡建置，全县共设 25 个乡、1 个镇，辖383 个行政村。历经 1990 年至2009 年间的 5 次区划调整，成为今之延庆 11 镇 4 乡、3 个街道办事处、376 个村委会、30 个居民委员会的建置。

地理位置。延庆区地处北京市西北部，地理坐标处于东经 115°44′～116°34′、北纬 40°16′～40°47′，位于延怀盆地东部、燕山沉降带西端，区域呈东北－西南走向的半椭圆形板块。东邻北京怀柔区，南接北京昌平区，西与河北省怀来县接壤，北与河北省赤城县相邻。地域东西最长达 70 千米，南北最宽达 45.50 千米，总面积 1994.88 平方千米，占北京市总面积的 12.6%，其中山区面积占 72.8%，平原面积占26.2%，水域面积占1%。全境平均海拔500 米。

地形气候。延庆地势东高西低，平均海拔 500 米。北、东、南三面环山，西临官厅水库；中部为广阔的平原，是典型的山间盆地。地势由东北向西南倾斜，盆地中部有妫河贯流其间。区域内山地面积广大，海拔在千米以上的山峰有海陀山、佛爷顶等 10 余座。其中海陀山海拔 2241 米，是北京市第二高峰。延庆地处长城以北，属于暖温带半湿润大陆性季风气候区的北部边缘，处于温带与中温带、半干旱与半湿润带的过渡地带。四季分明，冬季稍长，夏季偏短，春来迟，秋去早，冷暖干湿变化明显。山地多，海拔高，太阳辐射强，昼夜温差大；冬冷夏凉，年平均气温8℃，年平均降水量434.60毫米，全区无霜期185天。最热7月份平均气温是21℃～30℃，有首都北京的“夏都”之称。

自然资源。境内有铁、铜、金、银、钨、钼、铂、钯、铅、锌等20余种金属矿产；有石灰石、石英石、钾长石、大理石、花岗石、海泡石、磁土矿和天然气等非金属矿藏。其中，铜、大理石、石灰石、石英石等已开采利用。能源方面，延庆风力资源丰富，风能资源占比70%，年有效风能储值5382兆焦/（平方米·年）。年有效发电小时数为1800小时以上。北京首座风电场——官厅风电场坐落于此；工程总装机容量为150兆瓦，安装风机100台，每年提供绿色电力2.5亿度。年日照时数2800小时以上，总辐射量5600～6000兆焦耳/（平方米·年），是北京市太阳能资源丰富的地区之一。区域内有105平方千米的地热带，有丰富的浅层地热资源。地热出水温度一般大于50℃，最高可达70℃以上；深层地热资源可供暖300万平方米。

生物资源。有药用类、观赏类以及含油脂类、果类、纤维类、野菜类、单宁类和蜜源类等多种野生植物121科364属704种，兽类、鸟类、爬行类、两栖类、鱼类等野生动物50科184种。林地面积15.60万公顷，松山国家级自然保护区内保留华北地区唯一原始油松林。全区水资源总量7.80亿立方米，其中地表水5.64亿立方米，地下水2.23亿立方米，93%的地表水质达到国家二级标准，地下水全部达到国家饮用水标准；人均水资源占有量2088立方米，是全市人均占有量的5倍。有四级以上河流18条，三级河流2条（白河、妫水河），这些河流分属永定河、北运河、潮白河水系，是密云水库、官厅水库的重要水源供应地。年可利用水资源总量1.9亿立方米。全区土地资源总面积19.95万公顷，其中农用地17.96万公顷，占总面积的90.01%；建设用地1.30万公顷，占总面积的6.54%；其他土地6875.77公顷，占总面积的3.45%。

人口民族。截至2019年年底，全区户籍总数145474户，其中，农业户70386户。户籍人口289093人，其中，女性144045人。常住人口35.70万人，其中，常住外来人口4.50万人，占常住人口的12.6%。常住人口中，城镇人口21.30万人，占常住人口的59.7%。常住人口出生率8.22‰，死亡率5.84‰。常住人口自然增长率2.38‰。根据第六次全国人口普查结果：延庆区共有36个民族，在全区常住人口中，汉族人口30.60万人，占96.4%，各少数民族人口1.16万人，占3.6%。各少数民族人口中，排名前4位的依次是满族、蒙古族、回族和朝鲜族。

历史文化。延庆古称夏阳川，亦谓妫川，约六七千年前已有人类活动。据专家考证，延庆张山营镇的上、下板泉村，就是上古“阪泉”遗址。金代始创真大道道教第五代祖师郦希成、明朝户都尚书李衍等出生于延庆。全区有各类文物遗存点473处、非物质文化遗产项目180项。其中，国家级重点文物保护单位4处，市级重点文物保护单位6处，区级重点文物保护单位116处。国家级非物质文化遗产项目2项，市级非物质文化遗产项目3项，区级非物质文化遗产项目15项。2011年，延庆硅化木国家地质公园核心区发现距今约1亿5000万年前、侏罗纪晚期的恐龙足迹化石。辽代“大庄科矿冶遗址群”入选2014年度全国十大考古新发现。

区情特色。延庆是天然生态园和全国知名旅游区，有A级及以上景点24个；2019年获首批国家全域旅游示范区和全国民宿产业发展示范区称号。全区森林覆盖率59.28%，林木绿化率71.67%，人均绿地面积53.14平方米，人均公园绿地面积46.13平方米。有松山、玉渡山、野鸭湖等12个国家和市、区级自然保护区，总面积530余平方千米，占区域面积的27%；湿地6667公顷，占区域面积的5%。城区公园占区域面积的20%，其中妫水公园占地面积400公顷，是全市最大的水上公园。全年空气质量二级和高于二级的天气达到84%，连续多年居北京市前列。20世纪80年代以来，在县（区）委领导下，先后实施“冷凉”战略、“三动”战略和生态文明战略，全面推进改革开放和绿色北京示范区（美丽延庆）建设。延庆先后获得“全国绿化模范县”“国家园林县城”“国家卫生县城”“国家生态县”“全国生态文明建设试点县”“国家绿色能源示范县”“国家卫生城市（区）”“国家森林城市”和“全国水生态文明城市”等称号。2019年北京世界园艺博览会在延庆成功举办。2022年北京冬奥会，延庆区将承办雪车、雪橇大项和滑雪大项中的高山滑雪比赛等项目。

2019年国民经济和社会发展

年内，地区生产总值完成195.29亿元，按不变价计算，同比增长7.1%，增速位列全市生态涵养区第一。其中，第一产业实现增加值7.41亿元，同比减少7.2%；第二产业实现增加值50.97亿元，同比增长10.0%；第三产业实现增加值136.91亿元，同比增长6.9%。三次产业结构由上年的4.3∶25.7∶70.0变化为3.8∶26.1∶70.1。按常住人口计算，全区人均地区生产总值达到54702元。

全区国有企业资产总额62.13亿元，同比增加0.5%；负债总额47.44亿元，同比下降7.6%；所有者权益总额14.69亿元，同比增加40.8%；营业总收入15.72亿元，同比增加47.4%；利润总额10477万元，同比增加46.4%；上缴税金1.16亿元，同比增加32.5%；劳动生产总值6.98亿元，同比增加2.5%。全年全区能源消费总量66.71万吨标准煤，单位地区生产总值能耗0.34吨标准煤（生态涵养区排第3），单位地区生产总值能耗下降率9.03%（生态涵养区排第1），完成市政府下达任务目标。全年完成固定资产投资（不含农户）298.10亿元，同比增长7.3%，其中建安投资完成204亿元，同比增长16.3%，超额完成市级下达建安投资指导性目标（140亿元）的45.7%，任务完成率居全市第一。房地产开发投资下降37.3%。按产业划分，第一产业增长31.8%，第二产业增长1.4倍，第三产业下降2.2%。

农　业

全区粮食播种面积9000公顷（13.5万亩），粮食总产量58546吨，其中玉米56748吨；蔬菜播种面积2214.15公顷（33212.3亩），蔬菜总产量93644吨。畜牧业实现产值4600.2万元，同比下降37%。奶牛存栏9200头，肉牛出栏3300头，家禽出栏159.15万只，生猪出栏2.18万头，羊出栏2.57万只。全年鲜奶总产量3.26万吨，鲜蛋总产量1.21万吨，水产品总产量179.58吨。全区实现农林牧渔业总产值18.87亿元，同比下降5.5%。其中，种植业实现产值4.78亿元，同比下降4.9%；林业实现产值8.72亿元，同比增长24.4%；牧业实现产值4.60亿元，同比下降37.0%；渔业实现产值403.60万元，同比下降53.2%。

年内，实施《延庆区2019年度美丽乡村建设专项行动工作方案》《2019年全面加强农村人居环境整治工作方案》，“文脉永宁”被列为市级重点建设沟域，“百里山水画廊”“四季花海”“冰川绿谷”“乡宴柳沟”被列为区级建设提升沟域，安排沟域建设转移支付支持资金2000万元。发布“妫水农耕”全市首个农产品区域品牌，组织延庆优质农产品跨区巡展。北菜园等6家企业成为冬奥会备选农产品供应基地。举办首届世界花卉大会、首届北京牡丹文化节、第十一届北京菊花文化节、第三届延怀河谷葡萄文化节等系列活动。

全区纳入监测数据库的低收入农户8213户、16463人，低收入村58个。通过统筹低收入产业资金实施现代农业、特色民俗等 38 个产业项目。建立低收入劳动力台账，帮扶低收入劳动力就业，有劳动能力人数 7574 人，已就业人数 6876 人，就业率达 90.8%。对低收入老年人 6830 人和低收入农户家庭 4552 户进行意外伤害参保。完成 392 户低收入农户危房加固改造或翻建。对符合条件的低收入农户 1168 户 2214 人纳入民政保障系统，实现应保尽保。对全区低收入农户近 2 万人参加 2019 年城乡居民医疗保险个人缴费部分予以补贴。实施教育救助，低收入农户子女教育救助 902 人次，减免费用 90 万元。市属国企和高校 17 家单位对接帮扶全区 17 个低收入村，各帮扶单位投入项目资金 500 余万元，销售农产品 20 余万元，慰问资金 40 余万元。年内低收入农户人均可支配收入 14492 元，同比增长 22.5%；实现低收入农户 100% 脱低，人均可支配收入超过 11160 元。

工业　建筑业

年内，出台“1+4+4”政策（即 1 个延庆高精尖产业发展顶层设计文件，4 个主导产业的专项支持措施以及人才、土地、资金、指标等 4 个配套政策）。新引进企业 751 家，胖龙丽景、清腾体育、中关村智连灾害研究院等一批重大项目落地。美正生物、桑普新源、加氢站、体育科技产业园等项目实现开工。聚集现代园艺企业 87 家、体育科技企业 74 家、无人机企业 16 家、新能源和能源互联网企业 75 家。获评国家体育产业示范基地。完成 12 个市级实验室和研发平台建设，建立首家院士工作站，设立首支科技创新基金。新认定高新技术企业 102 家，入选中关村“瞪羚企业”18 家、“展翼企业”6 家、“金种子企业”2 家。宽带光纤覆盖城区及所有 376 个行政村，新建 48 个基站，实现 4G 村村通。新建 636 个 5G 基站，实现城区及重点区域 5G 覆盖。

全区规模以上工业企业产值 110.20 亿元，同比增长 21.6%。其中，电气机械和器材制造业实现产值 52.86 亿元，同比增长 59.3%；非金属矿物制品业实现产值 16.99 亿元，同比下降 10.1%；纺织服装、服饰业实现产值 7.76 亿元，同比下降 19.4%；燃气生产和供应业实现产值 3.02 亿元，同比增长 61.4%；电力、热力生产和供应业实现产值 2.14 亿元，同比下降 47.8%。全区新能源和环保产业产值 62.70 亿元，同比增长 37.3%，占规模以上工业总产值比重达 57.5%。地均、劳均产出率同比分别增长 29.1% 和 17.8%。全区工业完成税收 4.58 亿元，同比增长 3.5%。疏解退出一般制造业企业 8 家，超额完成目标任务。

全区存量房地产开发企业 50 家、建筑业企业 125 家。完成建筑业总产值 45.27 亿元，同比增长 0.30%。房屋建筑工程 55 项、建筑面积 317.52 万平方米。实施棚户区改造项目 6 个，总占地面积 277.3 万平方米，涉及 3804 户。完成线性工程的拆迁补偿工作 16 项。实现全区 122 项重点工程开复工 77 项，其中政府投资项目 27 项，社会投资项目 50 项；完工 28 项。年度固定资产建安投资任务 80.40 亿元，完成投资 127 亿元，占年度投资任务的 158%。获评“首都环境建设样板单位”称号。

商贸　交通

年内全区实现总消费 197.28 亿元，同比增长 10.9%。其中，实现服务性消费额 91.26 亿元，同比增长 14.7%；实现社会消费品零售总额 108 亿元，同比增长 7.8%。社会消费品零售总额中，限额以上单位实现零售额 36.64 亿元，同比增长 2.9%；限额以下单位实现零售额 69.38 亿元，同比增长 10.6%。商品交易市场实现成交额 10.86 亿元，同比增长 0.8%。

年内，全区重点涉粮企业总购进 53.63 万吨，其中玉米 42.48 万吨，稻谷 1.36 万吨，小麦 8.40 万吨，杂粮 304 吨。全年销售 48.50 万吨，转化粮油 3.40 万吨，年末库存 2.30 万吨，确保延庆粮食流通市场平稳有序、供给丰富、价格稳定。

全区招商引资接洽企业202家539人次，引进55家园艺企业落户中关村现代园艺产业创新中心，北京御瞻园园艺产业发展有限公司等75家企业落户延庆。

全年外贸直接进出口总额1.85亿美元，同比增长36.6%；其中直接出口总额1.44亿美元，同比增长55.9%，直接进口总额0.41亿美元，同比减少5%。实际利用外资额2299万美元，同比增长149.3%。

年末全区公路里程1961.80千米，比上年末增加128.50千米。全年完成货运量766.61万吨，比上年下降47.3%；货运周转量61224.51万吨公里，增长1.25倍；客运量1400万人次，增长16.7%。

财政　金融

全区实现财政收入40.17亿元，同比下降44.7%；其中一般公共预算收入中，财政支出160.37亿元，同比下降21.1%。全区完成各项税收66.82亿元，同比下降0.05%；其中，增值税完成17.32亿元，同比下降2.5%；企业所得税完成32.18亿元，同比下降14.2%。

全区一般公共预算收入21.45亿元，同比增长11.9%。按收入性质分：税收收入13.32亿元，非税收入8.12亿元；政府性基金预算收入18.67亿元；国有资本经营预算收入561万元；社保基金预算收入6.05亿元。

全区一般公共预算支出128.31亿元，同口径增长6.8%。主要支出科目情况：农林水支出31.80亿元；社会保障和就业支出14.53亿元；卫生健康支出11.63亿元；城乡社区支出8.84亿元；交通运输支出1.68亿元；政府性基金预算支出32.02亿元；国有资本经营预算支出401万元；社保基金预算支出5.32亿元；其他支出22.45亿元。

截至年底，银行存款余额540.95亿元，比上年增长5.7%。银行贷款余额203.30亿元，比上年增长20.5%。

城乡建设　环境保护

年内，在京礼高速、延康路等12条世园周边道路及西顺城街等3条城区道路沿线实施环境整治提升。完成湖北东路、东外大街等23条道路51023米护栏拆除更新；施划立体行人过街斑马线32组、自行车停放区800余平方米、停车泊位1045个；更换32条道路204块路名牌；新增公租自行车1500辆，新增站点70个。在体育公园、百泉公园、迎宾公园及相关路段敷设电缆11万米，安装地埋腰鼓灯4500余盏、庭院灯1500余盏、投光灯4800余套，实现夜景照明设施全面亮灯。实施城区老旧小区综合整治工程，涉及南菜园北二区等5个小区、95栋楼，总建筑面积50.2万平方米、总投资3.92亿元。

编制乡村振兴战略规划及实施方案，启动14个乡镇国土空间规划和128个美丽乡村规划编制。第一批120个村通过市级考核验收，第二、三批248个村验收成绩排名全市第一。新华营村、下虎叫村被认定为全国“一村一品”示范村镇，铁炉村入选“2019年中国美丽休闲乡村”。全面开展农村人居环境整治，整治各类环境问题7.76万个，拆除私搭乱建24.9万平方米，清理垃圾渣土643万立方米，完成户厕改造7932处。实施488户农村危房改造工程，年末主体结构完工率92.42%、竣工率80.33%。

全年细颗粒物（$PM_{2.5}$）浓度为37微克/立方米，比上年下降22.9%。可吸入颗粒物（PM_{10}）63微克/立方米，下降21.3%。二氧化氮29微克/立方米，下降12.1%。二氧化硫5微克/立方米，下降16.7%。年内造林1452公顷，森林抚育面积19678公顷。森林覆盖率达到60.34%，比上年提高1.06个百分点。绿化覆盖率68.23%，比上年提高0.24个百分点。林木绿化率72.53%，比上年提高0.86个百分点。截至年底，完成6个首都绿色村庄、1个首都森林城镇、1个花园式单位和1个花园式社区创建。成功创建国家森林城市，首都环境建设检查考评成绩排名生态涵养区前列；通过北京市食品安全示范区创建，获评国家卫生城区。

旅　游

全区现有景区景点 30 余处，其中 A 级以上旅游景区 13 家，包括 5A 级景区 1 家（八达岭长城景区），4A 级景区 6 家（龙庆峡、百里山水画廊、松山森林旅游区、水关长城、野鸭湖湿地公园和世界葡萄博览园）。有星级以上酒店 17 家、旅行社及分支机构 45 家、全国休闲农业与乡村旅游示范点 5 家，另有星级民俗旅游村 66 个、星级民俗户 1420 户、“世园人家”201 家、精品民宿小院 270 个。

年内，获得首批国家全域旅游示范区、全国民宿产业发展示范区称号。统筹推进长城文化带、西山永定河文化带和京张文化体育旅游带建设，成立北京长城文化研究会，完成长城紧急抢险任务 4 项。推行网络实名预约购票和游客限流，八达岭长城网络预约购票比例达 98.15%。建成北方地区首个民宿集群“合宿·延庆姚官岭”，累计打造“山楂小院”等 75 个精品民宿品牌。国际旅游度假连锁品牌“地中海俱乐部”入驻，新增世园凯悦、世园海泉湾等酒店。推出长城礼物文创产品。改造提升传统商业企业和生活性服务业，发展夜间经济，消费潜力进一步释放。举办中国地质公园主题宣传活动、第三届北方民宿大会、首届八达岭长城文化节、第十一届北京端午文化节、第六届北京非遗大观园游园活动、世葡园冰雪文化庙会等 200 多场活动。

全年 A 级及主要旅游景区景点接待游客 1703.50 万人次，比上年增长 6.0%，实现旅游收入 10.91 亿元，同比下降 0.1%；休闲农业与乡村旅游接待游客 465.40 万人次，同比下降 10.2%，实现旅游收入 3.57 亿元，同比下降 6.5%。

科教文卫体

全区有科普场馆 9 个，其中科技馆 3 个，科学技术博物馆 6 个；市级科普教育基地 14 个，国家级科普教育基地 4 个；城市科普（技）活动场地 329 个；科普宣传专用车 2 辆；科普专职人员 152 人，兼职人员 1033 人。年内，举办科技大讲堂 4 期；以“科技强国、科普惠民、融入园艺、醉美世园”为主题的 2019 年延庆区第 25 届科技活动周，参与群众近 15000 人，发放宣传材料 10000 余份。第二批“2019 科技世园”专项“中国传统菊花新品种培育与产业化关键技术研究”等 4 个课题立项。市、区两级重大关键任务科技专项项目：北清通航科技（北京）有限公司的“无人机产业公共服务平台建设”和北京北变能源有限公司的“北京延庆能源互联网实验室中试平台”2 个专项完成申报。市级科普项目“延庆华海田园天文科普教育基地”通过市科委审计和验收。截至年底，全区有国家高新技术企业 252 家，年内新增 102 家，同比增长 63%。全区技术交易额 20.4 亿元，同比增长 11.2%。

全区有小学 28 所，招生 2343 人，在校生 12700 人，毕业生 2014 人。普通中学 21 所，招生 3028 人，在校生 8638 人，毕业生 2584 人。职业中学 1 所，招生 157 人，在校生 657 人，毕业生 477 人。幼儿园 50 所，在园幼儿 7610 人。另有校外教育机构 2 个、特殊教育单位 1 个，特殊教学班 9 个，在校生 84 人，残疾儿童入学率 100%。有职业成人学校 4 所。年内学历教育招生 874 人。其中中职生 99 人，成人中专学员 371 人，高等成人学历 404 人。全年面向全区各乡镇农民、街道居民、企事业单位职工开展各级各类社会培训活动 3110 期，培训 65385 人次。全区中、小、幼在岗教职工 4580 人，其中专任教师 3408 人；中小学教师学历合格率 99.9%；中小学市级特级教师 7 人，高级专业技术职务教师 420 人。年内小学和初中入学率、巩固率、毕业合格率均为

100%；高中入学率75.56%，毕业合格率92.16%。全区1079人参加高考，本科上线率89.71%，高考录取率98.96%，其中本科录取率83.41%。中考成绩达到生态涵养区平均水平。

年末全区各类文物遗存点473处，其中国家级文物保护单位4处、市级6处、区级117处。文化娱乐场所47处，文化馆、图书馆各1个，图书总藏数70.70万册。全年开展公益惠民文化活动2000余场，流转图书60余万册。完成星火演出1128场、周末场演出54场、百姓周末大舞台6场，年累计演出总时长超过10万小时。完成公益电影放映1.5万场，观看群众85万余人次。举办大型展览21期，开展社会大课堂、红领巾读书等宣传教育活动14项，完成妫川大讲堂讲座11场。开展文化骨干培训400余次，服务群众3.5万人次。

全区有医疗卫生机构333个，卫生技术人员2743人，其中，执业医师和执业助理医师1193人，注册护士1054人。全区卫生机构实有床位1102张。计划生育率99.61%。全区人均期望寿命80.10岁，其中男性78.06岁、女性82.30岁。全年创建健康社区11个、健康村104个、健康示范家庭245户、健康促进学校43所（4所星级健康促进学校）、健康单位5家、健康促进医院5家。全区有无烟机关19家，无烟医院18家，无烟学校覆盖率100%。全年开展健康大课堂432场，受益23155人次。

全区有体育场馆9个，体育生活化社区43个，体育示范街道1个，体育特色乡镇6个，体育单项协会21个，青少年体育俱乐部3所。体育场地总面积221.65万平方米，建筑总面积29.63万平方米，人均体育场地面积6.37平方米，全区经常参加体育锻炼人数比例占全区总人口的49%。年内，举办区级全民健身活动41次，参加人数12.37万人次。举办社会体育指导员和体育骨干培训班11次，培训8762人次，对3000人进行成年人国民体质达标测试。全年参加市级比赛21次，获得奖牌34枚，其中金牌13枚，银牌12枚。组织区级体育比赛41次，2.40万人参加比赛。

社会保障　人民生活

年内，全区落实促进就业资金6.73亿元，其中市失业保险基金4.74亿元，区财政1.99亿元，促进3.26万人次稳定就业。城乡劳动者就业8637人，其中城镇登记失业人员就业4115人，农村劳动力转移就业4522人。实现城镇新增就业8539人。帮扶城乡就业困难人员就业6655人，其中城镇就业困难人员就业2133人。全年全区城镇登记失业人员就业率为62.62%。年末全区城镇实有登记失业人数2341人，比上年末减少324人。城镇登记失业率为3.2%，比上年下降0.43个百分点。年末全区参加养老保险人数101893人，比上年增长3.6%；参加城乡居民基本医疗保险人数132546人，同比增长4.0%，参加职工基本医疗保险人数126497人，同比增长3.2%；参加工伤保险人数91224人，同比增长2.0%；参加失业保险人数83743人，同比增长5.1%；参加生育保险人数83199人，同比增长5.4%。

全年全区居民人均可支配收入36482元，比上年增长7.7%，人均生活消费性支出24652元，增长7.1%。其中，城镇居民人均可支配收入48701元，增长8.4%，人均生活消费性支出31422元，增长7.5%。全区居民恩格尔系数为25.0%，提高1.3个百分点。其中，城镇居民恩格尔系数为23.8%，提高0.9个百分点。城镇居民人均住房建筑面积38.98平方米。

精神文明　民主法治

年内，全民动员创建文明城区，举办城市品牌发布会，推出《延庆乡亲文明公约》，发起“向五大不文明行为宣战”系列活动，深入开展“冬奥世园先锋行动”。举办生态延庆建设推介会，联合央视拍摄播出《延庆，看见美丽中国》。深入开展全国双拥模范城创建，出台随军家属安置办法。高质量完成新时代文明实践中心首批试点建设任务，85 个实践基地、441 个站所共开展各类活动 1.6 万余次，120 余万人次参与新时代文明实践社会动员活动，组建“2 + 6 + N”志愿服务队伍，“点单派单”服务 8.40 万余人次。

开展“服务世园 迎接冬奥 法治宣传在行动”系列活动，举行“争做守法好市民万人大签名”等主题宣传 89 场次。开展扫黑除恶法治宣传 248 场，摸排、接报各类线索 491 件，打掉各类黑恶团伙 28 个，破获刑事案件 139 起，打击恶势力“保护伞”16 人次。组织区首届十佳“法律明白人、法治带头人”评选活动，参与人数 94798 人次。建成江水泉公园宪法主题宣传阵地和香营乡法治长廊，创新开通普法电话视频彩铃、微视频、抖音等新媒体普法方式。全区开展法治宣传活动 1416 场次，受教育人数 45.80 万人次。法律援助中心接待来电来访法律咨询 13689 件，受理案件 596 件。全区各调解组织共调解纠纷 2124 件，同比增长 24%；调解协议涉及金额 4407.9 万元，同比增长 83%。

区人大召开常委会会议 13 次，完成 39 项议题，依法任免国家机关工作人员 103 人次。接待群众来信来访 92 件次，其中群众来信 5 件次，来信来访同上年持平。区政协委员提出书面建议 172 件，形成正式提案 138 件，提案交由区委部门办理 24 件，交由区政府部门办理 114 件，其中在年内已经解决采纳或部分解决采纳的提案 112 件，占提案总数的 81.2%。组建区委区政府法律顾问团，行政检查 19.25 万件，行政处罚 2.05 万件，依申请公开政府信息 425 件。全区各级行政机关共发生一审行政诉讼案件 142 件，区政府行政应诉案件 92 件，同比增长 15%。全年行政负责人出庭应诉 43 件，区政府民事诉讼案件 28 件，以区政府为被申请人的行政复议案件 6 件。全年办理行政复议案件 50 件，同比增长 28.2%，案件审结 47 件，其中确认违法 5 件，撤销 7 件，责令履职 1 件，纠错率 27.7%，同比上升 9.8%。监测舆情信息 860 件，解决处理 794 个民生问题。接办“12345”群众诉求 3.32 万件，解决率 68.87%，满意率 82.32%。

世园会、冬奥会筹办

年初，成立“四场活动”延庆区服务保障工作领导小组（指挥部），内设“三处十组”（即：综合处、值班调度处、督查处以及城市运行保障组、景观环境保障组、交通保障组、大气污染防治组、社会动员与志愿者组、游客服务和食宿保障组、接待联络组、社会治安与安全保卫组、新闻宣传与文化活动组、会后利用及产业发展组）。世园会开幕前后，指挥部召开工作例会和专题会，研究部署世园会综合演练方案、运营指挥体系方案、园区突发事件总体应急预案、“蓝军计划”实战演练测试情况等事项及开园其间的服务保障工作。市委、市政府相关领导先后 20 次到世园会现场调研视察；区委、区政府主要领导现场办公和实地调研 16 次，贯彻各级领导相关指示精神、督导各项服务保障工作的筹备和落实；指挥部“三处十组”共召开 4 次工作例会和 25 次专题会，研究部署“四场活动”延庆区服务保障相关工作。经过全区上下共同努力，如期完成水、电、气、通信等市政设施保障和世园周边环境整治工程；全区 46 家企业为世园会 20 个展园展区提供园艺资材 300 余种计 1500 万余株（盆）；世园会周边绿化拆迁腾退土地 9.25 万平方米，提升 9 条主要通道景观环境 29.50 万平方米。开园期间，全区投入水、电、气、通信等专业、半专业队伍 2670 人，投入警力 1014 人、群防群治人员 1.80 万人，医疗、防灾、消防、森防等 41 支应急队伍 1385 人和执勤汽车 454 辆一线备勤，“延庆乡亲”等各类志愿者 152.50 万人次参与社会服务，为世园会“精彩开园、平稳运行、胜利闭幕、圆满成功”做出了贡献。围绕“进得来、出得去、吃得上、住得下、玩得好”，常态化精细化做好交通服务、餐饮住宿、医疗卫生、应急救助、环境气象等保障工作，实现会期162天平稳运行，吸引934万中外宾客入园，期间全区旅游综合收入同比增长30%。

年内，北京冬奥会延庆赛区筹办领导小组进行调整，区四套班子主要领导任组长，建立“三处十二组一团队”指挥保障体系，划分41个外围保障网格（“三处”即综合处、值班调度处和督查处；“十二组”即工程建设组、城市运行保障组、景观环境保障组、社会治安与安全保卫组、交通保障组、生态环境保障组、新闻宣传与文化活动组、社会动员与志愿者组、医疗卫生保障组、市场秩序与食宿保障组、赛后利用及产业发展组、接待联络组；“一团队”即外围保障团队）。2019年领导小组召开工作会议13次，征集议题70余项，议定事项58项；刊发冬奥简报20期。截至年底，冬奥会筹办涉及28项冬奥场馆及外围配套基础设施建设工程按计划开复工25项。国家高山滑雪中心部分竞速赛道及相关设施交付使用，国家雪车雪橇中心主体结构完工，延庆冬奥村及山地新闻中心有序施工，综合管廊投入使用。西大庄科村改造项目开工。生态修复同步落实，冬奥森林公园开工。海陀山天气雷达和延庆赛区自动气象站建设全部完成，冬奥会延庆气象服务分中心建成并投入使用。完成14家接待酒店签约。落实“双进入”机制推进场馆运行和竞赛组织。完成第四届国际冬季运动博览会参展工作，举办全国速度滑冰马拉松等14项冰雪赛事活动，组织冰雪培训进校园及群众上冰上雪5万余人次。

（栏目编辑：王新华）

特 载

中共北京市延庆区委员会工作报告

——在中共北京市延庆区委二届十次全会上

（2019 年 12 月 22 日）

中共延庆区委书记　穆鹏

同志们：

这次全会的主要任务是，深入学习贯彻习近平新时代中国特色社会主义思想和党的十九届四中全会、中央经济工作会议精神，全面贯彻落实市委十二届十次、十一次全会部署，传承发扬中华人民共和国成立 70 周年庆祝活动和世园会服务保障的宝贵经验和精神财富，凝心聚力，苦干实干，在交出服务保障冬奥会和高质量绿色发展两张优异答卷上再创新佳绩。

受区委常委会委托，我向全会报告工作，请予审议。

一、关于 2019 年工作

今年是延庆历史上极不平凡的一年。习近平总书记出席世园会开幕式并发表重要讲话，多次对冬奥会筹办作出重要指示批示，为我们做好赛会服务保障提供了根本遵循。李克强总理出席世园会闭幕式并致辞，评价世园会精彩纷呈、成果丰硕，为我们进一步做好各方面工作注入了强大动力。蔡奇书记、陈吉宁市长多次来延庆调研，为我们交出两张优异答卷进一步指明了方向，体现了对延庆工作的高度重视和巨大关怀。一年来，全区上下以习近平新时代中国特色社会主义思想为指导，深入贯彻党的十九大和十九届二中、三中、四中全会精神，全面落实市委市政府决策部署，聚焦服务首都“四个中心”功能建设、提高“四个服务”水平，以中华人民共和国成立 70 周年庆祝活动为主线，以扎实推进“不忘初心、牢记使命”主题教育为牵引，坚持稳中求进工作总基调，抓好“三件大事”，打好“三大攻坚战”，围绕交出两张优异答卷，团结一心、攻坚克难，举全区之力圆满完成中华人民共和国成立 70 周年庆祝活动和世园会服务保障工作，冬奥会和高山滑雪世界杯筹办进展顺利，全区各项工作取得了新进展新成效。

（一）深入开展“不忘初心、牢记使命”主题教育

把学习贯彻习近平新时代中国特色社会主义思想作为鲜明主题，全面落实“四个贯穿始终”“四个到位”要求，确定“八个聚焦”的调研方向，认真抓好“8＋2”专项整治，系统解决了一批难题、办成了一些实事，强力推动100栋失管弃管老旧居民楼移交街道社区、引入物业服务；严肃查处张山营镇辛家堡村垃圾大坑问题，建立垃圾渣土乱堆乱倒定期巡查、长效监管机制，举一反三跟进治理587处问题点位；统筹解决群众日常生活和出行密切相关的问题，修补路面1万余平方米，解决“两灯”问题800余起，推动解决延庆镇西北片18个村吃水难题，等等。主题教育带来了新气象新变化，人民群众有了更多获得感。

（二）圆满完成中华人民共和国成立70周年庆祝活动和世园会等重大活动服务保障任务

在市委、市政府的坚强领导下，我们按照“精精益求精、万万无一失”的要求，举全区之力做好世园会服务保障工作。搭建“一部三处十组”组织体系，成立城管指挥中心，构建“1＋18＋414”三级指挥体系，建立重大活动常态化服务保障机制，全面保障园区水电气热等供应，坚持以游客为中心优化交通、餐饮、住宿等服务保障，在162天的会期里，城市运行平稳、社会安全稳定、景观环境优美、旅游秩序良好、氛围热烈祥和。世园会服务保障工作得到了市委、市政府的充分肯定，赢得了各方的高度评价和广泛赞誉。我们还圆满完成了中华人民共和国成立70周年庆祝活动、第二届“一带一路”国际合作高峰论坛、亚洲文明对话大会服务保障任务，进一步增强了服务首都“四个中心”功能建设、提高“四个服务”水平的信心和决心。

（三）高效有序做好冬奥会筹办服务保障工作

深入学习贯彻习近平总书记电话连线延庆赛区慰问场馆建设者重要讲话精神，按照“一刻也不能停、一步也不能错、一天也误不起”的要求，以高山滑雪世界杯和第十四届全国冬季运动会筹备为重点，全面推进冬奥会服务保障。28项重点工程按计划开复工25项，国家高山滑雪中心部分竞速赛道交付使用，水、电、气象等设施达到测试赛要求，西大庄科村改造项目开工。组建运行高山滑雪世界杯组委会和场馆运行团队，建立了标准统一、运作规范、无缝衔接、有机融合的场馆运行体系。构建“三处十二组一团队”指挥保障体系，与场馆团队建立配合紧密、协同高效的工作机制，有力推进交通、医疗、餐饮、住宿、安保等各项服务保障。严格落实54项生态环保措施和34项可持续性承诺任务，生态修复同步推进，冬奥森林公园开工，冬奥筹办工作总体进展顺利。

（四）规划先行，统筹推进城乡建设

严格落实北京城市总体规划，保持战略定力，抑制开发冲动，自我加压将生态控制区面积占比从上位规划要求的91%提高到93.1%，分区规划正式公布。落实“双控”“三线”要求，城乡建设用地减量实施方案初步完成。加强分区规划和专项规划衔接，开展城乡规划管理条例专题培训，11个专项规划形成初步成果，14个乡镇国土空间规划启动编制，规划的刚性管控和战略引领作用持续强化。借力赛会加大城乡建设力度，新建改建道路13条、提级改造24条，基本形成“500千伏双电源、220千伏双环网、110千伏双向链式”的供电结构，世园会园区和城南地区实现地表水供水，大力推进南菜园1—5巷、小营—石河营等6个棚改项目，惠及10个街村、4800余户

居民，共有产权房入住620户、配售1409套，城乡综合承载能力明显提升。

（五）以成为生态文明建设排头兵为目标持续厚植生态本底

深入学习贯彻习近平总书记在世园会开幕式上的重要讲话精神，全面建设“两山”理论实践创新基地，心无旁骛为首都守护碧水蓝天。落实推动生态涵养区生态保护和绿色发展的实施意见，制定若干措施和年度任务，建立4年6亿元延海结对协作资金，首批12个协作项目逐步落地。着眼构建“一核、一环、三带、五廊、十园、多点”的城市森林格局，初步确定新城“生态环”建设方案，规划建设康西草原湿地公园，修复提升万亩滨河森林公园、三里河湿地公园，建成一批休闲公园和小微绿地，完成“新一轮百万亩造林”2.59万亩和世园会园区周边路侧绿化76万平方米、拼缝绿化27万平方米，绿化美化水平持续提高。坚决打好蓝天、碧水、净土保卫战，全面落实$PM_{2.5}$冬奥承诺三年达标计划，编制海绵城市专项规划，预计$PM_{2.5}$累计平均浓度同比下降22.9%，考核断面水质全部达标，生活垃圾分类示范片区创建覆盖范围达到72%以上，成功创建国家森林城市、全国水生态文明城市、市级节水型区。

（六）高标准推进城乡环境整治

以服务保障中华人民共和国成立70周年庆祝活动和世园会为标尺，全面塑造优美城乡风貌。深入推进“疏整促”专项行动，把拆违作为头号工程，大力开展无违建乡镇创建，拆违49.70万平方米，腾退土地93.20公顷，创历史新高，全面完成“散、乱、污”企业治理、畜禽养殖场退养等各项任务。把规划自然资源领域（以下简称“规自领域”）问题整改作为检验“四个意识”“两个维护”的试金石，制定落实市委“两个意见”的实施方案，建立涉地乱象治理“七本账”，强力拆除一批建成已久、有一定规模的违建别墅和小产权房，形成治理涉地乱象的强大声势。重视背街小巷整治，健全常态化巡护和问题发现处置机制，推进“十无一创建”，街巷面貌极大改善。落实农村工作会精神，以争创一流为目标实施农村人居环境整治“1+8”工程，第二、三批农村人居环境整治成绩居涉农区第一，第一批56个美丽乡村开工建设，5条美丽乡村风景线初现雏形。

（七）聚焦群众关心关切，努力保障改善民生

坚持从群众关心、让群众满意的事情做起，切实增进民生福祉。对标“七有”“五性”监测评价指标体系查找短板问题，研究制订三年提升计划。从百姓最期盼的问题入手，谋划部署、督促落实29件为民办实事项目。以促进高质量就业为导向，积极构建以创业带就业、以就业促创业的良性互动格局，推进“十万人次大培训”2.5万人次、4400人实现就业，居民收入与经济增长保持同步。把低收入村户发展增收摆在重要位置，用好市属高校、国企对接帮扶机制，狠抓兜底措施落实，8278户低收入户全部脱低。把扶贫协作作为分内事来抓，加大资金、项目帮扶力度，助力受援地加速脱贫摘帽。落实教育工作会精神，积极推动教育优质均衡发展，明确学前教育、义务教育学位缺口填补计划，高考成绩实现新突破，国际奥林匹克学院、北京八一实验学校等优质教育项目稳步落地。大力推进医联体建设，获评国家卫生区。深化养老服务体系建设，提高补贴标准，出台考核奖励办法，丰富服务内容，规范建设“老年幸福餐桌”93家、覆盖1.7万老年人，区养老服务中心投入使用。落实“带动三亿人参与冰雪运动”的目标要求，组织冰雪培训进校园和群众上冰上雪5万余人次，成功举办14项冰雪赛事活动，全民健身中心项目完工。积极创建全国双拥模范

城。坚持问题导向，深入推进新一轮全国文明城区创建，巩固“五大创建”活动机制，大力整治老旧小区设施不足、车辆乱停乱放等突出问题，持续开展公共文明引导行动，广泛动员各方参与，文明的社会新风尚逐步形成。

（八）借势赛会构建绿色“高精尖”经济结构

坚持科技、文化创新双轮驱动，围绕“冬奥、世园、长城”三张金名片，着力培育绿色“高精尖”产业。把营商环境作为发展软实力，认真执行“9+N”系列政策和减税降费政策，落实“一企一策”、“服务包”和服务管家制度，为企业服好务。加快社会信用体系建设，信用综合指数全市第一。着眼“专、精、特、新”建设中关村延庆园，明确现代园艺、冰雪体育、新能源和能源互联网、无人机四大重点培育产业方向，出台“1+4+4”政策，新引进企业751家，新认定高新技术企业102家，入选中关村“瞪羚企业”18家、“展翼企业”6家、“金种子企业”2家，地均、劳均产出率同比分别增长29.2%和26%。以旅游为主导推动产业融合，统筹推进长城文化带、西山永定河文化带和京张文化体育旅游带建设，八达岭长城景区实行全网售票和限流，改造八达岭长城景区商业街，腾退搬迁滚天沟1.15万平方米商业设施，建设文化广场，推出长城礼物文创产品，举办北京八达岭长城文化节，建成全域旅游智慧服务系统，成为首批全国民宿产业发展示范区、国家全域旅游示范区。以现代园艺产业带动农业转型升级，落实“一区多园”园艺产业布局，创立全市首个农产品区域品牌“妫水农耕”，初步构建起以五大类农产品为核心的产业体系。顺应消费升级趋势，引入连锁品牌，发展夜间经济，全区消费潜力进一步释放。

（九）切实维护地区安全稳定

以世园会安保维稳为核心，统筹做好“四场活动”和各领域安全稳定工作。抓好重要敏感时期、重点区域、重点组织等安全防控，开展信访积案化解专项行动，雪亮工程、智慧安保投入使用，社会面整体保持稳定。深入开展扫黑除恶专项斗争，中央督导组反馈的19项整改任务完成、转交的81条线索办结，聚焦赛会全面治理行业乱象，累计打掉各类团伙28个，在“打伞破网”“打财断血”等关键环节上持续发力，深挖彻查“保护伞”“关系网”16人次，有效促进了社会风清气正。实施城市安全隐患治理三年行动计划，健全生产安全、城市运行安全、食品药品安全等监管机制，公共安全水平不断提高，群众安全感满意度保持全市前列。

（十）坚持大抓基层导向，大力推进全面深化改革

落实中央、市委总体部署，圆满完成机构改革，在做好“后半篇文章”上下功夫，推动业务融合、流程再造，初步形成上下贯通、协同高效、执行有力的机构职能体系。落实街道工作会精神，深化街道体制机制改革，以井庄镇为试点推进乡镇管理体制改革，推进编制资源向基层大幅倾斜，推动治理重心下移、权力下放、力量下沉。深化“吹哨报到”改革，建立“双考核”机制，促进“吹哨”精准、“报到”务实。认真抓好“接诉即办”，建立定期调度现场推进机制，构建闭环管理机制，梳理共性问题，实行高位协调、分级解决，1—11月受理群众诉求3.32万件，解决率、满意率分别提升33和27个百分点。深入推进经费自理事业单位改革，促进政事分开、事企分开、管办分离。深化国资国企改革，36家部门下属企业产权移交国资系统监管，清理规范机关事业单位所办企业，强化国有资产集中统一监管。

（十一）以永远在路上的执着和韧劲，坚定不移推进全面从严治党

牢固树立抓好党建是最大政绩的理念，带头履行全面从严治党主体责任，区委常委会会议研究党建议题占比62%。坚持党对一切工作的领导，调整组建区委议事协调机构32个。

坚持把党的政治建设摆在首位，制定实施加强党的政治建设任务分工方案，全年向市委请示报告70件次，市委巡视反馈的72个问题，完成以及基本完成整改67个，长期整改5个。坚持不懈抓好思想引领，严格落实意识形态工作责任制，构建三级舆情监测体系，深入推进新时代文明实践中心试点建设，建立志愿服务、考核评价等五大体系，形成了点单派单式精准化服务模式，为全市推广提供了经验。

把牢忠诚、干净、担当的选人用人导向，突出政治标准，提拔、调整、转任重要岗位113人次，抽调124名年轻干部到高山滑雪世界杯筹办等基层一线、重点工作岗位实践锻炼。从严管理监督干部，深化选人用人专项整治，建立容错纠错机制，激励干部担当作为。制定加强新时代人才工作意见，持续推进西北部生态涵养区人才管理改革试验区建设。加强基层党组织建设，实行“十不能、五不准”最严准入资格，严查快办3起破坏选举秩序案，在全市率先完成村、社区“两委”换届选举。实施基层“两委”干部素质提升工程五年行动，选派第四批57名区级第一书记，干部能力素质进一步优化。以张艳超案件为镜鉴，开展发展党员违规违纪问题专项排查，有力推动全面从严治党向基层延伸。

驰而不息加强作风建设，牢固树立大抓基层、狠抓落实导向，区领导率先开展“一学习两整改四落实”等调研1600多次，示范带动处级单位更多到一线了解情况、解决问题。深刻总结张山营镇辛家堡村垃圾大坑整治等事件暴露出来的公职人员失职失责问题，推动党员干部履职尽责。切实担起基层减负中监测点责任，严督严查推动各项减负工作落实。

始终保持惩治腐败高压态势，召开“以案为鉴、以案促改”警示教育大会，加大案件线索审查调查力度，处置问题线索、新立案同比分别增长38%和23.7%，查处违反中央八项规定精神案件4起、群众身边的腐败问题案件18起，以及形式主义、官僚主义问题案件11起，有效促进了全区政治生态持续向好。

我们高度重视常委会自身建设，不断提升把方向、谋大事、抓党建、保平安的能力，团结区四套班子聚焦服务保障冬奥会、世园会等重大政治任务，建立现场调度、定期拉练检查、全方位督察督办等工作机制，统全局、解难题、抓落实。以党建引领重点任务落实，建立处级班子综合考评体系，形成用中心工作实绩检验党建工作实效的长效机制。加强党对人大、政协工作领导，出台新时代加强和改进人大工作的意见、新时代加强和改进政协工作的意见。深入推进法治政府建设，组建区委区政府法律顾问团。加强统一战线工作，认真抓好党的宗教政策落实、党管武装工作，扎实推进老干部和群团等工作，支持人大代表、政协委员以及社会各界开展工作监督，形成一条心干事业、一盘棋抓工作、一股劲促发展的生动局面。

同志们，2019年工作圆满收官，我们在交出两张优异答卷上迈出了坚实一步。通过筹办举办冬奥会、世园会，近三年全区固定资产投资累计545亿元，年均增长52.1%。基础设施水平大幅跃升，京张高铁主线、延崇高速北京段即将通车，对外交通瓶颈全面打破，路网密度达到生态涵养区领先水平，电力、燃气等实现“质的飞跃”。推动智慧城市建设，城乡治理更加精细。餐饮住宿接待能力明显增强，拉动旅游人数、综合收入同比分别增长25%和30%，带动前三季度地区生产总值增长3个百分点。广大市民主人翁意识不断增强、文明素质普遍提高，干部队伍经受了考验锻炼、增强

了能力本领，“美丽延庆 冰雪夏都”城市品牌影响力持续扩大，全区各项事业借势实现了全面发展和进步。

这些成绩的取得，是党中央和市委、市政府坚强领导的结果，是中央和市有关部门大力支持、悉心指导的结果，是全区上下同心同德、群策群力的结果。在此过程中，全区各部门各单位通力协作、密切配合，构筑了攻坚克难、向上奋斗的有力支撑；基层一线同志不怕疲劳、昼夜奋战，展现了奋发有为、敢打硬仗的尖兵风采；广大党员干部坚守岗位、倾心服务，发挥了敢于担当、带头作战的先锋作用；社会各界和广大群众同心同向、献计出力，共同凝聚起携手奋进、合力攻坚的强大力量。在此，我代表区委常委会向大家致以诚挚的敬意和衷心的感谢！

回顾一年来的工作，主要有以下几点体会：一是更加注重融入首都发展大局，自觉提高政治站位，把服务“四个中心”功能建设、提高“四个服务”水平贯穿发展始终，推动全区工作与首都发展同频共振，在服务首都新发展中作出延庆表达。二是更加注重强化首善标准，适应服务保障赛会需要和全市比学赶帮超氛围，树立延庆标准等于首善标准、一流标准的思想，以追求完美、争创一流的态度推进工作。三是更加注重落实以人民为中心的发展思想，践行初心使命，围绕“七有”要求和“五性”需求抓好民生工作，以为民服务实效检验党员干部的担当作为。四是更加注重大抓基层、狠抓落实，坚持围着群众转，奔着问题去，一级做给一级看，一级带着一级干，推动问题在一线解决、工作在一线落实。五是更加注重改革创新，坚持抓当前与管长远相结合，着力推进制度创新，努力从根本上解决影响和制约区域发展的体制机制障碍。六是更加注重强化党建引领，从严从实抓班子、带队伍，持续发力树先锋、固堡垒，促进基层党组织和广大党员向中心聚焦、为大局出力，带动全区上下增进共识、形成合力。这些认识和经验，是我们在工作实践中逐步形成和不断深化的，对把准前进方向、更好推进工作具有重要意义，要倍加珍惜、继续发扬。

与此同时，我们清醒认识到，工作中还存在一些困难和问题，主要是：举办高山滑雪世界杯赛事缺乏经验，对照冬奥会测试要求和办赛标准，场馆运行、竞赛组织、服务保障等方面工作还需抓紧强化提升；规划意识不强，规划知识缺乏，对于按照规划办事的认识不到位、能力有欠缺；生态保护和环境建设方面仍存在一些突出问题，常态化长效化工作机制不完善；世园会园区后续利用有待破题，用好“冬奥、世园、长城”三张金名片，带动地区高质量绿色发展的路径措施还需加大研究落实力度；对照“七有”“五性”监测评价指标，民生领域还存在不少短板；“吹哨报到”“接诉即办”工作机制有待完善、实效有待提升，规自领域问题整改、扫黑除恶专项斗争还需深入，基层治理体系和治理能力现代化水平亟待提升；管党治党存在薄弱环节，个别干部顶风违纪，形式主义、官僚主义还一定程度存在，部分基层党组织政治引领作用发挥不充分，少数党员干部主动担当作为不够、工作标准不高，整体能力素质需要不断提升，等等。对于这些问题，我们必须高度重视，更加注重从体制机制上下功夫，以更大决心和更有效举措加以解决。

二、关于 2020 年工作

明年是全面建成小康社会和“十三五”规划收官之年，我们党要实现第一个百年奋斗目标，为“十四五”发展和实现第二个百年奋斗目标打好基础。明年是贯彻落实党的十九届四中全会精神开局之年，推进治理体系和治理能力现代化进入新阶段。

对于延庆来讲，明年，我们在服务保障高山滑雪世界杯举办和冬奥会筹办方面任务繁重。蔡奇书记强调高山滑雪世界杯是前哨的前哨，必须确保“一炮打响”。市委要求延庆赛区明年年底前基本完成各项冬奥工程建设。这都是我们必须圆满完成的重大政治任务。而世界杯运行团队是第一支测试赛场馆运行团队，实现业务熟练、配合默契，场馆内外、山上山下无缝衔接、运行顺畅，还有很多工作要做。赛事受气象条件影响大，我们在竞赛组织、赛事服务等方面经验不足，缺乏实战历练。赛区仍处于施工阶段，面临着开工面积大、生态修复和环境建设任务重、办赛和建设交织等问题，国际社会关注度持续升温，宣传引导、舆论应对压力越来越大，实现在单项赛事、场馆运行团队、首场测试赛等方面的“一炮打响”面临不少挑战。冬奥会场馆和配套设施建设标准高，落实“有序、如期、按时，保质保量完成任务”的要求，还需拿出更加有力的担当和措施。

我们在出色完成市委、市政府部署的重点工作上压力很大。市委十二届十次全会围绕贯彻落实党的十九届四中全会精神，对构建更加有效的首都治理体系作出了制度安排。市委十二届十一次全会全面落实党的十九大和十九届二中、三中、四中全会以及中央经济工作会精神，部署了十个方面重点任务。这都是我们在推进世界杯举办和冬奥会筹办过程中，必须同步高标准做好的重点工作。当前，全市比学赶帮超氛围浓厚，我们的底子薄、基础弱，要更好地融入首都发展大局，在服务首都“四个中心”功能建设、提高“四个服务”水平，推进首都治理体系和治理能力现代化中作出延庆表达，特别是要贯彻落实好习近平总书记在世园会开幕式上的重要讲话精神，在“两山”理论实践创新基地建设方面走在前、作示范，各方面工作还需取得更大突破。

我们在推动地区高质量绿色发展中面临的挑战很多。中央经济工作会议指出，我国正处在转变发展方式、优化经济结构、转换增长动力的攻关期，“三期叠加”影响持续深化，经济下行压力加大。市委十二届十一次全会强调，对形势判断要客观、全面、辩证、积极，在推动高质量发展上，新一年要有新作为。延续良好发展势头，借助冬奥会在生态建设、产业发展、公共服务、基层治理、城乡文明等各方面实现高质量发展，是我们必须交出的优异答卷。但赛会黄金窗口期逐步缩短，留给我们借势借力的时间和机会越来越少，财政收入转移支付依存度近84%，抓紧提升自有财力、加快地区高质量绿色发展显得尤为紧迫，还要付出更为艰辛的努力。

总的来看，明年各项工作交织叠加、任务艰巨、时间紧迫，市委、市政府寄予厚望，人民群众充满期待，我们必须增强紧迫感、使命感，坚定必胜信心决心，众志成城、攻坚克难，全力以赴把办大事、促发展、惠民生各项工作完成好。

明年工作的总体思路是：以习近平新时代中国特色社会主义思想为指导，深入贯彻党的十九大，十九届二中、三中、四中全会和中央经济工作会议精神，全面落实市委十二届十次、十一次全会精神，坚持稳中求进工作总基调，坚持新发展理念，严格落实北京城市总体规划要求，以服务保障高山滑雪世界杯举办和冬奥会筹办为牵引，抓好“三件大事”，打好“三大攻坚战”，持续深化供给侧结构性改革，全面做好“六稳”工作，全力守护好山好水好生态，加快建设绿色发展聚宝盆，确保全面建成小康社会和“十三五”圆满收官，在交出服务保障冬奥会和高质量绿色发展两张优异答卷上再创新佳绩。

明年要树立过“紧日子”思想，在发展上坚持稳字当头，推动量的合理增长和质的稳步提升，把侧重点放在生态建设和就业、增收上，$PM_{2.5}$平均浓度对标冬奥申办承诺持续降低，地表水考核断面水质稳定达标，万元GDP能耗累计下降率、水耗下降率达到市级要求，确保城镇登记失业率控制在4%以内，居民人均可支配收入同比增长6.5%左右。重点抓好以下几方面：

（一）以打响高山滑雪世界杯“头一炮”为目标，高水平做好冬奥会筹办服务保障工作

认真落实“四个办奥”理念，做好第十四届全国冬季运动会相关赛事服务保障，交出高山滑雪世界杯举办和冬奥会筹办服务保障的漂亮成绩单。要全力保障场馆和基础设施建设，保障好高山滑雪世界杯各项设施建设调试，协同做好场馆审核及造雪压雪等工作。统筹推进国家雪车雪橇中心、山地新闻中心、冬奥村、西大庄科村及外围配套设施等工程建设，加强施工安全和质量监管，确保明年年底基本完成赛区建设任务。同步推进场地清理和生态修复，全面展示赛区良好形象。要精心做好场馆运行和赛事组织，完善场馆运行计划，强化场馆运行团队和外围保障团队的培训演练、磨合对接，做到内外联动、无缝衔接。全面做好赛事医疗、交通、住宿、餐饮、气象、志愿服务等组织保障，为各客户群提供良好服务。要全面加强外围服务保障，坚持“全区保外围、外围保核心”，做实41个网格，统筹落实城市运行、安保维稳、环境整治、氛围营造、应急处置、公共卫生等任务，确保世界杯“一炮打响”，提高冬奥会服务保障实战能力水平。深入谋划场馆赛后可持续利用，努力把冬奥会机遇转化为发展动力。

（二）以北京城市总体规划为引领，不断完善高质量绿色发展的科学规划体系

要严格落实北京城市总体规划确定的功能定位、发展目标、规划指标和主要内容，坚持把生态涵养作为根本任务，以资源环境承载能力为硬约束，推动生产方式转变、产业结构转型升级、城市功能优化调整，努力实现区域科学发展。要构建完整的城乡规划体系，优化责任规划师团队和协作规划机制，编好新城控制性详规、各专项规划、乡镇国土空间规划、美丽乡村规划和“十四五”规划，用规划引领未来发展。要强化规划落实的体制机制保障，严格执行北京市城乡规划条例，完善规划管控的体制机制，建立健全土地一级开发、宅基地管理、集体用地审批等制度机制，完善农地农用、林地林用等土地用途管控机制，落实“村地区管”制度，推动城乡发展更加科学有序。坚定不移推进规自领域问题整治，坚决遏制涉地乱象和涉地腐败。纵深推进“疏整促”专项行动，健全违建别墅、浅山区违法占地违法建设、大棚房等处置机制，加大对“十八大”以来发生的“顶风违建”、严重破坏生态环境和群众反映强烈的违建打击力度，积极创建无违建乡镇。完善城乡建设用地减量发展机制，加强腾退空间统筹利用，盘活工业闲置低效空间。健全城乡基础设施和公共服务设施建设运营管理一体化工作机制，大力推进小营—石河营等棚改和老旧小区改造，加快建设冬奥冰雪休闲小镇，持续推进农村人居环境整治，因地制宜抓好美丽乡村建设，持续增强城乡服务承载能力。

（三）以严格落实生态环境保护制度为保障，持续强化生态涵养功能

把守护好绿水青山作为头等大事，只搞大保护，不搞大开发，努力在“两山”理论实践创新基地建设上走在前、作示范。要绘好生态文明建设蓝图，研究制定《延庆区生态文明建设规划（2020—2035年）》。实施好“新一轮百万亩造林”等绿化工程，建设提升城乡公园、特色街道，持续打造“一核、一环、三带、五廊、十园、多点”的城市森林格局。建立山水林田湖草一体化保护修复机制，依托“智慧环保”系统构建环境污染精细化监管体系，提高生态环境建设制度化水平。突出精准治污、科学治污、依法治污，完善相关治理机制，坚决打好大气污染防治攻坚战，确保$PM_{2.5}$平均浓度考核排名位居全市前列。健全以

"河长制"为统领的水环境治理体系，确保考核断面水质稳定达标。强化土壤污染源头管控，落实好生活垃圾管理条例，完善建筑垃圾消纳制度，建好垃圾分类示范片区、村，努力在全市作出示范。

（四）以满足"七有"要求和"五性"需求为导向，切实保障和改善民生

从民生实事和接诉即办两头发力，坚持尽力而为、量力而行，解决好群众的操心事、烦心事、揪心事。要围绕"七有""五性"补齐民生短板，着眼满足"七有"要求，坚持就业优先战略，完善大学生返乡创业和创业带动就业支持制度，以提高就业质量为导向精准实施"十万人次大培训"，确保就业总量保持稳定、就业结构得到改善、就业质量实现提升，健全低收入农户监测和帮扶机制，推进扶贫协作和对口支援，扩大"劳有所得"成果。增加普惠性学前教育资源供给，推动第九幼儿园等一批园区如期建设，回应"幼有所育"期盼。进一步优化教育规划布局，推进北京八一实验学校建设，加快国际奥林匹克学院开工建设，推进职业教育转型升级，巩固"学有所教"支撑。完善健康服务体系，全力攻坚全国健康促进区创建，深入推进医联体建设，建强基层医疗卫生服务机构和队伍，提升"病有所医"品质。深化医养结合，推动养老机构建设服务标准化制度化，创新完善"老年幸福餐桌"长效管理机制和运营模式，打造农村老年人用餐品牌，提高"老有所养"质量。建立多主体供给、多渠道保障、租购并举的住房保障制度，全链条监管房地产开发行为，优化"住有所居"供给。稳步推进社保制度改革，完善三级救助管理服务体系，落实进一步促进无障碍环境建设行动方案，增加"弱有所扶"温度。

着眼满足"五性"需求，用心办好百姓身边的便利店，促进城镇社区便民服务功能全覆盖。强化交通综合治理，加强秩序整治，建立绿色出行引导激励制度。深化全国文明城区创建工作，提升群众文明素养。大力引进餐饮、文娱等领域连锁化、品牌化企业，推动生活性服务业向高品质和多样化升级。完成农村地区健康饮水工程。健全矛盾纠纷排查化解机制，完善社会治安防控体系，全面落实安全生产责任制，深入开展问题隐患大排查、大清理、大整治专项行动，建立健全扫黑除恶长效治理机制，确保社会和谐稳定。

要以提高"七有""五性"诉求"三率"来抓好"吹哨报到""接诉即办"，坚持民有所呼、我有所应，继续深化党建引领"吹哨报到"改革，完善接诉即办工作机制，推动网格化管理与城乡实体化综合执法平台协调联动，将"接诉即办"与主动治理、依法治理、社会共治紧密结合，理清属地与部门、部门与部门之间的职责边界，建立健全问责机制，促进履职尽责，推动向"未诉先办"延伸。

（五）以用好"冬奥、世园、长城"三张金名片为核心，加快经济高质量发展

持续深化供给侧结构性改革，坚持文化、科技创新双轮驱动，加速构建绿色"高精尖"经济结构。要从企业需求和感受出发优化营商环境，落实好优化营商环境3.0版和减税降费政策，健全走访企业、"服务包"和服务管家制度，优化"12345"热线企业诉求办理工作机制，为企业提供全生命周期服务。要以中关村延庆园为主要引擎推动科技创新特色发展，加快创新家园一期建设，聚焦现代园艺、冰雪体育、新能源和能源互联网、无人机四大重点产业，健全产学研用协同创新、政企合作和重大项目引进落地服务机制，加快科技创新成果转化，完善"1+4+4"等政策体系，强化人均产出、地均产出导向，集聚更多领军企业和优质项目，落实好"一核四区"的产业空间格局。

要坚持旅游主导深化产业融合，统筹推进

长城文化带、西山永定河文化带、京张文化体育旅游带建设，完善全域旅游发展政策体系，健全世园会园区后续利用内外协作机制，打造一批文体旅多元素融合的特色旅游产品。大力培育文化、体育、健康、养老等消费热点，充分释放消费市场潜力。加快农业供给侧结构性改革，健全科技兴农政策体系和工作机制，持续打造“妫水农耕”品牌。做精做特精品民宿，在集中民宿区探索建设“共生社区”，带动一产和乡村休闲旅游转型升级，努力打造具有全国乃至世界影响力的休闲农业示范区。

（六）以制度机制建设为主线，纵深推进全面深化改革

坚持改革创新，着力构建系统完备、科学规范、运行有效的制度体系。要以解决问题和提升效能为目标，进一步理清各部门机构职能设置，推动业务深度融合、流程优化再造，持续做好机构改革“后半篇”文章。要以赋权、下沉、增效为重点，深化街乡管理体制改革，做实综合执法队伍，推动社会治理和服务重心下移。推进乡镇机构改革，强化乡镇服务管理能力。要构建自治、法治、德治相结合的治理体系，总结中华人民共和国成立 70 周年庆祝活动和世园会服务保障经验，固化为长效机制。落实好北京市物业管理条例，建立健全党建引领下的物业管理工作格局和多方参与的治理架构，推进协管员、社区工作者队伍规范管理，推动“双报到”常态化。健全村党组织领导下的村民自治机制。完善街巷管理机制和农村环境整治长效机制。完善社会动员机制，健全志愿服务体系，持续做响“延庆乡亲”品牌。要统筹推进其他重点领域改革，健全“两山”理论实践创新基地建设工作机制，深化国资国企改革，加快推进事业单位改革。

（七）以推进全面依法治区为重点，着力加强民主法治建设

牢固树立法治思维，充分发挥区委全面依法治区委员会牵头抓总作用，统筹推进全面依法治区工作。加强党对人大、政协工作的领导，充分发挥区人大常委会党组和区政协党组作用。落实新时代加强和改进人大工作的意见，健全人大对法律法规实施情况和“一府一委两院”的监督制度。落实新时代加强和改进政协工作的意见，支持区政协加强和改进民主监督，围绕全区改革发展稳定的重大问题和人民群众关心关注的热点问题开展协商活动。加强统一战线工作，探索民主党派开展民主监督的有效形式。持续推进法治政府建设，抓好法治政府示范创建，健全行政决策制度，用好区委、区政府法律顾问团，加大重大行政决策合法性审查力度，做实重大事项风险评估，提升依法行政水平。落实行政执法“三项制度”，加强行政执法的监督考核，推进规范公正文明执法。深化政法领域和司法体制综合配套改革，支持法院、检察院依法独立公正行使职权，完善行刑衔接工作机制。落实普法责任制，完善公共法律服务体系，促进全民守法，努力营造良好的法治环境。加强对工会、共青团、妇联等群团组织的领导。落实国防动员制度，建立健全退役军人服务保障体系，加强军民融合发展。

（八）以首善标准管党治党，不断提升党的领导和建设水平

巩固“不忘初心、牢记使命”主题教育成果，健全加强党的领导和建设的制度机制，为交出两张优异答卷提供坚强保证。要始终坚持把政治建设摆在首位，坚决落实维护党中央权威和集中统一领导的各项制度，健全巡视反馈问题整改长效机制，落实好“不忘初心、牢记使命”制度，持续抓好主题教育“8 + 2”专项整治，坚决做到“两个维护”“三个一”“四个决不允许”。要筑牢思想根基、广泛凝聚共识，推进新时代文明实践中心、融媒体中心、政务服务中心、城管指挥中心融合贯通，推动习近平新时代中国特色社会主义思想更加深入

人心，确保新时代文明实践中心建设始终走在全市前列。落实意识形态工作责任制，加强危机管理和舆情防控，守住守好互联网阵地。健全全媒体传播体系，提升“美丽延庆 冰雪夏都”城市品牌形象。建立健全长城文化、红色文化、生态文化、地质文化等脉络梳理挖掘机制，培育地区特色文化品牌。强化思想政治引领，巩固和发展爱国统一战线，为交出两张优异答卷画好同心圆。要盯紧薄弱领域强化基层组织建设，健全村、社区“两委”干部教育、管理、监督、考核、问责等机制，加强对农村“两委”干部后备力量的培养，持续深化党支部规范化建设，落实软弱涣散村党组织动态管理和常态整顿工作机制，完善党员发展教育管理工作体系，从严从实抓好机关党建制度体系建设，深入开展“冬奥先锋行动”，推动基层党建全面进步、全面过硬。要抓好关键环节建强干部队伍，坚持忠诚、干净、担当的用人标准，牢固树立重实干、重实绩的用人导向，加强在冬奥会筹办、“接诉即办”等重点工作和基层一线发现、选拔、锻炼干部，建立从基层一线选拔年轻干部的机制。坚持严管厚爱，健全完善从严管理监督干部的制度体系，引导干部强化首善标准、增强干事本领。实施好“延才计划”“妫汭计划”，健全人才公共服务体系和保障制度，吸引集聚符合冬奥会筹办举办和高质量绿色发展的高层次人才。要聚焦整治形式主义、官僚主义，切实抓好作风建设，健全基层减负长效机制，集中治理漠视侵害群众利益突出问题，健全形式主义、官僚主义监督执纪问责体系，真正为基层减负，推动作风持续向好。要保持惩治腐败高压态势，全面贯彻廉洁办奥要求，深入开展“以案为鉴、以案促改”警示教育，建立健全日常监督、专项巡查、问题线索处置等机制，构建一体推进不敢腐、不能腐、不想腐体制机制，持续净化地区政治生态。

区委常委会要高度重视加强自身建设，充分发挥总揽全局、协调各方的作用，提高把方向、谋大事、抓党建、保平安的能力和定力。完善中心工作与党建工作互融互促机制，把管党治党主体责任落到实处。健全综合考核体系，完善月度工作点评机制，进一步营造你追我赶、争先恐后的氛围。发挥好议事协调机构职能作用，完善党委决策、政府落实、人大和政协监督的工作机制，切实把加强党的全面领导落实到全区工作各领域、各方面、各环节。

同志们，落实好十九届四中全会和市委十二届十次、十一次全会精神，提升治理体系和治理能力现代化水平，交出两张优异答卷，需要我们齐心协力、奋发有为。让我们更加紧密地团结在以习近平同志为核心的党中央周围，在市委、市政府的坚强领导下，传承发扬服务保障中华人民共和国成立70周年庆祝活动和世园会形成的宝贵经验和精神财富，凝心聚力、苦干实干，乘势而上、继续奋斗，在交出服务保障冬奥会和高质量绿色发展两张优异答卷的基础上再创新佳绩，为建设国际一流的生态文明示范区和美丽延庆不懈努力，为首都建设国际一流的和谐宜居之都作出更大贡献！

北京市延庆区人民代表大会常务委员会工作报告

——在北京市延庆区第二届人民代表大会第六次会议上（2019 年 12 月 25 日）

延庆区人大常委会主任 胡耀刚

各位代表：

我受北京市延庆区第二届人民代表大会常务委员会委托，向大会报告工作，请予审议。

一、一年来的主要工作

2019 年，区人大常委会在区委的坚强领导下，坚持以习近平新时代中国特色社会主义思想为指导，深入学习贯彻党的十九大和十九届二中、三中、四中全会精神，全面落实市委、区委全会精神，认真执行区二届人大五次会议各项决议，坚持党的领导、人民当家做主、依法治国有机统一，履行法定职能，扎实开展工作，为推进全区民主法制建设，为努力交出服务保障赛会和高质量绿色发展两张优异答卷，发挥了积极作用。

（一）坚持围绕中心、服务大局，为办好大事要事积极贡献力量

常委会坚持站位全区经济社会发展大局统筹谋划人大工作，确保人大履职与区委思想同心、目标同向、工作同力，在推进各项重点工作落实中体现担当作为。

1. 促进服务保障冬奥世园筹办举办工作

区人大作为地方国家权力机关，在服务保障赛会筹办举办中肩负着重要职责。区人大常委会根据区委的部署和要求，立足自身法定职权，围绕冬奥世园筹办举办的重点工作和关键环节，有针对性地就赛会配套工程进展、专项服务保障落实、重点区域环境质量等开展监督。听取区政府关于世园会冬奥会周边环境建设及整治提升工作开展情况的报告，对冬奥世园场地周边基础设施及环境建设情况进行专题视察，督促政府有关部门进一步做好工作，周边环境提升效果明显。围绕打击非法客运、拆除违法建设、加强世园会园区食品安全等重点领域，加大执法检查力度，促进政府相关部门严格执法、文明执法，以法治的力量为成功举办世园会保驾护航。组织区人大代表参加世园会运行测试，从细微处查找问题，为办好世园会建言献策。充分发挥人民代表大会制度密切联系群众的优势，动员、组织常委会组成人员、区人大代表和机关干部积极参加“我为世园作贡献、我为冬奥添光彩”主题活动，营造以服务赛会、奉献赛会为荣的浓厚氛围。积极参加世园会各项保障活动，努力促进世园会胜利举办。

2. 保证区委重大决策部署落实到位

按照区委二届七次、八次和九次全会确定的目标任务，研究确定常委会监督议题，依法开展监督工作。全年围绕赛会筹办举办、生态

建设、居家养老、卫生服务和美丽乡村建设等方面工作开展视察、调研151次；召开常委会会议13次；听取和审议专项工作报告19件；开展执法检查、工作监督34项。针对2019年是中华人民共和国成立70周年，大事多、喜事多的特点，树立一线思维，强化责任担当，坚决完成区委交给的各项任务。

按照“四场活动”机构设置和工作方案的要求，常委会主任、各位副主任认真履行城市运行保障组、景观环境保障组等四个组的组长、副组长职责，带领机关干部深入一线调研、检查，推动相关问题的解决和工作措施的落实。认真做好“一学习、两整改、四落实”的督促协调，与基层干部、人大代表和普通群众交流座谈，倾听民声、了解民情，发现并推动解决问题20个，向区委提出意见和建议19条。发挥参谋助手作用，深入学习市委第五次人大工作会议精神，认真贯彻区委《关于延庆区新时代加强和改进人大工作的实施意见》，深入研究做好新时代人大工作的思路和措施，抓好任务落实。坚持重大问题、重要事项及时向区委请示汇报制度，全年向区委请示、报告工作9件。根据区委的指示，常委会依法就全区重大事项作出决议决定3项；按照法定程序及时任免国家机关工作人员，全年共任免国家机关工作人员103人次，保证了机构改革的顺利进行和工作的持续稳定。

（二）依法履行监督职责，加强对“一府一委两院”的监督

常委会恪守人大监督是在党的领导下代表国家和人民进行的具有法律效力监督的性质定位，全面贯彻实施监督法，把事关改革发展稳定全局的重大问题和人民群众普遍关注的热点难点问题作为监督重点，综合运用多种监督方式，增强监督工作实效。

1. 促进法律法规在我区有效贯彻实施

把法律监督摆在监督工作突出位置，常委会指导各专门委员会围绕冬奥世园筹办举办、生态涵养区建设和群众关心关切等，有计划地对《中华人民共和国旅游法》《中华人民共和国未成年人保护法》《中华人民共和国药品管理法》《北京市湿地保护条例》等13部法律法规的实施情况进行执法检查、工作调研和视察。坚持对照法律条文详查细抠，发现问题查明原因，对症下药提出建议，保障法律法规在我区全面、正确、有效实施。

听取了区政府依法行政工作情况报告，对行政执法工作进行持续跟踪监督，提高行政机关工作人员依法行政的意识和能力。落实深化国家监察体制改革的要求，探索人大监督的方式方法，以主任专题会议形式听取了区监察委员会工作情况。围绕司法工作中的重点难点问题，听取了区人民法院案件执行情况的报告，听取和审议了区人民检察院行政执法与刑事司法衔接专项工作报告。

严格落实《北京市延庆区人大常委会规范性文件备案审查办法（试行）》的规定，坚持有件必备、有备必查、有错必纠，对区政府报送的4件规范性文件进行备案审查。

2. 推动高质量绿色发展和民生领域重点问题的解决

立足全区功能定位，以加强生态保护、促进地区高质量绿色发展为导向，听取和审议区政府关于我区环境状况和环境保护目标完成情况的报告并提出审议意见，区政府对常委会提出的审议意见高度重视，从加强统筹领导、推进重点工程等四个方面，采取13项措施抓好落实，取得了良好效果。常委会还听取了区政府关于蓝天保卫战攻坚计划实施情况的报告，促进区政府不断加大污染防治工作力度，全区空气质量不断提升。同时，对垃圾分类工作、海川路两侧环境整治和改造提升工作进行了跟踪监督。

常委会高度重视农业农村工作，组成检查组深入乡镇、村，就人居环境和新农村建设情况进行专项检查。结合检查情况，听取和审议了区政府关于农村人居环境整治、推进美丽乡

村建设情况的报告。常委会建议把好工程进口关，防止无序建设，提高资金使用效率；建设中要强化协调，发挥政府引导作用，确保基础建设工程精雕细刻，不留死角；管理上要建立健全长效机制，提升农村生态品质，全面提高农村经济活力。

关注民生问题是常委会履行监督职责的重点。区二届人大常委会履职后，连续三年听取和审议区政府关于重点工作折子工程和为群众拟办重要实事工程的专项工作报告，促进区政府将折子工程、民生实事与抓好“三件大事”、打好“三大攻坚战”、交出“两张答卷”有机结合起来，真正把实事办好、办实。针对人民群众对健康需求越来越强烈的实际，常委会听取和审议了区政府关于提升基层健康卫生服务管理能力情况的专项报告，重点就加强基层医疗工作保障、完善基层卫生健康服务体系、大力发展智慧健康医疗，提高便民惠民服务水平提出审议意见。常委会还听取了区政府关于推进居家养老医养结合服务工作情况的报告。对低收入村增收、农村煤改气煤改电落实情况进行跟踪监督，推动政府工作落实。区政府制定出台政策措施，加大资金投入力度，解决了一批群众关心的实际问题。

3．加强计划、预决算和国资审查监督

常委会听取和审议了区政府2019年上半年国民经济和社会发展计划执行情况的报告、2019年上半年财政预算执行情况的报告。审查和批准了区政府关于2018年财政决算的报告、关于2019年地方政府债务限额及预算调整方案的报告。贯彻落实区委《关于建立区政府向区人大常委会报告国有资产管理情况制度的意见》的文件精神，首次听取和审议了区政府关于2018年度行政事业单位国有资产管理情况的报告；书面审议区政府关于2018年度国有资产管理情况的报告。按计划完成预算联网监督系统一期建设工程，实现对预算的全过程监管，推动预算审查监督重点向支出预算和政策拓展。建立审计查出问题整改情况向常委会报告制度，听取了区政府关于2018年度本级预算执行和其他财政收支的审计工作报告，首次听取了区政府关于审计查出问题整改情况的报告，推动审计发现问题有效整改。

（三）深化拓展代表工作，充分发挥代表主体作用

人大代表是国家权力机关的组成人员，做好代表工作，是做好人大工作的基础。常委会着力把握新时代代表工作的特点和规律，不断完善代表工作格局，代表工作活力不断增强。

1．强化服务保障工作

坚持常委会驻会组成人员联系区人大代表制度，常委会联系区、乡镇人大代表和选民制度，尊重代表主体地位，密切同代表的联系，紧紧依靠代表做好人大各项工作。以乡镇、街道为单位，组织代表学习党的十九届三中、四中全会精神，市委、区委全会精神和区委第二次人大工作会议精神，学习法律法规和人民代表大会制度等知识，增强履职本领。加强基层阵地建设，全区18个代表之家、391个代表联络站的作用得到较好发挥，为代表提供更加规范的活动场所。分两批次组织延庆区市、区两级人大代表赴世园会学习参观。在庆祝中华人民共和国成立70周年重大活动中，我区10名市、区人大代表积极参与、圆满完成了民主法制方阵的群众游行任务，25名区、乡镇人大代表光荣出席了观礼活动。根据代表工作岗位变化情况，按照法定程序认真组织，完成了30名区人大代表的补选工作。

2．拓宽代表参与的深度和广度

一年来，有20人次代表受邀列席常委会会议，审议相关议题并作会议发言；有110人次代表列席区政府常务会议。组织全区代表开展年中视察活动，集中视察了中科院延庆太阳能发电基地、区中医医院一期工程施工建设；有460人次代表参加了各专门委员会组织的调研、视察和执法检查，并提出意见和建议，为常委会和各专门委员会提高履职水平提供了有

力支撑。积极参加市人大组织的“万名代表下基层、全民参与修条例”活动，我区市、区、乡镇三级人大代表，围绕《北京市生活垃圾管理条例》修订工作，深入基层，与近3.7万名群众和169个单位的代表进行了面对面交流，听取意见建议。

3. 增强代表建议办理实效

代表提出建议，是法律赋予的神圣职权；办好代表建议，是国家各机关、组织义不容辞的法定职责。区二届人大五次会议期间，共收到代表团、代表提出的议案、建议78件，内容涵盖绿色大事、生态建设、道路交通等各个方面，全部交区政府办理。年内解决的建议42件；列入工作计划，预计3年内可以解决的建议25件；受当前条件限制暂时无法解决，需要继续研究的建议11件，已向代表做了解释说明。在建议办理过程中，区人大常委会、区政府加强办理工作的联系协调和督促检查，突出抓好重点、热点和难点问题，增强了办理实效。区城管委、延庆公安分局、延庆公路分局和区交通局等承办单位，将办理代表建议与转变工作作风结合起来，加强与代表沟通，及时回应代表关切，既解决了实际问题，又推动了工作的改进，取得了良好效果。

（四）密切与市人大、基层人大的联系，增强人大工作整体实效

常委会注重加强与市人大、基层人大的沟通交流，依法为市人大、基层人大履行职责提供支持，形成推进人大工作的合力。

1. 协助市人大做好相关工作

受市人大委托，协助全国人大就《中华人民共和国种子法》《中华人民共和国土地管理法》《中华人民共和国房地产建设用地管理法》的修订，征求政府相关部门、人大代表与群众的意见和建议。协助市人大就北京市机动车停车条例、非机动车管理条例等“两条例一决定”的实施情况，开展执法检查；就北京市水土保持条例的修订，开展调研并提出意见的建议。组织170多名区人大代表、700多名乡镇人大代表参与了《北京市促进文明行为调查问卷》。组织我区的市人大代表开展集中活动，服务保障市人大代表依法履行职务。

2. 加强对基层人大工作的服务指导

召开乡镇、街道人大工作会议，加强工作指导。坚持常委会主任、副主任和工作机构分片联系乡镇、街道人大工作制度，密切与基层人大的联系。加强对乡镇、街道人大干部的培训，提高依法履职能力。依法规范乡镇人代会程序，为开好人代会打下坚实基础，确保圆满完成各项任务。指导、参与各乡镇、街道开展的代表联系选民月活动。各乡镇人大、各街道人大工委协助常委会开展了监督、调研、代表服务保障和对外交流等工作，有力推动了全区人大工作整体水平的提高。

（五）抓好常委会自身建设，不断提高履职能力和水平

始终把政治建设摆在首位，强化人大及其常委会政治机关属性，树牢“四个意识”，坚定“四个自信”，坚决做到“两个维护”，在思想上政治上行动上同以习近平同志为核心的党中央保持高度一致。深入开展“不忘初心、牢记使命”主题教育，按照“守初心、担使命，找差距、抓落实”的总要求，精心组织、有序推进，切实把初心使命转化为坚持和完善人民代表大会制度的自信、努力做好新时代延庆人大工作的自觉。加强能力建设，注重宪法法律法规和人大业务知识的学习，围绕纪念地方人大设立常委会40周年开展学习研讨交流活动，对新时代人大工作特点和规律的认识不断深化。加强作风建设，认真对待人民来访来信，提高信访工作的规范化、制度化水平；严肃会议纪律，严格请假手续，常委会会议出席率保持在92%以上；严格执行关于给基层减负的各项要求，精简会议、减少发文，改进调研方式和新闻报道。加强专门委员会建设，各专门委员会发挥自身特点和优势，组织执法检

查，开展调查研究，做了大量富有成效的工作。

各位代表，一年来，常委会顺利完成了区二届人大五次会议确定的各项任务，各方面工作取得了新进展新成效。这是在区委正确领导下，全体人大代表、常委会组成人员、各专门委员会组成人员和常委会机关工作人员坚持不懈、辛勤工作的结果，是区政府、区监察委员会、区人民法院、区人民检察院以及乡镇人大、街道人大工委密切配合、共同努力的结果。在此，我代表常委会向大家致以崇高的敬意、表示衷心的感谢！

面对新时代新任务新要求，常委会的工作还存在一些差距和不足，主要是：监督工作的方式方法需要进一步丰富完善，密切与人大代表、人民群众联系的制度机制需要进一步落实落细，对乡镇和街道人大工作的指导、帮助还需要进一步加强，等等。对于这些问题，我们将在新一年的工作中认真研究、加以改进。

二、今后一年的主要任务

各位代表，2020年是全面建成小康社会和“十三五”规划的收官之年。常委会要以习近平新时代中国特色社会主义思想为指导，深入贯彻党的十九大和十九届二中、三中、四中全会精神及市委、区委全会精神，坚持党的领导、人民当家作主、依法治国有机统一，坚持稳中求进工作总基调，坚持新发展理念，在区委的坚强领导下，紧扣服务保障高山滑雪世界杯举办和冬奥会筹办，紧扣全区中心工作，紧扣回应人民群众重大关切，依法行使监督权、重大事项决定权和人事任免权，为交出服务保障冬奥会和高质量绿色发展两张优异答卷作出新的贡献。

（一）继续加强监督工作

坚持围绕大局、贴近民生、突出重点，推动“一府一委两院”依法行权、尽职尽责。检查安全生产法、妇女权益保障法、农业法、食品安全法等法律法规的实施情况。听取区政府依法行政工作情况的报告、贯彻落实北京市城乡规划条例和北京市第三期学前教育行动计划情况的报告。听取和审议区政府农村振兴设施规划。听取区监察委员会工作报告，听取和审议区人民法院关于扫黑除恶专项斗争工作情况的报告，跟踪检查区人民检察院落实区人大常委会关于行政执法与刑事司法衔接工作报告审议意见的情况。

（二）依法讨论决定重大事项

按照常委会讨论、决定重大事项的规定，结合全区中心工作，拟听取和审议区政府关于2020年重点工作折子工程和为群众拟办重要实事工程的专项工作报告并作出决议；听取和审议区政府关于2020年地方政府债务限额和预算调整方案的报告并作出决议；听取和审议2019年决算草案报告、批准2019年区级决算。

（三）更好发挥代表作用

完善代表工作各项制度，支持和保障代表依法履职。组织代表学习培训，提高代表履职能力。加强常委会组成人员与代表的直接联系，强化代表对常委会和专门委员会工作的参与。完善代表联系群众的制度机制，密切代表同群众的联系。做好代表建议提交、办理和督办工作，不断提高办理质量。

（四）全面提升常委会自身建设水平

持续加强理论武装，深入推进人大制度理论研究，增强运用法治思维和法治方式解决问题的能力。巩固扩大“不忘初心、牢记使命”主题教育成果，深入转变作风，勇于担当作为，把中央、市委的决策部署和区委工作安排贯彻好落实好，把全区人大代表团结好保障好，把基层人大工作指导好帮助好。

各位代表，让我们更加紧密地团结在以习

近平同志为核心的党中央周围，在区委的坚强领导下，不忘初心、牢记使命，锐意进取、开拓创新，在交出服务保障冬奥会和高质量绿色发展两张优异答卷上再创新佳绩，为建设国际一流的生态文明示范区和美丽延庆不懈努力，为首都建设国际一流的和谐宜居之都作出更大贡献！

北京市延庆区人民政府工作报告

——在北京市延庆区第二届人民代表大会第六次会议上

（2019 年 12 月 24 日）

延庆区人民政府区长 于波

各位代表：

我代表延庆区人民政府向大会报告工作，请予审议，并请政协委员提出意见。

一、2019 年工作情况

2019 年是中华人民共和国成立 70 周年，也是延庆历史上极不平凡的一年。这一年，习近平总书记多次亲临北京视察，特别是在雄伟的长城脚下、美丽的妫水河畔，出席 2019 年中国北京世界园艺博览会开幕式，并发表了题为《共谋绿色生活，共建美丽家园》的重要讲话，向全世界传递了中国坚定走绿色发展之路的决心和信心，发出了全球携手共建美丽地球家园的中国邀约。李克强总理出席闭幕式并致辞。世园会圆满成功，得到了国际展览局“精彩绝伦”的高度评价。这一切都更加坚定了延庆人民走生态文明发展之路的信念。

2019 年，在市委、市政府和区委的坚强领导下，区政府坚持以习近平新时代中国特色社会主义思想为指导，深入贯彻党的十九大、十九届二中、三中、四中全会和中央经济工作会精神，认真落实习近平总书记对北京重要讲话精神，坚持稳中求进工作总基调，紧紧围绕加强首都“四个中心”功能建设、提高“四个服务”水平，抓好“三件大事”、打好“三大攻坚战”，全力服务保障中华人民共和国成立 70 周年系列庆祝活动，全面推进“两山”理论实践创新基地建设，聚焦聚力冬奥会世园会筹办举办，坚持办大事、促发展、惠民生，保持了经济持续健康发展和社会长期和谐稳定。

今年，我区 $PM_{2.5}$ 累计平均浓度达到 37 微克/立方米左右；地表水环境质量指数保持全市前列；地区生产总值预计完成 165 亿元，同比增长 7.5% 左右；建安投资预计完成 205 亿元，同比增长 16.7% 左右；一般公共预算收入完成 21.4 亿元，同比增长 11.9%；全区居民人均可支配收入预计完成 36429 元，同比增长 7.5% 左右；低收入农户人均可支配收入预计完成 13363 元，同比增长 13% 左右；单位地区生产总值能耗、水耗预计分别下降 4% 左右和 3% 以上。主要做了以下三个方面的工作。

（一）全力以赴保赛会，冬奥会世园会筹办举办顺利

1．世园会取得圆满成功

坚持首善标准，如期完成水、电、气、通信等市政设施保障和世园周边环境整治工程，世园会盛大开幕、精彩开园。高效运转“1＋18＋414”三级指挥体系，“延庆乡亲”等各类力量投入152.5万人次，围绕“进得来、出得去、吃得上、住得下、玩得好”，常态化精细化做好交通服务、餐饮住宿、医疗卫生、应急救助、环境气象等保障工作，会期162天平稳运行，吸引了934万中外宾客入园，实现完美收官、胜利闭幕。

2．冬奥会筹办加速推进

28项冬奥场馆及外围配套基础设施建设工程按计划开复工25项，进展顺利。国家高山滑雪中心部分竞速赛道及相关设施已交付使用，国家雪车雪橇中心主体结构完工，延庆冬奥村及山地新闻中心有序施工，综合管廊投入使用。西大庄科村改造项目开工。生态修复同步落实，冬奥森林公园开工。海陀山天气雷达和延庆赛区自动气象站建设全部完成，冬奥会延庆气象服务分中心建成并投入使用。统筹做好赛事服务保障，完成14家接待酒店签约，冬奥医疗专区即将投入使用。高山滑雪世界杯筹备加速推进，建立“三处十二组一团队”指挥保障体系，细致划分41个外围保障网格。落实“双进入”机制，场馆运行和竞赛组织扎实推进。圆满完成第四届国际冬季运动博览会参展工作，成功举办全国速度滑冰马拉松等14项冰雪赛事活动，累计组织冰雪培训进校园及群众上冰上雪5万余人次。

3．赛会拉动作用明显

近三年固定资产投资累计545亿元，年均增长52.1%。京张高铁主线、延崇高速北京段即将通车，对外交通瓶颈全面打破，全区路网密度处于生态涵养区领先水平。电力、燃气等供应能力实现“质的飞跃”，基础设施和公共服务至少加速提前了20年。餐饮住宿等接待能力大幅提升，拉动旅游人数同比增加25%，促进旅游综合收入同比增长30%。新增园艺企业46家，本地企业为世园会20个展园展区提供园艺资材300余种共1500万余株（盆）。推动实施智慧城管、智慧交通、智慧旅游、智慧环保，城市治理更加科学精细。世园会周边绿化拆迁腾退土地9.25万平方米，提升9条主要通道景观环境29.5万平方米。“美丽延庆 冰雪夏都”城市品牌影响力借会持续扩大，国内国际认知度大幅提升。广大市民主人翁意识不断增强，文明素质普遍提高。干部队伍经受考验和锻炼，提振了精气神，增强了干事创业的能力和攻坚克难的战斗力。

（二）聚焦聚力谋发展，经济社会发展全面进步

1．环境显著改善

（1）空气质量持续向好。全面落实$PM_{2.5}$冬奥承诺三年达标和蓝天保卫战行动计划。健全施工扬尘精细化管控体系，强化餐饮油烟提标改造污染源管控，加强裸地苫盖管理，检查重型柴油车46.37万辆次，煤改清洁能源54个村1.8万户，实现4个城中村煤改电集中供暖，优质燃煤替代3.8万吨，超额完成二氧化硫等5项主要污染物减排任务。世园会期间$PM_{2.5}$累计平均浓度27微克/立方米，同比下降30.8%。

（2）水土治理成效显著。获评全国第二批水生态文明城市和北京市节水型区称号。农村小微水体纳入河长制管理，22处整治全部完成，小流域综合治理58平方公里（平方千米），98项问题台账全部整改。实施第二个三年治污行动，新建污水管网51.4公里（千米），改造雨污合流管线3公里（千米）。巩固提升农村安全饮水，改造供水站399座，完成集中式饮用水水源地环境状况评估。编制海绵城市专项规划，161个村灌溉用水实行智能化管理计量收费。实施生态绿环工程，玉米秸

秆、园林废弃物有效利用率达98%。生活垃圾分类示范片区创建覆盖范围达到72%以上，城镇生活垃圾无害化处理率、资源化利用率分别达95%、60%以上。

（3）景观环境更加靓丽。成功创建国家森林城市。完成2.59万亩“新一轮百万亩造林”。规划建设康西草原湿地公园，新增小微绿地14块。全民义务植树61.10万株。完成6个首都绿色村庄、1个首都森林城镇、1个花园式单位和1个花园式社区创建。预计森林覆盖率达到59.5%以上，林木绿化率达到71.89%以上，人均公园绿地面积达到46.13平方米以上。乡镇（街道）环境建设与管理“月检查、月排名、月曝光”，首都环境建设检查考评成绩排名生态涵养区前列。

2．建设持续推进

（1）分区规划正式公布。严格落实北京城市总体规划，自我加压将生态控制区面积占比从上位规划要求的91%提高到93.1%，实施人口规模、建设规模双控，到2035年，常住人口38万人，城乡建设用地89.60平方公里（平方千米）。完成11个专项规划初步方案，启动14个乡镇国土空间规划和128个美丽乡村规划编制。开展城乡规划管理条例专题宣传培训，规划的刚性管控和战略引领作用持续强化。

（2）城乡建设成效显著。下屯、南菜园1—5巷、康庄镇一二三街、小营—石河营棚改项目加速推进。共有产权住房入住620户、配售1409套。延康路等13条道路新建、改扩建完工通车。完成城区夜景照明工程。第一批56个美丽乡村开工建设，5条美丽乡村风景线初现雏形。

（3）规自领域严肃整治。对照“七本账”，深入推进治理基层涉地乱象和涉地腐败、加强规划自然资源领域内部约束监督两个意见落实落地。坚决治理浅山区违法占地违法建设，彻查违建别墅和小产权房。完成土地卫片整改70宗、销账199宗，“绿盾2019”国家下发点位整改率100%。严格整治15处绿地认建认养及公园配套用房出租问题。“大棚房”整治通过市级验收。发现并整治垃圾大坑问题点位587处。排查治理砂石场54处。完成减量268.31公顷，住宅用地和各类住房完成供应任务。

（4）疏整促坚定有序。22项任务全部完成，8项提前超额完成。疏解一般性制造业企业8家，“散乱污”企业治理动态清零，治理或退出畜禽养殖场275家，清理再生资源回收站点11家，疏解北京市八达岭综合中心市场。始终保持拆违高压态势，全面推进无违建乡镇创建，拆除违建49.7万平方米，腾退土地93.2公顷，超额完成年度任务并创历史新高。整治店外经营等2.6万件、“开墙打洞”4处。更加注重优化提升，“留白增绿”9.1公顷，建成一批小微绿地和市民休闲公园，首农“食中心”、麦当劳等开业运营，建设提升便民商业服务网点34个。

（5）美丽乡村呈现新貌。健全责任规划师制度，编制乡村振兴战略规划，研究制定推进乡村振兴战略实施方案。全面开展农村人居环境整治，整治各类环境问题7.76万处，拆除私搭乱建24.9万平方米，清理垃圾渣土643万立方米，完成户厕改造7932处。第一批120个村通过市级考核验收，第二、三批248个村验收成绩排名全市第一。新华营村、下虎叫村被认定为全国“一村一品”示范村镇，铁炉村入选“2019年中国美丽休闲乡村”。

3．质量不断提升

（1）全域旅游加速融合发展。荣获首批国家全域旅游示范区、全国民宿产业发展示范区称号。统筹推进长城文化带、西山永定河文化带和京张文化体育旅游带建设，成立北京长城文化研究会，完成长城紧急抢险任务4处。推行网络实名预约购票和游客限流，八达岭长城网络预约购票比例达98.15%。建成北方地区首个民宿集群“合宿·延庆姚官岭”，累计打造“山楂小院”等75个精品民宿品牌。国际旅游度假连锁品牌“地中海俱乐部”入驻，新增世园凯悦、世园海泉湾等酒店。推出长城礼物文创产品。改造提升传统商业企业和生活性服务业，发展夜间经济，消费潜力进一步释放。举办中国地质公园主题宣传活动、第三届北方民宿大会、首届八达岭长城文化节、第十一届北京端午文化节、第六届北京非遗大观园游园活动、世葡园冰雪文化庙会等200多场活动。全区旅游综合收入预计102.4亿元，接待游客预计2497.10万人次。

（2）高精尖产业发展态势良好。出台“1+4+4”政策。1—11月，完成规模以上高新企业总收入124.1亿元，同比增长29.1%。完成工业总产值72.3亿元，同比增长52.3%。地均、劳均产出率同比分别增长29.1%和17.8%。新引进企业751家，胖龙丽景、清腾体育、中关村智连灾害研究院等一批重大项目落地。美正生物、桑普新源、加氢站、体育科技产业园等项目实现开工。聚集现代园艺企业87家、体育科技企业74家、无人机企业16家、新能源和能源互联网企业75家。获评国家体育产业示范基地。完成12个市级实验室和研发平台建设，建立首家院士工作站，设立首支科技创新基金。新认定高新技术企业102家，入选中关村“瞪羚企业”18家、“展翼企业”6家、“金种子企业”2家。

（3）现代农业提质增效。深入创建“国家农产品质量安全县”，建立农产品可追溯系统与农业投入品监管体系。持续调整农业种植结构，粮经作物调减种植面积1.16万亩。紧抓冬奥机遇，北菜园等6家企业成为冬奥会备选农产品供应基地。成功举办首届世界花卉大会、首届北京牡丹文化节、第十一届北京菊花文化节、第三届延怀河谷葡萄文化节等系列活动。创立全市首个农产品区域品牌“妫水农耕”，组织延庆优质农产品跨区巡展。与河北、内蒙古等地建立食用农产品安全监管区域协作机制，共同构筑区域间食品药品安全屏障。

4．福祉大幅改善

（1）“接诉即办”力解民忧。把“接诉即办”作为第一位的民生工程，坚持“条专块统”，高效运行城管指挥中心，优化工作流程，建立考核排名和“日调度、日报告”制度，实行分级协调解决机制。强化“吹哨报到”，妥善解决延庆镇西北片区饮水、老旧电梯更新改造等一批历史遗留问题。探索“未诉先办”工作模式，加强共性问题研究，梳理6个高频事件、8个高频区域、6类敏感问题，并专项整治。统筹网络舆情与“接诉即办”，形成“监测预警—派单转办—接单核办—官微反馈”转办闭环，监测舆情信息860件，解决处理794个民生问题。截至11月，接办“12345”群众诉求3.32万件，解决率68.87%，满意率82.32%，较年初分别提高33和27个百分点。

（2）公共服务日益完善。基本完成为民办实事项目29个。开展冬奥世园等大培训2.50万人次，落实促进就业资金5.97亿元，城镇新增就业7738人。38家中小学校、33家托幼机构和18家养老机构食堂100%实现“阳光餐饮”。顺利通过北京市食品安全示范区创建。获评国家卫生城区，启动全国健康促进区创建。医疗急救呼叫满足率居全市前列。区中医医院迁建一期工程主体结构完工，开通区妇幼保健医院与海淀区妇幼保健医院远程会诊。启动医耗联动综合改革，门诊次均耗材同比下降5.96%，例均出院卫生材料费用同比下降6.39%。新增学前学位510个，两所城区幼儿园、一职新校区实现开工建设，15所中小学与海淀区学校结成对口帮扶校，高考成绩实现新突破，公众对教育工作综合满意度全市领先。推进平安校园建设。专项治理无证幼儿园、校外培训机构。建成全民健身中心，举办森林半程马拉松等6场大型赛事活动。综合整治5个老旧小区，实施621户农村危房改造工程。推进建设“老年幸福餐桌”93家、覆盖1.70万老年人。完善社会保障体系，参加“五险”人数同比平均增长3.39%，城乡居民养老保险续保率为98.6%。累计发放各类救助资金6979万元。

（3）帮扶协作扎实开展。出台低收入帮扶6条兜底保障措施，8278户低收入农户全部脱低。加强与海淀区协作，建立4年6亿元延海结对协作资金，首批12个项目逐步落地，承接海淀区企业109家。对接帮扶兴和、宣化、怀来、内乡，制订实施年度扶贫协作工作计划，1300万元区级财政帮扶资金全部到位，市区两级确定的35个帮扶项目开工率达到100%，成功引导15家企业到受援地投资兴业，帮助就业4087人。

（4）社会文明大幅提升。全民动员创建文明城区，举办城市品牌发布会，推出《延庆乡亲文明公约》，发起"向五大不文明行为宣战"系列活动，深入开展"冬奥世园先锋行动"，社会文明程度持续提升。举办生态延庆建设推介会，联合央视拍摄播出《延庆，看见美丽中国》。融媒体中心新址投入运行。深入开展全国双拥模范城创建，出台随军家属安置办法。高质量完成新时代文明实践中心首批试点建设任务，85个实践基地、441个站所共开展各类活动1.60万余次，120余万人次参与新时代文明实践社会动员活动，组建"2+6+N"志愿服务队伍，"点单派单"服务8.40万余人次，打通宣传、教育、服务、引导群众的"最后一公里"。

（5）社会治理更加精细。落实街道工作会精神，深化街道体制机制改革，以井庄镇为试点推进乡镇管理体制改革，推动治理重心下移、力量下沉、权力下放。建立区级多功能城市管理指挥中心和乡镇（街道）分中心，加强网格化管理，下沉公安、城管等8个部门力量到基层网格，挂牌成立6支综合执法队伍，217名社区工作者归口管理。完成100栋老旧居民楼物业服务移交，基本实现物业服务全覆盖。大力整治交通秩序，分级治理10个堵点，新建改造候车亭1287个，投放共享单车900辆、公租自行车1500辆，实行错峰上下班，妫川路等5条主要干道交通综合整治完成，新增路侧停车位1004个，城区道路交通指数降低15%。开展信访矛盾"减存量、控增量"专项行动，雪亮工程、智慧安保投入使用。累计安装小区视频探头9800余路，设备总体运行良好。纵深推进"扫黑除恶"，加强行刑衔接，累计摸排、接报各类线索491件，打掉各类黑恶团伙28个，破获刑事案件139起，打击恶势力"保护伞"16人次。全面落实缉毒打击和禁毒管理工作。妥善应对龙庆峡冰灯展区落石事件，创新舆评协助社会治理模式。持续开展安全隐患大排查大清理大整治，为1.68万位独居老人购买安装无线烟感自动报警系统，查处事故隐患4620项，挂账隐患整改率100%。群众安全感满意度保持全市前列。

（三）不忘初心担使命，政府自身建设不断加强

1. 政治建设摆在首位

区政府党组进一步提高政治站位，研究制定理论学习中心组学习等6项制度，充分发挥党组成员"关键少数"作用，科学化、制度化、规范化水平不断提升。按照"守初心、担使命，找差距、抓落实"的总要求，深入开展"不忘初心、牢记使命"主题教育。广泛开展"一学习、两整改、四落实"大调研。认真履行全面从严治党主体责任，严格落实意识形态工作责任制。严格执行中央八项规定及实施细则精神和市委、区委贯彻落实办法。优化机构设置，落实"三定"规定，新组建和调整部门运行顺畅，退役军人三级服务保障体系初步建立。完成机构改革任务。

2. 法治政府持续强化

坚持会前学法，组建区委、区政府法律顾问团，行政检查15.10万件，行政处罚1.70万件，依申请公开政府信息447件，政府依法办事能力进一步增强。强化审计监督，保障各类资金安全规范管理和高效使用。担起基层减负

中央监测点责任，出台减负措施18条和21项任务，督检考事项由177项精简到16项，社区表格填报事项从45项精简到7项。认真执行“无会日”制度，大力精简会议文件，提高会议质量，切实减轻基层负担。完善政务公开全清单，初步建成政务公开标准体系。

3. 重点领域改革取得实效

扎实推进生态文明体制改革，制定“两山”理论实践创新基地建设行动方案。深入推进经费自理事业单位改革，进一步促进政事分开、事企分开、管办分离。推进国资国企改革，38家部门下属企业产权向国资监管系统完成移交，完成区属国有企业拖欠民营企业账款清欠工作。深化教育综合改革，召开全区教育大会，出台“1+3”教育改革文件。认真落实基层财政财务管理改革，建成并成功上线运行统一财务核算平台。

4. 服务效能不断提升

营商环境持续优化，落实“9+N”系列政策2.0版和3.0版，启用“双平台”服务管家、“服务包”系统，减税降费政策规模达到24.16亿元，圆满完成世行迎检和中国营商环境评价工作。政务服务中心新址投入使用，18个乡镇（街道）政务服务中心改建完成。区政务服务中心纳入综合窗口事项1303项，一窗受理率达90%以上。23个具有行政审批职能部门全部实现“一科办理”。“放管服”改革深入推进，1585项事项实现“最多跑一次”“一次不用跑”。完成公共资源交易平台建设工作，入场交易项目260个，累计交易金额24.35亿元。完成重点、高成长企业155家走访送“服务包”工作，企业诉求办结率96.9%。加快社会信用体系建设，优化信用环境，信用综合指数全市排名第一，首次进入全国前100名。

各位代表，即将过去的一年，在市委、市政府和区委的坚强领导下，在区人大及其常委会的监督和区政协的支持下，我们坚持办大事、促发展、惠民生，全区各项工作成效显著。这些成绩的取得，浸透着广大干部群众艰苦奋斗、无私奉献的汗水，凝聚着全区上下勇于担当、开拓进取的精神，彰显着各级各部门齐心协力、团结奋进的硕果。在此，我代表区政府向长期以来奋战在各条战线上的广大干部群众、向所有关心支持延庆发展的各界人士表示崇高的敬意和衷心的感谢！

各位代表，政府各项工作取得新的成绩，得益于主动融入首都发展大局，自觉提高政治站位，推动全区工作始终与首都发展同频共振，努力在首都新发展中作出延庆表达。得益于始终强化首善标准，调整适应服务保障赛会需要和全市比、学、赶、帮、超氛围，树立延庆标准等于首善标准、一流标准的思想，以追求完美、争创一流的姿态推进工作。得益于始终坚持大抓基层、狠抓落实的工作导向，坚持围着群众转，奔着问题去，推动问题在一线解决、工作在一线落实。得益于始终坚持以人民为中心的发展思想，围绕“七有”要求和“五性”需求抓好各项民生工作。得益于始终强化党建引领，不断加强自身建设，深入转变政府职能，全面推进法治政府、创新政府、廉洁政府和服务型政府建设，持续增强政府执行力和公信力。这些认识和经验，是在工作实践中逐步形成和不断深化的，对落实市委、市政府和区委决策部署、加快推进工作具有重要意义。

对照中央、北京市要求和人民群众新期待，我们的工作还面临不少问题和挑战。一是冬奥系列赛事服务保障能力还需强化提升。外围保障还需更加精细，生态修复任务艰巨，带动区域发展措施还需夯实。二是推动高质量绿色发展、创新发展的改革力度不够，转型升级缓慢。文旅产业融合发展有待深入，用好用足“冬奥、世园、长城”三张名片的举措不多；用好赛会机遇带动地区高质量绿色发展的具体路径还需深入研究；绿色高精尖产业基础仍然薄弱。三是生态建设任重道远，品质还需持续提升。地表水河流断面考核不能实现稳定达标，清空净水治土还需持续加力。城乡环境常态长效管护机制还不完善，“绿景”变“美景”还需下更大功夫。四是城乡社会治理还需更加精细。一些地区一些领域城乡国土空间规划管控乏力。背街小巷、交通综合治理依然艰巨，基层治理体系和治理能力现代化水平亟待提升。五是对标“七有”要求和“五性”需求与人民群众期盼还有差距。就业、教育、医疗、生活性服务业等公共服务供给还不平衡不充分，增收任务艰巨，“接诉即办”解决率和满意率仍需提升。六是政府系统在抓落实和执行力上还需进一步强化。文风会风还需进一步转变，工作标准、工作能力还需大力提升，办事拖沓、推诿扯皮、不敢担当、不负责任的现象依然存在。对此，我们将在今后工作中下大力气加以解决。

二、2020 年重点工作任务

2020 年是全面建成小康社会、实现第一个百年奋斗目标之年，是贯彻落实党的十九届四中全会精神的开局之年，也是“相约北京”系列测试赛启动、高山滑雪世界杯举办、冬奥会延庆赛区建设任务收尾之年。2 月 15 日，延庆即将迎来冬奥会系列测试赛的首场比赛，冬奥机遇窗口期全面开启。但同时，世园后效应逐渐显现，经济下行压力加大，风险挑战叠加，绿色发展、生态保护、民生保障等各项任务也更加艰巨。迫切需要我们按照市委、市政府和区委的要求，加快推动各项工作落实。

2020 年工作总体思路：以习近平新时代中国特色社会主义思想为指导，深入贯彻党的十九大和十九届二中、三中、四中全会以及中央经济工作会议精神，全面落实市委十二届十次、十一次全会和区委二届十次全会精神，坚持稳中求进工作总基调，坚持新发展理念，严格落实北京城市总体规划要求，以服务保障高山滑雪世界杯举办和冬奥会筹办为牵引，抓好“三件大事”，打好“三大攻坚战”，持续深化供给侧结构性改革，全面做好“六稳”工作，全力守护好山好水好生态，加快建设绿色发展聚宝盆，确保全面建成小康社会和“十三五”圆满收官，在交出服务保障冬奥会和高质量绿色发展两张优异答卷上再创新佳绩。

2020 年经济社会发展目标：$PM_{2.5}$平均浓度对标冬奥申办承诺持续降低，地表水考核断面水质稳定达标，单位地区生产总值能耗、水耗下降率均达到市级要求。全区居民人均可支配收入同比增长 6.5% 左右，城镇登记失业人员就业率达到 56%。地区生产总值（按不变价）增长 6% 左右，规模以上工业产值增长 3% 左右。一般公共预算收入同比增长 5% 左右，固定资产投资（不含农户）完成 170 亿元，建安投资完成 120 亿元。市场总消费增长 6.6% 左右，社会商品零售总额增长 5.7% 左右，旅游总收入完成 102 亿元。重点做好以下几方面工作：

（一）聚焦聚力抓大事，高标准筹办好冬奥会

认真落实“一刻也不能停、一步也不能错、一天也误不起”的要求，统筹推进高山滑雪世界杯筹办及冬奥会各项筹备任务。

1. 全力以赴确保高山滑雪世界杯“一炮打响”

履行好主办职责，坚持“全区保外围、外围保核心”，高效运行“三处十二组一团队”机制，完善外围保障指挥体系，统筹做好住宿、餐饮、医疗、交通、环境、生态等各项服务保障。优化场馆运行设计，确保人财物等全部运行要素按照时间节点精准落实到位，全面做好雪务保障、公共安全、志愿者等专项服务。提前做好运动员接待、赛事组织、食品安全保障、媒体宣传等工作。举办和服务保障好第十四届全国冬季运动会高山滑雪延庆赛区比赛。完成延庆赛区国家雪车雪橇中心预认证工作。举办好“相约北京”系列国际体育赛事和群众体育文化活动。

2．冬奥延庆赛区基本建成

全面落实绿色、共享、开放、廉洁的办奥理念，基本完成冬奥场馆及配套工程建设。同步推进场地清理，完成 87 个地块生态修复。基本完成西大庄科村升级改造项目。认真落实 54 项生态环保措施和 34 项可持续性承诺任务，加大周边环境整治力度，实施“三镇、三线、多点”区域环境品质提升，建成冬奥森林公园。着力推进科技冬奥，持续搭建 5G、无人机、人工智能等新技术新产品在冬奥基础设施建设、场馆运行、城市服务保障等应用场景的对接平台，推动新技术新产品的应用实施。全面加强项目审计监督，让冬奥会像冰雪一样纯洁。深入开展冬奥先锋行动，持续加强冬奥宣传推广，不断提升冬奥影响力和“美丽延庆冰雪夏都”城市品牌形象。

3．认真做好赛会后续利用

深入总结世园会申办筹办举办经验，深化带动延庆发展战略研究与实践，落实可持续利用措施，将园区打造成生态旅游、休闲度假目的地和服务冬奥重要承载地。传承发扬国庆 70 周年庆祝活动和世园会服务保障的宝贵经验和精神财富，利用世园会园区策划举办论坛、赛会活动，打造京张文化体育旅游带的关键节点。举办世园文化庙会，培育打造“北京国际花园节”自主品牌。与中国花卉协会合作，持续举办世界花卉大会。深入谋划冬奥场馆赛后可持续利用，研究落实好转型发展的路径措施。同步研究冬奥、世园、长城联动，促进地区可持续发展。主动对接国际奥委会和北京冬奥组委，将延庆核心赛区列入奥运遗产计划，打造成为延庆奥林匹克公园。

（二）对标对表抓生态，高质量提升环境品质

深入贯彻落实习近平生态文明思想，守护好山好水好生态，打造首都生态文明金名片，努力在“两山”理论实践创新基地建设上走在前、作示范。

1．持续抓好大气污染防治

突出精准治污、科学治污、依法治污。深化细化“一微克”行动，落实落细冬奥承诺达标行动计划。强化源头治理，推进移动源低排放化、“三尘”管控精细化、生产生活排放减量化、能源消费清洁化，降尘量控制在每月每平方公里 6 吨左右，严格“三烧”治理，突出抓好重型柴油车管控、燃煤压减和挥发性有机物防治，机动车保有量控制在 8 万辆以内，完成 42 个村煤改电和 114 个村优质燃煤替代工作。发挥智慧环保系统作用，利用热点网格、移动监测等手段加强重点区域精细化管理，从严从重处罚环境违法行为。加强与张家口市对接协作，共同做好冬奥会空气质量保障工作。

2．持续抓好水土攻坚治理

围绕供水、污水、地表水环境治理和中水利用，完善水治理体系。严格落实河长制，持续开展“清河”和“清四乱”专项行动，完成 30 平方公里（平方千米）生态清洁小流域综合治理，建设污水管网 30 公里（千米），完成小城镇污水处理二期工程建设，实现城镇中心区域污水处理全覆盖。保障饮用水安全，完成农村地区健康饮水工程。开展水生态保护，创建 15 个节水型单位和村庄。落实“土十条”，组建土壤环境手工监测网络，完成土壤污染状况详查、土壤环境质量监测和非正规垃圾堆放点整治。落实生活垃圾管理条例、生活垃圾分类工作行动方案，完善建筑垃圾消纳制度，推进垃圾减量化、无害化、资源化处理。构建垃圾分类体系，开展 5 个乡镇示范片区创建，推进生活垃圾焚烧厂和再生资源分拣中心建设。

持续抓好景观绿化美化。研究制定《延庆区生态文明建设规划（2021—2035 年）》。完成“新一轮百万亩造林”绿化工程 8743 亩，京津风沙源治理二期工程 6.80 万亩，森林健康经营林木抚育 10.50 万亩，国家级公益林管护工程 2.90 万亩，彩色树种造林工程

0.30万亩，平原地区生态林管护15.70万亩。制定城镇绿地养护管理工作方案，建立奖惩机制，开展城区“1+5”环境整治。启动实施康西万亩森林湿地生态恢复建设项目。实施新东关公园等4座城市公园建设，创建花园式社区1个、单位1个和首都绿色村庄7个，构建“一核、一环、三带、五廊、十园、多点”的城市森林格局。

（三）创新驱动抓产业，高效能发展绿色经济

以文旅产业为龙头，以现代园艺、冰雪体育、新能源和能源互联网、无人机四个产业为培育和扶持重点，以都市型现代农业为基础，着力构建具有延庆特色的绿色高精尖产业体系。

1. 做“强”全域旅游

构建全域旅游发展新格局，制定实施全域旅游三年行动计划，完善全域旅游发展政策体系，实现旅游发展全域化、旅游供给品质化、旅游治理规范化、旅游效益最大化。加快推进长城文化带和西山永定河文化带建设，建立健全长城文化、红色文化、生态文化、地质文化等脉络梳理挖掘机制。加强长城遗产保护，深入挖掘长城文化，举办八达岭长城文化节，启动长城文化村试点建设。做靓“冬奥、世园、长城”三张金名片，办好世园消夏避暑节、八达岭长城文化节、冬奥冰雪文化节等系列旅游品牌活动。丰富冰雪体育、低空旅游、体验采摘等产品体系，做响全域旅游品牌。发展乡村精品民宿，基本建成奥运签约酒店7家，探索建设“冬奥人家”100家，新开业民宿20家，民宿小院总数超300个。办好第四届北方民宿大会。重拳打击旅游“六黑”乱象，维护旅游和市场秩序。

2. 做“实”高精尖产业

高新技术企业总收入和地均、劳均产出率均增长10%以上。加快引入创新要素，集聚更多领军企业和优质项目。围绕4个重点培育产业，新引入150家以上企业，推进中国航天科技集团公司第九研究院（以下简称“航天九院”）、北京清航紫荆装备科技有限公司（以下简称“清航装备”）、哈尔滨传世体育发展有限公司（以下简称“传世体育”）等重大项目落地，加强与首都高校、科研院所合作对接、资源链接，推动产学研合作，促进成果转化应用。加快专业园区建设，完成创新家园起步区开发供地，盘活闲置土地和闲置厂房，实现体育科技创新园企业入驻和运营，完成氢能产业园、无人机科技创新园规划立项、启动建设。优化创新创业生态，建立重点项目、重点团队的个性化服务机制。建设延庆园政务服务、招商展示中心。加强知识产权服务、金融服务平台建设和政策支持，提升中关村延庆园投资公司市场化平台功能作用。

3. 做“精”都市型现代农业

深入实施都市型现代农业三年行动计划。以都市型现代农业发展方向为引领，构建农业生产、质量安全、农产品流通、科技服务和农业经营五大产业体系，优化布局有机杂粮、精品蔬菜、园艺花卉、优质果品、精品畜牧五大产业结构，推动农业产业转型升级。调整优化农业结构，实施3000亩高标准农田建设，探索林下种植、养殖产业新发展模式，推广基质栽培等新技术，提升果园品质，做精做强果蔬产品。加大国家地理标志产品和“妫水农耕”品牌建设及推广力度，着力培育绿色有机农产品基地。升级改造15家休闲农业观光园，推广园艺风情小镇、四季花海园艺小镇等特色小镇品牌，推动农事体验与休闲度假、文化创意等领域互动融合。在集中民宿区探索建设“共生社区”，带动一产和乡村休闲旅游转型升级，努力打造具有全国影响力的休闲农业示范区。

4. 做“优”营商环境

深入落实“9+N”系列政策3.0版，全面完成优化营商环境三年行动计划各项任务，以“办好一件事”为标准实施全流程改革，持续深化“一网、一窗、一门、一次”改革。市区

两级政府服务事项实现全程网上办。落实北京“营商环境四大示范工程”要求，注册登记、办理施工许可、获得电力、不动产登记等方面服务显著改善，提高简易低风险项目办理效率。抓发展、保税源，及时主动跟进服务企业。完善绿色高精尖产业配套政策及服务企业发展系列办法，持续用好“服务包”“服务管家”制度，优化“12345”热线企业诉求办理工作机制，为企业提供全生命周期服务。

（四）尽心尽力抓民生，满足群众美好生活新期待

以“接诉即办”为抓手，落实好“七有”“五性”，扎实办好民生实事，提升群众获得感、幸福感、安全感。

1. 强化“接诉即办”

坚持民有所呼、我有所应，聚焦高频，围绕重点，研究群众诉求背后的深层次问题，主动治理，未诉先办，解决好群众身边的事，有效提升问题解决率、群众满意率。坚持大抓基层工作导向，持续整合规范协管员队伍，充实网格员力量，将安全维稳、环境卫生等各项任务细化深化到414个基础网格，切实提高处置和解决问题的能力。推进信访工作制度改革，加强矛盾纠纷排查化解，畅通信访渠道，完善信访服务保障体系。加大历史遗留问题化解力度。

2. 促进就业增收

深入开展五年“十万人次大培训”，职业技能培训2.30万人次。全力拓宽就业渠道，加大优质岗位开发力度，确保全年城镇新增就业5000人。完善就业创业政策，以创业带动就业，以就业促进增收，不断提高城乡居民收入水平。深入落实“六个一批”措施，健全低收入农户监测和帮扶机制，持续巩固低收入农户100%脱低成果。加大17家企业、高校和海淀区帮扶协作对接力度，注重发挥产业帮扶的“治本”作用，全力促进低收入农户增收。扎实做好扶贫协作和支援合作，助力受援地区巩固脱贫成果。

3. 提质便民服务

扎实做好普惠性、基础性、兜底性民生工作，补齐民生短板。大力引进餐饮、文娱领域连锁化、品牌化企业，推进服务业扩大开放项目落地。多措并举激发消费潜力，打造柳沟商业街，推动万达广场、永辉超市投入运营，基本便民商业服务功能社区覆盖率达到100%。全面提升无障碍环境建设水平。高效完成29万平方米老旧小区改造和100户农村危房改造，推动“住有所居”向“住有宜居”转变。实施3家养老驿站建设。多举措扩大“老年幸福餐桌”服务覆盖范围，新建“老年幸福餐桌”20家。打造农村老年人用餐品牌。完善三级救助管理服务体系，增加“弱有所扶”温度。

4. 优化教育医疗

持续深化教育综合改革，加强思政教育，推进学前教育普惠发展，加快第九幼儿园等普惠幼儿园建设，增加学前学位900个。稳妥推进中高考改革，启动新高考备考工作。加强教师队伍建设，促进优质教育资源合作共享，加快推进北京八一实验学校和北京国际奥林匹克学院建设。全面普及冰雪运动、校园足球和奥运知识。提升青少年体质健康水平，有效降低近视率和肥胖率。加快一职新校区建设，完善职业教育三级管理体系。加强科学普及，着力提升全民科学素养。深入创建全国健康促进区，加大疾病预防、公共卫生等工作投入力度，全面推进5个国家卫生乡镇、8个北京卫生乡镇创建。大力推进区医院晋升三级医院。以重点人群为核心，提高家庭医生签约服务质量。深化医药卫生体制改革，深入推进医联体建设，加强急救体系建设。加快建立现代医院管理制度，畅通双向转诊通道，引导群众合理就医。持续改善医疗服务，提高基层卫生服务能力和水平。

5. 推进文体建设

深入推动新时代文明实践中心、融媒体中

心、政务服务中心和城指中心融合贯通。持续办好冰雪欢乐季等大型系列文化活动及各类群众性文化惠民活动。升级改造33个行政村、4个社区文化设施。加强文物活化利用与安全管理。打造24小时自助图书馆，推进实体书店建设。启动档案馆建设项目。完善一刻钟健身圈，新增33个村（社区）健身场所。提升健身服务多样性，开展20项以上全民健身活动。举办13项冰雪赛事活动、6次以上科学健身及冬奥知识讲堂。建成北京市冰上项目训练基地，全民健身中心投入使用。鼓励海陀农民滑雪队等民间体育团体，打造延庆“共享冬奥”特色品牌。

（五）苦干实干抓治理，高品位规划建设管理城乡

坚持精治共治法治，统筹协调建设与管理、城市与农村发展关系，提升城乡综合承载力和社会治理能力。

1. 严格落实分区规划

在落实分区规划的基础上，编制新城控制性详细规划。优化责任规划师团队和协作规划机制，编制完成11个专项规划、14个乡镇国土空间规划和230个美丽乡村规划。加大城乡规划条例宣传执行力度。稳步推进城乡建设，全力整合资源，统筹规划改造棚户区，实现小营—石河营、南菜园1—5巷（南区）、下屯回迁安置房开工建设，康庄镇一二三街项目完成签约。加强房地产开发全链条监管和保障房供给。加快建设冬奥冰雪休闲小镇，压茬推进第一批64个创建村庄工程建设。完成03街区配套市政管线工程项目建设。推进京银路等道路大修，完成30公里（千米）乡村道路改造工程。

2. 坚决维护规划严肃性和权威性

以全面落实“两个意见”为核心，健全对违建别墅、浅山区违法占地违法建设、“大棚房”等发现处置机制，深入推进规自领域问题整改，推动各项整改任务落实。实施工业闲置低效空间资源盘活利用方案，完成减量任务。建立科学高效的规划管理制度体系，建立“村地区管”体制机制，完善农地农用、林地林用等土地用途管控机制，健全长效监管机制，实现“两线三区”全域空间管控。

3. 纵深推进疏整促

全力创建无违建乡镇，拆除违法建设40万平方米，确保动态“零增长”。腾退土地40公顷（40万平方米），“留白增绿”4.35公顷（4.35万平方米）。持续整治“开墙打洞”、占道经营，疏解一般性制造业企业3家，巩固“大棚房”清查整治成果。自我加压，持续用力，开展26条背街小巷环境整治，完成21项新城交通秩序综合治理，专项整治八达岭长城等重点景区旅游秩序。清理整治“三块地”，综合治理春季城区、重点景区及主要交通干线等区域杨柳飞絮，坚决治理地下空间和群租房。建设提升30个基本便民网点，升级改造日上、恒生市场。

4. 扎实建好美丽乡村

加强人居环境整治，常态化推动“1+8”整治工程，严格落实长效管护机制。实施46个村庄污水集中处理项目、1400座户厕改造及“百村百园”绿化工程。提升村庄绿化美化效果，高标准启动25个示范村建设。整合山区搬迁等政策资源，深度设计冬奥和长城文化两条风景线，持续建设“两带、五线、多点”的美丽乡村格局。实施百名农业领军人物培育工程，推动6个“科技小院”、21个“同心卫生室”帮扶项目落地，清理农林各类合同，强化农村“三资”监管，发展壮大农村集体经济。

5. 持续提升社会治理水平

贯彻街道工作会精神，以赋权、下沉、增效为重点，深化街乡管理体制改革，做实综合执法队伍，推动社会治理和服务重心下移。落实“街乡吹哨、部门报到”机制，完善区、乡镇（街道）、村（社区）三级管理体系。深化背街小巷整治，制定实施背街小巷长效管理工作方案，加强街巷长、小巷管家及各类网格

员、协管员的工作联动，健全常态化巡逻看护和问题发现处置机制。推进智慧市政管理平台建设。构建自治法治德治相结合的治理体系，落实好北京市物业管理条例，加大物业行业监管，推进物业管理标准化建设。攻坚决胜全国文明城区创建，畅通体制机制，深度融合新时代文明实践中心和“延庆乡亲”志愿活动，着力铲除顽症痼疾，切实提升社会文明程度。充分发挥社会公益志愿组织作用，打造共建共治共享的社会治理格局。坚持底线思维，全力推进“四公开一监督”工作机制，提升执法效能。持续加强缉毒打击和禁毒管理。深入开展问题隐患大排查大清理大整治专项行动，推进“扫黑除恶”常态化、制度化、规范化，确保社会和谐稳定。

（六）从严从实抓党建，全面提升政府治理能力

坚持全面从严治党，持续巩固“不忘初心、牢记使命”主题教育成果，狠抓政府治理体系和治理能力建设，提升工作效能。

1. 强化党建引领

加强政府系统党的建设，严格落实党组工作条例，全面落实从严治党主体责任，积极有效履行“一岗双责”，细化廉政风险防控措施，推动政府系统党风廉政建设向纵深发展。强化政治监督，盯紧权力运行各个环节，完善发现问题、纠正偏差、精准问责有效机制，把权力关进制度的笼子。完善政府系统制度体系，加快推进治理体系和治理能力现代化。严格执行中央八项规定精神，坚决反对“四风”，加大对形式主义、官僚主义整治力度。始终保持反腐高压态势，加强对公共资金、国有资产、国有资源和领导干部经济责任审计，持续加大“为官不为、为官乱为”及侵害群众利益等问题的治理力度，确保干成事不出事。

2. 严格依法行政

坚持并向基层推广会前学法制度，持续推进法治政府示范创建。健全行政决策制度，用好区委、区政府法律顾问团，做实重大事项风险评估。加大重大行政决策合法性审查力度，落实市场监管等六个领域综合执法改革、街乡执法下沉改革任务，确保履职到位。严格规范文明执法，全面推进行政执法“三项制度”落实，提升执法效能。全面做好“七五”普法验收，科学谋划“八五”普法规划。深化公共法律服务体系建设，提升服务效果。实施农村“法律明白人”培养工程，推进“民主法治示范村（社区）”创建。加大政务公开力度，完善政务公开全清单，持续开展“政务开放日”活动。

3. 深化重点改革

巩固机构改革成果，健全完善体制机制。加强生态文明体制改革，落实自然保护区生态保护红线管理等制度。理顺自然保护区管理体制，健全监管长效机制。深入推进事业单位改革，加快推进区属机关事业单位所办企业清理规范。深化国资国企改革，加强国有资产监管机制建设，实施国企清产核资全覆盖。加强国资国企系统风险防控，提升企业核心竞争力，激发国企活力。强化政府投资和工程项目管理，改革项目招标投标和政府采购，完善实施政府投资工程建设项目招标投标监督管理办法。

4. 提高服务效能

持续推进“放管服”改革，切实担起中央基层减负监测点责任，健全基层减负长效机制，常态化开展“六个专项”整治，着力为基层“减事项、减流程、减材料、减时间”。加快建设社会信用体系，持续优化信用环境。深化“互联网＋政务服务”，改造升级政府网站，建成76个村（社区）政务服务站，完成三级政务服务体系建设。推进公共资源交易平台全流程电子化建设。

5. 着力节支增效

注重依法决策、科学决策、民主决策，强化政府过“紧日子”思想，在发展上坚持稳字当头，推动量的合理增长和质的稳步提升。大

力压缩一般性支出，严格控制政府供养人员数量。加强财政资金绩效管理，严控基础设施、公共服务等领域工程项目成本，压减不必要的第三方服务，财政资金优先保运转、保民生、保重点，用政府的“紧日子”保障百姓的“好日子”。

2020年是全面建成小康社会和“十三五”规划收官之年，也是制订“十四五”规划、推动高质量发展的关键一年。我们要系统做好“十三五”规划实施评估工作。依据新批复的分区规划，统筹编好“十四五”规划和各领域专项规划。围绕生态涵养区绩效考评指标、“七有”“五性”监测评价指标、减量发展指标等，深度谋划绿色发展，形成以规划纲要为统领、空间规划为基础、专项规划为支撑、乡镇规划共同组成的“十四五”规划体系。

各位代表、同志们，2020年的任务极其艰巨而又繁重，是需要倍加拼搏奋进的一年，让我们在习近平新时代中国特色社会主义思想的指导下，在市委、市政府和区委的坚强领导下，在区人大及其常委会的监督和区政协的支持下，以时不我待的行动自觉、勇于担当的精神状态、全力以赴的高昂斗志，勠力同心筹办冬奥大事，锐意进取建设美丽延庆，坚决夺取全面建成小康社会伟大胜利！

中国人民政治协商会议北京市延庆区第二届委员会常务委员会工作报告

——在政协北京市延庆区第二届委员会第四次会议上

（2019年12月23日）

延庆区政协主席　陈合安

各位委员、同志们：

我受政协北京市延庆区第二届委员会常务委员会的委托，向大会报告工作，请各位委员审议，并请列席会议的同志们提出意见。

一、一年工作回顾

2019年，区政协常委会在中共延庆区委的领导、市政协的指导和社会各界的支持下，以习近平新时代中国特色社会主义思想为指导，全面贯彻中共十九大和十九届二中、三中、四中全会精神，深入贯彻习近平总书记对北京重要讲话精神，认真落实市委、区委决策部署，深入开展“不忘初心、牢记使命”主题教育，全面聚焦冬奥会世园会筹办举办等重点任务，坚持团结民主两大主题，切实履行各项职能，在建言资政和凝聚共识上双向发力，团结带领广大政协委员和社会各界人士，较好地完成了二届三次会议提出的工作目标和任务，为交上服务保障赛会和高质量绿色发展两张优异答卷，建设国际一流的生态文明示范区和美丽延庆作出了新贡献。

（一）加强思想政治引领，把握正确前进方向

政协常委会始终坚持中国共产党对政协工

作的全面领导，坚持用党的创新理论武装头脑，强化使命担当，推动履职实践，凝聚加快延庆高质量绿色发展的智慧和力量。

1．坚持旗帜鲜明讲政治

始终把坚持中国共产党的领导作为政协履职的根本，把习近平新时代中国特色社会主义思想作为统揽政协各项工作的总纲，把坚持和发展中国特色社会主义作为巩固共同思想政治基础的主轴，引导参加政协的各党派团体和各族各界人士进一步树牢“四个意识”，坚定“四个自信”，做到“两个维护”，不断增进对中国共产党和中国特色社会主义的政治认同、思想认同、理论认同、情感认同。坚定不移地贯彻执行党中央方针政策和市委、区委关于政协工作的部署要求，自觉把思想和行动统一到党中央决策部署上来，确保党的领导贯穿于政协工作的全过程，确保政协事业方向不偏、立场不移。

2．深化学习培训强基础

把学习贯彻习近平新时代中国特色社会主义思想和中共十九大精神作为学习重点，结合“不忘初心、牢记使命”主题教育，深入学习习近平总书记在北京世园会开幕式上的重要讲话以及对北京工作的重要指示批示精神，感受新成就、领悟新思想。深入学习习近平总书记关于加强和改进人民政协工作的重要思想，认真贯彻中央、市委和区委政协工作会议精神，深刻把握新时代政协工作的特点和规律，不断提高履职实效。创新学习方式，举办“政协委员知情明政大课堂”，邀请党政部门通报情况，组织参加市政协报告会，把学习同视察、调研和考察等履职实践结合起来，为做好政协各项工作奠定了坚实基础。

3．突出党建引领聚合力

树立做好政协工作必须首先抓好政协党建的观念，认真学习贯彻中共中央、北京市委关于加强新时代人民政协党的建设工作的重要部署，以党的政治建设为统领，把制度建设贯穿始终，牢牢把握政协性质定位，发挥好协商民主这一实现党的领导重要方式的作用。切实发挥政协党组在政协工作中的领导作用、基层党组织的战斗堡垒作用和政协组织中共产党员的先锋模范作用，形成了以党建带队伍、促工作的良好局面。进一步健全完善政协党的组织建设，设立政协机关党组和专门委员会分党组，在全体会议及重要活动其间成立临时党组织，实现政协党的组织和党的工作全覆盖。

（二）围绕中心资政建言，助推美丽延庆建设

政协常委会聚焦全区中心任务，主动融入发展大局，年度协商计划加强与区政府的沟通交流，并报请区委审定。全年共召开议政性常委会议6次，以高质量履职服务高质量发展。

1．深入建言赛会筹办

区政协领导班子成员积极参与“四场活动”服务保障工作，重点围绕社会治安与安全保卫、社会动员与志愿服务、食品安全与住宿保障及会后利用与产业发展等方面问题，开展调研、监督和检查，促进了相关问题的解决。同时，积极配合做好人员培训、应急演练、宣传引导以及接待服务等多项工作。组织委员对世园路、百康路等8条市政配套道路建设情况开展专题视察，听取情况通报，提出意见建议。召开两次议政性常委会议，分别听取世园会筹备、服务保障工作进展情况和世园会举办、后世园发展规划情况的通报，实地视察世园会园区建设和筹备情况以及园艺产业发展情况，重点围绕旅游设施、交通组织、景观绿化、环境卫生、医疗保障、志愿服务、氛围营造以及世园会后技术资源转化等方面问题，建净言、支实招、献良策，形成《关于世园会带动延庆园艺产业发展的研究》《融入园艺理念，提升城市建设品质》的报告。调研冬奥会基础设施建设、冰雪运动开展情况，视察北医三院延庆医院冬奥专区建设情况，举办协商座谈会，与相关职能部门互动交流、提出有针对性的意见建议，形成《以冬奥会为契机，建设国

家体育产业示范基地的调研》《关于设立北京冬奥延庆赛区智能网联示范区的建议》《以冬奥会为契机，推动延庆冰雪产业快速发展的建议》的报告，在冬奥会筹办世园会举办中发挥了积极作用。

2. 积极服务绿色发展

聚焦推进“两山”理论实践创新基地建设，组织委员就分区、专项等规划的实施，深入调研、集中协商、综合建言。专题调研全区污染防治攻坚战实施情况，听取工作情况通报，实地视察北京下营综合检查站和夏都公园监测子站，针对提升精细化管理水平、推进空气质量持续改善提出建议。视察国润家园社区、污泥处置厂和东祥环境科技有限公司，就垃圾分类及农业废弃物循环利用等相关问题互动交流，提出意见建议。着眼加快宜居新城建设，听取棚户区改造、环境综合整治等方面情况的通报，实地视察延庆交通支队智慧交通指挥中心，形成《关于加强延庆智慧城市建设的建议》的报告。紧扣实施乡村振兴战略，先后深入到八达岭、大庄科等乡镇，就农村产业转型升级、人居环境整治和精品民宿发展及培育文明乡风等方面问题调研议政，形成《关于实施乡村振兴战略，持续推进美丽乡村建设的调研与思考》的报告。聚焦优化营商环境持续用力，政协领导班子成员列名联系，走访企业，提供帮助；召开议政性常委会议，听取工作情况通报、视察区政务服务管理局办事大厅，就提升政务服务水平、构建亲清政商关系等建言，形成《提升制度环境软实力，打造营商环境新高地》等报告。定期听取全区国民经济及社会发展情况的通报，研讨新情况新问题，务实提出意见建议，有效发挥决策咨询作用。

3. 有效促进民生改善

把改善民生作为调研视察和议政建言重点，围绕人民群众所想所盼、所愿所求履行职能，做到“合民意”“接地气”，促进民生问题的解决。紧扣落实民生“七有”要求和“五性”需求，结合“吹哨报到”“接诉即办”，先后组织听取全区重点工作折子工程和重要民生实事安排情况的通报，就人民群众普遍关心的生态环境保护、社会事业发展、精准扶贫脱贫等方面问题展开讨论，提出工作建议。听取全区家庭医生签约工作情况的通报，视察部分乡镇社区卫生服务中心，开展入户走访调查活动，形成《关于我区家庭医生签约服务的调研报告》。听取教育系统重点工作推进情况的通报，专题调研校园文化、教师队伍建设等方面工作情况，视察区内部分中小学校，召开协商座谈会，形成《关于为优秀教师成长提供良好外部环境的调研》。实地调研八达岭长城景区运营和长城文化带建设情况，围绕相关问题深入建言，形成《深入挖掘我区长城文化内涵，建设长城文化金名片》的报告。听取少数民族村经济发展情况的通报，视察井庄镇王仲营村中草药产业基地，提出意见建议。同时，还着眼全国文明城区创建、推进新时代文明实践中心试点建设以及社会治理等方面工作，开展系列视察调研活动，听取工作情况通报，召开协商座谈会，形成《关于延庆区人民调解制度现状的调研报告》等报告，提出的相关意见建议得到了区委、区政府领导高度重视，成为决策参考。

（三）坚持以人民为中心，深入开展民主监督

政协常委会积极践行履职为民宗旨，切实推进民主监督工作，多谋民生之利，多解百姓之忧，多行惠民之举，让群众感到政协委员就在身边、人民政协离自己很近。

1. 监督职能有效履行

围绕世园会服务保障、冬奥工程建设和实施乡村振兴战略、打好污染防治攻坚战及创建全国文明城区等方面工作，开展督查视察30余次。加强民主评议工作，先后听取全区党风廉政建设、反腐败工作和扫黑除恶专项斗争情况及民生实事办理情况的通报。积极支持委员参加区政府常务会和有关部门、单位的座谈

会、议事会、民主测评、专项检查等活动，自觉履行监督职责，寓监督于服务之中，有效促进了有关单位依法行政和勤政廉政，进一步增强了民主监督工作的广度和深度。充分发挥各民主党派、工商联和无党派人士民主监督的积极性，推荐政治素质好、责任心强、熟悉相关部门工作的委员，担任纪检监察、司法等部门的特约监督员、行风政风评议员，做到知情监督，敢于直言，得到了被监督单位的尊重和肯定。

2. 提案作用充分发挥

二届三次会议以来，共收到委员书面建议172件，审查整理后形成正式提案138件。采取重点提案领导领衔督办、同类提案集中督办等有效措施，强化对世园会服务保障、城乡建设管理、优化营商环境等方面提案的督办工作，促进了提案办理有效落实。会同两办督查室对提案办理情况进行集中督查，共召开5次提案办理协商工作会，区委、区政府分管领导到会，听取委员意见，提出明确办理要求，督促承办单位提高办理实效。加大协商督办力度，在开展调研、视察、专题协商等活动中，对委员提案办理工作进行督查。完善提案办理答复意见公开、提办双方互评和督查机制，有力提高了提案工作科学化水平。强化提案办理工作宣传，努力营造了全社会大力支持提案办理工作的良好氛围。一年中，政协委员提案全部办复，委员们对提案办理结果较为满意。

3. 反映民意成效显著

研究制定《北京市延庆区政协委员联系群众工作制度》，通过学习交流、调研视察和走访座谈，及时把人民群众的意愿要求报送区委、区政府领导，当好人民群众的代言人。认真办好《情况反映》，充分发挥各参加单位和专委会的职能作用，主动反映影响全区经济社会发展的重要问题和各界群众合理诉求，拓宽了委员参政议政、民主监督的渠道。特别是对一些苗头性、倾向性、突发性的问题及时发现和反映。一年来，“关于整治城区中心地带环境秩序的建议”“关于在世园会期间对京礼、G6高速公路通往延庆方向实行实时管制的建议”等多篇社情民意信息得到了高度重视，区领导及时批示相关部门研究办理。主动加强与党政部门的沟通联系，督促对社情民意信息的跟踪办理和反馈，促使一些问题得到了有效解决。

（四）发挥团结统战功能，汇聚高质量发展合力

政协常委会牢牢把握团结和民主两大主题，充分发挥政协组织包容性强、工作面宽、联系面广优势，不断增进统一战线各个层面的团结合作，努力画好同心圆，形成助推发展、促进和谐的合力。

1. 注重凝聚各方力量

利用委员学习座谈、视察考察等途径，广泛宣传党和国家的方针、政策以及我区的重大战略部署，努力营造社会各族各界人士团结一心、共谋发展的良好氛围。引导委员协助党委、政府做好化解矛盾、沟通思想、理顺情绪、鼓舞士气的工作，为营造和谐的社会环境做出了不懈的努力。坚持民主协商、平等议事的原则，加强与各民主党派组织、工商联、各人民团体的联系，邀请他们参加政协的重要协商、调研、视察和考察等活动，支持他们在政协的各种会议上发表意见建议，为他们参与全区经济社会建设搭建了平台。广泛开展“走访委员听心声，凝智聚力促发展”活动，政协领导多次深入到委员所在的乡镇、企业及单位，与委员面对面沟通交流，倾听心声和诉求、听取意见和建议，统一了思想、凝聚了共识。

2. 积极开展特色活动

认真学习领会中共中央关于纪念中华人民共和国成立70周年和人民政协成立70周年有关精神，开展系列学习教育纪念活动。到大庄科乡红色体验基地，开展“重走长征路”主题党日活动、参观“人民政协光辉历程展”和“人民政协成立前后珍贵资料展”。聚焦“不忘

初心、牢记使命”主题，组织党员委员开展学习交流研讨、听取专题党课报告等活动，不断提高政治觉悟和政治能力。根据赛会服务保障需要，积极组织开展冬奥世园先锋行动和“延庆是我家，世园靠大家”等主题活动。组织委员企业家赴内蒙古兴和县开展帮扶活动，捐赠资金22万元用于脱贫工作。组织有专长的委员，联系有关单位，开展送温暖、送法律、送健康、送文化等活动。举办摄影采风等文体活动，展示委员风采、激发工作活力。

3. 扩大对外联谊交往

进一步加强工作联动，主动接受市政协工作的指导，积极参加市政协组织的有关会议和活动，保质保量完成市政协交办的各项任务。积极协调服务好北京市区政协主席专题座谈会、市政协少数民族界和宗教界委员读书班学习研讨交流、实地考察视察等活动。配合市政协完成提升产业发展质量，培育乡村发展新动能等调研视察课题。加强与各区政协的横向交流，互学互鉴，形成联动协作、开放共享的良好局面。统筹安排各区政协来延调研活动，就垃圾分类减量化处理、生态环境建设、精品民宿发展、发挥委员主体作用等课题做了深入交流研讨，学习了经验，促进了工作。热情接待全国政协、市政协和各区政协及外埠政协来延学习考察25批次，大力宣传推介延庆，讲好冬奥世园故事，推动延庆与世园会冬奥会共同获得更高的知名度。

（五）切实加强自身建设，夯实提质增效基础

政协常委会主动适应新形势新任务，以改革思维、创新理念、务实举措，扎实推进自身建设，不断提高政协工作制度化、规范化、程序化水平，推动政协事业不断向前发展。

1. 着力抓好调查研究

坚持把深入调查研究作为反映社情民意、提交提案、议政建言的前置条件，做到不经调研不建言。按照党政主要领导交题、主席会议协商定题、专委会拟题等方式，统筹安排全年调研课题，形成以调查研究活跃协商民主、用协商民主深化调查研究的良好工作格局。建立领导班子成员牵头重点调研课题制度，综合发挥政协组织牵头作用、职能部门参与作用、常委和委员智囊作用，深入一线、聚焦问题、联合攻关，切实提升协商议政质量，更好发挥政协“智库”作用，全年共形成调研报告12篇。相关调研报告及所形成的意见建议已报区委、区政府决策参考，对改进工作、推进问题解决起到了积极促进作用。

2. 加强委员队伍建设

发挥政协委员履职主体作用，坚持教育培训与自我教育相结合，强化责任担当，不断提高政治把握能力、调查研究能力、联系群众能力、合作共事能力，做到“懂政协、会协商、善议政”。认真落实关于加强委员队伍建设的各项要求，强化委员履职标准化管理，做到“守纪律、讲规矩、重品行”。注重发挥党员委员在履职中的先锋模范作用，用实际行动交出满意履职作业。完善专委会联系走访委员制度，多种形式建立起与委员的经常性联系。继续办好《新时代、新作为——走近政协委员》栏目，强化委员自我激励，提升委员社会责任感，扩大委员社会影响力，不断增强委员的荣誉感，形成和汇聚强大的正能量。

3. 提升机关工作水平

全面整改市委巡视组反馈问题，积极支持区纪委、区监委纪检监察组开展工作，自觉接受监督。按照中央、市委和区委部署要求，扎实开展了“不忘初心、牢记使命”主题教育，切实加强理论学习、深入开展调查研究、检视问题短板、狠抓整改落实。通过主题教育，进一步提高了机关党员干部理论素养、坚定了理想信念、强化了宗旨意识、激发了履责热情，营造了勇于担当、奋发向上的良好工作氛围，为不断提高新时代政协工作科学化水平提供了坚强保障。强化政协网站、微信公众号建设和管理。认真做好文史资料征集，积极参与市政

协《凝心聚力 70 年》撰稿工作。切实做好结对帮扶、社区共建等工作。积极开展献爱心送温暖等活动。

各位委员，回顾过去一年的工作，我们取得的每一项成绩，都是中共延庆区委正确领导、市政协有力指导、区人大和区政府及社会各界大力支持的结果，是参加区政协的各党派团体、各界委员携手奋进、扎实工作的结果。在此，我代表区政协常委会，向为政协事业发展付出智慧和心血、做出无私奉献的各界委员，向所有关心、支持政协工作的各级领导、各界人士，表示崇高的敬意和衷心的感谢！

在看到成绩的同时，我们也清醒认识到工作中仍然存在差距和不足。一是在把握政协工作规律，协商、监督水平和成效上仍需进一步提高；二是在加强同政协委员和各界群众的联系，增强政协组织的凝聚力上仍需加大力度；三是在加强政协委员和机关干部两支队伍建设，提高委员履职能力和机关服务水平上仍需付出更大努力。对于这些问题，常委会将在今后的工作中认真加以改进。

二、2020 年工作安排

2020 年是全面建成小康社会和“十三五”规划收官之年，是贯彻落实中共十九届四中全会精神的开局之年。区委二届十次全会确定了明年工作的总体思路：以习近平新时代中国特色社会主义思想为指导，深入贯彻党的十九大和十九届二中、三中、四中全会与中央经济工作会议精神，全面落实市委十二届十次、十一次全会精神，坚持稳中求进工作总基调，坚持新发展理念，严格落实北京城市总体规划要求，以服务保障高山滑雪世界杯举办和冬奥会筹办为牵引，抓好“三件大事”，打好“三大攻坚战”，持续深化供给侧结构性改革，全面做好“六稳”工作，全力守护好山好水好生态，加快建设绿色发展聚宝盆，确保全面建成小康社会和“十三五”圆满收官，在交出服务保障冬奥会和高质量绿色发展两张优异答卷上再创新佳绩。区政协常委会要以习近平新时代中国特色社会主义思想为指导，深入学习贯彻中共十九大和十九届二中、三中、四中全会精神，在中共延庆区委坚强领导下，按照区委二届十次全会作出的重要决策，重点围绕区委工作部署，坚持团结和民主两大主题，发挥专门协商机构作用，把加强思想政治引领、广泛凝聚共识作为履职工作的中心环节，以实际行动干出新时代人民政协的新样子，为服务保障冬奥会筹办、推动高质量绿色发展作出新贡献。

（一）加强理论学习，不断提升政治站位

学习是人民政协的优良传统，也是政协重要的基础性工作。一是深入学习贯彻习近平新时代中国特色社会主义思想。要把学习习近平新时代中国特色社会主义思想和中共十九届四中全会精神作为重中之重，及时跟进学习贯彻习近平总书记最新重要讲话精神，深入贯彻落实习近平总书记关于加强和改进人民政协工作的重要思想，增强“四个意识”，坚定“四个自信”，做到“两个维护”，筑牢履职服务的坚实思想政治基础。自觉接受区委领导，重大事项、重点工作及时请示报告，切实把党的指导思想、政策主张转化为政协各参加单位和广大政协委员的思想共识和行动自觉。二是把党的全面领导贯彻落实到政协工作各方面全过程。充分发挥区政协党组在政协工作中的领导作用和党员委员先锋模范作用，从严从实抓好党建、带好队伍，以党的建设引领和推动政协的履职实践。三是组织政协委员和政协干部开展多层次的学习活动。要通过举办常委暑期读书班、“政协委员知情明政大课堂”和理论研讨会、座谈交流会等多种形式，丰富内容、改进方式，努力在学深悟透做实上下功夫，更好肩负起新时代人民政协新使命。

（二）坚持双向发力，服务经济社会发展

建言资政和凝聚共识两方面双向发力是新时代人民政协理论的创新和发展，要把双向发力贯穿履行职责各方面和全过程。

1. 增强协商实效

要认真贯彻落实习近平总书记关于加强和改进人民政协工作的重要思想和中央、市委和区委政协工作会议精神，切实发挥专门协商机构的作用。不断完善政协协商民主工作机制，更加灵活、更为经常开展专题协商、对口协商、界别协商、提案办理协商，推进协商民主广泛、多层、制度化发展。积极探索发挥界别作用的新途径，更充分地体现和反映社会各界的愿望诉求，发挥人民政协协调关系、汇聚力量、建言献策、服务大局的重要作用。落实年度协商计划，完善协商内容、丰富协商形式、健全协商规则、提高协商质量。特别是要紧密围绕区委二届十次全会提出的各项工作任务，积极参与全区经济社会改革发展重大问题和涉及人民群众切身利益的实际问题的协商讨论，通过视察、考察和调研等形式，集良策、谋善举、建净言，为延庆高质量绿色发展贡献力量。

2. 创新监督形式

要深刻把握政协民主监督创新发展的新要求，深入研究政协民主监督工作的特点规律，切实提高民主监督质量。加强对全区重大工作部署实施情况和社会热点、难点问题解决落实的民主监督，做到监督就要真监督，监督监在关键处。重视发挥政协各种履职形式的民主监督作用，把民主监督融入政协委员提案、开展视察、考察、调研，参与工作检查等活动之中，进一步提高民主监督成效。不断完善民主监督机制，使政协在监督工作中提出的意见和建议，件件有回音、有落实。密切与党委和政府监督机构以及新闻媒体的联系，加强工作协调和配合。要提高政协民主监督组织化程度，根据相关部门要求，推荐委员担任特邀监督员和行风政风评议员，开展民主监督活动，促进政府机关依法行政和司法机关公正执法，维护人民群众的切身利益。

3. 凝聚发展共识

要坚持把促进高质量发展作为履行职能的第一要务，把凝聚共识融入视察考察、调查研究、协商履职活动中。坚持问题导向，紧扣经济社会发展的重大问题、全面深化改革的难点问题、推动创新创造的关键问题、人民群众关注的热点问题，特别是制约建设国际一流的生态文明示范区的“短板”，聚众智、建净言、献实策。重点围绕全面推进冬奥会筹办、世园会后续利用，开展协商座谈，积极建言献策。聚焦“七有”要求和“五性”需求，广泛深入地开展调查研究、视察考察活动，多建利民之言，多谋发展之策，努力使政协履行职能的过程成为推动民生问题解决的过程。围绕提升生态品质、发展绿色经济、加快城乡建设、完善社会治理、推进文明城区创建等方面内容开展各项活动，积极献计出力，为区委、区政府科学决策提供参考。

（三）聚焦民生改善，有效发挥政协作用

实现好、维护好、发展好最广大人民根本利益是政协工作的出发点和落脚点，注重把民生、民情、民意反映作为政协履行职能的重要方面。一是扎实做好提案工作。要不断完善工作机制，做好提案的选题引领、线索征集、立案审查、交办衔接、沟通协商、追踪反馈等各项工作，促进提案质量和办理质量的双向提高。坚持主席、副主席督办，区委、区政府督查室和政协提案委跟踪督办，使每一件提案都能“落地有声”。加强与区委办、政府办及各承办单位的联系，及时掌握提案办理进度，了解提案办理情况，确保提案如期得到办复落实。二是及时反映社情民意。要注重发挥委员联系基层、联系群众的优势，通过学习交流、

视察调研、走访座谈，主动倾听群众的意见和呼声，及时把人民群众的意愿诉求和委员建议报送区委、区政府领导。办好《情况反映》，真正使其成为党委政府与各界人士联系的桥梁和纽带，成为党政领导了解社情民意的重要窗口。三是开展为民服务活动。组织有专长的政协委员，联系有关单位开展义诊咨询、志愿服务、扶贫济困等活动。切实发挥政协文史工作优势，认真做好延庆文史资料征集、研究等工作。

（四）突出两大主题，画出最大同心圆

团结和民主是人民政协的两大主题，是人民政协性质的集中体现。要将团结和民主体现到政协工作各方面，形成合作共事的良好氛围。一是按照民主协商、平等议事、求同存异、体谅包容的原则，密切与各民主党派、工商联、人民团体、无党派人士和社会各界的交流和沟通，加强与民族宗教界人士以及新的社会阶层的联系和团结，调动一切积极因素，凝聚社会各方力量，为延庆改革发展稳定发出好声音、汇聚正能量。二是加强与外界交流，广交朋友，扩大延庆对外影响，促进区域协同共进、互利共赢。三是完善政协主席、副主席联系常委、常委联系委员、委员联系基层群众等制度，切实加强与人民群众的密切联系。组织委员开展形式多样的交流联谊活动，积极帮助委员解决实际困难，不断提升委员的归属感。四是充分发挥广大委员和政协各参加单位在维护社会稳定中的独特作用，通过政协平台，团结社会各界人士，积极做好协调关系、理顺情绪、化解矛盾、增进团结的工作，营造和衷共济的发展氛围。

（五）强化责任担当，不断提升工作质量

新时代新任务新要求，进一步强化政协委员和机关干部的责任担当，是推进政协工作提质增效的基础。一是政协党组要落实党对政协组织实施领导的制度和规定，确保政协始终在党的领导下主动负责、协调一致地开展工作。以党的政治建设为统领加强政协党组、机关党组、专委会分党组建设。研究完善政协履职制度机制，推进履职制度化、规范化和程序化。二是加强政协常委会、专委会和界别建设，树立“一线”思维，把提质增效贯穿于工作全过程和各方面，确保扎实有效地开展工作。三是加强委员队伍建设，强化委员履职责任，激发委员参政议政热情，以模范行动展现新时代责任委员的形象和风采。强化委员履职管理，为委员履职尽责创造良好环境。四是加强政协机关建设。巩固拓展“不忘初心、牢记使命”主题教育成果，以推进学习型、创新型、服务型、廉洁型政协机关为基础，努力锻造一支信念过硬、政治过硬、责任过硬、能力过硬、作风过硬的机关干部队伍，为不断提高新时代政协工作科学化水平提供坚强保障。

各位委员、同志们：初心如磐，使命在肩。当前，延庆正处在加快发展的黄金时期，新的形势和新的任务，对人民政协工作提出了新的要求，也为人民政协履行职能、发挥作用提供了广阔的舞台。让我们更加紧密地团结在以习近平同志为核心的中共中央周围，在中共延庆区委的坚强领导下，同心同德、锐意进取、扎实工作，展现新时代人民政协新形象，为在交出服务保障冬奥会和高质量绿色发展两张优异答卷上再创新佳绩，建设国际一流的生态文明示范区和美丽延庆作出更大贡献！

北京市延庆区人民法院工作报告

——在北京市延庆区第二届人民代表大会第六次会议上（2019 年 12 月 25 日）

延庆区人民法院院长　王罗颐

各位代表：

我代表北京市延庆区人民法院向大会报告工作，请予审议，并请政协各位委员提出意见。

一、2019 年工作回顾

2019 年，我院在区委的坚强领导、区人大及其常委会的监督下，在区政府、区政协的大力关心支持和市高级法院的指导下，全面贯彻落实党的十九大，十九届二中、三中、四中全会及市委十二届十次全会、区委相关会议精神，以习近平新时代中国特色社会主义思想为指引，不断提高政治站位、功能站位、工作站位，认真履行宪法和法律赋予的职责，依法公正高效审理各类案件，积极推进切实解决执行难等问题，深入开展扫黑除恶专项斗争，持续推进司法体制改革，严抓党风廉政建设，狠抓队伍素质建设，自觉将审判工作融入区域工作大局，精准聚焦世园会、冬奥会筹办举办，全面服务区域经济社会发展大局，各项工作均取得新的进步。全年受理案件 17419 件，同比上升 10.56%，审结 15615 件，同比上升 11.06%，结收比 93.09%，同比上升 0.45%。

（一）聚焦中心工作，依法发挥审判职能，着力服务保障区域高质量绿色发展

我院充分发挥审判职能作用，依法公正审理各类案件，努力提高司法应对的前瞻性、有效性、针对性，依法保障区域高质量绿色发展。

1. 依法惩罚犯罪、保护人民，坚决维护社会稳定

全年审结刑事案件 362 件。依法审结销售假药罪案件，让药品安全成为不可触碰的“高压线”。依法妥善审结延庆区首例污染环境罪案件，为辖区生态环境保护提供有力的司法保障。坚持以审判为中心，落实疑罪从无原则和证据裁判制度，完善庭前会议程序，规范法庭调查规则，推动刑事案件律师辩护全覆盖。健全充分听取、认真采纳律师辩护和代理意见的制度机制，尊重和保障律师依法履职。持续推进认罪认罚从宽处罚机制改革，全年适用认罪认罚从宽处罚程序审结案件 196 件，占刑事案件总数的 54.14%，较好地实现了法律效果和社会效果的统一。

2. 依法公正审理民商事案件，优化良好的营商法治环境

围绕优化营商环境重点工作，多次举办服务优化营商环境工作专项培训会、征求意见会、推进会，优化窗口服务环境，严格规范司

法审判行为，切实有效提升审判质效；主动对接辖区内重点民营企业，依法保障企业合法经营，积极营造法治化、便利化营商环境。为服务保障世园会，出台《关于充分发挥审判职能为世园会成功举办提供优质司法服务的实施意见》，开通立案绿色通道，对涉世园会的简易民商事案件实行快速立案、快速审理、快速执行，妥善化解涉世园会矛盾纠纷，成立“服务世园、保障冬奥”临时党支部，发挥党建红色引擎作用，为世园会的筹办举办提供有力的组织保障；防范化解金融风险，加强涉银行、小贷公司、融资租赁公司的金融债权类案件审理，审慎处理金融创新过程中发生的金融纠纷，妥善应对可能带来的群体性问题；积极推进诉源治理，构建横到底、纵到边的网格化诉源治理格局，全区15个乡镇、3个街道实现法官工作站全覆盖，在乡镇部分村、重点企业、市场等地设立法官联系点32个。法官工作站成为将矛盾纠纷吸附化解在基层和诉前的主阵地，成为与基层政府、村居自治组织等沟通对接的平台，指导开展矛盾排查、纠纷化解、司法确认、民调指导、法治宣传等工作，筑牢矛盾源头防控体系。

3. 依法公正审理行政案件，促进行政机关依法行政

依法保护行政相对人合法权益，监督行政机关依法行使职权，全年审结行政案件136件。进一步规范行政机关负责人出庭应诉工作，有力促进行政纠纷实质化解，全年行政机关负责人出庭应诉案件21件，同比增长46.67%，发布行政审判白皮书，全面梳理行政案件审理情况，助推辖区法治政府建设。走进行政机关开展座谈培训，组织领导干部和执法人员观摩庭审100余人次，向相关行政机关发出司法建议，促进行政机关提升依法行政水平。

4. 强化精准攻坚，着力推进“切实解决执行难”

我院以“固成果、补短板、谋长远”的工作思路，着力构建执行长效机制，突出重点、精准施策，巩固基本解决执行难工作成果，保持执行工作高位运行，向着“切实解决执行难”目标继续迈进。全年受理执行案件2978件，执结2799件，执结率为94%。一是健全完善涵盖全区67家相关单位、主流媒体、金融机构的执行联席机制，强化执行联动，形成切实解决执行难的“拳头效应”。二是强化执行规范化管理，建立终本案件双轨动态跟踪机制，确保终本案件真正满足经线上线下调查后确无财产可供执行的硬条件，终本案件合格率100%。三是加大失信惩戒力度。发布失信被执行人名单970人次，限制乘飞机、高铁等高消费1098人次；司法拘留8人，罚款2人；126名失信被执行人慑于信用惩戒主动履行了义务。四是聚焦民生问题，加大救助力度。年内对生活困难的申请执行人发放司法救助金230万元，着力执行涉及人民群众切身利益的案件，特别是追索农民工工资案件作为重中之重，年内共执行到位涉民生案款265万元。

（二）突出重点、注重实效，持续推进扫黑除恶专项斗争向纵深发展

我院认真贯彻落实党中央、市委、市高院、区委的各项部署和要求，充分发挥审判职能，努力提高政治站位，周密安排部署，精心组织推动，与区监察委员会签订《职务犯罪案件协作配合实施意见（试行）》，切实推动反腐败工作和扫黑除恶专项斗争工作向纵深发展。定期召开党组会议传达会议精神，部署工作。组建专门审判团队，院庭长带头办案。积极延伸审判职能，建立回访联动机制，始终坚持边扫边打、边整边建，有效推动形成联动融合、共享共治的社会治理格局。共受理涉恶案件3件，治乱重点案件11件。

在案件办理上，聚焦“村霸”案件审理，同步以案释法。先后审结了史来玉犯职务侵占罪、非国家工作人员受贿罪，侯纪广犯合同诈

骗罪，侯海民犯合同诈骗罪等涉及农村基层乱象治理案件；王晶等人犯寻衅滋事罪涉及地沟油案件，李纪明等人犯寻衅滋事罪破坏两委换届选举案件；在涉恶案件办理上，审结杨明东等人犯敲诈勒索罪、寻衅滋事罪、故意毁坏财物罪案件，其他涉恶案件正在办理中。针对社会关注度较高的案件，多次主动邀请人民群众、人大代表、部分乡镇主管领导、村“两委”干部、新闻记者等人旁听案件。在排查线索上，向区扫黑办、市高院共报送线索34条，其中区公安分局立案5条，区纪委监委立案1条。在核查线索上，我院先后核查中央督导组转递的四批线索，共37条，已经形成“一线索一报告”。在答复线索上，答复率100%。先后发送司法建议15份，涉及行业监管漏洞、职能部门履职不到位、农村基层党组织软弱涣散等问题，收到回函13份。同时，我院聚焦问题清单，强化执纪问责，持续推动整改落实到位。

（三）深入推进司法体制改革，认真落实改革任务

在市高级法院的统一部署下，在区委的大力支持下，司法体制改革工作取得预期成效。

1. 全面完成内设机构改革任务

为适应审判权运行机制改革需要，加快建立以审判为中心的内设机构设置模式和人员配置方式，我院按照“机构精简是基础，职能优化是关键”的工作要求，坚持审判业务机构与非审判业务机构同步改、扁平化管理和专业化建设相结合的思路，圆满完成了内设机构改革任务，原有的13个审判业务机构精简为7个，非审判业务机构由原来的5个精简为3个。改革后队伍思想状态稳定、各部门运转有序。

2. 构建规范有序的审判监督管理体系

在严格落实司法责任制的基础上，进一步规范院庭长职责权限，加强对审判权的监督管理，制定《案件审限管理办法》，对审限延长、扣除审限等审判环节重点监控，从制度上杜绝长期未结案的发生，促进审判效率提升。明确院庭长监督管理权限，加强对案件审限的全流程监管，严格延审、扣审审批程序。紧盯长期未结案件这一人民群众长期关注的现实问题，建立定期排查、定期汇报、定期督办机制，长期未结案清零工作位居全市法院前列。强化案件评查结果运用，将评查结果与业绩考核和评优评先挂钩，倒逼法官提升案件质量。

3. 全面推进司法体制综合配套改革

推进员额法官动态管理制度化、规范化，2019年遴选第四批员额法官4人，目前共有员额法官60人；推行院庭长办案常态化，承担重大、疑难复杂案件审理，院庭长全年办案5044件，占全院办案量32.3%。强化员额法官责任制，人均办案290件，司法责任制得到全面落实。为解决案多人少矛盾，回应人民群众对司法效能的新期待，全力打造多元调解+速裁矛盾纠纷化解模式，对矛盾纠纷繁简分流，让繁简纠纷得到快速精准分离，要求诉讼前端审结全院60%的案件，切实保障简案快审；对于疑难复杂案件，直接进入诉讼后端，由后端法官精审精判，真正实现简案快审、繁案精审。

4. 全面深化司法公开

健全审判流程、庭审直播、裁判文书、执行信息四大公开平台建设，全年庭审直播案件2273件，同比上升200%，图文直播案件110件，裁判文书上网率达100%，让司法公正经得起人民群众的“检验”。年内召开5期新闻通报会，通过“两微一端”、今日头条客户端、抖音、快手短视频等渠道全方位公开法院工作，全年共发布信息1000余条，主动接受人民群众监督。

（四）扎实开展“不忘初心、牢记使命”主题教育

我院严格按照市委、区委相关部署要求，把“不忘初心、牢记使命”主题教育工作作为首要政治任务，院党组切实履行主体责任，坚

持把主题教育与审判执行工作相结合，按照习近平总书记“四个对照”“四个找一找”的要求，统筹推进主题教育工作，司法为民工作取得较好成效。

1. 建立“1+1+N”学习机制，确保学习成效

第一个“1”即每名党组成员分别联系指导两三个党支部的理论学习，防止出现上热中温下冷的现象发生；第二个“1”即完善督查考核制度，将现场问询、查阅支部手册、开展志愿服务等8个方面内容纳入督察考核，考核结果作为党支部书记“一岗双责”和党员干警工作业绩评定的依据；“N”就是把主题教育镶嵌于队建、审判、工会等各项工作中，找准工作的结合点，切实提升学习的感染力、覆盖面和实效性。

2. 紧扣目标导向策划选题，丰富教育形式

我院坚持规定动作不走样，自选动作有创新的工作思路，在主题教育中，开展共同重温部分党员入党申请书，举行“歌声话初心、礼赞新中国”歌咏比赛，“坚定守初心、光荣担使命”知识竞赛等系列活动，提升主题教育的感染力。强化党课教育，严格落实“三会一课”制度，主题教育对强化干警政治意识、责任意识起到重要作用。

3. 坚持基层导向，深入开展调查研究，认真整改落实

院党组率先垂范，先后深入一线开展调查研究，了解民情、掌握实情、研究问题，共收集意见建议54条。积极回应群众关切和期待，形成问题整改清单，细化责任，挂图推进，53项具体问题均已回应解决，以实实在在的改变赢得群众认可。

（五）坚持全面从严治党，持续加强法院队伍建设

深入贯彻落实习近平总书记提出的“五个过硬”要求，始终把党的政治建设摆在首位，全面从严治党、从严治院、从严管理，锻造过硬法院队伍。

1. 突出政治引领，全面加强党的领导

坚持以习近平新时代中国特色社会主义思想为统领，把讲政治体现在与以习近平同志为核心的党中央保持高度一致上，体现在严格依法办案上，体现在服从党组织的决定上。深入学习贯彻落实党的十九届四中全会精神，深化落实意识形态工作责任制，出台《意识形态工作责任制实施办法》，逐级签订意识形态责任书，牢牢把握正确政治方向，牢牢掌握意识形态工作的领导权、主动权。进一步落实重大事项报告制度，坚持重大事项向区委、区委政法委、区人大报告，制定《向区委请示报告事项清单》，明确报告事项、责任部门，主动接受区委、区委政法委的领导和区人大的监督。

2. 深入推进反腐倡廉和作风建设

建立常态化监督检查机制，成立由各部门骨干力量组成的廉政监察员队伍，建立由社会各界人士组成的廉政监督员队伍，加强内、外部监督工作。强化主体责任落实，集中开展办公用房专项整改，严防“四风”问题反弹回潮。加强廉政警示教育，召开“以案为鉴，以案促改”警示教育大会，筑牢干警拒腐防变思想防线。开展突出问题集中整治，加强内部管理活动，组织日常督察26次，专项督查10次，不定期督察庭审视频50余次，提出整改意见12个，切实推进司法作风转变。

3. 狠抓教育培训工作

制定《政治轮训工作实施方案》，开展支部书记轮训和干警政治轮训工作，教育引导干警坚定理想信念，铸就绝对忠诚的政治品格。着力加强审判业务能力培训，开展司法业务技能评比活动，定期开展司法业务培训，进一步提升干警司法业务能力。落实“七五普法”责任，深入推进“法律十进”，共开展“京法巡回讲堂”30余期，聚焦乡村振兴战略，借助法官工作站、法官联系点等平台，定期深入乡村零距离解决群众诉求。

4. 加强法院文化建设

我院大力弘扬公正、廉洁、为民的司法核心价值观，全面提升干警思想境界、职业操守、人文素养，努力营造积极进取、特色鲜明的法院文化氛围。在国家宪法日开展开放日及宪法宣誓活动，邀请社会各界人士走进法院，了解法院文化，开展“退伍不褪色、转业不转志”庆八一等系列活动，切实增强文化感染力。举办各类党建、队建、审判、工会工作相融合的文体活动，促进司法文化全面发展。

（六）自觉接受监督，促进公正司法

我院始终把接受监督作为公正司法的重要保障。自觉接受人大、政协、检察机关及社会各界的监督，加强和改进各项工作。加强与人大代表的沟通联络，邀请代表旁听案件、视察法院、参加新闻通报会、法官工作站揭牌等活动10余次，主动征求代表的意见建议。依法接受检察机关法律监督，认真对待检察建议并改进相关工作。主动接受社会监督，年内新增人民陪审员132人，陪审率达95.7%。

各位代表，2019年延庆法院工作取得的进步，是区委坚强领导，区人大及其常委会有力监督，区政府、区政协和社会各界大力支持帮助的结果。在此，我代表延庆法院向大家表示衷心的感谢和崇高的敬意！

回顾过去一年的工作，我们清醒地认识到延庆法院工作中仍存在一些不足：围绕中心，服务大局的司法能力还需进一步加强，诉源治理工作需要进一步深入，司法理念、能力、机制与新时代新要求还存在差距，新的审判质量监督机制亟须健全，切实解决执行难的任务仍然艰巨，司法作风有待改进。对于这些问题，我们将采取有效措施，努力加以解决。

二、2020年工作思路

2020年，我院的总体工作思路是：深入学习贯彻落实党的十九大和十九届二中、三中、四中全会精神、习近平总书记系列重要讲话精神、中央政法工作会议精神以及市委、区委相关会议精神，坚持以习近平新时代中国特色社会主义思想为指导，紧紧围绕市委、区委决策部署，充分发挥审判职能作用，以高质量司法服务高质量发展，以高质量司法满足新时代人民群众多元司法需求，以高质量司法服务为导向全面深化司法改革，以高质量司法为目标全面从严治院。重点推进以下几方面工作：

（一）紧紧围绕区域重点工作，在服务保障大局上有更高的站位

自觉把延庆法院各项工作放在延庆发展大局中去谋划推进，在更高起点、更高层次上提供精准、优质、高效的司法服务和保障，找准服务保障冬奥会筹办举办的切入点、结合点，确保服务保障冬奥会筹办举办、疏解整治促提升、优化营商环境、推动高质量绿色发展等各项工作部署到位、落实到位、成效到位。

（二）在提升审判质效上有更高的标准

坚持严格公正司法，统一裁判标准，增强裁判文书说理，规范法官自由裁量权行使，进一步加大审限管理力度，规范审限审批流程，不断提升司法品质，努力提升审判质效，加大执行力度，继续向“切实解决执行难”的更高目标迈进。

（三）在深入推进扫黑除恶专项斗争上有更大的成效

继续提高政治站位，增强工作的主动性。进一步加快案件办理进度，规范案件办理流程，严格按照专案专办原则，依法从严快审快结，在“打财断血”上继续加力，坚决铲除黑恶势力经济基础。在深挖彻查上加力，继续开展黑恶犯罪线索大排查；在综合治理上加力，对审判中发现的社会管理薄弱环节和行业管理

漏洞，及时提出司法建议，防范社会风险。进一步加强宣传与培训，开展全方位的宣传工作，营造严厉打击黑恶势力犯罪的良好环境。

（四）在满足人民群众多元司法需求上有更大的作为

继续坚持以人民为中心的发展思想，从人民群众最关心、最直接、最现实的利益问题入手，统筹做好脱贫攻坚、乡村振兴战略等各项司法保障工作和改善民生工作，深入推进诉源治理，助力无讼乡村建设。加快推进诉调对接中心建设，推动矛盾纠纷的实质性化解。

（五）在提高队伍建设水平上有更大的突破

全面落实新时代党的建设总要求，发挥党建引领作用，全面加强队伍素质建设，通过深化院校合作、强化业务培训等，更新司法理念，改进工作方式，提升审理疑难复杂、新类型案件的能力水平。

（六）在推进党风廉政建设上有更严的要求

落实全面从严治党主体责任，以永远在路上的执着和韧劲整治“四风”问题。持续开展专项督查，切实改进司法作风，持续实现执纪监督由“惩治极少数”向“管住大多数”拓展，营造风清气正的司法环境。

（七）主动接受社会各界监督，确保司法公正

主动接受人大、政协、检察机关及社会各界的监督，进一步拓展司法公开的深度和广度，让司法公正看得见、可感知。

各位代表，新的一年，我们将在区委的领导下，区人大及其常委会的监督下，区政府、政协及社会各界关心支持下，认真贯彻落实本次会议决议，在巩固、推进、提升和成效上抓落实，努力为冬奥会的筹办举办提供优质的司法保障，为延庆区高质量绿色发展作出新的更大的贡献！

北京市延庆区人民检察院工作报告

——在北京市延庆区第二届人民代表大会第六次会议上

（2019 年 12 月 25 日）

延庆区人民检察院党组书记、检察长　段福华

各位代表：

现在，我代表北京市延庆区人民检察院，向大会报告工作，请予审议，并请政协各位委员提出意见。

一、2019 年工作回顾

2019 年，紧紧围绕区委、市检察院的总体部署，坚决贯彻落实延庆区委二届九次全会精神、全市检察长会议精神，讲政治、顾大局、

谋发展、重自强，争创“双一流”，采取一系列主动跟进的思路举措，立足延庆发展大局、聚焦“三项重点工作”、结合自身改革实际，推动“四大检察”全面协调充分发展，扎实履行法律监督职责，切实服务保障冬奥会、世园会，推动延庆高质量绿色发展。

（一）牢牢抓好国庆70周年庆祝活动和世园会举办服务保障工作，坚决维护延庆和谐稳定

坚决贯彻区委和市检察院的决策部署，把服务保障世园会成功举办作为首要任务。积极发挥检察职能保安全护稳定，围绕平安延庆建设，批准逮捕362人，提起公诉400人，同比上升34.57%和50.38%，为国庆70周年庆祝活动和世园会的举办营造安稳祥和的氛围。

1. 严惩危害国家安全和人民生命财产安全的犯罪

积极参与反分裂、反恐怖、反邪教斗争，坚决打击煽动颠覆国家政权、暴力恐怖、“法轮功”等犯罪。严厉打击故意伤害、制毒贩毒、盗窃等严重暴力及易发多发犯罪；严惩电信网络诈骗、制售假药、集资传销等骗“血汗钱”、赚“黑心钱”的犯罪分子；严惩破坏基层选举犯罪。依法办理了于某某寻衅滋事案；系列销售假药案、销售有害食品案；涉案金额2800余万元的刘某某集资诈骗案；涉案金额360余万元的高某某组织、领导传销活动案；涉案金额113万余元的蒋某某盗窃“香港黄金”商户案等一批社会关注案件。

2. 以高度的政治责任感投入扫黑除恶专项斗争

共受理公安机关提请的涉恶审查逮捕案件5件23人，批准逮捕18人；受理审查起诉案件6件44人，以涉恶犯罪提起公诉3件33人。各部门整体联动、各项检察职能集中发力，依法办理了“6.26”“9.26”“1.31”等一批涉恶案件。紧盯案件办理，坚持审查引导侦查全覆盖，逐案向公安机关提出继续侦查意见、补充侦查意见；检察长靠前指挥，担任专案主办检察官，对黑恶势力重拳出击，打掉了一批盘踞在进出京公路沿线、事故“救援”汽修领域的恶势力。紧盯“打伞破网”，通过深挖彻查，移送涉黑涉恶线索6件，移送涉嫌违法违纪线索4件，移送涉嫌“保护伞”线索2件。紧盯社会综合治理，加强对重点行业、重点领域案件管理，依法查办一批破坏生态环境、扰乱旅游景区正常秩序、操纵经营“黄赌毒”、工程建设领域抢栽抢种等“涉乱”案件，最大限度挤压黑恶势力生存空间。针对社会乱象提出加强管理、堵漏建制的检察建议17件，依法对全区首例环境污染案审查起诉。由12名检察人员组成的宣讲团，深入到社区乡村，将扫黑除恶知识带到田间地头，提高人民群众的防范意识。

3. 用法治呵护未成年人健康成长

依法从严从快惩治虐待、拐卖、性侵儿童等犯罪，共批准逮捕12人，提起公诉12人；对涉嫌轻微犯罪并有悔罪表现的未成年人，不批捕3人、不起诉3人。对被性侵的未成年被害人开展专业心理疏导和司法救济；对符合附条件不起诉、却远在广东的未成年犯罪嫌疑人开展异地帮教；对延庆地区15家中小学附近的50余家商户进行排查，发现部分商户存在违法向未成年人售烟的情况，向相关单位发出检察建议，相关职能单位对违法商户进行处罚。领导干部带头兼任法治副校长，9名检察官深入13所中小学开设防性侵、防校园欺凌的“检察官课堂”；以办理的未成年性侵案件为基础撰写工作专报，得到区委、区政府高度重视，助推区域完善未成年人保护机制。

4. 立足办案积极参与社会治理

聚焦世园会开幕、冬奥会筹办、美丽乡村建设、涉及民生民利的重点领域，对案件背后所反映的深层社会问题加强分析研究，将打击犯罪与堵漏建制相结合，如针对涉冬奥设施建设施工中安全管理等方面存在的问题向某高速工程承建单位制发检察建议。践行新时代“枫

桥经验”，落实检察长接待日，将心比心对待群众信访，共接待来访群众675批次746人次；落实“接诉即办”，凡署名信访均做到“7日内程序性回复、3个月内办理过程或结果答复”，主动多次走入信访人家中耐心释疑解惑；运用“检察业务接诉即办及查询反馈系统”平台统一接收、受理、管理、办理信访诉求，引导群众通过互联网自助查询案件进程和结果，让群众办事像网购一样方便。落实“谁执法谁普法”，广泛开展“十进百家、千人普法”活动，走入学校、景区、社区、军营、企业、行政机关41次，让群众更加了解、理解、支持检察工作。

（二）紧扣人民群众对公正司法的重大关切，扎实履行法律监督职能，服务延庆高质量绿色发展

践行“依法履职尽责、服务保障大局”的工作主线，把坚持以人民为中心体现到检察工作各方面，努力为延庆高质量绿色发展提供更多更优的“检察产品”，让人民群众在每一起司法案件中感受到公平正义。

1. 持续深化刑事诉讼监督

办理立案、侦查、审判、执行等刑事诉讼各环节监督案件84件。落实以审判为中心的刑事诉讼制度改革，加大引导侦查、审前过滤、诉讼监督力度，依法监督公安机关立案4件12人、撤案8件22人；开展“经济犯罪领域撤案监督专项行动”，以立案监督的方式保护民营经济发展，维护民营企业合法利益。强化刑事审判活动监督，综合运用刑事抗诉、检察建议、定期情况通报、联席会议等方式开展监督，加强对涉及民生民利和社会关注热点的刑事案件的监督，开展孙某某不服法院生效判决申诉案件的公开审查活动。加强刑事执行检察，建议办案单位对15人变更强制措施被采纳，对司法局报请的4名罪犯作出同意予以特赦意见；开展维护在押人员合法权益专项检察，监督纠正监管活动中的违法情形13次；为在押人员追回非法扣押财产。

2. 提升民事、行政诉讼监督质效

探索与法院民商事法庭建立培训共享机制，围绕民间借贷、离婚案件财产分割、房地产买卖、拆迁等群众关切领域开展重点监督。聚焦虚假诉讼、刑事案件牵连产权保护等领域，监督纠正民事、行政审判和执行中的违法情形7件，对5件虚假诉讼监督案件进行立案办理，首次制发再审检察建议1份，首次针对执行案件制发书面问询函3份，均收到回函。

当好公共利益的代表，促进依法行政。专门就公益诉讼工作多次向区委、区人大进行汇报，制定《关于检察公益诉讼助力服务保障冬奥会世园会筹办举办推动美丽延庆建设工作方案》，在生态环境、规划自然资源、市场监管等部门支持配合下，奏响公益诉讼工作“协奏曲”。落实“河长制”要求，将延庆重点河流绘图挂账、排查作业，深入推进“保障千家万户舌尖上的安全”“医疗机构和保健品公司虚假宣传”等专项监督活动。共办理环境资源、食品药品等领域公益诉讼案件11件，100%的案件在诉前检察建议发出后，有关行政机关依法履职到位。通过办案，促使百余名管水员体检获得健康证，6个村进行井房改造购置消毒设备，获得卫生许可证；彻底解决了三里河地区60余户村民的污水排入三里河湿地问题；推动区政府投入949.54万元将延庆镇西北片18个村接入市政管网，投入5367.9万元对全区农村水源井进行全面升级改造，让百姓喝上了“放心水”。

（三）深化司法改革，提升检察办案质效

1. 以更强担当、更大力度巩固和扩大改革成果，促进成果转化，着力推动检察工作质量、效率有力提升

推动内设机构改革，压实权力清单。按照市院统一部署，优化机构设置、整合检力资

源，由原有15个部门精简组合为10个部门；规范办案组织建设，组建以检察官为核心的普通刑事犯罪检察、职务犯罪检察等20个办案组，确保检察职责有载体，办案组织有分工，为依法履职提供组织保障。修改完善检察官履职清单、权限清单，严格落实领导干部办案责任制，入额院领导既“挂帅”又“出征”，亲自阅卷、询问讯问、出庭支持公诉，办案数占案件总量的13.1%，检察长办案已成常态。

2. 深化捕诉一体改革

做实审查引导侦查，检察官提高办案亲历性，针对疑难复杂案件，研判侦查方向，收集固定完善证据，综合运用讯问嫌疑人、向侦查机关核实、自行补充侦查等方式，全面把控案件质量。以构建新型检警关系为切入点，利用书面引导与动态引导相结合、个案引导与类案引导相结合、批捕阶段引导与起诉阶段引导相结合，不断向前传导庭审证据标准。捕诉一体改革以来，诉判一致率达到90%以上。

3. 积极推动认罪认罚、量刑建议、繁简分流工作规范开展

一审公诉案件232件，适用认罪认罚案件189件，适用比例为81.46%。开展4场不起诉公开审查；办理了全区首例污染环境案，办案中加强对犯罪嫌疑人认罪伏法的教育，促其积极赔偿经济损失79万余元，发还相关镇政府。着力提高检察官量刑精准化水平，推动从幅度量刑向精准量刑转变，全年提出量刑建议211件，法院采纳171件，采纳率81%。在“从快不降低标准、从简不减损权利”的前提下，主导不同刑事诉讼程序的使用，积极促进轻罪检察体系建设，促进简案快办、繁案精办、繁简分流、快慢分道，对26%的轻罪案件建议适用速裁程序，办案全程大幅提速。

（四）主动接受外部监督，不断强化内部监督，扬正气、促公信、树权威

在检察工作中，紧紧依靠人民、切实服务人民，对人民负责。主动向区委、人大报告工作情况，主动向政协征求意见，主动接受群众监督。

1. 自觉接受人大监督

4次就公益诉讼、法律监督、行刑衔接工作，向区人大常委会报告工作，得到高度认可；全面梳理人大代表、政协委员提出的意见建议，有针对性地改进检察工作。加强与代表委员地经常性联系，积极运用实地视察、专题座谈、日常走访、邀请参与检察机关重要会议、重大活动、重点案件公开审查、庭审观摩等多种形式，请代表委员多进检察门、看检察人、听检察事、议检察题，进一步畅通接受民主监督的渠道。

2. 不断强化内部监督制约

大力加强“检察管理监督制约”建设，依托“统一业务应用系统”对办理案件同步监控，全程留痕；每季度进行流程监控专项报告和检察官办案数据专项分析；加强对结案法律文书的审查力度，确保出口文书无瑕疵；宏观管控办案结果，要求检察官对不捕不诉案件向检委会办公室报备，及时梳理主要问题向检委会汇报；对全院118件案件进行质量评查，进一步加强内部监督制约，“倒逼”严格规范司法。

3. 用“阳光检务”促司法公正

完成了“两中心”建设，新设律师专用通道、律师阅卷室、值班律师工作站，保障律师执业权利，接受当事人及律师监督。公开案件程序性信息434件，公开法律文书144份，公正与否，百姓评价。“检察开放日”常态化，近5000名各界人士走进检察院、走近检察官。将公益诉讼广告植入城区主干道公交站，策划拍摄“我把检察故事说给你听”系列演说进驻延庆融媒体，服务世园会、冬奥会的主要做法登上“检察日报”头版头条，积极利用微博、微信、抖音等多媒体平台宣传检察职能、普及法律知识，获“全国检察机关宣传先进单位”称号，检察故事借助全媒体“飞入寻常百姓家”。

（五）扎实开展“不忘初心、牢记使命”主题教育，加强基层党建，筑牢队建根基

认真落实全面从严治党要求，引导全体检察人员守初心、担使命、找差距、抓落实，使检察工作有新思考、服务群众有新举措、全院上下有新面貌。

1. 把党的政治建设放在首位

始终把学习贯彻习近平新时代中国特色社会主义思想作为首要政治任务，深入开展“不忘初心、牢记使命”主题教育，坚持以上率下，持续学、跟进学、深入学，原原本本、学深悟透。领导班子紧贴“八个围绕”问题开展研讨，每周“走出去”聚焦基层一线，到重点行业、街道乡镇开展调研。以正视问题的自觉和刀刃向内的勇气，对照党章党规找差距，积极主动检视自我，真刀真枪修正错误，不断提升政治境界、思想境界、道德境界。

2. 全力打造“三色”党建品牌

厚植“红色”基因，加强党性修养，传承理想信念，制定《意识形态工作责任制实施细则》，规范支部工作，固定“周五学习日”，对习近平新时代中国特色社会主义思想、延庆区域重点大事进行解读，提升检察人员为赛会等绿色发展大事保驾护航的实干本领和责任担当。聚焦“绿色”发展，树立“党建工作要围绕区域大局开展才具有生机活力”的大局意识，领导干部以普通党员身份参与支部讨论，研究工作举措，不断推动学习成果转化为服务保障赛会、推动高质量绿色发展的生动实践；各支部主动到赛会筹办部门、绿色发展建设地开展主题党日活动，对基层的突出问题进行调研座谈；全体党员践行“街乡吹哨、部门报到”，到所在社区开展环境整治、文体活动和普法宣传400余人次；建立“延检志愿者服务队”，积极投身我区“文明城区”“服务冬奥”等志愿活动。细化“橙色”预警，以越抓越细、越抓越紧、越抓越严、越抓越实的督察态度和手段，及时矫正、预警出现的苗头性、倾向性问题；紧盯服务保障工作中的重点难点，做好预测、提出预案、加强预警，严肃执纪强作风、紧扣中心抓落实。

3. 持续加强队伍专业化建设

教育培训工作注重抓经常、经常抓，加大案例式、网络化教学以及与公安、法院联合培训、研讨力度，开展“不忘初心、牢记使命”主题教育暨扫黑除恶专项斗争应知应会知识竞赛，组织检察人员参加各类培训500余人次，用好检察业务交流平台“检答网”，借力专家咨询委员会“智库”作用，促进检察人员专业能力不断精进。

4. 强化纪律作风建设

坚持刀刃向内，先后开展党风廉政专项督察、纪律作风专项督察、执法办案规范化专项督察、扫黑除恶专项督察以及重要会议、办公秩序、着装规范、出勤纪律综合督察；每月督察是否存在过问、干预、插手办案重大事项的情形；认真学习新修订的纪律处分条例等党纪法规，编发检察人员违纪违法典型案例，教育警醒检察人员知敬畏、存戒惧、守底线。

各位代表，一年来，延庆检察工作的发展进步，离不开区委、市检察院的正确领导，人大及其常委会的有力监督，政府、政协以及社会各界的大力支持和帮助。你们的关注、支持和鼓励，是我们前进的不竭动力，我谨代表区检察院表示衷心感谢！

同时，我们清醒地认识到，检察工作仍然存在不少突出问题。一是检察工作服务大局、融入大局还应进一步增强；二是各项监督工作开展还不够均衡；三是公益诉讼线索发现难、查办难的问题在一定程度上仍然存在；四是检察队伍的专业化、精英化还应进一步提升。对于这些问题，我们一定从实际出发，紧盯不放，着力解决。

二、2020年工作计划

2020年是全面建成小康社会和“十三五”

规划收官之年，我院将继续坚持以习近平新时代中国特色社会主义思想为指导，深入贯彻党的十九大和十九届二中、三中、四中全会精神，坚决贯彻习近平总书记对北京和政法工作重要讲话精神，不忘初心、牢记使命，深入落实区委、市检察院的部署要求，始终围绕党和国家工作大局思考谋划检察工作，深入实施新时代首都强检战略，为延庆安全稳定和高质量发展提供有力的司法保障。重点做好四个方面的工作。

（一）全力服务延庆高质量绿色发展

进一步完善“一纵一横多项”检察工作新格局，主动做好冬奥会场馆和基础设施建设的服务保障、做好场馆运行和赛事组织的服务保障、做好冬奥会外围的服务保障。始终把守护绿水青山作为头等大事，以公益诉讼持续发力厚植区域生态优势，深化生态环保领域专项法律监督，加强对生态、文化资源保护；紧抓赛会黄金窗口期，从严惩治侵犯知识产权、制售伪劣商品、非法集资、虚开发票骗税等严重破坏市场经济秩序犯罪，让法治成为最好的营商环境；聚焦教育、医疗、社会保障和食品药品安全等领域，守护民生法治底线。

（二）更大力度地维护社会安全稳定

全力保障冬奥会测试赛筹备的政治环境，坚决打击各种渗透颠覆破坏活动、暴力恐怖活动、民族分裂活动、宗教极端活动，坚决惩治严重暴力犯罪，依法惩治拐卖妇女儿童、“两抢一盗”、电信网络诈骗、涉枪涉爆、黄赌毒和传销等犯罪。充分发挥批捕、起诉等职能，依法有力推进扫黑除恶专项斗争，同时，完善在审查引导侦查、线索核查反馈、检察官办案组等方面形成的长效机制，推进扫黑除恶专项斗争从“深挖彻查”向“长效常治”转换。积极参与社会治理，不断健全检察环节化解和预防社会矛盾机制，深入剖析案件反映出的倾向性问题和管理漏洞，及时提出检察建议，努力做到办理一案、治理一片。

（三）努力推动“四大检察”全面协调充分发展

更新执法理念，调整执法重心，优化资源配置，按照“好的做优、差的做好、新的做实、总体做强”的工作思路，认真贯彻修改后刑事诉讼法和检察院组织法，做优刑事检察，全面推行“捕诉一体”办案模式，依法履行对有关刑事案件的侦查权；做强民事、行政检察，提升监督质效和影响力；做好公益诉讼检察，维护国家和社会公共利益，在全面依法治区的大局中发挥好主力军作用。继续深化以审判为中心的刑事诉讼制度改革，强化检察机关的诉前主导、审前过滤、庭审指控功能，坚持在办案中监督、在监督中办案，完善办案机制，提升法律监督质效，努力让人民群众在每一起司法案件中都感受到公平正义。

（四）着力打造过硬检察队伍建设新高地

全面贯彻新时代党的建设总要求，以打造基层党建品牌为引领，坚持政治建检，深刻总结“不忘初心、牢记使命”主题教育成果，永葆检察机关的政治本色；坚持人才兴检，推进实施人才队伍建设，完善检察人才发现、培养、使用和评价机制；坚持文化育检，打造既具有延庆特色又具有检察本色的“延庆检察文化品牌”；坚持从严治检，严格落实“两个责任”，扎实开展正风肃纪活动。创新检务督察，强化执纪问责，广泛接受监督，以严管体现厚爱。

各位代表，新的一年有新的希望，新的一年也有新的风貌。2020 年，我们将更加自觉地接受人大、政协和社会各界的监督，把服务保障好冬奥会作为重中之重，坚定不移地围绕实施生态文明发展战略做文章，按照“稳进、落实、提升”的工作要求，继续围绕中心、服务大局、聚焦重点、关注民生，忠诚履职、担当作为，为交出服务保障赛会和高质量绿色发展两张优异答卷提供坚强的法治保障，作出新的更大的贡献。

关于北京市延庆区2019年国民经济和社会发展计划执行情况与2020年国民经济和社会发展计划（草案）的报告

——在北京市延庆区第二届人民代表大会第六次会议上

（2019年12月24日）

北京市延庆区发展和改革委员会

各位代表：

受北京市延庆区人民政府委托，现将北京市延庆区2019年国民经济和社会发展计划执行情况与2020年国民经济和社会发展计划（草案）的报告提请区二届人大六次会议审议，并请区政协委员提出意见。

一、2019年国民经济和社会发展计划执行情况

2019年是延庆历史上极不平凡的一年，在市委、市政府和区委正确领导下，在区人大及其常委会的监督和区政协的支持下，全区上下坚持以习近平新时代中国特色社会主义思想为指导，深入贯彻党的十九大和十九届二中、三中、四中全会和中央经济工作会精神，认真落实习近平总书记对北京重要讲话精神，立足生态涵养区功能定位，坚持稳中求进工作总基调，坚持新发展理念，坚持高质量绿色发展，把做好冬奥世园服务保障、推动全区重点任务落实作为检验“不忘初心、牢记使命”主题教育成果的试金石，统筹推进疏功能、稳增长、促改革、调结构、惠民生、防风险、保稳定各项工作，较好地完成了年初确定的33项计划目标任务，全区经济社会发展稳中有进。

——生态环境质量明显改善。预计$PM_{2.5}$平均浓度控制在37微克/立方米，同比下降22.9%左右，能源消费总量控制在70.2万吨标准煤左右；单位地区生产总值能耗下降4%左右；用水总量控制在0.66亿立方米以内；单位地区生产总值水耗下降3%以上；森林覆盖率达到59.5%以上。

——人民生活水平持续提高。29个为民办实事项目基本完成。预计全区居民人均可支配收入完成36429元，同比增长7.5%左右；低收入农户人均可支配收入完成13363元，同比增长13%左右；促进城乡就业人数7791人；城镇登记失业率控制在4%以内。

——经济发展活力不断增强。预计地区生产总值（按不变价）完成165亿元，同比增长7.5%左右；一般公共预算收入完成21.2亿元，同比增长10.5%左右；固定资产投资（不含农户）完成290亿元，同比增长2.3%左右，其中，建安投资完成205亿元，同比增长

16.7%左右；总消费完成191.5亿元，同比增长12%左右，其中，社会消费品零售额完成106.7亿元，同比增长8.5%左右；规模以上工业产值完成101亿元，同比增长15%左右；旅游综合收入完成102.4亿元，同比增长30%左右。

一年来，主要开展了三个方面的工作：

（一）聚焦赛会服务，保障能力全面加强

1. 世园会盛大开幕、精彩开园、平稳运行、圆满闭幕

（1）组织保障有力。坚持全区保外围、外围保核心，与世园局建立无缝衔接机制，搭建“一部三处十组”组织体系，构建“1+18+414”三级指挥体系，划定30平方公里（平方千米）外围服务保障区，平战结合、分级响应。“一对一”服务参展国及各省区市，高质高效为参展企业提供商事服务。

（2）工程保障到位。坚持园区需求全响应，协同推进外围配套设施建设，实施备战攻坚100天行动，如期完成13条园区周边道路改造提升，10个生态停车场建设，李四官庄、谷家营、下屯村腾退等各项保障工程，为园区顺畅运行奠定基础。

（3）会时保障平稳。围绕“进得来、出得去、吃得上、住得下、玩得好”目标，建立城市运行动态排查、应急响应、快速处置机制，全力保障水、电、气、热和通信等城市管网运行安全，雪亮工程、智慧安保体系投入使用，各类力量累计投入152.5万人次，成功应对“五一”“国庆”等大客流高峰，会期165天平稳运行。

（4）动员保障强化。发布《延庆乡亲文明公约》，分层分类、广泛动员，建立社会动员机制，开展新时代文明实践社会动员活动1400余场、120余万人积极参与，“延庆乡亲”成为首都志愿服务品牌。

2. 世园会影响深远、带动明显、永不落幕

（1）借势提形象、塑品牌。世园会期间，共有110个国家和国际组织参展，举办文化活动3284场，吸引了934万中外宾客入园，刷新了A1类世园会历史纪录，得到了国际展览局“精彩绝伦”的高度评价，“美丽延庆·冰雪夏都”城市品牌影响力持续扩大。

（2）借力促发展、惠民生。促进基础设施和公共服务至少加速提前了20年，对外交通瓶颈全面打破，全区路网密度处于生态涵养区领先水平，电力、燃气等供应能力实现“质的飞跃”，近三年，投资年均增速达到52.1%。促进服务保障能力提高，建成凯悦酒店等一批世园企业，餐饮、住宿等服务保障能力大幅提升，拉动旅游人数同比增长25%。促进园艺产业发展壮大，新增园艺企业46家，本地企业为世园会20个展园展区提供园艺资材300余种共1500万余株（盆）。推动实施智慧城管、智慧交通、智慧旅游、智慧环保，城市治理更加科学精细。

（3）借智可持续、谋长远。世园会后利用方向逐渐清晰，会同市发展改革委和世园局，形成2019年中国北京世界园艺博览会会后利用方案，初步明确了会后利用总体思路、基本功能定位和各展馆展园会后利用方向等。

3. 冬奥会攻坚克难、全力提速、有序推动

（1）冬奥建设任务加快推进。28项冬奥场馆及外围配套基础设施建设工程已按计划开复工25项。高山滑雪中心部分竞速赛道及相关设施已交付使用，国家雪车雪橇中心主体结构完工，冬奥村及山地新闻中心有序施工，西大庄科村改造项目开工。

（2）绿色办奥理念有效落实。可持续措施和生态修复同步落实，完成国家雪车雪橇项目S44单元等生态修复示范段样板工程，冬奥森林公园开工建设。

（3）冬奥浓厚氛围持续升温。全力配合北

京冬奥组委争取奥林匹克命名，助力北京冬奥会吉祥物正式发布，圆满完成第四届国际冬季运动博览会参展工作，广泛开展冰雪大庙会、冰雪嘉年华等主题活动，使冰雪运动加快走进市民生活。

4. 测试赛紧扣节点、抢前抓早、全面就绪

（1）场馆运行高效有序。组建场馆运行团队，优化场馆运行设计，制定84项测试任务清单，建立“三处十二组一团队”的指挥保障体系，细致划分41个外围保障网格。

（2）配套设施达到要求。京张高铁主线、延崇高速北京段即将通车，延庆赛区综合管廊投入使用，水、电、通信、气象等设施满足测试赛要求。

（3）服务保障全力加速。动态调整专项服务保障方案，完成14家冬奥会接待酒店签约，确定6家冬奥会食材备选农产品供应基地，冬奥医疗专区即将投用，开展高山滑雪医疗救援、直升机救援实战演练5次。

（二）聚焦赛会带动，转型升级步伐加快

1. 结构持续优化，经济总量稳步增长

在世园盛会、冬奥项目等因素的有力带动下，经济运行的稳定性、协调性持续增强，质量优势持续巩固，预计地区生产总值完成（按不变价）165亿元，同比增长7.5%左右。

（1）产业结构更加合理。旅游从大向强转变，荣获国家全域旅游示范区、首批全国民宿产业发展示范区称号，出台金融支持全域旅游加快发展若干意见等政策，开发8个主题22条精品线路，累计打造精品民宿品牌75个、培育“世园人家”200余个，举办中国地质公园主题月、首届八达岭长城文化节、第三届北方民宿大会等活动200余场，预计带动旅游综合收入完成102.4亿元，同比增长30%左右。工业持续向好，北京桑普新源技术有限公司等一批高精尖产业项目陆续落地，以中材科技为代表的重点龙头企业带动作用明显，预计规模以上工业产值完成101亿元，同比增长15%左右。农业提质升级，以打造区域品牌为突破口，成功举办世界花卉大会、第十一届北京菊花节等系列活动，发布北京市首个农产品区域品牌“妫水农耕”。

（2）需求结构更加协调。消费升级步伐加快，落实年度促消费工作方案，加强消费与世园深度联动，首农食中心开门营业，八达岭长城特色商业文化街建设基本完工，百佳商厦等5家企业完成改造提升，积极发展“深夜食堂”凯思大酒店等有品质的夜间经济，预计带动总消费完成191.5亿元，同比增长12%左右，其中，社会消费品零售额完成106.7亿元，同比增长8.5%左右。投资拉动作用明显，坚持提前谋划调度、狠抓实物投资落地，印发实施区级政府性投资建设项目成本管控办法，争取市级固定资产投资16.3亿元，其中，冬奥类项目5.09亿元、城乡基础设施类项目3.05亿元、生态环境提升类项目3.1亿元、社会事业项目3.68亿元、能源类项目1.28亿元。预计固定资产投资（不含农户）完成290亿元，同比增长2.3%左右，其中，建安投资完成205亿元，同比增长16.7%左右。外贸保持平稳增长，紧密跟踪中美经贸摩擦，印发服务业扩大开放实施方案，新设立亚博创新等12家外资企业，实际利用外资2299万美元，进出口总额1—10月完成1.39亿美元，同比增长19.1%，其中，出口额完成1.09亿美元，同比增长36.3%。

（3）收入规模持续扩大。积极应对减税降费政策带来的减收局面，有序推进5个土地增值税历史遗留项目清算工作，顺利完成市区两级财政组收任务，预计区级一般公共预算收入完成21.2亿元，同比增长10.5%左右，地方级一般公共预算收入完成35.2亿元，同比增长2.6%左右，组收能力进一步增强。

2. 动能加快转化，经济韧性不断提高

（1）创新家园建设加快。编制中关村延庆

园发展规划，出台“1+4+4”高精尖政策体系，一期地块一级开发基本具备竣工验收条件，体育科技创新园升级改造基本完工，中关村智连灾害研究院等一批项目成功落地，美正生物、加氢站等一批项目实现开工。

（2）创新要素集聚加快。1—11月，新引进企业751家，截至目前，已聚集现代园艺企业87家、体育科技企业74家、新能源和能源互联网企业75家、无人机企业16家。新认定高新技术企业102家，累计达到253家，预计带动高端产业功能区劳均产出率增长10%以上。

（3）创新环境持续优化。加强与中关村海淀园对接合作，制定加快应用场景建设促进创新成果推广办法，获评国家体育产业示范基地，建成12个市级实验室和研发平台，设立首支科技创新基金，入选中关村“瞪羚企业”18家、“展翼企业”6家、“金种子企业”2家。

3．改革不断深化，市场活力进一步释放

（1）营商环境持续优化。高效落实“9+N”政策2.0版和3.0版，顶格实施国家减税降费政策，减收规模达到24.16亿元，基本完成优化营商环境三年行动计划年度任务，助力北京市营商环境排名全国第一、中国在世界银行营商环境排名提升15位。政务服务中心新址投入使用，18个乡镇（街道）政务服务中心完成改建。加大“一门、一窗、一网、一次”改革力度，区级政务网办率达90%以上，“一门”进驻比例达90%以上，“一窗”受理比例达90%以上，1585个事项实现“最多跑一次”“一次不用跑”，新设立企业平均用时2.64小时，千余项政务服务实现“掌上办”。完善重点企业“服务包”制度，建立承诺事项落实效果评估机制，年内为151家重点、高成长性企业送出“服务包”，“12345”市民热线企业服务功能正式上线运行，企业诉求办结率高达89.7%。促进全区新设立企业主体2568户，同比增长56.87%。

（2）重点领域改革持续加力。圆满完成机构改革各项任务，43个新组建和调整部门全部完成挂牌、组建、运行。召开全区街道工作会，制定街道工作“1+N”系列文件，以井庄镇为试点推进乡镇管理体制改革，推动治理重心下移、力量下沉、权力下放。国有企业改革加快，4个部门38家下属企业产权向国资监管系统完成移交，完成区属国有企业拖欠民营企业账款清欠工作。医耗联动综合改革初见成效，门诊次均耗材同比下降5.96%，例均出院卫生材料费用同比下降6.39%。生态文明体制改革进一步深化，制定出台“两山”理论实践创新基地建设行动方案，印发实施区级关于推动生态保护和绿色发展的若干措施，联合央视拍摄播出公益广告片《延庆，看见美丽中国》。农村改革不断加快，完成农村土地经营权确权登记颁证工作，康庄等5个集体产权重点改革乡镇初步形成清产核资报告。制定加强新时代人才工作意见，引进23名高层次人才、26名博士、10名专家，与7名院士、40余名专家建立长效对接。

4．机遇把握加力，发展可持续性增强

（1）赛会衔接联动步伐加快。充分发挥冬奥+世园品牌效应，成功举办“奔向2022绿色起跑，2019国际奥林匹克冬奥主题北京世园会公益跑”等主题活动，加快打造综合服务冬奥支撑平台。加快冬奥会带动延庆区域发展战略研究课题成果转化，配合市发展改革委编制延庆区高质量发展行动计划。

（2）区域协同发展引向深入。延海结对协作有效落实，共同出资建立四年六亿元协作资金，首批12个协作项目逐步落地，妇幼保健院手术室改造等3项医疗协作项目全部完工，15所中小学与海淀区12所名优学校建立结对关系，引入优质企业资源109家。把扶贫协作和对口支援作为分内事来抓，扎实做好对兴和、宣化、怀来、内乡的帮扶支援工作，1300万区级财政帮扶资金全部到位，市区两级确定的35个帮扶项目开工率达到100%，成功引导

15家企业到受援地投资兴业，建设消费扶贫双创分中心1个、专柜2个、特色基地3个，助力4087人实现就业。重点领域合作不断拓宽，完成3.05万亩京津风沙源治理，京津冀冰雪文化庙会等系列活动成功举办，推动河北省首个民宿集群项目落地怀来县，与张家口互派118名干部人才开展科技协作。

（三）聚焦民生改善，群众幸福感不断提升

1．“疏解整治促提升”纵深推进

将专项行动推进与“接诉即办”、解决市民诉求紧密结合，圆满完成22项任务。

（1）疏存量控增量有序推进。疏解一般性制造业企业8家，清理再生资源回收站点11家，退出畜禽养殖场275家，“散乱污”企业治理动态清零，驳回不符合功能定位主体咨询、登记申请425户次。

（2）环境秩序整治成效显著。占道经营3处点位实现销账，整治无证无照经营117户，动态治理“开墙打洞”4处、群租房3处，查处乱停车等交通违法违规行为16万起、“六黑”和“一日游”等旅游违法违规行为673起。

（3）空间提升力度持续加大。始终保持拆违高压态势，全面推进无违建乡镇创建，拆除违建49.7万平方米，腾退土地93.2公顷（93.2万平方米），“留白增绿”9.1公顷（9.1万平方米），建成一批小微绿地和市民休闲公园，新建提升便民商业服务网点34个。

2．生态品质持续提高

（1）持续推进绿景向美景转化。成功创建国家森林城市，完成“新一轮百万亩造林”2.59万亩，提升世园周边9条主要通道景观环境29.50万平方米，世园会周边绿化拆迁腾退土地9.25万平方米，规划建设康西草原湿地公园，全民义务植树61.10万株，顺利完成6个首都绿色村庄、1个首都森林城镇、1个花园式单位和1个花园式社区创建，预计森林覆盖率达到59.5%以上，林木绿化率达到71.89%以上，人均公园绿地面积达到46.13平方米以上。

（2）全面落实大气污染防治任务。始终将蓝天保卫战作为重中之重，强化移动源污染防治，加强扬尘污染管控，检查重型柴油车46.37万辆次，煤改清洁能源54个村1.8万户，实现4个城中村煤改电集中供暖，优质燃煤替代3.8万吨，超额完成主要污染物减排任务，预计$PM_{2.5}$平均浓度控制在37微克/立方米，同比下降22.9%左右。

（3）持续治理水环境。获评全国第二批水生态文明城市，划定46条河道蓝线，新建51.40公里（千米）污水管网，综合治理58平方公里（平方千米）小流域，整治22处小微水体，改造399座供水站。获评北京市节水型区，建成2处节水教育基地并投入使用，161个村灌溉用水实行智能化管理计量收费。

（4）强化土壤环境保护。完成78个市选点位土壤污染详查，未发现受污染耕地和污染地块，生活垃圾分类示范片区创建覆盖范围达到72%以上。

3．城乡品质有效提升

（1）城乡规划取得阶段成果。严格落实北京城市总体规划，自我加压将生态控制区面积占比从上位规划要求的91%提高到93.1%，实施人口规模、建设规模双控。分区规划正式公布，11个专项规划形成初步成果，启动14个乡镇国土空间规划和128个美丽乡村规划，“十四五”规划完成工作方案编制。开展城乡规划管理条例专题宣传培训，规划的刚性管控和战略引领作用持续强化。成立规自领域乱象专项治理小组和工作专班，对照“七本账”，治理基层涉地乱象和涉地腐败，“大棚房”整治通过市级验收，完成土地卫片整改70宗、销账199宗，治理小产权房1宗、违建别墅2宗，发现并整治垃圾大坑问题点位587处，排查砂石场54处，实现减量268.31公顷。

（2）城乡建设不断加快。城乡道路新建

31.2公里（千米）、提级改造22.70公里（千米），下屯、南菜园1—5巷、小营—石河营、康庄镇一二三街村等棚改项目加速推进，完成100栋老旧居民楼物业服务移交，物业服务实现全覆盖，综合整治5个老旧小区，新建改造候车厅1287个，新增路侧停车位1004个，投放共享汽车120辆、共享单车900辆、公租自行车1500辆，完成城区夜景照明工程，城市“颜值”明显提升。编制乡村振兴战略规划，以农村人居环境整治为抓手，全面清脏、治乱、增绿、控污，整治各类环境问题7.76万处，拆除私搭乱建24.9万平方米，清理垃圾渣土643万立方米，户厕改造7932座，5条美丽乡村风景线初现雏形，第一批56个美丽乡村开工建设，第一批120个村通过市级考核验收，第二批、第三批248个村验收成绩涉农区第一，农村面貌焕然一新。

（3）社会治理能力持续增强。坚持党建引领、到基层一线解决问题，出台“街乡吹哨、部门报到”工作办法，挂牌成立6支综合执法队伍，推进“12345”市民服务热线“接诉即办”向“未诉先办”转变，截至11月，接办“12345”市民热线群众诉求3.32万件，解决率68.87%，满意率82.32%，较年初分别提升33和27个百分点。社会文明程度大幅提升，全民动员创建文明城区，发起“向五大不文明行为宣战”系列活动，市民文明素质不断提升；深入开展全国双拥模范城创建，出台随军家属安置办法；高质量完成新时代文明实践中心首批试点建设任务，85个实践基地、441个站所共开展各类活动1.6万余次，“点单派单”服务8.4万余人次。“平安延庆”深入推进，圆满完成中华人民共和国成立70周年、第二届“一带一路”国际合作高峰论坛、2019年中国北京世界园艺博览会、亚洲文明对话大会等重大活动保障任务，成功创建北京市食品安全示范区，监测舆情信息860件，解决处理794个民生问题，法律援助机构接待咨询10262人次，妥善应对处理龙庆峡冰灯展区落石事件，累计打掉各类团伙28个，深挖彻查“保护伞”“关系网”16人次，破获刑事案件139起，查处事故隐患4620项，挂账隐患整改率100%，累计安装小区视频探头9800余路，设备总体运行良好，群众安全感、满意度保持全市前列。

4. 生活品质不断改善

（1）就业增收精准发力。加大稳岗就业支持力度，开展大培训2.5万人次，落实促进就业资金5.97亿元，3万余名农民在生态保洁、造林绿化等公益性岗位实现就业，城镇登记失业人员就业率达到60.57%。出台实施城镇居民增收18条措施、农村居民增收15条措施及低收入帮扶6条兜底保障措施，有效落实个税改革和社会保障待遇标准调整，预计推动全区居民人均可支配收入完成36429元，同比增长7.5%左右，低收入农户人均可支配收入完成13363元，同比增长13%左右，8278户低收入农户提前一年实现全部“脱低”。

（2）社会保障覆盖面扩大。参加“五险”人数同比增长3.39%，城乡居民养老保险续保率为98.6%，设立24个流浪乞讨人员临时救助点，累计发放各类救助资金6979万元，残疾人两项补贴金共计3661万元惠及1.1万人。推进建设“老年幸福餐桌”93家、覆盖1.7万老年人，慈善“1+1”关爱空巢助老项目扩村提质，1167名志愿者为1447名老人提供上门点单式服务，每千名常住人口养老床位数达到13.9张，养老保障服务水平排名全市第八。坚持“房住不炒”，1632套新建商品住宅投放市场，818套公租房完成配租配售，共有产权住房入住620户、配售1409套，困难人群（低保、低收入和分散供养家庭）申请保障性住房保障率达到100%。

（3）公共服务更加均衡。落实教育大会精神，加强“平安校园”建设，新增学前学位510个，延庆一职新校区实现开工建设，2所城区幼儿园完成主体结构建设，北京八一实验学校完成办学方案制定，北京国际奥林匹克学院确定选址方案，普惠性幼儿园覆盖率达到95.25%，高考成绩实现新突破，公众对教育工作综合满意度全市领先。落实卫生大会精神，荣获国家卫生区称号，开展全国健康促进区创建，区中医医院迁建一期工程主体结构完工，家庭医生重点人群签约服务覆盖率达到87.5%，农村地区基本实现30分钟就医全覆盖。编制长城保护三年行动方案，成立北京长城文化研究会，完成长城紧急抢修任务4处，成功举办世园会延庆特色文化月，开展公益惠民文化活动2000余场，文化惠民40余万人次，建成千家店等5个乡镇综合文化中心，人均享受公共文化设施建筑面积达到0.38平方米，文化服务水平排名全市第二。成功举办14场冰雪体育赛事、6场大型赛事活动、30余场体育健身活动，累计组织冰雪培训进校园及群众上冰上雪5万余人次，全民健身中心全面完工，人均公共体育场地用地面积达到0.32平方米，体育休闲服务水平排名全市第七。

过去一年，全区上下坚持以稳应变、以进固稳，保持了经济持续健康发展和社会和谐稳定，成绩来之不易。同时，我们也清醒地认识到，对照市委、市政府部署要求和人民群众对美好生活的向往，我们的工作还有很多不足，主要表现在：一是赛会服务特别是冬奥赛事保障经验不足，与“实现办会精彩、参赛出彩”的要求有一定差距，基础设施建设和专项服务保障需要加快推进。二是生态环境品质有待提升，与“两山”理论实践创新基地建设要求还有较大差距，奥运赛时空气质量达标压力较大，地表水河流断面考核不能实现稳定达标，垃圾处理和消纳方式单一。三是推动高质量绿色发展的改革力度还不够，用好赛会机遇带动区域高质量绿色发展的具体措施还需深入研究，经济转型有待进一步加快。四是明年经济下行压力持续，投资明显减少，工业、旅游、消费等多项指标增速放缓，需超常规施策。五是民生领域还存在不少短板，“七有”“五性”在全市综合排名靠后，与人民群众对美好生活的期盼还有差距，特别是农村居民增收问题。六是乡村振兴任重道远，年集体经营收入10万元以下的经济薄弱村仍然较多，完成市级要求的2020年基本消除集体经济薄弱村的目标有难度。七是城乡治理能力不足、体系不完善，“接诉即办”与“主动治理”结合度不高，“服务包”距离“一企一策”要求还有较大差距，基层治理体系和治理能力现代化水平亟待提升。

二、2020年国民经济和社会发展计划安排

2020年是全面建成小康社会、实现第一个百年奋斗目标之年，是贯彻落实党的十九届四中全会精神的开局之年，是完成“十三五”规划任务、谋划“十四五”发展的关键之年，也是“相约北京”系列测试赛启动、高山滑雪世界杯举办、冬奥会延庆赛区建设任务收尾之年。赛会黄金窗口期逐步缩短，留给我们借势借力的时间和机会越来越少，全区上下要抓住并用好区域发展重要机遇期，主动融入首都发展大局，找准生态涵养区功能定位，坚持办大事、促发展、惠民生、守底线不动摇，抓重点、聚焦点、克难点、盯节点，努力在守住好山好水好生态、建设绿色发展聚宝盆方面走在前、作示范，圆满完成全面建设小康社会和“十三五”规划目标任务。

（一）总体思路

2020年全区工作总体思路：以习近平新时代中国特色社会主义思想为指导，深入贯彻党的十九届四中全会、中央经济工作会议精神，全面落实市委十二届十次、十一次全会和区委二届十次全会精神，坚持稳中求进工作总基调，坚持新发展理念，严格落实新版北京城市总体规划要求，以服务保障高山滑雪世界杯举办和冬奥会筹办为牵引，抓好“三件大事”，打赢“三大攻坚战”，持续深化供给侧结构性

改革，全面做好“六稳”工作，全力守护好山好水好生态，加快建设绿色发展聚宝盆，确保全面建成小康社会和“十三五”圆满收官，在交出服务保障冬奥会和高质量绿色发展两张优异答卷上再创新佳绩。

（二）主要指标

在保持指标体系稳定性、连续性基础上，突出生态保护、绿色富民、绿色发展，适当调整，共设置指标30项，其中，沿用2019年计划指标18项、调整新增指标12项。

生态保护方面：$PM_{2.5}$平均浓度对标冬奥申办承诺持续下降，城乡建设用地规模达到市级要求，常住人口规模达到市级要求，能源消费总量达到市级要求，单位地区生产总值能耗降幅达到市级要求，用水总量达到市级要求，单位地区生产总值水耗降幅达到市级要求，主要污染物减排降幅达到市级要求，地表水考核断面水质综合达标率100%且稳定达标，生活垃圾分类示范片区覆盖率达到90%，土地安全利用率达到95%，森林覆盖率达到60%。

绿色富民方面：城镇登记失业人员就业率达到56%，全区居民人均可支配收入增长6.5%左右，低收入农户人均可支配收入增长10%以上，家庭医生重点人群签约率达到89%，每万名老年人拥有养老护理员数达到25人，困难人群（低保、低收入和分散供养家庭）申请保障性住房保障率达到100%，生活不能自理特困人员集中供养率达到20%，基本便民商业服务功能区覆盖率达到100%，人均公共体育用地面积达到0.60平方米，人均公共文化设施建筑面积达到0.41平方米。

绿色发展方面：地区生产总值（按不变价）增长6%左右，规模以上工业产值增长3%左右，一般公共预算收入增长5%左右，固定资产投资（不含农户）达到170亿元（其中，建安投资达到120亿元），市场总消费增长6.6%左右（其中，社会消费品零售额增幅5.7%左右），旅游综合收入达到102亿元，高端产业功能区劳均产出率增长10%以上，技术合同成交额达到5.5亿元。

三、实现2020年经济社会发展计划的主要任务和措施

（一）扛责任、勇担当，全力攻坚冬奥会服务保障任务

按照“一刻也不能停、一步也不能错、一天也误不起”的要求，全力以赴抓紧抓好冬奥会筹办工作，确保测试赛“一炮打响”，高质量实现“精彩、非凡、卓越”的办赛目标。

1. 高质量完成配套设施建设

瞄准年底基本建成冬奥延庆赛区的目标，严格落实安全生产责任制，打好提前量，努力向前赶，加快推进高山滑雪中心、雪车雪橇中心、奥运村、山地新闻中心等场馆设施建设，保障好高山滑雪世界杯各项设施建设调试，基本完成西大庄科村升级改造，同步推进综合交通服务中心、冬奥森林公园等配套设施建设，统筹推进环境景观、医疗服务设施、保障酒店等全口径建设任务按时“收口”、全面就绪。

2. 高标准做好专项服务保障工作

坚持“全区保外围、外围保核心”，进一步优化“三处十二组一团队”的运行机制，细化完善场馆运行计划，完善外围保障体系，做实41个网格，抓好住宿、餐饮、医疗、交通等专项服务保障，着力在雪道救援、住宿保障和专业人才培养上发力，统筹做好运动员接待、赛事组织、赛会服务、市场开发、媒体宣传等工作，确保测试赛场场成功、场场精彩，切实提高冬奥会服务保障的实战能力和水平。

3. 高起点谋划推进赛地融合发展

主动深化世园会带动延庆发展战略研究与实践探索，坚持公益性和经营性相结合的会后利用模式，着力成为生态旅游、休闲度假目的地和服务冬奥重要承载地；传承发扬中华人民共和国成立70周年庆祝活动和世园会服务保

障的宝贵经验和精神财富，利用世园会园区策划举办论坛、赛会活动，培育“北京国际花园节”自主品牌，持续举办世界花卉大会、中国花卉大会，打造“永不落幕”的世园会。深入谋划冬奥场馆赛后可持续利用，积极研究冬奥带动延庆发展课题成果落地的具体措施，有效落实冬奥54项生态环境保护措施和34项可持续性承诺任务，主动对接国际奥委会和北京奥组委，将延庆核心赛区列入奥运遗产计划，赛后打造成为延庆奥林匹克公园。

（二）守青山、护绿水，稳步打造生态文明建设金名片

高举“两山”理论旗帜，始终把守护好绿水青山作为头等大事，抑制开发冲动，坚定走生产发展、生活富裕、生态良好的文明发展道路，高质量建设美丽延庆。

1. 逐步扩大生态环境容量

纵深推进“疏解整治促提升”专项行动，以清脏、治乱为重点，有序推进市级规定任务、区级创新任务。完善“控增量”“疏存量”政策体系，积极创建无违建乡镇，拆除违法建设40万平方米，腾退土地40公顷（40万平方米），“留白增绿”4.35公顷（4.35万平方米），动态清零开墙打洞及占道经营，疏解一般性制造业企业3家，开展26条背街小巷环境整治。建立健全城乡建设用地减量发展机制，持续整治违建别墅、大棚房、浅山区违法占地违法建设，加强腾退空间统筹利用和工业闲置低效空间盘活利用。

2. 不断提高生态环境质量

扩大绿色生态空间，启动创森中期工作，实施好“新一轮百万亩造林”绿化工程8743亩，有序开展森林健康经营林木抚育、京津风沙源治理二期工程，启动实施康西森林湿地生态建设项目，建设新东关等4座城市公园，创建花园式社区1个、花园式单位1个、首都绿色村庄7个，加快构建“一核、一环、三带、五廊、十园、多点”的城市森林格局。有效落实$PM_{2.5}$承诺达标三年行动计划，“以克论净”开展城乡道路尘土残存量监测，降尘量控制在每月每平方公里6吨左右，机动车保有量控制在8万辆以内，完成42个村煤改电和114个村优质燃煤替代。健全以河长制为统领的水环境治理体系，建设污水管网30公里（千米），完成30平方公里（平方千米）生态清洁小流域综合治理，完成小城镇污水处理二期工程建设，创建15个节水型单位和村庄，确保考核断面水质稳定达标。全面落实“土十条”，在提高土壤环境质量和肥力上发力。实施好北京市生活垃圾管理条例，建立健全分类投放、收集、运输、处理的全过程垃圾管理体系，建成小张家口、簸箕营垃圾资源化处置场所，推进5个乡镇生活垃圾分类示范片区创建，形成垃圾分类新风尚。

3. 持续加强生态环境管护

以最严格的生态环境保护制度为保障，持续强化生态涵养功能。完善治理机制，建立部门联动执法和区域联防联控工作机制，充分运用物联网、大数据等先进科技手段，加强生态环境监管。完善责任机制，建立生态环境保护责任追究和环境损害赔偿制度，提高生态环境建设的制度化、规范化水平。完善补偿机制，落实好市级关于生态保护补偿政策资金统筹实施方案，探索资源有偿使用，推动生态保护投入保障由政府“一家扛”转为政府、企业和社会“多家抬”。

（三）抓机遇、聚要素，着力构建绿色高精尖经济结构

紧抓赛会黄金窗口期，以营商环境优化为突破口，明晰绿色发展路径，在发展上坚持稳字当头，推动量的合理增长和质的稳步提升，高质量实践绿水青山向金山银山的转化。

1. 实实在在优环境

圆满完成规定任务，高效落实新一轮营商环境政策（“9+N”政策3.0版），做好迎接世行、国家和北京市营商环境评价准备，持续

推进优化营商环境三年行动计划任务落实，市区两级政务服务事项实现“全程网上办”，注册登记、办理施工许可、获得电力、不动产登记等方面服务显著改善，全面形成北京“营商环境四大示范工程”延庆表达。精准做好企业服务，从企业需求和感受出发，优化“12345”热线企业诉求办理工作机制，完善“服务包”企业遴选标准和退出机制，不折不扣落实好减税降费各项政策，健全支持民营经济、外商投资企业发展的法治环境，继续开展好清理拖欠民营企业、中小企业账款工作，着力构建亲清政商关系。加快完善要素配置，多渠道、分阶段引进一批与我区生态涵养功能定位相适应的高端人才；建立区级统筹的科技创新重大项目和重大工程用地保障机制；用足用好各类政府扶持资金；强化技术支撑、质量监管和环保、能耗、水耗等标准约束。

2. 千方百计保增长

系统谋划消费升级，制定实施新的“短平快”促消费措施，推动消费供给和消费环境明显改善；激发时尚消费，推动万达商场、永辉超市投入运营，加快打造柳沟商业街，持续发展深夜食堂等富有活力的夜间经济；升级旅游消费，以国家体育产业示范基地为抓手，丰富八达岭夜景、世葡园打铁花等项目，积极打造京张体育文化旅游带。精准加力有效投资，利用好“两办五组”调度平台作用，加强投资成本管控，加快土地项目供应，着力完善重点项目融资对接服务平台机制，切实推动年度重点工程项目落地；用好2020—2022年项目储备库，打造纵横联动的高精尖产业项目谋划储备、协调调度、精准服务机制；激发民间投资活力，积极向民间资本推介有市场潜力和投资回报的优质项目。牢固树立过“紧日子”的思想，大力压缩一般性支出，财政资金优先保运转、保民生、保重点，用政府的“紧日子”保障百姓的“好日子”。

3. 双轮驱动促发展

科技创新带动重点培育产业壮大，聚焦创新创业环境，完成创新家园起步区开发供地，盘活闲置厂房和闲置土地，建设延庆园政务服务、招商展示中心，完善市场化平台建设；聚焦四大重点培育产业，加快建设中关村现代园艺产业创新中心，实现体育科技创新园企业入驻和运营，着力打造氢能产业园和无人机科技创新园，新引进150家以上重点培育企业；聚焦重大项目落地，紧抓中关村延庆园与海淀园合作共建的有利契机，加快推动传世体育、中国航天九院等项目落地；聚焦成果转化应用，健全促进科技成果转化的体制机制和政策体系，持续搭建5G、无人机等新技术新产品应用场景对接平台。文化引领旅游高质量发展，完善全域旅游发展政策体系，制定实施全域旅游三年行动计划；试点建设长城文化村，举办八达岭长城文化节，做好长城文化的“活化”与“活用”，建立红色文化传承利用长效机制；发挥世园会品牌影响力，筹办好消夏避暑季、端午文化节等品牌活动，打造生态旅游、休闲度假目的地；用好冬奥金名片，基本建成奥运签约酒店7家，打造100家“冬奥人家”，承办国际雪联中国北京越野滑雪积分大奖赛等冰雪体育赛事，构建“一轴两翼”冰雪旅游空间布局；大力发展精品民宿，办好第四届北方民宿大会，在集中民宿区探索建设“共生社区”，新开业民宿20家，民宿小院总数超300个。

（四）补短板、强弱项，统筹加快城乡协调发展步伐

突出自身特色和底蕴，高水平规划建设管理，建立健全彰显优势、协调联动的城乡区域发展体系，塑造高质量城乡风貌。

1. 深入落实延庆分区规划

完善规划实施配套制度，抓好分区规划组织实施，编制好新城控制性详细规划、11个专项规划、14个乡镇国土空间规划和230个美丽乡村规划，加大城乡规划条例宣传执行力度。依据新批复的分区规划，有序开展“十四五”规划，同步做好“十三五”规划终期评估，建

立以区级纲要为统领、空间规划为基础、专项规划为支撑、乡镇规划共同组成的规划体系。坚决维护规划严肃性和权威性，完善规自领域问题整改常态化长效化监督管控机制，推动各项整改任务落实，严格执行“村地区管”制度，完善农地农用、林地林用等土地用途管控机制，坚决遏制涉地乱象和涉地腐败。

2. 打造高品质精细城市形象

提升交通通达性，加快昌赤路等区域主干路网建设，推进G110（京银路）等道路大修，提级改造乡村道路30公里（千米）。加快棚户区改造，实现小营—石河营、南菜园1—5巷（南区）、下屯回迁安置房开工建设，康庄镇一二三街村项目完成签约。补齐水电气热短板，加快新城北部水生态治理等水务工程、米家堡110KV输变电等电力工程建设，完成03街区配套市政管线工程项目建设，新增清洁能源出租车300辆。全力打响城市品牌，充分发挥世园效应、冬奥影响，打好赛会品牌传播组合拳，丰富“美丽延庆·冰雪夏都”城市品牌内涵。

3. 大力实施乡村振兴战略

打造农村美，持续巩固人居环境整治成果，常态化推动“1+8”整治工程，高标准启动25个示范村建设，实施46个村庄污水集中处理项目、1400座户厕改造，实施农村“百村百园”绿化工程，着力打造“两带、五线、多点”的美丽乡村建设格局。推动农业强，加快“一区多园”可持续发展，推广园艺风情小镇等特色乡镇品牌，实施百名农业领军人物培育工程，构建农业生产、质量安全、农产品流通、科技服务和农业经营五大产业体系。致力农民致富，以休闲农业和乡村旅游为抓手壮大集体经济，升级改造15家休闲农业观光园，推动6个“科技小院”帮扶项目落地。

（五）抓“七有”、扣“五性”，坚决办好各项惠民实事

坚持以人民为中心，以“七有”“五性”监测评价指标体系为抓手，注重加强普惠性、基础性、兜底性民生建设，高质量满足延庆人民日益增长的美好生活需要。

1. 落实“七有”要求

落实幼有所育，新增学前学位900个，推动第九幼儿园等如期建设，加强园区安全监管。落实学有所教，新增中小学午餐餐位500个，稳步推进一职新校区等学校改扩建工程，加快北京八一实验学校、北京国际奥林匹克学院等一批优质教育资源落地，打造冰雪示范学校23所、足球特色学校31所。落实劳有所得，健全有利于更充分更高质量就业的促进机制，积极搭建就业招聘平台，加大17家企业、高校和海淀区帮扶协作对接力度，做好冬奥和后世园就业岗位开发，开展技能培训2.3万人次，巩固低收入村农户100%脱低成果，确保小康路上一个也不能掉队。落实病有所医，全力攻坚全国健康促进区创建，推进区医院晋升三级医院，加快中医院迁建一期建设，实施大庄科乡社区卫生服务中心改造工程，全面推进5个国家卫生乡镇、8个北京市卫生乡镇创建。落实老有所养，构建以居家为基础、社区为依托、机构为补充的养老服务体系，实施3家养老驿站建设，多举措扩大“老年幸福餐桌”服务覆盖范围，提升60家“老年幸福餐桌”服务质量，探索医养结合。落实住有所居，推进3300套安置房开工建设，完成29万平方米老旧小区改造、100户农村危房改造。落实弱有所扶，完善三级救助管理服务体系，推进区级救助站建设，持续开展“妫川希望”助学等慈善项目，简化残疾人两项补贴申领程序，实现特困人员供养城乡统筹。

2. 满足“五性”需求

满足便利性，制定新一轮生活性服务业品质提升三年行动计划，引进餐饮、文娱领域连锁化、品牌化企业，开展便民电子地图录入和网点纳统工作，精准补建27个基本便民网点。满足宜居性，深入推进新时代文明实践中心试点建设，深化全国文明城区创建高位统筹、全

民参与机制，健全城乡基础设施和公共服务设施建设运营管理一体化工作机制。满足多样性，升级改造33个行政村、4个社区文化设施，打造24小时自助图书馆，启动档案馆建设，组织冰雪欢乐季等系列文化活动；新增33个村（社区）健身场所，推进北京市冰上项目训练基地建成开放，全民健身中心投入使用，举办冰雪赛事活动13项，开展全民健身活动20项以上，组织科学健身及冬奥知识大讲堂6次以上。满足公正性，注重维护群众合法权利，深化依法治区体制机制建设，加大“12348”法律咨询热线宣传力度，提高法律援助知晓率，提升法律援助质量。满足安全性，突出抓好基层治理，健全矛盾纠纷排查化解机制，加快构建立体化、信息化社会治安防控体系，全面落实安全生产责任制，为群众营造安定祥和的社会环境。

3. 加强社会治理

坚持和完善共建共治共享的社会治理制度，构建自治法治德治相结合的治理体系，确保人民安居乐业、社会安定有序，建设更高水平的平安延庆。健全基层管理体制，更加鲜明地树立到基层一线解决问题的工作导向，以群众“诉求”为哨声，坚持重心下移，做实基层；有效衔接“吹哨”与“报到”，强化部门行业管理责任，增强条块工作合力；完善“12345”市民服务热线接诉、办理、督办、反馈的闭环式运行机制，推动“接诉即办”向“未诉先办”、主动治理转变，切实提高群众诉求响应率、解决率和满意率。构建多元治理格局，积极培育、引导和规范社会组织依法有序参与社会治理，用好街巷长、小巷管家等力量，充分发挥“12345”市民服务热线、媒体、互联网及第三方评估机构作用，建立健全“枢纽型”社会组织体系，倡导践行“延庆乡亲文明公约”，打造多方参与、居民共治样板。

（六）引资源、促协同，不断激发区域发展活力

以服务业扩大开放为抓手，注重协同联动，更宽视野、更高标准、更大力度全面推进改革开放，高质量推动合作共赢局面形成。

1. 全面主动对外开放

执行新版外资负面清单和鼓励目录，用好区级全面深化改革、扩大对外开放重要举措行动计划，研究推出新一轮服务业扩大开放措施清单，落实公平竞争审查制度，完善引资、引技、引智相结合的政策体系，努力吸引外资企业来延，推进一批标志性、有影响力的项目落地。充分发挥冬奥世园带动作用，积极参加京郊会、冬博会等重大活动，深入挖掘延庆良好的生态环境和深厚的历史文化底蕴价值，搭建企业信息共享和交流平台，助力延庆优质资源、优质品牌走出去。

2. 深化重点领域改革

全面推进事业单位改革。以赋权、下沉、增效为重点，深化街乡管理体制改革，建设文明街道、活力街道、宜居街道、平安街道，强化乡镇服务管理能力。加速国有经济布局优化、结构调整、企业重组，推动国资改革落地见效，推进国企改革后续工作，实现国有资产保值增值目标。深入推进医药卫生体制改革，加强医耗联动综合改革数据分析，持续改善医疗服务，深入推进医联体建设，畅通双向转诊通道，深入推进分级诊疗，引导群众合理就医。加快生态文明体制改革，落实自然保护区生态保护红线管理等制度。持续推进农村改革，完成试点村流转土地项目实施，进一步推进镇级集体产权制度改革工作。

3. 合力推进协同发展

加强与海淀区结对协作，高效使用年度结对协作资金，引项目、搭平台、优环境，构建优势互补、共建共享、合作共赢的区域协作格局。加强与张家口市共建，落实产业转移重点承接平台建设意见和产业疏解配套政策，探索

跨区域生态环境保护合作新机制，与张家口共同发展体育、旅游、休闲、会展等友好型产业。加强对怀来、宣化、兴和的对口帮扶，强化高层对接互访机制，细化创新扶贫协作政策措施，深化消费、产业、教育扶贫，助力受援地打赢脱贫攻坚战。

各位代表，2020 年任务更加艰巨而繁重，全区上下将在区委的坚强领导下，在区人大及其常委会的监督和区政协的大力支持下，以习近平新时代中国特色社会主义思想为指引，不忘初心、牢记使命，求真务实、开拓创新，为如期实现全面建成小康社会目标全力以赴，为建设国际一流的生态文明示范区和美丽延庆不懈奋斗！

关于北京市延庆区2019年预算执行情况和2020年预算（草案）的报告

——在北京市延庆区第二届人民代表大会第六次会议上

（2019 年 12 月 24 日）

北京市延庆区财政局

各位代表：

受北京市延庆区人民政府委托，现将北京市延庆区 2019 年预算执行情况和 2020 年预算（草案）的报告提请区第二届人民代表大会第六次会议审议，并请区政协委员提出意见。

一、2019 年预算执行情况

2019 年，在区委的正确领导下，在区人大及其常委会的监督和区政协的支持下，全区上下深入学习贯彻党的十九大和十九届二中、三中、四中全会及中央经济工作会议精神，以服务保障好冬奥世园为主线，牢牢把握生态涵养区功能定位，坚持稳中求进工作总基调，努力推动高质量绿色发展，加强财政收支管理，集中财力保障全区重点工作，较好地服务了区域经济社会发展，全区预算执行情况良好。

（一）一般公共预算执行情况

（1）全区一般公共预算总收入 1616583 万元，其中：①一般公共预算收入 211800 万元，同比增长 10.5%，按收入性质分：税收收入 132000 万元，同比增长 1.6%；非税收入 79800 万元，同比增长 29.3%。②上级补助收入 917075 万元，包括：增值税税收返还收入 9016 万元，一般性转移支付收入 677701 万元，专项转移支付收入 230358 万元。③上年专项结转收入 153172 万元。④地方政府一般债券转贷收入 50000 万元，全部为再融资一般债券转贷收入。⑤调入预算稳定调节基金 192050 万元。⑥调入资金 92486 万元，包括：政府性基金预算调入 92330 万元，国有资本经营预算调入 156 万元。

（2）全区一般公共预算总支出 1514402 万元，其中：①一般公共预算支出 1277700 万元，同口径增长 6.4%。②上解支出 36702 万元。③地方政府一般债券还本支出 100000 万元。④调出资金补充预算稳定调节基金 100000 万元，包括：一般公共预算超收收入 7670 万元，政府性基金预算调入一般公共预算92330万元。

（3）专项结转下年使用102181万元。2019年预备费支出11800万元，主要用于延庆区生物安全高风险规模养殖场清理退出、世园会周边杨柳飞絮治理等支出。

（二）政府性基金预算执行情况

（1）全区政府性基金预算总收入454920万元，其中：①政府性基金预算收入202832万元。②上级补助收入133956万元。③上年专项结转收入58132万元。④地方政府专项债券转贷收入60000万元。

（2）全区政府性基金预算总支出414905万元，其中：①政府性基金预算支出312575万元。②上解支出10000万元。③调出资金补充一般公共预算92330万元。

（3）专项结转下年使用40015万元。

（三）国有资本经营预算执行情况

（1）全区国有资本经营预算总收入561万元。

（2）全区国有资本经营预算总支出557万元，其中：①国有资本经营预算支出401万元。②调出资金补充一般公共预算156万元。

（3）专项结转下年使用4万元。

（四）社会保险基金预算执行情况

社会保险基金预算由市、区共同负责管理，区财政只涉及城乡居民基本养老保险基金预算管理。

（1）全区社会保险基金预算总收入141848万元，其中：①社会保险基金预算收入58164万元，全部为城乡居民基本养老保险基金预算收入，包括：财政补贴收入51824万元，个人缴费收入5105万元，转移收入700万元，利息收入535万元。②上年滚存结余83684万元。

（2）全区社会保险基金预算总支出54655万元，全部为城乡居民基本养老保险基金预算支出。

（3）年末滚存结余87193万元，其中，本年收支结余3509万元。

上述情况是根据当前预算执行情况进行的初步预判，在财政决算编制完成后，还会有所变化。

（五）2019年预算执行效果

2019年，财政工作按照高质量绿色发展要求，紧紧围绕疏功能、稳增长、促改革、调结构、惠民生、防风险、保稳定各项工作，牢固树立过“紧日子”思想，按照有保有压的原则，不断优化支出结构，有力推动全区经济社会平稳健康发展。

1．全面提升承载能力，保障绿色大事顺利推进

投入资金18.7亿元，切实保障世园会成功召开及冬奥会加速筹办，全面提升绿色大事承载能力。

（1）加强世园会外围基础设施建设。推动京礼高速沿线等园区周边道路环境提升，支持建成世园会主题花坛，助力做好市政道路两侧绿化建设工程地上物补偿、世园会配套道路路灯外电源安装和世园会生活体验馆延庆展区园艺布置等工作，配合完成水、电、气、通信等市政设施工程，确保世园会顺利举办。推进世园会外围安保运行保障系统及交通设施建设，为世园会提供安全可靠的办会环境。

（2）强化世园会会时保障工作。支持完成世园会会时景观布置、道路绿化美化及城区夜景照明等工程，推进世园会周边杨柳飞絮治理，世园会配套景观全面提升。助力开展社会面巡查防控工作，支持城市志愿者服务保障工作，确保世园会召开其间社会面安全稳定。顺利完成世园会延庆文化月等主题文化活动，营造良好氛围，促进世园文化传播。

（3）推动冬奥会筹办各项工作。落实冬奥会医疗卫生保障补助资金，支持冬奥定点医院（区医院）能力提升，加强公共卫生防控体系建设，促进冬奥会医疗保障水平不断提高。制定并印发《北京2022年冬奥会和冬残奥会延庆赛区旅游饭店运营保障奖励资金管理办法》，及时拨付签约酒店奖励资金，为国内外宾客提供标准化的住宿服务接待环境，进一步提升我区旅游接待水平。推进冬奥会延庆赛区造雪引水、集中供水及佛峪口水库水源保护等水生态治理工程，支持综合交通服务中心建设，配合延庆冬奥森林公园建设，推动西大庄科村升级改造项目完成拆迁腾退，保障冬奥特色旅游小镇、休闲步道、星级民俗村配套设施改造等项目，冬奥基础设施建设不断完善。加速推进高山滑雪世界杯筹备工作，全面推动场馆运行和竞赛组织工作。支持举办全国速度滑冰马拉松等系列冰雪赛事活动，助力开展“服务冬奥世园，促进绿色发展”大培训、“万人上冰雪”、冰雪进课堂等群众性活动，赛会影响力和群众参与度不断提升。

2．大力保障和改善民生，切实增进人民群众福祉

投入资金51亿元，建立健全制度体制，聚焦“七有”“五性”，不断完善社会保障制度，提升人民群众的获得感、幸福感、安全感。

（1）大力保障和改善民生。落实城乡居民养老保险基础养老和城乡无保障老人养老等补贴资金，解决特困群众的实际困难，提高民生保障和改善水平。支持落实社会公益性就业、城乡劳动力就业等就业再就业政策，就业率不断提升。助力实施5个老旧小区综合整治，支持启动老旧小区加装电梯工程，居民生活环境持续向好。推动实施居民医保待遇调整、提高大病保险报销比例等医疗保障政策，落实城乡居民医疗保险补贴，助力启动医耗联动综合改革，提升医疗保障水平。支持中医医院迁建等项目，改善就医环境，持续提升医疗卫生水平。

（2）推进教育事业发展。支持45所中小学校开展教育领域综合改革，不断提升学生综合素质。落实35所乡村学校的1939名乡村教师岗位生活补助政策，不断完善师资均衡配置。扩大基础教育优质资源供给，对8所普惠性民办幼儿园及9所公办幼儿园给予生均定额和扩学位补助，推动学前教育发展。助力41所学校校园生活类设施修缮及信息化建设，改善基础教育办学条件。

（3）加强文化体育建设。支持举办八达岭长城文化节，保障长城点段抢险加固工程，长城文化带建设有效加强。助力端午文化节等基层文化活动成功举办，增加人民群众文化参与感、认同感与幸福感。推进古崖居遗址保护等33个工程，文物修缮及保护工作有序开展。助力举办延庆森林半程马拉松、北京国际自行车骑游大会等体育赛事活动，赛会举办能力有所提高。保障全民健身中心项目全面完工，支持完善全民健身设施，群众多样性健身需求得以满足。

（4）提升社会治理水平。推进行政审批服务大厅及新时代文明实践中心建设，推动“接诉即办”工作运行，助力开展扫黑除恶专项斗争，配合公共安全视频监控建设联网应用，支持开展安全隐患大排查大清理整治，保障社会和谐运转。加强基层公益事业和农村事业建设，提升农村基层治理水平。

3．全面支持生态建设，保障生态环境持续优化

投入资金33亿元，积极践行“两山”理论，创新推动高质量绿色发展，积极推进生态环境保护工作落实。

（1）支持提高绿化美化水平。助力成功创建国家森林城市，推进平原地区造林、五河十路平原生态林管护、延崇高速（平原段）绿化等工程，区域绿化美化程度不断提高。

（2）推进空气质量稳步提升。支持打赢蓝天保卫战，有效推动餐饮油烟提标改造、重型柴油车排放监管等重点工作，推进村庄冬季取暖及城中村集中供暖改造等工作，为高质量绿色发展保驾护航。

（3）促进水环境持续优化。落实水源地一级保护区封闭管理，重点推进农业农村水污染防治、跨界水断面补偿等工程，大力推动碧水保卫战，支持白河堡水库向妫水河、世园会输水，水生态环境持续改善，地表水环境质量指数保持全市前列。

（4）支持开展“疏解整治促提升”专项行动。统筹安排资金，支持开展拆除违法建设、疏解一般性制造业企业等专项行动，拆除违法建设 49.7 万平方米，疏解一般性制造业企业 8 家，建立提升便利店等便民服务网点 34 个，区域环境更加宜居。

4. 全面促进产业发展，保障经济结构转型升级

投入资金 11.60 亿元，不断优化产业结构，加快产业转型升级，促进经济健康发展。

（1）推动农业农村发展。大力推进美丽乡村建设，支持全面开展农村人居环境综合治理，推动核果绿色加工工艺科技创新生产线建设，助力国家农产品质量安全区创建，补贴禁养区养殖户退出，对突发疫情及时防控，助推区域农业农村健康发展。

（2）加大高新技术产业支持力度。加速中关村延庆园建设，充分发挥其引擎作用，修订《中关村国家自主创新示范区延庆园促进创新创业发展支持资金管理办法》，助推高新技术企业创新创业发展，支持创新创业项目 184 项，全面促进我区高精尖产业快速集聚，驱动区域经济快速发展。

（3）进一步确立旅游产业主导地位。推进九眼楼长城景区接待站、特色旅游小镇和星级民俗村旅游等公共服务配套设施建设，旅游基础设施建设不断完善。推动建设综合性商业金融服务业商圈，支持创建文明城区工作，助力延庆区正式成为首批国家全域旅游示范区，延庆旅游品牌影响力不断提升。

（六）财政主要工作完成情况

2019 年，全区财政工作按照高质量绿色发展要求，深化财政改革，狠抓预算执行管理，各项财政改革任务稳步推进，财政管理水平日益提高。

1. 积极涵养财源税基，助推区域经济高质量发展

在全面充分落实大规模减税降费政策及经济增速放缓的大背景下，我区依托税源建设联席会议平台，不断加强统筹调度，积极挖掘潜力涵养税源，努力构建绿色高精尖产业结构，组织收入工作不断向纵深推进。

（1）明确发展方向，构建高精尖产业结构。落实财政支持高精尖“1＋1＋N”产业发展政策，确定100 家重点税源企业和50 家高成长型企业名单，加大企业服务力度，促进绿色高精尖产业集聚，中关村延庆园共有高新技术企业 253 户，较 2018 年底增加 102 户，完成一般公共预算收入 10370 万元。

（2）强化纳税服务，切实提升税源质量。建立“总管家统筹协调，服务管家一对一服务”的管家式服务机制，送出“服务包”151 个。加强重点企业服务的同时，努力提升新增税源质量，充分发挥中关村延庆园引擎作用，不断引入优质税源，新引入企业 751 家，其中已有 58 家企业形成区级贡献，共完成一般公共预算收入 2103 万元。

（3）全面落实减税降费政策，营造良好营商环境。全区上下不折不扣执行各项减税降费政策，减免区级税收收入 3 亿元，其中，提高保险企业手续费及佣金税前扣除比例政策共减免企业所得税 1.80 亿元；深化增值税改革政策共减免增值税 0.40 亿元；小微企业普惠性政策共减免税款 0.40 亿元。各项减税降费政策共惠及企业 16705 户，切实让利于企业。将涉企行政事业性收费和政府性基金清单在延庆政府网进行公开，严格执行目录清单，清单之外的收费一律不得执行，切实减轻企业和社会负担，充分体现了减税降费的政策效果。

2. 持续提高支出效率，增强财政资金保障能力

不断加大财政资金统筹保障力度，进一步强化部门支出主体责任，以保障资金安全、提高资金使用效益为核心加强财政支出管理，加快预算执行，财政收支预算管理水平进一步提升。

（1）持续加强支出管理，不断加快财政支出进度。认真执行《延庆区部门预算执行支出进度考核办法》，进一步落实定期通报约谈机制，按月通报各部门支出进度，对支出进度缓慢的部门及时进行约谈，敦促并指导其加快进度。在保障资金安全规范运行并不断加强成本效益管理的前提下，每月一般公共预算支出进度均超过时间进度3个百分点以上，有效保障了各项重点领域支出。继续将部门支出进度纳入区政府绩效考核，切实强化部门支出主体责任，将“花钱”与“办事”有机结合，为全区经济社会健康发展提供财力保障。

（2）盘活财政存量资金，提高财政资金使用效益。严格执行行政事业单位财政性结余资金管理办法，加大财政存量资金盘活力度，部门预算结转结余资金超过一年未使用的，交回财政统筹使用，有效压缩财政存量资金规模。加大财政资金统筹保障力度，按照支出事项的重要程度及项目推进进度合理安排好财政资金，从源头上控制和减少结余资金，全年盘活财政存量资金进度达到95%以上，部门预算结转结余资金比例压缩至2%以下，最大程度发挥财政资金使用效益。

（3）规范投资项目管理，提升财政资金保障能力。修订《北京市延庆区大额专项资金管理办法》，加强对政府投资项目的规范管理，紧抓绿色发展大事和京津冀协同发展机遇，积极推进政府投资项目库建设，提高项目竞争力，争取市级资金和政策支持，进一步提升财政平衡能力，为各项事业发展提供坚实的财力保障。

3. 推进财政管理改革，提高财政资金使用质效

进一步提升政治站位，实施积极的财政政策，深入推进财政体制改革，加快建立现代财政制度，为全区经济社会持续健康发展提供更加有力的保障。

（1）加大力度压减一般性支出。制定并印发《北京市延庆区关于树立过“紧日子”思想，落实“三保”等重点支出任务，支持减税降费相关工作的通知》，大力压减一般性支出，2019年一般性支出比上年压减10%以上。不断优化支出结构，加大民生等领域财政资金支持力度，切实做到用政府的“紧日子”保障百姓的“好日子”。

（2）不断加强财政资金使用效益。树立预算成本绩效理念，加强对项目支出的事前绩效评估、事中跟踪监督、事后绩效评价等工作。首次对5个项目进行事前绩效评估，有效填补事前绩效评估工作空白，提高资金配置科学性、合理性。选取34个支出项目进行事后绩效评价，资金总额10亿元，同比增长5.2倍，有效节约财政资金，为资源合理配置提供依据。完成评审项目179个，审定金额11.7亿元，审减率16.8%，节约政府性投资项目资金2.4亿元，全面优化财政资源配置效率和使用效益。

（3）持续强化基层财政财务管理。认真落实政府会计制度改革，统一财务核算平台建成并成功上线运行，全区235家单位纳入该平台进行财务核算管理，涉及财务人员岗位数量594个。聘请专业机构对全区各预算单位进行业务指导和检查验收，在全区范围内进行统一财务核算平台操作及新政府会计制度的业务培训和指导，增强会计核算数据的及时性、真实性和完整性，不断提高财政管理科学化、规范化水平。

（4）有序推进财政业务电子化改革。积极推进财政电子票据管理改革工作，完成财政票据电子化系统升级，于7月1日在路侧停车领域率先开展财政电子票据管理改革试点，试点以来共开具电子票据3万余张。稳步推进教育领域电子票据管理改革试点工作，财政票据管理更加规范、高效。积极推进国库业务电子化改革，完成实拨业务上线工作，有效保障了数据传送无纸化、业务处理标准化和资金拨付安全化。

（5）积极防范化解财政金融风险。健全政府债务风险体系，牢牢守住不发生区域性系统性风险的底线，统筹财力及时偿还债券本息，截至2019年底，我区政府债务余额55亿元，控制在政府债务限额60.97亿元内。按月统计政府隐性债务变化情况，有效避免新增隐性债务，守住不发生重大风险的底线。推进人大预算联网监督工作，加大预决算信息公开力度，新增政府购买服务及财政扶贫资金预算安排情况等信息，首次公开债券存续期信息，广泛接受社会监督，财政信息更加公开、透明。以预算执行动态监控系统为支撑，提升内控和监督效果，进一步降低财政资金风险。

（6）推进政府采购及政府购买服务管理改革。大力推进电子化采购平台建设，积极落实节能、环保等政府采购政策，全面实施绿色采购，运用政府采购政策支持脱贫攻坚，发挥政策统筹导向作用。修订政府购买服务预算管理办法，选取文化旅游及交通两个公共服务重点领域，试点制定政府购买服务工作实施方案，推进政府购买服务项目实施更加规范，进一步转变政府职能，创新公共服务供给模式。

（7）建立国有资产情况报告制度。首次将《北京市延庆区2018年度行政事业单位国有资产管理情况专项报告》和《北京市延庆区2018年度国有资产管理情况综合报告》报区人大常委会并审议通过，国有资产管理工作不断完善。

2019年是办大事、促发展、惠民生的重要一年，是世园会成功举办的一年，是冬奥会加速筹办的一年，在全区上下的共同努力下，财政收支实现平稳运行，预算执行情况良好。在取得成绩的同时，也应该认识到财政运行过程中还面临一些困难和问题需要重点关注并加以解决。一是组织收入力度仍需加大。冬奥世园筹办举办带来的红利支撑我区一般公共预算收入连年快速增长，但我区实体企业贡献收入始终偏低，收入质量与全市平均水平尚有较大差距。因此，我区仍需不断加大组织收入力度，加强税源建设，积极培育新税收增长点，确保财政收入实现可持续增长。二是财政收支矛盾依然突出。收入方面，当前经济面临下行压力，加之全面充分落实减税降费政策，致使我区收入持续增长压力较大。支出方面，我区社会保障政策调标等刚性支出压力不断增加，随着绿色大事筹办举办工作的不断推进，我区在积极组织财力的同时，更应不断优化支出结构，有效缓解收支矛盾。三是全过程绩效管理有待加强。我区不断加强支出项目预算绩效管理，但仍存在财政资金使用效益有待提高等问题，对于支出项目还应进一步加强事前评估、事中跟踪、事后评价的全过程管理，将“花钱”与“办事”有机结合，不仅要将钱花对地方，更要把事办好，从而更好地提高财政资金使用效益。

二、2020年预算（草案）

2020年全区财政工作总体思路：以习近平新时代中国特色社会主义思想为指导，深入贯彻党的十九届四中全会、中央经济工作会议精神，全面落实市委十二届十次、十一次全会和区委二届十次全会精神，以高质量绿色发展为根本要求，以服务保障高山滑雪世界杯举办和冬奥会筹办为牵引，牢牢把握生态涵养区功能定位，坚定不移实施生态文明发展战略，坚持稳中求进工作总基调，深入贯彻落实《预算法》，完善预算管理体系，全面充分落实各项减税降费政策，牢固树立过“紧日子”思想，实施全过程预算绩效管理，为交出服务保障冬奥会和高质量绿色发展两张优异答卷提供财力保障。

按照上述工作思路，根据全区经济发展状况编制财政收入预算；结合全区经济社会发展需要，按照统筹兼顾、勤俭节约、量入为出的原则，统筹安排财政支出预算，具体安排情况如下。

（一）一般公共预算安排情况

（1）全区一般公共预算总收入1269174万元，其中：①一般公共预算收入222390万元，比上年完成数增长5%，按收入性质分：税收收入139920万元，比上年增长6%；非税收入82470万元，比上年增长3.3%。②上级补助收入844418万元，包括：增值税税收返还收入9016万元，一般性转移支付收入668041万元，专项转移支付收入167361万元。③上年专项结转收入102181万元。④调入预算稳定调节基金100000万元。⑤调入资金185万元，全部为国有资本经营预算调入。

（2）全区一般公共预算总支出1269174万元，其中：①一般公共预算支出1234103万元，同比增长5.3%，包括：公共服务支出210373万元，民生支出495337万元，生态和城乡社区事务支出487130万元，其他支出41263万元。②上解支出35071万元。

（3）全区一般公共预算收支平衡。按照《预算法》要求，2020年安排预备费13000万元。另外，预算稳定调节基金调入一般公共预算安排使用后无余额。

（二）政府性基金预算安排情况

（1）全区政府性基金预算总收入182845万元，其中：①政府性基金预算收入131642万元。②上级补助收入11188万元。③上年专项结转收入40015万元。

（2）全区政府性基金预算总支出182845万元，其中：①政府性基金预算支出180937万元，包括：国有土地使用权出让收入安排的支出164408万元，大中型水库移民后期扶持基金支出4923万元，污水处理费安排的支出2000万元，城市基础设施配套费安排的支出150万元，其他支出9456万元。②上解支出1908万元。

（3）全区政府性基金预算收支平衡。

（三）国有资本经营预算安排情况

（1）全区国有资本经营预算总收入617万元，其中：①国有资本经营预算收入613万元。②上年专项结转收入4万元。

（2）全区国有资本经营预算总支出617万元，其中：①国有资本经营预算支出432万元，主要用于支持区国有企业改革发展等项目。②调出资金补充一般公共预算185万元。

（3）全区国有资本经营预算收支平衡。

（四）社会保险基金预算安排情况

社会保险基金预算由市、区共同负责管理，区财政只涉及城乡居民基本养老保险基金预算管理。

（1）全区社会保险基金预算总收入151073万元，其中：①当年收入63880万元，全部为城乡居民基本养老保险基金预算收入，包括：财政补贴收入58811万元，个人缴费收入4269万元，转移收入500万元，利息收入300万元。②上年滚存结余87193万元。

（2）全区社会保险基金预算总支出63013万元，全部为城乡居民基本养老保险基金预算支出。

（3）年末滚存结余88060万元，其中，本年收支结余867万元。

（五）2020年预算主要支出方向

2020年，全区上下将紧紧围绕生态涵养区功能定位，坚持“统筹兼顾，突出重点”的原则，提高冬奥筹办服务保障能力和民生保障水平，精心谱写好“世园后”和“迎冬奥”新篇章。

1．加强服务保障，全力以赴高标准办好冬奥盛会

积极筹措资金，加大冬奥筹办服务保障力度，全力以赴确保高山滑雪世界杯“一炮打响”，努力提高各项服务保障工作水准。

（1）全力保障冬奥会筹办工作。配合完成冬奥会竞赛场馆及配套设施建设，支持开展无人机生态保护监测，推进冬奥森林公园建设，推动赛区可持续发展。坚持绿色办奥理念，支持京礼高速山区段景观提升、京张高铁绿色通道建设等重点工程，加大冬奥会环境整治投入力度，营造高品质生态环境。

（2）确保冬奥测试赛“一炮打响”。做好高山滑雪世界杯会时资金保障工作，认真执行旅游饭店运营保障奖励资金管理办法，持续提高旅游接待水平。支持冬奥医疗服务保障中心装修改造工程，提升公共卫生综合防控能力，做好医疗卫生服务工作，提高大型赛会运行服务保障能力。

（3）加大冰雪体育运动推广力度。助力举办国际冰雪体育赛事和群众性冰雪体育文化活动，紧抓冬奥会契机向世界宣传延庆。支持冰雪人才培训指导，持续开展服务冬奥滑雪志愿者及社会体育指导员国家职业资格证书培训，培养专业滑雪技能人才，提升群众冰雪运动参与度。

2．增进民生福祉，满足人民群众美好生活需求

安排资金 49.5 亿元，聚焦“七有”“五性”，加大困难群众基本生活保障力度，提升区域医疗卫生和教育教学水平，不断健全更加公平、持续的社会保障制度。

（1）提升社会保障服务水平。继续落实城乡居民养老保险基础养老金、城乡无保障老人养老补贴、城乡居民最低生活保障等政策，继续支持老旧小区综合整治，解决群众实际困难。支持深化医药卫生体制改革，加快推进中医医院迁建、乡村医生补助等项目，持续提升医疗卫生水平。

（2）促进城乡劳动力就业。坚持就业优先战略，发挥就业促进资金作用，落实城乡劳动力就业岗位和社会保险补贴，加大优质岗位开发力度，深入推进城岗对接，精准帮扶重点群体，深入开展五年“十万人次大培训”，做好“世园后”和“迎冬奥”就业岗位开发，搭建就业招聘平台，促进就近稳定就业。

（3）推动教育事业蓬勃发展。加快推进北京八一实验学校建设和北京国际奥林匹克学院落地，继续支持一职新校区建设工程、刘斌堡中学改扩建工程，启动第九幼儿园新建工程，进一步优化教育布局。深入推进基础教育综合改革，配合开展乡村学校质量提升行动，推进城乡中小学校一体化发展。支持实施校园冰雪运动特色发展行动计划，保障教育日常公用及城乡义务教育补助等项目，加快推进教育现代化。

（4）大力发展全民健身运动。加强全民健身中心运营维护，持续完善一刻钟健身圈，提升健身服务便利性。助力开展群众健身活动，支持举办科学健身及冬奥知识讲堂，做强传统品牌与培育冰雪品牌相结合，营造良好全民健身氛围。

3．坚持绿色发展，增强生态环境建设内生动力

安排资金 41.2 亿元，牢固树立和践行绿水青山就是金山银山的理念，不断厚植生态本底，坚持统筹山水林田湖草系统治理，为“两山”理论实践创新基地建设奠定坚实基础。

（1）推进林业工程建设。加强森林资源管护，巩固国家森林城市创建成果，支持实施京津风沙源治理工程，结合“新一轮百万亩造林”工程，推进森林城市建设整体空间布局，加快构建“一核、一环、三带、五廊、十园、多点”的城市森林格局，区域绿化美化程度不断提高。

（2）加强大气污染防治。强化源头治理，推进移动源低排放化，支持重型柴油车管控、燃煤压减和挥发性有机物防治工作，落实锅炉房燃料供热补贴，不断优化区域生态环境。

（3）提高水环境质量。完善农村污水处理，加速推进农村地区健康饮水工程，支持开展地下水监测，推动实施地下水环境调查和风险评估，保障居民用水安全。

（4）巩固环境整治成果。充分发挥财政资金的统筹导向作用，继续推进美丽乡村建设及“疏解整治促提升”专项行动，支持全面实施城区道路精细化保洁，保障建立城镇生活垃圾分类机制，提升人居环境精细化管理水平。

4．优化营商环境，构建绿色高精尖产业体系

安排资金 8.6 亿元，大力促进产业发展落地，发挥区域绿色产业优势，依托冬奥会等场景平台，扩大延庆品牌影响力，带动高精尖产业体系建设不断向纵深推进。

（1）支持现代化农业发展。立足区域优势主导产业，加快推进林业产业转型升级，提高林产品质量安全水平。加强生态沟域建设，打造优质农产品品牌，促进农业农村发展。支持全面建设“园艺之都”，加快实施现代园艺创新中心规划，开发园艺风情小镇和现代园艺主题村庄，丰富休闲农业产业形态，推进延庆园艺产业转型升级。

（2）推动高精尖产业发展。积极筹措资金，加大高新技术企业服务力度，支持企业入驻和人才引进，促进区域产业提质增效升级，进一步撬动社会资本参与行业市场建设，实现财政政策“大孵化”作用。加大体育科技、现代园艺、新能源和能源互联网、无人机等重点产业和重点企业扶持力度，优化企业发展环境。紧抓与海淀区结对协作的有利条件，借助海淀区科创资源和建设经验，携手推动形成高质量绿色发展的区域协作新格局。

（3）助力文化旅游业发展。支持农村文化星火工程演出等系列文化活动。深入推动新时代文明实践中心建设，加强长城遗产保护，推进档案馆建设，公共文化服务体系建设持续推进。认真执行服务保障世园冬奥全域旅游发展资金管理办法，积极筹措资金，巩固和加强国家全域旅游示范区建设成果，支持旅游服务设施升级，保障冬奥酒店改造提升等工程，不断提高软硬件服务水平，增强城市综合承载能力。

三、2020 年财政主要工作

根据上述财政收支预算安排情况，2020 年财政工作将继续坚持稳中求进工作总基调，深入落实北京城市总体规划对我区的功能定位，加大生态涵养区建设力度，把改革创新贯穿于经济社会发展的各个领域、各个环节，切实服务保障冬奥筹办，保障全区各项事业稳步发展。

（一）多渠道筹集资金，提升财政服务保障能力

以税源建设联席会议为平台，全力以赴组织财力，促进全区财力持续稳定增长。

1．不断加大组织收入力度

继续落实好“1＋4＋4”高精尖体系系列政策，加强重点企业运营监测分析和服务保障力度。做好 2020 年“100＋50”重点企业服务，持续强化数据分析，对税收增减额变动较大的前 30 名重点企业做好跟踪服务。充分发挥中关村延庆园引擎作用，进一步与企业进行深度对接，以多种形式服务财源税基建设，为入园企业健康发展和高精尖产业项目落地提供政策支持保障。

2．大力争取市级资金支持

一方面，加强与市级部门沟通，明确市级资金主要支持方向，强化对全区政府投资项目的规范管理，有针对性地争取市级资金和政策支持。另一方面，围绕国际雪联高山滑雪世界

杯举办、冬奥会筹办、绿色高精尖产业发展等重点项目及领域，积极推进政府投资项目库建设，提高项目竞争力。

3. 持续盘活财政存量资金

严格执行结余资金管理办法，定期通报约谈盘活财政资金进度缓慢的部门，按规定及时收回超过一年未使用的部门结转结余资金，并统筹用于全区亟须保障的事项，最大限度地激活财政资金存量，为地方经济社会可持续发展增添内生动力。

（二）加强财政资金管理，提高政府依法理财水平

坚持以问题为导向，充分发挥财政源头治理作用，进一步强化资金管理，推进预算管理制度改革，提升资金使用效益。

1. 加大基层财政财务工作管理力度

依托统一财务核算平台，加强对重点领域、重点部门、重点资金的财政财务工作管理，进一步提高会计信息质量，提升财政资金管理能力。加强基层单位财务会计培训，严格执行新政府会计制度，提高基层财务工作的合规性和规范性。继续开展政府部门财务报告编制工作，逐步建立健全政府财务报告分析应用体系，持续推进国库集中支付电子化管理工作，构建财政资金安全“防护网”。

2. 严格控制“三公”经费等一般性支出

牢固树立过“紧日子”思想，用政府的“紧日子”保障百姓的“好日子”，严格预算约束，在年度执行中，除临时、紧急事项外，原则上不再追加预算。严格按照政府预算执行“三公”经费支出，大力压缩一般性支出，将更多的资金投向公共服务和民生领域，切实提高财政资金使用效益。

3. 持续推进预决算信息公开工作

严格按照法定时限公开预决算信息，继续将全区各部门预决算信息于同一时间在统一平台进行公开，确保除涉密信息外，公开率达到100%，推动财政预决算信息公开工作更加规范透明。

（三）深化财政管理改革，持续加强预算执行管理

充分发挥财政资金在区域发展中的重要支撑作用，全面深化财政改革，坚持统筹兼顾，促使财政管理改革向纵深推进。

1. 全面充分实施减税降费，进一步减轻企业和社会负担

继续不折不扣落实小微企业普惠性减税、个人所得税改革及增值税税率下调等减税政策，充分让利于纳税人。进一步加大政策宣传力度，激发市场活力，推动企业发展。严格执行行政事业性收费及政府性基金目录清单，清单之外的收费项目一律不准执行，继续推进清理拖欠民营企业中小企业账款工作，切实减轻企业和社会经济负担，优化区域营商环境。

2. 加强全过程预算绩效管理，切实提高财政资金使用效益

大力推进预算管理从重分配向重绩效转变，全面实施全过程预算绩效管理，将绩效管理与预算编制有机结合，加强财政支出项目的事前评估、事中跟踪、事后评价工作。进一步推进成本预算绩效改革工作，认真执行政府性投资建设项目成本管控的相关规定，提高财政资源配置效率和使用效益。严格财政投资评审，切实节约政府资金，确保财政资金高效运行。

3. 持续推进财政电子化改革，不断提升财政管理工作质效

深入推进国库业务电子化改革，建立起动态校验、电子验章、全程动态跟踪的业务管理方式，国库业务工作更加安全、便捷、高效。充分借鉴路侧停车领域电子票据管理经验，继续扩大电子票据管理改革试点范围，进一步规范财政票据管理。配合区人大做好预算联网监督系统建设，充分利用预算联网监督平台，加强对支出预算和政策的审查，创新监督方式，丰富监督内容，提高监督效率。

2020年，是全面建成小康社会及“十三五”规划收官之年，也是冬奥会筹办的关键之年。我们将在习近平新时代中国特色社会主义思想的指引下，紧抓历史性绿色发展机遇，充分发挥财政职能作用，攻坚克难，积极筹措资金，深化预算改革，不断改进预算管理方式，为加快建设国际一流的生态文明示范区和美丽延庆而努力奋斗！

特此报告。

（栏目编辑：王新华）

专 文

延庆区关于深入推进新时代文明实践中心建设的几点思考

中共北京市延庆区委书记　穆鹏

建设新时代文明实践中心，是一项重大改革、创新之举、战略之举。延庆区于2018年8月成为全国50个新时代文明实践中心试点之一，中宣部和市委、市政府都给予了关心关注和支持帮助，中宣部副部长徐麟同志亲赴调研、精心指导，蔡奇书记反复嘱托、提出要求，杜飞进部长全程参与、亲自把关，为延庆试点工作提供了坚强保障。延庆区严格落实中央部署和市委要求，以群众满意为根本标准，以党的建设为统领，精细谋划，全面统筹，积极创新，扎实推进，较好地完成了试点工作。

一、试点工作总体进展情况

试点工作开展以来，我们坚持以改革思维推动基层宣传思想文化工作和精神文明建设创新，将解决思想问题与解决实际问题相结合，积极探索新时代文明实践中心建设的方法路径，实现了从“无”到“有”的突破，文明实践所、站的“心灵加油站、乡村小课堂、惠民服务点、百姓大舞台、志愿爱心社、乡亲议事会”六大功能不断强化，“聚人气、提心气、淳风气、树正气的新时代乡村（社区）之家”建设目标初步达成。基层干部群众普遍反映，新时代文明实践“就是两件事，一是给百姓做实事，二是提升群众觉悟”，“老百姓深受其益”。

（一）提高政治站位，深化思想认识，弄清“为什么干”

试点过程中，延庆区坚持以深化认识为前提，坚定工作方向、汇聚行动合力。一是把建设新时代文明实践中心作为推动习近平新时代中国特色社会主义思想深入人心、落地生根的重要举措，通过丰富农民学习理论、践行理论的组织方式，让学习宣传贯彻工作在农村更加生动鲜活、更加务实有效，切实推动党的创新理论“飞入寻常百姓家”。二是把建设新时代文明实践中心作为实施乡村振兴战略的重要助力，通过构建农村基层思想政治工作新阵地，帮助农民群众增信心、提素质、树新风，服务产业兴旺、生态宜居、乡风文明、治理有效、生活富裕，使群众对党的领导更拥护、对美好生活的信心更坚定。三是把建设新时代文明实践中心作为交出服务保障冬奥会世园会、推动地区高质量绿色发展两张优异答卷的重要支撑，以及更好满足群众美好生活需要的重要载体，通过引导群众开展文明实践活动增进情感认同、激发行动自觉，通过创新机制实现精准化、便捷化的公共服务供给，更好地满足群众“七有”要求和“五性”需求，更好地为交出两张优异答卷凝心聚力。

（二）坚持首善标准，做好顶层设计，明确“干什么”“怎么干”

试点过程中，延庆区坚持以首善标准为量尺，进一步加强改进基层宣传思想文化工作和精神文明建设。主要体现在以下三个方面。

1. 坚持“一个牵引”

即党建引领统筹干、三级书记带头抓。把新时代文明实践中心建设放到与服务保障冬奥会世园会同等高度，坚决落实区委主体责任，区委主要负责同志带头研究、亲自部署，集全区之力统筹推进。同时把新时代文明实践中心建设纳入街乡党建述职内容、纳入年底综合考核，层层落实责任。

突出三个导向：一是以学习贯彻习近平新时代中国特色社会主义思想为主线宣传教育群众，使习近平新时代中国特色社会主义思想和社会主义核心价值观深入人心，实现文明实践工作的出发点和落脚点高度统一。二是以解决好群众身边问题为重点关心服务群众，针对群众的操心事烦心事揪心事送资源送服务，在解决实际问题过程中加强党的政策宣传、传递党的温暖。三是以汇集交出两张优异答卷的强大力量为动力引导凝聚群众，把服务保障赛会、推动高质量绿色发展作为宣传教育的重要内容和志愿服务的重要领域，丰富群众实践，凝聚基层力量，实现试点工作与中心工作互促并进。

2. 夯实“三个基础”

一是摸清需求找准发力点，建立农村（社区）公共服务大数据库，梳理群众需求和服务短板，推动供需对接；二是紧贴全局找准结合点，把文明实践中心建设与推进中心工作、加强基层党建、深化社会治理等紧密结合起来，相互促进、共同提升；三是建章立制找准切入点，出台《深入推进延庆区新时代文明实践中心建设试点工作的实施意见》等系列指导性操作性文件，形成志愿服务、点单派单、常态化活动、工作保障、考核评价五大工作体系，推动规范运行。

3. 建立“五个支撑”

一是搭建上下贯通、各司其职的区实践中心、街乡实践所、村庄社区实践站三级设置，畅通运行机制，区级成立新时代文明实践中心，18 个乡镇（街道）成立新时代文明实践所，423 个村庄（社区）全部成立新时代文明实践站，三级党组织主要负责同志分别担任中心主任、所长和站长。二是统筹全区理论政策宣讲、法律咨询、科技科普、教育培训、文化活动、医疗养老、体育健身等资源，统一纳入公共服务平台，提供七类上门服务，实现高效协同。三是组建“2 + 6 + N”志愿服务队伍，作为实践主体力量开展常态化、精准化志愿活动，做到便民长效，其中，“2”是打造提升 1 支宣传文化组织员队伍，配齐配强 1 支新时代文明实践志愿指导员队伍；“6”是理论政策宣讲等 6 支志愿服务队；“N”是广泛吸纳社会力量，组建邻里守望、乡风文明、长城保护、生态环保等 N 支功能多样的志愿服务队。四是建立 86 个新时代文明实践基地，设计培育“延庆是我家 世园靠大家”等特色品牌活动，丰富实践载体。五是构建“群众点单、机构接单、中心派单、政府奖单”精准化服务模式，网上网下同频共振，提高服务实效。

（三）紧抓“四心”落地，确保实践质量，检验“干得怎么样”

试点过程中，延庆区坚持以人民为中心，

实践逐步深化，效果逐渐增强，基层干部群众普遍反映，通过文明实践活动，理论宣传多了，志愿服务多了，办实事多了，文化生活丰富了，乡情乡味更浓了。一是深入宣传党的理论政策强信心。用“接地气”的形式解读党的好政策、展现发展新成就，上线一批传递正能量的短视频、微课程，创编一批群众自编自演文艺节目，开展“世园会吉祥物小萌芽、小萌花入户送福”“十分钟知家乡事”读报等活动，依托实践基地开展情景式、现场式主题教育，引导百姓从身边事、家乡事中理解感悟习近平新时代中国特色社会主义思想的精髓要义。基层干部反映，基层开始特别重视宣传思想工作了，以往存在的业务工作和思想工作“两张皮”现象开始转变了。正如基层干部所说的，“以前是群众的困难和问题有人管，新时代文明实践让群众的思想有人管了”。二是真诚回应群众关心关切暖人心。乡镇街道、村庄社区全部成立志愿服务队，新时代文明实践志愿者的活跃人数从最初的4800余人增加到21000余人，文明实践活动常态化开展，为群众解决了一批实际困难，获得了群众普遍认可。基层干部反映，很多村干部转变认识，纷纷带头加入文明实践活动，有一种比学赶超、一批带动一片的感觉。一些群众反映，实践站成立以来，村“两委”干部经常找我们聊天，村干部说话、办事更为村民着想了。三是推动农村公共服务精准化常态化聚民心。通过服务力量下沉、项目入库，将各部门面向基层的公共服务统一纳入文明实践工作体系，47个区级单位和社会组织围绕七类服务发布服务项目332个，累计点单5217次，服务55693人次，在家门口满足了群众公共服务需求。基层干部反映，通过文明实践，全镇各村文化设施的利用率大大提高；以前培训时效性有点差，有了点单派单平台，能够按照百姓需求把培训及时送下去。群众反映，村里的活动明显多了，还经常有演出，大家都爱看；通过活动，自己学习了很多知识，也丰富了文化生活。四是促进共治共享筑同心。文明实践志愿组织逐步从自我服务向自我管理延伸，涌现出“红风衣”治安巡逻岗、“麻利儿”心理疏导室、老杨树社区驿站、文明交通岗等一批优秀志愿服务团队，逐步打响了“延庆乡亲”志愿服务品牌，在服务保障冬奥会世园会、美丽乡村建设、换届选举等方面发挥了积极作用，成为服务全局、服务群众的活跃生力军。基层干部反映，文明实践带来的最大变化，是群众齐心协力干事的状态很感人，很多人组成志愿队，做好事做奉献。群众反映，文明实践让大家有了精神支柱，我们村的活动明显多了，谁家有个啥事，大家都愿意伸出援手，去帮忙，乡情更加浓厚了；通过文明实践，我们居民之间相互了解、相互帮助，更加团结；志愿服务太有必要了，要长期坚持下去。

特别是2019年4月以来，全市开始全面推进新时代文明实践中心建设工作。延庆着眼“试点”向“示范点”的转变，在建章立制、融合贯通采取更为有力的措施，推动新时代文明实践中心建设实现从“有”到“优”的提升。一是更加注重规范运行。制定《延庆区新时代文明实践工作规程（试行）》，从新时代文明实践中心建设的功能定位、组织体系、志愿服务、资源整合、文明实践活动、运行与保障等方面进行整体建设，推动前期试点工作中的好经验、好做法固化为常态化、长效性制度要求，既回答新时代文明实践工作谁来做、做什么、怎样做的共性问题，又充分结合地区实际、体现地区特色创新，增强可操作性。二是更加注重打通渠道。在建立农村公共服务网络平台的基础上，主动发力、靠前服务，着力贯通文明实践中心、融媒体中心、政务服务中心、城管指挥中心，拓展群众诉求反映渠道、便捷服务供需对接途径。其中，文明实践中心创新宣传思想工作路径，丰富工作阵地和活动载体；融媒体中心创新传播手段，为基层宣传思想工作提供富有时代感和吸引力的全媒体产品与技术手段；政务服务中心推动行政力量与社会力量形成联动，强化基层所、站服务群众能力，密切基层党群干群关系；城管指挥中心统筹条块、接诉即办，为满足群众“七有”“五性”要求搭建桥梁。四个中心建设布局各有侧重、紧密衔接、贯通联动，共同提升新时代文明实践中心建设成效。目前，北京延庆App已上线运行，实现“四中心”功能“一端呈现”，为新时代文明实践中心提供组织管理、志愿服务、群众参与、点单派单的功能入口，为融媒体中心提供新闻宣传、舆论引导和融媒体产品发布的专有渠道，为政务服务中心提供政策发布、便民服务的新窗口，为城管指挥中心提供接诉即办、基层统筹、社会治理的新渠道。

与广大群众的需求期待相比，与新时代文明实践工作的目标要求相比，延庆新时代文明实践中心建设还存在一些问题。一是在思想认识方面，基层党组织认识理解还不够深入，党组织书记、宣传委员、文化组织员、志愿队伍的工作合力有待进一步增强，个别街乡存在思考谋划多、推动落实少的问题。二是在工作开展方面，各街道、乡镇还不均衡，各项工作制度落实程度参差不齐，没有形成齐头并进、各具特色的局面。三是在活动内容方面，文明实践助推乡村振兴的力度还不够大，技能培训类等促进个人成长发展的项目比较少，还没有达到开阔村民思路视野、激发村民发展愿望的预期目标，助力乡村人才成长、产业兴旺方面的项目需要系统谋划、长期推动。四是在资源整合方面，点单派单服务供给还不到位，点单派单服务的种类、数量不能很好满足群众需要，常态化、长效化服务安排不足，技术系统仍需进一步改进。五是在志愿服务方面，以党建为引领的基层志愿服务体系建设还不完善，志愿者队伍建设管理不规范，志愿服务工作体系仍需从区级向街乡、村社区进一步延伸。

二、深化拓展新时代文明实践中心建设的体会与思考

通过开展试点工作，延庆区对新时代文明实践中心建设有了一些经验和体会。在全市全面推进新时代文明实践中心建设的背景下，延庆区运用这些经验和体会，对下一步的新时代文明实践中心建设工作进行了思考和谋划，力图率先完成从“破题”到“解题”的深化拓展任务，进一步探索形成可复制可推广的经验做法，切实汇聚起服务保障冬奥会筹办举办和推动地区高质量绿色发展的最广泛群众基础和最强大正能量。

（一）深化拓展新时代文明实践中心建设，必须坚持目标导向，找准工作突破点

新时代文明实践中心建设的目标十分清晰，就是要推动习近平新时代中国特色社会主义思想更加深入人心，进一步加强改进农村基层宣传思想文化工作和精神文明建设，打通宣传群众、教育群众、关心群众、服务群众的“最后一公里”。试点工作开展以来，延庆区紧扣这一目标，结合地区实际，找准问题差距，从而确定试点工作的突破点，有针对性地补短板，从源头上提高文明实践活动的针对性和有效性。比如对 18 个乡镇（街道）、423 个村（社区）的基本情况全面调研，摸清人口构成和服务需求、公共服务资源情况、宣传思想文化工作和精神文明建设短板，找出了基层服务供求错位、资源闲置，服务便捷性、长效性不强等问题，把工作切入点放在整合资源、搭建平台、完善队伍上，采取建立农村公共文化服务大数据库、建设三级综合平台和新时代文明实践基地、构建“点单派单式”精准化服务模式、组建志愿服务队伍等措施，积极回应群众需要，促进实践活动做实。下一步，还需要在深挖问题、精准补板上下更大功夫，全面强化

区级统筹作用，进一步理清基层宣传思想文化工作要求和群众精神文明建设需求，摸清能够向基层开放的公共服务资源，及时更新公共服务需求数据，打通城乡公共文化服务运行机制、文化科技卫生“三下乡”工作机制、群众性精神文明创建活动引导机制，实现更富活力、更有成效、更可持续的发展。

（二）深化拓展新时代文明实践中心建设，必须强化大事带动，汇集服务重大任务全民合力

服务保障国庆70周年庆祝活动和冬奥会世园会筹办举办、创建全国文明城区等重大任务，是对延庆社会动员能力、城市文明程度的现实考验，需要充分发挥精神文明建设凝心聚力的强大作用；也能够在各类服务保障活动中调动群众积极性、提振群众精气神，为推进新时代文明实践中心建设提供良好契机。试点工作以来，延庆区紧抓这一契机，围绕重大任务需要开展文明实践活动，做到了互促互进、相得益彰。比如，世园会筹办举办期间，实践所、站全面开展了“延庆美如画文明会说话”“学总书记世园讲话 议咱延庆生态未来”等系列主题活动，“延庆乡亲”志愿者带动全区人民迎世园、唱歌曲、学讲话、看视频、议生态、见行动，推动习近平生态文明思想在延庆落地生根，打响了首都志愿服务品牌，展示了34万延庆人民热情、包容、自信、开放的文明形象，为世园会的圆满收官打牢了社会基础。村庄、社区广泛开展春节期间烟花爆竹禁限放、清明节文明祭扫防山火、扫黑除恶社会宣传、文明礼仪劝导等社会动员型志愿服务，为全国文明城区创建集聚了有生力量。下一步，还需要在文明实践活动与服务保障重大任务的紧密结合上下更大功夫，一方面突出“常态”，完善志愿团队组织管理和志愿活动组织运行各项机制，提高志愿服务组织化程度，实现常态化开展，深化塑造“延庆乡亲”志愿服务品牌；一方面突出“精准”，紧密结合服务保障冬奥会、创建全国文明城区、推进地区高质量绿色发展等中心大事，围绕区委、区政府工作动态和全区发展需要，定期发布“一主题多系列”的集中主题实践活动，突出群众的参与性，有效引领和团结全区人民心往一处想、劲往一处使、拧成一股绳，共同办大事。

（三）深化拓展新时代文明实践中心建设，必须深化机制融合，从“接诉即办”向“未诉先办”延伸

以群众需求为导向，贯通新时代文明实践中心、融媒体中心、政务服务中心建设，做到基层阵地资源、活动载体、便民服务、传播渠道、技术平台等有机融合，是全市新时代文明实践中心建设提出的明确要求。试点工作以来，延庆区把握这一要求，将区委、区政府资源和任务统筹起来，在“三个贯通”的基础上，着力推动新时代文明实践中心、融媒体中心、政务服务中心、城管指挥中心“四中心”融合贯通，打造综合性服务平台。比如，对接城管指挥中心与网信办，建立《每日舆情》办理机制，网信办摘录研判舆情并报送区领导决策，区领导批示后交城管指挥中心分派至主责单位，主责单位办理后向网信办回复情况，并经城管指挥中心将办理情况报告区领导，同时城管指挥中心与网信办会商后，统筹主责单位做好网上回复，形成闭环管理。对接融媒体中心与城管指挥中心，由记者到城管指挥中心坐班，每天关注诉求线索，及时跟进报道；将网上“12345”市民热线纳入北京延庆App管理，对网民提出的民生类诉求，通过派单方式实现接诉即办。对接新时代文明实践中心与政务服务中心，群众可进入延庆政府网“新时代百姓点单”板块，根据需求直接点单，反映诉求更加便捷、获得服务更加精准。下一步，还需要在“四中心”运行机制、资源信息、技术系统等方面的融合贯通上下更大功夫，以北京延庆

App 为依托，形成一套打通群众“最后一公里”的综合协作机制，群众通过 App 表达诉求，政务类问题交给政府部门，志愿服务类需求交给文明实践中心，指挥协调督办交给城管指挥中心，四个中心一体，实现文明实践与接诉即办、网格化管理、党建引领“吹哨报到”机制的对接联动，推动各类公共资源以街乡、村社区党组织为主渠道落实，形成“中心吹哨、部门动员、各方参与”的工作机制。

（四）深化拓展新时代文明实践中心建设，必须突出农民主体，推动公共服务精准到位

文明实践的根基和活力在群众。试点工作以来，延庆区充分尊重农民群众主体地位，依托农村公共服务网络平台构建起群众点单、机构接单、中心派单、政府奖单的“点单派单”式精准化服务模式，着力宣传群众最想听的内容、开展群众最喜爱的活动，提供群众最需要的服务，有效调动农民群众自我教育、自我提高、自我服务的积极性。比如，区农工委依托“一懂两爱”三农政策宣讲队，在 15 个乡镇循环开展煤改电、美丽乡村建设、农业金融等惠农政策解读。区教委结合农民实用技能需要，开设了园林园艺、面点烹饪、旅游服务等 10 个专业中专班，将授课地点放在田间地头和农家院。区卫健委开通中医大篷车，引入市级专家定期下乡义诊，实现全区医疗白点村全覆盖。区科协推动科技下乡，引导居民学科学、用科学，惠及 3.2 万人次。区文旅局根据点单信息，面向基层群众开展演出、活动、电影放映超过 4000 场。区体育局结合群众需求，为乡镇配备健身器材 467 套，基本实现体育设施乡村全覆盖。下一步，还需要在提高服务项目的精准化程度、专业化水平上下更大功夫，进一步整合资源，建立健全区直机关和企事业单位常态化参与点单派单服务激励制度，集中解决公共服务大数据库登记的群众诉求，形成百姓点单、中心派单、志愿者接单、群众评单相贯通的工作模式，进一步推动“接诉即办”向“未诉先办”延伸；建立市级实践基地预约联系机制，将市级工作力量和优势项目引入本地，通过点单派单平台实现供需精准对接，让广大群众得到实惠，感受到党的声音就在身边、党的温暖就在身边、美好生活就在身边。

（五）深化拓展新时代文明实践中心建设，必须聚焦乡村振兴，助力农村美、农业强、农民富

新时代文明实践中心建设是激励农村群众为乡村振兴奋斗实干的重要手段，是同步促进农村群众“富脑袋”与“富口袋”的重要抓手。试点工作开展以来，延庆区聚焦乡村全面振兴，在农业发展、增收致富、环境建设、乡风文明、基层治理等方面开展丰富多样的文明实践活动，努力提升农村群众思想觉悟、道德水准、文化素养、法治观念和精神状态，不断激发农村群众的内生动力和创新活力。比如，“乐农家”团队帮助十里八村的百姓修剪果树，既帮助果农解决了实际问题，又帮助村里农民致富。各村通过文明实践活动发动村民参与人居环境整治，第二、三批村庄取得了全市涉农区第一的好成绩。道德评议会、村民议事会等志愿组织大力宣传推广《延庆乡亲文明公约》，教育引导农村群众养成文明习惯，271 个村修订了村规民约，群众民主评议出 463 名身边文明榜样、83 个优秀文明风尚节目。红白理事会、婆媳恳谈会、姐妹亲情队等都成为基层治理的有效载体，在协助换届选举、化解家庭矛盾、保障重点工程、维护社会治安等方面发挥了积极作用。下一步，还需要在增强文明实践活动服务乡村全面振兴的有效性上下功夫，服务对象上扩大中青年群体，服务内容上突出产业发展、技能培训等有利于村集体和个人发展进步的项目，服务形式上增加实地考察、成果展示、项目大赛等体验式活动，用“输血”带动“造血”，让农民群众增强美好生活信心、凝聚推动发展同心。

（六）深化拓展新时代文明实践中心建设，必须一把手带头抓，实现齐抓共管、各负其责

建设新时代文明实践中心是一项政治任务。试点工作以来，延庆区将其作为一把手工程，建立一把手负总责的领导体制，层层压紧压实政治责任，促进资源整合、责任契合、力量聚合。比如，区级层面，在区委主要负责同志的直接领导下，组建工作专班，加强研究谋划，区委常委会、书记专题会研究新时代文明实践工作 10 余次，区委主要负责同志开展专题调研 20 余次。街乡层面，明确乡镇（街道）党（工）委书记负总责，宣传委员（街道副书记）为主管领导，理顺人、财、物和活动机制。村（社区）层面，将实践站建设作为村党支部建设的重要内容和抓手，明确村党支部书记为实践站第一负责人，同时要求党员干部、村（社区）“两委”班子成员带头参加志愿服务，与群众建立“手拉手”帮扶关系，做到一人带动一批、一批带动一片。下一步，还需要在强化落实各级党组织责任上下更大功夫，继续将新时代文明实践工作作为基层党组织建设的重要内容和有效途径，发挥新时代文明实践工作委员会作用，带动全区各部门有效参与，全面整合街乡文明实践所与文化活动中心，彻底理顺人、财、物和活动机制，推动实践所、站标准化规范化建设，健全网上考核和第三方评估机制，做到街道（乡镇）党（工）委和村（社区）“两委”班子内部分工明确、责任到人、齐抓共管，促进各街乡新时代文明实践中心建设齐头并进、全面开花，同时及时将有益做法程序化、制度化，促进新时代文明实践中心建设规范化、长效化，努力当好首都“排头兵”。

关于世园会带动延庆区高质量绿色发展的几点思考

北京市延庆区人民政府区长　于波

党的十九大报告指出：“我国已由高速增长阶段转向高质量发展阶段”。高质量发展是经济发展质量的高级状态和较优状态。绿色发展是构建高质量现代化经济体系的必然要求。2019 年中国北京世界园艺博览会（以下简称“北京世园会”或“世园会”）在延庆区成功举办，对地区高质量绿色发展产生了重要影响。本文旨在分析世园会对地区高质量绿色发展的带动作用、需关注的问题，进而提出如何长效发挥世园会作用，持续促进地区高质量绿色发展。

一、世园会带动地区发展的经验借鉴

纵观国内外举办大型盛会，都会对举办城市经济社会发展产生巨大的推动作用。自 1960 年在荷兰鹿特丹举办首届世园会后，至今共举办世园会超过 30 次。中国、德国、荷兰、日本和加拿大等都是世园会的主要举办地。自 1999 年昆明世园会以来，我国已经承办 9 次，其中最高规格的 A1 级有 2 次，即 1999 年昆明世园会和 2019 年北京世园会。其余的 7 次世园会，在沈阳、西安、青岛等地都留下了深刻的

时代烙印，也给当地的发展带来了深远持久的影响。

（一）带动产业转型升级，促进区域经济融合

例如，世园会为昆明带来了16亿元的投资。在184天的展期内，昆明世园会游客数量达到943万人次。由于世园会的拉动，1999年云南省吸引海内外游客达3800万人次，旅游总收入达204亿元，增幅达49%。当年，云南省接待海外旅游者和旅游创汇就跃居全国第六，昆明更是进入全国十大热点旅游城市行列。一大批在国内外有影响力的景区景点成长起来，旅游业发展成为云南新兴支柱产业。昆明通过世园会改善优化产业结构的目标基本达到。云南省在昆明世园会期间开展了大量经贸洽谈活动，共签约项目325项，协议金额超过150亿元人民币。昆明世园会集聚的大量游客资源也带动辐射周边大理、丽江、西双版纳等地州市旅游业发展，对加速云南全省旅游产业发展起到明显推动作用。通过举办世园会，云南实现了烟草大省向旅游大省的转变，2018年全省旅游总收入近9000亿元，同比增长29.89%，旅游业对全省经济发展的贡献率不断提高。同时，世园会后云南省花卉产业也发展迅速，2017年鲜切花交易额53.55亿元人民币，占有国内70%的市场份额，出口50多个国家和地区，成为中国花卉的“市场风向标”和“价格晴雨表”。特别是昆明市花卉产业发展迅猛，2017年花卉产值首次突破50亿元，其中出口量超过40%，鲜切花的产量连续多年位居全国第一。沈阳通过举办世园会对全市产业结构进行了重大调整，按照有进有退原则，大规模整合相关产业，淘汰落后企业，退出重污染行业，集中发展汽车、装备制造、电子信息、旅游休闲等优势产业。沈阳世园会逾千万游客中，约有30%～35%继续在东北地区游览玩乐，沈阳周边城市都受到沈阳世园会的辐射和带动，对以沈阳为中心，一个半小时车程为半径，人口规模达2000万的“环沈阳九城市旅游协作体”的形成起到了积极促进作用。

（二）加快基础设施建设，优化城市空间布局

国内世园会选址大多数在深具发展潜力的城市，离中心城区距离约在10～30千米的范围，目的是通过世园会来优化城市功能布局和引导城市空间拓展。例如，1999年昆明市在云南省的支持下，将原定十年后才实施的城市规划提前启动，在城市道路、市政设施、机场等基础设施领域投入近100亿元，极大地改善昆明城市基础设施运营能力。2006年沈阳世园会成功申办后，沈阳市对城市多条道路进行了改造和全面维护，新建了二环线、沈棋路等高等级公路，加快了新区建设和旧区改造，投资500万元以上的建设项目达40多个，有效整合了当地的住宿、交通、商业、景点等各项旅游要素，极大改善了基础设施与城市环境，将沈阳城市建设的目标提前了10～15年。

（三）改善生态环境质量，提升城市发展品质

1963年，德国汉堡世园会，开启了整座城市的生态规划。1969年，法国巴黎世园会，城市开放性绿地显著增加。1990年，世园会首次走进亚洲——日本大阪，昔日废料处理地“变身”主场馆，人们的环保意识空前提高。1988年葡萄牙里斯本世博会因为其出色的总体规划和后续开发有序建设而备受国际展览局推崇，其经验也被其他城市广泛借鉴应用。1999年昆明市利用世园会机遇，把原为采石场和垃圾场的场址，打造成生态优美的世博园；投入35亿元对滇池进行综合治理，取得明显成效；并对全市30多条主要干道进行绿化改造，新建4个绿化广场，改建9个公园，显著改善了城市生态环境品质。2011年西安市抓住世园会契机，在世园会筹办期间，对曾经长期无序发展和生态破坏严重的浐灞生态区进行综合治理，

启动多个重大生态治理工程，种植乔木达 15 万株，世园会会址也成了城市旅游生态发展的基地。西安世园会也将“生态环保、人地和谐”主题有针对性地融入场馆建设、基础设施与服务设施建设及环保产业等各环节，不仅有效提高了城市的综合实力，也影响了社区居民的生活观念和环保意识，升华了城市品位和形象。

二、筹办世园会对延庆区经济社会发展的带动作用

自 2012 年北京世园会申办成功以来，延庆区借势而为，在世园会的带动下，经济社会发展取得了长足进步。

（一）生态环境品质大幅提升

世园会是一堂生动的生态文明教育课、实践课。借力世园会筹办举办，延庆区强力推进生态治理，近三年生态环境建设支出占总支出的近 1/3（2017— 2019 年 29.1%），成功获评首批国家生态文明建设示范区、第二批“绿水青山就是金山银山”实践创新基地、国家森林城市、全国第二批水生态文明城市等称号。蓝天保卫战久久为功，以最严措施开展扬尘治理大会战，235 个村实施煤改清洁能源，世园会期间（4 月 27 日至 10 月 7 日），$PM_{2.5}$平均浓度 28.2 微克/立方米，实现了“世园蓝”。水土攻坚战持续发力，聚焦世园会周边，重点治理妫河水生态，累计治理排污口 600 余个、河道 12 千米、维护水面 310 万平方米，全域水质稳定达到三类以上，国控和市控断面水质全部达标或优于考核标准，地表水环境质量北京市领先。扎实推进生活垃圾减量分类工作，生活垃圾分类示范片区创建覆盖范围达到 72%，城镇生活垃圾无害化处理率、资源化利用率分别达 95%、60% 以上。美景持久战成效显著，大力开展“清脏治乱”等 13 项“迎世园”环境整治专项行动，全区动员开展 120 条背街小巷环境提升和农村人居环境整治工程，实施百万亩造林 12.75 万亩、世园周边绿化 1.37 万亩，见缝插绿提升景观 48 万平方米，全域森林面积达到 180.47 万亩，森林覆盖率达到 60.34%，林木绿化率达到 72.53%，人均公园绿地面积达到 46.13 平方米。

（二）城乡基础设施超前发展

2016—2018 年间，世园会带动延庆固定资产投资共计 544.90 亿元，年均增长 52.1%，三年固定资产投资超过前 25 年投资总和。带动 GDP 年均增长 8.2%，2019 年 1—6 月 GDP 增速更是达到了 14.7%，基础设施建设实现了跨越式提升。随着京藏高速、京新高速、京礼高速先后建成通车，京张高铁运行，延庆逐渐形成了 3 条高速、1 条高铁、1 条市郊铁路（“开往春天”的列车 S2 线）的对外交通网络，全面打破了交通瓶颈。建成运行智慧交通系统，全区交通拥堵比上年同期下降了 20%，通行能力大幅提升。电力供应能力水平实现“质的飞跃”，近五年（2018—2022 年）总投资 92 亿元，新建变电站 8 座、改建 2 座，投入使用后可以满足延庆未来 50 年的发展需求。“西气东输”干线“陕京四线”进延，终结了延庆无管道天然气的历史。建成运行全域旅游智慧服务系统，实现星级酒店、精品民宿在线预订，餐饮、景区、公厕、停车等旅游服务资源“一键搜索”。新建凯悦等 9 家酒店，改造提升中银等 10 余家酒店，全区可接待住宿床位共 2.4 万张（中高端 1 万张以上）。各项基础设施和公共服务至少加速提前了 20 年。

（三）绿色产业不断集聚壮大

借助冬奥会、世园会筹办举办机遇，现代园艺、冰雪体育、新能源和能源互联网、无人机 4 个重点产业方向更加坚定明确，绿色“高精尖”经济结构加速构建。“长城、世园、冬奥”已经成为延庆的三大世界级金名片。旅游产业迅猛增长，2019 年延庆共接待游客 2119.6

万人次，实现旅游收入92.5亿元，同比分别增长6.1%和17.4%。特别是从4月29日世园会开园到10月7日，带动星级及主要宾馆饭店接待住宿游客80.4万人次，实现旅游收入2.7亿元，客房出租率64.7%，同比分别增长145.2%和155.8%、60.1%。乡村旅游新业态高端民宿平均出租率达56%，大幅提升了乡村旅游整体接待收入。2019年社会消费品零售额增长率全市排名第一。培育壮大现代园艺产业，出台了《关于促进中关村国家自主创新示范区现代园艺产业创新发展的若干措施》等系列扶持政策，成立中关村现代园艺产业创新中心。各家园艺科研院所、企业成功试种1603个园艺品种。全区形成了近百家园艺企业集聚的态势。世园会园艺资材部分实现本地化供应，300余种1500万余株（盆）本地花卉、蔬菜等各色园艺资材直供世园会20个展园展区。中花怡家、北京金河园艺等5家本地企业，获得世园会各类专项竞赛奖项50余个，延庆现代园艺产业品牌展现在国际舞台上。特别是由国色牡丹公司选育的“二乔”牡丹盆花、“黄冠”牡丹切花展品，受到习近平主席和“一带一路”各国元首检阅、驻足欣赏。

（四）社会民生福祉显著改善

全面开展冬奥世园10万人次大培训，累计培训4.8万人次，实现培训后就业4876人。全区居民人均可支配收入从2015年的26975元增长到2018年的33887元，年均增长8.1%；城镇居民人均可支配收入从28644元增长到44916元，年均增长8.3%；低收入户从2016年的13225户下降到2018年的9820户，2019年脱低率达到100%。推动6个棚户区改造项目，建设保障性住房14500套125.97万平方米，有效缓解和改善了群众住房条件。15所中小学与海淀区学校结成对口帮扶校，高考成绩实现新突破，公众对教育工作综合满意度北京市领先。获评国家卫生城区，启动全国健康促进区创建，医疗急救呼叫满足率居全市前列，城乡居民实现30分钟就医全覆盖。

（五）城乡治理能力不断增强

世园会筹办举办期间，延庆区按照“精精益求精、万万无一失”的要求，举全区之力做好世园会服务保障工作。坚持“全区保外围、外围保核心”，搭建“一部三处十组”组织体系，成立城市管理指挥中心，构建“1+18+414”三级指挥体系，建立重大活动常态化服务保障机制，全面保障世园会水、电、气、热等平稳供应和安全运行。坚持以游客为中心，紧紧围绕“进得来、出得去、吃得上、住得舒、玩得好”，持续优化交通、餐饮、住宿等服务保障。世园会筹办举办期间，城市运行平稳、社会安全稳定、景观环境优美、旅游秩序良好、氛围热烈祥和，赢得了各方的高度评价和广泛赞誉。初步建成了智慧城市管理指挥系统，“多网融合”的网格化管理体系更加成熟，社会动员能力持续增强，为深入推进基层治理体系和治理能力现代化奠定了坚实基础，2019年全区群众安全感排名全市第二、首都环境建设综合考评成绩全市第一。

（六）社会文明程度快速进步

以全国文明城区、全国双拥模范城创建和新时代文明实践中心建设为抓手，积极宣传世园知识，举行城市品牌发布会，发布了城市口号、标识和吉祥物，推出了《延庆乡亲文明公约》，发起了“向五大不文明行为宣战”系列活动，深入开展“冬奥世园先锋行动”，社会文明程度持续提升。特别是，高质量完成新时代文明实践中心首批试点建设任务，组建“2+6+N”志愿服务队伍，“点单派单”服务8.4万余人次，85个实践基地、441个站所共开展各类活动1.6万余次，120余万人次参与新时代文明实践社会动员活动，打通了宣传、教育、服务、引导群众的“最后一公里”，打响了“延庆乡亲”首都志愿服务品牌，市民文明素质不断提升。随着世园会盛大开幕、精彩开园、平稳运行、完美收官、胜利闭幕，“雄伟的长城脚下、美丽的妫水河畔”已经成为流传甚广的热词，央视专门制作公益广告《延庆，看见美丽中国》，“美丽延庆、冰雪夏都”城市品牌影响力持续扩大，国内、国际认知度同比分别上升94.7%、211.4%。

三、世园会后续利用及存在问题

2019年10月7日，为期162天的2019年中国北京世园会落下了帷幕。但是世园会的影响带动作用不能仅限于会前筹办阶段，必须充分挖掘世园会的潜力。

（一）世园会留给我们哪些财富

世园会取得的成绩将永载史册，在物质和精神层面也给延庆区留下了很多宝贵的财富。

1. 物质层面的财富

一是世园会园区本身。在“雄伟的长城脚下、美丽的妫水河畔”，在503万平方米的园区内，构建了“一山、一湖、一阁、一镇、四馆、一剧场、两轴、多片区”的特色景致，荟萃历届世园会精华，园区内中国馆、国际馆等一些场馆已经成为地区标志性建筑，一些展园的景致设计堪称园艺展示的经典之作，成为“美丽中国”缩影。园区内的场馆、展园、景观等将作为世园会物质遗产长期保留。二是基础设施和公共服务设施。如前所述，借助世园会的举办，城乡道路、水电气暖、交通通信等基础设施和公共服务设施得到快速大幅提升，这些设施都将为今后延庆经济社会的发展奠定坚实的基础。三是优质的宜居宜业环境。延庆区作为首都的生态涵养区，拥有一流的生态环境品质。通过世园会的筹办举办，延庆的空气更清新、水质更优良、景色更宜人，城乡环境美化靓化，成为京郊宜居宜业的优选之地。四是绿色产业发展。借势世园会，现代园艺、文体旅游等产业加速发展，为经济发展奠定了基础，拓展了空间。

2. 精神层面的财富

一是绿色发展理念深入人心。北京世园会以“让园艺融入自然、让自然感动心灵”为理念，以“绿色生活 美丽家园”为主题，向世界宣示了中国人坚持绿色发展的决心信心。特别是习近平总书记在世园会开幕式上的讲话，更是对中国多年来坚持绿色发展的高度总结和凝练，必将成为今后指导中国绿色发展的行动指南。二是社会文明程度提高。在筹办举办世园会的过程中，34万名延庆市民积极参与各类文明实践活动，涌现了“延庆乡亲”等志愿服务品牌，现代文明素质不断提升。三是举办大型活动的组织管理能力得到提升。北京世园会这样规模的世界盛会，对于延庆来说是管理能力的巨大考验。通过筹办举办世园会，延庆区建立完善了城市运行体系，充分动员各方力量，有效统筹各方资源，成功保障世园会道路交通、食宿服务、医疗救助等多个方面平稳顺畅，同时也使延庆区的社会治理能力得到全方位提升。

（二）世园会持续利用存在哪些问题

世园会留给我们的财富不会自动转化为人民群众的实有财产，必须经过我们的主观努力，持续发挥世园会的带动作用，并与延庆经济社会发展的实际相融合，才能转化为长期促进地区发展的重要影响因素。与市委、市政府的要求相比，与延庆人民的期盼相比，我们在世园会影响力持续利用方面，仍有许多问题需要持续深入解决。

1. 自身基础薄弱

一是经济基础总体落后。2019年延庆地区人均产值（54702元）仅为全市（164242.4元）的1/3，财政收入主要靠注册型企业拉动，实体经济增长主要靠工业、交通运输、建筑业等传统产业，现代园艺、冰雪体育、新能源和能源互联网、无人机4个绿色高精尖产业尚处于培育期、初创期，尚未构建形成高精尖经济结构。二是服务配套相对短缺。现代园艺产业配套基础设施匮乏，专业物流体系缺乏，现代化生产技术普及程度较低。例如，国内领先的盆花生产企业如天津大顺、上海鲜花港等均已实现自动化生产。2015年，天津大顺产值为1.5亿元，人均年产值达到187万元，其中红掌盆花已实现自动化生产，2万平方米温室日常管理仅需1名工人。三是创新能力明显不足。虽然借助世园会品牌影响力建立了中关村首个园艺科技研发、应用转化、推广示范、交流合作的综合性创新平台——中关村现代园艺产业创新中心，但在统筹利用有关园艺科研资源和中关村科技创新政策方面仍显不足。借助世园会引进龙头牵引性项目少，落地创新型企业少，园艺新产品新业态培育不足，具有核心竞争力的园艺产品偏少，园艺品牌建设相对滞后，与打造“北方园艺之都”、形成“南有昆明、北有延庆”的格局还有很大差距。特别是与世园会直接相关的园艺及花卉产业链、创新链短，附加值少。目前，延庆园艺产业仍以一般种植业为主，园艺种质资源繁育、高附加值产品及园艺观光休闲旅游等方面发展相对滞后。例如，荷兰选育了全世界40%的商品花卉品种，荷兰花卉育种者掌握了全世界65%的花卉品种申请权。70%以上的花卉种植采用现代化温室大棚培育，摆脱了自然气候和低洼地势的影响。

2. 市场还需深度培育

一是游客需进一步挖掘。通过统计分析发现，与往届世园会相比，北京世园会的游客数量与1999年昆明世园会的游客数量基本持平，但少于2006年沈阳世园会及2011年西安世园会。北京世园会外省游客最多，达到513.5万人次，占全部入园游客的80.8%；本市游客115.9万人次，占18.2%；境外游客6.5万人次，占1.0%，可见北京市内游客和境外游客还有很大潜力。二是消费潜力还需进一步挖掘。2005年以来，北京已快速成长为全国最大的花卉消费市场，年花卉消费额150亿元，且全市86%的居民有购花愿望。数据显示，过去20年，居民个人花卉消费比例从2.3%攀升至29%，成为拉动城市发展的巨大动力，中国花卉消费需求量的快速增长及京津冀协同发展带来的大量市场需求，为北京周边花卉产业带来了巨大的发展空间。而到2014年延庆花卉产值、销售额仅占北京市总量的10.5%、12.8%；蔬菜种植面积、销售收入仅占全市的2.1%和3.1%；果树种植面积、果品产量也仅占全市的2.5%和3.1%。2018年延庆花卉种植面积为6862.4亩，产值为2245.4万元；2019年延庆花卉种植面积为5915.1亩，产值为3261.7万元。虽然花卉亩均产值增加了2242元，但种植规模缩小了，说明种植规模和市场消费都还有很大的空间。三是惠民的潜力还需进一步挖掘。2019年，全区居民人均可支配收入为36482元，距离全市的67756元还有近一半的差距。借助世园会机遇，实现培训后就业4876人，特别是世园会期间服务世园会园内培训仅为2116人次，就业1002人，保障世园会园外培训7956人次，就业3080人，而世园会后就业的拉动作用出现了断层，世园持续带动就业增收还需进一步挖掘。例如，昆明市晋宁区加强与省内农业院校、科研部门、各大花卉企业的合作，有针对性地对花农进行培训，多年来，累计举办花卉生产技术、市场营销等多种专题培训班700多期，培训人员达1.7万人次，大大地提高了花农的职业技能。再如，荷兰政府非常注重农业教育，建立了农业研究、教育以及推广机构，向农民开设农业夜间学习班以及冬季农业学校，对农民进行专业培训，荷兰农民几乎100%以上都接受过中等以上的职业技术教育。

3. 发展路径还需进一步探索

一是世园会对第一、第二、第三产业的影响还不够显著。通过总结分析发现，在世园会举办前（2016—2018年），世园会对第二产业的影响最大，带动增长44.1%，对第三产业的影响次之，带动增长16.4%，而对第一产业的影响最小，带动增长3.4%。在世园会开幕前后的两个季度第三产业出现比较明显的增长，但随着世园会的收尾，第三产业增长迅速结束，世园会对延庆区第一、第二、第三产业的结构没有根本性改变，用好用足“冬奥、世园、长城”三张世界级金名片带动第三、第二、第一产业发展的举措还不够完善。二是世园会带动文旅产业融合发展还不够深入。旅游收入依然以“门票经济”为主，2019北京世园会园区共实现各项收入6.8亿元，其中门票收入占总体收入的63.2%，餐饮收入占21.2%，零售收入占8.2%，停车场收入占1.3%。总体来看，门票收入接近2/3，是最主要的收入来源，其他方面的收入特别是商品销售等方面的收入偏低。三是世园会对现代园艺产业发展的路径还需深化落实。虽然制定了《延庆区园艺产业发展规划（2015—2025）》《中关村现代园艺产业创新中心建设三年行动计划（2020—2022）》《现代园艺产业集聚区综合规划》等系列措施，但现代园艺产业产学研用深度融合还不够，现代园艺及花卉产业空间分布不均衡，本地企业竞争力、集约规模化经营不够，对园艺产业发展规律认识运用还有差距，现代园艺的从业者在种植、管理等专业知识和能力方面比较匮乏，技术、信息、人才培养、品牌建设、市场建设等专业化人才队伍还比较缺乏，延庆区的现代园艺产业发展还有很长的路要走。

四、深化世园会带动延庆高质量绿色发展的建议措施

高质量绿色发展是延庆深入落实习近平生态文明思想的重要举措，是延庆借助冬奥会世园会实现跨越发展的必然选择，是满足人民群众日益增长的美好生活需要的根本途径。对延庆区而言，要借助世园会实现高质量绿色发展，必须以习近平总书记世园会开幕式上的讲话精神为指引，坚持世园标准，发扬世园风采，持续用好“世园”世界级金名片，让生态文明成为全民共识、创新成为第一动力、协调成为内生特点、绿色成为普遍形态、开放成为必由之路、共享成为根本目的。

（一）生态建设要坚持世园标准

2019年4月28日，习近平总书记出席北京世园会开幕式，并发表了题为《共谋绿色生活 共建美丽家园》主旨演讲，深刻阐释了“绿色生活 美丽家园”的丰富内涵，倡导“把北京世园会园区所阐释的绿色发展理念传导至世界各个角落”。10月9日，李克强总理出席闭幕式并致辞，盛赞世园会是绿色盛会、科技盛会、体验盛会，蔡奇书记、陈吉宁市长也对延庆区服务保障工作给予充分肯定。这些都更加坚定了延庆用生态赢得未来的信心、决心和恒心。

一是要坚持“世园蓝”标准，尽最大努力持续改善空气质量。要持续深化“一微克”行动，落实落细冬奥承诺达标行动计划，科学有序开展清洁能源替代工作，严格移动源排放监管，加强扬尘污染控制，加快建设绿色低碳冬奥赛区，推广低零碳排放示范工程，确保2022年冬奥会时$PM_{2.5}$日均浓度指数在35微克/立方米以下。二是要坚持用好世园水土管护经验，用最严标准提升水环境质量。统筹山水林田湖草系统治理，巩固深化全域水源涵养地建设，深入开展水生态治理和生态清洁小流域建设，加快建设海绵城市，强化开展城镇污水治理，到2022年新城污水处理率达到98%以上，全力保障冬奥会配套供水及相关水生态水环境品质，实现主要河流水质达到国家二类标准。加快垃圾分类，完善处理设施，强力推进垃圾减量化、无害化、资源化处理，到2022年生活垃圾无害化处理率达到100%。加大整治力度，持续美化靓化城乡人居环境。三是要坚持

做响世园生态品牌，充分展示新时代中国生态文明建设的非凡成就。以世园会的国际一流标准持续打造“绿水青山就是金山银山”实践创新基地，坚决守住好山好水好生态，加快建设国际一流的生态文明示范区。高标准建设国家森林城市，加速形成“一核、一环、三带、五廊、十园、多点”的城市森林格局。建设康西森林湿地公园等10个森林公园，将森林覆盖率提升至60%以上，城市人均公园绿地增加到50平方米以上。

（二）经济发展要用好世园名片

世园会是延庆实现高质量绿色发展的重要引擎，是延庆在新时代实现经济优化升级的有力抓手。一是要融合联动，借助世园会推动做“强”文旅产业。以首批国家全域旅游示范区建设为抓手，全方位提升吃、住、行、游、购、娱等要素配置和品质，推动传统旅游向全时、全域、全业、全民旅游转型升级，努力建设国际一流的中高端旅游休闲目的地。用好“长城、世园、冬奥”三张世界级金名片，加强世园会园区与长城景区、冬奥赛区协调联动，强化落实世园会园区与延庆景区之间的票务联动、融合互动、龙头带动、资源捆绑等措施方案，培养巩固长期稳定的京津冀客户群，多措并举促进游客在延消费。优化区域旅游产品结构，丰富旅游产品多样性，培育壮大冰雪体育、花卉园艺、长城文化等生态田园休闲度假新产品新业态，实现旅游发展全域化、旅游供给品质化、旅游治理规范化、旅游效益最大化。二是要创新驱动，借助世园会推动做“实”高精尖产业。围绕现代园艺、冰雪体育、新能源和能源互联网、无人机4个绿色高精尖产业，加强与首都高校、科研院所合作对接、资源链接，加快建设以创新家园及4个特色园区为载体的科技创新功能区，集聚更多领军企业和优质项目，培育壮大“专精特新”产业园，加快形成绿色高精尖经济结构。用足用好中关村现代园艺产业创新中心平台，完善实施促进园艺产业发展指导意见和政策措施，集群园艺类科技创新资源，加强研发、设计、产业一体培育，加快建设现代园艺产业集聚区（HBD），持续壮大“一区多园”，筹备成立“中国园艺产业创新联盟”，打造世界级特色园艺品牌。借势借力冬奥会筹办举办，组建完善体育科技等特色产业发展联盟，加快建设延庆国家体育产业示范基地和北京市冰上项目训练基地，吸引国际国内专业竞技团队和高水平冰雪爱好者集聚延庆，打造高端冰雪竞技体育训练营地。加速发展无人机等产业，探索完善无人机研发创新和行业应用体系，建设“无人机+”应用模式与产业融合示范区。突出“高端、绿色、低碳、环保”理念，做优做强新能源环保产业，全面实施能源互联网综合示范区项目并力争成为全国典范。三是要提质增效，借助世园会推动做“精”都市型现代农业。优化布局有机杂粮、精品蔬菜、园艺花卉、优质果品、精品畜牧五大产业结构，推动农业产业转型升级。升级改造15家休闲农业观光园，推广园艺风情小镇、四季花海园艺小镇等特色小镇品牌，推动农事体验与休闲度假、文化创意等领域互动融合。充分利用延庆独特的冷凉气候，大力发展红掌等球宿根花卉产业，巩固月季、牡丹、菊花等花卉产业优势，培育壮大绿色有机农产品基地，充分挖掘首都巨大花卉消费市场，积极培育新的消费群体，加大国家地理标志产品和“妫水农耕”品牌建设及推广力度，提升延庆优质农产品品牌，助推都市型现代农业加快发展。

（三）社会治理要借鉴世园经验

世园会的成功举办为延庆区积累了丰富的城乡治理经验，奠定了现代化治理的基础。一是要发扬优势、稳固根基。总结世园会等重大活动服务保障机制，推动形成可复制、长效性、常态化城市管理和应急管理的制度体系。

充分运用世园会申办筹办举办期间在城乡社会治理中的先进理念和经验做法，加快形成科学化、精细化、智能化的城市治理体系和治理能力，实现世园会资产可持续运营、园区内外顺畅联动、会期会后有效衔接。二是要补齐短板、做强弱项。以深化“街乡吹哨、部门报到”改革为重点，以新时代文明实践中心为重要载体，创新多元治理方式，加快智慧延庆建设，强化城市智慧管理，实施北京大数据行动计划，逐步建立完善高品质城市管理大数据平台，重点推进智慧市政、智慧交通、智慧旅游、智慧安防等建设，全面提升城市精细化管理水平。三是要深化成效助推冬奥。以服务保障北京2022年冬奥会和冬残奥会为引领，高质量建成国家高山滑雪中心、国家雪车雪橇中心，办好冬奥会系列测试赛，大幅提升重大活动组织、设施建设、运行保障、服务接待等方面能力，完善集中统一指挥、整体协调推动、部门属地联动、社会各界互动的冬奥会筹办举办工作体系。

（四）民生保障要瞄准世园品质

高质量绿色发展的最终目的是满足人民日益增长的美好生活需要，要不断增强内生发展动力，把发展惠民作为高质量发展的重要动力源。一是持续提升就业增收质量。巩固深化冬奥世园“十万人次大培训”成果，针对冬奥会筹办举办、高精尖产业、城市运行保障、生活性服务业等方面的用人需求，实施清单化、目录化、菜单式培训，重点提高就业能力和技术水平，每年促进就业、再就业6000人以上。搭建创业服务平台，拓宽就业渠道，鼓励创业带动就业，促进就近就地高质量充分就业。二是持续提升公共服务水平。始终把教育摆在优先发展的战略位置，提高新时代教师人才队伍水平，大力开展园艺花卉、生态文明、奥林匹克等特色教育，建成建好北京国际奥林匹克学院，协调发展各类教育，促进学生全面发展，全面建成终身教育体系，总体实现教育现代化。巩固国家卫生城区创建成果，全面创建国家健康促进区，加快冬奥医疗服务保障中心建设，深化北京中医院与延庆区中医院合作办医，建设冰雪运动损伤中医治疗中心，完成中医院迁建一期工程，完善卫生健康服务体系。提档升级商业服务设施，打造长城、世园小镇、柳沟等特色文化商业街，大幅提升生活性服务业品质。三是持续提升城乡宜居品质。健全养老助老服务体系，实施居家养老幸福工程，提升公共养老设施服务能力，构建社会化、专业化、规范化、便利化的养老服务体系。统筹推进宜居新城、精品小镇、美丽乡村建设，加快完成棚户区改造等民生工程，打通交通廊道、升级城市配套、引进人才资源、延展产业链条，打造高品质、低密度的精致社区，提升居住品质。

（五）城市品牌要延续世园风采

一是要持续讲好世园故事。汇集国内外生态文明建设成功经验，筹划举办北京世园会开幕周年纪念等系列活动，培育打造“北京国际花园节”自主品牌，助力美丽中国建设。依托中国馆、植物馆、妫汭剧场等开展植物文化传播和科普讲座活动，定期举办有国际影响力的生态文明论坛，集中展现花、果、蔬、茶、药等产业前沿技术和文化元素，邀请全球知名艺术团体定期举办园艺特色演艺活动，吸引园艺培育种植、科技研发、会议会展、交易拍卖的国际化组织和企业落户延庆，做实做响国际一流的生态文明示范区绿色名片。突出自然生态和园艺植物户外体验主题，开展文化、体育研学活动，打造中国国家青少年生态自然研学大本营，成为主题鲜明、风格多样、高端时尚的北京市、全国乃至世界级的自然教育营地标杆与旗帜。二是要持续做响冬奥品牌。结合冬奥会及高山滑雪、雪车雪橇世界杯等赛会需求，充分利用世园会展馆展园，为观赛、文化活动、运动员交流、会议住宿服务保障提供场所，把世园会园区打造成为服务保障冬奥会的重要承载地。搭建绿色园艺与冬奥冰雪融合平台，策划举办冬奥庙会、冰上龙舟、世园灯会等冬季系列活动，将世园会园区打造成为重要的文化活动交流场所。加强“乘高铁、看奥运”的核心概念的推广，借助京张高铁将延庆打造成为重大赛事举办地和大众滑雪、户外运动重要体验基地，宣传推广全民冰雪运动和冬奥文化，持续打响冬奥之城的品牌。三是要持续深化开放合作。紧抓赛会筹办窗口期黄金机遇，加强与上海崇明、陕西西安等地在世园后续利用、历史人文交流、教育科技、旅游商贸、生态保护等方面务实合作。深化与海淀区结对协作，加快履行两区结对协作框架协议，在生态保护、产业发展等领域开展多形式协作，构建优势互补、共建共享、合作共赢的区域协作格局。加强与昌平区联动合作，以加强世园会、冬奥会赛会服务保障为契机，进一步提升两区酒店、商业综合体、交通等公共服务联动能力和服务水平。深化与张家口市协同共建，探索跨区域生态环境保护合作新机制；围绕园艺、冰雪、旅游等特色资源，探索建立统一规划、统一管控机制，打造优势产业集群，构建京张文体旅协同发展带。四是要持续宣传推广城市品牌。讲好延庆故事、展示延庆服务、塑造延庆品牌，做到创意新、接地气、成系统，提升游客对延庆的向往度、到延庆的体验感和本地居民的幸福感。积极举办绿色发展等专题研讨会，聚焦世界级、健康、精致、创新等理念，持续打造具有国际知名度和美誉度的“美丽延庆、冰雪夏都”城市品牌。

（栏目编辑：王新华）

大 事 记

1 月

1 日　兴延高速、延崇高速北京平原段正式通车。包括兴延高速、延崇高速北京平原段、延康路在内的 7 项世园会重点公路保障项目，全部由建设期转入运营保障期。

3 日　延庆区首家院士工作站——北清通航科技（北京）有限公司院士专家工作站在启迪之星（延庆·加速器）正式成立，标志延庆区在推动科技创新和产学研合作方面取得新进展。院士工作站将助力无人机产业发展，中国工程院院士钟山担任工作站的首席院士。

5 日　2019 年北京市文化科技卫生“三下乡”集中示范活动暨延庆区新时代文明实践中心“温暖过大年”主题活动正式启动。活动在延庆全区 100 个新时代文明实践基地开展，为期 30 天。市委常委、宣传部部长杜飞进，中宣部宣教局局长常勃，以及首都文明办、市广播电视局、市文联、延庆区委等相关领导参加启动仪式。

7 日　北京冬奥会延庆赛区“生命线”综合管廊隧道全线贯通。项目是国内首次在山岭隧道中建设的综合管廊，全长 7.9 千米，南起佛峪口水库，北至延庆赛区核心区，于 2017 年 9 月开工建设。

8 日—11 日　政协延庆区第二届委员会第三次会议召开。会议听取并审议《政协延庆区委员会常务委员会工作报告》和《政协延庆区委员会常务委员会提案工作报告》；通过《二届三次会议政治决议》。

9 日—11 日　北京市延庆区第二届人民代表大会第五次会议召开。会议听取并批准北京市延庆区人民政府工作报告；审查并批准关于北京市延庆区 2018 年国民经济和社会发展计划执行情况与 2019 年国民经济和社会发展计划（草案）的报告、关于北京市延庆区 2018 年预算执行情况和 2019 年预算（草案）的报告；听取并批准北京市延庆区人大常委会工作报告，审查并批准人大各专门委员会工作报告；听取并批准北京市延庆区人民法院工作报告、北京市延庆区人民检察院工作报告。选举于波为北京市延庆区人民政府区长。

18 日　第三届中国残疾人冰雪运动季暨北京市残疾人冰雪嘉年华活动在延庆区世界葡萄博览园举行。活动以“心系冬奥·喜迎新春”为主题，全市 16 个区和燕山地区残联以及专项协会的 18 支代表队近 900 多名残疾人参加活动。

22 日　服务保障世园会备战攻坚 100 天动员部署大会召开，会议部署世园筹备攻坚决胜阶段任务。副市长王红、北京世园局常务副局长周剑平、团市委副书记李健以及区领导穆鹏、于波、胡耀刚、陈合安等出席会议。

23 日　延庆区政府与全球五大冰雪运动装备生产商之一的法国金鸡（ROSSIGNOL）集团达成合作协议，在延庆设立法国金鸡集团中国总部。根据协议，金鸡集团在“中关村延庆科技园”设立其在中国的首家外商独资企业，在延庆滑雪度假村建立体验中心和滑雪学院，帮助中国滑雪者提高滑雪体验。

23 日　世园会“四场活动”延庆区服务保障工作领导小组（指挥部）成立，负责延庆区服务保障“四场活动”的组织领导和统筹协调，安排部署延庆区具体实施工作等。

29 日　国际奥委会主席巴赫到区考察场馆建设。巴赫一行先后考察张山营镇迁地保护基地、综合管廊 3 号支洞、国家高山滑雪中心和国家雪车雪橇中心，并对赛区利用 18 万平方米土地对迁移树种进行保护繁殖的做法表示赞许。

2 月

8 日　晚 8 时许，龙庆峡冰灯展区发生山体碎石坠落致游客受伤事件，造成 1 人死亡、12 人受伤。事发后，市委主要领导就事件处置工作做出批示；市、区相关领导第一时间赶赴现场，指挥处置工作，组织专家勘察事发原因。区委、区政府即刻关闭景区，启动全区安全隐患大排查、大清理、大整治专项行动。

15 日　国务院副总理胡春华视察世园会园区各项筹备工作，并主持召开组委会第四次会议。北京市委书记、组委会第一副主任委员蔡奇参加会议并讲话。

15 日　区纪委二届四次全会召开。会议回顾 2018 年纪检监察工作，总结改革开放 40 年来全区纪检监察工作经验，部署 2019 年任务。穆鹏参加会议并讲话。

16 日　北京市委副书记、市长陈吉宁指导世园会筹备工作并召开现场调度会议。市委常委、副市长林克庆，副市长王红参加会议。

27 日　延庆区“绿水青山就是金山银山”实践创新基地建设动员部署会召开，市生态环境局副局长于建华和区领导穆鹏共同为“绿水青山就是金山银山实践创新基地”揭牌。

3 月

12 日—13 日　延庆区党政企代表团先后赴内蒙古自治区乌兰察布市兴和县，河北省张家口市宣化区、怀来县，会商推进扶贫协作和支援合作工作。穆鹏代表延庆区分别向兴和县、宣化区、怀来县捐赠帮扶资金，并与当地签署了携手奔小康 2019 年度帮扶合作协议。

16 日　延庆区机构改革动员会召开。会议动员部署全区机构改革组织实施工作，机构改革工作正式进入实质性落实和推进阶段。根据《北京市延庆区机构改革实施方案》，机构改革后共设置党政机构 43 个。其中区委机构 12 个，区政府机构 31 个。

19 日　全国爱国卫生运动委员会公布关于 2015—2017 年度周期申报创建国家卫生城市（区）的评审决定，授予 4 个城市（区）国家卫生城市（区）荣誉称号。延庆区与北京市密云区、辽宁省沈阳市和山东省枣庄市被评为国家卫生城市（区）。

25 日　延庆区第一次总河长会议召开。会议总结 2018 年河长制工作，部署 2019 年主要任务，传达《北京市河长制办公室关于河湖管理保护问题暗访检查和年度工作总结的报告》。

27 日　区政府、市体育局、中国滑雪协会联合成立 2019—2020 国际雪联高山滑雪世界杯延庆站组委会，并加挂“相约北京—2019/2020 国际雪联高山滑雪世界杯延庆站组委会”牌子。北京冬奥组委延庆运行中心主任穆鹏任组委会主席。

29 日　“延庆是我家 世园靠大家，服务保障世园会‘延庆乡亲’在行动——世园会倒计时 30 天社会动员暨志愿服务誓师大会”在妫川广场举行。区四套班子领导以及 12 个社会志愿服务团队 400 余人参加活动。

29 日　延庆区城市口号、标识和吉祥物正式发布。中文城市口号是“美丽延庆 冰雪夏都”，英文口号是“Great Yanqing Great Wall”，城市标识“∞”和吉祥物“延延”同时发布。

29 日 “2018 延庆榜样”颁奖，闫永杰等 10 人获评“2018 延庆榜样”，高雨等 20 人获得提名奖。

30 日 市委书记蔡奇到世园会园区检查筹办工作，并主持召开专题座谈会，研究审议世园会开幕式相关事宜。外交部、公安部、中宣部、国家林业和草原管理局、中国贸促会、中国花协以及市委、市政府相关负责人参加座谈会。

4 月

1 日 北京市第一届冬季运动会延庆区代表团总结大会召开，会议总结代表团参赛工作并进行表彰，部署下一阶段冰雪运动发展重点任务。

2 日 由市司法局、区法宣办、区司法局联合举办的“服务世园 迎接冬奥 法治宣传在行动”主题宣传活动启动仪式在区举行。启动仪式发布 10 项法治宣传工作举措，宣布成立“服务世园 迎接冬奥”志愿普法服务团。全市 300 余名专兼职普法志愿者团队代表等参加活动。

16 日 “游延庆、逛世园、品花宴、宿花田”旅游信息发布会召开，正式推出 8 大主题 22 条精品旅游线路及三大出游攻略。还推出全域旅游智慧服务系统，为游客提供手机端App + 小程序“吃、住、行、游、购、娱”全套智慧化服务，实现“一部手机游延庆”。

19 日 延庆区 2019 年精神文明建设暨全国文明城区创建工作动员部署大会召开。会议总结前一阶段创城工作，对下一阶段创城工作进行再动员再部署，推动精神文明建设再上新台阶。

20 日 北京世园会举行全负荷压力测试，园区按正式开园标准组织开展运营工作，参观者包括北京 16 个区的群众代表以及世园会的建设者、参展者、赞助商、志愿者等 6 万余人。

24 日 北京世园会园区工程建设、布展和开园等各项筹备工作全面完成。

28 日 2019 年中国北京世界园艺博览会开幕式在世园妫汭剧场举行。国家主席习近平出席开幕式并发表题为《共谋绿色生活，共建美丽家园》的重要讲话，并宣布 2019 年中国北京世界园艺博览会开幕。开幕式前，习近平和夫人彭丽媛与出席 2019 年中国北京世界园艺博览会的外方领导人夫妇共同参观世园会园艺展，并出席“共培友谊绿洲”仪式。

29 日 2019 年中国北京世界园艺博览会举行开园仪式和嘉宾巡园活动，标志从即日起到 10 月 7 日长达 162 天的国际园艺盛会正式向国内外游客开放。

29 日 以“炫彩世园 活力延庆”为主题的延庆区文化展示活动在园区永宁阁南广场天田山前举行。“延庆乡亲”代表、青少年团体约 150 人表演轮滑、竹马展演和全民健身操等节目。

5 月

1 日 市委副书记、市长陈吉宁以“四不两直”方式到冬奥会延庆赛区核心区调研，实地调研国家雪车雪橇中心、国家高山滑雪中心和市政 2 号路等项目建设情况。

1 日 区委、区政府召开全区领导干部大会，传达学习习近平总书记在第二届“一带一路”国际合作高峰论坛和 2019 年中国北京世界园艺博览会上的重要讲话精神，以及全市领导干部会议精神。

6 日 首届北京牡丹文化节在延庆区旧县镇妫州牡丹园开幕。文化节由市园林绿化局、市公园管理中心、北京林业大学、北京花卉协会、延庆区人民政府共同主办，全区设立世界葡萄博览园、旧县镇妫州牡丹园和大榆树镇国色牡丹园 3 个展区。

10 日 区政府与神州数码控股有限公司签

订战略合作协议，双方将以政务服务、智慧社区、产业园区、智慧旅游、智慧教育、智慧医疗、智慧环保等七大板块为核心，围绕助力“智慧延庆”建设等内容密切合作。

11 日 “千人迎冬奥游世园”打卡活动开启，标志着延庆区喜迎北京冬奥会倒计时1000天系列活动拉开帷幕。区四套班子领导出席启动仪式。

16 日 高山滑雪世界杯场馆运行团队正式成立并召开第一次全体会议。会议宣布国际雪联高山滑雪世界杯延庆站场馆运行团队组建方案、领导分工以及场馆运行管理意见。中国奥委会副主席杨树安，北京冬奥组委专职副主席兼秘书长韩子荣等出席会议。北京冬奥组委延庆运行中心主任穆鹏主持会议。此后，高山滑雪世界杯延庆站场馆运行团队正式入驻延庆。

20 日 延庆区扫黑除恶专项斗争工作会议召开。会议学习贯彻习近平总书记关于扫黑除恶专项斗争的重要指示批示精神，对全区扫黑除恶专项斗争工作进行阶段性总结，对下一步工作进行再动员再部署。

23 日 市委书记、北京冬奥组委主席蔡奇到延庆区调研北京冬奥会、冬残奥会筹办工作。

25 日 延庆区教育大会召开，会议对以后6年全区教育总体发展和教师队伍建设、职业教育改革发展、校园冰雪运动3个单项工作进行规划部署。

25 日 延庆区农村工作会议召开。会议研究部署全区2019年“三农”工作。穆鹏出席会议并讲话。

6 月

3 日 中央文明办、首都文明办相关负责人带领全国各省、区、市文明办主任培训班学员和中央、国务院各部委办局精神文明建设工作相关负责人等150余人到区，围绕新时代文明实践中心试点建设情况进行调研。

11 日 国务院发展研究中心资源与环境政策研究所、北京世园局、延庆区三方召开“世园会后续利用”座谈会，围绕世园会后续利用问题进行交流。

12 日 在2019年北京世界园艺博览会北京银行主题日活动中，区政府与北京银行签订全面战略合作协议。根据协议，北京银行将围绕延庆地区经济社会发展的各项任务，提供200亿元资金支持。

12 日 区政府与中国电力国际有限公司签署《绿色氢能产业合作框架协议》。根据协议，双方共同推进绿色制氢、加氢项目落地，共同推动绿色智慧园区和低碳示范村庄建设，着力打造新能源应用示范区。

13 日，河北省张家口市宣化区委、区政府、区人大常委会、区政协领导到区，就进一步深化延庆区与宣化区对口帮扶工作进行对接交流。

13 日 “延庆乡亲文明公约全民行动暨创城四大专项行动”举行启动仪式，号召全区群众积极践行文明公约，用实际行动参与创城，营造人人参与创城、人人崇尚文明的良好社会氛围。区四套班子领导以及志愿团队代表、商户代表、公共文明引导员、延庆乡亲代表等300余人参加活动。

19 日—20 日 中央扫黑除恶第11督导组第四下沉小组到区，开展督导工作。

23 日 北京冬奥组委在世园会园区举办“奔向2022 绿色起跑 全民开动”2019国际奥林匹克日冬奥主题活动暨阿里巴巴北京世园会公益跑活动。活动现场，北京冬奥组委发布《北京2022年冬奥会和冬残奥会低碳管理工作方案》，倡导全社会低碳生活方式，创造奥运会碳普惠制的“北京案例”。北京市副市长、北京冬奥组委执行副主席张建东，生态环境部副部长赵英民出席活动。

27 日—28 日 中国科学院院士童庆禧一行到区，就建设院士工作站等事宜与区领导座谈。并实地考察解延庆城乡规划和农业发展情况，举办“数字中国助力实现强国之梦”和遥感技术知识等专题讲座。

29 日 第五届北京百合文化节在八达岭旅游总公司世界葡萄博览园开幕。文化节由市园林绿化局、中国园艺学会球宿根花卉分会、北京花卉协会和延庆区人民政府主办。以“百花竞放迎华诞，群芳争艳庆世园”为主题，为期一个月。

7 月

11 日 世园会参展企业落户中关村延庆园签约仪式暨企业新技术新产品推介活动在中关村科技园区延庆园举行。中关村延庆园管委会与北京御瞻园园艺产业发展有限公司等 5 家现代园艺企业签订合作协议并举行揭牌仪式。

16 日 中国索道协会第四届专家组会议在区召开。全国 30 余名索道建设领域专家围绕冬奥会高山滑雪索道项目安全运营、世界索道行业发展现状和趋势进行探讨。

27 日，中国共产党北京市延庆区第二届委员会第九次全体会议召开。全会听取并审议常委会工作报告，讨论《关于全区 2019 年上半年经济社会发展情况和下半年重点工作安排的报告》，表决通过《中国共产党北京市延庆区第二届委员会第九次全体会议决议》。

8 月

8 日 “2019 长城国际摄影周”在八达岭长城景区启动。此次摄影周是国内首个以长城命名的国际性大型摄影活动，展览面积超过 2 万平方米，展出国内外 300 余位摄影家的超过 1500 张讲述长城故事的巨幅照片。中国艺术研究院、中国艺术摄影学会、中国长城学会相关负责人以及区政府领导出席开幕式。

10 日，北京长城文化研究会在延庆区成立，并召开第一次会员大会。会议表决通过《北京长城文化研究会章程（草案）》等文件。长城保护专家、北京建筑大学教授汤羽扬当选为北京长城文化研究会第一届理事会会长。

12 日，延崇高速公路北京段中最长的隧道——玉渡山隧道贯通。延崇高速起于京城西北兴延高速公路，终至崇礼太子城赛场，全长约 114.4 千米，其中北京段全长约 33.2 千米。玉渡山隧道位于延庆区张山营镇，左右两线总长度 9.3 千米，是延崇高速公路北京段单线最长隧道，也是全线控制性工程。

15 日 副市长张建东以市人大代表身份到区开展调研，就《北京市生活垃圾管理条例》有关条款修订情况，征求基层工作者、社区居民的意见建议。

16 日 延庆区举办“5G 赋能 助力智慧延庆建设”战略合作签约仪式。区政府分别与中国铁塔北京分公司、中国联通北京分公司、中国移动北京公司、中国电信北京公司签署战略合作协议。

23 日 京张高铁八达岭长城站主体结构封顶，标志着京张高铁全线站房主体结构建设全部完成。工程总建筑面积 49500 平方米，其中地面站房 9000 平方米、地下建筑 40500 平方米。

9 月

1 日—30 日 以“妫水璀璨 长城聚首”为主题的 2019 年中国北京世界园艺博览会“延庆特色文化月”系列活动举行。包括 7 大主题的近 200 场演出，为现场游客展示富有延庆地域悠久历史和深厚文化的系列特色活动。

3 日—5 日 “乡村的荣耀”2019 年第三届北方民宿大会在区召开。京津冀地区及浙江省、云南省等南方地区的行业主管部门、知名民宿主，以及中商企协等主要行业组织和金融机构相关负责人 300 余人出席会议。

5 日—6 日 全国人大北京团代表到区，就生态涵养区建设情况进行调研。深入了解延庆区在湿地保护、水源涵养、推动区域生态环境建设等方面工作情况。

8日—9日 首届“中国地质公园”主题宣传活动在延庆区举行。活动以“地球之上的绿水青山、长城脚下的绿色倡议”为主题，倡议设立“地质公园日”，举办“地质公园保护与发展”论坛和专题展览等。全国各地200余名地质公园从业人员参加活动。

8日 由延庆区政府和河北省张家口市怀来县政府共同主办的第三届延怀河谷葡萄文化节暨第二十届中国怀来葡萄节正式开幕。至10月10日期间，延怀两地分别举办延怀河谷风情游、葡萄擂台赛等多种特色活动。

10日 延庆区“不忘初心、牢记使命”主题教育工作会召开。会议深入学习贯彻习近平总书记重要讲话精神，落实中央、市委部署要求，对全区开展“不忘初心、牢记使命”主题教育进行动员部署。

11日—13日 2019世界花卉大会在延庆区举行。大会的主题是“携手花卉事业，共创美好家园”，69个国家、6个国际组织360多位代表和近30位专家、学者、企业家与会。

11日 延庆区与上海市崇明区签订战略合作协议，双方确定在生态环境治理、生态产业发展、城市精细化管理等方面加强合作交流。

12日—15日 2019年北京中秋文化节暨延庆区第三届独山夜月文化体验周在旧县镇举行。文化节以“月圆京城 情系中华”为主题，包括“赏独山夜月、颂家国情怀、品文创新知、观星空花海、话一镇一品、游美丽延庆”六大板块30余项中秋主题活动。

17日 北京2022年冬奥会国家雪车雪橇中心延庆赛区赛道主体结构全部完工，标志着国内第一条高强度双曲面雪车雪橇赛道实现合龙贯通。

20日 工程历时两年的冬奥会延庆赛区综合管廊正式投入使用。管廊南起延庆区佛峪口水库，北至延庆赛区核心区，全长7.90千米，是中国首次在山岭隧道中建设的大落差大坡度综合管廊，也是延庆赛区造雪用水、生活用水、再生水、电力、电信及电视转播信号等市政能源接入通道。

22日 第十一届北京菊花文化节在世界葡萄博览园开幕。文化节以“百花竞放迎华诞 群芳争艳庆世园”为主题，由市园林绿化局、市公园管理中心、北京花卉协会、北京菊花协会、延庆区人民政府主办，至10月30日结束。

26日—28日 在广西南宁举办的“2019中欧绿色智慧城市峰会”上，延庆区获得“2019中欧绿色智慧城市——技术创新优秀城市”称号。

27日 延庆区与中国花卉协会、国际竹藤中心在世园会国际竹藤组织园展馆举行赠园暨签约仪式，三方共同推动“一个中心五个平台”及国际竹藤中心延庆研发基地建设，助推延庆现代园艺产业跨越式发展。

30日 在平北抗日烈士纪念园举行延庆区第六个国家烈士公祭活动，区四套班子领导，全区党、政、军代表以及老战士代表和学生代表，平北抗战老领导子女，北京榜样代表、金牌志愿者等500余人参加。

10月

1日 “壮丽妫川·奋进新时代”——延庆区庆祝中华人民共和国成立70周年主题展览在妫川广场开幕。展览设六大板块共2000多幅图片。

3日—5日 以“汇聚多彩文化 畅游魅力北京”为主题的第二十一届北京国际旅游节在延庆世园会举行。15个国家的24支表演团队为中外游客献上20余场精彩的盛装巡游和主题表演。

9日 2019年中国北京世园会闭幕式在园内妫汭剧场举行，闭幕式主题为“收获的礼赞”。国务院总理李克强出席并致辞。此次世园会共有全球110个国家和国际组织参展，举行100余场国家日和荣誉日、3000多场民族民间文化活动，吸引近千万人次参观。

10日 穆鹏、于波等区领导会见国际园艺生产者协会（AIPH）主席伯纳德·欧斯特罗姆等。对国际园艺生产者协会在延庆区申办、筹备、举办世园会过程中给予的大力支持以及伯纳德先生在世园会闭幕致辞中对延庆区的肯定表示感谢。伯纳德表示，国际园艺生产者协会将持续为延庆提供帮助和支持，助力延庆高质量绿色发展。

18日 2019国际冬季运动会（北京）博览会延庆分会场活动在中关村延庆园企业之家举行。45位体育、金融、冰雪等行业的专家及企业家应邀出席。

19日—26日 2019北京八达岭长城文化节举行。举办长城文化高峰论坛主题活动，延庆区发布《延庆区长城保护三年行动计划》。长城保护方面的专家、学者和文化产业代表等各界人士400余人参加开幕式。

21日，2019北京世园会园区重新开放。开放区域为公共景观区域及各展园的室外空间。

23日 延庆区“不忘初心、牢记使命”先进典型宣讲报告会举行。区四套班子领导、市委第七巡回指导组，全区各工委、街道、乡镇相关负责人，“延庆乡亲”、志愿者代表等200余人参加。

11月

1日 全区领导干部警示教育大会召开。会议传达全市领导干部警示教育大会精神，要求“以案为鉴、以案促改”，结合“不忘初心、牢记使命”主题教育，持之以恒把全面从严治党引向深入。

1日 延庆区红色文化资源发布会暨新时代文明实践“追寻红色印记”主题宣传教育活动，在大庄科乡霹破石村红色体验基地启动。现场发布《延庆区关于加强红色文化建设的实施意见》，推出“红色文化10条”和3条红色文化体验路线。

4日 国际奥委会奥运会部执行主任杜比等6人到区考察。考察组先后考察阪泉换乘枢纽、高山集散广场、国家高山滑雪中心竞速结束区和山顶出发区、延庆冬奥村、国家雪车雪橇中心和延庆火车站。

5日 北京市知识产权局在延庆区召开2019北京世园会知识产权保护工作总结会。延庆区在世园会期间知识产权保护工作中做出的贡献受到国家知识产权局肯定。

15日 2019森林城市建设座谈会在河南省信阳市召开。会上，全国绿化委员会、国家林业和草原局对北京市延庆区等28个通过考核评审的国家森林城市正式命名并进行授牌。于波参加授牌仪式并作先进经验交流发言。

23日 市委书记蔡奇到区调研冬奥延庆赛区工程建设情况，检查高山滑雪世界杯服务保障工作。市委副书记、市长陈吉宁一同调研。

23日 “相约北京”系列冬季体育赛事延庆赛区动员部署大会召开。会上，深入学习贯彻习近平总书记关于冬奥筹办系列重要指示精神，认真落实市级动员部署会精神，号召全区全力做好冬奥会首场测试赛。

29日，延庆首座加氢站——延庆小型多能互补零排供能试验系统示范项目一期（中关村延庆园加氢站）开工建设。

12月

2日 北京市学习贯彻党的十九届四中全会精神宣讲团到延庆区宣讲。市宣讲团成员、北京联合大学党委书记韩宪洲作专题辅导。区四套班子领导，区处级班子单位主要负责人，各乡镇、街道科级以上干部，各村、社区党支部书记以及社区志愿者代表等800余人分别在主会场和视频分会场聆听报告。

5日 延庆区召开公安工作会议暨中华人民共和国成立70周年总结表彰大会。会议表彰延庆区公安系统在中华人民共和国成立70周年庆祝活动和世园会安保期间表现突出的18个集体和197名个人。

6日，区委宣传部与中央电视台联合拍摄的《延庆，看见美丽中国》公益广告在CCTV-1综合频道和CCTV-4中文国际频道首播。公益宣传片制作剪辑7个版本，其中完整版2个，时长分别为90秒和60秒；人物版5个、时长30秒。

22日 中国共产党北京市延庆区第二届委员会第十次全体会议召开。穆鹏代表区委常委会作工作报告，于波作关于全区经济社会发展工作的报告。全会书面审议区委常委会抓党建工作情况书面报告，审议通过《中共北京市延庆区委贯彻落实<中共北京市委贯彻《中共中央关于坚持和完善中国特色社会主义制度、推进国家治理体系和治理能力现代化若干重大问题的决定》的实施意见>的若干措施》《中国共产党北京市延庆区第二届委员会第十次全体会议决议》。

23日—26日 政协延庆区第二届委员会第四次会议召开。陈合安代表区政协二届委员会常务委员会作工作报告。会议听取提案审查委员会关于提案审查情况的报告，通过《政协延庆区第二届委员会第四次会议政治决议》。市政协副秘书长以及区委、区政府主要领导出席会议。

24日—26日 北京市延庆区第二届人民代表大会第六次会议召开。胡耀刚作人大常委会工作报告，于波作政府工作报告。吕桂富当选区人大常委会主任，张景军、贺常荣当选区人大常委会副主任。

30日 2022年北京冬奥会的重要交通保障设施——北京至张家口高速铁路（简称京张高铁）开通运营。全线设10座车站，其中延庆境内设八达岭长城站。

（栏目编辑：王新华）

冬奥会延庆赛区筹办

概　述

年内，北京冬奥会延庆赛区筹办领导小组下发《关于调整北京2022年冬奥会和冬残奥会延庆赛区筹办工作领导小组组织架构、组成人员及工作职责的通知》，北京冬奥会延庆赛区筹办领导小组进行调整，成立以区四套班子主要领导为组长的冬奥领导小组。领导小组的主要职责是：贯彻落实北京冬奥组委、“相约北京”组委会和北京市委、市政府关于2022年冬奥会和冬残奥会涉及延庆赛区相关工作的决策部署；负责延庆赛区相关服务保障工作的组织领导和统筹协调，安排部署相关具体实施工作；研究审议、协调解决延庆赛区筹办工作中的重大问题。领导小组构建了“三处十二组一团队”的组织构架。“三处”即综合处、值班调度处和督查处，“十二组”即工程建设组、城市运行保障组、景观环境保障组、社会治安与安全保卫组、交通保障组、生态环境保障组、新闻宣传与文化活动组、社会动员与志愿者组、医疗卫生保障组、市场秩序与食宿保障组、赛后利用及产业发展组、接待联络组，“一团队”即外围保障团队。全年领导小组召开工作会议13次，征集议题70余项，议定事项58项；刊发冬奥简报20期。

截至年底，冬奥会筹办涉及28项冬奥场馆及外围配套基础设施建设工程按计划开复工25项。国家高山滑雪中心部分竞速赛道及相关设施交付使用，国家雪车雪橇中心主体结构完工，延庆冬奥村及山地新闻中心有序施工，综合管廊投入使用。西大庄科村改造项目开工。生态修复同步落实，冬奥森林公园开工。海陀山天气雷达和延庆赛区自动气象站建设全部完成，冬奥会延庆气象服务分中心建成并投入使用。完成14家接待酒店签约。落实“双进入”机制推进场馆运行和竞赛组织。完成第四届国际冬季运动博览会参展工作，举办全国速度滑冰马拉松等14项冰雪赛事活动，组织冰雪培训进校园及群众上冰上雪5万余人次。

单位名称：延庆区冬奥综合处
地　　址：延庆镇湖南东路1号
电　　话：69106903

（王来永）

重要活动

【培训滑雪教练员、指导员】　1月10日至24日，区委组织部、区人力社保局、区体育局联合举办冬奥滑雪教练员暨瑞士国家职业滑雪指导员培训班。由瑞士国家滑雪运动联盟（SSSA）唯一授权合作伙伴瑞士白朗峰集团进行教学，全区各乡镇、街道的年轻劳动力及区滑雪协会部分优秀会员72人参训。瑞士教练团队采用国际化教学方式，使用统一的国际滑雪教学标准和指令语言进行教学及考核。最终，培训班有69名学员获得初级滑雪指导员证书，其中29人获得滑雪教练指导员一级教学证书、4人获得教练指导员二级滑行技能证书。

（王来永）

【第三届中国残疾人冰雪运动季暨市残疾人冰雪嘉年华活动在区举行】 1月18日，第三届中国残疾人冰雪运动季暨北京市残疾人冰雪嘉年华活动在世界葡萄博览园举行。活动以“心系冬奥·喜迎新春”为主题，活动内容包括：冰上龙舟、滑冰车、冰上自行车、雪地足球射门、雪鞋跑和雪地拔河等趣味性比赛，还有冰滑梯、桌上冰壶、旱地冰壶等体验活动。全市16个区和燕山地区残联以及专项协会的18支代表队近900多名残疾人参加。

（王来永）

【延庆、张家口联合举办首届京张大众滑雪交流赛】 1月29日，由区体育局支持，区滑雪协会、张家口市滑雪协会联合主办的“京张携手·助力冬奥”第一届京张大众滑雪交流赛在万科石京龙滑雪场举行。比赛分男、女子高山滑雪（大回转），男、女子单板滑雪大回转4个组别，北京市和张家口市120余名滑雪爱好者参赛。河北崇礼李洪辛、北京王宏伟分获女子和男子单板滑雪大回转冠军；北京丰台区邢艳燕、延庆区赵岳分获女子、男子高山滑雪（大回转）冠军。

（王来永）

【中国北京越野滑雪积分大奖赛在区举行】 3月4日，2019首创集团·国际雪联中国北京越野滑雪积分大奖赛继鸟巢站、首钢站之后，第三站在八达岭国际会展中心举办。本次比赛由国际滑雪联合会主办，国家体育总局冬季运动管理中心、中国滑雪协会、北京市体育局、延庆区政府、北京奥林匹克公园管委会、首钢集团有限公司承办，首创集团独家冠名赞助，21个国家和地区的200名男女运动员参赛。该赛事是延庆筹备北京冬奥会、打造冰雪之城的重要内容之一。当天比赛为1.4公里短距离自由式，分为资格赛、四分之一决赛、半决赛和决赛。其中中国选手迪妮格尔·衣拉木江获得鸟巢站的银牌、三站总积分第八名。

（王来永）

【国际雪联高山滑雪世界杯延庆站组委会成立】 3月27日，区政府、市体育局、中国滑雪协会联合成立2019—2020国际雪联高山滑雪世界杯延庆站组委会，并加挂“相约北京”—2019/2020国际雪联高山滑雪世界杯延庆站组委会牌子。北京冬奥组委延庆运行中心主任穆鹏任组委会主席，国家体育总局冬运中心副主任孙远富、北京市体育局局长赵文和延庆区人民政府区长于波任组委会执行主席。28日，延庆站组委会召开第一次全体会议，对赛事筹办工作进行统一部署和全面动员。

（王来永）

【冬奥会倒计时1000天庆祝活动】 5月11日，举办“北京冬奥开幕倒计时1000天”延庆区主题文化活动。主会场设于北京世园会，开展“从美丽世园到冰雪冬奥——奔向2022”千人迎冬奥游世园趣味打卡活动。分会场设在世葡园、八达岭会展中心等地，分别举办冰上飞舞、童心盼冬奥、奔向2022等6项系列活动。姚家营中心小学、张山营学校、靳家堡中心小学、八里庄中心小学和西屯中心小学5所学校共同成立延庆区“海陀·奥林匹克教育联盟”。区四套班子领导出席启动仪式。

（时雨）

【高山滑雪世界杯场馆运行团队成立】 5月16日，高山滑雪世界杯场馆运行团队正式成立并召开第一次全体会议。北京冬奥组委副主席杨树安，北京冬奥组委专职副主席、秘书长韩子荣等出席会议。北京冬奥组委延庆运行中心主任穆鹏主持会议。会议宣布国际雪联高山滑雪世界杯延庆站场馆运行团队组建方案、领导分工以及场馆运行管理意见，部署了重点工作任务。各场馆副主任、运行秘书长、竞赛主任、运行副秘书长分别作表态发言。成立高山滑雪世界杯场馆运行团队，旨在加强高山滑雪世界杯组委会的组织领导，统筹保障好场馆运行团队高标准高质量运行，确保北京冬奥会首场测试赛圆满成功。

（郭昭君）

【冬奥延庆赛区生态建设专家研讨会召开】 5月19日，冬奥延庆赛区生态建设专家研讨会召开。12名冬奥延庆赛区生态建设顾问专家团队的专家学者及市相关部门负责人，围绕冬奥延庆赛区生态文明建设相关工作建言献策。中国环境工程专家、工程院院士钱易出席。市生态环境局和区委、区政府相关领导参加会议。

（晏博文）

【高山滑雪世界杯延庆站场馆运行团队入驻】 6月3日，2019/2020国际雪联高山滑雪世界杯延庆站组委会高山滑雪世界杯延庆站场馆运行团队集中办公座谈会召开，高山滑雪世界杯延庆站场馆运行团队正式入驻延庆，标志着国际雪联高山滑雪世界杯延庆站比赛步入场馆运行实战，筹办工作开启新阶段。北京冬奥组委人力资源部部长闫成，北京冬奥组委延庆运行中心主任穆鹏出席会议并讲话。

（郭昭君）

【2019国际奥林匹克日冬奥主题活动在区举办】 6月23日（国际奥林匹克日），北京冬奥组委在世园会园区举办“奔向2022 绿色起跑 全民开动”2019国际奥林匹克日冬奥主题活动暨阿里巴巴北京世园会公益跑活动。北京冬奥组委现场发布《北京2022年冬奥会和冬残奥会低碳管理工作方案》，倡导全社会低碳生活方式，创造奥运会碳普惠制的“北京案例”。环保人士、“北京榜样”代表、运动员代表、阿里巴巴集团代表等共同发出低碳环保倡议，近千名跑者在北京世园会跑道上用奔跑支持北京冬奥会绿色低碳的目标。同日，延庆区开展“从美丽世园到冰雪冬奥”新时代文明实践主题活动；全区423个新时代文明实践所开展形式多样的新时代文明实践活动，内容包括地壶球比赛、健身骑行、捡拾垃圾、全民健身跑等等。

（晏博文）

【中国索道协会第四届专家组会议在区召开】 7月16日，中国索道协会第四届专家组会议在区召开。全国30余名索道专家围绕冬奥会高山滑雪索道项目安全运营、世界索道行业发展现状和趋势进行深入探讨，为冬奥延庆赛区索道安全运营提供技术支撑。

（晏博文）

【“科技冬奥”新技术新产品应用场景宣讲对接会】 8月14日，“科技冬奥”新技术新产品应用场景宣讲对接会在中关村延庆园企业之家举办。活动为延庆区“yan科技”对接系列活动暨中关村管委会前沿科技沙龙延庆专场活动的第2场，旨在促进高科技产品在冬奥会场馆建设及服务保障工作中的运用。活动邀请旷视科技、科大讯飞、新奥特智慧体育等8家具有丰富大型活动服务经验的知名高科技企业参加，分别从人工智能、5G应用、物联网技术、智能化演播、云端智能、薄膜太阳能等方面的高科技成果及应用场景进行展示。区冬奥办、区发改委、延庆公安分局等19个部门及北控京奥、国嘉高山滑雪等3家企业参与对接。区政府主要领导出席活动。

（郭昭君）

【高山滑雪中心举办直升机医疗救援演练活动】 9月19日，北京冬奥组委在国家高山滑雪中心举行直升机医疗救援演练活动。演练内容有高山滑雪赛道紧急医疗救援、直升机长绳救援、地空救援指挥体系配合和医疗直升机伤员转运等多个项目，999急救中心、积水潭医院、协和医院等多家医院滑雪医生，中信海直和北控集团雪道巡逻队等单位参加演练。北京冬奥组委领导张建东、韩子荣和国际雪联高山滑雪竞赛主任阿特勒·斯卡达尔，国际雪联医疗委员会主席休伯特·霍特勒观看并对演练进行讲评。

（王来永）

【北京冬奥组委在区举办高级研修班】 11月1日，北京冬奥组委在延庆区举办2019—2020国际雪联高山滑雪世界杯延庆站组委会高级管理人员研修班。由国际奥委会奥运会知识管理（OGKM）团队和世界体育学院授课。培训期间，对往届冬奥会高山滑雪项目进行案例分析，提出首场测试赛可能存在的风险与问题，并提出相应解决路径和应对措施。高山滑雪世界杯延庆站组委会全体成员参加研修培训。

（王来永）

【冬奥延庆赛区宣传工作会】 11月14日，韩子荣组织召开冬奥延庆赛区宣传工作会。延庆运行中心、延庆区、北控集团北京国家高山滑雪公司相关负责人分别汇报工作情况。全体与会人员围绕宣传节点、宣传形式、宣传口径等进行交流研讨。

（晏博文）

【北京冬奥组委领导到延庆赛区调研】 11月21日，北京市副市长、北京冬奥组委执行副主席张建东到冬奥延庆赛区调研国际雪联高山滑雪世界杯延庆站筹办工作。察看延庆赛区展示中心、赛区橇装加油站、国家高山滑雪中心竞速结束区，并慰问山地运行团队和场馆运行团队工作人员。12月24日，张建东到延庆赛区调研高山滑雪世界杯延庆站筹办工作并慰问场馆运行团队工作人员。他乘坐缆车到国家高山滑雪中心中间平台和山顶出发区，察看赛道造雪进展及山顶运动员休息室、赛道起点设置和气象雷达站等情况，在竞速结束区察看临时设施搭建情况。

（晏博文）

【蔡奇、陈吉宁调研延庆赛区建设情况】 11月23日，市委书记蔡奇，市委副书记、市长陈吉宁到区调研冬奥延庆赛区工程建设情况，检查高山滑雪世界杯服务保障工作。在延庆赛区展示中心，市领导详细了解赛区核心区整体规划、生态保护、赛时功能、赛后利用等情况，慰问工作在施工现场的高山滑雪世界杯场馆运行团队，并召开座谈会。

（晏博文）

【冬季体育赛事延庆赛区动员部署大会召开】 11月23日，“相约北京”系列冬季体育赛事延庆赛区动员部署大会召开。会议传达全市“相约北京”动员部署会议精神及蔡奇、陈吉宁调研指示精神，通报2019/2020国际雪联高山滑雪世界杯筹办进展情况，对“相约北京”系列冬季体育赛事延庆赛区工作进行全面部署。北控京奥公司、张山营镇相关负责人和区志愿者代表分别发言。“相约北京”组委会执行副主席张建东及高山滑雪世界杯场馆运行团队领导、区四套班子领导、高山滑雪世界杯场馆运行团队相关负责人及各行业代表等参加会议。

（晏博文）

【中央和市级媒体探访冬奥延庆赛区】 11月28日，《人民日报》、新华社、《北京日报》等12家中央、市级媒体的23名新闻工作者到区开展集体采访，探访冬奥延庆赛区，了解延庆紧抓历史发展机遇，大力推广冰雪运动、推进旅游产业提档升级、发展精品民宿产业的具体举措与成果。

（晏博文）

【宣传推广延庆志愿服务品牌】 12月5日，“花开世园、蓄力冬奥”“延庆乡亲”志愿者故事分享暨志愿者之歌MV新闻发布会在延庆新华保险培训中心举行。活动旨在围绕冬奥主题开展志愿服务，助力延庆打造“冬奥冰雪之城”形象，逐步使“延庆乡亲”成为有热度、有广度、有深度的延庆志愿服务品牌。发布会上，团区委面向公众发布MV《延庆乡亲》及微视频《为爱而行》，花样滑冰世界冠军张昊被授予“延庆乡亲形象大使”称号。

（王来永）

【市领导调研赛区安保工作】 12月27日，市委政法委书记张延昆到延庆赛区调研冬奥会和高山滑雪世界杯安保工作。实地踏勘京礼高速阪泉服务区、延庆赛区展示中心、高山滑雪集散广场及中间平台，听取规划建设及安保工作情况汇报；到公安分局指挥大厅，视频察看国家高山滑雪中心和北京赛区部分场馆现场情况；主持召开座谈会，听取市公安局、治安总队、延庆公安分局安保工作情况汇报。

（晏博文）

设施建设

【国际奥委会主席考察场馆建设】 1月29日，国际奥委会主席巴赫到区考察场馆建设。巴赫一行先后考察张山营镇迁地保护基地、综合管廊3号支洞、国家高山滑雪中心和国家雪车雪橇中心。在张山营镇迁地保护基地，并对赛区利用275亩地对迁移树种进行保护繁殖的做法表示赞许。

（晏博文）

【延崇高速玉渡山隧道贯通】 8月12日，延崇高速公路北京段中最长的隧道——玉渡山隧道贯通。延崇高速起于京城西北兴延高速公路，终至崇礼太子城赛场，全长约114.4千米，其中北京段全长约33.2千米。玉渡山隧道位于延庆区张山营镇，左右两线总长度9.3千米，是延崇高速公路北京段单线最长隧道，也是全线控制性工程。

（晏博文）

【京张高铁八达岭长城站主体结构封顶】 8月23日，京张高铁八达岭长城站主体结构封顶。至此，京张高铁全线站房主体结构建设全部完成，施工由主体结构建设阶段全面转向装饰装修、机电安装和信息工程施工阶段。京张高铁八达岭长城站位于北京延庆八达岭长城景区内，毗邻八达岭长城，距离北京北站70千米，总建筑面积49500平方米，分为地面站房和地下站两部分，其中，地面站房9000平方米，地下站40500平方米。京张高铁是国家《中长期铁路网规划》“八纵八横”中京兰通道东段重要组成部分，也是北京2022年冬奥会重要交通基础设施。

（晏博文）

【北京换流站工程变压器运输任务完成】 8月27日，±500kV北京换流站第7台换流变压器从康庄站东货场运达八达岭镇帮水峪村，与此前“就位”6台换流变压器在北京换流站“会师”，标志着北京站换流变压器大件运输任务完成。项目建成投产后将为延庆地区电代煤工程、京张高铁牵引站、冬奥会、世园会等重大工程和赛事活动提供可靠的清洁能源保障。

（晏博文）

【国家雪车雪橇中心赛道主体结构完工】 9月17日，位于北京2022年冬奥会延庆赛区西南侧的国家雪车雪橇中心赛道主体结构全部完工，标志着国内第一条高强度双曲面雪车雪橇赛道实现合龙贯通。国家雪车雪橇中心是冬奥会中设计和施工难度最大、施工工艺最为复杂的新建比赛场馆之一。赛道分为54个制冷单元，全长1975米，垂直落差超过121米，由16个角度、倾斜度都不同的弯道组成。

（晏博文）

【冬奥会延庆赛区综合管廊隧道全线贯通并投入使用】 9月20日，冬奥会延庆赛区综合管廊正式投入使用。工程于2017年9月正式开工，由中铁十八局、中铁十四局负责施工建设，2019年1月7日，北京冬奥会延庆赛区“生命线”综合管廊隧道全线贯通。管廊南起延庆区佛峪口水库，北至延庆赛区核心区，长达7.9千米。工程建设历时两年，是国内首次在山岭隧道中建设的大落差大坡度综合管廊，也是延庆赛区造雪用水、生活用水、再生水、电力、电信及电视转播信号等市政能源接入通道。

（晏博文）

【高山滑雪中心正式造雪】 11月15日至12月26日，国家高山滑雪中心开始第一次造雪，为2019年2月北京冬奥会“相约北京”首场测试赛做准备。相关雪道涉及造雪总面积约26万平方米，造雪量约26万立方米，分16个区域分头推进，投入各类造雪机117台、压雪车19台。

（晏博文）

【京张高铁开通】 12月30日，2022年北京冬奥会的重要交通保障设施——北京至张家口高速铁路（简称京张高铁）开通运营，崇礼铁路同步建成投用。京张高铁全长174千米，最高设计时速350千米，全线设10座车站，其中延庆境内设八达岭长城站。张家口至北京最快运行时间由3小时7分钟压缩至47分钟。

（晏博文）

产业发展

【区11家饭店入选首批冬奥会官方接待签约饭店】 1月24日，首批北京2022年冬奥会官方接待饭店签约仪式在北京冬奥组委举行，101家距离赛场近、服务水平好、交通便利的酒店入选。延庆区首批有11家饭店与北京冬奥组委签约。签约饭店是经北京冬奥组委遵循国际奥委会《主办城市合同义务细则》《住宿指南》和《奥林匹克2020议程和新规范》的规定要求，对现有、在建、拟建酒店情况进行多次踏勘和摸排，并对各利益相关方客户群住宿的实际需求进行反复沟通和梳理的基础上遴选而出，并拟定《北京2022年冬奥会住宿接待服务协议》。

（王来永）

【“服务冬奥世园促进就业信息化平台”启动】 3月22日，“服务冬奥世园促进就业信息化平台”启动仪式及研讨会在北京住总集团有限责任公司冰上训练中心项目部举行。北京顺义区智慧城市建设培训学校被确定为延庆区服务冬奥世园人才培训基地，同时启动冬奥世园大培训管理服务信息系统。该系统集成培训信息管理、学员跟踪、资金审批、大数据处理等多项功能，实现开班审批、学员管理、学员就业创业等维度的全面分析和实时跟进，推动企业用工与培训学员之间无缝对接，构建培训组织管理的完整闭环。

（王来永）

【市政协冰雪提案专项调研】 4月22日，围绕市政协十三届二次会议《关于抢抓筹办冬奥会机遇，建设延庆冰雪基地，促进区域协调发展的提案》和《关于进一步推动北京市冰雪产业发展的提案》的办理工作，市体育局邀请延庆区政协主席、台盟北京市委副主委等，到区开展冰雪提案办理专项调研活动。调研组考察北京市冰上项目训练基地和延庆区梦起源室内滑雪模拟机和室内冰场，就提案办理情况及延庆区体育产业发展情况，北京石京龙滑雪场现状、需求及升级改造的困难和问题，延庆区政府在发展规划、冬奥赛后利用、重视自然保护、人才引进打造多平台和政策保障方面进行调研。

（王来永）

国际交流

【国际雪联医疗委员会主席考察高山滑雪医疗保障工作】 4月16日，国际雪联医疗委员会主席休伯特·霍特勒到延庆区医院实地考察高山滑雪医疗保障筹备工作，北京冬奥组委延庆运行中心副主任及运动会服务部餐饮和医疗卫生处相关负责人陪同。

（王来永）

【国际奥委会官员考察奥运遗产开发工作】 9月13日至19日，国际奥委会遗产管理部门负责人塔尼亚·布拉加、国际奥委会遗产经理奥莱利·勒莫兹专程考察北京冬奥会遗产开发计划相关工作并召开延庆赛区遗产计划专题会。双方交流延庆赛区场馆规划及赛后利用计划，以及延庆区努力将冬奥会遗产变为持续性运营资产的工作思路。国际奥委会专家表示将积极支持延庆赛区“奥林匹克”命名工作。

（王来永）

【国际奥委会官员考察奥运遗产开发工作】 9月16日至17日，国际雪联高山滑雪男子竞赛主任马库斯·沃纳德、女子竞赛主任彼得·格得尔、男子速度项目竞赛主任汉尼斯·特林科尔和北京冬奥组委特聘专家伯恩哈德·鲁西、迪迪埃·迪菲戈等到区，先后考察国家高山滑雪中心赛道防风设施、速度项目场地建设等情况，并提出相关建议。其间，分别召开2020年高山滑雪世界杯协议研讨会、赛道考察反馈会、世界杯筹备研讨会等专题会议。

（王来永）

【国际奥委会奥运会部考察延庆赛区】 11月4日，国际奥委会奥运会部执行主任杜比一行6人到区考察。考察组先后考察阪泉换乘枢纽、高山集散广场、国家高山滑雪中心竞速结束区和山顶出发区、延庆冬奥村、国家雪车雪橇中心和延庆火车站。北控集团、首发集团等相关单位负责人介绍延庆赛区三大场馆、交通枢纽、基础设施的建设情况及赛后利用计划，并介绍高山滑雪世界杯场馆筹备进度。张建东介绍延庆赛区生态修复、赛时交通及安检政策设计等相关内容。

（王来永）

（栏目编辑：王新华）

北京世界园艺博览会

概　　述

北京世界园艺博览会延庆区筹备领导小组办公室是延庆区临时机构，加挂北京世界园艺博览会园区管理委员会筹备办公室牌子（简称北京世园会筹备办）。内设机构5个，分别为综合处、规划协调处、发展促进处、宣传文化处、服务保障处。工作人员采取干部挂职、从部门抽调等方式组成。主要职责为组织或参与编制延庆区的筹办战略、行动纲要和相关规划并组织实施；协调推进世园会园区内制止违建、征地拆迁等相关工作，组织协调园区外相关配套设施的规划、建设工作；负责与世园局的联络协调及区内相关工作的组织协调；督促落实延庆区筹备领导小组议定事项并承担日常工作。

年初，成立“四场活动”延庆区服务保障工作领导小组（指挥部），内设“三处十组”（即：综合处、值班调度处、督查处以及城市运行保障组、景观环境保障组、交通保障组、大气污染防治组、社会动员与志愿者组、游客服务和食宿保障组、接待联络组、社会治安与安全保卫组、新闻宣传与文化活动组、会后利用及产业发展组）。世园会开幕前后，指挥部召开工作例会和专题会，研究部署世园会综合演练方案、运营指挥体系方案、园区突发事件总体应急预案、“蓝军计划”实战演练测试情况等事项及开园其间的服务保障工作。市委、市政府相关领导先后20次到世园会现场调研视察；区委、区政府主要领导现场办公和实地调研16次，贯彻各级领导相关指示精神、督导各项服务保障工作的筹备和落实；指挥部“三处十组”共召开4次工作例会和25次专题会，研究部署“四场活动”延庆区服务保障相关工作。经过全区上下共同努力，如期完成水、电、气、通信等市政设施保障和世园周边环境整治工程；全区46家企业为世园会20个展园展区提供园艺资材300余种1500余万株（盆）；世园会周边绿化拆迁腾退土地9.25万平方米，提升9条主要通道景观环境29.5万平方米。

开园期间，全区投入水、电、气、通信等专业、半专业队伍2670人，投入警力1014人、群防群治人员1.80万人，医疗、防灾、消防、森防等41支应急队伍1385人和执勤汽车454辆一线备勤，“延庆乡亲”等各类志愿者152.50万人次参与社会服务，为世园会“精彩开园、平稳运行、胜利闭幕、圆满成功”作出了贡献。围绕“进得来、出得去、吃得上、住得下、玩得好”，常态化精细化做好交通服务、餐饮住宿、医疗卫生、应急救助、环境气象等保障工作，实现会期162天平稳运行，吸引934万中外宾客入园参观。

单位名称：世园会延庆区筹备办

地　　址：延庆区庆园街65号

电　　话：56766355

（杜少昆）

设施建设

【7 条世园会重点公路项目全部通车运营】 1 月 1 日，中午 12 时，兴延高速、延崇高速北京平原段正式通车。至此，包括兴延高速、延崇高速北京平原段、延康路在内的 7 条世园会重点公路保障项目，全部由建设期转入运营保障期，开始服务冬奥世园筹办举办。

（郭昭君）

【国务院副总理胡春华调研世园会】 2 月 15 日，国务院副总理胡春华调研世园会园区各项筹备工作，并主持召开组委会第四次会议。他要求，各成员单位按照确定的任务分工和时间表加强协调配合，全力做好开幕式等重大活动筹备，全面落实各项安保措施，按时保质完成园区及周边配套设施建设，高标准完成展览展示布置，精心安排好会期各项活动。北京市委书记、组委会第一副主任委员蔡奇参加会议并讲话。

（杜少昆）

【市长陈吉宁指导世园会筹备工作】 2 月 16 日，北京市委副书记、市长陈吉宁指导世园会筹备工作并召开现场调度会议。陈吉宁一行首先实地察看中国馆、妫汭剧场建设情况和领导人活动流线，随后召开现场调度会，强调全市各有关部门和相关区要做好各项筹办工作，确保世园会筹办任务圆满成功。市委常委、党务副市长林克庆，副市长王红参加会议。

（杜少昆）

【世园会水电保障及环境整治系列工作会】 2 月 20 日，主管副区长主持召开相关会议，研究推进世园会水电保障及环境整治等工作。会议要求，区园林绿化局及延庆镇尽快启动施工程序，建延公司于 23 日启动渣土清运，力争 3 月中旬完成前期准备，4 月中旬完成绿化施工。

（杜少昆）

【市政府领导调研世园会】 2 月 22 日，副市长王红到区对延庆促消费工作情况和世园会促进消费情况进行座谈和实地调研，并要求延庆区政府要落实属地责任，确保万达综合体等重点项目顺利落地。3 月 8 日，市委常委、常务副市长林克庆，副市长王红到区调研世园会筹办工作，先后到北京世园会中国馆、妫汭剧场实地查看中国馆内部工程进展和开幕式准备情况，并召开座谈会。要求落实 3 月 21 日外方先遣团考察安排等；针对 4 月 9 日、19 日、28 日等测试时间节点，倒排工期，保证各项工作按进度如期完成。

（杜少昆）

【基础设施运维研讨会】 3 月 4 日，延庆区政府会同世园局举行会议，研究基础设施运维问题。会议决定：确定园区内外入廊管线运维主体，世园会园区内运维主体为市政路桥，由其组建专业团队负责给水、再生水、雨污水、电力等管线进行运维；园区内外燃气运维主体为北燃延庆公司；园区内外通信设施由三大运营商、歌华、铁塔负责运维；园区外自来水由缙阳水业负责运维；园区外中水由龙庆首创负责运维；电力由延庆电力公司负责运维。园区内各运维主体与京投管廊公司建立应急管理协调联动机制。区城管委牵头编制整体应急预案、专项应急预案报应急办备案。尚未签订入廊协议的单位，加快协议签订。3 月 15 日实现各类管线运行园区内外互联互通。加快已竣工项目验收，并做好各类管线运营移交工作。

（杜少昆）

【世园会建设和筹备工作全面完成】 4 月 24 日，北京世园会园区工程建设、布展和开园等各项筹备工作全面完成。包括主要场馆布展工作，公共景观区域的主要建筑以及园区乔、灌木种植、地被花卉的布置，全国 31 个省区市展园建设、布展工作全部就绪。园区总面积 503 公顷，其中，中国馆、国际馆、生活体验馆建筑面积各2万多平方米，植物馆近1万平方米，妫汭剧场6335平方米，永宁阁2025平方米。国际展园包括86个国家和24个国际组织的110个展区，中华展园包括31个省区市及港澳台地区的34个展区。园区设有可同时供1.5万人休息的座椅；有固定厕所30处1050多个，并配备200个移动厕位；园区各大门出入口设有110台闸机，10分钟可通行5000人；11个临时停车场可提供2万余车位；园内设置170多辆观光电瓶车、13处母婴室，并为残障人士专门设计了无障碍通道、无障碍卫生间等设施；全园有8处游客服务中心和3处问询处，配备专业服务人员为游客提供“问询导览、热线咨询、展区讲解、物品寄存、失物招领、紧急医疗救助、轮椅和婴儿车租赁”等各项服务。

（王新华）

园区展示

【园区布局】 4月29日至10月7日，2019北京世园会在延庆举办。园区位于妫水河南岸，延康路西侧，百康路北侧。园区总面积约503万平方米，共设10个入口，包括1个主入口、8个次入口和1个VIP入口，是由5个场馆（中国馆、国际馆、植物馆、生活体验馆和演艺中心）和一处园艺小镇组成。总体结构布局为“一心、两轴、三带、多片区”，一心指核心景观区，包括妫汭湖、天田山、永宁阁、中国馆、国际馆以及演艺中心；两轴是指正南北向的山水园艺轴和近东西向的世界园艺轴；三带是指妫河生态休闲带、园艺生活体验带和园艺产业发展带；多片区是指园艺小镇、世界园艺展示区公共区、中华园艺展示区公共区和自然生态展示区等。

（孙越凡）

【中国馆】 4月18日竣工，名为“锦绣如意”。工程于2017年8月开工，由中国建筑设计院有限公司设计，北京世界园艺博览会事务协调局（简称“世园局”）建设，北京城建集团有限公司施工完成。中国馆位于核心景观区，是北京世园会的标志性建筑。用地面积48000平方米，总建筑面积23000平方米，建筑高30米，地上建筑面积14902平方米，地下建筑面积8098平方米。展览面积15000平方米，共4个展区：即中国生态文化展区、中国省区市园艺产业成就展区、中国园艺类高校及科研单位科研成果展区和中国非物质文化遗产插花艺术展区。其中中国生态文化展区展览面积3500平方米，以园艺为载体，围绕“天地人和”“惠风和畅”“山水和鸣”“祥和逸居”“和而共生”，依次布局；中国省区市园艺产业成就展示区展览面积8600平方米，展示各地园艺历史文化、园艺产业发展、园艺科技创新以及生态文明建设等方面特色内容；中国园艺高新科技成果展区展览面积1130平方米，展示国内高校、科研院所国际领先水平的、中国原创的园艺产业科技成果；中国非物质文化遗产插花艺术展区展览面积1780平方米，分为“识花”“赏花”“品花”三部分，通过花材花器、古典书画，配合品花观花的定制装置，向公众展示中国非物质文化遗产传统插花艺术和中国传统插花经典作品。世园会期间，中国馆共展出300余种中国特有的珍稀植物，其中活体植物200余种，多数为国家一级、二级珍稀植物，很多濒危品种，50余植物品种首次落户北京。

（孙越凡）

【国际馆】 4月18日竣工。工程于2017年8月15日开工，由北京市建筑设计研究院设计，北京世园局建设，北京市第五建筑工程集团施工完成。国际馆设计立意为“花海”，外形由94把钢结构“花伞”簇拥而成，张开的“花瓣”象征各个国家一同在世界大家园“融合绽放”，特制“花伞”设有雨水管、光伏膜，具备光伏发电、夜间照明、清凉避暑等多种功能。建筑共三层，地下一层为登录厅和前厅、多功能厅、库房及后勤机房区；首层为国际竞赛展厅和国家地区展厅；二层为国际组织展厅和国际高新技术展厅。展览面积12770平方米，分为4个展区，包括下沉广场、序厅、国家（地区）与国际组织展区、室内花卉专项国际竞赛展示区。其中下沉广场展览面积860平方米，是国际馆的主入口，位于地下一层；序厅展览面积1260平方米，是登陆空间上升至展场的中转空间，采用“实物+多媒体+互动+氛围”多维方式，在立面与墙面展示“植物起源中心”“一带一路物种传播交流”“世界名花名树”等园艺文化内容；国家（地区）与国际组织展区展览面积7100平方米，以洲际组团，按照亚洲、欧洲、美洲、大洋洲划分国家（地区）展位；室内花卉专项国际竞赛展示区展览面积3550平方米，举办牡丹、芍药、兰花、月季、组合盆栽、盆景、菊花六类专项国际竞赛及2019世界花艺大赛。世园会期间，国际馆成为最热的“打卡地”之一。

（孙越凡）

【生活体验馆】　4月18日竣工。工程2017年8月开工，由中国建筑设计院有限公司设计，北京世园局建设，北京城建集团有限责任公司施工完成，北京华建项目管理有限公司监理。建筑由7个建筑单体组成，最大层数为地上2层，地下1层，分别是：1号主展馆、2号多功能厅、3号分展馆、4号分展馆、5号分展馆、6号分展馆、7号员工餐厅。生活体验馆体现“爱园艺、爱生活”的展陈理念，综合运用静态展示、动态展示、视觉、听觉、互动体验等多种方式，展示贴近百姓的园艺生活。展览面积9400平方米，分为4个展区，包括序厅、科普园艺展区、生活园艺展区和专题园艺展区。其中序厅展览面积680平方米，利用“之”字形道路打造一条园艺景观坡道，由一楼漫步至二楼欣赏不同主题的植物；科普园艺展区展览面积1910平方米，位于生活体验馆二层，以中华本草在生活中的应用为主线，结合现代化多媒体手段，全景体验百草景观、虚实对照了解道地药材、场景再现本草炮制等本草文化与药用植物应用；生活园艺展区展览面积3120平方米，展示全球新优的园艺品种与产品、最前沿的园艺技术与理念，展示延庆的地域特色和产业成果，交互体验气象、航空航天与园艺、生活与园艺的相互联系；专题园艺展区展览面积3690平方米，设置“工艺美术”“茗茶四海”“咖啡生活”“绿意未来”4个专题展，100余家茶、咖啡等相关企业参与展示。

（孙越凡）

【植物馆】　4月18日竣工。工程2017年10月31日开工，由北京市建筑设计研究院有限公司设计、北京世园投资发展有限责任公司建设（万科集团具体负责）、赤峰宏基建筑（集团）有限公司施工完成。植物馆占地39000平方米，项目展厅及配套用房总建筑面积9660平方米。建筑为地上四层，首层设有880平方米的teamLab数字展厅和2850平方米的主题温室，其中数字艺术沉浸式主题展以红树林植物群落作为出发点，从不同层面叙述植物如何运用自身智慧适应环境，与候鸟及水生动植物形成一个生态体系，以超越平常的观察视角理解植物；主题温室汇聚1001种、20000余株珍贵植物，主要展示多纬度地区的植物，集中展现各气候带的特色植被，以及稀有濒危植物保存和展览。二层为480平方米的绿色多功能报告厅，会期举办过红树林、植物科学划分等分主题展览、科普教育和沙龙论坛等活动。三层为品牌展厅，展示万科企业文化和植物馆建设背后的故事，屋顶层为观景平台，局部设置自然书店、休息区和长颈鹿枯木艺术装置。

（孙越凡）

【妫汭剧场】　4月17日竣工。工程于2017年10月1日开工，由中国建筑设计院有限公司设计，北京世园局建设。总建筑面积6335平方米，建筑高20米，主体钢结构屋面翼展跨度

120米×115米。建筑外观从空中看似彩蝶，从两端看似展翅大鹏，置身其中又似树下。北京世园会开幕式、闭幕式演出均在妫汭剧场举行。展会期间，是重要国家日、国际论坛及演艺活动的主要舞台。

（孙越凡）

【展园】 4月29日开园。园区内设计建设有中华展园34个，主题为“盛世花开”，全面展现中华园艺特质，表现中华园艺文化特色，31个省区市及港澳台地区分为西北、西南、华中、华南、东北、华北、华东和港澳台8大组团设立展园；有国际展园40个，俄罗斯、法国、德国、阿富汗、阿联酋、阿塞拜疆、澳大利亚、巴基斯坦、巴勒斯坦、比利时、朝鲜等国家和联合国教科文组织、国际竹藤组织。世界气象组织、上海合作组织等国际组织展示了异域风情园林园艺；有专类展园即特色展园3个——百蔬园、百果园和百草园，合称“三百园”；有设计师展园5个，由丹麦设计师斯蒂格·L. 安德森团队设计的《Yu'an》、荷兰West 8团队设计的《时光园》、美国乔治·哈格里夫斯团队设计的《东西园》、日本石原和幸设计的《桃源乡》、英国詹姆斯·希契莫夫和汤姆·斯图尔特·史密斯设计的《新丝绸之路》组成；有企业展园17个，包括澳洋展园、北京世园会央视动画馆、北京市园林绿化展园、北京市建工展园、北京首开展园、金华苑（云南鑫通）展园、京彩未来花卉展园、克劳沃展园、蒙草生态展园、纳波湾金河展园、石尚家园展园、上海秦森企业展馆、盛世润禾榆树文化园、顺鑫展园、天津市远大海棠园、中国建材展园等；另外建设了儿童展园，北京市属16个区立体花坛等展示。

（孙越凡）

展会活动

【国家主席习近平参观园艺展】 4月28日，国家主席习近平和夫人彭丽媛与出席2019年中国北京世界园艺博览会的外方领导人夫妇共同参观世园会园艺展。贵宾们共同观看北京世园会主题片，并在世园会主题墙前集体合影；参观了中国馆华北、西北10省区市展示区，观赏各地特色植物和精美园艺；在与会国家综合展示区，先后参观柬埔寨、捷克、吉布提、吉尔吉斯斯坦、缅甸、尼泊尔、巴基斯坦、日本、新加坡和塔吉克斯坦的花坛，并共同出席“共培友谊绿洲”仪式。

（王新华）

【北京世园会开幕】 4月28日晚8时，2019年中国北京世界园艺博览会开幕式在世园妫汭剧场举行。国家主席习近平出席开幕式并发表题为《共谋绿色生活 共建美丽家园》的重要讲话，强调地球是全人类赖以生存的唯一家园。中国愿同各国一道，共同建设美丽地球家园，共同构建人类命运共同体。习近平宣布2019年中国北京世园会开幕，国际展览局秘书长洛塞泰斯、国际园艺生产者协会（AIPH）主席奥斯特罗姆分别致辞。国务院副总理、北京世园会组委会主任委员胡春华主持开幕式。仪式后，习近平和各国嘉宾共同观看以“美丽家园”为主题的文艺晚会。丁薛祥、杨洁篪、黄坤明、蔡奇、王毅、赵克志等领导出席开幕式。

（王新华）

【世园会开园仪式】 4月29日，2019年中国北京世界园艺博览会开园仪式和嘉宾巡园活动举行，标志着长达162天的国际园艺盛会正式向国内外游客开放。市委书记、世园会组委会第一副主任委员蔡奇宣布开园，园区设计者、工程建设者、志愿者、参展者及市民代表等7位嘉宾在启动装置上按下象征着7年辛勤努力的手印。市委副书记、市长陈吉宁，市人大常委会主任李伟，市政协主席吉林，国际展览局秘书长洛塞泰斯，国际园艺生产者协会主席奥斯特罗姆和国家林业和草原局、中国贸促会、中国花卉协会领导，国际组织及国际参展代表，兄弟省区市参展代表及港澳台代表等约700人出席开园仪式。开园日有3.50万观众入园参观。

（王新华）

【世园会纪念邮票、纪念币首发式举行】 4月29日，中国邮政在世园会园区举办《2019年中国北京世界园艺博览会》纪念邮票的首发活动，推出一套两款“首日封”。纪念邮票1套2枚，图案名称分别为“绿色生活”和“美丽家园”，全套面值为2元。邮票第一图画面以在青山间蜿蜒的长城、北京市市花——月季以及本次世园会的会徽——长城之花为主要元素，寓意园艺源于自然，倡导尊重自然、融入自然的理念，并突出“中国风格”和“北京品牌”；第二图画面以世园会国际馆、中国馆以及吉祥物“小萌芽”“小萌花”为主要元素，寓意绿色、低碳、环保的生产生活理念。同日，中国人民银行发行2019年中国北京世界园艺博览会贵金属纪念币一套。该套贵金属纪念币共3枚，其中金质纪念币1枚、银质纪念币1枚、铂质纪念币1枚，均为国家法定货币。

（王新华）

【世园会“北京日”活动】 5月1日至3日，以“美丽北京 绽放世园”为主题的北京世园会“北京日”活动在北京园举行，活动由北京市政府主办，北京市贸促会、北京市文化和旅游局承办。其间，举办开幕式、北京市服务业扩大开放综合试点政策推介会、文艺演出、非遗展示、旅游经贸推介、中国－中东欧国家文化艺术嘉年华、北京国际友好商协会（2019）会议、花艺展示等43场活动，吸引中外嘉宾35.44万人次。其中中国馆北京展区、北京园、中国－中东欧国家文化艺术嘉年华分别接待中外嘉宾16.44万、9万和10万人次。世界园艺生产者协会、国际商会世界商会联合会等6个国际组织，阿尔及利亚、巴哈马、智利、拉脱维亚、立陶宛、墨西哥、斯洛伐克7个国家驻华大使和外国留学生等300多名中外代表应邀出席开幕式。3天共接待60多个国家和地区的外宾近200人。

（王新华）

【世园会“中国馆日”活动】 6月6日，2019年中国北京世界园艺博览会中国国家馆日活动在妫汭剧场举行，国务院副总理胡春华、国际展览局主席克里斯滕森、国际园艺生产者协会秘书长提姆·布莱尔克里夫出席并致辞。中方领导人、有关国际组织负责人、国际参展方、国内外工商界代表、园艺界知名专家以及各部委、各地方等约950名受邀代表出席仪式并观看“绿色生活 美丽家园”为主题的文艺演出。中国馆以“生生不息，锦绣中华”为理念，展示了中国生态文明建设的生动实践和最新成果。

（王新华）

【世园会“延庆特色文化月”系列活动】 9月1日，以“妫水璀璨 长城聚首”为主题的2019年中国北京世界园艺博览会“延庆特色文化月”系列活动在北京世园会妫汭大剧场启动，现场表演大型原创歌舞剧《妫川颂》、原创生态儿童剧《妫河仙子》《妫川故事堂》以及文旅局最新升级打造的旱船和竹马。区四套班子穆鹏、于波、胡耀刚、陈合安等领导出席活动。“延庆特色文化月”系列活动历时30天，原创歌舞剧、儿童剧、文旅推介会和国风表演秀、妫川故事堂等7大主题近200场延庆特色文艺节目持续上演，标志世园会园区文化活动进入“延庆频道”。活动首日，中外游客共3500余人观看演出。

（杜少昆）

【北京世园会颁奖典礼】 10月8日，北京世园会颁奖典礼在延庆凯悦酒店举办。参加活动的有北京世园会组委会、执委会相关单位，北京世园会各参展国家及地区、国际组织代表，中国31个省区市及港澳台地区，企业、高校科研院所、百蔬园、百果园百草园等代表。根据相关规则，北京世园会国际竞赛总评审团评审出北京世园会组委会奖项大奖14项，特等奖28项，金奖43项，银奖56项；AIPH大奖5项；最佳贡献奖3项，最佳创意奖3项，最佳特色奖5项，特别贡献奖2项。还设立AIPH最佳组织奖1项，AIPH最佳贡献奖3项，AIPH突出贡献奖1项。颁奖典礼上，国际园艺生产者协会秘书长、北京世园会国际竞赛总评审团主席提姆·布莱尔克里夫先生宣布最终大奖及各类奖项的获奖结果。国际园艺生产者协会决定，授予北京世园局最佳组织奖。授予国家林业和草原局、中国花卉协会、中国贸促会最佳贡献奖。授予北京市人民政府突出贡献奖。其中，获得AIPH大奖的省区市展区为北京展区。获得AIPH大奖的中华展园为北京园、上海园。获得北京世园会组委会大奖的中华展园，分别是上海园、北京园、浙江园、江苏园。获得北京世园会组委会大奖的国内展区，分别是北京展区、江苏展区、浙江展区。获得北京世园会组委会大奖的企业展园，分别是蒙草集团展园、北京建工展园。国际园艺生产者协会主席伯纳德·欧斯特罗姆先生以及中国花卉协会会长、北京世园会组委会副主任委员、北京世园会执委会执行主任江泽慧教授等12位嘉宾为获奖单位代表颁发奖项。

（王新华）

【北京世园会闭幕】 10月9日，2019年中国北京世界园艺博览会闭幕。闭幕式在园区妫汭剧场隆重举行，国务院总理李克强出席闭幕式并致辞。国际展览局秘书长洛塞泰斯、国际园艺生产者协会主席奥斯特罗姆分别致辞。胡春华主持闭幕式。北京世园会共有全球110个国家和国际组织参展，包括中国31个省区市、港澳台地区在内的120余个非官方参展者参加。

（王新华）

【会期文化活动】 北京世园会期间，园区内共举办3284场中外文化活动，吸引934万人次参观。其中，参展国“国家日”活动95场、“荣誉日”活动8场，“省区市日”活动400余场；花车巡游表演活动180场。国际竞赛活动包括室外展园、室内展区、室内展品和花卉植物四大类竞赛。专业论坛活动包括“2019北京世园会立体绿化高峰论坛”“第71届AIPH年会”“世界花卉大会”“北京世园会企业发展国际论坛”“延庆系列论坛”等12项。世界民族文化荟萃及品牌活动以每月一个主题的系列文化嘉年华形式呈现，国内外文化团体累计演出850余场。科技板块活动包括奇幻光影森林、“世园之心”灯光秀、“美丽家园”驻场演出、音乐喷泉和机器人表演。

（王新华）

【世界民族文化荟萃及品牌活动】 世园会期间，每月组织一个主题演出活动，累计演出850余场。5月，举行“民族花开”文化大联欢活动，黔东南歌舞团、凉山歌舞团、榆林市民间艺术研究院、青海省玉树藏族自治州歌舞团、北京昆曲剧院等全国各地特色演出团队进行50余场演出；6月，举行“世界之花”各国民间艺术荟萃活动，智利、墨西哥、爱沙尼亚、韩国、波兰、意大利、匈牙利等国家11个演出团体进行上百场演出；7月，举办“京韵炫彩”北京民间艺术荟萃活动，北京市各区在园区内开展150场北京历史文化特色节目展演；8月，举办“六个北京”北京市品牌文化活动展演，全市12个区的优秀演出团体进行百余场民间艺术展示；9月，举办“延庆特色文化月”系列活动，进行大型原创歌舞剧《妫川颂》呼吁大家保护环境的儿童剧《妫河仙子》等197场主题演出；10月，举行“舞动世园”国庆特别活动周系列活动。

（孙越凡）

文化交流

【“多彩世园号”首航伦敦】 3月31日，2019北京世园会第三架主题彩绘飞机“多彩世园号”从北京首都国际机场飞往第一届世界博览会的举办地——伦敦。飞机机头印有北京世园会会徽，机身两侧提取世园会会徽色彩元素，似飞翔的彩凤，意为载着北京世园会丰富多彩的园艺之梦展翅翱翔，将“绿色生活 美丽家园”的理念传递至世界的各个角落。作为2019北京世园会的全球合作伙伴和航空类唯一赞助商，国航喷涂3架世园会主题彩绘飞机，宣传推广2019北京世园会。

（晏博文）

【提姆·布莱尔克里夫到园区检查督导】 4月13日，国际园艺生产者协会秘书长提姆·布莱尔克里夫抵达园区，对北京世园会筹备情况进行检查督导。提姆一行实地踏勘中国馆、永宁阁、国际馆以及国际展园和中华展园，现场听取筹备进展情况汇报，对北京世园会筹办工作给予高度肯定。中国花卉协会、中国贸促会及北京世园局有关领导全程陪同。

（杜少昆）

【“炫彩世园 活力延庆”主题文化活动】 4月29日，以“炫彩世园 活力延庆”为主题的延庆区文化展示活动在园区永宁阁南广场天田山前举行。“延庆乡亲”代表、青少年团体约150人表演轮滑、竹马展演和全民健身操等节目，表达全区人民对世园会开园的祝福、对中外游园嘉宾的欢迎。

（王新华）

【世园会月季国际竞赛颁奖】 5月23日，北京世园会月季国际竞赛颁奖仪式在园区生活体验馆多功能厅举行。美、法、澳、日、意、印和中国等10个国家的70多家单位报名参展、参赛，参赛作品1000多件，月季品种300多个，其中新品种30余个，涵盖国内主要的月季产地和国内外月季精品。竞赛设置盆栽月季、造型月季、月季盆景、“爱”月季花艺、“爱”月季大型插花花艺、品种（栽培）、新品种、月季手绘、月季造景、月季衍生产品10个竞赛内容和月季切花展览，评出各类别金奖82个、银奖109个、铜奖102个、优秀奖13个。北京金河园艺科技有限公司、北京益卉农业科学研究院、纳波湾文化产业（北京）有限公司等延庆园艺企业的作品在盆栽、盆景、花艺竞赛三个单元中获得7金9银10铜，其中金河园艺的“亚力克红”、益卉农业的“名角”、纳波湾文化的“百老汇”等作品获得盆栽和花艺竞赛金奖。北京世园会中国馆副馆长胡凡，中国花卉协会副秘书长、北京世园会国际竞赛组委会副主任张引潮，北京世园会事务协调局副局长王春城等出席并颁奖。

（杜少昆）

【国内首部植物类纪录片在世园会发布】 7月29日，由北京世园局发起拍摄的国内第一部植物类纪录片《影响世界的中国植物》发布会在世园会植物馆举行。纪录片由200余名主创人员历时近3年制作，分为“植物天堂”“茶树”“桑树”“水稻”“大豆”“本草”“竹子”“水果”“园林”“花卉”10集，每集50分钟，是国内目前时长最长的一部4K纪录片。

（晏博文）

【国际园艺生产者协会（AIPH）年会在世园会召开】 9月9日，第71届国际园艺生产者协会（AIPH）年会在世园会园区召开。参会者围绕绿色城市建设、花卉品种创新与保护、花卉合作与贸易、花卉消费与市场等主题进行演讲和互动交流。69个国家、6个国际组织的360多位代表和近30位专家、学者、企业家参会。

（王新华）

【第二十一届北京国际旅游节在世园会举行】

10月3日，以“汇聚多彩文化 畅游魅力北京”为主题的第二十一届北京国际旅游节在世园会草坪剧场开幕。国内外20余支艺术团队表演“盛世华诞”“丝路文明”“亚洲风采”“生态家园”“美丽世界”五大篇章组成的盛装歌舞。延庆本土节目《北京画廊》用优美的舞蹈向世界传递生态文明理念，赢得中外嘉宾的赞许。副市长王红，市文化和旅游局局长宋宇，北京世园局常务副局长周剑平，区委书记穆鹏，区长于波出席开幕式。部分国家驻华使节、世园会参展国家代表等外方嘉宾，以及市民和游客代表、中外媒体等近千人参加活动。10月5日，第二十一届北京国际旅游节闭幕式在世园会园区举行。由俄罗斯、美国、德国、匈牙利等14个国家的数百名国际友人现场表演《欧风情韵》《美洲风采》《四海欢腾》三个篇章的歌舞。市文化和旅游局党组书记陈冬、局长宋宇，区领导穆鹏、于波以及北京世园局相关负责人出席，并为获得旅游节优秀表演奖的团队颁奖。为期三天的北京国际旅游节，接待中外游客8万人次。

（杜少昆）

【世园会知识产权保护工作总结会召开】 11月5日，北京市知识产权局在延庆辉煌假日度假酒店会议中心召开2019北京世园会知识产权保护工作总结会。国家知识产权局知识产权司负责人到会并讲话，充分肯定延庆区在世园会期间知识产权保护工作中做出的贡献。要求总结好世园会知识产权保护工作好的经验与做法，全面进行推广。区政府、世园会事务协调局、市知识产权局、京津冀知识产权局相关领导参加会议并发言。参与世园会知识产权保护工作的区知识产权局、区文化和旅游局、区农业农村局、区园林绿化局、区种子管理站等负责人及上述单位派驻北京世园会知识产权保护办公室工作人员出席。

（晏博文）

市场开发

【园艺科技大讲堂】 3月6日，园艺产业专班在区委党校举办园艺科技大讲堂之“现代园艺产业发展趋势”讲座活动。邀请中国农业大学水利与土木工程学院张天柱教授就“现代园艺产业发展趋势”，从发展背景与顶层设计、园艺产业发展现状与趋势、延庆发展园艺产业条件与思考、现代园艺技术进展、企业创新实践案例等5个方面进行培训。区农委、科委、农业局、园林绿化局、种植中心、15个乡镇等单位主管领导及20个产业园主要负责人参加。讲座活动旨在加深领导干部对园艺行业发展趋势的认知，在全力做好2019北京世园会各项服务保障工作的同时，共同谋划延庆园艺事业的新发展，推动现代园艺产业集聚区建设和延庆经济社会发展。

（杜少昆）

【鼓励盆栽协会会员企业落户延庆】 3月17日，2019年北京世园会组合盆栽国际竞赛专题会在中关村现代园艺产业创新中心召开。盆栽植物分会领导、盆栽协会会员及部分参赛选手参加会议。会上，区投资促进局介绍延庆园艺产业发展情况及招商引资相关政策，鼓励各盆栽协会各会员单位企业落户延庆。

（杜少昆）

【世园会知识产权保护实务培训】 4月2日，北京市知识产权局在区举行世园会知识产权保护启动仪式暨实务培训会。启动仪式上，世园局负责人介绍知识产权工作开展情况：自2018年1月以来，北京世园会已获得394件特殊标志登记证书，完成会徽和吉祥物在国内和107个国家和地区的注册申请，获得30件特许产品的外观设计专利授权，并向国航、中青旅等赞助企业及北京市相关单位授权使用。相关专家分别就特殊标志保护、植物新品种保护、版权保护、商标及地理标志保护、专利保护等世园会涉及的知识产权保护内容对与会人士开展培训。国家知识产权局知识产权保护司、北京世园局、延庆区政府有关负责人及河北省、天津市、广东省知识产权部门、北京市16个区知识产权部门负责人和部分企业代表出席会议。

（杜少昆）

【世园会后续利用及可持续发展专题会】 6月11日，世园局召开专题会议，研究世园会后续利用及园区可持续发展相关事宜。与会人员根据习总书记生态文明思想，针对园区后续利用，场馆转型发展，延庆区可持续发展，以及绿水青山转化为金山银山等方面进行发言讨论，并提出相关建议。国务院发展研究中心、世园局、延庆区三方，就世园会会后可持续发展战略合作协议签约事宜进行研究。国务院发展研究中心、世园局有关领导，以及延庆区委、区政府和区各相关部门负责人参加会议。

（杜少昆）

【五家世园会参展企业签约落户延庆】 7月11日，世园会参展企业落户中关村延庆园签约仪式暨企业新技术新产品推介活动在中关村科技园区延庆园举行。中关村延庆园管委会与北京御赡园园艺产业发展有限公司、北京胖龙丽景科技有限公司、北京林大生态环境工程有限公司、中花怡家花卉园艺（北京）有限公司、有机地球（北京）生物科技有限公司5家现代园艺企业签订合作协议并举行揭牌仪式。5家企业将在土壤基质研发、种质资源研发、种业贸易平台、盆栽植物组合、园艺衍生品生产等领域发挥示范引领作用，助力延庆园艺产业发展。区政府、世园局、中关村管委会相关领导出席活动。

（郭昭君）

【世园会园区重新开放】 10月21日，2019北京世园会园区室外部分重新开放。四大主场馆的外观，天田山、妫汭湖、永宁阁、园艺小镇、隆庆街的园艺美景，30多个中华园艺展示区的省区市展园，以及数十个世界园艺展示区的国家和国际组织展园都可游览。在园区后续利用过程中，世园会园区将打造成生态文明示范基地和产业创新展示基地，建设成为市民生态旅游、休闲度假目的地。

（晏博文）

服务保障

【服务保障世园会备战攻坚100天动员部署大会】 1月22日，延庆区服务保障世园会备战攻坚100天动员部署大会召开，会议部署世园筹备攻坚决胜阶段任务。会议提出，全区上下要深入贯彻落实中央、市委部署要求，攻坚冲刺世园会筹办举办，责无旁贷当好东道主。副市长王红、北京世园局常务副局长周剑平、团市委副书记李健以及延庆区四套班子领导等出席会议。

（晏博文）

【“四场活动”服务保障工作领导小组成立】 1月23日，世园会“四场活动”（第二届“一带一路”国际合作高峰论坛、2019北京世园会、亚洲文明对话大会和国庆70周年庆祝活动。）延庆区服务保障工作领导小组（指挥部）成立（以下简称指挥部），负责延庆区服务保障“四场活动”的组织领导和统筹协调，安排部署延庆区具体实施工作等。指挥部内设综合处、值班调度处、督察处，下设城市运行保障组、景观环境保障组、交通保障组、大气污染防治组、社会动员与志愿者组、游客服务和食宿保障组、接待联络组、社会治安与安全保卫组、新闻宣传与文化活动组、会后利用及产业发展组10个组。

（杜少昆）

【区领导调研世园会服务保障工作】 2月13日，穆鹏带领区委和政府相关负责人到世园会周边工程复工实地调研及现场办公。3月6日，穆鹏、于波检查世园会园区安全生产工作。3月18日，穆鹏围绕世园会外围服务保障区保障机制落实开展实地调研。3月22日，于波到世园会生活体验馆延庆主题展区调研。3月23日，穆鹏、于波调研会时餐饮住宿服务保障及世园会周边重点工程进展情况。4月2日，穆鹏、于波就世园会周边重点工程进展、网格实体化及智慧系统建设工作进行实地调研。4月5日，穆鹏、于波就世园会旅游接待和餐饮住宿服务保障工作进行实地调研，并就保障世园会期间食品安全等工作提出要求。4月6日，穆鹏围绕世园会工作人员住宿服务保障工作进行实地调研。4 月 7 日和 11 日，穆鹏带领区“四场活动”领导小组两次集体调研世园会外围服务保障工作。4 月 12 日，穆鹏就世园会旅游接待服务保障工作进行实地调研。4 月 14 日，穆鹏专题调研世园会布展工作。4 月 17 日，穆鹏调研世园会媒体接待服务保障工作，到世园会媒体工作人员住宿点，了解会时餐饮住宿服务保障工作筹备情况。5 月 3 日至 4 日，穆鹏及区四套班子领导分别到世园会服务保障一线，检查督导服务保障工作，并慰问坚守一线的工作者。6 月 6 日，穆鹏带队检查中国馆日区属外围服务保障工作部署情况。10 月 3 日，穆鹏、于波以“四不两直”方式检查世园会闭幕式外围服务保障工作。

（杜少昆）

【世园会服务保障演练启动】 2 月 19 日，服务保障世园会演练工作正式启动。区应急委印发《延庆区服务保障世园会演练工作计划》，对世园会试运行前，区各工作组、专项应急指挥部、相关部门和属地的应急演练内容和期限提出明确要求。截至 4 月下旬，服务保障世园会指挥中心组织综合指挥调度演练和突发事件应对处置实战演练（包括大客流应对和反恐防爆两部分）。各部门分别组织世园会通信、消防、食品安全和医疗急救应急演练，以及交通基础设施保障、地质灾害暨防汛、空中救援和旅游接待全要素演练。

（杜少昆）

【世园会应急方案专题研讨】 2 月 26 日，世园会应急、运营指挥、演练及开幕式方案专题会召开，研究世园会园区应急方案、运营指挥体系、综合演练方案，以及开幕式等相关工作。市委常委、常务副市长林克庆主持会议并讲话。会议要求，进一步细化方案、夯实人员、加强培训、强化责任；坚持“统筹管理、指挥前移、双向融入、条块结合”的指挥运营原则，畅通纵横指挥协调机制，实现运营保障和应急处置一体化；加强指挥运营实战演练，统筹交通、通信、餐饮、导引、公厕等要素和职能力量，以场景化、网格化的形式查找问题，迅速整改到位；明确应急工作的分级响应标准、机制，提前储备市、区、园区三级应急资源，充实应急工作方案预案。

（杜少昆）

【世园会相关工作对接】 2 月 26 日，世园会园区志愿者住宿保障工作对接会召开。与会人员对园区志愿者住宿保障工作进展进行实地考察，并就志愿者物资、餐饮、住宿、交通等保障和日常管理等有关工作进行需求对接。同日，世园会运营培训工作协调会召开，会议主要解决中青旅运营团队培训场地问题。2 月 27 日，世园会园艺资材供需双方对接会召开，绿富隆、国色牡丹等 21 家延庆本地园艺企业与安徽、山东等 16 家世园会参展单位、布展企业进行需求对接。3 月 7 日，接待联络组与世园局召开工作对接会，在高级礼宾停车位、相关纪念品需求、住宿、园区内外餐饮保障、参展方及不同级别的嘉宾接待、参展者住宿等方面提出具体需求，并就延庆区提出的嘉宾入园、票务管理等问题进行沟通。双方决定，建立工作机制、统一口径、制定标准化接待流程，结合区级部门一对一接待方案，与市级层面进行对接，畅通接待对接渠道。

（杜少昆）

【“蓝军计划”实景演练】 3 月 3 日，综合处、值班调度处联合组织“蓝军计划”实景演练。演练设置 6 个科目场景，由世园办、应急办、城市管理指挥中心负责人和骨干人员共计 35 人分为 6 个组具体执行。演练采取突击、无脚本的形式，边演练边发现问题。演练模拟会时重点活动保障日，极端气象条件、大客流易形成的主要节假日等条件下，指挥体系的执行力、相关部门对社会扰动的反应速度、敏感度和响应力、属地网格的发现力。活动后将演练中存在的问题向各组进行通报，要求演练未涉及的单位也据此开展自查。

（杜少昆）

【服务世园餐饮从业人员培训】 3月7日，区商务委、区人保局、区旅游委联合开展服务世园餐饮从业人员培训工作。聘请美团点评的餐饮学院和美酒学院资深讲师和运营专家，对全区社会餐饮、星级酒店、星级民俗户以及高端民宿的管理者开展管理能力培训，通过行业分析、经验介绍、典型案例分析、讨论交流、现场实操演练等多种形式的培训，提高区内餐饮行业从业人员的管理水平、服务技能和运营能力。截至世园会开幕之前，共计701家，1014人次参加培训。

（杜少昆）

【世园会倒计时30天社会动员暨志愿服务誓师大会】 3月29日，延庆区召开“延庆是我家世园靠大家，服务保障世园会‘延庆乡亲’在行动——世园会倒计时30天社会动员暨志愿服务誓师大会”。会议围绕服务世园会志愿服务工作进行部署，与会领导向“延庆乡亲”志愿者授“七彩”志愿旗，穆鹏作动员讲话，全体志愿者进行宣誓。

（杜少昆）

【市委书记检查世园会筹办工作】 3月30日，市委书记蔡奇到园区检查筹办工作，并主持召开专题座谈会，研究审议世园会开幕式相关事宜。蔡奇沿园区游客流线，对重点项目和配套建设进行排查并详细察看布展情况；乘车沿途察看中华园艺及世界园艺展示区建设成效、开幕式筹备工作。蔡奇指出，要坚持最高标准，进一步优化、细化活动流程和路线安排，确保无缝衔接、运转流畅。要高质量完成园区基础设施建设和公共景观布置收尾工作，加强园区内各类保障设施的调试和管护；高标准完成展园建设和展览展示布置工作。要精心安排好开、闭幕式、中国馆日等重要节点活动和会期活动，做好国内外重要嘉宾参观接待工作。要周到做好参展服务，强化游客服务体系建设；抓好世园会及周边环境美化，向世界展现北京整洁、清新、靓丽的城乡面貌。外交部、公安部、中宣部、国家林业和草原管理局、中国贸促会、中国花协相关负责人及市委、市政府领导林克庆、杜飞进、崔述强、秦刚、王红等参加座谈并陪同检查。

（杜少昆）

【世园局与延庆区对接世园会服务保障工作】 4月2日，世园局常务副局长周剑平一行到区，就世园会服务保障工作与延庆区进行深入对接。双方围绕世园会开幕前重要任务时间节点安排和工作要求，延庆区外围筹备工作进展、各项演练服务保障及压力测试安排，以及工作推进中的问题逐项进行沟通交流。区领导穆鹏、于波以及世园局相关负责人参加会议。

（杜少昆）

【京冀世园安保维稳工作交流会举行】 4月2日，延庆区会同张家口市举行京冀世园安保维稳工作交流会。与会人员就世园会安保维稳工作进行交流并达成共识：双方建立区域情报沟通机制、协调机制、快速反应机制、重点时间节点助勤机制；两地安保维稳工作要不断加强沟通联系，进一步加强联动协作。

（杜少昆）

【半负荷压力测试完成】 4月13日，世园会完成半负荷压力测试。参观者通过集体组织和自行前往两种方式入园，1、2、5、6号门区共78条票检闸机入园通道全部开放，全天入园票检游客数量为30241人次，安检数量为57583人次（含工作人员、运营团队、施工人员等）。

（杜少昆）

【优化消费市场环境服务保障世园工作专题会】 4月19日，区政府召开优化消费市场环境，服务保障世园工作专题座谈会。会议听取各相关部门、景区、企业代表关于服务保障世园会，优化消费市场环境的意见建议，全面部署服务保障世园优化消费市场环境工作。于波主持会议。

（郭昭君）

【全负荷压力测试完成】 4月20日，北京世园会园区进行全负荷压力测试，重点是综合测试市区至延庆交通保障状况、园区周边道路通行情况、停车场承载能力等。主办方安排部分参观者采用自驾、公交和步行的方式分散前往园区。在半负荷测试基础上又增加花车巡游、文艺演出、科幻森林等内容，同时开设夜场测试。330 名票检人员全部上岗，1、2、5、6 号门区 78 条票检闸机入园通道全部开放；片区管理人员全员上岗，工作人员、游客服务人员、参展服务人员、保洁、志愿者等 1528 人为游客提供服务；园内包括 60 家餐饮在内的 73 家商户正常开放；170 辆 14 座电瓶车全部投入运营，并启用 4 辆 40 座小火车。此次全负荷压力测试以集中组织、集体前往为主，参观者包括 16 个区的群众代表及世园会的建设者、参展者、赞助商、志愿者等 6 万余人。

（杜少昆）

【世园会开园服务保障】 4 月 28 日，2019 北京世园会举行开园仪式。指挥部启动一级响应，各项服务保障工作按照既定工作方案有序、有力推进。除做好城市运行、景观环境、社会治安、供餐服务、大气保障、气象监测、新闻宣传等服务保障工作外，重点做好 3 个远端安检集结点的嘉宾迎送、用餐服务、安检服务、交通疏导和周边及沿途服务环境整治、社会治安等服务保障工作。接诊 2 名园区相关人员。快速协调处置世园回迁房小区停电和延庆镇孟庄村歌华线缆损坏 2 起突发情况，消除了世园回迁房小区车辆出入争执、P9 停车场外侧西南角道路电缆脱落垂地、下屯村路口处观看烟花人员聚集 3 处安全隐患。开园首日，全区投入水、电、气、通信等专业、半专业队伍 2670 人，投入警力 1014 人、群防群治人员 1.8 万人，执勤汽车 454 辆，安排医疗、防灾、消防、森防等 41 支应急队伍 1385 人一线备勤。常务副区长指挥调度，10 个工作组和各委办局、街道乡镇均由主要领导带班值守，全面落实各项服务保障工作。

（杜少昆）

【世园会运营期间服务保障】 4 月 30 日，北京世园会转入日常运营阶段。指挥部启动三级响应，全区社会面三级防控。带班区领导在城指大厅指挥调度，各工作组牵头部门、街道乡镇由主管领导带班值守。全区投入水、电、气、通信等专业、半专业队伍 1593 人，投入警力 508 人、群防群治人员 3000 人，执勤汽车 153 辆。安排医疗、消防、森防等 41 支应急队伍 1385 人备勤，逐日做好各项服务保障工作。截至 10 月 9 日世园会闭幕，园区 1—8 号门共安检入园人员 439.9 万余人次，发现各类禁限带物品 16.7 万余件，其中无人机 233 架。

（杜少昆）

【中秋小长假世园会服务保障】 9 月 13 日至 15 日，中秋小长假期间，中外游客 15.6 万余人次游览世园会。全区投入水、电、气、通信等队伍近 3500 人次、车辆 700 余辆次，保障城市运行和应急抢修，公安、交通、安监等部门执法人员及“延庆乡亲”等群防群治力量形成合力，加大旅游市场违法行为打击力度、安全生产检查和城市志愿服务。

（王新华）

（栏目编辑：王新华）

中共北京市延庆区委员会

概　　述

2019 年，区委以习近平新时代中国特色社会主义思想为指导，深入贯彻党的十九大和十九届二中、三中、四中全会精神，全面落实市委、市政府决策部署，聚焦服务首都"四个中心"功能建设、提高"四个服务"水平，以中华人民共和国成立 70 周年庆祝活动为主线，以推进"不忘初心、牢记使命"主题教育为牵引，抓好"三件大事"，打好"三大攻坚战"，圆满完成中华人民共和国成立 70 周年庆祝活动和世园会服务保障工作，加快推进冬奥会和高山滑雪世界杯筹办工作，各项工作取得了新进展新成效。

推进全面从严治党。牢固树立抓好党建是最大政绩的理念，带头履行全面从严治党主体责任，区委常委会会议研究党建议题占比 62%。调整组建区委议事协调机构 32 个。深入开展"不忘初心、牢记使命"主题教育。把学习贯彻习近平新时代中国特色社会主义思想作为鲜明主题，全面落实"四个贯穿始终""四个到位"要求，确定"八个聚焦"的调研方向，认真抓好"8 +2"专项整治，系统解决了一批难题、办成了一些实事。

圆满完成中华人民共和国成立 70 周年庆祝活动和世园会等重大活动服务保障任务。按照"精精益求精、万万无一失"的要求，做好世园会期的服务保障工作，得到了市委、市政府的充分肯定，赢得了各方的高度评价和广泛赞誉。圆满完成了中华人民共和国成立 70 周年庆祝活动、第二届"一带一路"国际合作高峰论坛、亚洲文明对话大会等重大活动的服务保障任务。

做好冬奥会筹办工作。深入学习贯彻习近平总书记关于场馆建设的重要讲话精神，以高山滑雪世界杯和第十四届全国冬季运动会筹备为重点，全面推进冬奥会筹办服务保障工作。28 项重点工程按计划开复工 25 项，国家高山滑雪中心部分竞速赛道交付使用，水、电、气象等设施达到测试赛要求，西大庄科村改造项目开工。组建运行高山滑雪世界杯组委会和场馆运行团队，建立了标准统一、运作规范、无缝衔接、有机融合的场馆运行体系。严格落实 54 项生态环保措施和 34 项可持续性承诺任务，生态修复同步推进，冬奥森林公园开工。

规划先行统筹推进城乡建设。严格落实北京城市总体规划，将生态控制区面积占比从规划要求的91%提高到93.1%。分区规划正式公布。落实"双控""三线"要求，城乡建设用地减量实施方案完成。加强分区规划和专项规划衔接，开展城乡规划管理条例专题培训，11 个专项规划形成初步成果；14 个乡镇国土空间规划启动编制，规划的刚性管控和战略引领作用持续强化。借力赛会加大城乡建设力度，新建改建道路 13 条，提级改造 24 条，基本形成

“500 千伏双电源、220 千伏双环网、110 千伏双向链式”的供电结构，世园会园区和城南地区实现地表水供水。大力推进南菜园 1—5 巷、小营—石河营等 6 个棚改项目，惠及 10 个街村 4800 余户居民。共有产权房入住 620 户，配售 1409 套。

以成为生态文明建设排头兵为目标持续厚植生态本底。深入学习贯彻习近平总书记在世园会开幕式上的重要讲话精神，全面建设“两山”理论实践创新基地。落实推动生态涵养区生态保护和绿色发展的实施意见，制定若干措施和年度任务，建立 4 年 6 亿元延海结对协作资金，首批 12 个协作项目逐步落地。着力构建“一核、一环、三带、五廊、十园、多点”的城市森林格局，初步确定新城生态环建设方案，规划建设康西草原湿地公园，修复提升万亩滨河森林公园、三里河湿地公园，建成一批休闲公园和小微绿地。完成“新一轮百万亩造林”2.59 万亩和世园会园区周边路侧绿化 76 万平方米、拼缝绿化 27 万平方米。坚决打好蓝天、碧水、净土保卫战，全面落实 $PM_{2.5}$冬奥承诺三年达标计划，编制海绵城市专项规划，预计 $PM_{2.5}$ 累计平均浓度比上年下降 22.9%，考核断面水质全部达标，生活垃圾分类示范片区创建覆盖范围达到 72% 以上，成功创建国家森林城市、全国水生态文明城市、市级节水型区。

推进城乡环境整治。以服务保障中华人民共和国成立 70 周年庆祝活动和世园会为契机，全面塑造优美城乡风貌。推进“疏整促”专项行动，大力开展无违建乡镇创建，拆违 49.70 万平方米，腾退土地 93.20 公顷（93.2 万平方米），全面完成“散乱污”企业治理、畜禽养殖场退养等各项任务。制定落实市委“两个意见”的实施方案，建立涉地乱象治理“七本账”，拆除一批建成已久、有一定规模的违建别墅和小产权房，形成治理涉地乱象的强大声势。重视背街小巷整治，健全常态化巡护和问题发现处置机制，推进“十无一创建”，街巷面貌极大改善。以争创一流为目标实施农村人居环境整治“1 + 8”工程，第二、三批农村人居环境整治成绩居涉农区第一，第一批 56 个美丽乡村开工建设，5 条美丽乡村风景线初现雏形。

努力保障改善民生。坚持从群众关心、让群众满意的事情做起，切实增进民生福祉。对标“七有”“五性”监测评价指标体系查找短板问题，研究制定三年提升计划。从百姓最期盼的问题入手，谋划部署、督促落实 29 件为民办实事项目。构建以创业带就业、以就业促创业的良性互动格局，培训 2.50 万人次，4400 人实现就业，居民收入与经济增长保持同步。把低收入村户发展增收摆在重要位置，用好市属高校、国企对接帮扶机制，8278 户低收入户全部脱低。加大资金、项目帮扶力度，助力受援地加速脱贫摘帽。推动教育优质均衡发展，明确学前教育、义务教育学位缺口填补计划，高考成绩实现新突破，国际奥林匹克学院、北京八一实验学校等优质教育项目落地。大力推进医联体建设，获评国家卫生区。深化养老服务体系建设，提高补贴标准，出台考核奖励办法，丰富服务内容，规范建设“老年幸福餐桌”93 家，覆盖 1.70 万老年人，区养老服务中心投入使用。落实“带动 3 亿人参与冰雪运动”的目标要求，组织冰雪培训进校园和群众上冰上雪 5 万余人次，举办 14 项冰雪赛事活动，全民健身中心项目完工。积极创建全国双拥模范城。推进新一轮全国文明城区创建，巩固“五大创建”活动机制，大力整治老旧小区设施不足、车辆乱停乱放等突出问题，持续开展公共文明引导行动，广泛动员各方参与，文明的社会新风尚逐步形成。

构建绿色“高精尖”经济结构。坚持科技、文化创新双轮驱动，围绕“冬奥、世园、长城”3 张金名片，着力培育绿色“高精尖”产业。把营商环境作为发展软实力，认真执行“9 + N”系列政策和减税降费政策，落实“一企一策”、“服务包”和服务管家制度，为企业服好务。加快社会信用体系建设，信用综合指数全市第一。着眼“专、精、特、新”建设中关村延庆园，明确现代园艺、冰雪体育、新能源和能源互联网、无人机四大重点培育产业方向，出台“1＋4＋4”政策，新引进企业751家，新认定高新技术企业102家，入选中关村“瞪羚企业”18家、“展翼企业”6家、“金种子企业”2家，地均、劳均产出率比上年分别增长29.2%和26%。以旅游为主导推动产业融合，统筹推进长城文化带、西山永定河文化带和京张文化体育旅游带建设，八达岭长城景区实行全网售票和限流；改造八达岭长城景区商业街，腾退搬迁滚天沟1.15万平方米商业设施，建设文化广场；推出长城礼物文创产品，举办北京八达岭长城文化节，建成全域旅游智慧服务系统，成为首批全国民宿产业发展示范区、国家全域旅游示范区。以现代园艺产业带动农业转型升级，落实“一区多园”园艺产业布局，创立全市首个农产品区域品牌“妫水农耕”，初步构建起以五大类农产品为核心的产业体系。引入连锁品牌，发展夜间经济，全区消费潜力进一步释放。

切实维护地区安全稳定。统筹做好“四场活动”和各领域安全稳定工作。抓好重要时期、重点区域、重点组织等安全防控，开展信访积案化解专项行动，雪亮工程、智慧安保投入使用，社会面整体保持稳定。深入开展扫黑除恶专项斗争，中央督导组反馈的19项整改任务完成，转交的81条线索办结；聚焦赛会全面治理行业乱象，累计打掉各类团伙28个；在“打伞破网”“打财断血”等关键环节上持续发力，深挖彻查“保护伞”“关系网”16人次，有效促进了社会风清气正。实施城市安全隐患治理三年行动计划，健全生产安全、城市运行安全、食品药品安全等监管机制，公共安全水平不断提高，群众安全感满意度保持全市前列。

大力推进全面深化改革。落实中央、市委总体部署，完成机构改革。在做好“后半篇文章”上下功夫，推动业务融合、流程再造，初步形成上下贯通、协同高效、执行有力的机构职能体系。落实街道工作会精神，深化街道体制机制改革，以井庄镇为试点推进乡镇管理体制改革，推进编制资源向基层大幅倾斜，推动治理重心下移、权力下放、力量下沉。深化“吹哨报到”改革，建立“双考核”机制，促进“吹哨”精准、“报到”务实。认真抓好“接诉即办”，建立定期调度现场推进机制，构建闭环管理机制，梳理共性问题，实行高位协调、分级解决，全年受理群众诉求3.32万件，解决率、满意率分别比上年提升33和27个百分点。深入推进经费自理事业单位改革，促进政事分开、事企分开、管办分离。深化国资国企改革，36家部门下属企业产权移交国资系统监管，清理规范机关事业单位所办企业，强化国有资产集中统一监管。

单位名称：中共北京市延庆区委员会
地　　址：延庆镇湖北西路1号
电　　话：69140245

（晏博文）

重要会议

【蓝天保卫战及秋冬季攻坚行动现场办公会】

1月9日，区委书记穆鹏主持召开蓝天保卫战及秋冬季攻坚行动现场办公会，对2019年相关工作进行再动员、再部署。区大气办汇报2018年蓝天保卫战完成情况、秋冬季攻坚行动进展及2019年蓝天保卫战工作计划。区农委、区住建委、区城管委和延庆公路分局、公安分局以及延庆镇、大榆树镇分别就相关工作开展情况进行汇报。

（晏博文）

【区委相关领导小组会议】 2月11日，区委党建工作领导小组召开2019年第1次会议，研究2019年度乡镇、街道、系统党（工）委书记抓基层党建述职评议考核会方案等工作。3月6日，区委全面深化改革领导小组召开第12次（扩大）会议，传达中央、市委全面深化改革会议精神，研究审议延庆区落实《关于认真学习贯彻党的十九大精神坚定不移将首都改革推向深入的实施意见》的实施方案等工作。5月15日，召开推进全国文化中心建设领导小组会议，传达北京市推进全国文化中心建设领导小组办公室2019年第1次会议精神，研究全区深入推进全国文化中心建设相关工作。7月10日，召开区委、区政府推进京津冀协同发展领导小组（北京市延庆区扶贫协作和支援合作工作领导小组）第一次会议。审议领导小组《工作规则》《办公室工作细则》《2019年工作要点》。7月29日，区委农村工作领导小组第一次会议召开，会议通过区委农村工作领导小组《工作规则》《办公室工作细则》《2019年工作要点》。9月10日，区委“不忘初心、牢记使命”主题教育领导小组召开第一次会议，审议通过《中共北京市延庆区委“不忘初心、牢记使命”主题教育领导小组工作规则》，延庆区委“不忘初心、牢记使命”主题教育巡回指导组组长、副组长建议名单，《中共北京市延庆区委“不忘初心、牢记使命”主题教育巡回指导组工作规则》。9月12日，区委退役军人事务工作领导小组第一次会议召开，审议领导小组《工作规则》《办公室工作细则》《2019年工作要点》。12月9日，区委教育工作领导小组召开第一次全体会议，深入学习贯彻习近平总书记关于教育的重要论述，认真落实全国、全市教育大会精神，推动全区教育大会部署的各项任务落地落实。

（晏博文）

【基层党建述职评议考核会】 2月22日，区委召开2018年度乡镇、街道、系统党（工）委（党组）书记抓基层党建述职评议考核会，就党建第一责任人职责落实听取述职报告，并进行点评和评议。22名乡镇、街道、系统党（工）委书记现场述职，香营乡、儒林街道以党（工）委名义提交书面报告。区纪委书记、监委主任蒋达峰集中点评党风廉政建设情况，其他区委常委逐一进行点评，市委组织部相关部门负责人到会指导点评。区委党建工作领导小组成员、区“两代表一委员”代表以及基层党员干部群众代表，现场进行考核测评。

（晏博文）

【“两山”实践创新基地揭牌】 2月27日，延庆区2019年“绿水青山就是金山银山”实践创新基地建设动员部署会召开，部署延庆区“两山”理论实践创新基地相关工作。市生态环境局和区委领导共同为“绿水青山就是金山银山实践创新基地”揭牌。

（晏博文）

【生态文明与城乡环境建设动员大会】 2月27日，延庆区深入推进疏解整治促提升促进生态文明与城乡环境建设动员大会召开。会议聚焦攻坚决胜冬奥会、世园会筹办举办，部署疏解整治促提升专项行动以及打击违法建设、“大棚房”问题专项整治、浅山区违建治理、污染防治攻坚行动、创建国家森林城市及园林绿化、美丽乡村建设工作和环境整治、垃圾处理、绿色出行等一系列工作。市城市管理委和区四套班子领导等出席会议。

（晏博文）

【2019年党委系统工作会】 2月27日，2019年党委系统工作会召开。会议学习贯彻习近平新时代中国特色社会主义思想、党的十九大精神和习近平总书记对北京重要讲话精神，落实市委决策部署，聚焦冬奥会世园会服务保障和地区高质量绿色发展，全面、系统安排部署2019年全区组织、宣传、思想文化及统战工作，党委系统办公部门及调查研究工作。区委主要领导及全区各二级班子党委负责人参加会议。

（晏博文）

【延庆区教育大会】 5月25日，延庆区教育大会召开。于波主持会议，穆鹏出席会议并讲话。会议印发《加快推进延庆教育现代化实施方案（2019—2025年）》及《延庆区职业教育改革发展行动计划（2019—2025年）》《延庆区校园冰雪运动特色发展行动计划（2019—2025年）》《延庆区全面深化新时代教师队伍建设改革实施方案（2019—2025年）》“1+3”组合文件，对今后6年全区教育总体发展和教师队伍建设、职业教育改革发展、校园冰雪运动3个单项工作进行规划部署。市委教工委和区四套班子领导出席会议。全区各委办局，各街道、乡镇党政主要领导，区委教工委、区教委班子全体成员，教委机关副科级以上干部，教育系统基层单位副校级以上干部，乡镇（街道）教育助理，在延高校相关负责人，民办教育机构负责人，教育系统市、区“两代表一委员”近400人参加会议。

（晏博文）

【区委相关委员会会议】 6月14日，区委全面依法治区委员会第一次会议召开。传达中央全面依法治国和市委全面依法治市会议精神，审议委员会“两规则一细则”2019年工作要点。6月17日，区委生态文明建设委员会第一次会议召开，审议通过《2019年区委生态文明建设委员会工作要点》《延庆区绿水青山就是金山银山实践创新基地2019年工作方案》《区委生态文明建设委员会专项小组设置方案》和有关工作规则细则；区委外事工作委员会第一次会议召开，传达市委外事工作委员会第一次会议和全市外事和港澳工作会议精神，研究全区外事工作；区委审计委员会第一次会议召开，传达中央审计委员会和市委审计委员会相关会议精神，审议通过相关工作规则、细则，听取区审计局2018年审计工作情况和2019年审计工作计划汇报。6月28日，区委全面深化改革委员会召开2019年第一次会议，传达中央全面深化改革委员会、市委全面深化改革委员会有关会议精神，研究延庆区全面深化改革工作。7月3日，区委财经委员会召开第一次全体会议，深入学习贯彻习近平新时代中国特色社会主义经济思想，落实市委财经委第一次、第二次会议精神。7月10日，区委城市工作委员会第一次会议召开。审议通过区委城市工作委员会《工作规则》《办公室工作细则》和《2019年工作要点》。

（晏博文）

【区委二届九次全会】 7月27日，中国共产党北京市延庆区第二届委员会第九次全体会议召开。全会听取并审议常委会工作报告，讨论《关于全区2019年上半年经济社会发展情况和下半年重点工作安排的报告》，表决通过《中国共产党北京市延庆区第二届委员会第九次全体会议关于批准鲁世宽同志辞去区委委员职务的决定》《中国共产党北京市延庆区第二届委员会第九次全体会议关于批准魏旭斌同志辞去区委候补委员职务的决定》《中国共产党北京市延庆区第二届委员会第九次全体会议关于递补杨国柱同志为区委委员的决定》《中国共产党北京市延庆区第二届委员会第九次全体会议决议》。区级领导干部，区纪委委员，区处级单位党政正职领导干部，延庆区出席市十二次党代会代表、部分基层党代表，在延注册企业代表，市管单位党政主要负责人列席会议。

（晏博文）

【区委二届第一百三十五次常委会会议】 9月10日，召开延庆区委二届委员会第一百三十五次常委会会议，专题研究全区“不忘初心、牢记使命”主题教育有关工作。会议还听取关于世园会食品安全全链条监管工作情况的汇报。穆鹏主持会议。

（晏博文）

【“不忘初心、牢记使命”主题教育工作会议】 9月10日，延庆区“不忘初心、牢记使命”主题教育工作会召开，对全区开展“不忘初心、牢记使命”主题教育进行动员部署。全区主题教育从9月开始，11月底基本结束，以处级以上领导班子、党员领导干部为重点，基层党组织、全体党员参加。区委“不忘初心、牢记使命”主题教育工作领导小组组长穆鹏主持会议。市委第七巡回指导组组长王建新讲话。区四套班子领导以及市委第七巡回指导组有关领导参加会议。会议以视频形式召开，在区纪委、区人大机关和各乡镇街道设分会场。

（晏博文）

【全区领导干部警示教育大会】 11月1日，全区领导干部警示教育大会召开。与会人员观看警示教育片《警钟长鸣——延庆区2019年典型案件警示录》，蒋达峰传达全市领导干部警示教育大会精神。穆鹏出席会议并讲话。会议以视频会的形式，在区纪委、区人防办、区委党校、各乡镇街道设置分会场，区法院院长、区检察院检察长，全区各处级单位班子成员，各乡镇街道重点岗位重要部门负责人，全区农村党支部书记，街道社区党组织书记等1000余人参加会议。

（晏博文）

【区委常委会专题民主生活会】 12月3日，按照“不忘初心、牢记使命”主题教育总体安排，区委常委会召开“不忘初心、牢记使命”专题民主生活会，按照习近平总书记关于“四个对照”“四个找一找”的要求，聚焦主题主线，紧密联系思想、工作、作风实际，盘点收获、检视问题、深刻剖析，开展批评和自我批评，明确努力方向和改进措施。区委书记穆鹏主持会议。市委第七巡回指导组组长王建新作点评讲话。市委组织部有关领导及指导组成员出席会议。

（晏博文）

【区委二届十次全会】 12月22日，中国共产党北京市延庆区第二届委员会第十次全体会议召开。全会听取并审议区委常委会工作报告，书面审议《2019年区委常委会抓党的建设工作情况报告》，讨论《关于全区经济社会发展工作的报告》。按照党章和党内有关规定，决定同意董亮、崔旭龙辞去区委委员职务。全会审议通过《中共北京市延庆区委贯彻落实〈中共北京市委贯彻《中共中央关于坚持和完善中国特色社会主义制度、推进国家治理体系和治理能力现代化若干重大问题的决定》的实施意见〉的若干措施》《中国共产党北京市延庆区第二届委员会第十次全体会议决议》。

（晏博文）

主要工作和重大活动

【区领导检查环境综合整治情况】 1月26日，穆鹏带队围绕全区秋冬季环境整治情况开展第6次拉练检查。先后到延庆镇、世园会部分外围道路、康庄镇、八达岭长城景区滚天沟停车场等地，实地察看道路周边环境整治和提升效果、八达岭景区道路及长城文化广场改造项目进展等情况，并就检查中发现的问题进行现场办公。3月16日，区四套班子领导聚焦服务保障世园会筹办举办下沉一线，对全区环境整治情况进行第7次拉练检查。4月23日，区四套班子领导聚焦服务保障世园会，对全区环境综合整治情况进行第8次拉练检查。先后到井庄镇柳沟村、房柳路沿线和沈家营镇西王化营村，实地检查村庄环境整治、私搭乱建拆除及村庄道路沿线环境整治情况，并现场办公，对沿途发现的问题要求限期整改。5月9日，穆鹏、于波带队到张山营镇，围绕农村人居环境整治开展第9次城乡环境拉练检查，并听取关于农村人居环境整治进展情况及美丽乡村建设环境整治考核验收情况的汇报。8月31日，区领导围绕“创建全国文明城区”开展第12次环境整治拉练检查，先后到儒林街道永安社区、新风路口、香水园街道石河营西社区、日上市场和百泉街道湖南社区实地调研。11月9日，区四套班子领导围绕“不忘初心、牢记使命，推动创建全国文明城区、服务保障高山滑雪世界杯筹办”开展第13次城乡环境整治拉练检查。12月14日，区四套班子领导带队，围绕“守护好山好水好生态”主题，开展第

15 次城乡环境整治拉练检查。

（晏博文）

【快速、妥善处理龙庆峡山体灾害事件】 2月8日晚8时7分，龙庆峡冰灯展区因山体碎石坠落事故，造成1人死亡，12人受伤。事发后，市委主要领导就事件处置工作做出批示，市委副书记、市长陈吉宁主持召开视频调度会部署援救工作，市、区相关领导第一时间赶赴现场，指挥处置工作，组织专家勘察事发原因。2月9日，区委、区政府召开视频会，贯彻落实市委、市政府要求部署，启动全区安全隐患大排查、大清理、大整治专项行动。全区共出动2463人次，检查点位1533处，发现隐患217处，现场整改消除隐患148处，下达责令整改通知书46份、现场处理决定书29份。

（晏博文）

【区领导与挂职博士后、专家和第一书记座谈】 2月14日，区委、区政府主管领导围绕冬奥会世园会筹办举办等延庆发展大事，与挂职博士后、"人才京郊行"专家和驻村第一书记代表进行座谈交流。穆鹏主持会议，于波等区政府领导参加座谈。

（晏博文）

【区领导调研】 2月23日，穆鹏、于波带队，围绕一季度经济"开门红"到部分企业走访调研，了解企业发展需求，督促持续优化营商环境，为企业发展服好务，力促一季度经济"开门红"。并先后到位于大榆树镇下屯村的加油站卡点、延康路与圣百街交叉口、上海大众汽修、体育场公园空气质量监测子站，检查重污染天气措施落实情况。4月15日，穆鹏带队，到延庆镇、香营乡、井庄镇，围绕"接诉即办"工作进行实地调研，并主持召开现场办公会。6月1日至10日，穆鹏开展"一学习、两整改、四落实"大调研，先后到八达岭、康庄、刘斌堡等乡镇，区生态环境局等部门，八达岭旅游总公司等企业调研7次，推动清偿拖欠民营中小企业账款等一批问题的解决。8月1日，穆鹏以"四不两直"方式检查冬奥延庆赛区外围配套工程建设和防汛工作。8月14日，穆鹏围绕"不忘初心、牢记使命，实施乡村振兴战略"主题到刘斌堡乡蹲点调研。先后到马道梁村、刘斌堡村、红果寺村、上虎叫村和小观头村，了解基层党建、生态就业等工作开展情况，听取村"两委"干部和村民代表关于实施乡村振兴战略的意见建议。11月8日，穆鹏聚焦重大活动，开展"不忘初心、牢记使命，服务保障高山滑雪世界杯筹办"主题调研，现场了解场馆运行团队办公住宿条件及外国专家、工作人员、志愿者测试赛期间生活条件。12月7日，区四套班子领导结合"不忘初心、牢记使命"主题教育，围绕服务保障高山滑雪世界杯筹办进行调研。

（晏博文）

【区领导到怀柔区考察】 2月25日，穆鹏、于波、胡耀刚、陈合安等区四套班子领导带队组成考察团，赴怀柔区考察学习重大活动服务保障工作，为切实服务保障好冬奥会、世园会汲取宝贵经验。怀柔区委书记常卫、区人大常委会主任彭丽霞、区政协主席武占刚等与区领导座谈交流。

（晏博文）

【区机构改革方案获批复出台】 3月11日，区机构改革方案获市委正式批复。区委机构改革方面，组建区监察委员会，同区纪律检查委员会合署办公；调整组建12个区委议事协调机构；不再保留区委发展改革工委、经信工委、住建工委、商务工委、旅游工委5个工委，不再设立综治、维稳、流管、反邪教等相关机构。区政府机构改革方面，组建市规划和自然资源委员会延庆分局、区生态环境局、区农业农村局、区文化和旅游局、区卫生健康委、区退役军人事务局、区应急管理局、区市场监督管理局、区医疗保障局、区政务服务管理局、区司法局11个新机构；区政府外事办并入区政府办公室，区住房城乡建设委加挂区住房保障办公室牌子，区科委加挂中关村延庆园管委会牌子，将区经济和信息化委更名为区经济和信息化局并加挂区大数据局牌子，将区商务委更名为区商务局并加挂区粮食和物资储备局牌子；不再保留区环境保护局、区农村工作委员会（区政府山区办）、区农业局（区动监局）、区文化委员会、区旅游委、区卫生计生委、区安监局、区工商局、区质监局、区食品药品监督管理局、区政府法制办、区社会办、区政务服务办。机构改革后，全区设置党政机构43个；区委机构12个，其中纪检监察机关1个、工作机关11个；区政府机构31个，均为工作部门。3月16日，延庆区机构改革动员会召开，改革方案正式启动。

（魏炜炜）

【对口帮扶内蒙古、河北有关地区】 3月12日至13日，区党政企代表团先后赴内蒙古自治区乌兰察布市兴和县，河北省张家口市宣化区、怀来县，会商推进扶贫协作和支援合作工作。穆鹏、于波、胡耀刚、陈合安等区领导分别与乌兰察布市委、兴和县委、张家口市委、宣化区委和怀来县委领导座谈。6月13日，张家口市宣化区领导到区对接对口帮扶工作，区四套班子领导参加对接交流。10月31日，河北省张家口市怀来县委副书记、县长王鸿飞一行到区，就“东西部扶贫协作”工作进行考察，并与区领导座谈交流。

（晏博文）

【延庆获评国家卫生城市（区）】 3月19日，全国爱国卫生运动委员会公布关于2015—2017年度周期申报的创建国家卫生城市（区）评审决定，授予北京市延庆区与密云区、辽宁省沈阳市和山东省枣庄市4个城市（区）国家卫生城市（区）荣誉称号。国家卫生城市（区）”是中国城市卫生管理工作的最高荣誉，是一个城市综合实力、城市品位、文明程度和健康水平的集中体现，每三年评选一次。延庆于2017年全面启动创建国家卫生区工作。其间，紧扣8大项40分项指标，拆除旱厕124座，完成二类以上公厕提升改造38座；整治提升城区主次干道和背街小巷120条、居住小区46个、城中村及城乡接合部环境8个，城区生活垃圾无害化处理率达100%。

（晏博文）

【区委领导集体约谈13单位负责人】 5月10日，区委召开会议，对2018年度考核排名靠后的13个行政事业单位、党群单位、经济单位及乡镇、街道负责人进行集体约谈。穆鹏主持会议，于波、蒋达峰等参加。

（晏博文）

【扫黑除恶专项斗争成效突出】 5月20日，扫黑除恶专项斗争工作会召开。会议学习贯彻习近平总书记关于扫黑除恶专项斗争的重要指示批示精神，对全区扫黑除恶专项斗争工作进行阶段性总结，对下一步工作进行再动员再部署。自2018年1月党中央部署扫黑除恶专项斗争以来，全区打掉涉恶嫌疑团伙22个，立案侦办案件5起，查封、扣押、冻结涉恶案件资金676.45万元；深挖彻查“保护伞”“关系网”，给予党纪政务处分11人；在9个领域整治行业乱点10个，端掉窝点65个，黑恶势力违法犯罪突出问题得到有效遏制。

（晏博文）

【区委理论学习中心组专题学习】 5月29日，区委理论学习中心组举行学习（扩大）会，邀请中国人民公安大学侦查与反恐怖学院教授、博士生导师马忠红，围绕扫黑除恶专项斗争作辅导报告。8月2日，区委理论学习中心组举行学习（扩大）会，邀请北京市规划和自然资源委法制处处长陈少琼对《北京市城乡规划条例》作专题辅导报告。

（晏博文）

【中央扫黑除恶督导组第四下沉小组到区督导】 6月19日至20日，中央扫黑除恶第11督导组第四下沉小组到区开展督导工作。其间，延庆区委、区政府召开扫黑除恶专项斗争工作汇报会，向中央督导组汇报延庆区扫黑除恶专项斗争开展情况；督导组第四下沉小组分别到延庆公安分局、区检察院、区纪委监委、延庆镇、井庄镇、八达岭镇、张山营镇和日上综合商品批发市场，检查延庆基层单位扫黑除恶专项斗争工作开展情况。

（郭昭君）

【海淀区四套班子领导到延庆结对协作】 6月27日，海淀区四套班子领导到区对接结对协作工作。两区分别介绍结对协作工作进展情况，研究下一步工作计划，并到刘斌堡村千亩有机杂粮基地、特色民宿小院和世园会实地察看结对协作成效。穆鹏、于波、胡耀刚、陈合安等区领导参加座谈。

（晏博文）

【怀来县四套班子领导到延庆考察】 7月11日，怀来县四套班子领导到康庄镇火烧营村，察看高端民宿建设经营情况，了解火烧营村发展村级特色产业和带动村民增收致富情况以及延庆服务保障世园会工作情况。穆鹏、胡耀刚等区领导出席座谈会。

（晏博文）

【区四套班子领导集中学习研讨】 9月19日至21日，区四套班子领导及区法院、检察院主要负责人，围绕“不忘初心、牢记使命”主题教育相关重点书目、习近平总书记重要讲话和指示精神进行连续集中学习研讨。10月18日，区四套班子领导开展“不忘初心、牢记使命”主题教育集中学习交流研讨，市委第七巡回指导组参加。

（晏博文）

【市委第七巡回指导组检查督导】 10月9日，市委“不忘初心、牢记使命”主题教育第七巡回指导组到区督导。组织召开座谈会，听取全区各巡回指导组主题教育工作汇报，并就下一步主题教育督促指导工作进行安排部署。市委第七巡回指导组副组长宋丽静参加座谈会。10月22日至23日，市委“不忘初心、牢记使命”主题教育第七巡回指导组组长王建新带领指导组成员以“四不两直”的方式，到区政务服务局、永宁镇，对主题教育开展情况进行抽查检查。区委常委、组织部部长陪同检查。

（晏博文）

【区11部门与10所高校对接合作】 10月30日，经市委第七巡回指导组发起推动，延庆区与北京市教育工会共同举办的专场需求对接座谈会，在中国石油大学（北京）举行。区人力社保局、体育局等11家单位与北京大学、清华大学、中国人民大学等10所首都高校对接合作需求。市委“不忘初心、牢记使命”主题教育第七巡回指导组副组长、昌平区总工会主席、延庆区委组织部部长等出席活动。双方座谈既是市委第七巡回指导组创新指导方式，参与地区发展，切实为地区发展办实事、解难题的有益探索，也是延庆区深化人才战略，推进区域高质量绿色发展的有力举措。

（晏博文）

【市委政法委书记到区调研】 11月22日，市委常委、政法委书记张延昆围绕贯彻落实党的十九届四中全会精神到区调研。先后到八达岭长城景区，了解景区安检、全网实名制预约售票、扫黑除恶、110接警、接诉即办等工作情况。随后召开座谈会，听取全区学习宣传贯彻党的十九届四中全会精神情况汇报及区住建委、区卫健委、延庆镇等部门贯彻落实全会精神情况汇报。

（晏博文）

组　　织

【概况】 中共北京市延庆区委组织部（简称区委组织部），是区委主管组织工作、干部工作、公务员工作和人才工作的职能部门。2019年，按照《北京市延庆区机构改革实施方案》要求，划入区人力资源和社会保障局的公务员管理职责及行政编制5名、人才工作职责及行政编制1名，划入区人力资源和社会保障局所属事业单位区引导和鼓励高校毕业生到农村工作管理办公室事业编制 1 名、所属事业单位区人事教育考试中心事业编制 1 名至组织部所属事业单位党建研究中心；划入区委社会工作委员会的“两新”组织党建工作职责及行政编制 1 名。区委组织部统一管理公务员工作，对外加挂区公务员局牌子。年内，区委组织部坚持以习近平新时代中国特色社会主义思想为指导，扎实开展“不忘初心、牢记使命”主题教育，健全领导小组双周例会等机制，把学习教育、调查研究、检视问题、整改落实贯穿始终，累计开展交流研讨 600 余次、专题教育 1000 余次，检视解决问题 3700 余个。精心打造“新时代讲习所”，建设“1+11”教学课程体系。联动调整处级领导班子 548 人次，加强年轻干部队伍建设，调整科级干部 907 人次，抽调 130 余名干部进行实践锻炼或挂职锻炼，选调 218 名干部参加高层次培训。严格执行个人有关事项报告制度，开展选人用人等专项检查，从严开展审计 27 人，监督离职交接 75 人，慰问生病住院处级干部 18 人次，挂职干部 12 人次，办理处级干部退休手续 27 人。围绕全区重点工作优化考核内容，完善考评机制，评选出 29 个先进单位。落实公务员职务与职级并行工作，完成公务员年度考核奖励，办理科级及以下公务员转任 85 人，调任 24 人，招录公务员 52 名。在全市率先完成“两委”换届选举，全区 376 个村 100% 实现“一肩挑”。实施“1+3”制度体系，选派区级第一书记 57 名，选拔村级后备干部约 800 名，转化摘帽软弱涣散村 31 个。加强党支部规范化建设和党员队伍管理教育，做好党建引领物业服务企业和业委会参与社会治理试点工作，持续深化“双报到”，推进“冬奥世园先锋行动”主题实践活动，引导全区 2.8 万余名党员参加志愿服务。深化“吹哨报到”改革，出台“吹哨报到”工作办法，开展“党员教育”“干部优选”“规范整治”专项活动。出台“1+5”人才工作政策体系，实施“延才计划”和“妫汭计划”，引进 26 名博士后、10 名专家来延挂职服务，推进“五年十万人次”大培训，培养储备冰雪项目人才和农村实用人才，成立区人才服务中心，搭建北京市工作居住证、人才引进等“一站式”业务平台，营造服务人才创新发展的良好氛围。

单位名称：中共延庆区委组织部

地　　址：延庆镇湖北西路 1 号

电　　话：69103954

（周宇洋）

【“吹哨报到”“接诉即办”督导调研】 1 月 30 日、3 月 13 日，区委主管领导两次主持召开延庆区“街乡吹哨、部门报到”工作专题会，听取 8 个试点街道乡镇和区委党建办、区城市管理指挥中心等相关工作情况汇报，对下一步工作提出明确要求。5 月 8 日至 16 日，由区委党建督导组联合“吹哨报到”专班组成督导调研组，对全区 18 个街道乡镇深化“吹哨报到”改革和落实“接诉即办”工作情况进行现场督导和调查研究。采取查阅资料、听取汇报、实地察看、个别访谈等方式，了解各街道乡镇“吹哨报到”改革和“接诉即办”工作开展情况与存在问题。督导调研组向街道乡镇书面反馈检查情况，并针对问题提出整改建议。9 月至 12 月，区“吹哨报到”专班联合区城市管理指挥中心对各街道乡镇和区级职能部门“12345 接诉即办”工作完成情况、“吹哨报到”机制落实情况进行现场检查和实地调研。

（刘雪雅）

【区委党建工作领导小组会】 2 月 11 日至 11 月 20 日，先后 4 次召开区委党的建设工作领导小组会议。分别研究审议《2019 年度乡镇、街道、系统党（工）委书记抓基层党建述职评议考核工作会方案》《中共北京市延庆区委关于加强党的政治建设的任务分工方案》等文件，并对党委系统工作会、延庆区“两新”组织党的建设、纪念中国共产党成立 98 周年、2019 年党建经费项目等相关工作进行研究。

（杨鑫）

【基层党建工作述职评议考核会举行】　2月22日，组织召开2018年度延庆区乡镇、街道、系统党（工）委（党组）书记抓基层党建工作述职评议考核会，全区22名乡镇、街道及系统党（工）委（党组）书记进行现场述职。穆鹏主持会议并讲话，市委组织部有关部门负责人到会指导点评。区委常委、区委党建工作领导小组成员出席，部分“两代表一委员”和基层干部群众代表参加会议，各乡镇、街道及系统党（工）委副书记、区委党建督导组组长列席会议。

（杨鑫）

【村和社区“两委”换届选举完成】　2月，全区376个村、47个社区全部完成“两委”换届选举工作。全区376个村100%实现“一肩挑”。“一肩挑”比例、党员比例、本地化比例等重点指标比上届均有显著提高；村和社区“两委”干部队伍年龄、学历等结构全面优化，平均年龄比上届低2.5岁，大专及以上学历的占比提高15%，具有研究生学历15人。其中5名党建工作助理员当选“两委”班子成员。

（杨鑫）

【农村实用人才开发培养】　3月6日，围绕乡村振兴战略实施、培养和开发农村实用人才，召开工作部署会，确定新培养农村实用人才129名，同时选配区级指导教师26名、乡土专家34名。鼓励支持优秀农村实用人才参加市级活动。截至年底，刘斌堡乡“北京青山园休闲农庄项目”和井庄镇“井庄旅游平台——延庆巨惠玩项目”，获评北京市农村实用人才优秀创业项目。

（冯学敏）

【新任基层“两委”干部任职培训班】　3月20日，新一届村、社区“两委”主要干部任职培训班开班。培训班为期3天，包括20多门课程，旨在进一步增强新一届村和社区“两委”主要干部的政治意识和组织观念，提高服务群众能力和履职本领，帮助新任职的村和社区“两委”主要干部尽快融入工作角色。区委书记出席开班仪式，并作开班动员和讲党课。各乡镇、街道党（工）委书记、副书记、组织委员，各村党支部书记、村委会主任，社区党组织书记、居委会主任等约500人参加培训。

（杨鑫）

【优选8名“街乡吹哨、部门报到”改革先进典型人物】　5月16日至6月5日，在全区开展党建引领“街乡吹哨、部门报到”改革先进典型人物优选工作。通过街道乡镇党（工）委推荐以及综合考察评选，最终优选出街道乡镇和职能部门8名先进典型人物，并将他们在“吹哨报到”工作中的典型事迹在《延庆党建》中进行刊登宣传，发挥示范引领作用。

（刘雪雅）

【区人才工作领导小组会议】　6月5日，区人才工作领导小组会议召开。会议传达学习市人才工作领导小组会议精神，研究审议《北京市延庆区高层次人才留用工作办法（试行）》及《北京市延庆区关于促进科技创新推动高精尖产业发展的引进人才管理办法（试行）》等文件，出台《北京市延庆区关于进一步加强新时代人才工作的意见》及科技创新、党政管理、公共事业、乡村振兴等5项支持措施，形成“1+5”人才工作支撑体系，围绕引才育才，提出实施“延才计划”和“妫汭计划”，打造延庆人才工作品牌。

（冯学敏）

【全区街道工作和“吹哨报到”改革联席会】　6月13日，区委组织部部长主持召开全区街道工作和“吹哨报到”改革联席会，区政府相关领导出席。会议听取3个街道社区工作情况的汇报及有关区级职能部门相关工作的汇报，与会人员进行讨论发言。会议要求，各部门、各单位要充分发挥党建引领机制作用，要在区街道工作和“吹哨报到”联席会议协调指挥下，统筹各自分管工作，聚焦基层治理热点难点问题，发挥作用形成合力，推动基层治理各项工作取得实效。

（刘雪雅）

【基层党建工作重点任务推进会】 6月13日至11月4日，先后3次召开延庆区基层党建工作重点任务推进会，分别对村和社区“两委”换届选举、“不忘初心、牢记使命”主题教育、党建引领“街乡吹哨、部门报到”、第一书记选派、扫黑除恶专项斗争、“两新”组织党建、软弱涣散基层党组织整顿、党支部规范化建设等工作进行安排部署，全面推进全区基层党建工作落地落实。

（杨鑫）

【全面加强党的政治建设】 7月16日，印发《关于加强党的政治建设的任务分工方案的通知》（京延发〔2019〕17号）方案细化为可操作、能落实的66项具体任务，明确责任单位，确保全区在牢固树立“四个意识”上毫不动摇，坚定不移做到“两个维护”“三个一”和“四个决不允许”。

（杨鑫）

【“首都专家延庆行”活动】 8月12日至13日，举办“首都专家延庆行暨学术休假”活动，为首都专家人才服务延庆发展搭建平台。首都高校、市属企事业单位等32名专家人才到区，与10余个部门和单位建立对接并座谈交流，为延庆相关工作提供智力支持和指导服务。

（冯学敏）

【“不忘初心、牢记使命”主题教育】 9月10日，召开全区“不忘初心、牢记使命”主题教育工作会，成立由区委主要领导担任组长的全区主题教育工作领导小组以及工作机构，组建15个区委巡回指导组，制定主题教育实施方案。区四套班子、101个处级班子单位、1423个基层党组织，30名局级和986名处级党员领导干部，34033名党员全部参加主题教育。按照“守初心、担使命、找差距、抓落实”的总要求，通过以上率下、压实责任、统筹兼顾、严督实导，把学习教育、调查研究、检视问题、整改落实贯穿主题教育全过程。截至年底，全区各级党委（党组）领导班子“不忘初心、牢记使命”专题民主生活会基本完成。

（李娟）

【“两新”组织党建】 9月25日和11月22日，先后两次召开“两新”组织党建工作推进会，制定印发《关于进一步巩固提升全区“两新”组织党建工作的实施方案》（京延组发〔2019〕29号），压实相关单位抓“两新”组织党建工作的主体责任，确保“两新”组织党的组织覆盖和工作覆盖双提升。截至年底，中关村延庆园、香水园街道、沈家营镇、千家店镇、旧县镇、张山营镇、延庆镇、康庄镇、大榆树镇9个党群服务中心挂牌成立。

（杨鑫）

【人才工作交流与合作】 10月30日，区委组织部与市教育工会举办专场需求对接座谈会，区内11家单位与北京大学、清华大学等10所首都高校对接合作需求。11月16日，联合怀来县举办新型职业农民综合素质提升培训班，延怀两地的160名农业领域从业人员参加交流学习。11月21日，组织召开区级优秀人才培养资助工作会议，以项目化形式对优秀人才的成长给予持续关注和支持。

（冯学敏）

【处级领导班子年度考核】 年内，出台《北京市延庆区处级领导班子年度（实绩）考核办法（试行）》及考核指标体系，考核体系立足生态涵养区功能定位，进一步优化考核内容，突出服务保障世园冬奥、人居环境整治、拆违、吹哨报到、接诉即办等重点任务，强化群众评议，坚持为基层减负。年末由区委组织部牵头对全区108个处级领导班子进行综合考评，按照乡镇、街道、行政事业单位、党群单位、经济单位、双管单位分类，评选出29个先进单位。

（王永刚）

【对40名干部开展离任检查和经济责任审计】 年内，对13名离任党委（党组）书记履行干部选拔任用工作职责情况进行检查，委托区审计局对17名处级领导干部进行经济责任审计，对10名处级领导干部进行自然资源资产离任审计。

（王永刚）

【选人用人专项检查和不担当不作为问题检查】 年内，严格执行《关于在区委巡察过程中开展选人用人专项检查的工作方案》《关于在区委巡察工作中开展不担当不作为问题检查的工作方案》，在区委巡察工作中，对区残联、区科协、区委党校、区统计局、珍珠泉乡等13个单位开展选人用人专项检查和不担当不作为问题检查。

（王永刚）

【公务员招录及转任】 年内，在公务员招录过程中不断加强政治素质、专业素养考察，经笔试、面试、体检等环节，为全区22个机关单位招录公务员52名（含参公人员）。截至年底，为全区各机关单位17名事业人员办理调任手续，为85名科级及以下公务员（含参公人员）办理转任手续。

（白慧颖）

【公务员职务与职级并行制度落实】 年内，对全区公务员职级职数进行摸底测算，结合实际制定《延庆区职务与职级并行制度实施方案》并召开工作部署会。截至年底，全区有1313人参与职级套转，其中二级调研员191人，四级调研员264人，二级主任科员279人，四级主任科员283人，一级科员296人。

（白慧颖）

【干部教育培训】 年内，研究制定《延庆区贯彻落实〈2018—2022年北京市干部教育培训规划〉实施意见》。深入开展习近平新时代中国特色社会主义思想教育，着力加强处级干部和年轻干部教育培养，区内共举办主体班7期、专题班18期，选调干部参加中组部、市委组织部组织的各类培训班57期，累计培训干部4116人次。与门头沟、怀柔、密云、平谷联合举办北京市生态涵养区优秀年轻干部素质提升第二期专题培训班，共培训干部66人。落实“贫困地区干部教育培训帮扶和援派干部人才培训计划”，举办扶贫协作和支援合作地区干部人才培训班，同时为怀来县科级领导干部开展学习贯彻党的十九届四中全会精神专题培训，累计培训干部200余人。加强干教网延庆分中心建设，共开发在线学习课程20门，全区2855名在线报名学员全部完成学习任务。

（郭冬存）

【村党组织第一书记选派】 年内，选派第四批第一书记73人，其中市级选派16人、区级选派57人。截至年底，全区共有村党组织第一书记92人（含第三批19人），实现对低收入村、软弱涣散村全覆盖。

（杨鑫）

【“1+3”制度体系建设和落实】 年内，村和社区“两委”换届选举完成后，全面实施“1+3”制度体系，即以《关于巩固村“两委”换届选举成果进一步加强农村基层组织建设工作的意见》为总揽，制定实施《关于进一步加强村干部管理监督工作的指导意见》《2019—2023年延庆区村级后备干部队伍建设规划》《延庆区村、社区“两委”干部素质提升工程五年行动计划》。实现对基层工作和党员干部的全方位管理、全过程监督、全覆盖培训。通过整合“五年十万人次大培训”等资源，组织全区16家责任单位对村、社区“两委”干部及村级后备干部开展各类培训。截至年底，举办171班次培训30605人次。

（杨鑫）

【软弱涣散基层党组织摸排整顿】 年内，在“不忘初心、牢记使命”主题教育中深入开展区级领导干部入村（社区）调研走访摸排软弱涣散基层党组织工作。区委主要领导带头，27名区领导全员参与，423个村和社区全覆盖，深入一线摸情况、查不足、提建议、定举措；严格落实“五个一”工作机制和“一村一策”整顿方案，建立软弱涣散村党组织动态管理和常态整顿工作机制，推动31个软弱涣散村党组织实现转化。

（杨鑫）

【党建引领物业服务企业试点】 年内，区委组织部开展党建引领物业服务企业和业委会参与社会治理试点工作。会同区住建委通过摸底排查、专题研讨、走访调研等方式，选取并逐步扩大试点范围，实现30个城区社区全覆盖。截至年底，在各社区业委会和物业服务企业中成立14个党组织，实现党组织应建尽建；对没有党员的物业服务企业，采取选派党建指导员、“双向进入、交叉任职”等方式，实现党的工作全覆盖。

（杨鑫）

【党建工作考核】 年内，贯彻落实《北京市延庆区处级领导班子年度（实绩）考核办法（试行）》，进一步提升党建考核工作科学化、精细化、信息化水平。区委党建办依托北京延庆综合信息考评化管理系统，坚持以中心工作实绩检验党建工作实效为重点，充分发挥党建考核“指挥棒”作用，会同各相关部门，对党建指标考核体系进行修订完善。截至年底，完成对全区处级班子单位党建考核工作。

（杨鑫）

【党建专项经费重点支持项目】 年内，区委党建办组织各相关部门，先后就党建专项经费进行3轮征集和申报。进一步强化党建专项经费使用效果，着眼于党建创新，定项目、抓推广、促提升。最终确定年度重点支持项目9个，跨年度支持项目4个。

（杨鑫）

【组织发展党员299人】 年内，举办3期党员发展对象培训班，培训党员发展对象335人。全年发展党员299人。

（王莹）

【党组织经费保障和帮扶生活困难党员】 年内，申请下拨基层党组织党建活动经费1025.47万元。全年帮扶生活困难党员310名，其中市级困难党员50名、区级困难党员260名，发放帮扶资金77万元。

（王莹）

【培养冬奥世园人才】 年内，梳理编制《服务保障冬奥人才储备名册》，统筹推进技能人才培训工作。举办园艺养护、雪具维修等专题培训295个班次，累计培训14700余人次。资助《冰雪运动损伤后现代康复技术结合传统医学规范化治疗技术推广》《青年专业人才实践“两山理论”能力建设项目》等28个优秀人才集体和个人项目，发放资金117万元。

（冯学敏）

【《北京市工作居住证》办理】 年内，承接《北京市工作居住证》办理、人员调京核准（不含家属随军）、归国留学人员奖励等3项职能，梳理业务审批流程及程序。截至年底，为9名高层次人才、7名留学人员办理人才引进落户，为8对职工解决夫妻两地分居调京落户，为183人办理《北京市居住证》。

（冯学敏）

【博士后到区开展科技服务】 年内，借助中国博士后科学基金会平台，选拔26名博士后研究人员到区开展科技服务。实行动态管理，重点选派参与冬奥筹办和世园服务保障工作。开展访谈、座谈、调研等资政建言活动，对愿意留区工作且符合政策的8名博士后研究人员予以留用。

（冯学敏）

【“人才京郊行”活动】 年内，开展第11批“人才京郊行”活动。市级选派的10位挂职专家，分别安排到区人力社保局、区交通局等单位挂任实职。在重大项目、医疗卫生、城市管理、生态环境等领域，为服务保障冬奥世园筹办举办以及全区高质量绿色发展，提供人才和智力支持。

（冯学敏）

【人才住房保障政策】 年内，制定《延庆区人才住房管理办法（试行）》，多种形式解决人才发展后顾之忧。在共有产权住房申购工作中设置优先组别，支持满足人才购房需求。全年改造新建人才公寓1处102间，面向各领域人才提供公租房249套。

（冯学敏）

【延庆区人才服务中心成立】 年内，成立延庆区人才服务中心。为组织部所属公益一类正科级财政补助事业单位，核定事业编制8名。负责联系服务高层次人才，在公共服务方面为各类高层次人才提供必要的支持；负责推动建立一站式人才服务平台；负责受理符合政策要求的国内外埠人才引进、解决夫妻两地分居问题、留学人员引进等人员调京业务申请；负责受理符合政策要求的外埠人员、留学人员办理《北京市居住证》的业务申请；负责人才政策和人才先进事迹宣传工作；负责全区高层次人才岗位需求的统计和分析；负责受理各类优秀人才奖项评选、人才项目评选的申报等工作。

（周宇洋）

【延庆区党群服务中心成立】 年内，成立延庆区党群服务中心。为组织部所属公益一类正科级财政补助事业单位，核定事业编制8名，负责区域化党建的日常组织、协调、联络和服务工作；负责为区域内各类党组织、党员提供与党建工作相关的政策咨询、业务指导等服务；负责流动党员管理服务工作；协助落实区委党建工作领导小组办公室部分日常工作，开展辖区“两新”组织“两个覆盖”和党组织及党员的管理工作；指导街道（乡镇）、园区党群服务中心建设及日常工作、党代表联系群众的组织协调和服务保障等工作。

（周宇洋）

【党建研究】 年内，组织召开延庆区党的建设研究会第一届理事会第二次全体会议。指导区级党建立项课题52个，承担市级党建课题1个，开展自主性调研3次。编辑印发《延庆党建》杂志4期。

（邹思博）

【党员电教片拍摄制作】 年内，拍摄完成《妫畔税蓝党建红》《乡村新画卷》两部电教片及《乡村医者——李淑君》《富民强村的好书记——张良》《光影·印象记录者——段学锋》《退休不褪色——国书田》4部微视频。其中，《光影·印象记录者——段学锋》参选北京市党员教育电视片观摩交流活动，获得三等奖。

（吕适艺）

【干部管理】 年内，统筹考虑机构改革和乡镇届中调整，对领导班子结构功能、专业素质和运行情况的日常了解以及分析研判，持续优化领导班子年龄、经历、专业结构，促进领导班子整体功能进一步增强。全年联动调整处级干部11批548人次，其中提拔或转任重要岗位113人次。研究制定《北京市延庆区高层次人才留用工作办法》，引进8名博士后到延工作。制定下发《北京市延庆区处级领导班子党委（党组）科级干部领导职务任免工作办法（试行）》，指导各处级班子单位规范科级干部选拔任用程序，全年调整科级干部21批907人次。落实区管干部日常管理工作，全年为27名处级干部办理退休手续，审批处级干部社团、企业兼职35人次，慰问生病住院处级干部18人次、挂职干部12人次。

（韩猛）

【干部选任机制建设】 年内，修订并实施《中共北京市延庆区委管理干部选拔任用工作流程》，进一步规范干部选拔任用程序。坚持把政治标准摆在首位，探索试行干部政治素质考察，采取政治素质评价、政治理论测试等方式，严把选人用人政治关。探索在任职考察环节开展“家访”，将考察范围进一步向生活圈延伸，全面考准考实干部。

（韩猛）

【干部培养锻炼】 年内，建立干部“一线”培养锻炼工作机制，注重在赛会服务保障、基层治理、服务群众等工作一线中培养锻炼、发现识别干部。选派130余名干部到高山滑雪世界杯专班、“不忘初心”主题教育专班、“吹哨报到”专班、“接诉即办”以及区内巡察等工作中进行实践锻炼。选派2名干部到河南内乡、内蒙古兴和县挂职锻炼。接收河北、河南、内蒙古挂职干部10人。选调87名优秀年轻干部参加“年轻干部培训班”。

（韩猛）

【全区党建工作管理体系进一步规范】 年内，制定印发《关于在机构改革中进一步规范党建工作体系有关工作的意见》（京延组发〔2019〕19号），明确区委统一领导，组织部门牵头抓总，各党工委、有关部门各负其责、主动担当、合力攻坚的党建工作格局，同步建立完善机构改革涉改单位机关党组织体系，理顺组织架构，强化有效运行。

（杨鑫）

【全年撰写信息276篇】 年内，全年撰写信息276篇，刊发193篇，其中在国家级媒体刊发信息33篇，在市级媒体刊发信息128篇，在《延庆信息》刊发信息32篇。

（邹思博）

区直机关党建

【概况】 中国共产党北京市延庆区委员会区直属机关工作委员会（简称“区直机关工委”）是区委的派出机构，所属党、政、群机关79个单位，包括党委2个、机关党委21个，基层党总支13个、基层党支部402个，党员7163名。年内，把落实习近平新时代中国特色社会主义思想作为首要政治任务。带头贯彻落实十九届四中全会和中央、市委机关党的建设工作会议精神，起草《以党的政治建设为统领进一步加强区直机关党的建设的具体措施》。重视理论武装和意识形态工作，组织开展理论培训21期，发放各类学习资料20000余册。教育党员干部遵纪守法，组织3600人参观警示教育基地。制作《凝心聚力有作为，党建发展双丰收》专题片，在区级以上媒体刊发信息近60条次。注重强化党建引领，组织上万名党员干部参与冬奥世园筹办举办、国庆安保等活动，在全区中心工作中发挥党员干部的模范带头作用。注重党建带群建，组织开展职工文化艺术节、职工越野赛等活动。在“不忘初心、牢记使命”主题教育中，搭建学习教育、工作交流和典型选树3个平台，开展专题辅导报告6期，制定《发挥机关党建引领作用，解决机关作风推、拖、散、慢问题的整改工作方案》，带动系统各单位共同整改，查摆问题和制定整改措施。开展“不忘初心、牢记使命”升国旗仪式和诗歌朗诵会，组建17支机关代表队参加冬奥知识竞赛。通过深入一线调研、开展座谈交流、选树先进典型等方式加强对接诉即办、“吹哨报到”等基层治理工作的指导督促。修订完善27项工作制度，建立党组织换届即报即审即批机制，规范37家单位党组织设置，指导178个支部完成换届。通过“党建大课堂”“支部书记轮训”等方式开展理论培训和业务指导党务干部6000余人次。审批预备党员和预备党员转正71人。坚持正面导向，选树支部党建品牌14个，评选“身边最美党员”“机关最美志愿者”等先进典型62个。

单位名称：中共延庆区委区直机关工委
地　　址：延庆镇新城街2号
电　　话：69101131

（张伟娟）

【支部品牌创建专题培训会】 4月24日，区直机关工委举办支部品牌创建专题培训会。邀请中共中央党校雷强教授作专题辅导报告，从创新智慧领导、培育党建品牌、坚定理想信念3个部分，运用“设计党建品牌九步法”系统深入讲解支部品牌建设的过程和方法。区直系统党务工作者100余人参加培训。

（张伟娟）

【近万名党员干部参与世园会服务保障】 4月至10月，开展世园知识、政务礼仪、插花艺术等方面的专业化培训。分两批次组织3500名干部职工参加2019年北京世园会半负荷、全负荷压力测试。组织干部职工参加世园开幕式、闭幕式。总计近万名党员干部参与世园会服务保障工作。

（张伟娟）

【党务干部赴怀柔参观学习】 8月16日，组织系统内50名党务干部，到怀柔区党支部规范化建设实训中心参观学习。了解怀柔区党建工作“1+N”制度体系、“一核四驱”区域化党建模式典型党支部做法和创新经验。在实操演练教室观看《忠诚系列宣传片》《实训中心宣传片》和《组织生活会教学片》。

（张伟娟）

【妫川广场参观主题展览】　10月12日，组织全系统79家处级班子单位近2000名干部职工，分批次前往妫川广场，参观“壮丽妫川，奋进新时代”——延庆区庆祝中华人民共和国成立70周年主题展览。学习中华人民共和国成立70年背景下延庆区的发展史。

（张伟娟）

【区直机关工委系统党支部书记培训班】　10月23日至24日，区委组织部、区直机关工委联合举办2019年区直机关工委系统党支部书记培训班。培训内容包括区情区史专题教育和“不忘初心、牢记使命”主题教育先进事迹宣讲。区直机关工委常务副书记以《守初心、担使命，加强机关党建引领，促进党建业务融合，助力延庆绿色高质量发展》为题讲授党课。区直机关工委系统79家处级班子单位402名机关党委书记、党（总）支部书记参加培训。

（张伟娟）

【“不忘初心、牢记使命”诗歌朗诵会】　11月22日，区直机关工委在会展中心举办“不忘初心、牢记使命”诗歌朗诵会。区委统战部、区人保局等9个节目进行表演。区委组织部、区委宣传部、区委主题教育第一巡回指导组、工委系统各处级班子单位主管领导和区直机关工委层面的延庆榜样、身边最美党员和最美机关志愿者代表参加朗诵会。

（张伟娟）

【学习贯彻党的十九届四中全会精神特色宣讲活动】　12月10日，区直机关工委邀请中国地质大学（北京）马克思主义学院彭文峰老师进行“学习贯彻党的十九届四中全会精神”专题宣讲。79家单位政工科室负责人、党支部委员和优秀青年代表等240余人参加活动。

（张伟娟）

【“不忘初心、牢记使命”主题教育】　年内，区直机关工委为系统各单位开展主题教育搭建学习教育、工作交流和典型选树平台，举办主题教育专题辅导班6期。制定《发挥机关党建引领作用，解决机关作风“推拖散慢”问题的整改工作方案》，明确4方面整改内容，提出4方面意见共14条整改措施，推动系统402个支部7100余名党员干部进行对照整改。主题教育期间，区直机关工委主要领导到区城管委、区检察院等15家单位调研，了解接诉即办、“吹哨报到”开展情况，推进专项整治工作取得实效。

（张伟娟）

宣　　传

【概况】　中共北京市延庆区委宣传部（简称“区委宣传部”）是负责全区宣传思想文化工作的区委工作机构。下设办公室、新闻科、宣教科、文化创意产业促进中心（对外宣传中心）、文明建设促进中心（未成年人工作站）。年内，宣传思想文化战线坚持以习近平新时代中国特色社会主义思想为指导，深入贯彻党的十九大和十九届二中、三中、四中全会精神，深入贯彻习近平总书记对北京重要讲话精神，全面贯彻落实全国、全市宣传思想工作会议精神，增强“四个意识”，坚定“四个自信”，紧抓世园会举办机遇，持续壮大主流舆论态势，营造热情浓厚社会氛围。世园会开幕前，区委宣传部采取实名登记、身份核实等方式，组织机关单位观众25000人、社会各界代表3750人参与2019年北京世园会试运行第一次压力测试；组织机关单位及社会各界代表共10000人参加2019年北京世园会试运行第二次压力测试，通过分批次、分时段入园参观，为世园会测试提供重要参考数据和信息。世园会165天运行期间，新闻宣传总量30186条次；举办各类文化活动近千场，开展新时代文明实践系列社会动员活动1400余场，“延庆乡亲”志愿服务品牌影响力显著增强，“美丽延庆·冰雪夏都”城市品牌形象深入人心。世园会闭幕前夕，组织各工委系统、街道乡镇、社会各界优秀代表共5000人参加2019年世园会闭幕式群众游园活动，成功展现延庆市民的文明素养和延庆乡亲的良好形象。在2019年北京市文明城区测评中，延庆区以94.64分的总成绩获全市第三名。延庆文明网、“文明延庆”微信公众号、官方微博发布信息22884条，累计阅读量3038万人次。参与中国文明网、其他省市地方文明网站和首都文明网稿件征集，公众号粉丝4.1万。网络文明传播志愿者队伍发展至405人。开展创城知识答题、2019延庆榜样点赞、清明祭英烈、世园口号征集、新春寄语等线上活动，累计阅读量686242人次，网友参与互动10万人次。

单位名称：中共延庆区委宣传部
地　　址：延庆镇湖北西路1号
电　　话：69174789

（时雨）

【意识形态工作汇报会】 1月14日，意识形态工作汇报会召开。各工委、乡镇和街道汇报2018年意识形态工作责任制落实情况、存在的问题及2019年工作计划和工作建议。

（时雨）

【世园会倒计时100天宣传活动】 1月22日，是2019北京世园会倒计时100天。“文明延庆”微信、微博，现场云、电视台和抖音在全区各行业传播“延庆乡亲寄语世园”。世园会吉祥物“小萌芽”“小萌花”作为宣传小使者，在妫川广场为行人发放“福”字、春联、市民文明手册。公共文明引导员们用舞蹈表达过大年迎世园喜悦心情。志愿者在新风路口、南菜园双信、一中等主要路口开展文明交通引导。针对“不礼让斑马线、不文明养犬、随地吐痰、乱扔垃圾、车辆乱停乱放”五类不文明行为分成5个小组，开展“延庆是我家，世园靠大家——向五大不文明行为宣战”活动。

（时雨）

【世园知识宣传专题讲座】 2月26日，举办宣传系统增强“四力”实践活动系列讲座——世园知识宣传专题讲座。邀请区世园办常务副主任讲解世园会基本知识、工程进展、亮点工作等内容。区委宣传部、区委网信办全体干部职工、区融媒体中心全体一线采编人员、各乡镇宣传委员、街道主管宣传工作副职领导、世园摄影队成员等200余人参加活动。

（时雨）

【意识形态工作责任制专项检查】 3月27日至5月27日，对区委党校、残联、科协、史志办、总工会、统计局、珍珠泉乡、儒林街道等单位意识形态工作责任制落实情况进行监督检查。7月23日至10月31日，对四海镇、千家店镇、香营乡、香水园街道、百泉街道等单位意识形态工作责任制落实情况进行监督检查。通过两轮监督检查，全面了解全区意识形态工作责任制落实情况，并提出相关要求。

（时雨）

【延庆区“城市口号、标识和吉祥物”发布】 3月29日，2019北京世园会开幕倒计时30天之际，延庆城市品牌形象发布会召开。志愿者代表、学生代表、企业家代表和与会领导共同发布延庆城市品牌形象。此次发布的中文城市口号是“美丽延庆 冰雪夏都”，英文口号是“Great Yanqing Great Wall”，城市标识和吉祥物“延延”同时发布。延庆官网、官微统一更换新标识。

（时雨）

【《锁住的停车位》节目在《向前一步》播出】 4月7日，北京卫视《向前一步》栏目播出《锁住的停车位》节目，介绍延庆区妥善解决社区居民停车位矛盾问题，展示全区各级政府和行政部门向前一步、主动作为，促进社区共治共享的工作模式。

（时雨）

【延庆旅游资源发布会】 4月16日，召开“游延庆、逛世园、品花宴、宿花田”旅游信息发布会，推出8大主题22条精品旅游线路。8大主题以北京世园会为核心景区，围绕“绿色延庆、探秘古城、追寻历史、体验文化、最美公路、冰雪激情、红色之旅、游学合一”设计22条世园精品旅游线路，为游客规划4条世园会接驳专线，将世园会园区与延庆旅游资源串联，实现旅游咨询服务全覆盖。延庆新版城市形象宣传片和英文官方网站同步上线。

（时雨）

【“扫黄打非”工作会】 4月22日，“扫黄打非”工作会召开。会议传达2019年北京市“扫黄打非”工作会议精神，总结2018年“扫黄打非”工作，部署《2019年延庆区“扫黄打非”工作方案》。

（时雨）

【近百万人次参观延庆生态文明建设成果展】 4月28日至10月9日，延庆生态文明建设成果展举行。主题为“用生态赢得未来”，立足延庆首都生态涵养区功能定位，采用场景化营造、故事化表达、沉浸式体验3种展陈形式，展现延庆版“塞罕坝精神”和“红旗渠精神”，推广“延庆园艺、全域旅游、冰雪”三大产业。展览贯穿世园会会期，162天接待参观游客近百万人次。

（时雨）

【宣传引导清明节文明祭扫】 清明节期间，通过媒体引导广大市民文明祭扫、绿色祭扫，重点开展防火知识宣传。在中央和市级以上媒体刊播各类新闻77条次，区属延庆报、延庆新闻、延庆广播电台、北京延庆微信、北京延庆微博、延天下微信6个媒体平台刊播推送新闻235条，报纸专版5个，微信、微博文章总点击量近31万次。

（时雨）

【“百花争延”系列活动闭幕】 5月4日，“美丽延庆，精彩世园”——“百花争延”首都高校大学生助力世园系列活动闭幕。活动自2018年6月启动，由区委宣传部、团市委大学中专工作部共同组织，期间举办创意演讲、歌手大赛、舞蹈大赛等12场，99所高校参与，受众超过160万人次，曝光量超过7200万次。

（时雨）

【延庆创意创新创业大赛举行】 6月18日，2019北京文创大赛延庆分赛场暨延庆区创意创新创业大赛在八达岭长城景区正式开赛。活动由区委宣传部主办，区科协、区人保局协办，启迪之星创业加速科技有限公司和北京市八达岭旅游总公司承办。经过初审，共有19个优秀区内外企业项目进入比赛路演，涉及文化旅游、数字创意、创意设计、非遗及IP开发等多领域，充分体现文化与旅游融合、文化与科技融合、本土文化挖掘与创意产业融合。墨甲机器人乐队等6个项目分获一、二、三等奖，4个优秀项目代表延庆赛区进入北京文创大赛100强。最终3个项目在北京赛区获奖（分别为一等奖、创业人气奖、组委会特别奖），延庆区分赛场获得最具成就赛场称号；2个项目进入全国总决赛，分获创新组二等奖、创意组三等奖。

（时雨）

【“我和祖国共成长”演讲大赛决赛举行】 7月30日，举行“时代新人说——我和祖国共成长”演讲大赛决赛。活动由区委宣传部主办，区直工委、区农工委、区教委、区融媒体中心、区文旅局、区总工会、区妇联共同协办，全区10个单位14名选手进入决赛，评出一等奖1人、二等奖2人、三等奖3人、优秀奖8人。区直机关工委、延庆镇等7个单位获得优秀组织奖。

（时雨）

【爱国主义教育基地工作联席会召开】 8月1日，延庆区爱国主义教育基地工作联席会召开。会议传达市爱国主义教育基地管理及考核奖励工作暂行办法，通报全区市级爱国主义教育基地情况，现场评议申报奖励候选单位名单。区委组织部、区委宣传部、区退役军人事务局、拟申报区级爱国主义教育基地等22家相关单位参会。

（时雨）

【未成年人思想道德建设工作培训会】 8月26日，未成年人思想道德建设工作培训会召开。邀请中央文明有关领导作题为“学习贯彻《中国共产党宣传工作条例》，加强新时代未成年人思想道德建设”专题报告。市委宣传部未成年人思想道德建设工作处、区委宣传部以及区未成年人思想道德建设指挥部各成员单位、教育系统各学校、各社区相关负责人260余人参加。

（时雨）

【延庆区公益广告大赛】 8月至10月，组织开展公益广告大赛。面向全社会公开征集富有延庆特色、彰显延庆精神，形式多样、创意新颖、感染力强公益广告作品，吸引近百个从事广告行业及艺术设计组织、个人和广大公益广告爱好者参与。累计收到千余件参赛作品，30个优秀公益广告作品获奖。《烟头虽小火患无穷》获得平面类单幅作品一等奖，《妫水女系列广告》获得平面类套系作品一等奖，《传承的美》获得视频类一等奖，均在延庆电视台和其他媒体平台刊播展示。

（时雨）

【国庆70周年展览】 “十一”期间，“壮丽妫川·奋进新时代——延庆区庆祝中华人民共和国成立70周年主题展览”在妫川广场展出。展览分“光辉历程·时代颂歌”“生态立区·久久为功”“妫川新貌·城乡巨变”“百花齐放·绿色发展”“精彩世园·冬奥梦想”“‘两山’实践·用生态赢得未来”六大板块，共展出2000多幅图片，展示中华人民共和国成立70周年以来延庆美丽变迁和重要发展成就。国庆假期观展人数近10万人次。

（时雨）

【“不忘初心 牢记使命”先进典型宣讲报告会】 10月23日，延庆区“不忘初心 牢记使命”先进典型宣讲报告会举行。结合服务保障世园、冬奥等全区中心工作，推选出8名宣讲员依次宣讲。区四套班子领导、市委第七巡回指导组，全区各工委、街道、乡镇相关负责人，“延庆乡亲”、志愿者代表等200余人参加。

（时雨）

【《延庆区关于加强红色文化建设的实施意见》发布】 11月1日，延庆区红色文化资源发布会暨新时代文明实践“追寻红色印记”主题宣传教育活动在大庄科乡霹破石村红色体验基地启动。活动现场发布《延庆区关于加强红色文化建设的实施意见》，推出“红色文化10条”和3条红色文化体验路线。计划利用3年时间，开展红色文脉梳理、加强革命文物保护、建立红色人物档案等10项工作，串联平北红色资源和红色遗迹推出3条“初心路”。

（时雨）

【村（社区）党组织宣传委员专题培训班】 11月8日，村（社区）党组织宣传委员专题培训班举行。专题培训班围绕新时代文明实践、融媒体宣传报道、基层文化建设等主题进行培训，包括解读《中国共产党宣传工作条例》、农村（社区）党组织宣传委员职责任务与工作纪律、农村基层理论宣教等内容。培训旨在落实新时代党的建设总要求，进一步提高全区村（社区）党组织宣传委员业务素养和工作能力，提升基层党组织宣传思想工作水平。各乡镇党委宣传委员、街道宣传工作负责人和各村（社区）党组织宣传委员400余人参加培训。

（时雨）

【中共十九届四中全会精神宣讲报告会】 12月2日，北京市学习贯彻党的十九届四中全会精神宣讲团到区举行报告会。市宣讲团成员围绕学习贯彻党的十九届四中全会精神作专题辅导。从深刻把握全会重要意义，坚定中国特色社会主义制度自信，《决定》提出的总体要求、总体目标和重点任务，深入学习贯彻落实、形成生动实践等4个方面进行讲解。区四套班子领导，法检“两长”，区处级班子单位主要负责人，各乡镇、街道科级以上干部，各村、社区党支部书记，各村、社区干部代表，小巷管家、社区志愿者代表等800余人，分别在主会场和视频分会场聆听报告。会后，韩宪洲与基层党员干部代表进行座谈交流。

（时雨）

【《延庆，看见美丽中国》在央视首播】 12月6日，区委宣传部区环保局与中央电视台联合拍摄的《延庆，看见美丽中国》公益广告在CCTV－1综合频道和CCTV－4中文国际频道首播。影片围绕发生在延庆大地上的绿色发展事迹，主要拍摄为南荒滩“织绿”40年的杨进福、借助民宿项目为延庆老人免费提供牛奶鸡蛋的贺玉玲、长城保护工作者于海宽、世园会志愿者林树清、野鸭湖鸟类监测员方春、参与冰雪运动的小朋友，以及妫川大地的秀美风光。公益宣传片共制作剪辑7个版本，其中完整版2个，时长分别为90秒和60秒；人物版5个，时长为30秒。

（晏博文）

【新闻发言人暨网络发言人培训班】 年内，举办4期新闻发言人网络发言人培训班，邀请知名专家学者进行专题讲座5场，开展模拟实战演练7场。全区处级班子单位新闻发言人、网络发言人团队负责人、发言人秘书以及延庆传媒联盟成员、互联网企业负责人参加培训。截至年底，累计培训33学时，参训1550人次。

（时雨）

【世园主题城市采访活动】 世园会举办期间，区委宣传部组织策划世园会园区和举办地联动主题城市采访线路。围绕服务保障、生态建设、长城文化、园艺产业、志愿服务五大主题，设计“从妫汭湖到延庆妫河”“从园艺小镇到现代园艺产业集聚区”等主题采访线路，以园区内中国馆、妫汭湖、园艺小镇等点位为开端，联动园区外八达岭古长城、妫河、现代园艺产业集聚区等相关点位。完成10场主题城市采访，134家媒体的记者共210人次参加。

（时雨）

【公益宣传片制作】 年内，拍摄制作“美丽延庆 冰雪夏都”延庆城市形象宣传片。总行程近3000千米，拍摄素材时长2500分钟。宣传片在网络媒体、世园会园区以及区内街道视频持续播放。

（时雨）

【区委理论学习中心组学习开展30次】 年内，围绕学习习近平新时代中国特色社会主义思想、党的十九届四中全会精神、党的初心和使命、扫黑除恶专项斗争、世园会等专题，组织区委理论学习中心组学习30次。区四套班子领导和市委第七巡回指导组负责人参加学习。

（时雨）

精神文明建设

【“2018延庆榜样”颁奖典礼】 3月29日，表彰2018延庆榜样及提名奖举行。“2018延庆榜样”评选共收到基层推荐榜样人物216人，最终，闫永杰、张凤亮和赵连梅夫妇、徐景华、沈洋、李越、郎恩鸽、王永、马丽芬、贺玉玲、李伟11人当选“2018延庆榜样”。高雨等20人获提名奖。区四套班子领导以及各工委、街道、乡镇、相关单位及往届道德模范、北京榜样、“延庆乡亲”、志愿者代表等200余人参加活动。

（时雨）

【创城模拟测评】 4月1日至6日，开展第一次创城全面模拟测评工作。由创城办相关人员组成检查小组，城区分5个检查组、乡镇分3个检查组，同步对29类318个点位进行测评。模拟测评突出问题导向，实地考察全区达标情况，对照测评指标体系，找差距、补短板。8月14日至18日，进行第二次模拟测评，共考察39类、276个点位。

（时雨）

【精神文明建设暨创城工作动员部署会召开】 4月19日，精神文明建设暨全国文明城区创建工作动员部署会召开。会议传达《蔡奇、杜飞进同志在首都精神文明建设工作暨背街小巷环境整治提升动员部署大会上的讲话》精神，通报2018年全国文明城区测评结果，部署2019年创城及精神文明建设重点工作。城管委、百泉街道工委、谷家营村代表作表态发言。会议现场发布《延庆乡亲文明公约》，向全区发出“当好东道主，迎接世园会”文明承诺。区四套班子领导出席会议。

（时雨）

【未成年人思想道德建设工作会召开】 5月7日，2019年未成年人思想道德建设工作会召开。会议总结2018年工作，部署2019年要点。区委主管领导出席并讲话。未成年人思想道德建设领导小组各成员单位、各乡镇、街道主管领导、各中小学校校长、幼儿园园长、社区居委会主任、校外未成年人心理健康辅导站负责人等200余人参加。

（时雨）

【新时代好少年颁奖典礼】 5月30日，举办“童”庆六一 共筑未来——延庆区2019年新时代好少年颁奖典礼。表彰2019年“新时代好少年”10名、“新时代好少年提名奖”20名以及“新时代好少年特别荣誉奖”第二小学“世园小使者”集体共146名。市委宣传部未成年人思想道德建设工作处以及区委、区政府区人大、区政协领导出席。区委宣传部、区文明办、区教工委、区关工委、团区委、区妇联、区融媒体中心和各乡镇、街道、中小学校负责人以及师生代表共300余人参加活动。

（时雨）

【延庆乡亲文明公约全民行动启动】 6月13日，举行“创城有我 文明有我”——延庆乡亲文明公约全民行动暨创城四大专项行动启动仪式。区委宣传部负责人部署创建全国文明城区四大专项行动。会议号召全区群众积极践行文明公约，用实际行动参与创城，营造人人参与创城、人人崇尚文明的良好社会氛围。志愿者代表现场诵读《延庆乡亲文明公约》并开展“践行文明公约 全民助力创城”文明传递。与会领导和志愿者参与擦拭、码放城区自行车。区四套班子领导及志愿团队代表、商户代表、公共文明引导员、延庆乡亲代表等300余人参加活动。

（时雨）

【区领导督查创城工作】 7月2日，陈合安带队，对儒林街道儒林苑社区、永安社区进行实地督查。8月31日，区四套班子领导对草场街、永安社区、新风路口、石河营西社区创城调研。11月16日，于波检查高塔社区创城工作。11月19日，穆鹏以“四不两直”方式对日上市场创城调研，制定区领导周督查制度，区领导陈合安、李军会、张远、黄克瀛、刘瑞成、董亮分别在早上7点至8点时间段进行督查。

（时雨）

【暑期文明实践活动】 7月19日，举办“迎国庆 展形象”——争当社区文明小使者活动启动暨“小手拉大手，垃圾分类齐动手”暑期文明实践活动，旨在向广大市民宣传绿色环保理念。暑假期间，开展“喜迎国庆 扮靓家园”志愿服务、童心绘世园画冬奥等150余场未成年人教育活动，丰富中小学生暑期生活，全面加强未成年人思想道德建设。

（时雨）

【“看今朝·中华人民共和国成立70年 丝路大V北京行”走进延庆】 8月20日，2019年“看今朝·中华人民共和国成立70年丝路大V北京行”走进延庆，活动由北京市人民政府新闻办公室和国际在线联合主办，来自柬埔寨、加拿大、印度尼西亚、伊朗、德国、肯尼亚、韩国、缅甸、巴基斯坦、俄罗斯、塞尔维亚、泰国、土耳其等13个国家60余名资深媒体人和网络大V组成“丝路大V参访团”，先后参观世园会园区世园小镇、延庆生态文明建设成果展和野鸭湖湿地自然保护区，充分感受延庆区自然生态保护工作和生态文明建设辉煌成就，延庆绿色生态产业发展前景，领略延庆区“用生态赢得未来”理念生动实践。

（时雨）

【多部门联合夜查互联网营业场所】 8月21日晚，多部门联合夜查互联网服务营业场所。区人大主管领导带队，到城区及康庄镇8家网吧进行联合执法检查。检查组分别对互联网营业场所《网络文化经营许可证》和营业执照、严禁未成年人进入、上网人员身份证登记、室内控烟、消防设施以及安全疏散通道等情况进行检查。区委宣传部、文明办、文旅局、教委、公安局、市场监管局、消防支队、卫健委等部门主管领导参加检查。

（时雨）

【交通秩序整治行动】 9月，区创城办联合交通支队对新风路口、东关路口、一中路口、区医院东南路口等重点道路路口及百佳商厦人行横道、环球新意东门、东外小区门口斑马线作为试点，开展集中整治行动，重点治理非机动车和行人，加大对不文明交通行为处罚力度。联合区融媒体、微信、抖音等平台，制作播出“交通红黑榜每天一分钟”栏目，加大正面及负面曝光强度。活动持续至年底。

（时雨）

【“门前三包”执法行动】 9月，区创城办牵头，联合区城管委、城管执法局、百泉街道、儒林街道、香水园街道和延庆镇组成检查组，开展联合执法。对辖区内重点地区、点位开展集中整治，对检查中发现的问题，执法人员现场下达整改通知，要求限期整改，对到期不能整改到位的商户，依法进行处罚。

（时雨）

【2019北京重阳节延庆系列文化活动】 10月6日，“孝满京城 德润人心”2019北京重阳节延庆系列文化活动在大庄科乡慈母川村举办。活动内容包括文艺演出、“登慈山，走孝道”“送福添寿”书法美术作品赠送等。活动由市委宣传部、首都文明办、市老龄工作委员会、市老干部局和区政府主办。市老龄协会会长及区委主管领导出席。

（时雨）

【创建全国文明城区“攻坚行动”推进会】 10月25日，创建全国文明城区“攻坚行动”推进会召开。会议部署创城“攻坚行动”工作，包括总体情况、测评体系变化、整体形势分析、存在主要问题、近期工作要求等5个方面。对《2019年全国文明城区测评体系操作手册》进行培训。全区二级班子单位领导、窗口行业单位创城负责人、各社区居委会主任、啄木鸟督查队、文明引导员、志愿服务队队长等300余人参加。

（时雨）

【“十百千”文明家庭评选活动】 11月6日，区委宣传部、区文明办、区纪检委、区妇联、区融媒体中心联合组成“2019年延庆区文明家庭”评审委员会，开展文明家庭评选活动。在各单位推荐的基础上，最终，从全区申报的文明家庭中评选出10户“十佳”文明家庭、100户文明家庭示范户、1000户文明家庭。

（时雨）

【在市第二届礼让斑马线广场舞比赛中获奖】 12月19日，首都文明办联合市直机关工委、市交通委、市公安局交管局在全市开展的第二届礼让斑马线广场舞比赛中，延庆区滕蕊舞蹈队获得第二名、儒林街道青洋舞蹈队获得第三名。

（时雨）

【“延庆是我家 世园靠大家”社会动员活动】 年内，持续推进盼世园我爱我家、迎世园扮靓我家、庆世园建设我家、赞世园放歌新时代4个阶段13类33项重点活动。世园会周期组织活动4085次，参与群众261350人次。开展“新春第一课”，成立世园文明宣讲团，走进社区、农村，开展宣传世园知识、传授文明礼仪等50余场。发布《延庆乡亲文明公约》，打造“延庆乡亲”志愿服务品牌，成立7支延庆乡亲志愿服务队，开展“延庆乡亲议世园”议事活动220余场、5000余名市民参与。组织6万名“延庆乡亲”观察员参与试运行、建言世园会，依托新时代文明实践中心、所、站组织万名“延庆乡亲”同唱世园金曲、拍摄快闪视频；在妫川广场设立大屏直播开幕式盛况，4000余群众自发参加。对妫川广场不文明行为进行专项整治、开设不文明行为曝光台，组织300余名市民、中小学生、志愿者代表走进世园会园区参加《我和我的祖国》电影首映式，营造喜迎世园会、奉献世园会浓厚氛围。

（时雨）

【6条特色街巷提档升级】 年内，重点打造莲花街、广兴街（江水泉公园段）、双路南街、川北东社区东西街和格兰二期东西路、医孟路6条街为特色街区。经过设计方案征集，与属地街道多轮修改论证，完成川北东社区东西街延庆“能量·印巷”主题、莲花街“妫川古八景”主题，双路南街“诚信”主题、广兴街（江水泉公园段）“妫川轿子”主题、格兰二期东西路“延延说文明”主题、医孟路“延之游历”主题等六条特色主题街区提档升级。

（时雨）

【重点地区周末卫生大扫除开展48次】 年内，结合“不忘初心、牢记使命”主题教育、服务保障世园冬奥、社区环境整治、传统习俗氛围营造、创城工作等，分别以“干干净净过大年 周末扫除齐参与”“延庆是我家 世园靠大家”“创城有我 文明有我”“干净整洁迎七一 志愿服务进社区”“不忘初心、牢记使命”党员先锋示范系列活动暨延庆区“文明干净迎国庆 美丽妫川展新颜”等为主题，在单位办公区、门前三包责任区、主要街区、商场市场、世园周边等地，组织二级班子单位集中开展清理“三大顽疾”烟头、狗粪、痰迹，捡拾垃圾，清理卫生死角，擦拭摆放自行车，擦拭公用设施、宣传世园等48次，60000余人次参与。区四套班子领导等以普通党员身份到儒林街道胜芳园社区参与活动。

（时雨）

【公共文明引导活动】 年内，在每月的“公共文明引导日”（11日）开展环境保护、倡导文明绿色出行、推举文明有礼好乘客、生态文明十大专项行动等主题宣传活动。参与“礼让斑马线 文明延庆人”主题活动，走进宣传部机关、康安社区、民主街大队、谷家营等开展以“迎国庆展形象，做新时代文明北京人”为主题系列宣讲。组织全区120名公共文明引导员在重要交通路口、重点地区站台、主要大街开展文明排队、文明乘车、秩序维护等活动。在清明节、端午节、五一、十一等重点节假日，特别是在世园会期间，在S2线、15个公交站台、公园、世园会园区等地增设服务岗，为游客提供文明乘车、义务指路、维持秩序等服务；在城区迎宾环岛设立志愿服务岗，为游客咨询指路，提供矿泉水和简单医疗用品等。世园会期间共计服务1733852人次，帮扶受困群众56433人次，咨询指路1198486人、疏导客流840790人次，扶老携幼45195人次，处置突发事件235件、为外国友人提供帮助2584人次。

（时雨）

新时代文明实践中心建设

【概况】 北京市延庆区新时代文明实践中心是负责全区新时代文明实践中心建设试点工作的区委议事协调机构，以建设“聚人气、提心气、淳风气、树正气的新时代乡村（社区）之家”为目标，兼具“心灵加油站、乡村小课堂、惠民服务点、百姓大舞台、志愿爱心社、乡亲议事会”六大功能，是全区整合各方力量、资源下沉基层、响应群众诉求的为民服务平台，是组织动员群众、宣传教育群众、促进城乡共治共建共享的主要渠道和重要抓手。年内，为推动习近平新时代中国特色社会主义思想更加深入人心，进一步加强改进、全面提升基层宣传思想文化工作和精神文明建设，打通宣传群众、教育群众、关系群众、服务群众的“最后一公里”，全区先行先试，逐步形成“一个主线、两条路径、三个结合、四个聚焦”的工作思路，为文明实践探索经验、提供延庆样本，在全市推进新时代文明实践中心建设试点中发挥了示范作用，入选全国宣传思想文化工作案例。截至年底，共有1个区级实践中心、18个街道（乡镇）实践所、423个社区（村庄）实践站，公共服务大数据库收集群众需求656个。82个实践基地面向群众开放，47个区级单位和社会组织登录点单派单平台，发布服务项目704个，点单1667次，服务人数33221人次。

单位名称：延庆区新时代文明实践中心

地　　址：高塔街78号

电　　话：69187976

（吴宏宇）

【市“三下乡”暨区“温暖过大年”主题活动】 1月4日，2019年北京市文化科技卫生“三下乡”集中示范活动暨延庆区新时代文明实践中心“温暖过大年”主题活动启动仪式在延庆区旧县镇文体中心举行。市委宣传部、中宣部宣教局、首都文明办、市广播电视局、市文联和区委相关领导参加活动。启动仪式上，出席活动的领导为全区18个乡镇街道新时代文明实践所发放“三下乡”春节吉祥礼包。延庆新时代文明实践科技志愿服务队现场组织科普VR体验、滑雪虚拟体验、人体健康测试、智能机器人以及科普互动答题等活动，发放科普口袋书、科技与生活报刊、冬季养生宣传画、科普宣传品等2000余份，参与群众近1000人次。“花开新时代、温暖过大年”主题活动在全区82个新时代文明实践基地开展并持续至元宵。

（吴宏宇）

【延庆区新时代文明实践中心网络平台正式上线】 1月4日，新时代文明实践中心网站正式上线。平台统筹全区各类公共服务资源，涉及教、科、文、卫、体等多方面，结合大数据库以点单派单形式对全区百姓提供精准化服务，是打通“百姓服务最后一公里”有效平台。截至年底，82家实践基地，为百姓提供服务1260次，服务超市提供服务项目700多项，全年实现点单服务次数9289次，参与人数98696人次。

（吴宏宇）

【423名新时代文明实践志愿指导员集中培训】 1月19日，举行延庆区新时代文明实践志愿指导员动员培训大会。会议对全区423名新时代文明实践志愿指导员集中培训。内容包括解读《延庆区新时代文明实践志愿指导员管理办法》、区新时代文明实践中心建设试点工作，并对“志愿北京”平台志愿者注册和新时代文明实践中心网站管理及使用方法进行培训。参训学员均为全区机关企事业单位招募优秀人才，培训完成后，分别被派驻到423个村（社区）开展新时代文明实践工作。

（吴宏宇）

【市领导调研】 2月21日，市委常委、宣传部部长杜飞进带领市有关部门负责人和涉农区相关负责人到井庄镇三司村、香水园街道恒安社区新时代文明实践站和区级新时代文明实践基地——区博物馆，实地调研新时代文明实践中心建设试点和推广工作。市委宣传部副部长、首都文明办主任滕盛萍及区委领导穆鹏等陪同。在调研座谈会上，穆鹏对延庆新时代文明实践中心建设试点工作情况进行汇报；区新时代文明实践中心建设成员单位、村级新时代文明实践站代表先后发言。

（吴宏宇）

【延庆区第三届清明诗会】 4月2日，在平北抗日烈士纪念园举办“平北颂英魂，筑梦新时代”第三届清明诗会。诗会分为“抗战硝烟起”“礼赞英雄谱”“筑梦新时代”3个篇章；参加诗会表演的有革命将领的后代、中小学生和诗歌爱好者。全区中小学生、志愿者、干部群众代表300余人参加活动。

（吴宏宇）

【世园会主题知识竞赛活动】 4月25日，“延庆是我家 世园靠大家”主题知识竞赛举行。比赛包括党的十九大报告、世园知识应知应会等内容。423支村庄和社区代表队参赛，6支队伍进入决赛。最终香水园街道代表队获得一等奖，康庄镇、八达岭镇代表队获得二等奖，珍珠泉乡、百泉街道、井庄镇获得三等奖，千家店镇获得最佳组织奖，康庄镇程红红获得最佳风采奖。

（吴宏宇）

【首个新时代文明实践推动日活动】 5月25日，是北京市首个新时代文明实践推动日。延庆区作为全市唯一的新时代文明实践中心建设试点，开展围绕学习落实习近平总书记在2019北京世园会开幕式上重要讲话精神的新时代文明实践活动。18个乡镇街道新时代文明实践所、423个村庄社区新时代文明实践站，同步开展“学总书记世园讲话，议咱延庆生态未来”新时代文明实践推动日主题活动，近5万名“延庆乡亲”参加活动并做出“生态文明见行动”的承诺。

（吴宏宇）

【新时代文明实践案例编写工作交流会】 7月24日，新时代文明实践案例编写工作交流会召开。会议邀请前线杂志社、区文联、区融媒体中心部分作者在融媒体新址，与相关案例提供者进行采访交流，并承担《北京市延庆区新时代文明实践中心建设试点工作案例选编》（以下简称《案例选编》）的撰写工作。《案例选编》设6个主题，收录59个案例，截至年底，印刷出书5000册。

（吴宏宇）

【创城创森扫黑除恶知识竞赛】 7月25日，开展“文明城市、森林城市、你就是这座城市”创城、创森、扫黑、除恶全民知识竞赛。旨在以2019北京世园会开园为契机，在全区掀起“我为世园作贡献 我为冬奥添光彩”的参与热潮。共有20名选手进入半决赛，康庄镇、沈家营镇、香水园街道、旧县镇、延庆镇、张山营镇6支代表队进入决赛，最终香水园代表队获得冠军。

（吴宏宇）

【新时代文明实践第三方测评】 9月11日至20日，委托第三方公司对各乡镇（街道）、村（社区）新时代文明实践工作进行全方位评估检查，核实工作进度和工作效果，查缺补漏。旨在确保新时代文明实践工作在基层落到实处，完成中央和市委交办的试点任务。

（吴宏宇）

【新时代群众自创大赛决赛】 12月31日，以“百姓齐欢歌、礼赞新时代”为主题的首届延庆群众自创节目大赛决赛举行。活动于11月中旬启动，内容与创城、创森、扫黑除恶和习近平新时代中国特色社会主义思想相结合。区委宣传部和新时代文明实践中心面向全区18个乡镇街道，432个村庄（社区）新时代文明实践所、站，征集群众自创节目，旨在展示群众文艺成果、丰富群众文化生活、壮大群众文艺队伍、培养群众文艺人才、提高群众文艺水平，引导群众在文化建设中自我表现、自我教育和自我服务。15个优秀节目参加决赛，最终香水园街道的舞蹈《有你最美》、井庄镇的相声《你上榜了》和百泉街道的舞蹈《映日荷花戏妫河》获得一等奖。

（吴宏宇）

【四家新时代文明实践基地挂牌】 年内，经区新时代文明实践中心审核通过，为悦游工坊文化体验基地、墨墨祝福志愿者协会、永宁泽润公益图书园、“延庆蓝”志愿服务岗亭颁发新时代文明实践基地牌匾。截至年底，全区新时代文明实践基地增至82个。

（吴宏宇）

【延庆区新时代文明实践主题活动、实践日活动】 全年共举行“花开新时代 温暖过大年”“延庆是我家 世园靠大家”“延庆美如画 文明会说话”“同心祝福祖国 用情扮靓家园”四期延庆区新时代文明实践集中主题活动，举行“学总书记世园讲话 议咱延庆生态未来”“从美丽世园到冰雪冬奥”“一颗红心 绿色生活”“整治人居环境 共建美好家园”“扮靓妫川家园 共庆祖国华诞”“党员群众面对面 践行使命心连心”“学习‘三会’谈变化 百姓凝心谋发展”七期新时代文明实践推动日活动，新时代文明实践中心建设工作向纵深发展。

（吴宏宇）

统一战线

【概况】 中共北京市延庆区委统一战线工作部（简称“区委统战部”）是区委主管统一战线工作的职能部门，统一管理民族宗教侨务工作，对外加挂区民族宗教侨务办公室（简称区民宗侨办）牌子；中共北京市延庆区委台湾工作办公室（北京市延庆区人民政府台湾事务办公室，简称“区委台工办〔区政府台办〕”），与区委统战部合署办公，负责全区对台工作；北京市延庆区海外联谊会，负责全区海外联谊工作；北京市延庆区党外知识分子联谊会，负责全区党外知识分子联谊工作。年内，区委统战部以习近平新时代中国特色社会主义思想为指导，深入贯彻习近平总书记关于加强和改进统一战线工作的重要思想和《中国共产党统一战线工作条例（试行）》要求，围绕中心、服务大局，进一步彰显统一战线价值，展现统一战线作为。全年召开领导小组全体会 1 次、专题会 5 次，研究议题 14 个；常委会研究统战工作 3 次，议题 5 个。推进民族村经济发展，在全区低收入村建立“同心卫生室”21 个。加强民族宗教领域风险防控，开展民族宗教群体事件应急演练 1 次，对宗教活动场所、清真食品经营网点开展检查 220 余次，联合执法 18 次，处罚 3 起。港澳台侨事务宣传报送 17 条，刊登 2 条，其中“延庆赴高雄龙舟赛信息”在 2019 年第 10 期总第 268 期的《两岸关系》刊发。开展“2018 北京延庆端午文化大舞台京台社区交流”和“2018 年北京延庆冰雪文化京台社区交流”两项活动；打造“长城连心、妫水延情”特色品牌；推出“京台端午龙舟赛”“香港大学生长城知旅”等特色项目。全年接待各界代表人士 20 批 1995 人次。

单位名称：中共延庆区委统战部

地　　址：延庆镇新城街 2 号

电　　话：69103030

（陈鸽）

主要工作和活动

【统战各界代表人士新春座谈会】 1 月 30 日，统战各界代表人士新春座谈会召开。会议总结 2018 年工作，立足服务保障赛会和高质量绿色发展两大目标，明确 2019 年重点工作任务。区长于波通报 2018 年延庆区经济社会情况，统战各界代表人士围绕服务保障世园会筹办举办和区域高质量绿色发展建言献策。穆鹏代表区委、区政府对统战各界人士为延庆经济社会发展作出的贡献表示感谢，并对各界代表提出的意见建议进行回应。全区各民主党派负责人及无党派、宗教界、非公经济和新的社会阶层等统战各界代表人士 24 人参加座谈。

（陈鸽）

【区委统战工作领导小组（对台工作小组）会】 5 月 17 日，区委统战工作领导小组（对台工作小组）全体会召开，穆鹏主持会议并讲话。会议传达中央、市委关于统战工作会议精神，部署全区民族宗教和对台工作，审议全区落实宗教督查整改工作情况报告。全区 46 家成员单位参会。

（陈鸽）

【区党外知识分子联谊会换届】 6 月 27 日，区委统战部组织召开党外知识分子联谊会换届大会暨第二届理事会第一次会议。会议听取换届大会筹备工作情况报告，审议第一届理事会工作报告，选举产生区知联会第二届理事会会长、常务副会长、副会长、秘书长人员。陈洪当选会长。

（陈鸽）

【庆祝中华人民共和国成立70周年主题教育活动】 7月5日至6日，区委统战部组织全区各民主党派代表人士40余人赴河北省西柏坡、李家庄和正定县塔元庄村开展“同心同行70年·坚定不移跟党走——延庆统一战线庆祝中华人民共和国成立70周年”主题教育活动。全区各民主党派代表人士40余人参加。

（陈鸽）

【民主协商会】 7月9日，区委统战部组织召开构建全区绿色“高精尖”经济结构民主协商会。会议明确要切实吸纳有价值的意见建议，维护“亲清”政商关系，助力延庆企业健康发展，真正实现把延庆的“绿水青山”转化为“金山银山”。于波等区领导出席，全区党外代表人士和企业负责人代表18人参会。

（陈鸽）

【河北大学英雄朗诵团到区展演】 7月11日，区委统战部邀请河北大学新闻传播学院英雄朗诵团到延庆开展“不忘初心 牢记使命”巡回展演活动。演出以舞台朗诵阐释“英雄”形象、“英雄”精神和“英雄”内涵，激励统战各界和统战干部不忘初心、牢记使命。统战各界代表人士200余人观看展演。

（陈鸽）

【党外代表人士座谈会】 8月27日，区委统战部组织召开党外代表人士座谈会。会议通报全区当前经济形势和下半年经济工作情况，围绕“助推地区高质量绿色发展”征求参会代表人士意见。穆鹏等区领导出席，全区各民主党派人士、无党派人士和工商联代表18人参会。

（陈鸽）

【统战干部培训】 8月29日，统战干部培训班在区社会主义学院开班。课程涉及习近平新时代中国特色社会主义统战思想、统战工作概述、宗教工作、港澳台统战工作等内容。区委统战工作领导小组成员单位、各乡镇（街道）主管统战工作领导等110人参训。

（陈鸽）

【基层统战工作知识“送课上门”】 9月，区委统战部启动基层统战工作知识“送课上门”活动，实现年内18个街道、乡镇统战工作人员统战知识培训全覆盖。

（陈鸽）

【党外代表人士75人参加培训】 9月16日，区委统战部和延庆区社会主义学院联合举办的2019年延庆区党外代表人士培训班开班。培训以习近平新时代中国特色社会主义思想为主，邀请国防大学、北京大学教授解读最新国际形势和经济政策。全区统战各界代表人士75人参训。

（陈鸽）

【党外代表人士参加国庆70周年庆祝活动】 10月1日，延庆10名党外代表人士到天安门广场观礼台参加阅兵式观礼。延庆非公有制经济企业91科技集团参与国庆70周年阅兵群众游行活动。10月14日和24日，区委统战部组织统战各界代表人士2批次40余人参观庆祝中华人民共和国成立70周年大型成就展。

（陈鸽）

【区党外知识分子联谊会3家分会成立】 10月31日，区党外知识分子联谊会医疗卫生分会成立，选举产生医疗卫生分会领导班子成员，申赟魁当选会长。11月15日，区党外知识分子联谊会教育分会成立，选举产生教育分会领导班子成员，徐红梅当选会长。11月22日，区党外知识分子联谊会新的社会阶层分会成立，选举产生新的社会阶层分会领导班子成员，薛雪菲当选会长。

（陈鸽）

【5家“科技小院”挂牌】 年内，区委统战部聚焦扶贫攻坚、精准帮扶工作，整合统战优势推动“科技小院”建设。截至年底，全区建立“科技小院”6家，其中5家挂牌。

（陈鸽）

港澳台侨事务

【京台联合志愿服务】 2月18日，延庆区志愿服务联合会与台湾实践大学高雄校区会计暨税务学系在高雄签订《2019京台志愿合作交流项目框架性合作协议》。6月6日，台湾实践大学高雄校区6名学生到世园会园区开展志愿服务活动，用实际行动践行合作协议内容。

（韩玉梅）

【端午文化节京台基层交流】 6月6日，区台办邀请33名台湾里长、里民参加第十一届北京端午文化节开幕仪式，台湾同胞代表将爱河水与来自长城文化带沿线八地之水融为一体注入妫汭湖，表达全国人民对2019世园会的美好祝愿。

（韩玉梅）

【京台龙舟交流赛】 6月6日，第十一届北京端午文化节暨京台妫水龙舟交流赛在区夏都公园举行。高雄10名龙舟队员与延庆10名社区居民共同组成京台龙舟联队参加比赛，获得第七名。8月3日，首届北京“兄弟杯”京台社区龙舟交流赛在台湾高雄左营莲池潭隆重举办，延庆社区龙舟队与4支高雄社区队共同参赛。

（韩玉梅）

【港澳台侨界人士参观世园会】 6月6日，33名台湾同胞应区台办邀请参观北京2019年世园会，体验生态文明发展成果。7月2日，14个国家和地区的23名海外华文媒体嘉宾参观世园会、蔡家河流域和平原造林工程景观，考察生态文明建设发展成果、经济社会发展成就以及筹建冬奥会情况。事后通过20个海外华文媒体刊发世园会、冬奥会、生态文明建设成果等主题的信息90余篇。9月30日，港澳台侨界代表人士370余人参观世园会。

（韩玉梅）

【冰雪节跨年京台基层交流】 12月29日，应区台办邀请，30名台湾同胞到延庆体验冰雪，感受冰雪魅力，参加2020年全国新年登高健身大会活动，共庆2020年新年。

（韩玉梅）

机构编制

【概况】 中共北京市延庆区委机构编制委员会办公室（简称“区委编办”）为中共北京市延庆区委机构编制委员会（简称“区委编委”）的常设办事机构，承担区委编委日常协调服务工作，设综合科（监督检查科）、机构编制管理科2个内设机构和北京市延庆区机构编制信息管理中心1个事业单位。年内，完成区级党和国家机构改革，优化43个党政机构设置并印发“三定”规定，深化4个区委、区政府直属且承担行政职能的事业单位改革，撤销5个区委派出工委，将职责交由区直机关工委承担，具有行政审批职能的23个部门全部设立行政审批科，全部实现“一科办理”。区级党政机构、议事协调机构、内设机构、处级领导职数、科级领导职数均按一定标准精简，其中党政机构减少3个，议事协调机构减少36个。全区内设机构减少70个，处级领导职数减少6正12副，科级领导职数减少75正10副。根据职责划转情况，加大部门间、层级间编制统筹调配力度，着力“减上补下”，为部分区级部门和各街道增加编制，基本实现机构设置和领导职数“精细控制”，各类编制资源“科学统筹”的目标。年内，印发并公布北京市延庆区政府部门权力清单，包含市区共同行政职权932项、区级独有行政职权310项，涉及全区34个部门。其中行政许可224项、行政强制146项、行政确认69项、行政征收14项、行政给付57项、行政裁决7项、行政检查310项、行政奖励25项，其他类职权390项。截至年底，全区有事业单位法人312个。

单位名称：中共延庆区委编办
地　　址：延庆镇西街 2 号
电　　话：69102430

（韩雪）

【机构改革涉及的 18 个行政单位全部挂牌】 3 月 19 日，中共北京市延庆区委机构编制委员会办公室挂牌，区委组织部长出席仪式。3 月 21 日，全区新组建、重新组建及更名的 18 个行政单位全部挂牌。在机构挂牌的同时，部门领导同步到位、办公场所同步调整、配套工作同步展开。

（韩雪）

【机构编制管理】 年内，区委编办深入推进全区综合行政执法改革，印发《关于调整组建北京市延庆区部分领域行政执法机构的通知》，整合组建区市场监管、生态环境、文化市场、交通运输、农业、住房和城乡建设等 6 支综合执法大队，为区城市管理综合行政执法监察局和区卫生和计划生育监督所进行更名。会同区教委、区财政局、区人力资源社会保障局联合印发并组织实施《延庆区创新和规范中小学、幼儿园编制配备实施方案》，在严控总量的前提下最大限度盘活教育系统存量编制，将编制资源发挥最大效能。

（韩雪）

【推动事业单位改革】 年内，区委编办推进全区事业单位改革，印发《延庆区事业单位改革组织实施工作方案》，组织召开动员部署会，压实主体责任；深入推进经费自理事业单位改革，承接国有企业和事业单位改革专项小组办公室职责，组建延庆区经费自理事业单位改革工作专班，组织协调相关工作，进一步推进事企分开、管办分离。

（韩雪）

【街道管理体制改革完成】 年内，区委编办完成街道管理体制改革。印发《延庆区街道管理体制改革方案》和三个街道“三定”规定，在街道机构设置“三室一队三中心”，同时加强街道工作人员力量，从区级部门统筹调剂 27 名行政编制至三个街道，并明确三个街道所属事业单位职责、编制和职数等事项；推进乡镇机构改革试点。印发《延庆区井庄镇机构改革试点实施方案》，指导井庄镇拟订“三定”规定，并以区委办公室、区政府办公室名义印发。

（韩雪）

【议事机构管理】 年内，区委编办进一步加大撤并整合力度，规范管理机构改革后保留的 48 个议事协调机构；针对新组建的 12 个区委决策类议事协调机构，制定组成人员名单和专项小组名单，以区委办公室名义发文明确；参照决策类议事协调机构管理方式，进一步加强管理其他议事协调机构，督促各主责牵头单位及时做好备案工作；从审批管理的源头严控议事协调机构数量，能通过联席会议协调的，原则上不再设立议事协调机构。

（韩雪）

政策研究与深化改革

政策研究

【概况】 中共北京市延庆区委研究室（简称“区委研究室”，挂中共北京市延庆区委全面深化改革领导小组办公室牌子），主要负责全区调查研究的组织协调、区委重要文稿起草等工作。内设综合科（调研科）和政策研究中心（挂改革研究中心牌子）。年内，完成区委主要领导在区委二届九次、十次全会和不忘初心牢记使命总结大会、2019 年党委系统工作会、全区老干部工作会等全区重要会议上的讲话材料，区委主要领导在市委全会、区委书记月度点评会等全市重要会议上的发言材料以及高质量绿色发展、新时代文明实践中心建设等领域文稿 80 余篇。

单位名称：中共延庆区委研究室
地　　址：延庆镇湖北西路 1 号
电　　话：69104054

（张鹏）

【调研成果获奖】 年内，在《京郊调研》《北京调研》刊发调研成果《延庆区刘斌堡乡推进精品民宿产业发展调研》，得到市领导批示肯定。编印《2018 年度优秀调研成果汇编》，编发《延庆调研》20 期，完成党建调研 2 篇，《关于在服务保障冬奥会世园会筹办中发挥基层党组织社会号召力的思考》获全市郊区党建征文三等奖。

（张鹏）

【编发政策建议性文章 10 篇】 年内，编发《完善接诉即办工作机制的经验借鉴和工作建议》《世园会后续利用与可持续发展的经验介绍》《冰雪产业链全景与我国冰雪产业发展现状研究》《无人机产业链全景与无人机产业发展趋势研究》《智慧能源与能源互联网产业发展全景分析》等 10 篇政策建议性文章。

（张鹏）

深化改革

【概况】 中共北京市延庆区委全面深化改革委员会办公室（简称区委改革办），作为常设性工作机构设在区委研究室，一个机构、两块牌子，主要负责处理区委全面深化改革委员会日常事务，对各专项工作统筹、协调、督促、检查和推动。年内，着力健全改革领导机制，共组织召开 3 次区委深改委会议，发布实施改革文件 30 余件，推动 28 项改革工作要点任务全部完成。全面加强改革统筹谋划，制定印发《关于认真学习贯彻党的十九大精神坚定不移将首都改革推向深入的实施意见》的实施方案、《关于全面深化改革、扩大对外开放重要举措的行动计划》，结合实际分别确定 221 项和 99 项改革举措，细化改革的“路线图”“施工图”，明确未来一段时期延庆全面深化改革的思路方向与重点任务，同步抓紧抓实改革督察督办，确保重大改革事项落地见效。深入学习贯彻党的十九届四中全会、市委十二届十次全会精神，对标对表市委《实施意见》，制定延庆区委关于深入贯彻落实《中共北京市委贯彻〈中共中央关于坚持和完善中国特色社会主义制度、推进国家治理体系和治理能力现代化若干重大问题的决定〉的实施意见》的若干措施，部署 14 个方面 58 条 445 项具体任务，明确未来一段时期延庆推进治理体系、治理能力建设的顶层设计和任务书。加强改革总结宣传，围绕新时代文明实践中心试点、长城文化带建设、民宿产业发展、融媒体中心改革等特色亮点撰写改革交流文稿，全年有 4 篇在《北京改革情况交流》上刊发，其中《延庆融媒体中心媒体融合案例入选国家广电总局典型案例汇编》，并获得市委宣传部主要领导专门批示。

单位名称：中共延庆区委改革办
地　　址：延庆镇湖北西路 1 号
电　　话：69143273

（张鹏）

【深化改革领导小组第十二次（扩大）会议】 3 月 6 日，区委全面深化改革领导小组召开第十二次（扩大）会议。审议通过《区委全面深化改革领导小组 2018 年工作总结报告》《区委全面深化改革领导小组 2019 年工作要点》《延庆区落实〈关于认真学习贯彻党的十九大精神 坚定不移将首都改革推向深入的实施意见〉的实施方案》《延庆区关于全面深化改革、扩大对外开放重要举措的行动计划》《交通局下属国有企业产权移交及优化资产配置的工作方案》等文件。

（张鹏）

【深化改革委第一次（扩大）会议】 6 月 28 日，区委全面深化改革委员会召开第一次（扩大）会议。审议通过《中共北京市延庆区委全面深化改革委员会工作规则》《中共北京市延庆区委全面深化改革委员会专项小组工作规则》《中共北京市延庆区委全面深化改革委员会办公室工作细则》《关于区委全面深化改革委员会专项小组的设置方案》《区委全面深化改革委员会督察办法（修订）》《延庆区文联深化改革方案》等文件，听取关于区委全面深化改革任务整体进展情况的汇报。

（张鹏）

【深化改革委第二次会议】 10月10日，区委全面深化改革委员会召开第二次会议。听取全区机构改革方案落实情况的汇报，审议通过《关于开展延庆区区属机关事业单位所办企业清理规范工作方案》、建设京张体育文化旅游带相关文件。

（张鹏）

老干部管理与服务

【概况】 中共北京市延庆区委老干部局是区委管理全区离退休干部工作的工作机构，归口区委组织部管理。设综合科、服务指导科、延庆区老干部活动中心、延庆区关心下一代工作中心4个科室。服务管理离休干部81人，其中本地73人、代管4人、易地安置3人、自缴费1人；副处级以上退休干部1145人，其中副区级以上35人、正处级468人、副处级642人。年内，认真贯彻落实中办《关于进一步加强和改进离退休干部工作的意见》、京办《关于进一步加强和改进离退休干部工作的实施意见》和京延办《关于进一步加强和改进离退休干部的实施细则》，加强离退休干部政治建设、思想建设和党组织建设，组织引导老同志为党和人民事业增添正能量，用心、用情做好离退休干部服务工作。元旦、春节期间，对全区离退休干部进行普遍慰问，发放慰问品及学习材料。组织全区81个单位800余名处级及以上退休干部参观北京世园会；组织离退休干部开展“喜迎世园会”“庆祝中华人民共和国成立70周年”“不忘初心 牢记使命”等系列活动；编印并内部发行《画说2019——延庆区2019年离退休干部工作集锦》1250册。

单位名称：中共延庆区委老干部局
地　　址：延庆镇香苑街107号院
电　　话：69144298

（王晓吉）

【老干部工作会】 1月31日，2019年老干部工作会召开。会议贯彻落实全国老干部局长会议精神，总结部署全区老干部工作。于波通报2018年全区经济社会发展情况和2019年重点工作，康庄镇党委介绍做好老干部工作的经验做法，离退休干部代表畅谈发挥作用开展增添正能量活动的感悟体会。区委、区政府主要领导出席会议。区老干部工作领导小组成员，全区处级班子单位党委（党组）书记、主管老干部工作的负责人，离退休干部代表等近300人参加会议。

（王晓吉）

【离退休干部兴趣团队党支部成立】 4月16日，延庆区离退休干部兴趣团队（功能型）党支部成立大会举行。新成立8个（功能型）党支部，共有党员125名，隶属于延庆区直机关党委，由延庆区老干部文化艺术服务联合会党委领导和管理。

（王晓吉）

【老干部摄影书画展】 8月16日，“《行走妫川·乡村记忆》暨纪念中华人民共和国成立七十周年”摄影展开展，展出作品150幅、实物50件。9月26日，“庆70华诞、贺精彩世园”盛会情缘书画展开展，展出作品192幅，其中书法129幅、国画63幅。

（王晓吉）

【老干部文艺演出】 9月27日，“不忘初心、牢记使命”延庆区老干部庆祝中华人民共和国成立70周年文艺演出在区文化馆举行。市委老干部局、市委农工委离退休干部处、市农林系统老干部活动中心及区内12家相关单位领导出席。区级退休干部、离退休干部党支部书记、老干部社团组织代表、老年大学学员代表等200余人参加活动。

（王晓吉）

【重阳节慰问】 9月底，区委老干部局组成6个慰问小组，对接管服务的破产转制企业离休干部、75岁以上区级离退休干部和老干部局机关离休干部共44人进行入户走访慰问，为他们送去节日的问候和祝福。

（王晓吉）

【全区重点工作进展情况通报会】 11月19日，穆鹏向离退休干部通报世园会、冬奥会筹办举办服务保障等重点工作进展情况。区级离退休干部代表、老干部党支部书记代表、军休所离退休干部代表、处级退休干部代表及区委老干部局机关党员干部等120余人参加通报会。

（王晓吉）

【为离退休干部服务】 年内，为离休干部和区级退休干部购买家庭保洁服务支出2.6458万元。为破产转制困难企业离休干部上缴医疗保险金207.75万元，核算发放住房补贴2.30万元、物业补贴5.154万元、取暖补贴5.05万元。为11位抗战时期离休干部做好提高护理费的审批工作。看望生病住院老干部164人。为老干部送生日祝福127人。

（王晓吉）

党　　校

【概况】 中国共产党北京市延庆区委员会党校（简称“中共延庆区委党校”），是在区委直接领导下培养党员领导干部和理论干部的学校以及党的哲学社会科学研究机构，下设办公室、培训处、学员管理处、科研处、教务处、学生处、后勤保障处和教研室8个处室，分别负责日常党务行政、干部培训、成人学历教育、科研资政、学生教育管理、后勤保障和教学科研工作。年内，落实中央和市委、区委决策部署，成立校务委员会，理顺了领导体制。机关总支部委员会完成换届选举。如期完成区委巡察意见整改落实工作。深入开展“不忘初心、牢记使命”主题教育，组织理论中心组学习19次，专题研讨6次、调研成果交流1次，对照党章党规找差距专题会1次，集体学习24次，各支部处室自学近30次、开展主题党日活动20次。全面梳理完善学校各项工作制度和工作流程近40项，提升了管理服务制度化科学化规范化水平。严格落实从严治党主体责任，创新开展“党性提高年”活动，召开领导班子警示教育专题民主生活会1次、全校警示教育大会1次，参观“德蕴清风”警示教育基地2次，不断营造风清气正的良好环境。年内共举办各类培训班28期，培训学员近7000人次。

单位名称：中共延庆区委党校
地　　址：延庆镇庆园街69号
电　　话：69103148

（徐辉）

【主业主课】 年内，坚持以习近平新时代中国特色社会主义思想为培训中心内容，形成“1+22”课程体系。贯彻落实《区委党校党性教育大纲》，突出政治训练、政治历练。结合“不忘初心，牢记使命”主题教育活动和庆祝中华人民共和国成立70周年活动组织学员进行党性锻炼，增强党性修养，涵养爱国情怀。邀请7位区级领导进课堂指导本地实践，解答难点问题。探索翻转课堂、行动学习、访谈教学、从政经验交流等新教法。采取“精选题、真调研、严结项、强转化”四阶段措施，学员调查研究能力和决策咨询质量不断提高。完善各项培训制度，初步形成以《主体班教学管理制度》为主体的“1+N”培训制度体系。

（蔺天娇）

【开发新课程16门】 年内，围绕《十三五期间重点课程开发指导目录》及习近平新时代中国特色社会主义思想，开发16门新课。其中

《习近平新时代中国特色社会主义思想概论》《习近平生态文明思想》由区委组织部推荐到市委组织部参评全国好课程评选，《<习近平总书记“不忘初心、牢记使命”重要论述>导读》《〈党委会工作方法〉导读》被列为区委常委会会前学习课程。围绕“绿水青山就是金山银山”实践创新基地，开发南荒滩精神等延庆特色的现场教学课程。

（王建军）

【师资队伍建设】 年内，制定培训方案，组织骨干师资赴延安举办异地学习培训班。推进名师工作室工程建设，资助骨干教师出版理论著作1部。

（王建军）

【教学大赛】 年内，开展延庆区党校系统教学大赛。在15门课程中评出一等奖1门，二等奖2门，三等奖3门，优秀奖6门。

（王建军）

【理论研究成果】 年内，校内课题结项13项，北京市委党校系统重点调研课题结项2项，北京市思想政治工作研究会课题结项1项，北京市社会主义学院年度课题立项1项。公开发表学术文章11篇。向区委、区政府呈送《党校送阅件》9期，获区领导17人次批示。

（邓国军）

【新时代文明实践站（所）理论宣讲】 年内，开展新时代文明实践中心理论宣讲，组建讲师团，整合60多门课程，列入服务超市10门课程，到各站（所）开展理论宣讲60余场次，其中到村和社区新时代文明实践站宣讲13次。

（王建军）

【基层党校规范化建设】 年内，制定并落实《延庆区乡镇、街道、系统党（工）委党校规范化建设指导意见（试行）》和《区委党校联系街乡工委党校制度》，按照“六有”的办学要求指导基层党校逐步实现规范化建设。截至年底，全区22家乡镇、街道、工委党校共举办培训班次240多期，累计培训党员干部28000余人次。

（焦丽艳）

【成人教育】 年内，中央党校战略哲学专业毕业23人。北京市委党校经济管理专业毕业55人，在校2个班共计113人。

（焦丽艳）

【服务保障世园会】 年内，建立1+3服务保障机制，实现13000余志愿者的住宿安全、饮食安全和人身安全，保障50余名办公人员的日常办公安全有序运转。

（王建军）

党史研究

【概况】 延庆区史志办公室（简称区史志办），是区委系统党史、地方志工作的职能部门，下设党史科、志鉴科和综合科。年内，进行《延庆党史》深度修改，完成第三次统稿，搜集整理随文图片和表格数据。开展党史宣传工作，与区融媒体中心合作，在《延庆报》连载《延庆革命史》。参与红色文化建设，组织编写《延庆红色故事集》。

单位名称：延庆区史志办公室
地　　址：延庆镇新城街2号
电　　话：69103604

（孙越凡）

【红色文化建设】 10月，配合宣传部完善《延庆区红色文化建设工作方案》和任务分工，制定《区史志办红色文化建设工作方案》，启动重修《延庆革命史》工作，筹划《延庆红色故事集》，筹备延庆党史专家库。

（孙越凡）

【《延庆党史》编写】 年内，完成《延庆党史》第三次统稿。编辑部召开8次审稿会，对初稿中存在的问题进行论证修改，同时搜集整理随文图片和表格数据。

（孙越凡）

【党史宣传】 年内，结合“不忘初心、牢记使命”主题教育活动，在延庆报连载《延庆革命史》，每期800字左右，共3期；与文联合作，举办红色评书专场演出4场、书画展览1次；在《妫川》文艺季刊开辟史志专栏，刊登史志专题文章4篇；面向社会发放《中共改革开放全景录（北京卷）》《北京改革开放实录》《中国共产党北京市延庆县历史大事记》等党史书籍40本。

（孙越凡）

社会主义学院

【概况】 延庆区社会主义学院是在区委领导下党政干部培训重要组成部分、党外代表人士教育培训主阵地、民主党派和无党派人士联合党校。学院与区委党校两块牌子、一套机构。年内，以深入贯彻落实《中国共产党统一战线工作条例（试行）》《社会主义学院工作暂行条例》为依据，突出教学与科研工作“两个重点”，做好教育培训、科研创新、队伍建设三项工作，坚持“高层次、有特色、正规化”的办学方针，坚持“爱国、团结、民主、求实”的校风，坚持一致性和多样性统一的工作主线和基本方针，落实教育培训党外代表人士的重要职责。

单位名称：延庆区社会主义学院
地　　址：延庆镇庆园街69号
电　　话：69103148

（焦丽艳）

【教育培训】 年内，开办第一期统战干部培训班和佛教协会培训班。举办2期党外代表人士培训班，组织民主党派骨干赴重庆考察学习。持续实施“杰青领航”培训项目，开展延庆区“同心圆”大讲堂系列培训。截至年底，开办培训班8期，培训800余人次。

（焦丽艳）

【科研工作】 年内，申报北京市社会主义学院2019—2020年度课题——《新时代基层社会主义学院建设研究》。完成2018—2019年度课题——《首都郊区街乡党（工）委统战工作研究》和《年轻一代民营企业家精神培育研究》。

（焦丽艳）

（栏目编辑：王新华）

延庆区人民代表大会

概　　述

北京市延庆区第二届人民代表大会常务委员会下设工作机构10个，包括：办公室、研究室、代表联络室，以及法制、财政经济、教科文卫体、城建环保、农村5个办公室，代表联络室加挂市人大代表联络处牌子，设副处级信访室，由办公室代管。年内，围绕区二届人大五次会议确定的各项任务，召开13次常委会会议，完成39项议题，依法任免国家机关工作人员103人次。区人大常委会先后对世园会冬奥会周边环境建设及整治提升、行刑衔接、基层健康卫生服务、美丽乡村建设等工作进行监督，并提出相应意见和建议。区人大各专门委员会对垃圾分类、湿地保护、学前教育、低收入户增收等工作进行监督，推动相关问题解决。接待群众来信来访92件次，其中群众来信5件次，来信来访数量同上年持平。

单位名称：延庆区人大常委会

地　　址：延庆镇高塔路70号

电　　话：69142876

（常森）

重要会议

【第十六次常委会议】　1月4日召开。会议表决通过关于接受穆鹏辞去北京市延庆区人民政府区长职务请求的决定，决定任命于波为北京市延庆区人民政府副区长、代区长。

（常森）

【区第二届人大五次会议】　1月9日至11日召开。会议听取并批准北京市延庆区人民政府工作报告；审查并批准关于北京市延庆区2018年国民经济和社会发展计划执行情况与2019年国民经济和社会发展计划（草案）的报告、关于北京市延庆区2018年预算执行情况和2019年预算（草案）的报告；听取并批准北京市延庆区人大常委会工作报告、审查并批准人大各专门委员会工作报告；听取并批准北京市延庆区人民法院工作报告、北京市延庆区人民检察院工作报告；选举于波为北京市延庆区人民政府区长。

（常森）

【第十七次常委会议】　2月28日召开。会议学习习近平总书记关于坚持和完善人民代表大会制度的重要思想；决定有关人事事项；听取并审议区政府关于2019年区政府重点工作折子工程和重要民生实事安排情况的专项工作报告，表决通过关于2019年区政府重点工作折子工程和重要民生实事安排的决议；通过北京市延庆区人民代表大会常务委员会2019年工作要点。

（常森）

【第十八次常委会议】 3月19日召开。会议决定有关人事事项。对张光临等30人次进行职务任免，接受付强辞去北京市延庆区人大常委会委员职务、冯浙军辞去北京市延庆区人大常委会委员及代表资格审查委员会委员职务的请求。

（常森）

【第十九次常委会议】 4月18日召开。会议听取区政府关于世园会冬奥会周边环境建设及整治提升工作开展情况的报告、听取并审议区政府关于全区环境状况和环境保护目标完成情况的报告、听取并审议区检察院关于开展行政执法与刑事司法衔接工作的报告、听取区法院关于案件执行情况的专项工作报告。

（常森）

【第二十次常委会议】 5月6日召开。会议表决通过关于接受谢文征辞去北京市延庆区人民政府副区长职务请求的决定，决定任命叶大华、陈桂芬为北京市延庆区人民政府副区长。

（常森）

【第二十一次常委会议】 6月6日召开。会议决定有关人事事项，对吴皓等15人次进行职务任免。

（常森）

【第二十二次常委会议】 6月27日召开。会议决定有关人事事项，听取区政府关于延庆区2019年“蓝天保卫战”攻坚计划实施情况的报告，听取并审议区政府关于提升基层卫生健康服务管理能力的报告。

（常森）

【第二十三次常委会议】 7月11日召开。会议决定任命于海宇为北京市延庆区人民政府副区长。

（常森）

【第二十四次常委会议】 7月30日召开。会议听取并审议区政府关于2018年度区级预算执行和其他财政收支审计工作的报告、关于2018年决算（草案）的报告、关于2019年上半年预算执行情况的报告、关于2019年地方政府债务限额及预算调整方案的报告、关于上半年国民经济和社会发展计划执行情况的报告，批准延庆区2018年度财政决算、2019年地方政府债务限额及预算调整方案，听取并审议区政府关于区二届人大五次会议代表建议办理情况的报告。

（常森）

【区委第二次人大工作会议】 10月28日召开，穆鹏出席会议并讲话。会议深入学习贯彻习近平总书记关于坚持和完善人民代表大会制度的重要思想，落实市委第五次人大工作会议精神，研究部署当前和今后一个时期全区人大工作。胡耀刚对区委印发的《关于延庆区新时代加强和改进人大工作的意见》作说明。于波主持会议。

（常森）

【第二十五次常委会议】 10月29日召开。会议决定有关人事事项，听取并审议区政府关于全区农村人居环境整治和美丽乡村建设情况的报告，听取并审议区政府关于2018年度行政事业单位国有资产管理情况的报告；书面审议区政府关于2018年度国有资产管理情况的报告，听取区政府关于推进居家养老医养结合服务工作情况的报告，听取区政府关于延庆区2019年推进依法行政工作情况的报告。

（常森）

【第二十六次常委会议】 11月21日召开。会议决定有关人事事项；通过关于许可对个别代表采取强制措施的决定。

（常森）

【第二十七次常委会议】 12月13日召开。会议通过北京市延庆区第二届人民代表大会常务委员会代表资格审查委员会关于代表资格的审查报告；决定有关人事事项，表决通过关于接受吴世江、董亮辞去北京市延庆区人民政府副区长职务请求的决定；通过召开北京市延庆区第二届人民代表大会第六次会议的决定；通过北京市延庆区第二届人民代表大会第六次会议的有关事项；通过2019年区人大常委会工作报告；听取A类代表建议落实情况的报告；听取区政府关于审计发现问题及整改情况的报告。

（常淼）

【第二十八次常委会议】 12月22日召开。会议决定有关人事事项；补选吕桂富为北京市第十五届人民代表大会代表。

（常淼）

【区第二届人大六次会议】 12月24日至26日召开。会议决定北京市延庆区第二届人民代表大会设立社会建设委员会，教育科技文化卫生体育委员会更名为教育科技文化卫生委员会；听取并批准北京市延庆区人民政府工作报告；审查并批准关于北京市延庆区2019年国民经济和社会发展计划执行情况与2020年国民经济和社会发展计划（草案）的报告、关于北京市延庆区2019年预算执行情况和2020年预算（草案）的报告；听取并批准北京市延庆区人大常委会工作报告，审查并批准人大各专门委员会工作报告；听取并批准北京市延庆区人民法院工作报告、北京市延庆区人民检察院工作报告；决定接受胡耀刚辞去北京市延庆区人民代表大会常务委员会主任职务的请求，接受武克、郑世华辞去北京市延庆区人民代表大会常务委员会副主任职务的请求；表决通过北京市延庆区第二届人民代表大会社会建设委员会组成人员人选；选举吕桂富为北京市延庆区第二届人民代表大会常务委员会主任，张景军、贺常荣为北京市延庆区第二届人民代表大会常务委员会副主任，吴皓、张光临为北京市延庆区第二届人民代表大会常务委员会委员。

（常淼）

监　督

【“两条例一决定”执法检查】 5月15日，开展“两条例一决定”执法检查。检查组听取有关《北京市机动车停车条例》《北京市非机动车管理条例》和《北京市人民代表大会常务委员会关于修改〈北京市实施中华人民共和国道路交通安全法办法〉的决定》贯彻实施情况的汇报，对湖北西路停车管理、停车收费系统运营、非机动车上路执法和上牌管理及交通指挥平台运行等情况进行检查。区人大常委会部分组成人员、区政府相关部门负责人、部分乡镇街道负责人参加检查。

（常淼）

代表工作

【市人大常委会主任到区调研】 4月11日，市人大常委会主任李伟到区调研。先后到八达岭镇代表之家和百泉街道湖南社区代表联络站，了解代表之家（站）建设、服务代表履职、发挥代表联系群众作用等情况。

（常淼）

【市、区两级人大代表参观世园会】 7月24日至25日，区人大常委会组织市、区两级人大代表共160余人学习习近平生态文明思想和习近平在世园会开幕式上的讲话精神，并集体参观北京世园会。

（常淼）

【“三级代表下基层、全民参与修条例”活动】 8月9日至23日，开展“三级代表下基层、全民参与修条例”活动。19位市人大代表、171位区人大代表、720位乡镇人大代表，围绕《北京市生活垃圾管理条例》修订工作，到

18 个代表之家、378 个代表联络站，征求 36768 位市民、社区工作者、物业管理者及 169 个单位的意见。

（常森）

【张建东调研】 8 月 15 日，副市长张建东以市人大代表身份到区，就《北京市生活垃圾管理条例》有关条款修订情况进行调研。张建东到香水园街道恒安社区 17 号楼，实地察看垃圾分类示范片区创建、生活垃圾分类源头排放登记试点建设等情况，听取社区相关负责人关于垃圾分类工作的汇报，并就垃圾强制减量、强制分类、增加罚则等方面立法工作与居民群众面对面畅谈，听取基层群众意见建议。于波等陪同调研。

（郭昭君）

【代表视察】 9 月 19 日，区人大常委会组织 110 余名区人大代表视察中科院电工研究所太阳能热发电基地和延庆区中医院在建项目施工情况。

（常森）

（栏目编辑：王新华）

延庆区人民政府

概　　述

2019年，在市委、市政府和区委的正确领导下，区政府坚持以习近平新时代中国特色社会主义思想为指导，深入贯彻党的十九大和十九届二中、三中、四中全会以及中央经济工作会议精神，认真落实习近平总书记对北京重要讲话精神，紧紧围绕加强首都“四个中心”功能建设、提高“四个服务”水平，抓好“三件大事”、打好“三大攻坚战”，全力服务保障中华人民共和国成立70周年系列庆祝活动，全面推进“两山”理论实践创新基地建设，聚焦聚力冬奥会、世园会筹办举办，坚持办大事、促发展、惠民生，保持经济持续健康发展和社会和谐稳定。

筹办举办冬奥会世园会。如期完成水、电、气、通信等市政设施保障和世园周边环境整治工程。世园会开园后，高效运转“1+18+414”三级指挥体系，“延庆乡亲”等各类力量投入152.5万人次，围绕“进得来、出得去、吃得上、住得下、玩得好”，常态化精细化做好交通服务、餐饮住宿、医疗卫生、应急救助、环境气象等保障工作，保证162天会期平稳运行。在推进冬奥会筹办方面，28项冬奥场馆及外围配套基础设施建设工程按计划开复工25项；国家高山滑雪中心部分竞速赛道及相关设施已交付使用，国家雪车雪橇中心主体结构完工，延庆冬奥村及山地新闻中心有序施工，综合管廊投入使用；西大庄科村改造项目开工；完成第四届国际冬季运动博览会参展工作，举办全国速度滑冰马拉松等14项冰雪赛事活动，累计组织冰雪培训进校园及群众上冰上雪5万余人次。赛会拉动作用明显。近3年固定资产投资累计545亿元，年均增长52.1%。全区路网密度处于生态涵养区领先水平。电力、燃气等供应能力实现“质的飞跃”，餐饮住宿等接待能力大幅提升，拉动旅游人数比上年增加25%，促进旅游综合收入比上年增长30%。新增园艺企业46家，为世园会20个展园展区提供园艺资材300余种1500余万株（盆）。“美丽延庆 冰雪夏都”城市品牌影响力借会持续扩大。

推动经济社会发展。环境质量显著改善，空气质量持续向好。全面落实$PM_{2.5}$冬奥承诺三年达标和蓝天保卫战行动计划。超额完成二氧化硫等5项主要污染物减排任务。世园会期间$PM_{2.5}$累计平均浓度27微克/立方米，比上年下降30.8%。水土治理成效显著。获评“全国第二批水生态文明城市”和“北京市节水型区”称号。实施生态绿环工程，玉米秸秆、园林废弃物有效利用率达98%。生活垃圾分类示范片区创建覆盖范围达到72%以上，城镇生活垃圾无害化处理率、资源化利用率分别达95%和60%以上。景观环境更加靓丽。成功创建国家森林城市，完成2.59万亩“新一轮百万亩造林”，森林覆盖率达到59.5%以上，林木绿化率达到71.89%以上，人均公园绿地面积达到46.13平方米以上。首都环境建设检查考评成绩排名生态涵养区前列。城乡建设持续推进，分区规划正式公布。严格落实北京城市总体规划，自我生态控制区面积占比从规划要求的91%提高到93.1%。启动14个乡镇国土空间规划和128个美丽乡村规划编制。城乡建设成效显著。推进下屯、南菜园1—5巷、康庄镇一二三街、小营—石河营棚改项目。延康路等13条道路新建、改扩建完工通车。完成城区夜景照明工程。第一批56个美丽乡村开工建设，5条美丽乡村风景线初现雏形。规划自然领域严肃整治。对照“七本账”，深入推进治理基层涉地乱象和涉地腐败、加强规划自然资源领域内部约束监督两个意见落实落地。坚决治理浅山区违法占地违法建设，彻查违建别墅和小产权房。“大棚房”整治通过市级验收。疏、整、促22项任务全部完成，其中有8项提前超额完成。全面推进无违建乡镇创建，拆除违建49.7万平方米，腾退土地93.2万平方米，超额完成年度任务。美丽乡村呈现新貌。全面开展农村人居环境整治，整治各类环境问题7.76万处，拆除私搭乱建24.9万平方米。第一批120个村通过市级考核验收，第二、三批248个村验收成绩排名全市第一。全域旅游加速融合发展，荣获首批“国家全域旅游示范区”“全国民宿产业发展示范区”称号。举办中国地质公园主题宣传活动、第三届北方民宿大会、首届八达岭长城文化节、第十一届北京端午文化节等200多场活动。全区旅游综合收入预计102.4亿元，接待游客预计2497.1万人次。高精尖产业发展态势良好。通过出台“1+4+4”政策，新引进企业751家，聚集现代园艺企业87家、体育科技企业74家、无人机企业16家、新能源和能源互联网企业75家。获评国家体育产业示范基地。完成12个市级实验室和研发平台建设，建立首家院士工作站，设立首支科技创新基金。深入创建“国家农产品质量安全县”，建立农产品可追溯系统与农业投入品监管体系。成功举办首届世界花卉大会、首届北京牡丹文化节、第十一届北京菊花文化节、第三届延怀河谷葡萄文化节等系列活动。创立全市首个农产品区域品牌“妫水农耕”，组织延庆优质农产品跨区巡展。“接诉即办”力解民忧，把“接诉即办”作为第一位的民生工程，实行分级协调解决机制。妥善解决延庆镇西北片区饮水、老旧电梯更新改造等一批历史遗留问题。形成“监测预警—派单转办—接单核办—官微反馈”转办闭环，监测舆情信息860件，解决处理794个民生问题。公共服务日益完善，基本完成为民办实事项目29个。城镇新增就业7738人。顺利通过北京市食品安全示范区创建。获评国家卫生城区。医疗急救呼叫满足率居全市前列。高考成绩实现新突破，公众对教育工作综合满意度全市领先。建成全民健身中心，综合整治5个老旧小区，实施621户农村危房改造工程。完善社会保障体系，参加“五险”人数同比平均增长3.39%，城乡居民养老保险续保率为98.6%。累计发放各类救助资金6979万元。出台低收入帮扶6条兜底保障措施，8278户低收入农户全部“脱低”。全民动员创建文明城区，举办城市品牌发布会，推出《延庆乡亲文明公约》，发起“向五大不文明行为宣战”系列活动，深入开展“冬奥世园先锋行动”，社会文明程度持续提升。深化街道体制机制改革，以井庄镇为试点推进乡镇管理体制改革。建立区级多功能城市管理指挥中心和乡镇（街道）分中心，加强网格化管理，下沉公安、城管等8个部门力量到基层网格。纵深推进“扫黑除恶”，加强行刑衔接，累计摸排、接报各类线索491件，打掉各类黑恶团伙28个，破获刑事案件139起，打击恶势力“保护伞”16人次，群众安全感满意度居全市前列。

加强政府自身建设。区政府党组进一步提高政治站位，研究制定理论学习中心组学习等6项制度，充分发挥党组成员“关键少数”作用，科学化、制度化、规范化水平不断提升。按照“守初心、担使命，找差距、抓落实”的总要求，深入开展“不忘初心、牢记使命”主题教育。广泛开展“一学习、两整改、四落实”大调研。认真履行全面从严治党主体责任，严格落实意识形态工作责任制。坚持会前学法，组建区委、区政府法律顾问团，政府依法办事能力进一步增强。强化审计监督，保障各类资金安全规范管理和高效使用。出台减负措施 18 条和 21 项任务，“督检考”事项由 177 项精简到 16 项，社区表格填报事项从 45 项精简到 7 项。完善政务公开全清单，初步建成政务公开标准体系。落实“9 + N”系列政策 2.0 版和 3.0 版，启用“双平台”服务管家、“服务包”系统，减税降费政策规模达到 24.16 亿元。纳入综合窗口事项 1303 项，“一窗受理”率 97.38%。23 个具有行政审批职能部门全部实现“一科办理”。“放管服”改革深入推进，1089 项事项实现“最多跑一次”“一次不用跑”。完成重点、高成长企业 155 家走访送“服务包”工作，企业诉求办结率 96.9%。信用综合指数全市排名第一，首次进入全国前 100 名。

单位名称：延庆区人民政府
地　　址：延庆镇湖北西路
电　　话：69112345

（郭昭君）

重要会议

【区政府全体会议】 1 月 21 日召开。会议贯彻落实市、区“两会”精神，部署 2019 年工作，确保全年工作开好头、起好步，努力交上服务保障赛会和高质量绿色发展两张优异答卷。区政府领导全员出席会议。

（郭昭君）

【第八十七次常务会议】 1 月 21 日召开。会议研究区政府折子工程及实事工程 2018 年完成情况和 2019 年编制情况等工作。由于波主持会议。

（郭昭君）

【第八十九次常务会议】 2 月 25 日召开。会议研究大棚房等违法占地、违法建设问题责任追究情况等工作。由于波主持会议。

（郭昭君）

【2018 年度政府绩效管理述职考评会】 3 月 3 日召开，会议对相关单位依法全面履职等工作进行述职评议。区人大常委会、区政府、区政协、区委组织部相关领导出席。

（郭昭君）

【第九十次常务会议】 3 月 4 日召开。会议研究 2019 年延庆区创建国家森林城市等工作。由于波主持会议。

（郭昭君）

【第一次总河长会议】 3 月 25 日召开。会议总结 2018 年河长制工作，部署 2019 年主要任务，传达《北京市河长制办公室关于河湖管理保护问题暗访检查和年度工作总结的报告》。穆鹏出席会议并讲话。

（郭昭君）

【市首届冬运会延庆区代表团总结会】 4 月 1 日，北京市第一届冬季运动会延庆区代表团总结大会召开。会议总结代表团参赛工作并进行表彰，部署下一阶段冰雪运动发展重点任务。区领导穆鹏、于波等出席会议。

（郭昭君）

【全域旅游示范区创建验收动员部署会】 4 月 3 日召开。会议就迎接国家全域旅游示范区创建工作市级验收进行动员部署，总结延庆区国家全域旅游示范区创建以来取得的成绩和经验，部署下一步迎检任务。于波等区政府领导出席会议。4 月 15 日，北京市国家全域旅游示范区创建验收初审评估专家团，对延庆区国家全域旅游示范区创建进行市级验收初审。

（郭昭君）

【第九十四次常务会议】 4月15日召开。会议研究2018年度全国文明城区测评情况及2019年度工作安排等事项。由于波主持会议。

（郭昭君）

【首次街道工作会议】 4月19日召开。会议深入学习贯彻习近平总书记对北京重要讲话精神，认真贯彻落实全市街道工作会议精神，安排部署全区街道工作。区四套班子领导出席会议。

（郭昭君）

【全区领导干部大会】 5月1日召开。会议传达学习习近平总书记在第二届“一带一路”国际合作高峰论坛和2019年中国北京世界园艺博览会上的重要讲话精神，以及全市领导干部会议精神。由穆鹏主持会议，于波、胡耀刚等出席会议。

（郭昭君）

【生态建设专家研讨会】 5月19日，于波主持召开延庆赛区生态建设研讨会。12名冬奥会延庆赛区生态建设顾问专家团队的专家学者及市相关部门负责人，围绕冬奥会延庆赛区生态文明建设相关工作积极建言献策，为延庆持续做好冬奥会赛区生态文明建设工作提出建议。中国工程院院士钱易以及市生态环境局、区委、区政府相关领导参加会议。

（郭昭君）

【第九十八次常务会议】 6月3日召开。会议研究2019年蓝天保卫战攻坚计划实施情况和城管执法队伍建设等工作。由于波主持会议。

（郭昭君）

【廉政工作会议】 6月24日召开。会议贯彻落实国务院、市政府廉政工作会会议精神，总结2018年廉政工作，并对2019年全区政府系统党风廉政建设和反腐败工作进行部署。由于波出席会议并讲话。

（郭昭君）

【第一百次常务会议】 6月24日召开。会议研究全区落实全面推进服务业扩大开放等工作。由于波主持会议。

（郭昭君）

【第一百零四次常务会议】 7月22日召开。会议研究2019年上半年经济社会发展情况和下半年重点工作安排等工作。由于波主持会议。

（郭昭君）

【第三十五次区政府党组会议】 7月22日召开。会议专题听取区城市管理委员会党组关于区委第三巡察组巡察反馈意见整改工作的汇报。由于波主持会议。

（郭昭君）

【第一百零六次常务会议】 8月19日召开。会议研究农村人居环境整治、低收入村户帮扶及促进农民持续增收等工作。由于波主持会议。

（郭昭君）

【第一百一十七次常务会议】 12月2日召开。会议研究延庆区“十四五”规划编制工作方案等工作。由于波主持会议。

（郭昭君）

主要工作和重大活动

【延庆区首家院士工作站成立】 1月3日，延庆区首家院士工作站——北清通航科技（北京）有限公司院士专家工作站正式成立，标志着延庆区在推动科技创新和产学研合作方面取得新进展。市科协党组成员、副主席刘晓勘为北清通航科技（北京）有限公司院士专家工作站授牌，北清通航董事长诸伟为钟山院士颁发聘书。穆鹏与制导控制技术专家、中国工程院院士钟山进行座谈。市科委、市科协、院士工作委员会、人民日报出版社相关负责人出席成立仪式。

（晏博文）

【法国金鸡集团中国总部落户延庆】 1月23日，区政府与法国金鸡集团达成合作协议，在区设立法国金鸡集团中国总部，为延庆冰雪产业发展增添新动力。法国金鸡集团董事长布鲁诺·瑟克雷、市体育局副局长孟强华、区领导于波、IDG资本创始董事长熊晓鸽等出席新闻发布会。

（郭昭君）

【北京世园局领导到区调研】 4月2日，北京世园局常务副局长周剑平一行到区，就世园会服务保障工作与区领导进行深入对接，进一步顺畅沟通机制，确保世园会园区内外联动，形成服务保障世园会强大合力。穆鹏、于波等区领导参加座谈。

（郭昭君）

【与北京控股集团座谈战略合作】 4月10日，北京控股集团有限公司党委书记、董事长田振清，党委副书记、总经理侯子波一行到区，就进一步深化战略合作与区领导座谈。穆鹏主持会议，于波等区政府相关领导参加座谈。

（郭昭君）

【区领导赴国家电力投资集团有限公司座谈】 4月18日，于波带领区相关部门负责人，到国家电力投资集团有限公司，与公司党组副书记、董事时家林等就氢能产业项目合作相关事宜进行座谈。

（郭昭君）

【北京科技大学领导到区座谈】 5月7日，北京科技大学党委书记武贵龙、校长杨仁树一行到区，就推进双方合作与区领导座谈。穆鹏、于波等出席座谈会。

（郭昭君）

【与神州数码控股有限公司签订协议】 5月10日，区政府与神州数码控股有限公司签订战略合作协议，双方围绕助力“智慧延庆”建设等内容开展合作。神州数码控股有限公司董事局主席郭为和区领导于波等出席签约仪式。

（郭昭君）

【法律顾问聘任仪式】 5月16日，举行区委、区政府法律顾问和法律专家库专家聘任仪式。其中，6人被聘为区委、区政府法律顾问，24人成为区委、区政府法律专家库成员。区委、区政府法律顾问实行聘任制，两年为一个聘期。受聘的法律顾问及法律专家库成员，根据需要参与区委、区政府重大决策的法律论证，提供法律风险评估等法律服务。穆鹏、于波等出席聘任仪式。

（郭昭君）

【与北京银行签订合作协议】 6月12日，区政府与北京银行签订全面战略合作协议。根据合作协议，北京银行将围绕延庆地区经济社会发展的各项任务，提供资金支持；支持筹办举办两大盛会；服务区域百姓，提升普惠金融服务力度；助力城市发展，共同推进延庆区经济社会发展，促进双方互利共赢。北京银行党委书记、董事长张东宁和区领导穆鹏、于波等出席签约仪式。

（郭昭君）

【与中国电力国际有限公司签署合作框架协议】 6月12日，区政府与中国电力国际有限公司签署绿色氢能产业合作框架协议。双方将以2022年北京冬奥会为契机，共同推进绿色制氢、加氢项目落地，探索氢能创新技术，促进氢能装备产业发展；并配合北京市交通委、冬奥组委会开展氢能交通示范应用，在中关村创新家园规划建设氢能产业园。签约仪式上，与会双方共同观看延庆城市形象宣传片和国家电力投资集团企业宣传片。国家电力投资集团有限公司党组副书记、董事时家林及区领导穆鹏、于波等出席签约仪式。

（郭昭君）

【区政府领导集体约谈月检查排名靠后乡镇（街道）】 6月24日，区政府主要领导对在1月至5月市级环境建设专项考评和2月至4月区级环境建设专项检查考评中靠后的香水园街道、康庄镇及大庄科乡政府（街道办）相关负责人进行集体约谈。

（郭昭君）

【中科院院士童庆禧到区考察】 6月27日至28日，中国科学院院士童庆禧一行到区，就建设院士工作站等事宜与区领导座谈。童院士介绍在延庆建设院士工作站、落户高新企业中科谱光科技（北京）有限公司以及科技项目合作等方面意向及需求。先后到延庆规划展览馆、北京马铃薯产业高科技园区和北京奶牛中心延庆基地，实地了解城乡规划和农业发展情况，并和团队共同参加“迎接中华人民共和国成立70周年，院士与青年科学家延庆行”系列讲座，为区科委、农业农村局工作人员以及区第一中学500余名学生进行“数字中国助力实现强国之梦”和遥感技术知识讲座。穆鹏、于波以及相关区委领导出席座谈会。

（晏博文）

【与4家通信公司签署“智慧延庆建设”合作协议】 8月16日，“5G赋能 助力智慧延庆建设”战略合作签约仪式在区举行。区政府分别与中国铁塔北京分公司、中国联通北京分公司、中国移动北京公司、中国电信北京公司签署战略合作协议。4家公司相关负责人表示，将一如既往地全面支持延庆区信息化基础设施建设，尽快在延庆重点区域实现5G全覆盖。北京市通信管理局、北京市经济和信息化局相关负责人出席签约仪式。

（晏博文）

【对口协作】 8月29日，于波同河南省南阳市内乡县县委副书记、县长杨曙光就延庆、内乡两地开展对口协作工作进行座谈交流。10月17日至18日，主管副区长带队到内蒙古自治区乌兰察布市兴和县，考察对接京蒙扶贫协作工作，兴和县县委和政府领导陪同考察。

（郭昭君）

【全国人大北京代表团到区调研】 9月5日至6日，全国人大北京代表团一行到区，就生态涵养区建设情况进行调研。全国人大北京团代表一行先后到野鸭湖湿地自然保护区、蔡家河平原造林工程现场和2019年北京世园会园区，实地察看野鸭湖湿地自然保护区总体情况，了解延庆区在湿地保护、水源涵养、推动区域生态环境建设等方面的工作情况。在调研汇报会上，于波代表延庆区汇报域内生态涵养区建设情况。市人大常委会副主任、市总工会主席刘伟及市政府、市生态环境局和区委、区人大、区政府相关领导陪同调研。

（郭昭君）

【首届“中国地质公园”主题宣传活动】 9月8日至9日，由国家林业和草原局自然保护地管理司、世界地质公园网络协会（GGN）、北京市园林绿化局和延庆区政府共同主办的首届“中国地质公园”主题宣传活动在延庆举行，于波出席活动开幕式并致辞。国家林业和草原局副局长李春良为2018年和2019年正式批准命名的7个国家地质公园和1个国家矿山公园授牌。活动以“地球之上的绿水青山、长城脚下的绿色倡议”为主题，倡议设立“地质公园日”。全国各地200余名地质公园从业人员参加活动。市政府和区政府相关领导，世界地质公园网络协会主席、希腊莱斯沃斯世界地质公园主任尼古拉斯·邹若思，国家林业和草原局、省级林业和草原主管部门、中国世界地质公园、国家地质公园和中国地质大学、中国地质科学院等科研院所负责人出席开幕式。

（郭昭君）

【第三届延怀河谷葡萄文化节开幕】 9月8日，由延庆区政府和河北省张家口市怀来县政府共同主办的第三届延怀河谷葡萄文化节暨第二十届中国怀来葡萄节开幕。在葡萄文化节期间，延怀两地举办多场供广大市民、游客参与体验的延怀河谷风情游、葡萄擂台赛、中秋民俗乐主题活动暨葡萄酒运动汇、国庆亲子娱乐等多种特色活动。

（郭昭君）

【世界花卉大会在区举办】 9月11日，世界花卉大会在延庆开幕，大会以“携手花卉事业，共创美好家园”为主题，自9月11日至13日在延庆举办。69个国家、6个国际组织的

360多位代表参会。第71届国际园艺生产者协会（AIPH）年会、国际绿色城市论坛同期举行。本届花卉大会由国家林业和草原局、中国花卉协会、中国国际贸易促进委员会、北京市人民政府和国际园艺生产者协会共同主办，北京世园局、北京市园林绿化局、北京市延庆区人民政府、北京花卉协会承办。开幕式上，延庆区政府与上海市崇明区政府签订战略合作协议，双方确定，通过建立信息沟通机制和会商机制，完善配套支持机制，在生态环境治理、生态产业发展、城市精细化管理等方面加强合作交流，优势互补、合作共赢，共同助力双方绿色高质量发展。

（卓娅）

【国家林业和草原局到区调研】 9月18日，国家林业和草原局生态保护修复司副司长一行到区，对延庆创建国家森林城市工作进行调研。调研组先后到八达岭森林体验馆、野鸭湖湿地自然保护区、“新一轮百万亩造林”工程现场、康庄镇火烧营村、蔡家河平原造林工程现场等地，对森林科普宣传教育基地、高端民宿产业（“世园人家”）建设等情况进行实地考察，了解延庆在湿地自然保护区建设与保护等方面的工作情况，并听取相关工作汇报。首都绿化办相关负责人陪同调研。

（郭昭君）

【延庆入选2019中欧绿色智慧技术创新优秀城市】 9月26日至28日，中国城市和小城镇改革发展中心、法国展望与创新基金会共同举办的“2019中欧绿色智慧城市峰会”在广西南宁举行。延庆区入选2019中欧绿色智慧城市——技术创新优秀城市。

（郭昭君）

【与中国花卉协会、国际竹藤中心签署合作协议】 9月27日，世园会国际竹藤组织园展馆举行赠园暨签约仪式，延庆区与中国花卉协会、国际竹藤中心签署合作协议，三方共同推动“一个中心、五个平台”及国际竹藤中心延庆研发基地建设，助推延庆现代园艺产业跨越式发展。世园会组委会副主任委员、国际竹藤组织董事会联合主席、中国花卉协会会长江泽慧及中国花卉协会、国际竹藤中心、北京世园局、延庆区政府相关负责人出席签约仪式。

（郭昭君）

【区长讲专题党课】 10月16日，按照市委、区委“不忘初心、牢记使命”主题教育部署安排，区委副书记、区长于波为区政府所属部门行政主要负责人、所属事业单位主要负责人、部分市级直属机构行政主要负责人，各乡镇街道乡镇长、街道办事处主任，以及区第二期年轻干部培训班干部讲专题党课。

（郭昭君）

【中外专家研讨延庆冰雪产业发展】 10月18日，2019国际冬季运动会（北京）博览会延庆分会场活动在中关村延庆园企业之家举行。活动由北京奥运城市发展促进会、国际数据集团主办，延庆区政府为合作单位，爱奇会展有限公司承办。中国、意大利、芬兰的冰雪企业家与冬奥组委可持续发展委员会及首都体育院校的45位专家应邀出席，就“冬奥机遇促进延庆地区冰雪及旅游产业发展”主题开展圆桌对话，对延庆未来进行冰雪体育及旅游产业融合发展进行探讨。市政府有关领导、国际滑雪联合会官员、市体育局、首都体育学院及区政府相关领导和代表参加活动。

（郭昭君）

【荣膺“国家森林城市”称号】 11月15日，2019森林城市建设座谈会在河南省信阳市召开，国家林业和草原局授予包括延庆区在内的28个通过考核评审的城市以“国家森林城市”称号并进行授牌。于波参加授牌仪式并做经验交流发言。

（郭昭君）

【国务院检查组到区检查农村人居环境】 11月28日，国务院检查组到区，开展农村人居环境整治大检查。检查组先后到旧县镇盆窑村、东龙湾村，井庄镇窑湾村和大庄科乡瓦庙村，深入农户实地查看农村“厕所革命”、垃圾分类转运和生活污水处理工作情况，与镇村干部、群众交流座谈，认真听取对农村人居环境整治工作的意见和建议。市委农工委和延庆区政府主管领导陪同检查。

（晏博文）

政务服务

【概况】 北京市延庆区政务服务管理局（简称“区政务服务局”）是区政府工作部门，设综合科、政务服务管理科、便民服务中心、政府信息和政务公开管理服务中心、公共资源交易中心。主要负责统筹推进全区简政放权、放管结合、优化服务改革和行政审批制度改革工作；协调推进区政务服务体系建设，负责区级政务服务中心的建设、运行和管理；负责全区“互联网＋政务服务”工作，统筹规划政务服务“一张网”建设；负责推进、指导、协调、监督区政府信息公开和政务公开工作；负责全区公共资源交易场所服务管理工作。年内，完成乡镇（街道）政务服务中心、村（社区）政务服务站规范化建设，全区18个乡镇、街道全面实行“前台综合受理、后台分类审批、窗口统一出件”的“一窗”综合受理模式。完成街乡政务服务中心综合窗口信息化系统建设，1423项街乡事项全部实现综窗接件，各街乡政务服务中心完成“一门”办理、“一窗”受理。深化放管服改革，进一步规范社区出具证明事项，为乡镇、社区统一发放证明登记表进行规范登记。推进“一网通办”，即90%事项网上可办。开发建设“掌上办”平台，1000余项政务服务事项实现预约、查询、申报。完成综合窗口受理系统建设及配置工作，进一步优化和完善区政务服务中心综合窗口设置，进驻区政务服务中心事项为1338项，纳入区政务服务中心综合窗口事项1303项，一窗受理率90%以上。制定《区公共资源交易中心管理制度》《延庆区公共资源交易中心政府采购项目代理机构进场交易行为评价暂行办法》，对场内交易实行标准化管理。2019年，延庆区交易平台的考核得分在17个区级分平台中连续6个月均为第3名。全区各公开单位在政府信息公开专栏主动公开政府信息11386条，其中区政府公开225条；全区各单位共接到447件公开申请，其中区政府136件。设立“世园服务专区”“世园一站式”政务服务大厅，集合市场监管、税务、生态环境、文旅、消防、商务局等部门，实行“前台综合受理、后台分类审批、窗口统一出件”的服务模式，为参展单位和入园商户提供现场咨询、证照办理、税务登记、准营许可、银行保险等政务服务工作。展会期间，服务商家224家，服务外资企业60家。制定《延庆区政务服务管理局“接诉即办”工作机制》，提出以“四沟通，三报告”的方式开展“接诉即办”工作，全年办理“接诉即办”，由“12345”（市政府服务热线）派单29件，均予办结。

单位名称：延庆区政务服务管理局
地　　址：延庆镇庆园街60号
电　　话：69146493

（薛媛）

【开启综合窗口服务新模式】 1月10日，延庆区政务服务中心完成综合窗口改革，开始实行“前台综合受理、后台分类办理、统一窗口出件”的政务服务新模式。

（薛媛）

【政务服务事项90%以上“只进一门”办理】 1月18日，延庆区政务服务中心迁入新址（延庆镇庆园街60号）办公。同时将延庆区税务局各办税受理厅及延庆区不动产登记服务大厅整合到新中心，实现办税、不动产登记、区政务服务事项90%以上“只进一门”办理。

（薛媛）

【公共资源交易平台上线试运行】 3月20日，延庆区公共资源交易平台物理场所和信息系统建设完成并通过初步验收，网站开始上线试运行（http://www.bjyq.gov.cn/yqggzy/），并完成与北京市公共资源综合交易系统的对接。延庆区公共资源交易平台完成公共资源交易平台整合和信息化系统建设，并完成全区交易信息服务网、政府采购交易系统、散小工程交易系统、投标保证金管理系统、应用支撑平台、数据交换平台、交易服务系统、智能场地系统等相关建设工作。供应商可以在线实现注册、标书下载等工作，采购代理机构可以在线进行项目登记、场地预约和招标公告、中标公告发布等事项。

（薛媛）

【政务服务中心窗口临时党委成立】 4月，中共北京市延庆区政务服务中心窗口临时党委经中共北京市延庆区委区直机关工委批准成立。党委下设6个党支部，包括税务局第一税务所党支部、税务局第四税务所党支部、工商局党支部、不动产登记中心党支部、政务服务中心综合窗口党支部（临时）、政务服务管理局机关党支部，共有党员132名。

（薛媛）

【乡镇（街道）政务中心标准化建设完成】 7月，制定并下发《北京市延庆区政务服务管理局关于推进我区乡镇（街道）政务服务中心、社区（村）政务服务站标准化建设实施方案》。对全区18个乡镇（街道）政务服务中心、76个村（居）政务服务站硬件设施建设、窗口服务标准、服务事项标准及规章制度标准进行规范。各镇街配合完成审批事项梳理及综合窗口物理改造，对简单易办、程序单一的多个行政审批和公共服务事项统一至一个窗口办理，并调配4至8名工作人员至综合服务窗口对相关事项进行承办。截至年底，乡镇（街道）政务服务事项梳理完成1404项，全区18个乡镇（街道）政务服务中心规章制度及硬件设施建设等标准化改造基本完成，经市级专家组验收全部合格。实现“前台综合受理、后台分类审批、统一窗口出件”的综合窗口服务新模式，达到让办事人员少跑路、简化政府审批服务程序的目的。

（薛媛）

【延庆“掌上办”平台上线】 9月16日，延庆区政务服务管理局依托“延庆政务服务”微信公众号开发建设的“掌上办”平台正式上线运行，实现1000余项区级政务服务事项移动端申报、预约、进度查询、投诉、建议等功能及社保查询、公积金查询、生育登记、快递查询等10余项便民服务。

（薛媛）

【政务公开日系列活动】 10月21日至25日，区政务服务管理局组织18个乡镇（街道）和8个区属委办局集中开展政务开放日系列活动。邀请近千名市民代表走进行政机关，了解各部门工作流程，进一步加强各街道乡镇及各区属委办局与群众之间的联系。22日，区人大代表、区政协委员、各相关单位代表及辖区内企业代表等30余名市民代表走进区政务服务大厅，依次参观政务服务大厅各楼层的工作窗口，工作人员详细地讲解最新出台的便民服务措施。随后，各界市民代表听取区发展和改革委、区政务服务管理局前三季度优化营商环境及政务服务工作汇报。

（薛媛）

【政务服务事项“一网通办”全面落实】 12月30日，政务服务管理局推进政务服务“一网通办”相关工作。除涉密、不适合网办外，1590项区级政务服务事项在延庆区网上政务服务大厅可办，实现“应上尽上”。18个乡镇（街道）的1656个事项均实现网上可办。除市级统筹和法律法规规定必须现场校验原材料才能办理的事项外，全区未实现全程网办的审批服务事项办理深度提升至四级或者五级，454个区级事项实现全程网办，951个事项实现“一次办”。

（薛媛）

【办理政务服务事项1338项】 年内，政务服务中心入驻窗口单位43家，开设窗口115个，包括区税务局、区市场监督管理局、区卫健委、区司法局、区民政局、区发改委、区园林绿化局等，派驻工作人员220余人，可办理政务服务事项1338项。截至年底，办理政务服务事项420万件次。

（薛媛）

【政府信息公开】 截至年底，区政府信息公开专栏主动公开信息11386条。其中区政府法规文件41条、规范性文件3条、动态信息181条，委、办、局（中心）信息6828条，乡镇（街道）信息3900条。全年受理政府信息依申请公开事项447件，其中区政府136件、其他公开单位331件。各单位在制发规范性文件时，同步出台解读材料，全年发布解读类文章14篇。

（薛媛）

应急管理

【概况】 北京市延庆区应急管理局（简称“区应急局”），是负责全区应急管理、安全生产综合监督管理和工矿商贸行业安全生产监督管理的区政府工作部门。内设办公室、应急管理科、安全生产基础科（行政审批科）3个科室，下设防汛办、预警中心、指导中心、森林消防大队以及执法一队、二队、三队7个事业单位。年内，围绕服务保障“四场活动”、冬奥赛区安全平稳建设，制定73项重点工作，促进机构改革深度融合发展，全面提升应急管理体系和能力建设。完成18个乡镇街道365个行政村470名灾害信息员在全国灾害信息员数据库录入工作。建立全区防汛综合管理平台，整合防汛、气象58个遥测站雨情监测系统，为全区下凹式立交桥积水点安装公示牌和断路道闸。开展城市安全风险隐患治理三年行动，上账隐患693项、销账隐患693项、销账率100%。稳步推进城市安全风险评估工作，获取风险信息6432条。完成安全生产标准化创建283家，其中三级达标企业41家、小微岗位达标242家，完成率141.5%。完成32家企业的清单编制工作，并通过市级验收。安全生产责任保险投保企业661家，保费285.03万元，超额完成年度任务。受理政务服务事项80件，其中烟花爆竹零售网点行政许可3件、危险化学品经营单位行政许可39件（变更22件、延期17件）、应急预案备案37件、重大危险源备案1件。全区36家加油站完成贯标改造34家，注销危险化学品经营许可证2家（已经停业未按期改造，依法注销其危险化学品经营许可）。落实烟花爆竹一区一点设置工作。多项亮点工作和典型人物被国家级媒体报道3次、市级媒体报道5次、区级媒体报道8次，学习强国App、今日头条等新媒体报道14次。珍珠泉乡珍珠泉村获得全国“综合减灾示范社区”称号。

单位名称：延庆区应急管理局
地　　址：儒林街道城隍庙街4号
电　　话：69183175

（张静学）

【世园会服务保障】 1月至10月，对世园会园区周边47个网格内生产经营单位开展全覆盖摸排，建立企业台账1064家。1支执法队驻扎世园会施工现场，每天分两组巡查建设单位，每周开展两次及以上夜查。市应急局抽调朝阳区、通州区、昌平区、延庆区应急局执法人员30名，外聘建筑、电气领域专家6名，组成6个监管组进驻世园会园区，排除隐患262项。期间，区应急局检查生产经营单位3888家次，查处事故隐患2715项，行政处罚451起，罚款175.1万元。

（张静学）

【应急指挥中心建设】 3月，整合智慧公安“雪亮工程”大数据平台、世园会园区、冬奥会赛区、森林防火等各类视频监控资源1.2万余路，400兆模拟电台、800兆电台和原有应急、防汛、森林防火报警电话等语音通信设备20余路，实现市、区、街乡镇3级视频会议连通、视频监控调看推送、单兵系统远程调度等重要功能，有效提升决策服务和指挥调度能力，确保各项服务保障工作顺畅。

（张静学）

【"5·12"防灾减灾日综合演练】 5月11日，在八达岭国际会展中心开展地震应急疏散救援安置综合演练，模拟区周边某县发生里氏6.0级破坏性地震，并伴有人员受伤情况。400余名学生、群众迅速进入1分钟紧急避险状态，20名志愿者引导大家通过安全通道有序撤出，医疗救援队救治"受伤人员"，消防队员和志愿者迅速开展安置和直升机救援工作。活动现场设置宣传展台，普及防灾减灾知识。

（张静学）

【安全生产宣传】 6月，举办首届安全文化嘉年华，开展安全生产公众开放日、安全体验行、"清凉来袭"、线上专题等20多项活动，通过北京电视台、《北京日报》、学习强国App、《中国应急管理报》等13家媒体宣传报道，扩大安全生产宣传效果。区人防办和区卫健委获得"优秀组织"奖，区红十字会青少年夏令营活动获得"最佳实践活动"奖，区融媒体中心获得"优秀新闻报道单位"奖，区委宣传部刘洋获得"新闻媒体报道个人"奖。截至年底，安全生产宣讲团深入世园、冬奥一线开展宣讲29次受众1580人，发放宣传材料2000余份。微信公众号开展"说防汛绕口令赢话费""应急局助您打卡世园会"等互动活动，推送信息92期227条，点击量2.6万人次，比上年增长50%。

（张静学）

【森林灭火职责和人员转隶】 10月15日，区森林防火办公室（简称"森防办"）和区森林消防大队整建制划转至区应急局。转隶后，发放手台、车载台201部，区森林防火指挥部与15个乡镇、11个有林单位签订责任书，区森防办与冬奥核心区8家施工单位签订责任书。截至年底，全区发生森林火情91次，森林消防大队接警出动91次，其中完成扑救71次、半路返回20次。

（张静学）

【应急管理体系建设】 年内，调整应急委及其下设18个专项指挥部的组织机构、领导成员和成员单位。甄选15位专家，成立危险化学品、水旱灾害、地质灾害、森林防火、社会救助5个专家技术组。编制《北京市延庆区自然灾害总体应急预案》以及世园会、高山滑雪世界杯等专项预案。制定区级《突发事件应急指挥与处置实施细则》《突发事件信息管理办法实施细则》《大风天气预警分级和应急响应措施》等文件。整合短信、语音呼叫、传真、邮件、通知、微信、微博、广播、电视、户外电子屏等预警信息发布渠道，发布各类预警信息121条。

（张静学）

【建立全市首支应急安全员队伍】 年内，整合安全生产巡查员、地震灾情速报员、灾害信息员3支队伍，组建人数为414名的应急安全员队伍，负责承担村（社区）安全生产巡查、地震灾情速报员和灾害信息员等工作职责。区应急局联合区地震局开办应急安全员业务培训班，制定管理办法和实施方案，明确岗位职责，完成应急安全员队伍组建工作，初步形成区、镇、村三级应急管理体系。

（张静学）

【及时妥善处置突发事件】 年内，接报各类突发事件及突出情况115起，其中"2·8龙庆峡冰灯景区落石伤人事件""4·29博源雅居地下车库车辆自燃起火事件""7·16千家店镇千沙路大巴车单方交通事故"等事件受到市、区领导高度关注。

（张静学）

【森林消防物资储备与发放】 年内，支出148.02万元购入扑火机具151台、扑火服装1159套、照明设备393个、照相机3台、对讲机10台、其他装备624件。支出50.39万元为河北省赤城县、怀来县，河南省内乡县调拨灭火弹4000枚、扑火机具788台、扑火服装590套。支出54.58万元为15个乡镇配发防火服装1329套、扑火机具1360台、照明设备133件。

（张静学）

【防汛救灾抢险】　年内，全区发生6次强降雨，启动预警响应7次，其中暴雨预警响应3次、地质灾害预警响应4次。出动巡查人员7300人次，及时处置道路积水、塌方等各类险情18次；旅游部门关闭百里山水画廊、玉渡山等涉山涉水景区1次；全区31处重点工程施工工地多次停工。

（张静学）

【降雨量减少5%】　年内，全区平均降雨量389.3毫米，比上年同期降雨量减少20.7毫米，减少5%；与多年平均降雨量440.9毫米相比减少51.6毫米，减少11%。降雨量最大的人工站为大庄科站540.3毫米，最小站为井庄站247.5毫米。汛期累计降水量为236.5毫米，比上年同期降水量327.6毫米减少91.1毫米，减少27%；与多年平均降雨308.7毫米相比减少72.2毫米，减少23%。最大降雨日为10月4日，平均降雨量30.7毫米。其中降雨最大站是千家店，降雨量75毫米；最小站是井庄站，降雨量14.7毫米。

（张静学）

【安全生产信息化建设】　年内，安全生产企业台账系统新增企业2048家，修改企业4652家，核销企业2465家，信息完善率99.1%，及时审核率99.7%。驳回审核发现的843项问题，由属地重新审核。协调市应急局将330余家企业转入C库管理。

（张静学）

【安全生产相关考试及培训】　年内，组织特种作业考试48期，1104人报名参加，其中社会学员低压、高压、焊工、有限空间取证和复审675人。配合人力社保局开展大培训429人，其中低压电工373人、焊工56人。组织高危行业考试8期，117人报名，其中主要负责人5人、安全生产管理人员112人。

（张静学）

【安全生产检查】　年内，检查生产经营单位5383家次，比上年上升39%；查处隐患3400项；行政处罚538件，是上一年的1.5倍；处罚金额338.6万元，比上年上升68.6%，处罚总量、人均检查量、人均处罚量均位列应急系统全市前三位。全区专职安全员排查企业5724家，企业覆盖率99.41%，责改下达量4879次，发现隐患6859项。

（张静学）

【危险化学品行业安全管理】　年内，全区危险化学品生产经营单位40家。其中危险化学品生产企业1家；危险化学品经营单位39家，包括油库1家、加油站34家（中石化23家、中石油7家、社会站4家）、油漆销售单位1家、工业气体销售3家。截至年底，未发生安全事故。

（张静学）

【全年发生生产安全事故2起】　年内，全区发生生产安全事故2起，分别是湖北万华公司“5·1”一般生产安全事故和安徽文辉建筑工程有限公司“9·14”一般生产安全事故，共造成2人死亡。区应急局经过现场勘验、询问相关人员、调取物证、查阅事故单位相关资料，起草事故调查报告，组织相关部门召开事故分析会，并对事故单位及主要负责人做出行政处罚。

（张静学）

【举报投诉均按规定处置完成】　年内，完善“接诉即办”工作机制，制定“街乡吹哨部门报到”工作办法。处置安全生产举报投诉案件55件。其中市应急局“12350”转派13件，非紧急救助服务中心派单11件，“街乡吹哨”报到10件，局办公室接收来电、来访案件21件，均在规定时限内处置完毕，回复率、反馈率、满意率均为100%。

（张静学）

外事

【概况】 北京市延庆区人民政府外事办公室（简称“区政府外办”）是延庆区外事工作的综合归口管理部门和延庆区委外事工作委员会工作机构。中共北京市延庆区委外事工作委员会办公室（简称“区委外办”）设在区政府外办，承担区委外事工作委员会具体工作，负责宏观谋划、统筹协调、督促落实区委外事工作委员会各项决定和工作部署，并向区委外事工作委员会汇报。具体责任科室为区政府办外事科，下设北京市延庆区外事工作服务中心。年内，区政府外办围绕2019北京世园会、2022年北京冬奥会和地区经济社会发展，优化因公出国管理体系，全年受理因公临时出国任务21批34人次；拓展国际多边交流深度，全年接待境外来访团组12批180人次；邀请12个友好城市及友好交流城市参观世园会，接待友好交流城市等外宾来访8批89人次。加强延庆国际语言环境建设，开展“全民学外语”活动，全年开展6类培训3031人次，对区内相关双语标识进行翻译审核整改；有序开展涉外应急工作，外事工作实现平稳发展。

单位名称：延庆区人民政府外事办公室

地　　址：延庆镇湖北西路1号

电　　话：69146222

（翟依霖）

【荷兰南荷兰省政府代表团到访】 3月4日，荷兰南荷兰省政府欧盟国际事务局局长福柯·兰博率团到区访问，双方探讨园艺产业合作。

（翟依霖）

【法国布拉雷纳市议员到访】 4月27日，法国巴黎大区布拉雷纳市市长代表、市议员伊莲娜女士到区访问，并参加世园会开幕式。

（翟依霖）

【接待乌兹别克斯坦青年代表团】 6月12日，中国人民对外友好协会文化交流部邀请乌兹别克斯坦青年代表团参观延庆区柳沟民俗村，考察新农村建设情况。

（翟依霖）

【长城景区与伊瓜苏瀑布景区结为友好景区】 6月26日，八达岭长城景区与巴西及阿根廷伊瓜苏瀑布景区结为友好景区并签订友好合作备忘录。双方实现共享资源、共拓市场并形成长期、稳定的合作联盟机制。根据协议加强合作，进行旅游资源宣传；整合旅游企业资源；加强管理人员技术考察。

（翟依霖）

【阿根廷前国务秘书阿拉尔孔到访】 7月3日，阿根廷前国务秘书阿拉尔孔女士到区访问，参观2019北京世园会园区，并进行友好交流。

（翟依霖）

【意大利使馆外交官员到访】 8月30日，意大利驻华大使馆前法律事务参赞菲德利克、意大利驻华大使馆经济财政警务参赞南启明到区访问，与区相关部门就冰雪产业合作进行交流。

（翟依霖）

【南非大使馆商务参赞查尔斯曼纽尔先生到访】 9月12日，受延庆区外事办委托，区公路分局接待南非驻华大使馆商务参赞查尔斯·曼纽尔先生及蓝派公司董事长丁建先生一行4人，并就两国在创新合作发展方面进行座谈交流。查尔斯·曼纽尔先生对延庆推动南非公路建设等方面的努力及两国企业技术合作深表感谢，双方对两国未来在交通领域的进一步创新合作表示期待。

（胡明丽）

【韩国首尔市东大门区代表团到访】 9月18日，韩国首尔市东大门区区厅长柳德烈率代表团到区访问，参观2019北京世园会园区，并进行友好交流。

（翟依霖）

【区领导会见国际园艺生产者协会主席】 10月10日，穆鹏、于波等区领导集体会见国际园艺生产者协会（AIPH）主席伯纳德·欧斯特罗姆及中国花卉协会秘书长刘红等。穆鹏对国际园艺生产者协会在延庆区申办、筹备、举办世园会过程中给予的大力支持以及伯纳德先生在世园会闭幕致辞中对延庆区的肯定表示感谢；伯纳德表示，国际园艺生产者协会将继续助力延庆高质量绿色发展。

（翟依霖）

【领事保护月度大讲堂活动】 11月1日，由区政府外事办联合市政府外办、市教委联合举办的“畅游冰雪之间，领保陪伴身边”——“领保进校园”之领事保护月度大讲堂活动，在延庆区第一中学举行。活动旨在通过领事保护宣传，向中小学生普及领事保护知识。吉林大学教授张毅作为嘉宾现场授课，系统讲解领事保护知识并分享典型案例。延庆城区600余名中小学生参加活动。

（翟依霖）

信　　访

【概况】 北京市延庆区信访办公室（简称“区信访办”），承担区委、区政府接待办理群众来访、来信等工作。设来访接待科、来信办理科、综合科3个科室及北京市延庆区社会矛盾排查调处工作中心。年内，全区信访总量2679件次6067人次，比上年件次上升32.6%、人次上升8.2%。其中来信1207件次2023人次，比上年件次上升111.0%、人次上升55.6%；来访1472批次4044人次，比上年批次上升2.1%、人次下降4.8%。到市信访办走访600批次744人次，比上年批次持平、人次下降20.6%；集体访3批次32人次，比上年批次下降57.1%、人次下降80.9%。截至年底，受理复查案件15件，比上年下降51%；到市政府申请复核5件，全部维持。

单位名称：延庆区信访办公室
地　　址：延庆镇城隍庙街8号
电　　话：69180671

（陈洋）

【宣传培训】 5月24日，开展以“打造网上主渠道、智慧信访更阳光”为主题的信访宣传月活动，重点宣传依法分类处理信访诉求、依法逐级走访和网上信访等内容。活动期间，向群众发放各类宣传品1万余份。年内，在全区信访系统开展“喜迎中华人民共和国成立70周年，争当信访业务标兵”宣讲活动；围绕积案化解、基础业务、心理减压等方面，通过全区信访干部季度例会、国家信访局和市信访办视频培训、点对点指导等形式开展培训38次。

（陈洋）

【信访服务保障】 年内，通过全面开展矛盾排查、分阶段进行矛盾化解攻坚、层层强化稳控措施、健全完善应急处置机制等措施，完成中华人民共和国成立70周年庆祝活动、2019年世园会信访服务保障工作。在国家信访局、市信访办的指导下，建立信访分流场所，形成一套完善的信访服务保障体系。

（陈洋）

【妥善处理化解矛盾】 年内，发挥区信访联席会议统筹协调、组织推动、督导落实的职能作用。全年组织开展矛盾排查8次，对排查出的重点矛盾逐一落实领导包案、明确主责单位、制定化解和稳控措施；开展联合接访108批次659人次，参与重大项目风险评估12次，向区领导报送《信访情况》79期，领导干部接访下访24批次119人次，问题均得到妥善解决。

（陈洋）

机关事务管理

【概况】 北京市延庆区机关事务管理服务中心（简称“区机关事务中心”），主要负责各集中办公区机关运行成本的统计、分析和评价，基建规划、拆迁维修、地下工程维护，供水、供电、供暖、食堂、卫生、保卫、绿化及设施设备的维修，公务用车监督、管理、运行，办公用房管理及规划展览馆管理、维护等工作。内设综合科、财务科、服务科、基建科、公务用车监督管理科、安全保卫科6个科室和事业单位北京市延庆区公务用车管理运行中心。年内，持续推进机关后勤服务工作社会化进程，通过公开招标，完成区委、区政府食堂外包。完成区档案馆新馆建设项目立项工作，并向市发改委报送补助资金申请材料。接管创城办和应急管理局后勤服务管理工作，新开办创城办食堂，服务范围增至12个集中办公区和10个食堂。全年10个食堂接待用餐人员507151人次；4个会议中心接待各类会议4794场；为区委、区政府等12个集中办公区派遣保安38名、巡防队员3名、特勤人员15名、保洁人员35名、绿化美化人员2名；12个集中办公区开展电器设备、照明设施维修955次，弱电工程维修850次、自来水及上下水管道维修975次、门窗维修235次、其他临时承办的维修工程78次；规划展览馆接待参观5300人次；公务用车管理运行中心承接出车任务3863次。

单位名称：延庆区机关事务管理服务中心

地　　址：延庆镇湖北西路1号

电　　话：69142289

（刘晓芳）

【公务用车监督管理】 3月，对延庆区机构改革43家单位公车进行调整。4月，起草《北京市延庆区党政机关、事业单位和国有企业租用社会车辆管理办法》，并于5月印发实施。5月，根据市政府办公厅《关于开展全市公车管理使用和各区领导干部办公用房超标问题专项检查、清理和整改的通知》，由区机关事务中心牵头，会同纪检监察、财政、审计、人保、国资等相关部门成立专班，抽取14家单位及下属机构进行公车管理使用专项检查。6月，组织全区党政机关、事业单位和国有企业共104家单位，召开迎接全市公务用车管理使用专项检查工作部署会，部署公车使用自查自纠工作，并形成工作报告上报区政府和市车改办。8月，组织全区101家单位召开延庆区公务用车管理使用工作培训会。年内，完成102辆老旧车辆报废，并购置更新64辆公务用车；开展公务用车使用巡视检查60次，有效杜绝公车私用现象。

（闫童）

【办公用房管理】 3月，完成机构改革涉及43家单位的办公用房调整工作，调整出可利用面积9160平方米，解决4家单位租借办公用房问题。5月，对95家单位开展办公用房使用管理检查。8月，会同区纪委监委组织全区101家单位召开办公用房清理检查工作培训会，并对89家区属单位、2家市区双管单位进行检查。年内，完成办公用房智能图形管理系统软件安装工作。

（于海强）

【机关事业单位土地房屋规范化治理】 年内，完成4项办公用房出租出借清理任务。对67项涉及租期长、权属不清、功能性质不明等历史遗留问题的项目，按照出租期限、出租性质（商业性、服务性）、出租土地性质（村集体土地或有争议土地）进行分类梳理，建立台账。

（于海强）

【机关事业单位食堂废气净化设备升级改造】 年内，完成机关事业单位食堂废气净化设备升级改造项目第一阶段两镇三街机关事业单位食堂改造图纸设计及预算编制工作、第二阶段除两镇三街外其他乡镇机关事业单位食堂油烟净化设备梳理工作。

（闫俊）

【世园会服务保障】　年内，完成世园会开、闭幕式，运营团队驻地保障及会时接待联络等各项服务保障任务。世园会期间，接待贵宾150 批次 4000 余人次。

（姚燕）

（栏目编辑：王新华）

政协延庆区委员会

概　述

中国人民政治协商会议北京市延庆区委员会（简称“延庆区政协”）是中国人民政治协商会议北京市延庆区的地方组织，下设政协办公室、政协研究室和5个专委会工作室共7个工作机构。年内，区政协常委会在中共延庆区委的领导、市政协的指导和社会各界的支持下，以习近平新时代中国特色社会主义思想为指导，全面贯彻中共十九大，十九届二中、三中、四中全会精神，深入贯彻习近平总书记对北京重要讲话精神，认真落实市委、区委决策部署，深入开展“不忘初心、牢记使命”主题教育，全面聚焦冬奥会、世园会筹办举办等重点任务，坚持团结、民主两大主题，切实履行各项职能，在建言资政和凝聚共识上双向发力，团结带领广大政协委员和社会各界人士，较好地完成二届三次会议提出的工作目标和任务。

单位名称：政协延庆区委员会

地　　址：延庆镇高塔路70号

电　　话：69101565

（李屹）

重要会议

【政协延庆区第二届委员会第三次会议】　1月8日至11日举行。会议听取并审议《政协延庆区委员会常务委员会工作报告》和《政协延庆区委员会常务委员会提案工作报告》；列席延庆区第二届人民代表大会第五次会议，听取并讨论《延庆区人民政府工作报告》及有关报告；举行大会发言；通过《二届三次会议政治决议》。市政协副秘书长出席会议，区委书记穆鹏在闭幕式上讲话。

（李屹）

【第十五次常委会议】　2月28日召开。会议学习传达习近平总书记视察北京重要讲话精神和市委十二届八次全会精神，听取区政法委关于扫黑除恶专项斗争情况和区政协党组关于2018年民主生活会情况的通报；讨论通过《区政协常委会2019年工作要点》和《区政协2019年协商工作计划》。会议还听取区政府关于2019年重点工作折子工程和重要民生实事安排情况的通报，并围绕冬奥会、世园会筹办举办、切实推进城乡规划建设、不断提高民生保障水平等方面的相关问题进行座谈交流，提出意见建议。

（李屹）

【第十六次常委会议】　4月15日召开。会议听取区政府关于世园会筹备及服务保障工作进展情况的通报，实地视察世园会园区建设和筹备情况；并围绕旅游设施、医疗保障、环境卫生、交通组织、志愿服务、宣传引导等方面问题进行座谈交流，提出意见建议。

（李屹）

【第十七次常委会议】 6月28日召开。会议听取区政府关于优化营商环境工作情况的通报，实地视察区政务服务管理局办事大厅；围绕加大政策支持力度、落实“服务包”制度、提升政务服务水平和推动构建亲清型政商关系等方面问题进行座谈交流，提出意见建议。

（李屹）

【第十八次常委会议】 8月21日召开。会议传达学习市委十二届九次全会和区委二届九次全会精神，听取区委办、区政府办关于区政协二届三次会议委员提案办理情况的通报和区政府关于延庆区上半年经济社会运行情况的通报，实地视察延庆万达广场和全域旅游智慧服务系统工程建设情况，并围绕旅游服务品质提升、城乡居民增收和城市精细化管理以及增强提案办理效果等方面问题进行座谈交流，提出意见建议。

（李屹）

【承办全市各区政协主席专题座谈会】 8月29日，市政协在区主持召开北京市各区政协主席专题座谈会。与会区政协主席介绍政协党建和委员联系群众工作开展情况，就党建工作中存在难点问题及做好委员联系群众工作，“不建机构建机制”的主要做法和思路进行相互交流；组织与会人员到世园会园区参观考察。

（李屹）

【第十九次常委会议】 11月15日召开。会议传达学习党的十九届四中全会精神和中央政协工作会议精神，听取区政府关于世园会举办和“后世园”发展规划情况的通报；与会常委、委员到八达岭镇里炮村经济合作社视察园艺产业发展情况，并围绕世园会园区会后利用、“后世园”时代发展、园艺产业发展等内容进行座谈讨论，提出意见建议。

（李屹）

【第二十次常委会议】 12月19日召开。会议听取区纪委监委关于党风廉政建设、反腐败工作情况和区政府关于2019年工作情况的通报，就《政府工作报告》（征求意见稿）进行协商讨论；通报政协党组、机关党组“不忘初心、牢记使命”专题民主生活会情况；审议通过有关委员调整和关于召开区政协二届四次会议的有关事宜；讨论《政协常委会工作报告》（讨论稿）和《常委会提案工作报告》（讨论稿），并提出修改意见。

（李屹）

【宣讲报告会】 12月3日，北京市政协重大专项工作委员宣讲报告会在区政协举行。市政协副秘书长、新闻发言人宗朋就深入学习贯彻中央政协工作会议精神、市委政协工作会议精神做宣讲报告，并与蔡玉芳、宋建华、王宝海委员就“进一步发挥民主党派作用”“切实提高民主监督实效”“更好地发挥人民政协专门协商机构作用”等问题进行互动交流。区政协主席、副主席、委员以及各民主党派、工商联、无党派人士和政协机关干部50余人参加报告会。

（李屹）

【政协延庆区第二届委员会第四次会议】 12月23日至26日举行。会议听取并审议《政协延庆区委员会常务委员会工作报告》和《政协延庆区委员会常务委员会提案工作报告》；列席延庆区第二届人民代表大会第六次会议，听取并讨论《延庆区人民政府工作报告》及有关报告；举行大会发言；通过《二届四次会议政治决议》。市政协副秘书长出席会议，穆鹏在闭幕式上讲话。

（李屹）

参政议政

【集中协调督办发改委提案】 5月14日，召开第一次提案办理协商工作会。会议听取区发展改革委关于提案办理进展情况的通报，对“关于优化营商环境，扶持民营企业创新发展的提案”“关于加大补贴力度，促进节能减排的提案”和“关于做好‘后世园’‘后冬奥’产业发展规划的提案等6件重点提案进行集中协商督办，并围绕相关问题进行协商座谈，提出意见建议。陈合安及区政府办、区科委、区经信局、区投促局、区城管委、区生态环境局、规自委延庆分局（北京市规划和自然资源委员会延庆分局）、区交通局主管领导和相关提案人及部分区政协委员参加会议。

（李屹）

【集中协商督办农业农村局8件提案】 5月21日，召开第二次提案办理协商工作会。会议听取区农业农村局关于实施乡村振兴战略，推进美丽乡村建设的情况和提案办理进展情况的通报，并就“关于持续改善延庆区农村人居环境的提案”“关于美丽乡村建设标准及时序的提案”和“关于培育发展绿色有机农产品基地，推进高质量绿色发展的提案”等8件重点提案的办理思路、采取的主要做法措施及推进情况进行协商座谈，提出意见建议。陈合安及区政府办、区园林局、区城管委、区市场监管局、区科委、规自委延庆分局、区教委、区民政局的主管领导和相关提案人以及部分区政协委员参加会议。

（李屹）

【督办5件教育提案】 5月24日，召开第三次提案办理协商工作会。会议听取区教委关于机构改革以来教育系统重点工作推进情况和提案办理进展情况的通报，并围绕“关于加强对延庆园艺大课堂实践基地宣传推介的提案”“关于无证幼儿园治理方案的提案”和“关于加强延庆区未成年人性健康教育预防艾滋病的提案”等5件重点提案的办理情况，进行协商交流，分析存在的问题，提出下一步工作措施。主管副主席和主管副区长等出席会议。

（李屹）

【集中协商督办11件城市管理提案】 6月5日，召开第四次提案办理协商工作会。会议听取区城市管理委员会关于提案办理工作情况的通报，对“关于推进世园会园区周边及主要道路沿线村庄环境整治的建议”“关于城区部分道路改造及合理设置隔离栏杆的建议”和“关于深入推进生活垃圾分类的建议”等11件重点提案进行集中协商督办，并围绕加强城市精细化管理等问题进行协商座谈，提出意见建议。陈合安及区政府办、区公安分局、区民政局、香水园街道办、儒林街道办、百泉街道办的主管领导和相关提案人及部分区政协委员参加会议。

（李屹）

【提案办理】 截至年底，全体政协委员、各界别和政协各专门委员会，共提出书面建议172件。经审查整理后形成正式提案138件，其中集体提案8件、合并提案6件，未立案的27件作为一般建议交相关部门作为工作参考。提案交由区委部门办理24件，交由区政府部门办理114件。政协二届三次会议委员提案全部办复。其中在年内已经解决、采纳或部分解决、采纳的提案112件，占81.2%；已经列入工作计划的提案23件，占16.6%；受目前客观条件限制，尚不能解决的提案3件，占2.2%。

（李屹）

民主监督

【区政协领导视察调研】 3月12日，张立新带领委员到延庆区污泥处置厂和北京东祥环境科技有限公司参观视察，听取相关工作情况的介绍，并就农业废弃物循环利用等问题进行座谈交流，提出意见建议。3 月 14 日，刘明利带领委员，实地视察八达岭镇石光长城民宿的建设、运营情况，并就相关问题进行交流讨论，提出有针对性的建议和意见。3 月 15 日，张留全带领委员到北京人文大学和北京邮电大学世纪学院视察调研，实地参观北京人文大学附属幼儿园和国学院，视察北京邮电大学世纪学院实践教学基地、办公楼及整体校园环境，听取学院管理、教学质量、研究创新等方面情况的介绍，并围绕相关问题进行交流讨论，提出意见建议。4 月 3 日，谷艳兰带领委员，围绕世园会周边工程建设情况和园区外围、延庆主城区环境整治等方面情况进行实地调研，并就有关问题提出意见建议。4 月 11 日，张立新带领委员，实地视察百康路、圣百街、世园路和阜康路等 8 条世园会市政配套道路建设情况，听取相关部门工作情况的通报，并提出意见建议。4 月 18 日，陈合安带队，到中铁五局京张高铁三标项目部，调研京张高铁重点工程——八达岭长城站建设情况。区政协相关委室负责人和世园办、区城管委有关负责人参加调研。4 月 24 日，张留全带领委员到延庆区医院，就世园会、冬奥会医疗保障准备工作进行实地调研。4 月 26 日，谷艳兰带领委员，就世园会外围餐饮住宿服务保障工作进行实地调研。区商务局、区文旅局和区市场监管局相关负责人陪同调研。6 月 12 日，张立新带领委员对全区污染防治攻坚战实施情况开展调研。8 月 6 日，刘明利带领委员就美丽乡村建设、民宿旅游发展等方面情况，到八达岭镇石峡村调研，听取工作情况汇报，实地走访石光长城等精品民宿，并围绕“发挥村集体力量和民宿旅游企业龙头作用，建设美丽乡村”等问题进行座谈交流。9 月 18 日，张留全带领委员对冰雪运动开展情况开展调研。9 月 26 日，陈合安带领委员实地视察延崇高速北京段及南三村棚户区改造工程，听取相关工作情况通报，进行座谈交流，提出意见建议。截至年底，区政协领导形成《关于世园会带动延庆园艺产业发展的研究》《以冬奥会为契机，推动延庆冰雪产业快速发展的建议》《提升制度环境软实力，打造营商环境新高地》等 12 篇调研报告。

（李屹）

【区政协委员集体视察】 5 月 7 日，区政协委员集体视察世园会园艺资材储备基地建设情况，先后到位于区内的大爱国泰花卉有限公司、北京茂源广发农业发展有限公司和北京龙世博农业科技有限公司进行实地调研，详细了解世园会花卉、蔬菜等资材的储备情况，听取基地负责人对特色优势花卉、蔬菜的品种供应、种植和养护情况的介绍。

（李屹）

【“不忘初心、牢记使命”主题教育调研】 9 月 19 日，谷艳兰带领委员开展“不忘初心、牢记使命”主题教育调研座谈活动，了解全区少数民族村经济发展情况。9 月 25 日，刘明利带领委员围绕“不忘初心、牢记使命，实施乡村振兴战略，推进美丽乡村建设”开展专题调研。调研组一行先后到大庄科乡窑湾村、董家沟村和里长沟村，听取各村书记对本村建设开展情况的汇报，并深入民宿户家中实地参观察看。10 月 12 日，张留全带领委员围绕“不忘初心、牢记使命，医养结合之家庭医生签约工作”开展调研。调研组一行到井庄镇井庄村、八家村入户走访，随后召开座谈会听取全区家庭医生签约工作情况的通报，并与井庄社区卫生服务中心的医务工作者进行座谈交流。10 月 17 日，陈合安带队前往八达岭长城景区，围绕“不忘初心、牢记使命，长城文化带建设及景区运营状况”开展调研。调研组一行来到八达岭长城景区，实地调研景区全网实名制预约售票实施情况、长城文创产品研发和销售情况、京张高铁八达岭长城站站房及相关工程建设情况，以及景区及其配套设施运营情况，并听取相关负责人的工作汇报。10 月 30 日，张立新带领委员围绕“不忘初心、牢记使命，‘智慧城市’系统建设”开展调研，实地视察延庆交通支队智慧交通指挥中心，听取相关工作情况通报，提出意见和建议。

（李屹）

【特约监督和行风政风评议】 年内，选派部分委员分别担任纪检监察、司法等部门的特约监督员和行风政风评议员，履行相关监督职能并参与检查活动。

（李屹）

【反映社情民意】 年内，通过《情况反映》，报送“关于整治城区中心地带环境秩序的建议”“关于在世园会期间对京礼、G6 高速公路通往延庆方向实行实时管制的建议”“关于大力营造世园会氛围的建议”等多篇社情民意信息。截至年底，部分问题已得到解决。

（李屹）

委员活动

【主题活动】 1 月 24 日，区政协联合区司法局、妫川书院，组织部分政协委员、书法志愿者到沈家营镇下花园村开展“花开新时代，温暖过大年——2019 年送福到家”活动，为村民们义务书写“福”字和对联，送去新春的祝福。3 月 6 日，举办“助力世园、建言发展”庆“三八”主题活动。女政协委员和机关女干部职工实地参观永宁古城悦游工坊和北京王木营蔬菜种植专业合作社，听取相关情况的介绍，并围绕保护传统手工技艺、发展花卉园艺产业等问题进行座谈交流，提出意见建议。7 月 9 日、10 日，组织政协委员到 2019 北京世界园艺博览会参观。10 月 22 日，组织政协中共党员委员、机关干部和老干部支部党员到大庄科乡红色体验基地开展“不忘初心、牢记使命——重走长征路”主题党日活动。10 月 31 日，组织政协委员和机关干部到四海镇凤凰陀开展摄影采风活动。

（李屹）

【密云区政协到区考察】 3 月 13 日，密云区政协副主席何丽娟带领密云区政协委员，先后到延庆区沈家营镇临河村、旧县镇盆窑村和百泉街道国润家园社区，围绕垃圾分类减量化处理等内容进行调研考察，听取工作情况介绍，两区政协就相关问题进行交流讨论。区政协相关领导陪同调研。

（李屹）

【门头沟区政协到区考察】 3 月 20 日，门头沟区政协主席张冰等带领专题调研组，到区调研考察精品民宿发展情况。调研组一行听取延庆区民宿发展情况的介绍，先后到旧县镇左邻右舍精品民宿和八达岭镇石光长城精品民宿进行实地参观考察，并向经营者详细询问建设、投资和经营等方面的情况。还就政策引导、资金配套和运作模式等问题进行交流与讨论。陈合安等陪同调研。

（李屹）

【政协委员知情明政大课堂】 4 月 10 日，区政协和中关村延庆园园艺产业专班在延庆党校举办首场“政协委员知情明政大课堂——园艺科技大讲堂”活动，邀请清华大学建筑学院景观学系李树华教授开展关于《园艺疗法的功效与机理——绿色医学的提案》的专题讲座，并就相关问题进行互动交流。陈合安和各位副主席，区发改委、区教委、区农业农村局等 22 个委办局和延庆镇等 14 个乡镇、绿富隆等 17 家现代园艺产业园负责人参加。5 月 29 日，举办第二期“政协委员知情明政大课堂”，邀请区委党校教师，就习近平生态文明思想的形成发展、核心内容和实践要求等方面进行解读，并围绕延庆作为首都生态涵养区，如何构建生态经济体系、培养生态文化以及提高生态承载力等方面问题进行讨论交流。12 月 12 日，举办第三期“政协委员知情明政大课堂”，邀请区发展和改革委员会党组副书记就《北京市延庆区2019年国民经济和社会发展计划执行情况与2020年国民经济和社会发展计划（草案）报告》的起草过程、主要内容进行解读，并就相关问题进行互动交流。

（李屹）

【外埠政协考察调研】 5月9日，湖南省政协副主席张大方一行到区，实地考察延庆野鸭湖湿地水生态治理、荒地复绿工作开展情况，并到世园会园区参观学习。6月10日至12日，四川省简阳市政协副主席陈明清一行到区考察，参观延庆规划展览馆，实地考察延庆城市绿化美化、万亩平原造林工作和野鸭湖湿地建设、保护情况，并到世园会园区参观学习。6月12日至14日，丹东市振安区政协主席单志明一行到区考察，实地考察北菜园农民专业合作社经营管理情况，并到世园会园区参观学习。6月12日至14日，内蒙古自治区鄂尔多斯市康巴什区政协主席阿拉腾敖日格乐一行到区考察，参观延庆规划展览馆，实地考察野鸭湖湿地建设、保护情况和自由自在汽车文化主题民宿经营、管理情况，并到世园会园区参观学习。7月18日至20日，陕西省渭南市政协副主席张开一行，围绕“打好污染防治攻坚战，推进清洁能源‘双替代’工作”到区调研，听取工作情况通报，并就相关问题进行座谈交流，随后到世园会园区参观学习。11月5日至6日，南昌市西湖区政协副主席吴新生一行到区考察，到延庆区退役军人事务局，就退役军人服务保障体系建设、就业创业、关爱退役军人、军休服务、社保接续等方面工作进行座谈交流，并到儒林街道、康安社区参观学习。11月12日至13日，安徽省宣城市政协副主席周明鸣一行5人到区考察，实地考察长城文物保护情况、世园会生态环境建设情况。

（李屹）

【全市各区政协领导考察世园会】 5月21日，密云区政协副主席李长春带领委员一行72人到世园会园区参观学习，听取工作情况介绍，并就相关问题座谈交流。5月30日，通州区政协副主席季志会一行到世园会园区参观学习，听取工作情况介绍，并就相关问题座谈交流。6月11日，东城区政协副主席毕博闻一行9人到世园会园区参观学习，听取工作情况介绍，并就相关问题座谈交流。7月30日，海淀区政协副主席刘恪一行60人到世园会园区参观学习，并就相关问题讨论交流。7月31日，门头沟区政协2019年委员读书班成员到世园会园区进行实地调研，并就相关问题座谈讨论。8月27日，顺义区政协主席周颖博一行30人到世园会园区参观学习。9月6日，平谷区政协主席闫维洪一行35人到世园会园区参观学习。

（李屹）

【全国政协领导到区考察】 6月7日，全国政协副主席苏辉考察野鸭湖湿地自然保护区和八达岭长城。6月10日，全国政协原副主席张梅颖考察北京世园会园区。6月28日，全国政协副主席郑建邦考察北京世园会园区。9月12日，全国政协老干部支部成员赴北京世界园艺博览会开展主题党日活动。9月14日，全国政协副主席李斌视察世园会园区工作。10月2日，全国政协副主席辜胜阻考察北京世园会园区。10月14日至15日，全国政协副主席邵鸿率全国政协视察团视察永定河流域文化建设及2019北京世界园艺博览会。

（李屹）

【市政协领导考察世园会】 6月25日，市政协、市委统战部联合组织部分北京市全国政协委员到世园会园区进行视察考察。市政协主席吉林，市委常委、市委统战部部长齐静等出席活动。区领导穆鹏、陈合安等陪同考察。6月4日至5日，市政协委员320人分两批次到世园会园区参观考察。市政协副主席牛青山等出席活动。

（李屹）

【市政协农业和农村委到区调研】 8月29日，市政协农业和农村委主任高华一行到区调研，听取区农业农村局关于农村人居环境整治情况的汇报，实地视察沈家营镇孙庄村和马匹营村，并与乡镇（街道）、村（社）干部进行座谈交流。区政协相关领导陪同调研。

（李屹）

（栏目编辑：王新华）

纪检监察

概　　述

中国共产党北京市延庆区纪律检查委员会（简称“中共延庆区纪委”）与北京市延庆区监察委员会（简称“区监委”）合署办公，实行一套工作机构、两个牌子，履行党的纪律检查和国家监察两项职能，对区委全面负责，在市纪委监委和区委领导下，加强对下级纪检监察组织的领导。2019 年制定“三定”方案，对机关内设机构进行调整，设办公室、组织部、宣传部、研究室、党风政风监督室、信访室、案件监督管理室、第一至第二监督检查室、第三至第六审查调查室、案件审理室、纪检监察干部监督室。全区有派驻纪检监察组 14 个、区直纪检监察工委 1 个；乡镇纪委 15 个；街道纪工委 3 个；市区双管单位纪检组 10 个。年内，把学习习近平新时代中国特色社会主义思想作为贯穿全年工作主线，增强“四个意识”、坚定“四个自信”、做到“两个维护”，围绕全区中心工作，聚焦冬奥会筹办世园会举办两件绿色发展大事，忠诚履行党章和宪法赋予的职责，坚持稳中求进、实事求是、依规依纪依法，突出监督第一职责和调查审查主业，一体推进不敢腐、不能腐、不想腐。区纪委监委制定《延庆区廉洁文化建设行动计划（2019—2022 年）实施方案》，按照塑造“德蕴清风”廉洁文化品牌，打造系列阵地平台、开展系列教育活动、创作系列廉洁文化产品的布局要求，制定 22 项工作任务，全面推进区廉洁文化建设。根据《北京市纪检监察业务网扩容建设工作方案》《北京市纪检监察机关信息化 2.0 行动计划》要求，区纪委监委启动专网建设工作并获得市保密局涉密项目立项批复。4 月，完成一期建设；7 月，通过市国保局科技测评中心的现场测评。整体投入 200.57 万元，建设线路端点 137 个、链接计算机终端 86 台，实现与市纪委监委的物理联网，完成用户权限开通和分配，截至年底，已具备应用的基础条件。按照全员教育培训工作要求，全年集中组织领导班子成员学习 21 次，纪检监察干部集中业务培训 10 次，累计参训 1000 余人次。开展纪检监察干部应知应会知识测试，参试人员 181 人。为全区纪检监察干部印制 200 套共计 600 册光盘讲义，发放《〈规则〉释义》《〈规定〉释义》《〈规则〉学习问答》600 册。

单位名称：中共延庆区纪律检查委员会
延庆区监察委员会
地　　址：延庆镇苏子街 4 号
电　　话：69103160

（李丹）

监督巡察

【市纪委监委领导到区督查调研】 3月23日，市委常委、市纪委书记、市监委主任陈雍带队到区督导巡视整改进展情况及调研世园会建设有关情况。听取区委巡视整改进展有关情况汇报，并前往世园会施工现场，实地察看重要场馆设施建设和布展情况。区领导穆鹏、蒋达峰等陪同调研。9月24日，市纪委副书记、市监委副主任刘振刚带队到区调研，听取干部工作、宣传教育、干部监督、信访矛盾化解等相关专题汇报，并与部分区纪委监委干部进行座谈，对相关事项提出要求。穆鹏、蒋达峰陪同调研。11月23日，市纪委副书记、市监委副主任韩索华带队，围绕严格监督执纪和低收入帮扶工作到区调研。韩索华听取相关工作汇报，与区纪委监委监督检查室、审查调查室和部分基层纪委干部进行座谈，了解执纪监督、审查调查与低收入帮扶督导工作开展情况。

（酆兆炜）

【中央扫黑除恶督导组到区纪委监委督导】 6月19日，中央扫黑除恶第11督导组第4下沉小组到区纪委监委督导扫黑除恶专项斗争工作。蒋达峰作专题工作汇报。下沉小组对区纪委监委扫黑除恶专项斗争监督执纪问责阶段性工作成效表示肯定并提出工作要求。

（黄坚翔）

【巡察监督】 年内，制定区委巡察办“三定”规定，增加10个巡察专员编制，其中5个正处级、5个副处级。开展3轮常规巡察、1轮人防系统机动巡察、1轮规划自然资源领域专项巡察，完成对全区13个处级班子单位和261个村（社区）党组织的巡察工作，巡察全覆盖完成率分别达到35.4%和61.8%。

（闫成宝）

【冬奥世园专项监督】 年内，成立冬奥世园督查处，建立“四级”督查台账，开展全程监督；到14个主责单位对35个建设项目进行多轮跟踪督察，对130余项服务保障任务进行监督检查，发现突出问题72个；下发《监察建议》4份、《督察问题反馈单》3份、上报《工作专报》6份。对冬奥会筹办重点工程、重点工作实施项目化、清单化监督，制作高山滑雪世界杯筹办任务督战图实施“挂图督战”，对84项筹办任务进行逐一督查；与赤城县纪委监委联合开展生态环境、冬奥会用水安全监督，重点跟踪督办冬奥会延庆赛区项目影响生态环境问题。

（张潇）

纪律审查

【执纪监督】 年内，制定下发《关于围绕群众诉求反映问题“接诉即办”工作开展监督的实施方案》《关于集中整治形式主义、官僚主义的实施方案》《关于“漠视侵害群众利益问题”专项整治工作方案》等专项监督方案，把漠视侵害群众利益的11类突出问题细化成42项具体任务，分解到23个牵头单位，梳理出186条具体措施，完成整改182项，占比98%。重点查处拖欠离退休人员工资、利用专项经费购买其他用品、农村“三资”管理不到位等问题，查处有侵害群众利益不正之风和腐败问题者43人；集中整治形式主义、官僚主义，列出整治清单，查处形式主义、官僚主义问题案件13起，问责有“为官不为”问题者28人；紧盯“基层减负年”任务落实，围绕清理规范社区表格等跟进监督，全区督检考事项由177项精简到16项，社区表格区级事项从45项精简为7项。

（张潇）

【执纪审理】 年内，制定《北京市延庆区党组讨论和决定党员处分事项工作程序实施办法

(试行)》，规范工作程序和文书模板。受理各类违纪违法案件 157 件，给予党纪政纪处分 171 人，比上年增长 11.04%，增长率全市排名第二位。

(李磊)

【信访举报】 年内，畅通信访举报渠道、规范接访受理程序、建立重点领域问题台账、加强线索跟踪督办，做好信访举报受理办理和综合分析工作，提升信访举报工作质效。受理信访举报 881 件次，比上年上升 1.3%，其中反映处级单位及领导干部 205 件次、科级干部 76 件次、农村干部 570 件次、其他人员 30 件次。接待来访 1849 批次 2280 人次，比上年批次下降 0.1%、人次下降 11.8%。其中接待集体访 27 批次 166 人次，比上年批次下降 51.8%、人次下降 55.6%。

(苏玥)

【案件查办】 年内，全区纪检监察机关处置问题线索 579 件次，比上年增长 36.56%。立案 186 件，比上年增长 10.06%，给予党纪政务处分 171 人，比上年增长 11.04%。留置 8 人，比上年增长 100%。涉嫌犯罪移送检察机关 6 人，比上年增长 200%。通报曝光典型案件 9 批 13 起 16 人。

(黄坚翔)

【扫黑除恶专项斗争】 年内，区纪委监委扫黑除恶专项斗争工作领导小组加强领导，建立完善工作机制，与区公安分局、区检察院、区法院搭建“4+2”联席会商平台，分级分类处置涉黑涉恶问题线索，实行领导班子成员联系包案制，开展问题线索清零专项行动，将扫黑除恶监督执纪问责工作与脱贫攻坚及人防系统腐败问题、漠视侵害群众利益问题、规自领域等专项整治工作一体推进。受理登记问题线索 96 件，立案 55 人，给予党纪政务处分 34 人，组织处理 9 人，其中深挖彻查“8·23”专案“保护伞” “关系网”，立案 16 人次；打击“村霸”侵蚀农村“三资”问题，留置 6 人；严肃惩处相关部门和公职人员履职不力、失职失责问题，给予党纪政务处分 16 人、组织处理 16 人、问责党组织 2 个、移送司法机关 1 人。

(黄坚翔)

作风建设

【区纪委二届四次全会】 2 月 15 日召开。穆鹏出席会议并讲话。会议传达《关于党的十九大以来中央政治局贯彻执行中央八项规定精神的报告》精神和市纪委十二届四次全会精神。蒋达峰做题为《忠诚履行职责，净化政治生态，为服务保障赛会和高质量绿色发展提供强有力的纪律保证》工作报告。会议讨论并表决通过全会工作报告和全会决议，印发《关于集中整治形式主义、官僚主义的实施方案》，部分乡镇纪委、区纪委监委派驻纪检监察组主要负责人向全会作述责述廉报告。市纪委第五纪检监察室负责人、区四套班子领导、区法院院长、区检察院检察长等出席会议。

(李丹)

【第五届“德蕴清风”廉政文化节开幕】 8 月 6 日，区纪委与区妇联联合举办的第五届“德蕴清风”廉政文化节暨“同守党纪法规 共建廉洁家庭”家庭助廉活动启动仪式在“德蕴清风”警示教育基地举行。蒋达峰致开幕词，区文明家庭代表现场宣读《培育廉洁家风，共建最美家庭》倡议书，区最美家庭代表宣读承诺书。与会领导一同为区文明家庭代表、最美家庭代表发放“家庭助廉”书籍大礼包。干部家庭代表在承诺板上张贴廉洁承诺及亲情寄语。区委、区纪委领导以及全区乡镇街道纪委书记，妇联主席、副主席及“文明家庭”“最美家庭”代表等 70 余人参加活动。

(王明伟)

【“六个专项”整治】 年内，抽取40家单位，对落实重点解决违反中央八项规定精神、“为官不为、为官乱为”、侵害群众利益的不正之风和腐败问题、选人用人、规范基层党组织建设、农村集体“三资”监督管理6个方面的共性问题进行集中检查。对已巡察过单位巡察整改情况进行“回头看”，督促已巡察过的25家单位针对巡察反馈意见进行整改；对未巡察单位发现的159个问题督促整改，推动全区各单位未巡先改、全面整改。共督促整改问题450个，新发现问题280个。

（闫成宝）

【精准整治“四风”问题】 年内，加强日常监督，紧盯时间节点重申廉洁纪律，重点防范、深挖细查隐形变异“四风”问题。健全快查快办机制，加强同财政、税务、审计、机关事务管理等部门的沟通协调，开展立体式监督检查，发现苗头性、倾向性问题及时提出整改建议。对公款旅游、公车私用、违规发放福利等问题重点督查，查处违反中央八项规定精神案件11起。集中开展领导干部利用名贵特产类特殊资源谋取私利问题专项整治，将四类延庆地方特色商品纳入整治范围。

（张潇）

【运用“四种形态”处理834人】 年内，全区纪检监察机关综合运用“四种形态”处理834人次。其中第一种形态645人次，占比77.34%；第二种形态137人次，占比16.43%；第三种形态29人次，占比3.5%；第四种形态23人次，占比2.8%。

（张潇）

制度建设

【纪检监察检举和举报平台建设】 3月1日，“12388”电话举报受理系统正式投入使用，截至年底接听电话621件次，其中受理检举控告17件。9月30日，来访接待系统正式投入使用，截至年底接待来访216批次227人次，其中受理检举控告7件、批评建议1件。12月23日，处置子平台投入试运行。

（苏玥）

【纪检监察干部监督室成立】 3月25日，区委办下发《中共北京市延庆区纪律检查委员会北京市延庆区监察委员会机关职能配置、内设机构和人员编制规定》的通知，批准区纪委监委成立纪检监察干部监督室，主要职责是严防“灯下黑”，强化纪检监察干部内部监督。截至年底，收到纪检监察干部问题线索15件次，比上年上升50%；处置完成问题线索13件，比上年上升30%。

（王盼）

【警示教育基地升级改造完成】 8月6日，“德蕴清风”警示教育基地升级改造完成。基地建筑面积460余平方米，投资近106万元，以文字、图片、忏悔视频资料等，集中展示全区近年来查处的违纪违法的典型案例。截至年底，接待干部群众6000余人次参观。

（王明伟）

【派驻机构改革工作会】 8月29日，召开深化派驻机构改革工作会。穆鹏、于波、蒋达峰等出席。会议宣布区纪委、区监委派驻纪检监察组组长及被监督单位名单。区委印发《关于调整区纪委监委派驻（出）机构设置的通知》，对区纪委监委派驻（出）机构设置进行调整。全区设立派驻纪检监察组14家，其中单独派驻纪检监察组2家、联合派驻纪检监察组12家，实现对全区区级党和国家机关以及区属国有企业派驻纪检监察机构全覆盖。9月初，14个派驻纪检监察组人员全部正式入驻。

（张业宇）

【落实全面从严治党主体责任】 年内，协助区委制定《延庆区委常委会带头落实全面从严治党主体责任的实施意见》《关于深化落实全面从严治党主体责任的实施办法》和《2019

年区委全面从严治党重点任务清单》，完善“三单一书”制度和全程纪实制度。成立13个督查组，由区领导带队，采取“四不两直”的方式深入26家单位30余个基层点，对近40项市区两级重点任务进行现场检查。

（张潇）

（栏目编辑：王新华）

民主党派

概　述

延庆区共有6个民主党派区级组织，分别是中国国民党革命委员会（简称“民革”）延庆支部、中国民主建国会（简称“民建”）延庆支部、中国民主促进会（简称“民进”）延庆总支部、中国民主同盟（简称“民盟”）延庆总支部、中国农工民主党（简称“农工党”）延庆支部和九三学社延庆支社。6个民主党派区级组织共有227名党派成员，其中民革延庆支部17名、民建延庆支部60名、民进延庆总支部57名、民盟延庆总支部62名、农工党延庆支部20名、九三学社延庆支社11名。

（陈鸽）

中国国民党革命委员会延庆支部

【民革延庆支部医疗专家走访慰问乡村】 1月29日，民革延庆支部联合中华志愿者协会医疗专家志愿者委员会举行“中山博爱 慈善乐助”活动，到农村卫生室、特困群众代表家中进行走访慰问。活动范围覆盖全区5个乡镇、57个社区卫生服务站，涉及228名互助儿童、3488户特困家庭和254名乡村医生。

（陈鸽）

中国民主建国会延庆支部

【民建延庆支部重阳敬老活动】 10月6日，民建延庆支部开展“盛世华诞70年，欢度重阳谱新篇”之“九九重阳节、浓浓敬老情”活动。全体会员到延庆区旧县镇古城村，与167位老人欢度重阳佳节。

（陈鸽）

【民建延庆支部举办法律讲座】 11月7日，结合“不忘初心、牢记使命”主题教育，民建延庆支部联合区委统战部举办“企业规章制度合规管理”法律讲座。特邀隆安律师事务所合伙人、资深劳动法专家胡锐利律师进行主讲。区工商联和民建延庆支部的企业代表30余人参加。

（陈鸽）

中国民主促进会延庆总支部

【民进延庆总支部慰问河北援建地区】 1月

25 日，民进延庆总支部赴张家口市宣化区顾家营镇徐家房村进行以“送科技、送医疗、送春联、献爱心”为主题的慰问活动，为当地 8 户低保户送去粮油、棉被、医药、春联等慰问品。

（陈鸽）

【民进延庆总支部举行诗歌朗诵会】 11 月 23 日，民进延庆总支部在区青少年活动中心小剧场举办主题为“不忘合作初心 继续携手前进”的诗歌朗诵会。全区各民主党派代表等 200 余人参加活动。

（陈鸽）

中国民主同盟延庆总支部

【民盟农业大学委员会到区调研】 3 月 12 日，民盟中国农业大学委员会主委赵兴波教授一行 4 人到康庄镇大王庄村，就成立延庆科技小院进行调研。并赠送延庆科技小院七头牦牛作为科研样本。民盟延庆总支部主委王惠杰等陪同调研。

（陈鸽）

【民盟延庆总支部扩大会】 4 月 9 日，民盟延庆总支部召开总支部扩大会，总支部委员、各支部主委、委员出席。会议传达民盟北京市委 2019 年上半年直属基层组织负责人工作会议精神及《中国民主同盟北京市第十二届委员会常务委员会工作报告》精神，明确 2019 年工作思路，并就“盟员之家”建设提出建议。

（陈鸽）

【民盟延庆总支部科技小院学术论坛】 5 月 24 日，民盟延庆总支部会同民盟中国农业大学委员会在康庄镇北曹营村举办“服务乡村振兴 助力脱贫攻坚”延庆科技小院学术论坛。活动旨在发挥农大盟员专家农科特长，开展学术交流与技术咨询，建立延庆科技小院服务机制，为延庆农业尤其是畜牧与园艺建言献策。

（陈鸽）

中国农工民主党延庆支部

【农工党延庆支部全体党员会】 2 月 17 日，农工党延庆支部召开 2019 年度全体党员会，16 名党员参加会议。会议总结 2018 年工作，部署 2019 年工作，传达农工党北京市委相关文件精神和中共延庆区委 2019 年新春座谈会会议精神。

（陈鸽）

【农工党延庆支部医学专家义诊活动】 7 月 28 日，农工党延庆支部医学专家联合北医三院农工党支部在区开展义诊活动。共有 16 名专家参加义诊，为 260 名患者提供医疗服务。

（陈鸽）

九三学社延庆支社

【九三学社延庆支社“送医下乡”】 10 月，

九三学社延庆支社组织医疗专家团队到大庄科乡东二道河村开展“送医下乡”活动。包括内科、外科、骨科的7名医疗护理专家参加。活动接待村民群众60余人次，免费发放宣传手册等100余份。

（陈鸽）

（栏目编辑：王新华）

人民团体

延庆区总工会

【概况】 北京市延庆区总工会内设办公室、组工部、权益部和财务部4个行政科室，下设北京市延庆区工人文化宫、北京市延庆区职工技术交流中心和北京市延庆区职工服务中心3个事业单位。2019年新建单独工会组织4个，新吸纳会员1733人；全区基层工会组织538个，涵盖单位1596个，会员总数38403人，办理会员互助服务卡37545张。开发普惠制服务项目17个，服务职工134162人次，职工参与率359.61%，全市排名第四。受理市总工会“12351”热线派单33件，完成率100%，全市排名第一。年内，“冬送温暖”活动慰问劳模、困难职工、大病职工和生产一线职工2128人次，发放慰问款物127.1万元。为126位职工申请延庆区职工专项温暖基金应急救助，慰问资金67.28万元。开展“春送岗位”项目，联合区人力社保局举办5场招聘会，为1000多名求职者提供就业服务。建立完善联系困难职工工作机制，对在档困难职工进行入户调查，困难职工家庭减少至19户。开展扶贫协作，给予结对帮扶村兴和县鄂尔栋镇南库联村公益就业岗位帮扶资金5万元；开展助力精准扶贫普惠制服务活动，免费为会员发放51.7万元扶贫受援地区产品。高考期间，组织首都职工志愿服务总队在延庆第一中学设立高考志愿服务站点，为考生家长及服务高考的职工提供爱心座椅、饮用水、移动书屋、医疗救助等“暖心伴考”服务。

单位名称：延庆区总工会
地　　址：延庆镇高塔街66号
电　　话：69143298

（吴丽媛）

【冬奥世园先锋行动】 1月29日，召开“冬奥世园先锋行动”暨服务保障世园会备战攻坚100天动员会，部署延庆区总工会“冬奥世园先锋行动”暨服务保障世园会备战攻坚100天工作，区总工会女工委主任宣读《倡议书》，8名基层工会主席代表在承诺书上签名。3月28日至29日，举办“工会、世园”知识竞赛，全区基层工会44支代表队参赛，延庆公路分局代表队获得一等奖。

（吴丽媛）

【两节送温暖】 元旦、春节期间，慰问劳模、困难职工、大病职工和生产一线职工2128人次，发放慰问款物127.1万元。其中，慰问世园冬奥低温、露天作业的世园投资有限公司联合工会、北控京奥建设有限公司联合工会、中铁五局、中铁十四局、中铁十九局等1802名一线职工，为每位职工发放日常生活用品温暖包。区领导穆鹏、于波慰问了“全国五一劳动奖章”获得者桂彩丽和全国劳动模范赵玉忠。

（吴丽媛）

【主题教育推进会】 2月21日，区总工会在文化馆小剧场召开“延庆是我家，世园靠大家”新春第一课暨“我为世园作贡献、我为冬奥添光彩”主题实践活动推进会。会议宣读延庆区总工会致广大职工群众的《倡议书》，工会干部代表、职工代表、群众代表分别做表态发言，10名基层工会干部代表、职工代表、群众代表在《承诺书》签名，与会领导为25名世园冬奥最美建设者代表颁奖。会场外设立世园展板60余块，群众近千人观看。区总工会领导、基层工会主席以及部分职工群众代表200余人参加活动。

（吴丽媛）

【劳动荣誉称号推荐评选】 2月，启动全国五一劳动奖状、奖章和全国工人先锋号，以及首都劳动奖状、奖章和北京市工人先锋号推荐评选工作。延庆区张山营镇人民政府文化体育服务中心科员、西小庄科书记徐建喜获颁“全国五一劳动奖章”；金果园老农（北京）食品股份有限公司副总经理薛雪菲，北京世界园艺博览会延庆区筹备领导小组办公室党组书记、常务副主任郭清尧，北京市延庆区妇女联合会权益部部长闫明获颁“首都劳动奖章”；国家税务总局北京市延庆区税务局获颁“首都劳动奖状”；利嘉商圈（北京）科技有限公司党工团工作小组获颁“北京市工人先锋号”荣誉称号。

（吴丽媛）

【职工赛事活动丰富多样】 3月12日，举办“当好主人翁 同心迎世园”2019年延庆职工扑克牌“双升级”比赛，63支代表队126名职工参赛。4月11日至12日，举办2019年延庆职工工间操辅导员培训班，48个基层工会110名辅导员参加培训。4月至9月，开展“敬业八小时，做好今日事——八小时约定”摄影、征文主题教育实践活动，征集“我和我的祖国”主题征文作品80多篇，“劳动光荣 敬业高尚 我为世园作贡献 我为冬奥添光彩”主题摄影作品90多张。8月15日至16日，举办延庆职工第三十七届象棋赛，全区21个单位88名职工参赛。9月12日，在区体育馆举办“庆祝中华人民共和国成立70周年 迎冬奥”延庆职工第六届乒乓球比赛，24个单位140多名乒乓球爱好者参加比赛。

（吴丽媛）

【区总工会全体会议】 3月22日，区总工会第一届委员会第十一次全体会议在夏都会议中心召开，大会选举池合仓为区总工会副主席。6月5日，召开区总工会第一届委员会第十二次全体会议，选举李宇为区总工会副主席。

（吴丽媛）

【第一届“延庆大工匠”入选3人】 3月，启动第一届“延庆大工匠”培育选树活动。11月，评选出“索道工匠”张洪波、“酿酒工匠”杨德荣和“烹饪工匠”王文俊3名“延庆大工匠”。

（吴丽媛）

【延庆区总工会职工活动中心挂牌成立】 4月29日，延庆区总工会联合区会展中心打造的职工活动中心在会展中心挂牌成立，旨在为职工开辟文体活动场地，当日向职工发放健身门票1.25万张。

（吴丽媛）

【延庆代表团出席市工会十四大】 5月6日至8日，北京市工会第十四次代表大会在北京会议中心召开。区人大常委会副主任、区总工会主席郭永华，区总工会党组成员、副主席、调研员、经审委主任刘少强，延庆区委香水园街道工作委员会委员、香水园街道总工会主席李志东，北京北控京奥建设有限公司党群工作部专职工会干事张丹丹，延庆区饮食服务总公司同凯酒店餐厅服务领班赵丽雪及区总工会主任科员、组工部负责人李小琴作为延庆区工会代表出席大会。

（吴丽媛）

【穆鹏调研】 5月13日，区委书记穆鹏带队，对区总工会工作进行实地调研。区总工会主席郭永华进行工作汇报，区总工会班子成员参加汇报会。

（吴丽媛）

【延庆职工第三十七届“五月鲜花”歌咏比赛】　5月26日，在文化馆小剧场，举办“劳动光荣——与共和国同成长与新时代齐奋进，为冬奥世园添光彩”延庆职工第三十七届“五月鲜花”歌咏比赛，30个基层工会的42个节目参赛。6月12日，在文化馆小剧场举行“五月鲜花”文艺会演，活动现场为延庆职工第三十七届“五月鲜花”歌咏比赛获奖单位代表、冬奥世园最美建设者，2019年“全国五一劳动奖章”“全国五一巾帼标兵”“首都劳动奖章”“首都劳动奖状”和“北京市工人先锋号”获得者颁奖。延庆劳动模范和先进工作者代表、延庆职工“五月鲜花”歌咏比赛获奖单位和个人代表、冬奥世园建设工地代表、延庆创城一线职工代表、延庆基层工会工作者代表等200人观看演出。区人大、区政协、区总工会相关领导出席活动。

（吴丽媛）

【优秀职工疗休养】　5月至9月，区总工会分两批组织17个基层工会的优秀先进职工共200名赴北戴河先进职工疗养院开展疗休养活动。

（吴丽媛）

【暑期慰问一线职工】　7月4日，开展“助力冬奥会、工会送清凉”活动，为高温酷暑期间工作在一线的冬奥建设者送去20台电风扇和100箱矿泉水等慰问品。7月至8月，慰问世园会、冬奥会建设工地、环卫中心等单位一线职工，为他们送去防暑药品、矿泉水、绿豆、白糖、冰糖等慰问品。在世园会P1～P5停车场建立5个职工“暖心驿站”，定期为世园会一线职工配送桶装纯净水，共计220桶。

（吴丽媛）

【“安康杯”竞赛】　7月17日，为宣传保障职工生产安全，区总工会、区应急管理局、区安全生产协会联合开展以“防风险、除隐患、遏事故”为主题的“安康杯”安全知识竞赛。竞赛内容以安全生产法律法规、防震减灾以及新出台的《北京市生产经营单位安全生产主体责任规定》等安全知识为主。全区21支代表队参赛。经过预赛和决赛，北京金隅八达岭温泉度假村有限责任公司代表队获得第一名。

（吴丽媛）

【“情满世园一线牵”职工联谊活动】　7月28日，在北京八达岭国际会展中心，举行“爱满京城 相约幸福——情满世园一线牵”延庆区职工联谊活动，全区行政机关、企事业单位和驻延部队未婚单身男女以及亲友团近300人参加活动。

（吴丽媛）

【金秋助学活动】　9月，开展金秋助学活动，对18名困难职工子女进行救助，其中九年义务教育阶段4人，高中、中等职业教育阶段7人，大专及以上7人，发放助学金11.7万元。

（吴丽媛）

【冰雪体育技能人才培训班】　10月29日至11月1日，举办“助力冬奥、促进绿色发展”冰雪体育技能人才培训班，全区63个单位140名职工参加培训。

（吴丽媛）

【非公企业工会干部培训班】　11月13日，举办“不忘初心、牢记使命、筑梦新时代”2019年延庆区非公企业工会干部培训班暨混合制企业“沟通会”，130名非公企业工会干部参加培训。同时，特别邀请10家未建会的非公企业代表参加培训。

（吴丽媛）

【法律宣传进冬奥工地】　12月6日，区总工会贯彻落实“七五”普法规划，举办“尊法守法 携手筑梦”法律宣传进冬奥工地活动。区总工会主席郭永华为新成立的延庆区总工会法律宣传服务队授旗。区总工会法律宣传服务队为冬奥一线职工送去法律书籍600多册、春联大礼包80套和价值6000元的冬装手套。

（吴丽媛）

【职工志愿服务冬奥场馆建设者】 12月6日，首都职工志愿“大篷车”第四次开进冬奥建设工地，为张山营镇海陀山冬奥会雪车雪橇中心项目部的建设者开展理发技能培训，并配备理发工具20件、急救箱7个和部分应急药品。年内，11支职工志愿服务队伍近70名职工志愿者为冬奥场馆建设者送服务、送技能、送援助。截至年底，举办服务活动23场，为千名职工提供免费理发，义诊、法律咨询、心理疏导等5类8项志愿服务。

（吴丽媛）

【延庆区工会第二次代表大会】 12月26日至28日召开延庆区工会第二次代表大会。市总工会和区四套班子主要领导出席开幕式并讲话。于波做经济社会形势报告。12月28日，经代表大会无记名投票，王征等51人全票当选为北京市延庆区总工会第二届委员会委员；白冰华等11人全票当选为北京市延庆区总工会第二届经费审查委员会委员。在北京市延庆区总工会第二届委员会第一次全体会议上，选举郭永华为主席，池合仓、李宇、朱记林（兼）、雷蕾（兼）、朱艳（兼）为副主席。在北京市延庆区总工会第二届经费审查委员会第一次全体会议上，选举杜志刚为经费审查委员会主任、刘丽君为副主任。在北京市延庆区总工会第二届女职工委员会第一次全体会议上，选举李宇为女职工委员会主任、闫明为副主任。

（吴丽媛）

【劳模代表活动】 年内，围绕中华人民共和国成立70周年，区总工会组织10名劳动模范代表参加国庆观摩活动；为6名全国劳动模范颁发中华人民共和国成立70周年纪念章；推荐“全国五一劳动奖章”获得者桂彩丽、“首都劳动奖章”获得者薛雪菲参加与团区委联合开展的“穿越时空七十年 延庆乡亲庆华诞”朗诵活动；五一前夕，组织全区劳动模范、“首都劳动奖章”获得者及家属600多人游览世园会；组织10名劳动模范代表参加2019北京世园会闭幕式。

（吴丽媛）

【“冬奥世园最美建设者”评选活动】 年内，深入开展“冬奥世园最美建设者”评选活动，评选出最美建设者1237人，在《延庆报》6次刊登专版进行表彰。

（吴丽媛）

【“职工沟通日”活动】 年内，确定每月10日为区级“职工沟通日”，全区各乡镇街道在社区、楼宇、园区等职工密集区域统一开展职工沟通会，企业较密集乡镇街道每周开展一次职工沟通会。全区开展职工沟通会317场，吸纳681名职工加入工会组织。开展企业沟通会36场，3家企业达成建会意向。

（吴丽媛）

【工资集体协商】 年内，落实工资协商指导员责任，指导推进集体协商工作，200家企业开展工资集体协商，覆盖职工12019人，建制率98.5%。26家百人以上规模企业全部独立开展工资集体协商，覆盖职工6710人，建制率100%。女职工专项集体合同签订率100%。

（吴丽媛）

【劳动争议调解】 年内，强化区劳动争议调解中心法律援助职能，提供法律咨询服务171次，调解劳动争议案件92件，涉及职工92人；为职工挽回经济损失115.28万元。

（吴丽媛）

【工会服务体系建设】 年内，通过“一张卡、一条线、一张网”为全区职工提供普惠精准服务。对基层工会申报的1家示范职工之家、82家职工暖心驿站建设情况进行验收；职工会员手机App注册用户32687人，占全区职工总数的85%，全市排名第一；共受理“12345”接诉即办派单5件，完成率100%；“12351”热线派单33件，完成率100%。

（吴丽媛）

【服务职工项目开发】 年内，开发14个服务职工项目（含17个子项目），其中包括：持“工会会员互助服务卡”、医保卡或新农合就医本减免医事服务费；两节期间“延庆职工迎新春，开开心心得实惠”免费领米面油活动；三八节期间“情暖三月天·关怀送伊人”妇女节专享活动；五一期间开展“崇尚劳动庆五一·参与世园添光彩”活动；世园会期间开展“喜迎中华人民共和国成立七十年·职工携手逛世园”活动，为全区在职工会会员赠送世园会参观券6000张，并组织全区20名困难职工免费入园参观；国庆节期间开展“不忘初心·牢记使命”爱国主义教育观影活动；开展“发挥工会作用·助力精准扶贫”普惠制服务活动等。全年服务职工134162人次。

（吴丽媛）

【“职工技协杯”职业技能竞赛】 年内，开展“助力世园冬奥、促进绿色发展”2019年延庆区“职工技协杯”职业技能竞赛活动。涉及医疗护理技能9项、餐饮服务5项、书记员综合业务等9个工种19个项目，组织近60场次竞赛，1700多名职工报名参与。153名参赛职工取得区级竞赛名次，其中一等奖28人、二等奖51人、三等奖74人。15名一等奖选手被评选为区级优秀首席职工。截至年底，全区高技能人才增至1244人。

（吴丽媛）

【“十百千万”职业技能人才发展助推工程】 年内，举办“助力冬奥会筹办 促进职工素质提升”通用能力培训班，开展“迎世园助冬奥 讲道德促提升”公益大讲堂系列活动6场，组织“迎世园盼冬奥 强技能展风采”岗位练兵活动2场，累计培训1904人次。评选2019年度区级创新工作室5个、优秀首席职工45人，助推资金14万元。落实在职职工职业发展助推计划，为取得国家职业资格证书的54名职工争取市、区两级助推资金11.48万元。为中农绿康（北京）生物技术有限公司申报“首都职工素质建设工程”科学家（专家）走进创新工作室项目资金2.8万元。

（吴丽媛）

【职工互助保障】 年内，推进职工住院医疗（津贴）、重大疾病、意外伤害“三位一体”的互助保障活动，吸纳30301名互助保障会员，为182个基层单位5.4万人次投保262.78万元，比上年同期增长23.39%。赔付会费型保障活动和非工伤意外伤害及家财损失综合互助保障计划涉及684人、955人次，赔付金额115.6万元。享受个人自付医疗费用二次报销涉及11600人、26050人次，报销金额222万元。年度互助互济活动涉及会员二次救助、会员慰问以及非会员爱心慰问，受助职工164人，救助金额16.4万元。

（吴丽媛）

【扶贫协作】 年内，给予结对帮扶村兴和县鄂尔栋镇南库联村公益就业岗位帮扶资金5万元。开展助力精准扶贫普惠制服务活动，免费为职工会员发放51.7万元扶贫受援地区产品。

（吴丽媛）

共青团延庆区委员会

【概况】 中国共产主义青年团北京市延庆区委员会（简称“共青团延庆区委”）是在区委领导下的延庆区先进青年的群众组织，是党联系青年的桥梁和纽带。设有办公室、社会工作部、组宣部3个行政科室，以及区志愿服务指导中心1个事业单位。2019年全区有直属团组织63个，其中，机关事业单位团组织33个、团教工委1个、国企和商业团组织7个、街乡镇团组织18个、“两新”团组织4个，全区14岁至28岁团员2505人。年内，为切实加强团员青年的思想武装，引领青年坚定跟党初心、勇担时代使命。依托数据库平台，以学习贯彻习近平新时代中国特色社会主义思想为统揽，开展“青年大学习”活动；全年全区团员青年参与学习人数9000余人。为服务保障世园会，成立“延庆乡亲”志愿服务队，并为志愿者配套统一服装、统一标识。全年组织团员青年志愿者完成元宵节花会展演、第十一届北京端午文化节、第九届北京国际自行车骑游大会、2019 北京国际自行车博览会、2019 延庆森林半程马拉松等 20 余项全区大型赛事活动的秩序维护、文明引导、现场服务等志愿服务工作，保障各项赛事活动顺利进行，为全区重大赛事成功举办做出了贡献。儿童节期间，开展山区学校、幼儿园慰问活动，根据不同儿童的特点和需求，分别送去学习、生活和体育用品等慰问物资，涉及学龄前儿童、服刑人员子女、困境青少年、“新时代好少年”等 1000 余人。

单位名称：共青团延庆区委员会

地　　址：延庆镇新城街 2 号

电　　话：69140120

（卢佳）

【区青联一届一次会议】 3 月 30 日，延庆区青年联合会第一届委员会第一次全体会议召开。会议按照市青联改革要求，推选产生冬奥体育、生态文明及农业园艺等 8 个界别的 150 名代表。区委书记穆鹏，团市委副书记、市青联主席郭文杰出席开幕式并讲话。

（赵东冉）

【北京世园会志愿服务保障】 4 月至 10 月，世园会期间，共青团延庆区委在园区内外设立 91 处志愿服务岗亭和城市志愿服务站点。通过“组织化动员”为主、“社会化动员”为辅，“定向招募”为主、“社会招募”为辅相结合的方式进行世园会城市志愿者招募。期间组织志愿者服务 31315 人次，发放延庆区旅游交通导览图近 3 万份，服务游客近 300 万人次。

（张景睿）

【“五四”纪念活动】 5 月 4 日，共青团延庆区委和区委宣传部携手首都高校共同举办“青春心向党 · 建功新时代”纪念“五四”运动 100 周年暨“百花争延”首都高校学子志愿服务美丽延庆启动仪式。活动通过回顾“五四”百年历程，展现主题活动成果，青年致力服务国家等环节，展现当代青年良好的精神风貌与责任担当，为凝聚广大青年服务世园会注入新动力。

（胡晓曼）

【“六一”慰问活动】 5 月 27 日至 6 月 1 日，共青团延庆区委全体机关干部赴千家店、大庄科等地的学校及幼儿园进行慰问，活动覆盖学龄前儿童、服刑人员子女、困境青少年、新时代好少年等 1000 余人。根据不同儿童的特点和需求，分别为他们送去学习用品、生活用品、体育用品等慰问物资 1000 余份。

（胡晓曼）

【禁毒宣传进校园】 6 月 26 日，共青团延庆区委依托社区青年汇和社会机构组织延庆第一职业学校学生和高三毕业生开展“6 · 26”国际禁毒日主题观影活动和“健康人生，绿色无毒”禁毒宣传教育活动，通过禁毒宣传教育，使学生们了解毒品的危害和禁毒的形势。

（胡晓曼）

【“不忘初心，牢记使命”主题党日活动】 “七一”前夕，共青团延庆区委组织“延庆乡亲”志愿者与世园会园区志愿者在区委党校开展志愿者共建晚会暨“不忘初心，牢记使命”志愿者主题党日活动。通过志愿服务交流分享和志愿者风采展示，提高世园会志愿者对延庆的认识程度，激发“延庆乡亲”志愿者服务世园会的热情。300 余名志愿者参加活动。

（胡晓曼）

【青年交友活动】 7 月 27 日，共青团延庆区委联合区委宣传部、康庄镇等部门，在喻海庄园共同举办“爱满京城 相约幸福——情满世园一线牵”青年交友活动，驻延部队战士和全区各企事业单位的 70 名优秀单身青年参加活动。

（赵东冉）

【区域化团建】 8 月，共青团延庆区委围绕区委中心工作，向全区基层团组织下发《2019 年延庆区区域化团建工作方案》，根据各街乡镇地理位置和工作特点划分 6 个区域协作片区，重点围绕“清空净水”“生态环境治理”

“新时代文明实践”“疏解整治促提升”“乡村振兴”“冬奥世园先锋”等方面，全面开展“延庆六大青年行动”。

（周颖）

【红色教育之旅主题活动】 9月29日，共青团延庆区委机关党支部联合团市委世园会专班党支部，组织100余名世园志愿者、青联委员、青年汇社工等开展“传承红色文化、讲好中国故事”——红色教育之旅主题活动，参观大庄科乡霹破石村昌延联合县政府办公遗址，聆听“平北故事”专题讲座，并重温入党誓词。与当地乡亲同吃、同劳动，追忆平北抗战艰苦岁月，珍惜新时代美好生活。

（赵东冉）

【志愿者之歌MV新闻发布会】 12月5日，是第34个国际志愿者日。共青团延庆区委和区委宣传部联合主办的“花开世园、蓄力冬奥‘延庆乡亲’志愿者故事分享暨志愿者之歌MV新闻发布会”在延庆新华保险培训中心举行。发布会现场播放由共青团延庆区委制作的《延庆乡亲志愿者之歌》MV，“延庆乡亲”代表和现场观众一起分享自己的志愿故事。会议授予花样滑冰世界冠军张昊“延庆乡亲形象大使”称号。会议还进行了高山滑雪世界杯相关知识和志愿者应急常识方面的培训。

（张景睿）

【滑雪培训】 12月，依托全区9家社区青年汇开展石京龙滑雪场夜场滑雪培训活动，聘请海陀农民滑雪队成员为教练，培训青年滑雪爱好者1000余人次。

（赵东冉）

【城市志愿者培训】 年内，按照志愿者、志愿者骨干、志愿服务组织管理者3个层级，构建分级分类培训格局，对标志愿服务标准要求，通过理论学习、实操培训、实地考察和慕课等多种形式开展培训，确保志愿者在上岗前接受通用知识、专业知识和岗前培训等方面的培训。截至年底，开展城市志愿者培训43期，培训近4000人次。

（张景睿）

【“两新”组织团建】 年内，全面加强基层团支部规范化建设，着力扩大“两新”组织覆盖面。在“双创”青年、青联委员等各类青年群体中推动建立团青组织，通过社团、志愿组织等各类青年组织达到对青年的有效覆盖。先后成立启迪之星延庆团支部，建立墨墨祝福志愿者协会团支部和妫川青年协会团支部。

（周颖）

延庆区妇女联合会

【概况】 北京市延庆区妇女联合会（简称“区妇联”）是在区委领导下的社会群众团体组织，是党和政府联系妇女群众的桥梁和纽带，代表和维护妇女权益，促进男女平等。机关内设办公室、组宣部、权益部、儿童部、妇女儿童工作委员会办公室5个职能科室，所属两个事业单位：延庆区妇女儿童社会服务中心和延庆区妇女权益指导服务中心。全区设15个乡镇妇联、3个街道妇联、93个行政机关企事业单位妇委会、376个村妇联、47个社区妇联。年度工作中以“双学双比”“巾帼建功”“和谐家庭”创建三大主体活动为载体，组织引导妇女参与全区的政治、经济、文化、社会、生态文明建设，协调推进妇女儿童发展规划落实，推动妇女儿童事业创新发展。年内，区妇联组织开展“妇”字号基地捐款活动，北京四海宝山种植农民专业合作社联合社等17个“妇”字号基地捐款105500元。开展“绿色家庭我先行 最美庭院扮世园”系列园艺培训进社区活动，分别在世园周边的乡镇街道举办培训活动8场次，参与群众400人。

单位名称：延庆区妇女联合会

地　　址：延庆镇新城街2号

电 话：69143467

（史建美）

【深入冬奥会和世园会工地慰问女职工】 1月11日，区妇联到区冬奥会和世园会施工现场，走访慰问奋战在一线的180名女工姐妹，为她们送去党和政府以及妇联组织的亲切关怀和慰问。北京世园局、延庆区委、北京妇女儿童发展基金会相关领导参加慰问活动。11月25日，市妇联、北京妇女儿童发展基金会负责人以及区住建委、区妇联一行到延庆区冬奥会施工现场，开展“守初心担使命 冬奥有我更精彩”——慰问冬奥会核心赛区施工一线女职工活动。走访慰问奋战在一线的108名女工，为她们送去御寒衣服和取暖用品。区委主管领导陪同参加慰问活动。

（史建美）

【“温暖冬衣”行动】 1月14日，区妇联携手妫水人家主食坊，在延庆镇妇联的配合下开展“温暖冬衣”行动，为西屯中心小学52名小朋友赠送新春礼物——棉马甲和毛绒玩具，让孩子们度过一个温暖的冬天。区妇联主席和妫水人家农业发展有限公司董事长出席活动。

（史建美）

【“拥抱冰雪·相约冬奥”主题活动】 1月17日举办主题活动。活动以冰雪知识、冬奥知识问答、雪地全能接力赛为主，集知识性、趣味性、娱乐性、协作性和竞争性于一体，旨在号召全区妇女姐妹“走出门、迈开腿、动起来”，倡导大家用科学、文明、健康的生活方式积极参与室外冰雪运动，用自己的实际行动为冬奥盛会贡献巾帼力量。区直机关工委、区妇联领导以及全区80余名妇联干部参加活动。

（史建美）

【世园创意窗花设计及主题培训】 1月29日，区妇联组织妫川巧娘和爱好者开展“巾帼巧手绘世园 扮靓家庭过大年”世园创意窗花设计及主题培训活动。旨在增强全区妇女“人人都是东道主，扮靓我家迎世园”的主人翁意识，结合两节慰问，把温暖和祝福送给城乡妇女姐妹及广大家庭。培训由妫水女手工艺发展促进协会承办，在世园周边6个乡镇街道开展，6名兼职达人分别到乡镇街道新时代文明实践站进行授课。活动为期3天。

（史建美）

【区妇联走访慰问】 1月至2月，两节期间，区妇联面向全区困难妇女儿童发放慰问款20余万元，慰问物资折合人民币24万余元，惠及妇女儿童2000余人次。2月1日，为王顺沟村6户困难家庭发放慰问金600元，为80户低收入户及边缘户送去米、面、油等慰问品，价值2万余元。2月，春节前夕，区妇联联合民革延庆支部看望经区妇联牵线搭桥资助过的198名儿童，并走访慰问居住在千家店镇的8名儿童，了解他们在校学习和生活情况。中华志愿者协会提供价值约3.4万元的慰问物资。5月至6月，区妇联在儿童节期间面向全区进行“温暖童年”百名困难儿童慰问活动，走访张山营镇困难儿童；联合区民政局慰问全区133名留守儿童，为他们送去书包和文具。引入民革、女青年会等社会组织开展困境儿童帮扶救助活动，为千家店学校、大庄科中心小学和大榆树中心小学的孩子们送去节日礼物和问候。六一期间发放慰问物资近6万元，慰问全区困境儿童538人。

（史建美）

【区妇联召开一届五至七次执委会】 2月20日，区妇联召开一届五次执委扩大会议，全面启动延庆区“巾帼建功新时代，我为世园添光彩”主题活动。会议总结2018年工作，部署2019年工作任务。并就如何组织、凝聚、引领全区广大妇女家庭，为冬奥会世园会决胜攻坚增光添彩作重点动员。区妇联一届执委，乡镇街道、党政机关企事业单位妇联干部，社会组织代表近150人参加会议。4月24日，区妇联一届六次执委会召开，选举产生出席北京市第十四次妇女代表大会代表。会议以无记名投票方式，差额选举产生13名正式代表：卫洪英、王宏云、王君玲、沈丽丽、沈雁鹏、赵楠、赵俊英、茹楠、贺玉玲、郭军华、席丽娟、常肖肖、薛雪菲。6月5日，召开一届七次执委会，通过无记名投票的方式，选举贾春媚为区妇联主席，并调整其为出席北京市第十四次妇女代表大会代表。

（史建美）

【市妇联走访慰问区女同胞】　2月，春节前夕，市人大常委会原副主任、北京妇女儿童发展基金会名誉理事长李昭玲，市妇联副主席常红岩一行到区，走访慰问中华人民共和国成立前老妇救会主任、农村“两癌”患病妇女，为她们送去慰问金和生活用品。区人大、区妇联主要领导陪同慰问。

（史建美）

【人居环境整治 文明素养提升行动】　3月1日，区妇联召开人居环境整治、文明素养提升行动工作部署会。会议就人居环境整治行动和万户家庭守礼仪文明素养提升行动进行详细安排和布置，号召全区妇女围绕公众参与世园会，深入开展人居环境整治活动，深化生态文明理念，改善城乡社区家庭人居环境，将万户家庭守礼仪落实到日常公共行为中去，切实提高市民文明素养，掀起“我为世园作贡献”的参与高潮。18个乡镇街道的妇联副主席参加会议。11月14日，召开“巾帼建功新时代，我为世园添光彩”人居环境整治提升行动总结会。与会人员共同观看区妇联人居环境提升行动工作视频；张山营镇妇联、八达岭镇东沟村妇联、旧县镇大柏老村妇联干部以及百泉街道国润家园社区居民代表做交流发言。全区乡镇街道和村居妇联干部及百泉街道绿色家庭代表近百人参加会议。

（史建美）

【亲子绘本分享活动】　3月3日，区妇联妇女儿童社会服务中心开展“绘本让爱更亲近”亲子绘本分享活动，标志年度公益服务月活动正式开启。现场聆听北京智慧泉文化发展有限公司老师的绘本《我的情绪小怪兽》《肚子里的小人》《下雨天》。60多个家庭参加活动。10月至11月，开展亲子绘本美育公益课堂活动6次，40多组家庭参与活动。

（史建美）

【“三八”维权周宣传】　3月6日，联合开展“建设法治中国首善之区·巾帼在行动——维权服务进社区、进家庭、到身边”为主题的宣传咨询活动。现场向社区居民发放《反家庭暴力法》《妇女权益保障法》《婚姻法》和消费维权、妇女健康、禁毒教育等相关内容的手册以及宣传品3000余份。区妇联、区司法局、区卫健委、区工商局、区禁毒办、区法院、区精神卫生保健所、区心理健康服务协会、儒林街道办等单位相关部门主管领导参加活动。

（史建美）

【“三八”妇女节主题活动】　3月7日，区妇联召开“巾帼心向党 建功世园会 逐梦新时代”主题活动。会议表彰全国“三八”红旗集体、2018年“巾帼文明岗”“巾帼建功标兵”、区级“示范妇女之家”以及基金会延庆工作站先进单位等先进典型和集体。区委宣传部、区直机关工委、区总工会、区文明办、团区委等部门负责人出席活动。

（史建美）

【市区两级慰问全国农村科技致富女能手】
3月8日，市区两级妇联和民政局部门负责人一行到井庄镇王木营村，慰问全国农村科技致富女能手、北京市“双学双比”示范基地及北京王木营蔬菜种植专业合作社理事长王留芳，并进行座谈，市民政局向其发放慰问金5000元。

（史建美）

【“迎世园 展风采”文艺演出】　3月18日，区妇联“雅蓝”退休女干部联谊会在妇联妇儿中心举办“迎世园 展风采”文艺演出活动，表达退休女干部心系世园、服务世园的热情，展示女干部“巾帼心向党 建功新时代”的良好精神风貌，为世园会成功举办增光添彩。

（史建美）

【家庭教育讲座】 3月19日，区妇联、区教委、区妇儿中心在八达岭国际会展中心二楼会议厅，联合举办“立德树人 家校共约 协同教育”家教讲座。由北大书同家庭文化与家长教育研究所所长齐大辉教授主讲。全区各幼儿园、小学、中学的德育主任和部分家长250人聆听讲座。3月30日，区妇联妇儿中心邀请北京瀛海恒宇家庭服务中心姜宇老师，讲授小儿推拿知识，50名家长参加活动。6月5日，区妇联妇女儿童社会服务中心与区教委在会展中心二楼报告厅联合开展“家长如何助力初一孩子更好成长”家庭教育讲座。区属中学400余名初一学生家长聆听讲座。10月29日至30日，区妇联依托市妇儿中心“北京妇女儿童能力素质提升工程”项目在百泉街道、儒林街道为未成年人及监护人开展“帮孩子撑起一把青春伞”未成年人安全教育知识讲座3场，参与家长150多人。

（史建美）

【文明礼仪知识竞赛】 3月，在世园会倒计时10天之际，区妇联举办“延庆是我家 世园靠大家”——万户家庭守礼仪文明礼仪知识竞赛活动。竞赛设选手必答题、游艺闯关答题、群众互动答题3个环节。活动现场还专门设置“文明行为我承诺”区域，群众通过微信朋友圈晒承诺照的方式进行文明承诺。区政协、区直机关工委、区总工会等相关领导出席活动。

（史建美）

【千家店学校爱心营养餐项目启动】 3月，民革延庆支部联合区妇联，启动千家店学校爱心营养餐项目，项目为期3年，为千家店学校185名学生在校期间每天提供1枚鸡蛋。千家店镇相关负责人参加活动。

（史建美）

【农村妇女创新创业项目推进会】 4月10日，区妇联召开2019年农村妇女创新创业项目推进会。会议提出，严格按照市、区妇联有关要求，规范使用项目资金，力求取得最大成效，发挥好基地的示范带头作用，带动更多农村妇女创业就业，增收致富。申报2019年农村妇女创新创业项目的13个基地所涉及的乡镇妇联副主席、基地负责人以及财务负责人参加会议。

（史建美）

【巧娘园艺手工艺品决赛】 4月22日，2019延庆区巧娘园艺手工艺品大赛决赛在延庆区文化馆小剧场举行。大赛前期征集到41位参赛者的百余件作品，涉及剪纸、布艺、钩织、植物画、灯笼等20余类。经层层选拔，最终有10件作品进入总决赛。当日经评委现场评审，孟学军创作的堆绣作品“世园会吉祥娃”，时金亮创作的“世园会永宁阁灯笼”，赵玉娟创作的“草贴画书签”分获金巧奖、银巧奖和铜巧奖。香水园街道、儒林街道、大庄科乡、旧县镇、康庄镇、百泉街道、延庆职业技术教育中心获得最佳组织奖。全区200余名手工艺爱好者参与活动。

（史建美）

【基层妇联干部参观活动】 5月21日，区妇联组织各乡镇（街道）妇联干部、中青博联整合营销顾问股份有限公司（以下简称“中青博联”）北京世园会项目部工作人员等50人，赴京参观亚洲文明巡游及美食节活动。10月15日，区妇联组织各乡镇（街道）、党政机关企事业单位妇联干部，区妇联机关干部，以及“三八红旗奖章”获得者、“最美家庭”代表、雅蓝退休女干部联谊会代表、优秀志愿者等各界典型代表近100人，赴京参观“伟大历程，辉煌成就”——庆祝中华人民共和国成立70周年大型成就展。

（史建美）

【心理健康日主题活动】 5月24日，区妇联和中青博联北京世园会项目部共同开展“关爱自己 从心开始”全国大学生心理健康日主题活动，世园会运营团队的近40名大学生参加。

（史建美）

【“传承优良家风 助力冬奥世园”活动】 5月

30日，由区妇联主办的“传承优良家风 助力冬奥世园”——庆“六一”暨2019年度最美家庭揭晓活动在延庆儿童游乐园举办。区妇联为2018年度区级“十佳文明家庭”、2019年延庆区“最美家庭”和在寻美活动中的优秀组织单位颁发证书，同时启动“万卷书换阅”活动、“文明行为我承诺”在朋友圈晒承诺照、“最美笑脸”全家福拍摄和“巾帼建功新时代 我为世园添光彩”世园知识大比拼活动。区委副书记以及区直机关工委等相关部门主要领导出席活动。

（史建美）

【“妇女之家”建设工作推进会】 6月4日，召开“妇女之家”建设工作推进会。会议总结2018年“示范妇女之家”创建工作情况，展示各示范点的创建成果；各乡镇街道汇报“妇女之家”规范化建设的总体情况和2019年示范创建计划；儒林街道、旧县镇、康庄镇、张山营镇做典型经验发言。全区各乡镇街道、村社区“示范妇女之家”负责人40余人参加会议。

（史建美）

【“端午情 爱国魂”主题活动】 6月5日，延庆区妇联、团区委、延庆镇妇联联合中青博联北京世园会项目部举办“端午情 爱国魂”主题活动。大学生代表朗诵爱国诗词，并由延庆区妫水女手工艺发展促进协会巧娘延红老师讲解编织五彩长命缕及缝制艾草香囊的技巧。中青博联80人参加活动。

（史建美）

【新任职妇联干部培训班】 6月26日举办新任职妇联干部培训班。会议学习传达北京市第十四次妇女代表大会精神，进行妇联业务知识培训。市妇代会代表、市级心理骨干教师王宏云，就如何有效沟通、培育和谐家庭进行辅导讲座。康庄镇妇联副主席王月华结合多年的妇联工作实践，介绍工作方法和心得体会。各乡镇、街道、党政机关企事业单位妇联干部，村、社区新任职妇联干部，区妇联机关干部等近500人参加培训。

（史建美）

【第二届家庭书画才艺展】 7月12日，由市妇联主办，区妇联承办，区文化馆协办，区妫川书院执行的“我家丹青绘冬奥·延庆区妇联第二届家庭书画才艺展示活动”作品展在延庆区文化馆正式开展。活动收到全市各区、各界书画爱好者的作品300余幅，参赛选手年龄最小的6岁，最年长的80多岁。经过专家评委评选，最终评选出书画作品近100幅，涵盖软笔书法、硬笔书法、国画山水、国画花鸟、儿童画等，展期20天。

（史建美）

【对口帮扶】 7月18日，区妇联一行5人到张家口市宣化区深井镇李家庄村开展对口帮扶工作，为李家庄村送去扶贫协作款39910元。款项一部分用于购买米、面、油等慰问品，慰问建档立卡贫困户；另一部分组织有劳动能力的建档立卡人员到延庆、承德、石家庄等地学习考察手工加工、“冀酿2号”高粱种植等先进经验。

（史建美）

【儿童之家建设推进会】 7月30日，延庆区儿童之家建设推进会在行政综合楼二楼第六会议室召开。会议对儿童之家建设目标任务、功能定位、工作原则、创建标准进行明确，对建设儿童之家的下一步工作进行部署，提出要求。各乡镇街道汇报儿童之家建设的工作进度和存在问题。区妇联计划在全区18个乡镇街道的村、社区建设230个儿童之家。

（史建美）

【村（社区）妇联换届选举】 7月，区妇联召开专项工作会，总结村（社区）妇联换届选举工作。各乡镇街道妇联汇报换届选举的基本情况、主要做法、存在问题及下一步工作安排。截至7月底，全区村（社区）妇联换届选举工作全部完成。376个行政村选举产生376名村妇联主席、743名兼职副主席、3437名执委；47个社区选举产生47名社区妇联主席、

103 名兼职妇联副主席、545 名执委。村（社区）妇联主席 100% 进两委班子。

（史建美）

【“巾帼心向党 礼赞新中国”主题文艺会演】 9 月 20 日，由区妇联主办、雅蓝退休女干部联谊会和北京世园会中青旅运营团队参与协办的“巾帼心向党 礼赞新中国”——庆祝中华人民共和国成立 70 周年主题文艺会演活动在区文化馆小剧场举行。演出包括“时光倒流 重温 70 年光辉岁月”“拼搏奉献 成就 70 年出彩人生”“展望未来 壮丽 70 年奋斗新时代”三大篇章。区委宣传部、区直机关工委等单位嘉宾和全区各界妇女群众、妇女典型代表等 240 余人观看演出。

（史建美）

【皮雕制作体验】 9 月 21 日，区妇联妇女儿童社会服务中心举办“红心向党迎国庆”皮雕制作体验公益活动，由妫川儒匠手工塾的巧娘孙淑娟传授皮雕制作技艺。社区、街道妇女及家长课堂的部分家长 30 多人参加活动。

（史建美）

【宣传骨干培训班】 12 月 12 日，区妇联在“妇字号”基地——王木营蔬菜种植合作社举办宣传员骨干培训班。邀请区委网信办、延庆融媒体中心新媒体部和新闻科相关专业人员，围绕“舆情应对策略、融媒体环境下信息撰写和摄影、网络小视频录制”三方面进行辅导。并通过微信群对学员撰写的活动信息和拍摄的照片视频进行点评。

（史建美）

【“巾帼志愿宣传服务月”活动】 12 月，区妇联开展“巾帼心向党 志愿暖京华”巾帼志愿宣传服务月活动。全区各级妇联组织依托村、社区“妇女之家”，开展关爱老人、帮扶助困、生态文明、普法宣传等各类志愿服务活动近 2000 场，参与活动的志愿者 11000 余人，服务对象近 10 万人次。

（史建美）

【巾帼维权专题讲座】 年内，北京五辰律师事务所的范新梅、王慧婕律师，在儒林街道、永宁镇等 13 个街道、乡镇，开展反家暴法、妇女维权等专题讲座 13 期，受众妇女达 500 余人。

（史建美）

延庆区科学技术协会

【概况】 北京市延庆区科学技术协会（简称“区科协”），是区委领导下的科技工作者群众团体、北京市科协的地方组织。设办公室、科普学会部 2 个科室。年内，组织实施“科普惠农”“科普益民”和全民科学素质工程，成功举办“第二十一届北京延庆科普之春”和延庆“全国科技工作者日”，全年举办各项实用技术培训班 69 个，聘请市级专家 31 人次，实际培训 5479 人次，向市、区报送各种信息 60 条。

单位名称：延庆区科学技术协会
地　　址：延庆镇高塔街 58－1 号
电　　话：69141533

（郝合奎）

【“科普花开俏妫川”摄影展】 1 月 2 日，区科协联合香水园街道新兴西社区文明实践站开展“改革开放 40 年科普花开俏妫川”摄影展活动，主题是讴歌改革开放伟大成就，打造积极健康向上的科普文化生活。作品是科学技术协会在全区征集的 40 幅优秀作品。

（郝合奎）

【“三下乡”活动】 1 月 5 日，2019 年北京市文化科技卫生“三下乡”集中示范活动暨延庆区新时代文明实践中心“温暖过大年”主题活动启动仪式在延庆区旧县镇文体中心举行。区科协为居民组织科普 VR 体验、滑雪虚拟体验、人体健康测试、智能机器人以及科普互动答题等活动内容。现场发放科普口袋书、科技与生活报刊、冬季养生宣传画、科普宣传品等 2000

余份。

（郝合奎）

【剪纸培训】 1月30日，区科协新时代文明实践科技志愿服务队在永安社区以“巧手剪纸庆世园 童心飞扬展未来”为主题开展剪纸培训，邀请剪纸艺人巩国防老师现场授课。30多名小朋友和家长参加培训。7月26日，区科协举办“新时代世园情 巧手慧心家园美”——康庄镇新时代文明实践所手工艺技术培训活动，邀请北京工艺美术学院杨越老师授课。康庄镇新时代文明实践所组织员、镇域剪纸爱好者50余人参加培训。

（郝合奎）

【“我为‘后世园’产业发展建言献策”主题沙龙活动】 3月14日，区科协、中关村延庆园园艺产业专班在中关村现代园艺产业创新中心共同举办“延庆是我家 世园靠大家——世园会会后利用及现代园艺产业可持续发展暨我为‘后世园’产业发展建言献策”“迎新春第一课暨新时代文明实践科技志愿服务科技工作者主题沙龙活动”。区科协、区农委、区旅游委、区园林绿化局、区种植中心等单位的科技工作者及产业园20余名代表参加活动。

（郝合奎）

【中国科协领导调研】 4月25日，中国科协党组成员、书记处书记束为一行到区调研。先后到香水园街道恒安社区，儒林街道温泉东里社区，调研考察社区新时代文明实践站、社区服务大厅和科普展厅，并召开座谈会听取相关汇报。中国科协组织人事部、科普部、北京市科协科普部、北京科学中心、延庆区科协相关负责人参与调研。区政协、区科协、区新时代文明实践中心相关领导等陪同调研。

（郝合奎）

【科普资源延庆行】 5月23日，“践行新时代文明，科普资源延庆行”活动暨北京市科学技术协会科普资源基层行活动启动仪式在延庆区科技馆举行。北京市科协、北京科学中心相关负责人出席活动。15个乡镇、3个街道的基层科协工作者和区中小学110多名学生参加启动仪式。

（郝合奎）

【科技大讲堂】 5月24日，“全国科技工作者日”前夕，区科协在延庆区党校一层报告厅举办“科技大讲堂”。邀请中国科学院自动化研究所研究员、博士生导师、中国人工智能学会智能机器人专委会委员、电气和电子工程师协会会员、北京市“翱翔计划”合作导师赵晓光，讲解“无人机现状与发展趋势”专题讲座。全民科学素质纲要实施工作办公室成员单位、企业代表及科技工作者代表130余人聆听讲座。

（郝合奎）

【园艺讲座】 7月18日，区科协新时代文明实践科技志愿服务队举办“2019年延庆百村提素科普下乡活动——恒安社区行”园艺培训讲座活动，邀请区园林局农艺师房荣年、刘建军讲授“阳台园艺养植养护知识”，50多名社区园艺爱好者参加活动。

（郝合奎）

【“2019科学教育北京行”活动】 8月6日至10日，举办“2019科学教育北京行”活动。活动由北京市科协主办，北京科学教育馆协会、延庆区科协、延庆区教委承办。活动路线以“探秘多元科技·构建科技生活”为主题，先后在北京汽车博物馆、中国医科院药植所、直升机飞行基地、中华航天博物馆、中国铁道博物馆等五所科普场馆进行。全区基层科技示范校的师生40人参加。

（郝合奎）

【科学嘉年华基层巡展】 8月23日至25日，延庆区第三届科学嘉年华活动在北京八达岭国际会展中心举办。活动由延庆区科学技术协会、延庆区教育委员会、北京科普发展中心承办。包括中国科学院力学研究所、北京天文馆、北京大学医学部会在内的35家资源单位和50余项科普内容参与巡展，期间参与人数超过2万人次。

（郝合奎）

【科普工作者培训班】　8月29日—30日，区科协举办2019年基层科普工作者能力提升计划培训班。邀请清华大学、中国科普研究所、中国科学院植物研究所等科研院所的专家作专题讲座，还组织学员参观中国科技馆。延庆区全民科学素质纲要实施办公室成员单位、乡镇（街道）科协以及社区、企业科协的科普专兼职干部、科技工作者、科技教师、科普志愿者等近80人参加培训。

（郝合奎）

【结对帮扶】　9月29日，区科协到张家口市宣化区深井镇新堡村开展“结对帮扶”走访调研活动。走访帮扶困难户2户，并为他们送去慰问金。11月26日，区科协到宣化区深井镇新堡村推动东西部协作项目工作。在前期中关村科技园区延庆园援助新堡村12万元修建村级卫生室的基础上，再次援助13.5万元，用于卫生室装修及设施购买等费用。宣化区政府、深井镇人大相关领导以及驻村工作队成员参加项目落实工作会。

（郝合奎）

延庆区工商业联合会

【概况】　北京市延庆区工商业联合会（简称“区工商联”）是延庆区委、政府领导下的由工商界组成的人民团体和民间商会，是党和政府联系非公有制经济人士的桥梁和纽带，是政府管理非公有制经济的助手。下设办公室和非公有制经济服务中心。年内，被中华全国工商业联合会评为2018—2019年度全国“五好”县级工商联。全年发展新会员100余家，其中无人机领域的企业首次加入。截至年底，开展“不忘初心、牢记使命”主题教育政治理论培训4次，组织企业党支部、党组织负责人开展参观学习4次，线上线下培训600余人次。组织园艺产业、冰雪产业、文化创意产业及服务类企业开展交流研讨3次，成立绿迪志愿服务队7人专家组进社区、进企业讲解园艺知识7场，受众200余人次。京津冀协同发展方面，与宣化区工商联、怀来县建材商会等开展调研交流，促成三地多家企业签订合作框架协议。

单位名称：延庆区工商业联合会
地　　址：延庆镇新城街2号
电　　话：69101374

（张艳红）

【非公党建】　年内，制定《延庆区工商联非公企业融合党建工作方案》，召开推进会，工商联党组与企业签订融合党建协议书，采取“党课联学、活动联办”，搭建各领域、多角度的对话交流与协作共建平台，组织北京启迪控股党委、千家店镇党委开展党建融合活动，助力千家店镇经济发展。3家会员企业获得市级非公党建示范单位，3家会员企业获得市级党员驿站示范点称号。3名非公经济人士获评北京市非公有制经济组织优秀党组织书记，3名非公经济人士获评北京市非公有制经济组织优秀党务工作者。

（张艳红）

【精准帮扶】　年内，5次深入内蒙古自治区乌兰察布市兴和县，河北省张家口市宣化区、怀来县进行扶贫对接，全年捐款、捐物70余万元。区工商联与宣化区深井镇北庄子村签订帮扶协议，带领蔬菜、果树种植专家为贫困村献计献策。组织石京龙滑雪场、君信康药业到大庄科乡慈母川村慰问困难群众。10家企业获评“扶贫先进单位”称号。

（张艳红）

【优化营商环境】　年内，组织座谈会及政策讲解会7次。组织企业参加市区两级优化营商环境政策宣讲会及“一带一路”政策解读会。全区200余家企业受益。

（张艳红）

【杰青领航计划】　年内，培养青年企业家 26 人，组织非有公制经济人士走进世园会，走进内蒙古自治区赤峰市考察学习，并与赤峰市 4 家企业签订合作框架协议。

（张艳红）

【慰问原工商业者】　年内，慰问原工商业者及遗孀代表 24 人，发放慰问金 11.2 万元。机关党员“献爱心”捐款 1350 元，“博爱在京城”捐款 950 元。

（张艳红）

（栏目编辑：王新华）

法　治

概　述

中国共产党北京市延庆区委员会政法委员会（以下简称“区委政法委”），是区委领导和管理本区政法工作的职能部门。区委政法委机关内设机构共 9 个，其中副处级部门 1 个（政治部），正科级科室 5 个（综合科、安全维稳科、平安建设科、反邪教科、执法监督科），规范事业科室 2 个（巡防管理中心、反恐维稳情报信息管理中心），财政补助事业科室 1 个（防范和处理邪教问题法制教育中心）。2019 年，在区委、区政府的坚强领导下，在市委政法委的精心指导下，全区政法单位坚持以习近平新时代中国特色社会主义思想为指导，坚决贯彻落实市委、市政府和区委、区政府决策部署，以“精精益求精、万万无一失”工作标准，坚持把确保世园会、中华人民共和国成立 70 周年等重要时期绝对安全作为首要政治任务，提前谋划、及早动手、整体推进、精细落实，按照蔡奇书记“一刻也不能停、一步也不能错、一天也误不起”的要求，加强各领域安全风险防范，开展矛盾纠纷大排查，完善社会治安防控体系，确保实现了世园会盛大开幕、精彩开园、平稳运行、圆满闭幕——“四场活动”完美收官，为地区高质量绿色发展创造了安全稳定的社会环境。

单位名称：中共延庆区委政法委员会
地　　址：延庆镇新城街 2 号
电　　话：69103498

（沈速）

【政法工作会】　2 月 2 日，召开区委政法工作会议，传达中央政法工作会议、市委政法工作会议精神，对 2018 年政法工作进行全面总结，对 2019 年工作进行部署。穆鹏对 2019 年政法工作提出要求：一是提高政治站位、深化思想认识，深入学习贯彻习近平总书记关于政法工作重要论述；二是认清严峻形势、保持清醒头脑，坚定维护地区安全稳定的信心和决心；三是聚焦赛会筹办、保持政治警觉，坚决捍卫来之不易的安全稳定局面；四是坚持党的领导、强化自身建设，锻造一支“五个过硬”政法队伍。区人大、区政府、区政协相关领导以及区委政法委员会全体委员出席会议，各乡镇（街道）党（工）委书记、主管领导，有关处级班子单位主要领导、主管领导和政法系统科级以上干部 320 余人参加会议。

（沈速）

【维稳及信访工作动员部署会】　3 月 1 日，区委政法委召开维稳及信访工作动员部署会。会议强调，要高度重视全国“四场活动”期间维稳安保和信访工作，提高政治站位，强化底线思维和忧患意识，进一步压实工作责任，完善工作机制，强化协调配合，做好宣传引导，全面排查各类安全隐患和信访矛盾，为“四场活动”营造安全稳定、文明祥和的社会环境。

各乡镇（街道）主管领导出席会议。

（沈速）

【习近平总书记重要讲话精神专题培训班】 3月22日，举行习近平总书记重要讲话精神专题培训班，区委政法委书记吕桂富围绕学习贯彻习近平总书记重要讲话精神做专题学习辅导报告。区法院领导、区检察院领导以及政法系统各单位领导班子成员、中层干部、基层党支部书记、政工和纪检监察干部，乡镇（街道）政法综治工作主管领导和科室负责同志300余人参加培训。

（沈速）

【世园会维稳安保】 4月至10月，成立世园会全区和乡镇街道两级领导专班；每日召开调度会，制定区社会面防控实战演练工作方案；开发延庆区社会面防控群防群治系统；发挥专群结合优势，搭建社会面防控四个对接；组织动员全区群防群治力量，加强社区巡逻、搜集情报信息、重点人员管控等工作，有效确保“世园会”期间社会面安全稳定。

（沈速）

【平安延庆建设领导小组全体会议】 6月12日，区委“平安延庆建设”领导小组第一次全体（扩大）会议召开。会议审议通过《中共北京市延庆区委平安延庆建设领导小组工作规则》《中共北京市延庆区委平安延庆建设领导小组办公室工作规则》《2019年平安延庆建设工作要点》和《2019年平安延庆建设工作任务分解》4个文件。会议在着力强化平安延庆建设领导责任制建设，加强平安延庆建设目标管理和督导检查，加大平安延庆建设考核力度、严格平安延庆建设责任督导和责任追究等方面提出明确要求，并制定下发平安延庆建设重点任务，部署年度平安延庆建设工作任务。

（沈速）

【扫黑除恶专项斗争法律培训】 10月30日，延庆区法学会在区人民检察院开展“法治文化基层行”暨扫黑除恶专项斗争法律培训。区公安分局、区检察院、区法院、区纪委监委部分一线办案人员，区扫黑除恶领导小组成员各职能单位及各乡镇街道扫黑除恶工作主管领导70余人参加培训。

（沈速）

【群防群治网格培训班】 12月中旬，区委政法委组织张山营镇、延庆镇辖区的41个网格区域200人参加保障国际雪联高山滑雪世界杯（延庆站）网格培训班。这次培训班由区人力社保局和区委政法委共同举办，具体培训由北京市智慧城市建设培训学校负责业务知识培训，为社会面防控维稳安保建立的强大后备军，助力冬奥会。

（沈速）

【市级挂账社会治安重点乡镇街道整治】 年内，对市级挂账社会治安重点地区社会治安问题突出乡镇（街道）（沈家营镇）开展全面整治工作，运用多年形成的整治工作机制，组织相关职能部门围绕治安突出问题开展联合执法，采取集中打击、集中整治的工作措施，有效降低和防范重点地区各类案事件的发生，治安秩序明显好转。

（沈速）

【综治中心建设】 年内，规范化建设基层综治中心，强化软硬设施、组织体系、工作机制和信息化建设，完成全区村（社区）综治中心100%覆盖的工作目标。构建区—乡镇街道—村（社区）三级综治中心责任网络体系框架，形成三位一体的辖区社会治安防控责任网络体系。

（沈速）

【“雪亮工程”建设】 年内，延庆城区、世园会、冬奥赛区周边区域实现全区重点区域、领域的重点部位视频监控全域覆盖及联网应用，为社会治安和两大赛会的顺利举办奠定基础。

（沈速）

【铁路护路联防】 年内，全面开展铁路护路联防工作，陆续建成大秦线2个值守岗亭，7个涉路乡镇开展了铁路沿线杂物清理、重点火情隐患排查整治等专项治理，全年未发生任何涉路交通事故和突出治安问题。

（沈速）

公 安

【概况】 年内，北京市公安局延庆分局（以下简称“区公安分局”）圆满完成庆祝中华人民共和国成立70周年、世园会等系列重大活动安保任务。截至年底，接“110”报警2.2万余件，破获刑事案件653起，受理查处治安案件6119件。发生一般以上交通事故93起，死亡48人，经济损失约69.3万元。强化外围智慧防控建设，完成8个检查站、5个治安卡点智慧管控系统建设，并在8条乡村道路建设8套无人值守查控系统，全年核录检查车辆人员770.4万笔，查获被盗车21辆，收缴各类违禁品900余件，查获拘留处理以上人员283名。整合警力投入街头、社区，世园会期间每日投入巡逻车组58个、沉入社区工作民警109名，组织群防群治力量1.8万余名。落实全警交通机制，协调取缔电话网络非法运营车队14家、清理“僵尸车”87辆，查处各类交通违法行为约21.2万笔，拘留处理各类违法犯罪人员239人。确保端午文化节、百里画廊马拉松等48场次大型活动安全顺利举办。持续推进“放管服”改革，提升服务能力和群众满意度，办理群众意见诉求1718件，“三率”接近100%；妥善处置回复信访件41件，群众满意度达到100%。实施科技强警战略，突出科技冬奥，加快赛区外围视频监控新建整合、场馆内选点增补视频探头工作，协调推动快速安检、安保机器人、无人机巡航等科技手段测试，为高山滑雪世界杯安保提供科技支撑；完成“智慧交通”建设，提升实时路况监控、智能通行控制、流量信息采集、拥堵指数分析、车辆通行疏导、违法行为抓拍等能力；研发重点人管控世园模块和发挥世园周边30余路快速核录桩作用；建成世园会外围智慧管控系统，在世园周边新建视频监控、车辆卡口、人脸识别等系统1137路，并将京藏、京礼全线547路视频监控纳入使用。抓实政治建警，组织开展战时“建功世园”主题党日、“护航世园”支部书记讲党课、“亮比创评”岗位竞赛等活动。抓实素质强警，组建专门教官团队，举办“世园冬奥讲堂”“规范执法讲堂”“全警交通讲堂”等专项业务培训班8期共培训民警321名，并成立“战时送教到岗”小分队到一线服务。抓实从严治警，制定党建队建工作责任清单，明确五层级责任体系分工，层层传导，压紧压实管党治警责任。抓实从优待警，依法办理侵害民警执法权益案（事）件54起，拘留处理相关违法犯罪人员56名。精心组织“北京榜样·最美警察”“延庆榜样”等评选活动，同时对外发布、刊登宣传稿件480余条，制作《金盾之光》12期、各类视频专题片6部。注重履职关怀，组织各类文体活动12次，开辟就医治疗绿色通道，落实高危民警“一帮一”机制，改善就餐、健身环境，提升队伍凝聚力、向心力和职业荣誉感。分局报送的《新时代推进延庆公安基层党建工作创新发展的探索与实践》调研课题，被公安部评为“2018年度公安党建重点课题调研成果优秀奖”。

单位名称：北京市公安局延庆分局
地址：延庆镇湖南西路18号
电话：81198020

（于海堂）

【“110”主题宣传】 1月10日，全市第23个“110宣传日”。区公安分局在全区组织开展以“警民牵手110，共创平安迎大庆”为主题的宣传活动。期间，设立“110”宣传站11处，设立展板70余块，发放宣传材料7500余份，直接受教育群众近万人。

（于海堂）

【“世园会倒计时100天”主题活动】 1月18日，区公安分局举办“弘扬榜样力量 建功五大安保”世园会倒计时100天主题宣传活动，350余人参加。

（于海堂）

【全区公安工作会议】 1月29日，区公安分局召开全区公安工作会议，学习贯彻习近平总书记讲话精神，贯彻落实中央政法工作会议、全国公安厅局长会议、市委政法工作会议和全市公安工作会议精神，并播放《“砥砺奋进的延庆公安”2018年延庆公安工作回顾》视频片，部署2019年延庆公安工作。

（于海堂）

【延庆张家口警务合作会】 2月25日，区公安分局与张家口市局召开“五大安保”延张区域警务合作联席会。会议通报“五大安保”工作情况及延张区域警务合作相关安排，围绕“五大安保”就启动战时警务合作模式、固化合作机制进行研讨并形成一致意见。张家口市公安局、河北高速交警总队张家口支队、怀来县公安局、涿鹿县公安局、赤城县公安局等主要领导参加会议。

（于海堂）

【解体违法车辆现场工作会】 2月27日，区公安分局组织区交通局、城管执法局等部门50余名执法人员，召开“决战世园，百日攻坚”解体交通违法车辆现场工作会，期间，对195辆不具备合法手续的电动三轮车、四轮车、摩托车进行解体。

（于海堂）

【社区民警兼职工作推进会】 3月21日，区公安分局召开党员社区民警兼任社区（村）党组织副书记工作推进会。区政法委、组织部、公安分局领导及各街道乡镇党（工）委书记，分局相关部门及90名兼任社区（村）党组织副书记的党员社区民警参加了会议。

（于海堂）

【“决战世园”安保誓师大会】 4月8日，区公安分局举行“决战世园”安保誓师大会。区委、区政府、区委政法委领导出席活动，区公安分局党委班子全体成员、局属各单位主要领导及民警、保安员等150余人参加活动。

（于海堂）

【世园会开幕式安全保卫】 4月28日，2019年中国北京世界园艺博览会开幕。国家主席习近平出席开幕式并发表重要讲话。11个国家的领导人和特使、有关国际组织负责人、国际参展方、全球工商界人士、园艺界知名专家、国内外媒体记者及各部委、各地方等约900名代表出席开幕式并观看文艺演出。区公安分局周密部署，全警参战，圆满完成开幕式安保各项任务。

（于海堂）

【系列盗窃案破获】 5月2日，区公安分局破获一起涉嫌扰乱公共秩序案。将以张某某（男，1989年3月出生，黑龙江省尚志市人）为首的13名揽客兜售世园会门票犯罪嫌疑人抓获。5月15日，延庆分局破获一起涉嫌扰乱无线电管理秩序罪案，抓获作案嫌疑人3名。经审查，嫌疑人对利用黑广播宣传销售药品的犯罪事实供认不讳。7月19日，延庆分局破获一起盗窃金店案，抓获嫌疑人一名。经审查，嫌疑人对在延庆区一黄金店内盗窃足金彩金首饰202件，涉案金额人民币100余万元的犯罪事实供认不讳。9月7日，延庆分局破获系列盗窃案，抓获犯罪嫌疑两名。经审查，嫌疑人对多次盗窃信号传播线的犯罪事实供认不讳。

（于海堂）

【“五一”安保】 5月1日，“五一”小长假是世园会开园后迎来的第一个假期。全区接待游客109.2万余人，其中世园园区接待游客39.8万余人、八达岭长城景区接待游客23.1万余人，民俗旅游接待33.8万余人，区公安分局全警在岗在位，确保“五一”小长假安全稳定。

（于海堂）

【纪念建党98周年表彰大会】 6月30日，区公安分局隆重举行纪念建党98周年表彰大会暨公安部“公安文化基层行”慰问演出。中国人民公安出版社、市公安局、区委政法委、区委宣传部相关领导，区公安分局民警文职辅警及家属共500余人参加活动。

（于海堂）

【马拉松活动安保】 8月25日，由中国田径协会、延庆区人民政府主办，延庆区体育局、北京来跑吧体育文化公司承办的“美丽中国”2019延庆森林半程马拉松在千家店镇举办，4000余名运动员参加比赛。区公安分局投入安保力量218名保障活动现场及路线秩序。

（于海堂）

【第十八届世界警察和消防员运动会获佳绩】 8月，区公安分局反恐怖和特巡警支队民警李越在“中国·成都2019第十八届世界警察和消防员运动会”中获得古典式摔跤130公斤级银牌。

（于海堂）

【百泉派出所成立揭牌仪式】 9月28日，区公安分局举行百泉派出所成立揭牌仪式。区公安分局领导现场传达《北京市公安局关于调整部分拘留所和派出所设置的通知》精神，并为百泉派出所成立揭牌。百泉街道办事处及分局相关部门参加活动。

（于海堂）

【国庆安保期间送医到岗】 10月1日，区公安分局邀请北京999急救中心驻看守所医护人员成立医疗服务小分队，到基层派出所开展战时医疗服务活动。

（于海堂）

【中华人民共和国成立70周年及世园会安保表彰会】 12月5日，召开全区公安工作会议暨中华人民共和国成立70周年安保总结表彰大会，表彰区公安系统在中华人民共和国成立70周年庆祝活动和世园会安保期间表现突出的18个有功集体和197名表现突出个人。区委领导穆鹏出席会议并讲话。区各委办局和各乡镇（街道）、局班子成员和所属单位领导，以及分局功模代表、离退休老干部和民警、文职人员、辅警代表参加会议。

（于海堂）

【国庆世园安保】 年内，区公安分局完成抽调民警支援市区安保勤务；完成世园会开闭幕式及连续举办的3284场大型活动安保任务。实现安全警卫绝对安全和暴力恐怖活动、规模聚集事件、个人极端事件、公共安全事故、重大违法犯罪、涉警信访投诉零发生。

（于海堂）

【冬奥安保筹办】 年内，区公安分局跟进推动冬奥安保基础设施建设、安保方案编制、安保警力测算和赛区施工安全监管等各项工作，成立冬奥会及系列测试赛安保工作领导小组，搭建实体化运行安保专班，加速推进冬奥安保筹办工作。制定分局总体方案、实施方案和14个分方案。

（于海堂）

【预防煤气中毒专项检查】 年内，区公安分局会同各乡镇（街道）检查用煤取暖户2.1万余户，发现消除问题隐患1123个并加以整改，确保人民群众的生命安全。

（于海堂）

【发现整改6900余处消防隐患】 年内，区公安分局会同消防部门检查火灾防控重点单位1.4万余家次，发现整改各类隐患6900余处，关停查封311家，罚款185万余元。

（于海堂）

【“五防”宣传】 年内，区公安分局开展贯穿全年的预防煤气中毒、防盗窃、防诈骗等“五防”宣传活动，累计发放各类宣传材料27万余份，检查各类单位场所2.7万余家次。

（于海堂）

【开门接访】 年内，区公安分局落实开门接访、领导包案化解信访责任，接待信访群众。831批944人，成功化解一批信访积案，实现控存减增目标。

（于海堂）

【概况】 北京市延庆区人民检察院（简称“区检察院”）是依法履行法律监督职能的国家机关，设第一检察部、第二检察部、第三检察部、第四检察部、第五检察部、第六检察部、第七检察部、行政事务管理部、政治部、检务督察部10个部门。2019年，区检察院紧紧围绕区委、市检察院的总体部署，扎实履行法律监督职责，切实服务保障冬奥会世园会、推动延庆高质量绿色发展。

年内，批准逮捕362人，提起公诉400人，同比上升34.57%和50.38%。受理公安机关提请的涉恶审查逮捕案件5件23人，批准逮捕18人；受理审查起诉案件6件44人，以涉恶犯罪提起公诉3件33人；依法办理了“6·26”“9·26”“1·31”等涉恶案件；紧盯“打伞破网”，通过深挖彻查，移送涉黑涉恶线索6件，移送涉嫌违法违纪线索4件，移送涉嫌“保护伞”线索2件；针对社会乱象提出加强管理、堵漏建制的检察建议17件，依法对全区首例环境污染案审查起诉。依法开展未成年人案件检察工作，从严从快惩治虐待、拐卖、性侵儿童等犯罪，共批准逮捕12人，提起公诉12人；对涉嫌轻微犯罪并有悔罪表现的未成年人，不批捕3人、不起诉3人；领导干部带头兼任法治副校长，9名检察官深入13所中小学开设防性侵、防校园欺凌的“检察官课堂”；围绕未成年性侵案件撰写工作专报，助推区域完善未成年人保护机制。参与社会治理，落实检察长接待日制度，共接待来访群众675批次746人次；落实“接诉即办”，凡署名信访均做到“7日内程序性回复、3个月内办理过程或结果答复”，主动多次走入信访人家耐心释疑解惑；落实“谁执法谁普法”，广泛开展“十进百家、千人普法”活动，走入学校、景区、社区、军营、企业、行政机关41次。

履行法律监督职能，服务延庆绿色发展。深化刑事诉讼监督，依法监督公安机关立案4件12人、撤案8件22人；开展“经济犯罪领域撤案监督专项行动”，维护民营企业合法利益；强化刑事审判活动监督，开展孙某某不服法院生效判决申诉案件的公开审查活动；加强刑事执行检察，建议办案单位对15人变更强制措施被采纳，对司法局报请的4名罪犯做出同意予以特赦意见；开展维护在押人员合法权益专项检察，监督纠正监管活动中的违法情形13次；为在押人员追回非法扣押财产。加强民事、行政诉讼监督，监督纠正民事、行政审判和执行中的违法情形7件；对5件虚假诉讼监督案件进行立案办理；首次制发再审检察建议1份；首次针对执行案件制发书面问询函3份，均收到回函。大力开展公益诉讼检察，办理环境资源、食品药品等领域公益诉讼案件11件，100%的案件在诉前检察建议发出后，有关行政机关依法履职到位；通过办案，促使百余名管水员体检获得健康证，6个村进行井房改造购置消毒设备，获得卫生许可证；彻底解决三里河地区60余户村民的污水排入三里河湿地问题；推动区政府投入949.54万元将延庆镇西北片十八个村接入市政管网，投入5367.9万元对全区农村水源井进行全面升级改造，让百姓喝上“放心水”。

深化司法改革，提升检察办案质效。优化机构设置，整合检力资源，由原有15个部门精简组合为10个部门；修改完善检察官履职清单、权限清单；严格落实领导干部办案责任制。深化“捕诉一体”机制改革，做实审查引导侦查，诉判一致率达到90%以上。推动认罪认罚、量刑建议、繁简分流工作规范开展，一审公诉案件232件，适用认罪认罚案件189件，适用比例为81.46%，开展4场不起诉公开审查，办理全区首例污染环境案；提高检察官量刑精准化水平，全年提出量刑建议 211 件，法院采纳 171 件，采纳率 81%；积极促进轻罪检察体系建设，对 26% 的轻罪案件建议适用速裁程序。

主动接受外部监督，不断强化内部监督。自觉接受人大监督，4 次就公益诉讼、法律监督、行刑衔接工作向区人大常委会报告工作，并得到高度认可；不断强化内部监督制约，依托“统一业务应用系统”对办理案件同步监控，全程留痕；每季度进行流程监控专项报告和检察官办案数据专项分析；对全院 118 件案件进行质量评查，严格规范司法；完成“两中心”建设，新设律师专用通道、律师阅卷室、值班律师工作站，保障律师执业权利，接受当事人及律师监督；公开案件程序性信息 434 件，公开法律文书 144 份；“检察开放日”常态化，近 5000 名各界人士走进检察院、走近检察官。

单位名称：延庆区人民检察院
地　　址：延庆镇庆隆街 99 号
电　　话：69141513

（宗振国）

【公益诉讼检察建议回函】 1 月 11 日，区检察院收到区环保局公益诉讼诉前检察建议回复函，回复函表示：涉案两养殖专业户养殖牲畜已完成清退，并以点带面整体推进，对白河堡水库饮用水水源保护区内其余 4 家养殖专业户进行清退，清退鸡 700 多只、羊 1200 多头。

（宗振国）

【服务保障世园会筹办举办】 1 月 14 日，区检察院党组讨论通过《北京市延庆区人民检察院服务保障世园会筹办举办强化公益诉讼工作“百日会战”实施方案》，要求构建“检察监督 + 多方监督”工作机制，实现双赢多赢共赢局面，全力保障 2019 年北京世园会筹办举办。

（宗振国）

【扫黑除恶专项斗争专题讲座】 3 月 19 日，北京市扫黑除恶专家组成员、北京市高院刑一庭副庭长肖江峰参加区扫黑办组织举办的扫黑除恶专项斗争专题讲座。肖江峰就中央扫黑除恶督导工作要求、北京市扫黑除恶督导中发现的共性问题进行分析，并对《最高人民法院　最高人民检察院　公安部　司法部关于办理黑恶势力犯罪案件若干问题的指导意见》进行解读。区检察院扫黑办联络人及第一检察部、第二检察部相关人员参加。

（宗振国）

【北京市法学会到院调研】 4 月 2 日，北京市法学会社会工作部负责人一行到区检察院开展“下基层听心声送服务”调研活动。延庆检察院就 2018 年以来延庆区法学会检察院分会开展的主要工作进行介绍。双方签署《北京市法学会购买社会组织法律服务项目委托合同》，并就项目开展事宜达成共识。

（宗振国）

【派驻检察人员纠正错案】 4 月 3 日，区检察院派驻延庆区看守所检察人员在对新入所在押人员彭某某谈话教育时，其自称被冤，推断应当是其堂哥冒用其身份进行违法犯罪活动。延庆检察院遂督促公安机关调查核实。经核实，彭某某反映的情况属实，是其堂哥冒用其身份实施盗窃。4 月 11 日，彭某某被无罪释放。

（宗振国）

【送法进军营活动】 4 月 24 日，区检察院赴中国人民解放军某部队开展法治宣传。活动内容包括开展知识讲座、法律咨询、赠送公益诉讼宣传册、座谈等环节，双方就下一步开展专题普法活动达成共识。延庆检察院党组副书记、副检察长，火箭军后勤部直属保障大队政委等参加活动。

（宗振国）

【公众开放日活动】 4 月 26 日，区检察院开展“‘我将无我’奋斗，不负人民重托——共和国建设者走进检察机关”为主题的公众开放日活动。市级人大代表、市级劳动模范、首都劳动奖章获得者、区级首席职工等 20 余人走进延庆检察院，近距离感受检察工作。

（宗振国）

【扫黑除恶专项斗争工作专班成立】 4月29日，为迎接中央督导组第三轮扫黑除恶专项斗争工作巡视，延庆检察院抽调各部门骨干成立扫黑除恶专项斗争工作专班。5月6日，召开工作专班第一次会议，由扫黑除恶领导小组办公室副主任、党组成员、副检察长主持并分配工作任务。

（宗振国）

【补充侦查证据得到法院确认】 5月下旬，区检察院受理一起盗窃案件，办理该案中，通过补充侦查，取得被害人被盗现金的银行取款人民币冠字号码并作为指控犯罪的证据在法庭出示，获得法院认可。9月18日，区法院判决被告人郑某某盗窃罪成立，并依法判处郑某某有期徒刑，该案公诉人依法补充证据得到法庭确认，起到良好的诉讼效果。

（宗振国）

【“防范非法集资”普法活动】 5月22日，区检察院联合区发改委金融办在延庆镇李四官庄村开展“携手筑网、同防共治”防范非法集资主题法律宣传活动，通过摆放图片展板、现场授课、法律咨询、发放宣传材料等形式，向村民宣传非法集资有关法律法规、防范要领及正确的投诉举报方式，提醒广大村民要珍惜血汗钱，拒绝高利诱惑，远离非法集资。

（宗振国）

【“携手关爱 共护明天”活动】 5月28日，区检察院举办主题为“携手关爱，共护明天”的公众开放日活动。活动采取“五个一”的方式进行：上一堂法治课，学唱一首歌，学做一套操，看一部宣传片，开一场座谈会。市、区人大代表和政协委员，区教委，区妇联，团区委，区公安分局，区法院等相关单位的代表及延庆区八里庄小学的师生、家长代表共80人参加活动。

（宗振国）

【检察建议获四家行政机关回函】 5月28日至31日，区检察院陆续收到旧县镇政府、张山营镇政府、延庆镇政府和区卫健委针对公益诉讼检察建议的回函，区卫健委等4个行政机关表示，涉案三个镇九个行政村饮用水源井存在的未配备水质净化消毒设备、无卫生许可证问题以及管水员无健康证问题已初步得到解决。区检察院充分发挥检察建议的作用，推动涉案四个行政机关以点带面对辖区内存在的类似问题进行治理，堵塞监管漏洞，达到“办理一案、治理一片、惠及一方”的效果。

（宗振国）

【公益诉讼主题宣传】 6月5日，为落实北京市检察机关法治宣传教育“十进百家、千人普法”主题活动，区检察院在八达岭景区开展以“检察公益诉讼，你我携手同行”为主题的普法宣讲活动。现场发放检察职能宣传手册400余份，各类宣传产品500余件，接受群众咨询22人次。第五检察部全体人员与第一、七检察部和政治部部分人员参加宣传活动。

（宗振国）

【扫黑除恶专项斗争宣讲】 6月5日至15日，区检察院组织12名业务骨干成立扫黑除恶宣讲团，深入全区7个乡镇街道、26个乡村社区，通过“讲百姓事，说百姓话”开展扫黑除恶专项斗争宣讲活动。为期10天的宣讲活动，受众达500余人。

（宗振国）

【中央督导组到院督导】 6月19日，中央扫黑除恶第十一督导组第四下沉小组成员到延庆检察院开展扫黑除恶专项斗争下沉督导。区检察院就该院扫黑除恶专项斗争工作情况向督导组做专题工作报告。督导组肯定了区检察院扫黑除恶工作成绩并提出要求。院领导班子全体成员、扫黑除恶专项斗争领导小组成员部门负责人参加督导工作会。

（宗振国）

【“检察护航民企发展”开放日】 8月26日，区检察院开展“检察护航民企发展”主题公众开放日活动。与会人员听取检察院工作报告并观看2018年度工作纪实片《守绿水青山 护百姓平安》。区工商联以及部分民营企业家、区人大代表、区政协委员等20人参加开放日活动。

（宗振国）

【冬奥会保障项目检察建议】 9月24日，区检察院依法受理区公安分局移送审查起诉的陈某某、张某、王某涉嫌重大责任事故罪一案，发现冬奥会保障项目延崇高速公路（北京段）工程中，松山特大桥项目的承建单位中铁十五局集团有限公司延崇高速公路（北京段）工程第八项目经理部在施工安全管理方面存在诸多问题，导致施工工人在施工过程中发生高空坠落事故死亡。11月20日，区检察院检察长带队到发案单位与其主要领导进行座谈，实地查看延崇高速公路（北京段）松山特大桥项目建设施工进展情况，并向发案单位现场宣告送达《检察建议书》。中铁十五局集团有限公司延崇高速公路（北京段）工程第八项目经理部领导高度重视，及时研究制定切实可行的措施和方案，11月25日向该院回函，详细说明整改落实情况。

（宗振国）

【联合安全大检查】 9月下旬，区检察院派驻公安执法办案管理中心检察室联合延庆公安分局法制支队等部门对执法办案管理中心开展办案安全大检查，确保中华人民共和国成立70周年庆祝活动期间办案安全。大检查活动由区检察院派驻中心检察室牵头，区公安分局法制支队支队长等部门领导组成检查组，对办案区信息采集室、询问室、讯问室、未成年人讯问室、办案区通道、指挥中心、监控机房等设施进行检查，对办案设备、防护措施、防火设施等方面进行逐一排查，共排查出各类安全隐患八类二十余项。随后检查组召开专题整改座谈会，逐项分析可能造成的安全隐患及原因，要求及时维修并列出老旧设备更新方案。

（宗振国）

【打击拆迁领域虚假诉讼座谈会】 11月6日，区检察院与区住建委开展“服务区域发展大局，联合打击拆迁领域虚假诉讼”调研座谈会，双方对建立信息互通资源共享机制和部门负责人联络机制形成共识，并对两项机制的建立进行协调部署。区检察院、区住建委相关职能部门负责人参加会议。

（宗振国）

【北京市首例违规倾倒生活垃圾污染环境罪案件】 11月12日，区检察院提起公诉的方某、李某、张某涉嫌污染环境罪一案在延庆区人民法院公开开庭审理。该案是2019年2月20日最高人民法院、最高人民检察院、公安部、司法部、生态环境部《关于办理环境污染刑事案件有关问题座谈会纪要》将“未经处理的生活垃圾”认定为《中华人民共和国刑法》第三百三十八条规定的“其他有害物质”后，北京市首例因被告人违规倾倒生活垃圾，严重污染环境，构成污染环境罪的案件。

（宗振国）

【涉恶案件中交通管理问题座谈会】 12月4日，北京市人民检察院（以下简称“市检察院”）第四检察部主任带领区检察院第一检察部和第二检察部办案人员，就涉恶案件中暴露的与道路交通运输管理相关的问题与北京市交通委员会进行座谈。市交通委员会、交通执法总队、路网管理与应急处置中心、道路工程造价定损管理站、北京市首都公路发展集团有限公司（以下简称“首发集团”）等5个职能部门参加座谈。

（宗振国）

【刑事申诉案件公开审查】 12月13日，在最高人民检察院、市检察院指导下，区检察院举办孙某某不服法院生效判决申诉案件的公开审查活动，该案系因租地补偿款一事产生纠纷引发的故意伤害案件。中国政法大学证据科学研究院法医学专家狄胜利、中国社会科学院教授何庆仁、延庆律师协会会长李顺存作为专家学者受邀参加活动。最高人民检察院第五检察厅马滔检察官、市检察院第十检察部主任彭天广、人大代表及区检察院相关人员旁听，活动共分为公开审查和交流座谈两个阶段。市检察院第十检察部主任彭天广对此次公开审查做出肯定意见。

（宗振国）

【征求市人大代表建议座谈会】 12月17日，北京市检察机关征求市人大代表建议意见座谈会在区检察院召开。市检察院党组成员、副检察长黄宝跃出席会议；延庆区人大常委会主任、区委副书记、区委政法委书记等8位市、区两级人大代表受邀参加会议。与会人员观看北京市检察机关2019年工作纪实片，听取2019年全市检察工作开展情况和2020年检察工作思路。代表们对检察机关主动接受监督，不断提升法律监督能力，积极维护社会稳定，服务首都建设和延庆发展大局的做法给予充分肯定，并从进一步延伸监督触角、更加深度地参与社会治理创新、优化营商环境、持续加大普法宣传力度、增进“检企共建”等方面提出了意见建议。

（宗振国）

法 院

【概况】 延庆区人民法院（简称“区法院”）属于北京市的基层法院，主要负责辖区内第一审刑事、民事、商事、行政、环境保护类案件的审判执行工作，并对人民调解工作和行政执法工作进行法律指导。设13个审判机构和职能部门。年内，受理案件17419件，同比上升10.56%；审结15615件，同比上升11.06%。年内审结刑事案件362件，推进以审判为中心的诉讼制度改革，全年适用认罪认罚从宽处罚程序审结案件196件，占刑事案件总数的54.14%；推进诉源治理，构建横到底、纵到边的网格化诉源治理格局，全区15个乡镇、3个街道实现法官工作站全覆盖，在乡镇部分村、重点企业、市场等地设立法官联系点32个；审结行政案件136件，全年行政机关负责人出庭应诉案件21件，同比增长46.67%，发布行政审判白皮书，全面梳理行政案件审理情况，助推辖区法治政府建设；加大执行力度，创新工作举措，全年受理执行案件2978件，执结2799件，执结率为94%。与区监察委员会签订《职务犯罪案件协作配合实施意见（试行）》，组建专门审判团队，院庭长带头办案。积极延伸审判职能，建立回访联动机制，深入开展扫黑除恶专项斗争工作，始终坚持边扫边打、边整边建，共受理涉恶案件3件，治乱重点案件11件；进一步深化司法体制改革，圆满完成内设机构改革任务，构建有序的审判监督管理体系，全面推进司法体制综合配套改革；扎实开展“不忘初心、牢记使命”主题教育，建立“1+1+N”学习机制，紧扣目标导向策划选题，深入开展调查研究，认真整改落实；全面落实从严治党要求，深入推进反腐倡廉和作风建设，狠抓教育培训工作，加强法院文化建设。

单位名称：延庆区人民法院
地　　址：延庆镇湖南西路20号
电　　话：61115110

（任宇）

【“全国巾帼文明岗”授牌仪式】 3月18日，区法院环境资源审判庭“全国巾帼文明岗”授牌仪式在区法院会议室举行。会议强调，巾帼文明岗要在家事审判改革中与妇联加强合作，设立妇女保护驿站，通过宣讲团或新媒体传播加强妇女保护法律知识，更好地保护妇女儿童权益。区妇联、区文明办相关负责人参加活动。

（任宇）

【法院新闻通报会】 年内，区法院召开新闻通报会6场，通报主题分别为：人身安全保护令、未成年人权益保护、邻里关系纠纷、涉农村土地承包经营权纠纷、提供劳务者受害责任纠纷、涉民生案件专项执行工作情况等。通过新闻发布，向群众普及人身安全保护令适用情形、申请条件；提示学校、家长等履行监护、监管职责，切实保护未成年人安全；妥善处理邻里纠纷，构建和谐邻里关系；讲解妇女进城务工、落户农民土地承包权益保护；提示雇主加强对提供劳务者的保护、合理划定雇主与雇员之间的责任比例；开通农民工讨薪“立—审—执”绿色通道，用足用好各项执行手段，当场为农民工发还执行案款200余万元。

（任宇）

【恢复原状案件执结】　7月9日，区法院执行局成功执结一起恢复原状案件。上午8时30分，执行局执行干警与法警队干警到新华营村执行现场，执行法官现场指导施工队开展强制执行，严格按照判决书确定的尺寸对涉案墙体进行拆除，经过7个小时，200余平方米房屋、四周围墙及院内地基全部强制执行完毕。

（任宇）

【区首个法官联系点授牌】　9月10日，永宁法庭到珍珠泉乡为“珍珠泉村法官联系点”授牌，现场宣讲关于深化诉源治理工作的相关精神，并向珍珠泉村赠送70余本图书。截至年底，区法院共设立法官联系点32个、法官工作站18个。

（任宇）

【法庭进百姓宅院巡回审判】　9月29日，在区法院承办的一起返还原物纠纷中，因被告刘某患有腰疾，行动不便，为减少当事人的诉累，法庭相关人员到被告刘某居住的宅院内开展巡回审判。经过两个多小时的审理，案件完成审结。

（任宇）

【宪法宣誓仪式】　12月4日，国家第六个宪法日来临之际，区法院举行宪法宣誓仪式，全体干警参加宣誓。

（任宇）

【普法宣传活动】　年内，区法院开展“京法巡回讲堂”51期，其中巡回讲堂17期、巡回审判24场、旁听庭审4期、新闻发布6期。

（任宇）

司法行政

【概况】　2019年4月，延庆区司法局（简称“区司法局”）与原区人民政府法制办公室完成机构重组。区司法局统筹全面依法治区工作，主要履行行政执法、刑罚执行和公共法律服务三大职能任务。设10个科室，5家事业单位，1家民办非企业单位（公益法律服务中心）。同时承担中共北京市延庆区全面依法治区委员会办公室、中共北京市延庆区全面依法治区委员会推进依法行政工作领导小组办公室日常工作。2019年，在区委、区政府的领导和市司法局的指导下，区司法局始终坚持以学习宣传贯彻党的十九大精神为主线，以服务保障冬奥会、世园会筹备举办、扫黑除恶专项斗争、“疏解整治促提升”专项行动和迎接“七五”普法考核为工作重点，充分发挥职能优势，圆满完成各项工作任务。

单位名称：延庆区司法局
地　　址：延庆镇东外大街96号
电　　话：69143748

（边文秀）

【“喜迎世园 法至福到”法治春联下乡活动】
1月24日至25日，区司法局联合区政协先后走进沈家营镇下花园村，旧县镇烧窑峪村、白草洼村，张山营镇韩郝庄村开展“喜迎世园 法至福到”法治春联下乡活动，共书写、赠送法治春联800余幅，发放各类法治宣传资料3500余份。

（边文秀）

【万人签名承诺活动】　2月18日，“服务世园 迎接冬奥 法治宣传在行动”万人签名承诺活动走进儒林街道，依托儒林街道举办的“第九届元宵灯展灯谜会”活动，以法治灯谜会为平台开启巡回第一站。活动现场，发放普法宣传资料500余份，参与签名活动80余人次。

（边文秀）

【万人签名进校园活动】 3月19日，区司法局、区法宣办、区教委在延庆第一中学联合举办“服务世园 迎接冬奥 法治宣传在行动”万人签名进校园活动，1100余名师生参加活动。

（边文秀）

【“服务世园 迎接冬奥 法治宣传在行动”启动仪式】 4月2日，举办“服务世园 迎接冬奥 法治宣传在行动”主题宣传活动启动仪式。启动仪式发布10项法治宣传工作举措，主要包括组建一支高素质普法志愿者服务团、开展百场“以案释法”巡讲、组织大型集中免费法律咨询、打造立体普法阵地、制作发放一系列主题鲜明的世园会普法宣传产品等普法惠民活动。宣布成立由法官、检察官、行政执法人员、律师等优秀代表组成的“服务世园 迎接冬奥”志愿普法服务团，与会领导为服务团授旗并颁发证书。仪式现场播放主题活动宣传片和活动实录片，发放宣传材料。市司法局和区委、区政府相关领导，区法宣办、区司法局、区委宣传部等相关单位负责人，以及全市300余名专兼职普法志愿者团队代表等参加活动。

（边文秀）

【“百日安全行动”承诺主题教育活动】 4月23日，区司法局组织全区社区服刑人员开展“我为世园作贡献 我为冬奥添光彩”社区矫正在行动暨2019年北京世园会延庆区社区矫正“百日安全行动”承诺主题教育活动。市司法局、区委政法委、区法院、区检察院等相关领导参加活动。

（边文秀）

【人民调解参与治安行政调解工作会】 4月24日，召开延庆区人民调解参与治安行政调解工作会。会议通过《北京市延庆区关于开展人民调解参与治安行政调解工作实施方案》，正式建立延庆区人民调解参与治安行政调解工作机制。区信访办、区司法局、区公安分局主管领导以及乡镇（街道）主管综治信访领导、派出所所长、司法所所长等50余人参加会议。

（边文秀）

【“扫黑除恶专项斗争法治宣传再入户”活动启动】 6月17日，延庆区“扫黑除恶专项斗争法治宣传再入户”活动在冬奥主题社区儒林街道格兰二期社区举行，18个乡镇街道分会场同步启动宣传，印制法治宣传折页16万份，基础知识口袋书3000本，宣传海报3000张。

（边文秀）

【上海市崇明区司法局到区交流】 6月25日，上海市崇明区司法局一行4人到延庆区司法局交流考察司法行政工作。参观儒林司法所、延庆司法所，调研司法行政工作服务世园会的各项创新举措，以及特色亮点工作和经验做法。

（边文秀）

【市领导到区考察“法律门诊”现场】 7月11日，时任市委常委、市委政法委书记张延昆到张山营镇后黑龙庙村调研。实地考察“法律门诊 我来选”村居法律顾问律师坐诊活动，对此项工作给予充分肯定。延庆区委政法委、张山营镇主要领导陪同调研。

（边文秀）

【三地服务保障冬奥会座谈会】 7月25日，朝阳、延庆、崇礼三地司法局在延庆召开“深化服务保障冬奥会CYC机制座谈会暨签约仪式”，就持续深化服务保障冬奥会筹备工作，用好用实五项协作机制形成共识。

（边文秀）

【依法行政专题培训研讨班】 8月6日至8日，11月4日至5日，区司法局会同区委组织部举办2019年第一期和第二期领导干部依法行政专题培训研讨班。区委全面依法治区委员会各成员单位，全区各行政执法部门、各乡镇、街道主管领导和科室负责人，区司法局科级以上干部400余人次参加培训。

（边文秀）

【区首个法官工作站揭牌】 9月5日，延庆区首个法官工作站在刘斌堡司法所揭牌成立。旨在落实习近平总书记关于“把非诉讼纠纷解决机制挺在前面”重要指示精神，完善矛盾纠纷多元化化解机制。区司法局和刘斌堡乡相关负责人出席活动。

（边文秀）

【骨干人民调解员培训】 9月9日至10日，区司法局组织2019年度骨干人民调解员培训班。区公安分局、区信访办、区司法局、各乡镇街道的主管领导出席活动，各级骨干人民调解员近160人参加培训。

（边文秀）

【法治宣传活动】 9月12日，区司法局在张山营镇冬奥建设工地开展“情暖国庆中秋 法治助力冬奥 普法联盟进冬奥工地”法治宣传活动。张山营镇政府、中铁十八局工人、延庆普法联盟的志愿者以及律师等100余人参加活动。

（边文秀）

【优化营商环境法律服务】 9月，区司法局、区工商业联合会、区律师协会联合组建优化营商环境法律服务团队，在民营企业自愿的基础上，组织85名律师服务团队深入民营企业“一对一”开展以“讲、询、调、训、建、治、防、报”为主要内容的法律服务。10月10日起，定期（每周四上午）在政务服务大厅设立专席，司法局协调1～3名律师现场集中面对面为辖区内中小微民营企业提供法律服务，到政务服务大厅办事的企业人员也可以通过预约的形式指定律师资源库中的专家为其提供一对一的法律服务。到年底，为中小微企业提供公益法律服务45次。

（边文秀）

【国家宪法日宪法宣传周主场活动】 12月4日，以“弘扬宪法精神 推进国家治理体系和治理能力现代化”为主题，2019年“12·4”国家宪法日宪法宣传周主场活动在延庆区第一中学举办。区委全面依法治区委员会、区政协和相关部门领导等300余人参加。各分会场开展宪法宣传活动95场次，发放资料2.1万份，受教育人数6.5万人次。“12·4”宣传活动期间，全区发放宪法宣传读本5万册，开展宪法进万家30场次，入户送宪法读本3万册。

（边文秀）

【司法行政开放日活动】 12月4日，区司法局举行“弘扬宪法精神 推进国家治理体系和治理能力现代化——司法行政70年”“司法行政在身边”开放日活动。现场发放宣传资料3500余份，征集群众意见建议情况2条，办理群众实事89件，参与群众1795人次，接待咨询90人次。

（边文秀）

【首个律师调解室启动】 12月5日，全区首个律师调解室——“香水园家和万事兴律师调解室”启动仪式在香水园街道举行。区司法局、香水园街道相关领导以及法律工作者和社区居民代表出席活动。

（边文秀）

【全面依法治区】 年内，筹划成立区委全面依法治区委员会和4个小组，印发《领导干部学法用法手册》，组织区委、区政府集中学法8次，举办2期领导干部依法行政专题培训研讨。制定完善委员会7项工作制度，理顺工作关系，对请示报告、信息报送等进行固化完善。组织召开委员会会议2次、办公室和3个协调小组会议各1次，编报委员会专报4期，制发2019年工作要点、法治政府示范创建任务分解方案和加快公共法律服务体系建设实施方案，并抓好推动落实。

（边文秀）

【行政执法监督】 年内，成立区委全面依法治区委员会执法协调小组，制发工作要点有序推进全年任务落实。跟进区级机构改革和六领域综合执法改革做好执法衔接督导，两轮改革涉及的42组执法交接工作全部顺利完成。深入推进行政执法“三项制度”，开设执法公示专栏，细化落实举措。建立落实行政执法“月统计、季分析、半年报告”工作制度，开展执法不公、选择性执法、随意性执法、专项排查纠治和行政处罚案卷评查，督促规范执法。全年，全区行政处罚数量20510件，人均处罚量32.15件，全区行政检查数量192509件，人均检查量301.74件，均居生态涵养区前列。

（边文秀）

【合法性审查】 年内，跟进冬奥会和世园会征拆项目的监督服务。深度参与世园会期间市场价格研究、违建别墅清理整治、明声听力康复中心舆情事件等全区性重大事项的处理，确保有关事项依法稳妥解决。全年对区政府241件文件事项、72件合同协议、38件招标方案进行审查把关。

（边文秀）

【行政诉讼】 年内，全区各级行政机关发生一审行政诉讼案件142件，审结172件（含上年结转），败诉案件22件（区政府3件、部门10件、乡镇9件），败诉率12.8%。案件集中在房屋拆迁、土地、城乡规划、公安、市场监管、人力社保等领域，主要涉及行政不作为、行政强制、行政征收、行政确权、信息公开等类型。区政府行政应诉案件92件，同比增长15%；审结97件（含上年结转），被撤销3件，败诉率3.1%。案件办理注重行政司法良性互动，积极配合人民法院调解工作，全年协调化解重大疑难案件7件；积极推进机关负责人出庭应诉，全年负责人出庭应诉43件，其中，区领导出庭2次，参与谈话2次。办理区政府民事诉讼案件28件，以区政府为被申请人的行政复议案件6件。

（边文秀）

【行政复议】 年内，办理行政复议案件50件，同比增长28.2%，案件涉及公安、城乡规划、市场监管、交通、房屋拆迁、土地等领域。审结47件，其中确认违法5件，撤销7件，责令履职1件，纠错率27.7%，同比上升9.8%。案件审理坚持高标准、办“铁案”原则，全年未发生复议败诉案件，全市案卷评查被评为优秀；因调解申请人撤回申请14件，调解成功率为29.8%。

（边文秀）

【普法与依法治理】 年内，完成“服务世园迎接冬奥 法治宣传在行动”系列活动，组建6支普法志愿服务团队，推出“十个一”工作举措；开展“争做守法好市民万人大签名”“万步有约健步走”“助跑冬奥马拉松普法”“情暖中秋佳节 送法进冬奥工地”等主题宣传89场次。制作宣讲课件45个，录制普法视频25个，开展专题讲座51场、法律咨询22场、知识竞赛8场。在世园会周边公交候车厅设置普法宣传阵地，制作专题公益宣传片、海报、普法宣传短视频，利用全市户外大屏等各类显示屏播放，推广电话视频彩铃普法，微信公众号推出互动答题，让市民随处感受世园、冬奥浓厚法治氛围。开展《宪法》宣传，在全区征集宪法微视频动漫作品68个，司法局制作普法短视频16个，制作以案释法视频课件19个。开展扫黑除恶法治宣传248场，实现宣传方式方法内容人员等“七个全覆盖”。组织延庆区首届十佳“法律明白人”和十佳“法治带头人”评选活动，投票活动参与人数94798人次，加强普法阵地载体建设。建成江水泉公园内打造宪法主题宣传阵地和香营乡建设法治长廊，创新开通普法电话视频彩铃、微视频、抖音短视频等新媒体普法方式。截至年底，全区开展法治宣传活动1416场次，受教育人数45.8万人次，现场发放普法宣传资料52.3万份。

（边文秀）

【社区矫正和安置帮教】 年内，完成对4名社区矫正对象特赦工作。全面启动日报告制度，社区矫正对象全部实行“7包1+1”实名制管控。充分利用电子监管手段，准确掌握行动轨迹。对于破拆、越界报警第一时间核查、第一时间处置。在“四场活动”安保期间，排查走访“两类”人员4062人次，召开教育会

100场次，受教育社区矫正对象455人，电话报告2493人次，开展督察98次。编辑、修订《社区矫正工作档案（范本）》，统一社区矫正对象工作档案标准，实现精准化管理。全年共开展视频会见39人次。组织社区矫正对象参加初始集中教育5批次，受教育人数41人次，组织网络初始集中教育2批次，受教育人数3人。全区社区矫正对象参加市司法局初始集中教育活动的合格率为100%。

（边文秀）

【人民调解】 年内，成立延庆区人民调解参与治安行政调解工作协调小组，建立沟通联系机制、导入处置机制和矛盾纠纷预防预警制度。通过诉源治理，推进矛盾纠纷源头化解作用，与区法院合作，以刘斌堡、千家店等7个司法所为依托成立法官工作站、法官联系点，提升社会调解合力，推进“诉源治理”，为群众畅通诉讼渠道。成立全区首个律师调解室“香水园家和万事兴律师调解室”。全区各调解组织共调解纠纷2124件，同比增长24%；成功1789件，同比增长39%；调解协议涉及金额4407.9万元，同比增长83%。2019年获司法部“人民调解宣传工作先进集体”称号。

（边文秀）

【公益法律服务】 年内，承办中彩金项目案件757件，同比增长33%。北京市延庆区农村公益法律服务中心获中央专项彩票公益法律援助项目“贡献突出实施单位”荣誉称号。公益法律服务者解答咨询8804次、代书3727份、代理诉讼案件2200件、代理非诉讼案件366件，为群众挽回经济损失1300余万元。

（边文秀）

【律师工作】 年内，重新组建区委、区政府法律顾问团队，完成区委、区政府法律顾问及法律专家库成员聘任仪式，在全区范围内推广“法律门诊我来选”机制，服务34716人次。为村居民提供法律意见和建议878条，代写法律文书161件，提供法律援助40件，提供法律咨询服务6022人次，参与调解87次，举办法制讲座83场次，参与接诉即办16次。通过线上平台服务4273次。指导区律师协会召开“第十一届北京市律师代表大会延庆区代表选举会”。李顺存、李自永、李树静3名律师当选北京市第十一次律师代表大会延庆区代表。“双随机”检查律所49次，检查律师118人次。全年辖区律所律师无违规违法行为，实现零投诉、零处罚目标。

（边文秀）

【法律援助】 年内，接待咨询13689件，含“12348”综合服务平台来电5499件，受理案件596件。办理刑事全覆盖案件176件，比同期增长117%。法院指定援助涉黑涉恶性质案件4件23人，区扫黑办挂账案件2件8人，已审理3件。开展妇女、未成年人、残疾人、军人军属、老年人维权专项宣传、普法教育等活动共计100余场次，现场发放《法律援助条例》《公共法律服务手册》等宣传资料8000余份，解答群众咨询700余人次。

（边文秀）

【公证工作】 年内，共办理公证事项282件，同比增长20%。全年解答咨询2182件，其中接听电话1249件、现场接待咨询933件。外出核实35次、出具核实函12份，查询档案10件。2018年度公证卷宗检查合格率100%。新增60项公证事项，112项公证事项纳入“最多跑一次”。实行“申请公证事项材料清单”制。开展在线核查，减少当事人提交婚姻登记记录证明72件。截至年底，协商收费46笔，全年实现零投诉。

（边文秀）

【接诉即办】 年内，制定下发《北京市延庆区司法局坚持司法为民全面提升“接诉即办”质量的工作方案》，结合工作实际编制政务舆情督办事项办理工作流程图、群众热线诉求工作流程图。以党组书记、局长为组长成立提升“接诉即办”质量工作领导小组。结合“法律门诊 我来选”活动，创新服务乡镇（街道）

党委政府和群众诉求，有效配合乡镇（街道）“接诉即办”工作开展。截至年底，办理“接诉即办”工单11件次，“三率”达到100%。

（边文秀）

【依法服务“冬奥会”“世园会”筹办举办】 年内，为康庄镇大路村办理征地农转非自谋职业协议公证17件。积极参与南菜园1—5巷棚户区改造项目拆迁工作。参与世葡园举办的首届北京牡丹文化节风韵牡丹精品牡丹拍卖会。全程参与康庄镇一二三街村街棚改、大榆村镇下屯村棚改、张山营镇西大庄科村搬迁腾退等涉冬奥会、世园会征拆项目。协助审查高山滑雪世界杯测试赛相关合同协议28份。

（边文秀）

【扫黑除恶专项斗争】 年内，组织召开17次局党组会、23次局长办公会、4次工作领导小组会、9次办公室会、8次理论中心组学习。开展扫黑除恶主题宣传248场。对律师委托代理的7件涉黑涉恶案件，有针对性地约谈律师17次，确保律师依法代理，排查梳理涉黑涉恶线索2条。

（边文秀）

（栏目编辑：景冰芳）

军　事

人民武装部

【概况】　中国人民解放军北京市延庆区人民武装部（以下简称“区人武部”）是延庆区委的军事部门、区人民政府的兵役机关，负责完成本地区国防后备力量建设等工作，下设军事科、政治工作科、保障科3个科室，同时辖民兵武器装备仓库1个、民兵训练基地1个。年内，以习近平新时代中国特色社会主义思想为指导，深入贯彻党的十九大精神和习近平强军思想，坚决贯彻习主席视察卫戍区部队时的重要指示，落实党管武装制度，聚焦打仗强能力，深化改革谋发展，紧盯问题抓规范，锐意创新求突破，按照“铸忠诚、尽职责、抓从严”的总要求，完成年度工作任务。

单位名称：中国人民解放军北京市延庆区人民武装部

地　　址：延庆镇鸿川北路6号院－1

电　　话：69104110

（高军）

【2019年军政座谈会】　2月2日，延庆区2019年军政座谈会召开。区领导与各驻延部队代表座谈。区委书记、区人武部党委第一书记穆鹏出席会议并讲话。区四套班子领导全员参加座谈。

（晏博文）

【党管武装工作】　3月25日，穆鹏主持召开党管武装工作会，总结2018年全区党管武装工作，部署2019年主要任务。区人武部和各乡镇（街道）主管领导参加会议。4月，区人武部协调区委召开党管武装工作会，组织乡镇（街道）党（工）委书记进行党管武装工作述职，完善党管武装工作考评细则。8月，协调组织延庆区四套班子领导、“法检”两长到武警交通一支队开展军事日活动，进一步密切军政关系，深化对党管武装工作制度的思想认识，增强落实国防后备力量建设的使命感和责任感。9月，协调区委召开党委议军会，研究解决制约人武部和后备力量建设的具体问题，并由区委督查室督促各单位落实。

（高军　晏博文）

【民兵分队训练】　6月11日至28日，依托驻军某部，通过经过政治审查、目测选拔、体检择优、更换替补等选拔程序，组织对口保障民兵分队进行训练。根据民兵分队训练大纲要求，完成技、战术训练，民兵分队遂行保障任务的能力水平得到提高。

（高军）

【拥军优属】　8月1日，与区中医院共同组织义务兵家属进行免费体检，开展送中医中药进军营活动，免费为驻区官兵提供中医讲座。协调北京世园局，推出“八一”期间现役军人、退役军人免世园门票政策，惠及广大现、退役官兵。与区退役军人局联合举办“世园冬奥耀妫川，军民共建促发展”八一双拥慰问演出，驻军部队300余人参加。全年常态开展法律拥军，协调司法局先后4次走进军营，发放宣传资料1000余份，宣讲法律知识，提升官兵的法纪意识和观念。协调区委宣传部、区妇联定期组织专场相亲大会，解决大龄官兵实际困难；协调区教委规范军人子女入学流程，按照就近就便与教育资源较好相结合的原则，官兵子女入托入学问题全部得到妥善解决。

（高军）

【征兵工作】 8月5日，召开2019年度征兵动员会，会议动员部署夏秋季征兵工作。区政府和区人武部领导出席会议。区人武部开展“征兵宣传进高校”活动，落实征兵“五率”动态监测制度，多措并举搞宣传，上门发动挖潜力，一线督导促实效，严格把关求质量，扎实开展役前训练，圆满完成新兵征集任务，连续2年没有发生退兵现象。9月4日，召开2019年夏秋季新兵入伍欢送大会，区政府和区人武部主要领导出席。

（高军 郭昭君）

【走访慰问】 年内，春节和建军节期间，协调区四套班子领导2次深入部队一线走访慰问，送去全区人民对子弟兵的关心厚爱，80余万元的慰问品和慰问金覆盖全区所有驻军部队。

（高军）

【民兵安保执勤】 年内，“两会”和国庆期间，出动民兵1000人次，在4个重要进出京路口协助民警执行卡口执勤任务，组织基干民兵900余人次担负应急备勤任务，为社会的安全稳定做出突出贡献，受到区委、区政府和人民群众的好评。

（高军）

【基层武装部建设】 年内，着力加强基层人武部、民兵营连部和“青年民兵之家”规范化建设，协调区政府下拨基层建设专项经费210万元。召开基层人武部和民兵营连部建设现场会，指导基层人武部规范化建设进一步提升。

（高军）

【国防动员潜力调查数据信息采集】 年内，落实中央军委国防动员部和北京市国防动员委员会通知要求，开展2019年国防动员潜力调查工作。走访相关机关和企事业单位30余家，录入民兵、退伍军人等人员信息，统计各种实力等单元信息。

（高军）

【拥政爱民活动】 年内，组织驻区部队担负防火、防汛、应急救援等急难险重任务，修订方案，关注动态，信息共享，沟通协调，随时做好应急准备。协调驻军官兵出动500余人次参加环境清理整治活动和垃圾分类工作，协调驻军参加北京世园会安保工作，协调驻军参加扶贫帮困、民族村帮建、捐资助学等活动，协调驻军100余人次，参加区委、区政府组织公祭仪式、各类部署总结大会等活动，支援地方各项工作顺利展开。

（高军）

人民防空

【概况】 北京市延庆区人民防空办公室（简称区人防办）是区国防动员委员会的常设办事机构，是区政府人防工作的主管部门。年内，办理行政审批28件，其中规划项目9件，易地项目17件，可不结合修建项目2件。办理人防工程使用证16个。结合各专项活动开展人防工程安全督查检查588处次，出动人员1771人次。

单位名称：延庆区人民防空办公室
地　　址：延庆镇湖北西路3号
电　　话：69143330

（吴玉英）

【通信保障】 2月19日，区人防办在永宁古城参加元宵节值守保障，12月参加冬奥森林防火演练保障。

（吴玉英）

【机构改革】 3月15日，北京市延庆区民防局更名为北京市延庆区人民防空办公室，内设科室由原来的办公室、工程科、法制宣传科三个合并为综合科（行政审批科），下属信息管理中心、人防工程应急抢险中心两个科级规范管理事业单位。

（吴玉英）

【安全生产月宣传活动】 6月，围绕2019年全国“安全生产月”和“安全生产万里行”活动主题，开展“安全生产月”活动。13日，围绕“防风险、除隐患、遏事故”的主题，区人防办、区应急局和儒林街道办在温泉南区东里社区宣传咨询活动。14日，区人防办在安委会主办的宣传活动主会场展示应急指挥车、应急救援车的设备和救援装备，发放防空防灾宣传画册、扑克牌、宣传袋等共计300余份。

（吴玉英）

【消防安全知识讲座】 9月5日，区人防办组织全区地下空间使用单位负责人和管理人员参加以“珍惜生命，远离火灾”为专题的消防安全知识讲座，各相关单位80人参加。

（吴玉英）

【警报试鸣工作】 9月21日，区人防办按照市政府规定在北京市五环外统一开展防空警报试鸣工作。

（吴玉英）

【全民国防教育日宣传】 9月21日，第十九个全民国防教育日，区人防办以“赞颂辉煌成就，军民同心筑梦”为主题，在儒林街道温泉南区东里社区开展人民防空宣传教育活动，100名社区居民参加。

（吴玉英）

【社区人防队伍建设】 年内，区人防办在尚都首府、燕水佳园、恒安等10个社区选拔100名有特长、崇尚公益事业的社区干部和热心居民，组建社区人防志愿服务队伍。

（吴玉英）

【早期土洞安全隐患治理】 年内，根据各乡镇的土洞隐患实际情况，向延庆镇、永宁镇、旧县镇、沈家营镇、香营乡5个乡镇共拨付隐患治理款31.4万元，用于解决安全隐患问题。

（吴玉英）

【人防工程和普通地下室安检】 年内，区人防办与区住建委相关部门配合，对全区人防工程和普通地下室开展日常巡查和不定期检查，共出动1880人次，检查人防工程和普通地下室共611处次，整改安全隐患20处。

（吴玉英）

【通信演练】 年内，区人防办到河北省康保县参加京津冀人防无线通信协同演练，通过卫星、短波电台与天津、河北进行音视频联通，区人防办被评为跨区通信支援先进单位。4月19日、26日参加世园会防火演练，6月参加北京市防汛演练、世园会疏散演练。

（吴玉英）

【知识讲座】 年内，邀请市人防讲师团到悦安居、儒林苑、湖南社区等10个社区，延庆一小、延庆二中、延庆三中、康庄中学等6所学校开展18场防空防灾知识讲座，社区居民、教师学生共2500人参与活动。

（吴玉英）

【公共安全知识进校园】 年内，利用防空防灾安全知识展板在康庄小学、沈家营小学、张山营镇中学、延庆四中等10所中小学校进行巡展，受教育人数达2049人。

（吴玉英）

（栏目编辑：景冰芳）

经济管理

综合调控

【概况】 北京市延庆区发展和改革委员会（以下简称“区发改委”），是负责全区国民经济和社会发展统筹协调、经济体制改革综合协调的区政府工作部门。设办公室、国民经济综合科（北京市延庆区国民经济和装备动员办公室）、行政审批科、基础设施科、经济体制改革科、固定资产投资科、产业发展科、社会发展科、资源节约和环境保护科（节能监察办公室）、金融服务办公室、价格管理科、人事科12个行政科室。另有北京市延庆区区域协同发展和对口帮扶合作服务中心、北京市延庆区营商环境服务中心、北京市延庆区发展建设投融资管理中心、北京市延庆区发展和改革委员会信息中心（北京市延庆区经济与社会发展研究中心）、北京市延庆区价格认证中心以及北京市延庆区有机农产品发展中心6个事业单位。年内，制定下发《北京市延庆区非法集资监测预警工作制度》等。完成全年人代会报告和季度经济社会分析4篇。全年区级批复项目97个，其中审批14个、核准35个、备案48个，同时经初审后向市发改委上报审核事项14项，向市发改委核准转报事项14项；44个项目争取到位市政府固定资产投资资金16.3亿元。服务窗口接待来人来电咨询700多人次，满意率100%。

单位名称：延庆区发展和改革委员会
地　　址：延庆镇新城街98号
电　　话：69102445

（肖炉威）

【对口帮扶协作】 年初，区委书记带队赴兴和县、张家口市宣化区、怀来县对接帮扶工作，区长带队赴内乡县对接南水北调对口协作工作。制定《2019年延庆区扶贫协作工作计划》《一县一策特色帮扶方案》。支持兴和县帮扶资金600万元、宣化区300万元、怀来县200万元、内乡县200万元。选派9名干部在受援地挂职，64名专业技术人才赴支援地脱贫攻坚。建筑面积260平方米的消费扶贫双创分中心，采购销售扶贫产品2943万元。组织致富带头人培训85人、31人创业成功、带动1314人脱贫。实施京冀、京蒙帮扶项目33个，引进15家企业，带动3209人脱贫。组织18个乡镇（街道）与受援地30个乡镇（街道）结对，50个部门、企业与53个贫困村结对，48个村（社区）与42个贫困村（社区）结对，10个社会组织与贫困村结对，组织18家医疗机构、24个学校与受援地的医院、学校结对。社会各界捐款捐物合计1652万元，支持财政帮扶资金1707万元，开发扶贫岗位3993个，召开5场劳务招聘会，培训贫困人口1227名，帮助就业人口3993人，来京就业人口231人。帮助兴和县

6187人脱贫，27个贫困村退出、贫困县摘帽，帮助宣化区926人脱贫，帮助怀来县379人脱贫。

（肖炉威）

【全区经济平稳增长】 年内，地区生产总值完成195.3亿元，按不变价计算同比增长7.1%，增速位列生态涵养区第一。一般公共预算收入完成21.4亿元，同比增长11.9%。社会消费品零售额完成106亿元，同比增长7.8%。全区居民人均可支配收入完成36482元，同比增长7.7%。低收入农户人均可支配收入完成14492元，同比增长22.5%。

（肖炉威）

【投资持续快速增长】 年内，全区投资继续呈现快速增长，全年完成固定资产投资（不含农户）298.1亿元，同比增长7.3%。其中建安投资完成204.2亿元，同比增长16.3%，超额完成市级下达建安投资指导性目标（140亿元）的45.8%，任务完成率居全市第一。

（肖炉威）

【项目库建设】 年内，区级重点工程122个，包括重点建设项目80个（新开工项目32个、续建项目48个）、重点推进前期项目42个。梳理2020年区级重点工程108个，包括重点建设项目82个（新开工项目44个、续建项目38个）、重点推进前期项目26个。年内，建设完善2020—2022年三年滚动项目储备库，储备重点项目102项，总投资约284亿元。从领域上看，城乡基础设施建设项目26个，总投资约72亿元；生态环境提升项目21个，总投资约18亿元；公共服务设施项目28个，总投资约74亿元；产业发展项目22个，总投资约107亿元；房地产项目5个，总投资约13亿元。

（肖炉威）

【市政府固定资产投资到位资金16.3亿元】 年内，全区44个项目争取到位市政府固定资产投资16.3亿元。其中，冬奥会配套设施项目争取到位5.1亿元，城乡基础设施项目争取到位3.1亿元，生态环境提升项目争取到位3.1亿元，社会事业项目争取到位3.7亿元，能源类项目争取到位1.3亿元，产业发展项目争取到位1282万元。

（肖炉威）

【“疏解整治促提升”专项行动】 年内，制定实施《延庆区“疏解整治促提升”专项行动2019年工作计划》，超额完成11大项22小项专项行动任务。疏解退出一般性制造业企业8家，动态上账并治理“散乱污”企业18家，清理整治再生资源回收站点11家，有序退出272户经营性养殖散户。拆除违法建设49.7万平方米，拆后“留白增绿”达到9.11公顷，儒林街道康安小区“口袋公园”等一批小微绿地景观形成。占道经营南菜园光荣院门口、延庆镇小营村村口2个重点点位完成销账，整治“开墙打洞”4处，实现“动态清零”，整治无证无照经营117户；规范提升31个便民服务网点，群租房整改完成3处，棚户区签约改造协议1655户。

（肖炉威）

【优化营商环境】 年内，深入落实北京市优化营商环境“9+N”政策2.0版、3.0版，完成世界银行营商环境评价、中国营商环境评价、北京市营商环境评价等迎检工作，全面完成市级三年行动计划2019年任务。“全程在线”“掌上办”平台上线运行，全区8家银行开展助推小微企业客户金融信贷业务；水电气热等公共设施实现对外“一窗办理”，接电时间同比降低70%，联通用户达到200兆接入能力，376个行政村全覆盖，群众满意率持续提升；落实“服务包”工作，制定全区重点企业遴选标准，启用全市服务企业平台系统，动态跟踪区领导及服务管家服务企业及承诺事项情况，完成155家重点、高成长性企业走访送“服务包”工作，诉求落地办结率97%。

（肖炉威）

【京津冀协同项目】 年内，与张家口市监测站对地表水白河入库口和耗眼梁2个断面进行联合采样、监测，设立三个国家基本水文站（下堡水文站、东大桥水文站、库区水文站）、12个雨量遥测站。对主要进京口过境大货车24小时执法。与河北、内蒙古联合建立食用农产品安全监管区域协作机制。举办优质农产品推介会，展示展销河北宣化、怀来，河南内乡，内蒙古兴和的优质农产品。举办首届世界花卉大会、首届北京牡丹文化节、第十一届北京菊花文化节、第三届延怀河谷葡萄文化节、第十一届北京端午文化节、世葡园冰雪文化庙会等系列活动，河北、天津共同参与。创立全市首个农产品区域品牌“妫水农耕”，组织跨区巡展。组织召开第三届北方民宿大会，京津冀地区231家民宿企业共同参与。举办冬奥京津冀钓鱼比赛、京津冀大学生滑雪比赛、京张高山滑雪交流赛、第九届北京国际自行车骑游大会、2019年首届京张大众钓鱼联谊赛等活动。

（肖炉威）

【与海淀区域协作】 年内，印发《延庆区－海淀区结对协作总体工作方案（2019—2022年）》。设立1.5亿元延海协作资金（海淀出资1亿元、延庆出资0.5亿元），支持蔡家河绿道项目等12个项目。延庆15所中小学与海淀区12所名优学校结对，组建26个名师工作室，21名干部教师到海淀区跟岗学习。海淀区9名医生和管理人员到延庆区接诊和服务患者1000余人次，两区妇幼保健医院实现远程会诊，两区卫生疾控部门携手做好世园会外围医疗保障。两区共同举办非遗文化展、世园原创作品展、博士后书法展等展览活动。累计引入优质企业资源109家。11家农业企业赴海淀区举办“妫水农耕 健康之源”延庆优质农产品巡展活动，累计销售农产品1.5万斤。两区联合举办城岗对接招聘会6场，共输送256名农村地区劳动力至海淀区就业。海淀区2名专家到延庆区挂职、4名领导干部到延庆区低收入村挂职第一书记。

（肖炉威）

【冬奥世园保障项目】 年内，批复园林、交通、水务项目19个，争取到市政府固定资产投资102561万元。其中，冬奥世园保障项目中，湖南路、世园路等8条市政道路的建设基本完成，冬奥会延庆赛区造雪引水及集中供水工程、冬奥会延庆赛区应急水源保障工程主体结构完工并已投入使用，冬奥森林公园可行性研究已批复，2019年北京世园会延庆城区道路绿化景观提升已完成全部工程量的70%。

（肖炉威）

【教育领域工程项目批复】 年内，批复延庆区第一职业学校迁址新建工程可行性研究报告、初步设计及概算。推动延庆区刘斌堡中学整体改造工程项目取得市发改委建议书（代可行性研究报告）批复。

（肖炉威）

【风沙源治理二期工程】 年内，完成京津风沙源治理二期工程2019年项目，投资3084万元，占总投资的57%。其中，困难地造林33.33公顷（500亩），封山育林2000公顷（30000亩），人工种草133.33公顷（2000亩）；小流域综合治理工程完成55%；易地搬迁1231人，基础设施线缆入地等工程完成43%。

（肖炉威）

【节能降耗】 年内，印发实施《延庆区2019年节能工作方案》《延庆区2019年节能监察工作方案》。制作“小行为 大改变”节能宣传片，完成5方面41家节能监察；积极推动煤改电、煤改气、分布式光伏发电、地源热泵等清洁能源利用项目，实现我区2019年能源消费总量69.22万吨标准煤，单位地区生产总值能耗0.355吨标准煤，单位地区生产总值能耗下降率5.63%，顺利完成市政府下达任务目标。

（肖炉威）

【金融服务】 年内，全区社会各项存款余额540.95亿元，同比增长3.23%；居民储蓄存款余额279.68亿元，同比增长18.50%；银行各项贷款余额199.26亿元，同比增长20.64%；全区授信额度达到380亿元。推动设立延庆区首支科技创新基金（政府出资2600万元，与市中小企业服务中心、启迪之星等合伙组建2亿元科创基金），重点支持科技创新企业培育、科技成果转化；推动中华联合财产保险股份有限公司北京分公司在延庆设立支公司；推动解决农村地区金融服务“最后一公里”问题，在金融空白村新建50个乡村便利店。

（肖炉威）

【防范化解金融风险】 年内，制定《延庆区处置非法集资突发事件应急预案》《2019年延庆区涉嫌非法集资风险专项排查整治行动方案》，健全及早发现、打早打小、存量整治、应急处置、刑事打击“五位一体”金融风险防范和应急机制，进一步增强我区金融风险防控能力和服务实体经济能力。

（肖炉威）

【价格认定】 年内，对区内司法、行政执法、纪检监察等机关的纪检、刑事、治安、民事、经济等案件中的涉案物品进行价格认定，全年受理各类物品价格认定案件372件，认定金额252.15万元，为有关机关办理各类案件及时提供了客观、公正的价格依据。

（肖炉威）

【世园会期间价格应急监测】 年内，成立世园会价格监管工作专班，制定《加强2019北京世园会期间重点行业价格监管工作方案》，重点监测区内17家酒店和12个高端民宿院落的成交价格、行情趋势分析以及价格行政执法情况，编制并报送《北京世园会价格监测工作简报》共41期；做好每日价格巡查，监测农贸市场、大型超市的蔬菜、粮油、猪肉、鸡蛋等主要生活必需品，以及大白菜、土豆、胡萝卜、黄瓜、西红柿、白萝卜、洋葱、豆角8种“当家菜”零售价格数据，共计上报167份。世园会期间未发生因涨价、抢购、断供等影响群众生活和社会稳定的情况。完成世园会会后票价确定工作。

（肖炉威）

【物价管理】 年内，完成水关长城、野鸭湖、龙庆峡和百里山水画廊4家4A级景区成本监审；摸底确定北京八达岭森林公园（3A级）、古崖居（3A级）、玉渡山（2A级）、残长城（3A级）4家3A级及以下景区为成本监审对象。制定《延庆区进一步加强价格调控工作的任务分解方案》，召开2次专题会议；梳理形成价格检查、市场供应监控等进展报告6期，按旬监测5大类280个品种价格数据，并报至市发改委。

（肖炉威）

财　政

【概况】 北京市延庆区财政局（简称“区财政局”）是负责本区财政收支、财税政策、财政监督、行政事业单位国有资产管理等工作的区政府组成部门。设23个科室，年内，财政局加强税源建设，加大组收力度，积极争取市级资金，优化支出结构，实现全区一般公共预算收入21.4亿元，同比增长11.9%，增幅位居全市第一；一般公共预算支出完成128.3亿元，有力保障了全区经济社会发展。

单位名称：延庆区财政局

地　　址：延庆镇新城街108号

电　　话：69103146

（连新亮）

【财政收入】 年内，一般公共预算收入214461万元，同比增长11.9%。按收入性质分，税收收入133216万元，非税收入81245万元；按征收部门分，税务局完成133199万元，财政局完成81262万元。政府性基金预算收入186716万元。国有资本经营预算收入561万元、社保基金预算收入60532万元。

（连新亮）

【财政支出】 年内，一般公共预算支出1283115万元，同口径增长6.8%，主要支出科目情况：农林水支出318041万元、社会保障和就业支出145341万元、卫生健康支出116264万元、城乡社区支出88410万元、交通运输支出16777万元。政府性基金预算支出320150万元。国有资本经营预算支出401万元、社保基金预算支出53203万元。

（连新亮）

【税源建设】 年内，充分发挥税源建设联席会议机制作用，进一步明确22个成员单位工作职责，全年召开税源建设联席会议13次。确定“100+50”重点企业名单，落实好管家式服务机制，完善服务措施，服务企业更加精准有效。加强政策研究和资金保障，完成“1+4+4”高精尖政策体系的构建，修订印发《北京市延庆区财政局关于中关村科技园区延庆园管委会财政支持政策的通知》和《中关村国家自主创新示范区延庆园促进创新创业发展支持资金管理办法》。强化重点税源服务，全年走访服务企业155家，送出“服务包”155个，企业提出诉求98项，解决诉求95项。全年共完成税收收入为133216万元，同比增加2.5%，在生态涵养区中收入增幅排名第一。

（连新亮）

【国库管理】 年内，深入推进国库业务电子化改革工作，从实拨业务扩大到国库集中支付业务。开展预算单位资金存放管理及财政存量暂付款项消化工作。做好2018年行政事业单位账户备案866个。2019年新开户17个、变更账户62个、撤销11个。清理本级存量财政专户1个。合理控制库款规模，开展国库现金管理40亿元。扎实做好2018年度财政总决算编制、部门决算会审、决算批复及公开工作。完成2018年度政府财务报告试编工作。加强预算执行动态监控工作，设置增加监控“名贵特产”预警关键字词50项。稳步推进非税收入收缴工作。

（连新亮）

【预算绩效管理】 年内，全面推进预算绩效管理。修订《延庆区预算绩效管理办法》。开展事前绩效评估工作，最终确定5个事前评估项目，总资金1105万元。开展事后绩效评价工作，确定34个财政支出绩效评价项目，项目总投资9.9亿元，较去年增长519%。组织所有一级预算单位对2018年部门预算的支出项目实施部门自评。积极探索全成本预算绩效管理，确定对“2016—2018年延庆区基层流动中医医院补助资金”项目进行绩效成本分析。

（连新亮）

【投资评审】 年内，完成全区评审项目183个，累计报审金额14.75亿元，审定金额为12.2亿元，审减2.55亿元，平均审减率为17.29%。

（连新亮）

【财政监督】 年内，对3家社会组织和14家代理记账机构进行监督检查。进一步完善统一财务核算平台系统，区属235家预算单位（不含区卫健委下属单位）全部纳入该平台进行财务核算管理。组织做好区预算单位新旧会计制度衔接工作。在全区范围内组织开展惠民惠农财政补贴资金“一卡通”专项治理工作。完成258家行政事业单位内部控制编报工作。开展了会计人员信息集中采集。完成代理记账机构审批9家、注销1家，截至年底，全区备案登记的代理记账机构29家。

（连新亮）

【行政事业单位资产管理】 年内，完成2018年度行政事业单位资产年报编制工作，区属行政事业单位260家，全区资产总计214.87亿元。对全区74宗资产处置按照程序进行审核批复，涉及资产总额1.32亿元。汇总整合完成《北京市延庆区2018年度国有资产管理情况综合报告》，独立完成《北京市延庆区2018年度行政事业单位国有资产管理情况专项报告》，完成区政府向区人大常委会报告国有资产管理情况的报告，实现报告全口径国有资产基本情况，开启区人大对国有资产全方位、系统化、常态化的监督。

（连新亮）

【政府采购】 年内，完成政府采购金额97454万元，其中，货物类采购13102万元、工程类采购68738万元、服务类采购15614万元。严格执行政府采购政策法规制度，规范政府采购信息公开工作，依法规范处理政府采购投诉、举报事项，确保公平公正。

（连新亮）

【融资担保】 年内，完善政府性融资担保体系建设，以北京首创投资担保有限责任公司延庆分公司为依托，帮助中小微企业融资。完成融资项目1个，金额300万元；无代偿解除担保责任项目1个，金额300万元；在保项目1个，金额300万元。累计批准项目95个，担保业务额度达96303万元，无代偿发生。

（连新亮）

税　务

【概况】 国家税务总局北京市延庆区税务局（简称“区税务局”）于2018年7月5日正式挂牌成立。有内设机构15个、派出机构11个、事业单位2个，另设机关党委（党建工作科）、老干部科、纪检组，级别均为正科级。年内，区税务局突出减税降费主题，聚焦税费收入任务主业，把牢统筹推进优化执法方式和完善税务监管体系主线，坚持党建引领，扎实推进“不忘初心 牢记使命”主题教育；巩固扩大国税、地税征管体制改革成果，推出“征管十率”“一键纳税”App等举措提升征管质效、优化营商环境，为辖区纳税人和缴费人提供优质办税服务，支持保障世园会开园、冬奥会筹办。大力推行网上办税，网上办税率同比提高22%。推进委托代征工作。开办《征管开讲》业务培训平台，组织青年夜校37期，培训税务干部和纳税人1200余人次。规范税收征管秩序，扎实推进打虚打骗工作，积极开展扫黑除恶专项斗争。持续强化风险注册地址管理与监控，世园会期间开展激增酒店紧急核查，处理137户虚假、盗用地址注册企业。优化税务执法方式，落实三项制度，成立全市税务系统首家法制审核委员会，深化税收执法督察，加强第三方借减税降费服务巧立名目乱收费行为专项排查整治，全面抓好行政许可清理、行政复议诉讼等工作，定纷止争，为改革发展保驾护航。截至年底，累计完成各项税费收入66.82亿元，同比增长0.03%；完成税收收入58.61亿元，同比下降10.23%。其中，完成地方级收入25.82亿元，同比下降3.42%。完成区级一般公共预算收入13.32亿元，同比增长1.2%，完成地方级和区级收入任务。入库非税收入1.3亿元，同比减少0.21亿元，下降13.87%。入库社会保险基金收入6.91亿元。

单位名称：国家税务总局北京市延庆区税务局
地　　址：延庆镇庆园街4号
电　　话：69146164

（林杜鹃）

【减税降费】 年内，突出“确保减税降费政策措施落地生根”主题，全面落实各项减税降费政策。开展内外培训72场，精准滴灌31821余人次纳税人及缴费人。截至年底，共计减免税费25.51亿元，减免区级收入3.23亿元，惠及34061户次（涉及16713户）企业、13.8万人次自然人，减税降费政策红利有效释放。

（林杜鹃）

【税收征管】 年内，完成“金税三期”并库工作，增值税发票2.0系统、电子发票公共平台平稳上线。建立“征管十率”征管质效指标评价体系，清理欠税、滞纳金637.82万元。

（林杜鹃）

【税收政策落实】 年内，稳妥落地税制改革，按节点落实降低税率、加计抵减、留抵退税等系列深化增值税改革重点任务。稳步推进个人所得税改革，扎实做好新政宣讲、辅导工作，全区个人所得税纳税人从10.9万人降至5.7万人。平稳落地新《耕地占用税法》《车辆购置税法》。按期推进社保费与非税收入征管职责划转。加强税种管理，推进土地增值税长期未清算项目清理管理。发挥税收杠杆的绿色调节作用，辖区扬尘工地联合管控实现“全覆盖”，环境保护税年内入库 2908 万元，同比增幅达 92.1%。

（林杜鹃）

【纳税服务】　年内，深化“放管服”改革，优化税收营商环境。创新研发个体工商户“一键纳税”App 并在全市推广，落实“9 + N” 2.0 版系列政策，提供新办纳税人“套餐”，“一日领票”提速至当日办结，办税事项“最多跑一次”清单更新至 162 项。推出“票 e 送”免费配送业务。办税服务厅整体平稳迁移至区政务服务大厅，搭建中关村科技园延庆园区自助办税服务厅。升级东部山区便民办税服务站，累计辅导网厅业务 460 余户次，纳税咨询 1000 余户次。加大税收宣传力度，微信公众号累计发送资讯 1200 余条，阅读量近 38 万人次；短信提醒告知服务 11.2 万人次；印发各类宣传资料 5000 余份；举办 78 场、辐射 3.6 万人次的政策培训会。开展纳税信用等级评价，落实信用等级奖惩措施。强化纳税人权益保护，累计处理纳税服务投诉 16 件，咨询及意见建议 35 件。

（林杜鹃）

【世园会冬奥会税收服务】　年内，高标准服务保障世园会开园和冬奥会筹办，实施局领导“1 号税收管理员”制度，入驻园区“微型办税服务厅”，为园区 200 余户纳税人提供发票申领、申报纳税、清税注销等全流程服务。先后选派 50 余名志愿者，高标准保障云南、贵州世园会参展工作，获贵州省赠送锦旗和感谢信。启动“服务冬奥绿色通道”，推出预约服务、绿色通道、工作专班、台账管理、即时沟通等系列服务举措，主动对接高山滑雪世界杯延庆组委会，提供全程咨询辅导服务。建立税务局、冬奥办等多部门联系机制，联合走访 30 余次，解决涉税难题 40 余项。为涉冬奥税收政策落地提供保障。全年为涉奥企业办理水资源税减免 129 万元。

（林杜鹃）

审　计

【概况】　北京市延庆区审计局（简称“区审计局”）是区政府职能部门，在区政府和市审计局双重领导下，负责行政区域的审计工作。机关下设办公室（宣传科）、审计业务管理科、企业审计科、行政事业审计科、财政金融审计科、经济责任审计科、固定资产投资审计科、信息中心、内审指导中心、委托审计管理中心、审计服务中心和审计监督检查所。年内，完成审计项目 59 项。通过审计促进增收节支 31775 万元，核减拆迁补偿款和工程造价 1235 万元，促进相关部门调整资产账目 18127 万元；向区纪委监委等有关部门移送案件线索 2 件，向被审计单位提出整改意见和建议 157 条，推动部门单位建立完善内部管理制度办法 14 项。向社会公告审计结果 15 篇。

单位名称：北京市延庆区审计局
地　　址：延庆镇香苑街 109 号
电　　话：69101855

（刘宝生）

【财政审计】　1 月至 5 月，对区财政局本级预算执行情况进行审计，重点审计区级预算管理、预算收入完成、财政资金分配和预算资金收纳划解情况；对区教委、区水务局等 13 个一级预算单位的预算编制及执行、“三公经费”等情况进行重点审计，对预算管理、资金使用、项目管理和财务管理等方面存在的问题进行纠正和处理，并提出规范预算管理的审计意见和建议。7 月 30 日，受区政府委托，向区第二届人大常委会第二十四次会议报告本级预算执行审计工作情况。9 月 30 日，通过延庆政务网将 12 个部门预算执行和其他财政收支审计结果向社会公告。12 月 13 日，受区政府委托向区二届人大常委会第二十七次会议报告审计发现问题整改情况。

（刘宝生）

【机构改革】 3月至9月，按照区委、区政府关于《北京市延庆区审计局职能配置、内设机构和人员编制规定》的要求，完成审计机构改革。人员编制由原来的62人增至81人，实有57人。机关下设12个部门，其中：增设审计监督检查所1个规范事业科室。原办公室更名为办公室（宣传科）、原综合科更名为审计业务管理科、原基建审计科更名为固定资产投资审计科。发展改革委的重大项目稽查、财政局的区级预算执行情况和其他财政收支情况的监督检查、国资委的国有重点企业监事会的职责划入审计局。

（刘宝生）

【审计工作会召开】 4月3日，在区机关事务管理服务中心召开区2019年审计工作会。会议传达全国审计工作会、市委审计委员会会议和市审计工作会精神，总结2018年审计工作，部署2019年审计任务。区政府领导主持会议并做讲话。区委、区政府、区纪委监委相关领导和区各委办局、乡镇街道和企业主要负责人77人参会。

（刘宝生）

【区委审计委员会成立】 5月22日，二届区委第116次常委会审议通过区委审计委员会组建相关事宜。6月17日和7月17日，先后召开区委审计委员会第一次、第二次会议，分别审议通过《中共北京市延庆区委审计委员会工作规则》《中共北京市延庆区委审计委员会办公室工作细则》《延庆区2018年度区级预算执行和其他财政收支审计工作报告》，听取区审计局2018年审计工作情况和2019年审计工作计划的汇报。

（刘宝生）

【自然资源资产审计】 7月至10月，对张山营镇、八达岭镇、大榆树镇、四海镇和大庄科乡水资源资产管理和生态环境保护责任履行情况进行审计。重点抽查“两田一园”高效节水工程等13个项目资金收支和程序履行情况，实地查看33个行政村污水排放及机井房等设施使用情况。审计揭示生态环境保护重大事项决策执行不严格和履行监督职责不到位等5方面问题。提出完善河长制相关制度规定，加强村级河长管理，落实项目建设主体责任，加强项目前后期管理的审计建议和意见。

（刘宝生）

【区委巡察、审计、经管协调联动工作机制建立】 8月15日，经区委书记专题会研究同意，区委巡察办、区审计局、区经管站联合印发《关于建立区委巡察、审计、经管协调联动工作机制的意见（试行）》，建立协调联动工作联络机制、协调联动工作交流机制、协调联动工作总结报告机制。

（刘宝生）

【冬奥会跟踪审计迎审工作会】 9月16日，在区政府召开冬奥会跟踪审计迎审工作会，传达市审计局北京2022年冬奥会和冬残奥会跟踪审计工作部署会主要精神和2019年冬奥会跟踪审计工作安排。区住建委、区交通局、北控京奥公司等12个单位主要负责人参加会议。

（刘宝生）

【审计署副审计长到冬奥会延庆赛区调研】 10月30日，审计署副审计长秦博勇、投资司司长许亚一行5人到北京2022年冬奥会延庆赛区开展调研，实地考察延崇高速公路北京段、国家高山滑雪中心、国家雪车雪橇中心等冬奥会场馆和配套基础设施项目，慰问冬奥会审计组成员。市审计局党组书记、局长马兰霞，区领导穆鹏、于波及首发集团、北控京奥公司项目负责人等陪同调研。

（刘宝生）

【《自然资源资产离任审计实施细则》出台】 12月13日，区委、区政府两办出台《北京市延庆区领导干部自然资源资产离任审计实施细则（试行）》（京延办发〔2019〕32号）。本细则结合区域特点，将“两山”实践创新基地建设任务落实、北京世园会园区及北京冬奥会冬残奥会延庆赛区等绿色产业园区保护等情况纳入审计范围，将生态涵养区绩效考评、“七有”“五性”监测评价指标完成情况纳入审计重点。

（刘宝生）

【重大工程项目审计】 年内，组织对佛峪口河治理工程等14项投资项目实施跟踪审计或竣工决算审计，核减拆迁补偿款和工程造价1235万元；对16个政府重点投资建设项目实施专项审计；启动世园会交通市政配套工程定向安置房项目跟踪审计；配合审计署和市审计局开展2022年冬奥会和冬残奥会延庆赛区审计和2019年世园会项目资金跟踪审计。

（刘宝生）

【重大政策措施落实情况跟踪审计】 年内，分季度对延庆区2019年政策措施落实情况进行跟踪审计，重点检查贯彻落实过“紧日子”要求、政府债务、疏解整治促提升、减税降费和清理拖欠民营中小企业账款等政策措施落实情况，对相关政策措施落实提出改进措施和审计建议。

（刘宝生）

【经济责任审计】 年内，经济责任审计计划由区委组织部委托转为区委审计委员会审批。全年对区城市管理委、区教委、区科委、区人防办、区经信局、区民政局、区交通局以及张山营镇、八达岭镇、大榆树镇、四海镇、大庄科乡，共12个单位17名党政领导干部开展经济责任审计。审计揭示部分单位重大经济事项决策制度不完善、执行不严格、项目管理有待进一步规范等问题，向相关单位提出严格执行重大经济事项决策制度，完善会议记录内容，进一步规范项目管理等审计建议和意见。

（刘宝生）

【专项资金审计】 年内，开展专项审计2项，包括：行政事业单位国有资产管理使用审计和“新一轮百万亩造林”资金审计，通过审计对个别项目招投标资料保存不完整、监理单位履职不到位等问题，提出审计整改建议和意见。

（刘宝生）

【临时交办事项审计】 年内，按照区政府工作要求，对智慧环保项目政府直投资金、惠民惠农财政补贴资金“一卡通”实施专项审计；按照区纪委监委要求，对人防工程资金实施审计。

（刘宝生）

【市区联动项目审计】 年内，配合市局2019年中国北京世界园艺博览会跟踪审计和北京2022年冬奥会和冬残奥会跟踪审计。

（刘宝生）

统　　计

【概况】 北京市延庆区统计局（以下简称“区统计局”）、北京市延庆区经济社会调查队是对全区国民经济各行业进行统计和调查的职能部门。局队下设13个实体科室、18个基层统计所。年内，完成64人职级套转工作；积极开展北京市延庆区第四次农业普查工作；强化统计服务，深入开展全区经济运行情况分析研判；围绕热点问题，积极开展各类专项调查，为全区绿色高质量发展和经济社会高质量发展作出贡献。开展村级统计人员集中培训2期，培训126人。截至年底完成延庆区第四次全国经济普查入户登记工作，涉及10401家。

单位名称：延庆区统计局
地　　址：延庆镇西街1号
电　　话：69178333

（赵宁）

【世园会监测调查】 年内，北京世园会在区举办。为及时反映世园会运行情况，研究其对延庆旅游、消费带动作用，区统计局联合北京市统计局、北京世园局共同组织开展2019年北京世园会统计监测工作。按月度监测世园会，共6次。世园会所形成的的吃、住、行、游、购、娱收入都纳入旅游统计。世园会的举办带动延庆2019年旅游总收入增长17.4%，增速全市第一。

（赵宁）

【世园会服务保障】 年内，完成6期月度监测报告和3期分析报告。完成《北京世园会对延庆区区域发展影响研究报告》，获得区级"2019北京世园会服务保障先进集体"称号。

（赵宁）

【信息分析报告】 年内，撰写信息与分析234篇，其中统计分析85篇，被区委、区政府及市统计局采用164篇，得到区委、区政府主要领导批示59次。对外提供数据服务302次，涉及指标近27.4万个，查询数据量526.4万笔。

（赵宁）

【统计执法】 年内，对247家国家机关、企事业单位进行执法检查，同比增长59.3%。其中日常常规检查50家、专项检查197家。对存在统计违法行为的28家单位进行了立案处理，其中按一般程序立案6家，按简易程序立案22家。

（赵宁）

【专项调查】 年内，开展北京家庭医生签约服务需求调查、开展中美贸易摩擦对北京涉美企业发展影响状况调查，开展延庆区创建国家森林城市公众知晓率、支持率、满意度调查，开展全市重点商务楼宇摸底调查、开展"互联网+政务服务"效果评价调查、开展法人单位经营情况调查。

（赵宁）

国有资产管理

【概况】 延庆区人民政府国有资产监督管理委员会（简称"区国资委"），是政府工作部门，根据区政府授权代表政府履行出资人职责，设1个科室。区国资委党委下辖5个国有企业党委、39个国有企业党支部。年内，区国资委通过党建引领国企发展，完成国资系统39个党支部轮训工作。聚焦国资国企改革发展中心工作和难点问题，围绕推进国资国企改革、国庆安保、接诉即办工作、国企党建等专题，深入区属国企开展调研18次，发现国企改革过程中存在产权划转不彻底、法人治理结构不健全等方面17项问题，已解决14项。在扎实调研和充分交流的基础上，召开调研成果交流总结会，提出完善监管制度体系、加快国资系统平台建设、完成区属国有经济发展规划等为基础的整改方案，全力推动国资国企改革措施落地见效。北京庆隆建设管理有限公司、北京延隆商业发展有限公司等6家企业改革方案印发并完成公司设立。夏都园林公司、庆隆建设管理公司等5家企业产权完成向国有资本投资运营中心划转，区国资委—延庆区国有资本投资运营中心—重点国有企业或企业集团的三级管理架构已初成规模。依法解除原延庆县人民政府与北京中坤投资集团有限公司签署的6项合作协议，康西草原景区经营权、商标权及实物资产顺利完成收回。完成圣世苑培训中心产权向八达岭旅游总公司划转，圣世苑酒店改造项目具备了开工建造的外部条件。世园会期间，八达岭旅游总公司抽调15名骨干力量协助世园局为国内参展商提供建设布展、活动举办、后勤保障等服务。绿富隆公司为世园会百草园提供香草10余种，种苗16类、10万余盆。庆隆公司统筹各子公司有效保障世园会、冬奥会相关建设项目工程进度。延庆区国有资本投资运营中心、中关村延庆园投资发展有限公司等8家企业全年向内蒙古兴和县捐赠帮扶资金400余万元。发布全市首个农产品区域品牌"妫水农耕"，推动燕春饭店引入世园名品"爸爸糖手工吐司"，探索"网红经济"。延庆园公司冰雪体育产业、现代园艺产业、能源互联网产业布局初步形成，保障世园、冬奥配套服务场所如期提供。

单位名称：延庆区国有资产监督管理委员会
地　　址：延庆镇西街1号
电　　话：60159740

（刘宏伟）

【国有资产总量与经营】 年内，全区国有企业资产总额62.13亿元，同比上升0.5%；负债总额47.44亿元，同比下降7.6%；所有者权益总额14.69亿元，同比上升40.8%；营业总收入15.72亿元，较上年同期增加5.05亿元，较上年同期上升47.4%；利润总额10477万元，较上年同期增加3322万元，比上年同期上升46.4%；已缴税金11592万元，同比上涨32.5%；劳动生产总值6.98亿元，同比上升2.5%。

（刘宏伟）

【国有企业改革】 年内，全面完成板块化改革方案，《八达岭旅游集团组建方案》《关于北京绿富隆农业科技发展有限公司实现平台化转型工作方案》《组建延庆国有资产经营管理公司暨完善延庆区国资监管运行架构的方案》《北京广厦投资建设有限公司（暂定名）组建方案》《北京八达岭奥城实业有限公司组建方案》《整合延庆区园林绿化局下属国有企业组建北京夏都园林绿化有限公司的方案》《交通局下属国有企业产权移交及优化资产配置的工作方案》《北京延广融媒文化发展有限公司组建方案》8个企业改革方案已由区国资委印发，国企改革进入全面实施阶段。

（刘宏伟）

【接诉即办】 年内，国资委全面落实“接诉即办”办理机制，成立国资委“接诉即办”工作领导小组，党政一把手任组长亲自抓、亲自督，制定《区国资委群众诉求反映问题“接诉即办”工作方案（试行）》《国资委非紧急救助服务工作制度》，明确工作流程，强化日常调度，做到“事事有回音、件件有落实”。国资系统10家国有企业均列为“接诉即办”直派单位，成立国有企业“接诉即办”工作领导小组，强化国企主要领导主体责任，加大对各国有企业的督办力度，将“接诉即办”工作列入企业绩效考核并与企业领导人薪酬挂钩。建立定期“接诉即办”汇报会商制度，加强具体工作人员培训和企业间交流，全年办理217件。

（刘宏伟）

【国有资本经营预算收支】 年内，组织区属国有企业上缴2018年度国有资本经营预算收益金额561.3万元，并确定2019年度国有资本经营预算支出项目金额401.23万元。

（刘宏伟）

国有企业

【北京市八达岭旅游总公司】 北京市八达岭旅游总公司为区属国有企业，按二级班子单位管理。内设9部1室（职能部室），包括办公室、党群工作部、财务部、经营管理部、市场营销部、基建工程部、应急管理部、人力资源部、监察审计部、事业发展部。下辖企业13家，即北京八达岭索道有限公司、北京八达岭畅安地面缆车运营有限公司、北京八达岭智慧旅游有限公司、北京八达岭饭店有限公司、北京八达岭世界葡萄博览中心、北京八达岭物业管理有限公司、北京古崖居旅游发展有限公司、北京八达岭国际旅行社有限公司、北京长城五洲风采文化传播有限公司、北京夏都文化传播有限公司、北京长城全周影院有限公司、北京万科八达岭旅游开发有限公司、北京八达岭水关旅游开发有限责任公司。年内，总公司理顺管理体制，将水关长城景区和残长城景区移交八达岭特区办事处统一管理。注销北京市八达岭综合市场中心、北京八达岭岔道古城旅游开发有限公司、北京八达岭旅游发展有限公司、北京九眼楼旅游开发有限公司、北京八达岭森林户外运动管理有限公司5家企业，盘活闲置资产，实现资源有效配置。接收华兴实业公司、葡萄酒交易中心2家公司和龙庆峡出租汽车有限公司部分股权，进一步壮大国有资产。2019年实现旅游收入47867.75万元，比上年同期37641.34万元增加10226.41万元；上缴税金形成区级财政收入6615.02万元，比上年同期5006.06万元增加1608.96万元；实现利润12316.52万元，比上年同期4906.15万元增加7410.37万元。

地址：八达岭镇原八达岭林场

电话：69135556

（黄妹妹）

【北京市龙庆峡旅游公司】 北京市龙庆峡旅游公司于1987年成立，属国有企业。1998年10月加盟北京控股公司，成立北京龙庆峡旅游发展有限公司，属中外合资企业。2008年5月归属京泰实业集团有限公司。2019年，景区内有北京龙庆峡旅游发展有限公司、北京市龙庆峡旅游公司、北京腾龙游乐有限公司、北京玉渡山旅游发展有限公司四个单位联合办公，共有20个科室部所。年内，成立安全工作领导小组，逐级签订安全生产责任书，完善《生产安全事故应急预案》《龙庆峡夏季突发事件应急救援预案》《龙庆峡舆情风险防范应对预案》等各项安全制度，进一步提升景区的安全生产工作管理水平。全年开展安全检查20次、落实整改措施20余条、开展旅游市场综合整治15次、开展各类应急救援演练10余次，景区安全生产的稳定形势得到进一步的巩固和加强。根据多年来存在问题和实际工作需要，先后完善《景区请销假审批制度》《科级干部日常管理制度》《龙庆峡物资集中采购制度》《公务用车管理办法》等10余项管理制度，制定节约用水、用电管理制度，清除200余部座机电话。成立游客服务中心、特种设备科，规范停车场、公园科的管理职能，对售检票岗位职能进行分离，通过各项管理制度的完善，使龙庆峡景区的各项管理工作和职能设置更加制度化、规范化、合理化。通过强化旅游宣传促销营销措施，不断提升景区在旅游市场上的核心竞争力。通过在北京及周边的电视台播放景区游览信息和天气预报，扩大景区的宣传覆盖面。在龙庆峡公众号发布景区旅游资讯。发布《近了，龙庆峡“冰灯艺术节”即将亮相，先睹为快》《2019龙庆峡冰灯正式亮相》等信息15次。《北京青年报》《北京晨报》《北京晚报》等报刊上刊登景区旅游信息6期。通过今日头条、抖音、微博、微信、“北京美丽乡村”、微信公众号平台发布景区开业信息50余条。参加世园局组织的承德旅游宣传大篷车、吉林雪博会、中国品牌旅游发展论坛、组织举办“冰雪情——中韩缘文化节”、“龙庆峡杯”第十五届中华缘大赛、举办中国旅游日等规模较大、规格较高、公信力较强的旅游宣传推广活动，为景区打开全面国内外客源市场奠定了基础。龙庆峡景区全年接待游客40.6万人次，比2018年同期的59.4万人次减少18.8万人次。旅游收入3838万元，比2018年同期的5487万元减少1649万元。玉渡山景区全年接待游客32.1万人次，比2018年同期的26.8万人次，增加5.3万人次；旅游收入1322万元，比2018年同期的1063万元增加259万元。

地址：旧县镇古城村北

电话：69191026

（付艳春）

【北京市延庆区供销合作总社】 北京市延庆区供销合作总社（简称“区供销总社”）是以农民社员为基础，服务“三农”的合作经济组织，属于集体所有制。机关设办公室、人事劳资保卫科、资产经营管理科及工会委员会、女工委员会组织。下属企业有城关、康庄、大榆树、旧县、张山营、四海、千家店7个乡镇级基层供销社；直属企业有鑫妫川购物中心、农业生产资料公司、永安宏业商贸中心。年内，按照市供销总社社、区政府统一部署，对管辖的饭店、食品店、加工点开展专项整治活动。采取宣传培训、深入调查摸底、巡查督导、层层签订责任书、查进货渠道、查制作过程、查销售方式等多举措整治假冒伪劣食品，确保全系统无假冒伪劣食品。区供销总社按照创新集体林业集体管理的新模式，把平原、浅山地区森林资源转化为农民增收致富的绿色资本。注册成立“绿建林场”和“康绿林场”，并将两个集体林场委托给区园林绿化局经营管理，签订“集体林场委托管理协议”，明确责、权、利，林木养护管理工作正常开展，人事档案资料正常交接，改革平稳有序进行。按照区委、区政府自管楼房物业移交给街道的工作安排。区供销总社将自管楼房3栋（118户）移交香水苑街道，并支付物业启动资金45万元，于年底正式签约，完成物业移交。截至年底，全系统商品销售额5500万元，税金完成57万元，实现利润2.6万元；资产负债率54%。

地址：延庆镇东外大街26号（鑫妫川购物中心5楼）

电话：69103212

（徐所柱）

【北京绿富隆农业科技发展有限公司】 北京绿富隆农业科技发展有限公司（简称“绿富隆公司”）为延庆区属国有全资农业企业。自2002年成立以来，坚持以“专注有机农业，引领绿色生活”为宗旨，大力发展有机农业。公司已通过有机、无公害等各项认证，是北京市政府蔬菜应急储备单位，2008年北京奥运会商品供应先进单位，获得第十五届中国国际农交会产品金奖、北京农业好品牌、北京市农业产业重点龙头企业等诸多荣誉。自2017年承接世园会选育工作以来，绿富隆公司发展园艺产业，丰富产品种类，挖掘文化内涵，并建成北京市最大的香草生产基地。为世园会“百蔬园”供应16个种类100多个品种的盆栽蔬菜，共计10万余盆，为“百草园”供应中草药150余种，75万株。年内，绿富隆公司以打造全区优质农产品营销流通体系和全区优质农业示范园区标准为目标，参加第二十六届中国杨凌农业高新科技成果博览会，妫水农耕牌有机小米获得最高奖项“后稷特别奖”；参加第十六届中国（武汉）农业博览会，妫水农耕牌国光苹果获得“金奖农产品”称号。

地址：延庆镇东外大街60号

电话：69101949

（宋克冰）

【北京延隆商业发展有限公司】 北京延隆商业发展有限公司成立于2019年5月，是由延庆区商贸总公司、延庆区饮食服务总公司、北京八达岭国际会展中心和延庆区物资总公司进行重组成立的。公司机关设置部门10个：党建办、人力资源部、财务部、行政部、信息部、市场开发部、资产管理部、安全生产部、业务部、后勤部。公司注册资产5852万元，房屋建筑面积14.2万平方米，出租面积9.7万平方米，经营面积4.5万平方米，拥有土地面积44.2万平方米。公司业务经营范围涵盖住宿、日用品销售、餐饮管理、物业管理、出租商业用房和办公用房等7个项目。公司现有直属子公司9家，分别为延庆人民商场有限责任公司、夏都顺祥糖酒商贸中心、北京市华庆资产管理中心、北京八达岭国际会展中心、延庆区饮食服务总公司同丰酒店（原北京市新风大酒店）、延庆区饮食服务总公司同祥酒店（原燕春饭店）、延庆区饮食服务总公司同凯酒店（原凯思大酒店）、北京顺德祥达商贸有限公司、北京永宁豆腐宴餐饮有限公司。全年完成营业收入2.23亿元，实现利润−671.9万元（其中延隆 −281.79万元），上缴税金962.31万元，职工工资总额4691.69万元。

年内，公司所属会展中心为贵州省赫章县、晴隆县，四川省旺苍县，陕西省略阳县，重庆市酉阳县5个贫困县和企业家园展示提供设计策划、布展、展区管理等服务；为世园会中国馆提供部分劳务服务；为交易中心在世园会百果园彩虹果吧做好葡萄酒展览展示工作；为世园会“辽宁日”“福建日”等活动日提供搭建、展具租赁及货物仓储等服务。完成世园会开幕式期间的远端安检及车辆停放提供场地保障。世园会期间，餐饮酒店接待团队103批次7300人次；为世园会工作人员提供送餐服务38702人次，在世园内开展特色美食销售活动2次，收入2.8万元，将世园美食“爸爸糖”吐司面包、法棍成功引入延庆城区餐厅。公司所属会展中心完成冰场建设并进入运营工作，面向全区市民、青少年群体开展冰上运动，开展大型冰雪活动9场，滑冰、滑雪普及人数达到4.5万人次。公司与内蒙古自治区乌兰察布市兴和县城关镇南官村和店子镇南湾村建立扶贫协作关系，为2村送去帮扶款40万元，分别向永宁镇西山沟村、香营乡里仁堡村选派第一书记2人。公司所属饮食服务总公司组织参加2019年延庆区“职工技协杯”餐饮业职业技能大赛，包揽中式烹调、冷拼、刀工、面点、餐厅服务五个项目的一等奖，8人获二等奖、11人获三等奖，饮食服务总公司、饮食服务总公司同丰酒店、饮食服务总公司同祥酒店、饮食服务总公司同凯酒店、永宁豆香轩均获得优秀组织奖；参加“联合利华饮食策划杯”第八届全国烹饪技能竞赛（北京赛区）选拔赛（暨北京市第九届商务服务业职业技能大赛复赛），获银奖4枚、铜奖1枚；参加北京市第九届商务服务业职业技能大赛决赛，中式烹调师、餐厅服务员、中式面点师3名选手获优胜选手奖，公司获优秀组织单位奖；新风大酒店参加“北京市全民健康生活方式日宣传活动暨健康烹饪大赛”，获得三等奖。

地址：延庆镇东街11号（后院）

电话：69101143

（高爱霞）

【北京庆隆建设管理有限公司】 北京庆隆建设管理有限公司（以下简称“庆隆公司”），于2019年5月24日成立，注册资金10000万元，是由区国资委授权北京市延庆区国有资本投资运营中心设立的特殊功能类国有法人独资的有限公司。主要负责政府投资类的道路工程、园林绿化工程、水务工程、工业与民用建筑、幼儿园、医院及其他基础配套设施工程项目的实施和管理，承担区委、区政府在不同阶段赋予的专项任务和重大项目。公司有全资子公司5家：北京市广厦房地产开发公司、北京安华建设监理有限公司、北京冠山博源建筑工程检测有限公司、北京市润升源企业管理服务有限公司、北京京延翰盛测绘服务有限公司。以庆隆公司作为项目主体的在施项目有康庄镇四条道路及外电源项目，03街区外电源项目，世园会交通市政配套工程定向安置房市政配套项目，延庆区一职新校区市政配套，南辛堡村、民主村、百眼泉村棚户区改造外电源，延庆区2019—2020年老旧小区综合整治六个项目；负责开展前期工作的有小张家口村搬迁腾退安置房建设项目。庆隆公司设置5部2室：党政办公室、总工办、前期开发部、商务部、预算部、项目管理部；庆隆公司队伍建设完整，在区委、区国资委的领导下，依据党建工作“四同步”原则及区委、区国资委党委相关建议，于2019年7月完成党支部的建立，支部所属党员42名。按照《2019年延庆区国资委系统扶贫协作工作计划》总体要求，与内蒙古兴和县五一乡东河村签订帮扶项目协议，并投入10万元帮扶资金。

地址：大榆树镇民营科技园18号

电话：60155512

（徐阳）

【北京中关村延庆园投资发展有限公司】 北京中关村延庆园投资发展有限公司（延庆园投资公司）属国有独资企业，出资人为延庆区国有资产监督管理委员会。设综合管理部、资金财务部、前期开发部、工程管理部、成本管理部、经营发展部6个部门。下属全资子公司4家：北京金川永佳物业管理服务有限公司、北京八达岭房地产开发有限公司、北京市延庆区南菜园房地产开发有限公司、北京兴盛伟业市政工程管理有限公司。控股公司1家：北京八达岭工发新能源科技企业孵化器有限公司；参股公司2家：北京中关村延庆园建设发展有限公司、北京宸星创业投资中心。公司主要承担园区经营性资产的管理运营，园区规划内土地开发及配套设施建设，搭建区政府和延庆园项目融资平台等三大功能。2019 年，举办“助力世园喜盼冬奥努力打造科技创新现代园区”系列活动暨中关村“1+4”政策体系解读会以及“助力世园喜盼冬奥努力打造科技创新现代园区”系列活动暨“造价新政策”走进延庆园专场解读活动。分两批引进 20 名经营管理、土木工程、法律、金融等专业的优秀应届毕业生，分配到园区招商引资、基础设施建设、投融资等重要岗位及领域，为园区发展储备专业型人才队伍。按照中关村延庆园人才公租房管理办法，全年配租房屋 133 套，入住率 67.5%，其中里炮新区 68 套、城建万科城 60 套、观澜国际 5 套，保证入区企业科技研发人员拎包入住，实现企业人才享受集中居住、生活便利、安全保障、政策补贴等优越条件，在一定程度上解决了入驻企业安居乐业的后顾之忧，优化了园区的服务环境。

年内，完成延庆园管委会办公楼、中关村现代园艺创新中心、延庆园企业之家绿色景观提升工程；完成延庆区融媒体中心新址改造、冬奥办公楼配套消防设施工程；启动占地约 2.01 公顷、项目资金总额为 4407 万元的体育科技创新园建设工程。对接芬中体育、润泽鑫业、北京泰利新能源科技发展有限公司、北京绿营地滑雪有限公司等 60 家企业；中康增材、中科普遥、幻威科技等企业入驻园区；全年引进企业 42 家，注册资本金 10.9 亿元，其中包括园艺类 6 家、体育类 4 家、新能源环保类 9 家、科技服务类 8 家、其他类 15 家。与河北省张家口市宣化区贾家营镇东泡沙村签署《扶贫协作协议书》。捐助资金 6 万元及部分生活物资。截至年底，延庆第一支科技创新基金正式发布。延庆园投资公司作为区政府出资平台，代持延庆科技创新基金。基金总规模为 2 亿元，投资地域主要为京津冀地区，其中投资于北京地区不低于 50%，投资于延庆地区不低于延庆区出资额。基金投资领域为《〈中国制造 2025〉北京行动纲要》《北京市加快科技创新构建高精尖经济结构系列文件》中提出的符合首都城市功能定位和延庆重点培育产业的企业，助推科研成果在延转化、应用及发展，培育优质高新技术企业。

地址：康庄镇中关村延庆园风谷四路 8 号院
电话：53965521

（张丽红）

【北京夏都园林绿化中心】 北京夏都园林绿化中心（以下简称“夏都园林”），主营业务包括园林绿化工程、种植/销售苗木花卉、园林绿化设计及技术咨询、租赁园林绿化机械等。2019 年由延庆区园林绿化局划转至北京市延庆区国有资本投资运营中心，成为延庆区人民政府国有资产监督管理委员会下属一级国有企业，控股方为北京市延庆区国有资本投资运营中心。夏都园林包含北京松山源生态林业科技发展有限公司、北京妫海远航旅游有限责任公司、北京风沙源育苗中心、北京延思源森绿化工程有限公司、北京佳景家园绿地养护有限公司、北京妫川园林绿化有限公司、北京市妫河漂流旅游公司等 13 家下属企业，企业内设有办公室、人力资源部、财务审计部、生产运营部、工程项目部、设计技术部、城区绿化工作部 7 个部门，主要负责公司及下属各企业内部事务管理和统筹规划。年内，制定《并购园林绿化工程企业工作方案》；截至年底，完成延康路西侧绿地景观工程和延庆区小微绿地建设两项园林绿化工程项目，合同金额分别为 1269.57 万元和 445.55 万元。

地址：延庆镇妫水北街五号院 5 栋 402 室
电话：81190021

（张栩荻）

【北京市燕北保障性住房建设投资有限公司】

北京市燕北保障性住房建设投资有限公司是 2019 年 5 月由区国资委和北京市保障性住房建设投资中心合作成立的住房保障区级平台公司。公司注册资金 4.5 亿元，保障房中心以货币出资 2.97 亿元，占 66% 股权；区国资委以实物和货币出资合计 1.53 亿元，占 34% 股权，其中，实物资产为区政府持有的保障性住房362套。公司主要经营范围包括保障性住房投融资、收购、租赁，组织保障性住房建设，经房屋管理部门批准后出售保障性住房，房地产开发，物业管理，房地产经纪等业务。公司内设综合办公室、财务部、投资部和法务部。公司致力于成为区内住房保障的主体力量、促进职住平衡和产城融合的骨干力量和新型住房供应体系的引领力量。

地址：延庆镇东外大街97号院建行后院后楼

电话：69103100

（郭奇凡）

【北京市延庆区国有资本投资运营中心】 北京市延庆区国有资本投资运营中心（简称“国投中心”），是延庆区为深入推进国资国企改革，构建“国资监管机构—国资经营公司—国有企业”三级管理架构的需要，由北京市延庆区人民政府国有资产监督管理委员会在2018年8月新注册成立的区属一级国有企业，主要职责为：依据区国资委授权，以财务性持股为主，对区属国有全资企业、控股企业和参股企业的股权进行统一运营管理。通过开展投资融资、产业培育、资本整合，推动产业集聚和转型升级，实现区委、区政府战略意图和政策导向；通过股权运作、价值管理、有序进退，促进国有资本合理流动，优化国有资本布局结构，确保国有资产保值增值。内设财务部、投资部、管理部和办公室。年内，参与庆隆建设、延隆商业、夏都园林、绿富隆等一级企业筹备工作，并按计划完成企业组建。先后将鼎华中心、康西草原、庆隆建设、延隆商业、夏都园林、市政工程公司、延环清洁、延交汽车检测站、北京延广融媒文化发展有限公司等9家企业的股权划转至国投中心，并完成变更登记；向2家企业派驻董事，向11家企业派驻监事，参加北京农业融资担保有限公司、北京国投建设发展有限公司和北京燃气集团延庆公司股东会、董事会、监事会。完成44家区属国有企业预算编制初步审核和汇总工作，重点完善主营业务收入净额指标的计算方法，提高资产质量指标核算的准确性。完成2018年决算数据的重新汇编工作，为2019年全面预算、年终决算、绩效考核等数据的统一性奠定基础。截至年底，已完成总计金额约21892.11万元的不良资产债权接续工作，完成接续债权占比63.7%。

地址：延庆镇京张路口南康拓饲料公司院内

电话：60166902

（窦茂琴）

市场监督管理

【概况】 北京市延庆区市场监督管理局（简称“区市场监管局”）主要负责本区市场综合监督管理、市场主体登记注册、市场监管综合执法、产品质量安全监督管理、食品药品安全监督管理、计量和标准化管理、知识产权保护等工作，设27个部门，其中24个职能科室、9个工商所、18个食药所、9个事业单位。年内，按照区委、区政府和市局的决策部署，全力服务冬奥世园。认真落实优化营商环境相关工作，维护辖区市场秩序稳定，保障食品药品和产品、特种设备安全。全年受理“12345”投诉举报1500件，为群众挽回经济损失40余万元。全年新设立市场主体5462户，其中企业3094户、个体工商户2368户。截至年底，全区有市场主体36035户，其中企业17302户、个体17906户、农民专业合作社827户。1户个体被评为“全国先进个体工商户”。

单位名称：延庆区市场监督管理局

地　　址：延庆镇东外大街70号

电　　话：69141535

（李志军）

【世园会保障】 年内，制定区市场监管局2019年世园会保障工作方案，从市场秩序、食品安全、质量安全三方面入手，全方位开展世园会服务保障工作。审批人员提前进驻园区，当场核发营业执照和许可文件。在4月28日开幕式和29日开园仪式等重要时间节点，启动一级响应机制，每天园区内有保障人员43人，外围有市场秩序保障人员97人，38人24小时备勤，对重点点位加强指导和抽检抽测。完成大型活动保障28次，对11家重点接待酒店和园区内6个重点点位进行驻点保障。制作执法文书135份、快速检测1147件、监督食品留样2444种，确保13394人活动用餐安全。有力保障世园会平稳运行。

（李志军）

【民企业务实现“一窗式”办理】 年内，实现“一窗式”办理，新开办企业当天即可领取营业执照。将食品、药品、医疗器械经营许可及有关备案事项审批的时限从20个工作日压缩至5个工作日，办理食品、药品、医疗器械经营许可2752件。取消变更业务预约限号规定，实现企业2个小时内即可办理变更或注销登记。办理企业变更、注销登记5597户。实施“双向寄递”业务，全面推行全程电子化，实现企业开办“零见面”。网上开办率达到100%，其中通过全流程网上开办的企业2870户，占比92.76%。

（李志军）

【“疏整促”专项治理】 年内，严格执行北京市禁限目录，驳回不符合功能定位主体咨询、登记申请536户次。清退市场主体2320户，清理已关停的八达岭综合市场商户106户，对恒生市场进行升级改造，优化市场内部布局。保持58条街巷“开墙打洞”违法行为“动态清零”。无照经营计划完成点位90户，实际完成点位121户，完成进度134.4%。

（李志军）

【食品药品安全监管】 年内，将专项工作与日常监督检查相结合，开展校园周边食品安全、医疗器械无菌植入等专项检查。检查餐饮、食品、药品和医疗器械市场主体4853户次，保障食品药品市场安全稳定。加大对人民群众密切相关的6大类重点食品的监测力度，抽检种类覆盖全区67大类食品品种。完成食品抽检1918件，其中3件不合格，合格率99.8%。完成药品抽检277件，合格率100%。牵头实施食品安全示范区创建工作，已达到食品安全示范区标准，进入公示阶段。推进“阳光餐饮”工程建设工作，实现全区范围内阳光餐饮全覆盖，完成100家品质餐饮示范店。

（李志军）

【质量监管】 年内，区市场监管局牵头制定《延庆区委、区政府关于开展质量提升行动的实施方案》，明确13个部门职能分工，推动辖区领域内质量提升。抽查燃气灶具、电动自行车等50种产品227组样品，立案查处43起。打赢大气污染防治攻坚战，有效提升辖区空气质量。完成电动自行车、儿童玩具等7大类强制性认证产品专项执法检查208次，立案查处9起。检查电梯、压力容器等特种设备261家次，保障辖区2661部特种设备安全，发现安全隐患229项，全部整改完毕。开展各类器具检定工作，切实规范超市、粮库、集贸市场、加油（气）站、医疗卫生等重点场所市场计量秩序，目前已完成强检各类计师长器具相关计量检定15509件（台）。

（李志军）

【“双随机、一公开”】 年内，深化跨部门“双随机、一公开”抽查机制，牵头出台《延庆区市场主体跨部门双随机抽查工作规范》，建立涉及全区21个单位包括433名执法干部和223个检查项的主体库，全面推进双随机抽查工作。联合21个部门在消防安全、生态环境等领域开展检查17次，实现“进一家门，办多项事”。汇总43条“双随机”抽查计划，完成27批次抽查任务，涉及抽查主体1943户。

（李志军）

【网络交易监管】 年内，开展“网剑行动”，检查网站、网店2197次，建立延庆区网络市场监管联席会议制度，联合区网信办、区公安分局等5部门检查600余户网络主体，下达《行政提示书》200份、《责令改正通知书》19份、行政约谈10次、立案查处172起，罚没款78.89万元。

（李志军）

【物价监管】 年内，组织150余名干部、312户主体进行培训。对44户大型酒店、餐饮企业召开提示告诫会，要求经营者必须明码标价。检查经营者主体22373户次，提示告诫970余户次，发放价格行为提示书10000份。对72户轻微违法进行了提示告诫，违法行为严重的立案查处108件，罚没款13.86万元，保证价格市场稳定。

（李志军）

【知识产权保护】 年内，制定知识产权保护和双打等工作方案，设立国家知识产权局商标局延庆商标受理窗口，开展国家知识产权试点城区创建工作。充分发挥区知识产权联席会议办公室和“双打”办的职能作用，立案查处知识产权类案件7件（其中世园会特殊标志侵权2件），罚没款4.7万元。

（李志军）

【接诉即办】 年内，建立《北京市延庆区市场监督管理局“12345”（“12315”系统）工单派单工作制度》和《北京市延庆区市场监督管理局舆情处理及“吹哨报到”工作制度》，保障投诉解决流程顺畅。依托广播电台、电视台和新媒体平台用案例为消费者普及如何防止上当受骗，如何保护自身合法权益，提升百姓维权意识和维权能力。在22次“12345”工单区排名中，区局15次“三率两度”均为100%。全年受理“12345”投诉举报工单1500件，为群众挽回经济损失40万余元。

（李志军）

延庆区私营个体经济协会

【概况】 北京市延庆区私营个体经济协会（简称“区私个协会”）是连接市场监管部门和个体民营企业的社会团体组织。贯彻执行国家有关促进私营个体经济发展的法律、法规和规章，引导、培育私营个体经济健康发展；团结、教育辖区私营企业、个体经营者及其从业人员守法经营，履行“自我教育、自我管理、自我服务”职责；发挥协会办事机构“服务、教育、宣传、协调、监督”职能作用，促进私营个体经济发展。年内，延庆私个协会与区工商联等相关部门对小微企业面临的困难及需要提升的知识开展学习交流，50家非公企业负责人参与活动。

单位名称：延庆区私营个体经济协会
地　　址：延庆镇东外大街64号
电　　话：69141191

（李志军）

【法律服务】 3月1日，区私个协会联合区工商联组织非公企业举办优化营商环境政策宣讲会，非公企业负责人60余人参会。宣讲会上先后邀请区市场监管局、区税务局、市规自委延庆分局、区住建委负责人分别宣讲“9+N政策2.0版企业开办和注销等相关政策”“9+N政策2.0版税务相关政策和增值税优惠政策”“所得税优惠政策”“办理建筑许可改革措施”“办理施工许可、建设工程竣工联合验收实施细则”等相关政策文件，并对新政内容进行全面细致解读。其间，对企业提出的问题进行了现场答疑和交流。

（李志军）

【志愿服务】 3月5日，区私个协会组织各分会开展“学习雷锋精神 开展志愿活动”，各分会“学雷锋志愿服务队”走进乡村、商业街、小区开展义务服务活动。学习雷锋精神志愿服务先后到莲花苑小区、帮扶村西拨子村、康庄镇兴隆商业街、西杏园村分别为小区老人提供上门义务理发，免费修理自行车、手机、鞋，进行义务修理电动车服务，介绍辨别假冒伪劣产品的技巧、消费维权相关知识，倡导消费者运用法律武器维护自身合法权益。活动期间共发放宣传单 150 余份，宣传品 100 余套。

（李志军）

延庆区消费者协会

【概况】　北京市延庆区消费者协会（简称“区消协”）是具有法人资格，独立开展保护消费者权益工作的社会团体组织。对商品和服务进行社会监督，保护消费者合法权益，引导广大消费者合理、科学消费，促进社会经济健康发展。通过《大东说消费》以案例解读形式开展《消费者权益保护法》宣传活动，全面普及《消费者权益保护法》。2019 年共受理投诉 278 件，解决 278 件，完结率 100%。其中，服务类投诉 113 件，占投诉总量的 40.6%；百货类 63 件，占投诉总量的 22.7%；家用电子电器类 55 件，占投诉总量的 19.8%；食品类 19 件，占投诉总量的 6.8%；建材装修类 17 件，占投诉总量的 6.1%；家用机械类 11 件，占投诉总量的 4.0%。

单位名称：延庆区消费者协会

地　　址：延庆镇妫水北街 0 号

电　　话：69187315

（李志军）

【“放心消费”环境创建】　年内，围绕“信用让消费更放心”年度主题，积极开展系列宣传活动。以消费需求为引领，创新消费教育模式，打造消费教育品牌，提高消费教育引导的针对性、有效性。增强老年人、未成年人、残疾人等各类消费群体防范风险和依法维权的能力，推动形成科学、理性、绿色的正确消费观。通过完善广播内容和形式，用心做好《大东说消费》，进一步提升延庆消协的亲和力和百姓认可度。全年录制 51 期，播出 255 次。

（李志军）

招商引资

【概况】　北京市延庆区投资促进局（简称“区投资促进局”），是全区招商引资工作的管理部门。设政办室、招商办公室、投资管理科、协调服务科、项目准入科、宣传策划科 6 个科室和延庆区设计创意产业园区服务中心 1 个科级事业单位。年内，紧抓举办世园会和筹办冬奥会两件绿色大事，立足生态涵养区功能定位，致力于优化营商环境，坚持“规划引领招商、产业精准招商、专业团队招商”，积极促进优质社会投资项目尽早落地，加快构建“高精尖”经济结构。年内，接到来电、邮件咨询 260 件；来延考察和外出接洽企业 202 家 539 人次，主要涉及现代园艺、冰雪体育、金融投资、生活服务、健康医养、田园综合体、文化旅游等产业。北京御瞻园园艺产业发展有限公司、慧幸福信息科技（北京）有限公司、北京纳波湾福海文化旅游有限公司、森源达花木（北京）科技有限公司、马圣（北京）体育发展有限公司、北京梦起源体育发展有限公司等 75 家企业已落户延庆。

单位名称：延庆区投资促进局

地址：康庄镇紫光东路 1 号

电话：69142016

（李艳杰）

【园艺产业】　年内，聚焦世园，加快园艺产业要素集聚。发挥世园会集聚效应，重点吸引世园会参展企业、机构落户，13 家世园会参展企业已入驻；利用京交会、科博会、京洽会招商平台进行精准招商，依托园艺产业创新联盟、学会、协会等产业组织“以商招商”，不断提升招商专业化能力；实行招商会商机制和重大项目选址协调机制，建立“园艺项目资源库”“土地空间资源库”“政策信息库”“专家资源库”，有效盘活闲置资源，加快推动项目落地；“嫁接”企业与本地“存量”企业合作，注重“引增量”来“优存量”。目前“国内第一家植物品种权管理公司”棕科、“中国花协盆栽协会秘书长单位”中花怡家、“北美海棠小巨头”胖龙、“荷兰郁金香育种企业”大爱国泰等一批现代园艺科技服务、景观设计、育种生产等企业集聚，中国农业大学菊花团队及35个自育品种等一批优秀人才、技术成果落地，中关村现代园艺产业创新中心品牌形象初现。截至年底，新引进55家园艺企业落户中关村现代园艺产业创新中心。

（李艳杰）

【世园对接服务】 年内，做好新疆维吾尔自治区参展商在世园会的一对一服务，为参展部门提供住宿、交通、餐饮、接待、采购等全方位的服务。同时，为少数民族参展商提供贴心服务，确保其在延庆其间工作顺利。

（李艳杰）

【宣传推介】 年内，强化宣传推介，打造延庆招商品牌。完善招商引资宣传资料和宣传画册，通过参加京交会、京洽会等各种招商引资活动，发布重点产业项目和产业政策。同时，统筹招商资源、汇总产业政策、收集招商项目等基础数据，编制完成《2019延庆区产业招商地图与政策汇编》。通过配合承办第71届AIPH年会和2019世界花卉大会、园艺疗法研讨会等行业活动进行专题推介。

（李艳杰）

【营商环境优化举措】 年内，持续加大优化营商环境力度。建立企业走访机制。在前期起草制定“100 + 50”重点企业服务制度、建立联系走访机制的基础上，摸清企业需求、强化政策支持、主动提供服务，组织区领导联系服务重点企业，积极兑现“服务包”承诺机制。通过深入企业开展走访调研，了解企业在从事经营活动中遇到的困难、问题以及对改善和优化营商环境的诉求、期盼。全年开展调研12次，发现问题20个，现场解决5个，挂账督办15个。开通企业服务热线。全力做好“接诉即办”工作，牵头“12345”接诉即办增加企业服务功能任务。企业来电按照咨询类、诉求类和投诉举报类进行划分，并根据事项类别和权属情况，实行分类处理，办理督办和回访考评。截至年底，完成热线知识库的建立，整理34个单位932项“市区两级共同行使职权事项”、25个单位310项“延庆区单独行使行政职权事项”和21个单位167条“一问一答”。

（李艳杰）

（栏目编辑：景冰芳）

农业与农村经济

概　　述

2019年3月，经中共北京市延庆区委、北京市延庆区人民政府批准，调整组建北京市延庆区农业农村局（简称“区农业农村局”），与中共北京市延庆区委农工委合署办公，主要负责贯彻执行国家、北京市关于“三农”工作的发展战略、中长期规划、重大政策及有关法律法规、规章；统筹推动发展本区农村社会事业、农村公共服务、农村文化、农村基础设施；指导本区农村合作经济经营管理；指导本区乡村特色产业、农产品加工业和休闲农业发展；组织构建本区现代化农业产业体系、生产体系、经营体系；负责本区食用农产品从种植养殖环节到进入批发、零售市场或生产加工企业前质量安全监督管理；指导本区基本农田、渔业水域以及农业生物物种资源保护与管理工作；负责本区农业防灾减灾、农作物重大病虫害防治工作。内设机构10个，包括办公室、党建科、发展改革科、村镇科、种植业管理科、养殖业管理科、法制与质量安全科（行政审批科）、科技与人才科、农村经济管理科、财务科。下属行政法人单位1个，为动物卫生监督所；事业单位12个，其中规范事业单位1个、全额拨款事业单位11个，包括延庆区新农村建设服务中心、延庆区生态农业科技园区管委会、动物疫病预防控制中心、畜牧技术推广站和9个基层派出机构（延庆所、康庄所、张山营所、大榆树所、旧县所、永宁所、四海所、井庄所、千家店所）。年内，印发《关于延庆区设施农业监督管理办法》，建立设施农业台账，成立区镇村三级巡查队，确保设施农业巡查全覆盖。升级建设“延庆区农产品质量安全监管信息系统”，扩大试点应用范围，实现主要农产品类别全覆盖以及与市级平台的数据对接。启动标准化生产全程追溯体系和网格化监管2项试点建设内容。完成区、乡镇质检机构检测能力提升项目。继续开展农邮通物流工作，全年投入资金200万元，24小时不间断发车累计运输2557车次。深入推进新时代文明实践试点工作，汇编涉农政策读本，组建“一懂两爱”政策宣讲队，线上发布政策宣讲项目38次，送政策下乡志愿服务70次，服务群众2000余人次，点单派单服务和“一懂两爱”政策宣讲志愿服务均被评为区级先进。全面落实意识形态工作责任制，遴选20名宣讲员参加“我和我的祖国”“时代新人说”宣讲，推选延庆榜样候选人4名。向第30届北京农民艺术节选送文艺节目、文化作品等8项活动，参演“迎国庆、庆丰收”乡村文艺会演，非遗舞蹈《快马扬鞭》获第30届北京农民艺术节“乡村大舞台”银奖。全区评定全国休闲农业与乡村旅游星级园区5家，其中五星级1家、四星级3家、三星级1家。永宁镇新华营村（鲜切菊花）、刘斌堡乡下虎叫村（民宿）

被认定为第九批全国一村一品示范村镇。永宁镇新华营村（鲜切菊花）、刘斌堡乡下虎叫村（民宿）、刘斌堡乡小观头村（民宿）被认定第三批北京市特色专业示范村。

单位名称：延庆区农业农村局
地　　址：延庆镇西街 2 号
电　　话：69142610

（孙猛）

【农村人居环境整治】 4 月，实施《2019 年全面加强农村人居环境整治工作方案》，第一批 120 个“美丽乡村”创建村人居环境全部通过市级考核验收。在市级“回头看”检查中，问题数量实现负增长。9 月，市级对第二批、第三批创建村的人居环境进行考核验收，延庆区获得“双第一”。

（孙猛）

【奶牛“两病”净化工作】 4 月和 9 月，分别开展春、秋两季奶牛“两病”净化工作。结核病检疫净化工作检测奶牛 9383 头，结果均为阴性。全年奶牛布鲁氏菌病净化采集血样 6371 头份，检出 36 头阳性，均做无害化处理。

（孙猛）

【农业生物安全管理】 4 月至 10 月，参与北京世园会知识产权保护办公室工作。展会期间，对 70 多个国家及国际组织，34 个省、自治区、直辖市，以及 20 多个企业展馆、2 个综合馆进行督查，检查国内植物品种 1200 多个，其中自主知识产权 40 多种，国外新品种 40 多种；对 2 家经营种子企业检查 40 次。

（孙猛）

【农村工作会】 5 月 25 日，延庆区 2019 年农村工作会议召开。会议落实中央、市委农村工作会议精神，研究部署全区 2019 年“三农”工作。穆鹏出席会议并讲话，于波主持会议。新农村建设领导小组成员单位、区委相关部门、农口单位、乡镇党委政府、龙头企业和合作社代表及负责人参加会议。

（孙猛）

【国庆游行训练保障服务】 7 月至 10 月，组织 412 名农民群众参加庆祝中华人民共和国成立 70 周年农民群众游行活动，克服人员多、周期长、基础弱等困难，开展训练 29 场次，出色完成交通、餐饮、医疗、安全、保密等服务保障工作，国庆游行当天无一人请假、无一人病痛、无一人掉队，展现了延庆农民艰苦朴实的精神面貌。

（孙猛）

【中国农民丰收节优质农产品推介会】 9 月 23 日至 25 日，在北京八达岭国际会展中心举办优质农产品推介暨“妫水农耕”品牌发布会。此次推介会共有 15 家区级协办单位，参展 77 家企业，产品种类 400 余种，以名、特、优、新和科技农业五大版块展出，实现成交额 80 万元，意向签约企业 19 家。

（孙猛）

【病死生猪无害化处理】 9 月底，完成全区病死生猪无害化处理统计和补贴发放工作。自上年 9 月以来的 12 个月期间，全区无害化处理病死生猪 18470 头。其中，7 个养殖场 12517 头、71 个养殖户 5953 头。涉及 8 个乡镇 40 个村，补贴资金 36.94 万元。

（孙猛）

【“大棚房”整治通过市级验收】 年初，建立“区级抓总、专班督导、部门配合、乡镇落实”的工作机制，以自然资源部、农业农村部下发图斑及全区现存农业大棚为基础数据展开全面排查，发现 I 类问题 10 宗，其中延庆镇 1 宗、康庄镇 3 宗、张山营镇 1 宗、沈家营镇 1 宗、旧县镇 1 宗、大榆树镇 1 宗、香营乡 1 宗、八达岭镇 1 宗。截至 10 月 11 日，10 宗“大棚房” I 类问题整改工作完成，并通过市“大棚房”工作专班验收。

（孙猛）

【专项转移支付项目】 年内，安排农业领域专项转移支付项目 22 个，重点实施都市农业提质增效、生态农业综合建设、农村发展改革创新。

（孙猛）

【低收入村户增收】 年内，58个低收入村8213户、16463人低收入农户被纳入监测数据库。低收入农户人均可支配收入14492元，同比增长22.5%；实现低收入农户100%“脱低”，人均可支配收入超过11160元。

（孙猛）

【低收入村户帮扶】 年内，统筹低收入产业资金实施现代农业、特色民俗等38个产业项目。建立低收入劳动力台账，帮扶低收入劳动力就业，有劳动能力人数7574人，已就业人数6876人，就业率90.8%。对低收入老年6830人和低收入农户家庭4552户进行意外伤害参保；对58个低收入村开展每月定期巡诊和低收入空白村周巡诊，巡诊1263次，服务群众16686人次。开展因病致低群体摸底调查，患病5091人，建立健康档案13087人，完成家医签约15218人，慢病管理4129人次。完成392户低收入农户危房加固改造或翻建。对符合条件的低收入农户1168户的2214人纳入民政保障系统，做到应保尽保。对全区低收入农户近2万人参加2019年城乡居民医疗保险个人缴费部分予以补贴。实施教育救助，低收入农户子女教育救助共902人次，减免费用90万元。市属国企和高校共17家单位对接帮扶全区17个低收入村，帮扶单位已与低收入村开展多轮对接，累计投入项目资金500余万元，销售农产品20余万元，慰问资金40余万元。

（孙猛）

【“妫水农耕”品牌建设】 年内，发布“妫水农耕”全市首个农产品区域品牌，搭建“一个中心，五大产业，五大体系”的“1+5+5”模式，通过塑造“妫水农耕”精品农产品品牌形象，提升品牌影响力，带动区域农业产业实现绿色、高效发展。组织区6家企业参展江西省南昌市举行的第十七届中国国际农产品交易会，展示“妫水农耕”区域公用品牌。

（孙猛）

【美丽乡村建设】 年内，印发实施《延庆区2019年度美丽乡村建设专项行动工作方案》。第一批120个创建村庄中，全部完成规划的编制与审批工作，110个村庄建设实施方案通过区级审批，78个村完成招标，56个村开工建设；剩余240个村庄中，16个村庄完成规划编制与审批，3个村庄建设实施方案通过区级审批。25个示范村中，13个村庄提升方案已通过区级专题会审议。农村基础设施长效管护工作，已拨付管护资金1.88亿元，各乡镇根据实际情况制定出台工作方案、建立工作机制、完善工作队伍，正式启动管护工作。

（孙猛）

【山区搬迁工程】 年内，按照美丽乡村示范村标准推进山区搬迁村建设，大庄科乡慈母川村、井庄镇莲花滩村、沈家营镇东王化营村开工建设。

（孙猛）

【生态沟域建设】 年内，“文脉永宁”被列为市级重点建设沟域，完成规划编制并启动建设。“百里山水画廊”“四季花海”“冰川绿谷”“乡宴柳沟”被列为区级建设提升沟域，安排沟域建设转移支付支持资金2000万元。

（孙猛）

【农村闲置宅基地管理】 年内，按照市农业农村局分配的任务，完成3个镇3个村669户农村宅基地情况以及15个乡镇农村闲置宅基地利用情况的摸底调查并形成分析报告；完成15个乡镇《2019年农村宅基地管理利用情况统计表》数据汇总和三资平台上报工作，并整理和上报《2019年农村宅基地管理利用情况分析报告》。

（孙猛）

【粮食播种面积】 年内，全区粮食播种面积9000公顷（135000亩），包括玉米8200公顷（123000亩）、豆类400公顷（6000亩）、杂粮400公顷（6000亩）。粮食总产量5854.6万千克，其中玉米5674.8万千克；蔬菜播种面积2214.15公顷（33212.25亩），蔬菜总产量9364.4万千克。

（孙猛）

【种植业政策性农业保险】 年内，延庆区种植业承保总面积1.13万公顷（16.95万亩），其中承保玉米1572.29公顷（23584.35亩）、承保温室大棚167.13公顷（2506.95亩）、承保露地蔬菜53.33公顷（799.95亩）、承保果树9523.17公顷（142847.55亩）、农机第三者责任险5台。种植业总保额5.34亿元，涉及7312户（企业或合作社），保费收入3115.6万元，其中中央补贴44.6万元、市级补贴1525.9万元、区级补贴766.2万元、农户自筹778.9万元。

（孙猛）

【农业废弃物循环利用】 截至年底，全区两年完成青贮玉米收获1333.33公顷（19999.95亩）、玉米机收秸秆还田1666.67公顷（25000.05亩）、黄贮玉米收获666.67公顷（10000.05亩）、玉米秸秆收获5400公顷（81000亩），合计9066.67公顷（136000.05亩）。共收集农作物秸秆1.65万吨、园林废弃物4510吨、畜禽粪便11.85万吨，三种废弃物共收集13.95万吨，共生产配送有机肥5万吨。

（孙猛）

【畜牧产业】 年内，畜牧业实现产值4600.2万元，同比下降37%。奶牛存栏9200头、肉牛出栏3300头、家禽出栏159.15万只、生猪出栏2.18万头、羊出栏2.57万只。全年鲜奶总产量3.26万吨、鲜蛋总产量1.21万吨、水产品总产量179.58吨。

（孙猛）

【畜禽规模化养殖场粪污治理】 年内，结合区内畜禽规模化养殖场粪污治现状，对我区8家企业开展畜禽规模化养殖场粪污治理综合化利用项目，涉及资金443.79万元，均验收合格。

（孙猛）

【经营性畜禽养殖户清退工作】 年内，开展经营性畜禽养殖场户退出养殖行业工作，清退养殖户272户，其中关停140户、拆除132户、涉及存栏17.08万头（只/羽），退养面积10.45万平方米，腾退土地26.7公顷（400.5亩）。

（孙猛）

【狂犬病免疫工作】 年内，全区13个犬只狂犬病免疫定点单位全年共免疫犬只15958条。狂犬病应免免疫率100%，免疫标识佩戴率100%。9月28日，开展主题为“接种疫苗以消除狂犬病”的宣传活动，共发放宣传材料26000余份。

（孙猛）

【过敏反应鉴定及补偿】 年内，在全区畜禽集中免疫过程中，全年累计鉴定过敏现象368起，认定奶牛死亡6头、流产18头；肉牛死亡7头；羊死亡60只、流产49只；禽类死亡228只。过敏反应补偿资金计6.453万元。

（孙猛）

【非洲猪瘟专项防控工作】 年内，全区继续落实非洲猪瘟防控机制，落实监管排查、路口管控、市场及调运监管、病死猪排查和风险筛查等多项防控措施，监测样品11758份、报送各类报表和总结1242份、回应群众关切问题37件，全年未发生非洲猪瘟疫情，保障延庆区乃至京西北区域不发生非洲猪瘟疫情。结合区非洲猪瘟疫情防控现状，对区9家高风险生猪规模养殖场开展清退，计清退生猪1.56万头，拆除养殖用房5.24万平方米，腾退土地22公顷（330亩）。

（孙猛）

【强制免疫试点工作】 年内，落实免疫补贴政策改革工作，2019年强制免疫试点场涉及生猪养殖场1个，奶牛养殖场5个。全年出栏生猪5246头、存栏奶牛4445头，共补贴资金2.73万元。

（孙猛）

【重大赛会活动食用农产品保障供应】 年内，组织绿富隆、北菜园、茂源广发3家基地承担世园会百蔬园供应任务。德青源作为全区唯一一家“纪念中华人民共和国成立70周年阅兵服务保障单位”，累计向阅兵官兵驻地南口基地近60处伙食单位和21家嘉宾驻地酒店供应鲜鸡蛋产品约210吨。遴选推荐冬奥会餐饮原材料备选供应基地6家，包括蔬菜4家、蛋鸡1家、肉鸭养殖和屠宰1家，实行重点培育。

（孙猛）

【农产品质量标准化建设】 年内，新增备案农业标准化基地12家，农业标准化基地覆盖率60.59%，达到60%的全市总体目标。新增“三品”认证基地10家，认证基地总数保持在100家以上，菜篮子产品“三品”认证覆盖率达到84.8%，同比提高10.3%。新建全程农产品质量安全标准化示范基地2家、市级优级农业标准化基地7家、监管示范乡镇2个。组织开展农村假冒伪劣食品专项整治、在主题教育中深入推进专项整治等多个专项行动。全年检测农产品样本3.2万个，合格率常年保持在98%以上，未发生重大农产品质量安全事件。

（孙猛）

【农业行政执法】 年内，开展农业执法检查1992次，出动执法车辆2007车次、执法人员6100人次，检查场所1183个次，下达监督笔录707份，做出行政处罚86件，罚款13.3万元，无行政强制案件。

（孙猛）

【3家企业获评“北京农业好品牌”】 年内，3家企业品牌获得“北京农业好品牌”荣誉称号，分别为北京金粟种植专业合作社的“金粟丰润”、北京雄旺果树种植专业合作社的“白羊玉”和延续（北京）禽业养殖有限责任公司的“乐航”。

（孙猛）

【农村地区冬季清洁取暖】 年内，通过公开招标确定“煤改电”设备供应企业10家、优质型煤供应企业6家。完成7个乡镇54个村庄1.9万户“煤改电”设备安装，为15个乡镇、3个街道配送优质燃煤3.87万吨。

（孙猛）

【百名农业领军人物培养项目】 年内，经乡镇推荐，遴选出一支由农业技术骨干、产业经营管理者、村党支部书记共101人组成的人才队伍（专业技能型20人、经营管理型56人、美丽乡村建设示范村书记25人），通过组织开展研修培训、沙盘模拟、专家结对、市场对接、考察学习、线上培育等形式，完成学习培训120学时，提升各类型学员的能力素质，培育打造一支百人的农业领军人才队伍。

（孙猛）

【村级全科农技员队伍建设】 年内，开展村级全科农技员队伍建设和技能培训，根据全市考核内容指标制定《工作纪实手册》，优化农技员日常工作管理。建设长期稳定的农业科技示范基地2个，新型职业农民培训相关责任单位共计培训农民6000余人次。截至年底，全区农技员共122人，发放服务补贴210.64万元。

（孙猛）

【扫黑除恶专项斗争】 年内，组织15个乡镇组织委员针对张某某恶势力团伙典型案例深入讨论，组织100名村党支部书记参加扫黑除恶案件庭审，组织60名镇村干部参加污染环境案件庭审。严格落实“一村一策”方案，对新确定的9个软弱涣散村党支部书记开展能力素质提升培训，31个软弱涣散村顺利摘帽。

（孙猛）

【村干部教育培训】 年内，全区村干部68人进入村务管理专业接受全日制大专学历教育，对376个村党支部书记开展任职培训，开展25个美丽乡村示范村党支部书记专题培训，组织部分村党支部书记参加基层组织工作条例专题培训，组织15个乡镇党委副书记或组织委员参加全市党建引领乡村治理专题培训。

（孙猛）

种植业

【概况】 延庆区种植业服务中心（简称“种植中心”）隶属延庆区人民政府，属事业单位。负责全区种植业管理；种植业技术试验、示范、推广；种植业技术开发、培训、服务；农业植物病虫害检测防治；农资、农产品管理；农资、农产品质量检测；面源污染控制；农村新能源开发、推广、服务等项工作。种植中心机关科室设置政工科、粮经科、蔬菜科、科技科、安全食品科、计财科、控制面源污染科、景观农业建设科、办公室、农村能源办公室。6个下属单位：农业技术推广站、农业科学研究所、植物保护站、农村新能源管理站、种子管理站、农产品质量安全检验检测中心。年内，秋粮收获总面积8995.14公顷（134927.1亩），其中玉米面积8184.74公顷（122771.1亩），平均亩产462.23千克，玉米总产量5674.82万千克。菜田总面积1377.58公顷（20663.7亩），其中全区常年菜田占地面积1352.25公顷（20283.75亩）。其中露地蔬菜984.27公顷（14764.05亩）、设施蔬菜建筑面积393.31公顷（5899.65亩），包含大棚294.16公顷（4412.4亩）、日光温室99.15公顷（1487.25亩）。耕地地力保护补贴面积6846.4公顷（102696亩），蔬菜补贴面积1172.72公顷（17590.8亩）。年内，蔬菜上市11577.41万千克，收入22437.54万元，收购均价1.94元/千克。年内，完成区委组织部制定的农村实用人才开发培养工程，选派指导教师11名为全区15户农民进行对接服务。通过培训班、田间指导、科普赶集等形式，培训农民4000余人次。截至年底，全区无公害农产品种植业认证企业49家，242个产品，生产规模853.19公顷（12797.85亩），年产量4495.189万千克。全区绿色蔬菜认证企业3家，25个产品，产地规模8.93公顷（133.95亩），年产量88.3万千克。全区种植业获得有机认证证书15个，146个产品。

单位名称：延庆区种植业服务中心
地　　址：延庆镇东外大街88号
电　　话：69103334

（王艳红）

【土壤墒情监测】 3月5日至5月5日，全区7个川区乡镇设立11个土壤墒情监测点，先后7次分四层测定60cm内土壤水分，出具墒情监测报告七期，指导全区玉米春播生产。

（王艳红）

【农资经营使用培训会】 3月，区种植中心会同区农业农村局、区市场监管局联合召开“延庆区2019年农产品质量安全暨规范农资经营使用培训会”。会议表彰9家农资诚信经营示范户，签订各类责任书，进行农药、种子、肥料农资质量识别、安全使用及法律法规等相关知识培训。发放各类宣传材料500余份。全区农资经营单位、蔬菜生产基地、乡镇农产品质量安全负责人及种植中心所属执法单位110余人参加会议。

（王艳红）

【农村面源污染防控】 年内，开展化肥农药减量行动，推广测土配方施肥、有机肥替代、病虫害物理生物统防统控技术。全区化肥使用量比2016年减少30.09%，农药减少8.35%；化肥利用率提高到40.2%，农药利用率提高到43.5%；测土配方施肥技术物化落地率提高到98%，全区全部施用环境友好型农药，统防统治覆盖率达到46.7%。

（王艳红）

【农业废弃物回收】 年内，完成无害化处置废弃地膜、棚膜257吨，其中区植保站通过项目回收处置地膜16.5吨，各基地、种植大户自行处置地膜、棚膜240.5吨。废弃地膜、棚膜回收处置率达到85%。

（王艳红）

【耕地地力保护补贴】 年内，印发《延庆区

2019年耕地地力保护补贴实施方案》，全区15个乡镇295个村、2.371万户农民享受耕地地力保护补贴；补贴作物包括谷物、豆类、薯类、油料、中药材，补贴标准为300元/亩。补贴面积6846.4公顷（102696亩），补贴资金3080.88万元，其中玉米补贴面积6537.35公顷（98060.25亩），补贴资金2941.81万元。

（王艳红）

【基本菜田补贴】 年内，印发《北京市延庆区2019年基本菜田补贴实施方案》，补贴标准为露地蔬菜300元/亩、钢架大棚蔬菜600元/亩、日光温室蔬菜800元/亩、质量安全补贴200元/亩。全区15个乡镇117个村0.13公顷（1.95亩）以上基本菜田补贴的核实、汇总工作，惠及184个合作社（企业）和1315户农户。全区享受基本菜田补贴总面积1172.72公顷（17590.8亩），其中，露地蔬菜782.70公顷（11740.5亩）、日光温室蔬菜76.05公顷（1140.75亩）、钢架大棚蔬菜293.96公顷（4409.4亩），补贴资金合计942.31万元。

（王艳红）

【农业查灾定损】 年内，全区发生风雹灾2次，最终全区受灾理赔面积375.47公顷（5632.05亩），总赔付资金52万元。

（王艳红）

【世园会蔬菜园区升级改造和品种保障】 年内，为促进蔬菜生产的专业化、标准化水平，实现高产、高效、优质和低耗的目标，完成世园会蔬菜园区项目升级改造日光温室29790平方米，涉及绿富隆公司、茂源广发园区、北菜园园区。协助延庆区3个保障基地完成2019年度世园会百蔬园展示所需茄果类、叶菜类等蔬菜品种100万盆生产任务。

（王艳红）

【马铃薯标准化基地建设项目】 年内，在康庄镇、沈家营镇、永宁镇和四海镇种植马铃薯希森三号，建成66.67公顷标准化马铃薯种植基地。统一品种、统一规程、统一投入、统一管理、统一收获，实现从整地、播种、田间管理到收获全程机械化作业。

（王艳红）

【种子生产经营许可和经营备案】 年内，全区受理农作物种子生产经营许可申请1项；依法成功办理系统备案的经营户有39家（其中委托代销4家，经营不再分装的种子经营户37家）。

（王艳红）

【病虫害发生与防治】 年内，全区病虫害发生面积3.85万公顷（577500亩），防治面积6.28万公顷（942000亩），挽回产量损失12150吨。

（王艳红）

【草地贪夜蛾监测防控】 年内，投入防控资金105.01万元，增设监测设施设备522台套，储备1950公斤防控药剂。

（王艳红）

【农药监督管理执法】 年内，抽查农药标签合格率99.03%；农药质量合格率95.65%，行政处罚一般程序2起，罚没款15440元。

（王艳红）

【农产品质量安全检验】 年内，抽取检测样品6013个。全部样品均进行了农药残毒快速检测，并对600个样品进行了定量检测，合格率100%。

（王艳红）

水产服务

【概况】 北京市延庆区水产服务中心为纳入规范管理事业单位，承担全区渔业生产发展规划、管理和服务职能。主要负责全区养殖水面水产技术推广管理、新技术、新品种引进与试验示范、水产品种育苗、水产养殖技术推广，水产品监测、监督、管理和检疫工作，渔业行政执法检查，水生野生动物植物环境保护，渔事纠纷处理等。延庆渔业水域资源面积3173.67公顷（47605亩），其中渔业生态养护水域（水库面积）2975公顷（44625亩），渔业养殖面积（池塘）198.67公顷（2980亩）。全区养殖户85户，主要分布于延庆、康庄、张山营等12个乡镇。养殖和捕捞的主要品种为青鱼、草鱼、鲢鱼、鳙鱼、鲫鱼及少量虹鳟、鲟鱼等。全年成鱼产量767吨，产值1310万元，苗种产值331万元，流通服务业产值816.3万元，年实现渔业总产值2457.3万元。年内，接到非紧急救助中心派单22个，及时办理完结，并完成案卷制作和录入工作。北京世界园艺博览会召开期间，全体渔政执法人员和协管人员，分组在世园会周边执勤，劝阻非法垂钓人员，保障世园会周边渔业水域安全。

单位名称：延庆区水产服务中心
地　　址：延庆区城西路
电　　话：60159803

（郭万霞）

【鱼病病害监测】 1月至12月，对西屯渔场、吴庄渔场、孟庄渔场、科技园渔场、王泉营渔场、北京鲟龙澎湃科技发展有限公司6个监测点共21.33公顷（320亩）进行监测，监测寄生虫、细菌、真菌、病毒等。结果显示，年内我区养殖鱼类在生产季节未发生大规模病害、重大疫情。

（郭万霞）

【渔业环境监测】 4月至10月，按月监测妫水西湖、西屯渔场、吴庄渔场、孟庄渔场、科技园、王泉营渔场6个渔场，共计354.33公顷（5315亩）。监测指标8项，分别为水温、pH值、COD、溶解氧、亚硝酸盐、非离子氨、总磷、总氮。每月25日前将监测数据按时上报市推广站实验室。监测结果显示，我区养殖池塘总P、总N、NO^{2-}、H-NH_3有不同程度超标，针对这些情况给予指导性建议，通过生态制剂进行降解效果明显。

（郭万霞）

【增殖放流】 6月6日，全国放鱼日在延庆区玉渡山忘忧湖放流北京市地方二级保护鱼细鳞鱼2.5万尾，渔政执法人员对放流活动进行全程监管。年内分别在官厅水库、妫水西湖等流域，放流鲢鱼、鳙鱼增殖放等鱼种共计22.76万公斤。

（郭万霞）

【基地定期抽检项目】 年内，对科技园渔场、西屯渔场养殖水源、养殖池塘水环境、池塘底泥、水产品及饲料进行2次抽检。检测内容为重金属、总磷、总氮、微生物、叶绿素等项目。通过抽检，未收到不合格检测报告。

（郭万霞）

【重大疫情检测】 年内，配合市站加强对本区两家苗种场和两家增殖放流渔场的重大疫病的抽检工作。完成两家增殖放流渔场抽检任务，长丰鲢鱼苗150尾，其他鱼类150尾，经过检测合格。

（郭万霞）

【区域内出售水产品质量安全保障】 年内，对区内成鱼养殖单位进行检查，成鱼出塘须向销售单位出具产地凭证，做到问题产品责任可追溯，保障区内水产品养殖阶段质量安全。共计抽取鱼样163个，其中包括农业农村部专项抽样8个，市推广站水产品质量安全监督抽样50个，市渔政站快速检测孔雀石绿样品50个，中心自检50个，区农业局5个样品，检查结果均为阴性。期间，进行水产品质量安全检查158次，出动执法人数497人次。

（郭万霞）

【内蒙古、河北对口帮扶】 年内，配合区农业农村局到对口帮扶内蒙古兴和县实地调研当地开展冷水鱼养殖。9月底指导现场投放2000斤鲑鱼、鳟鱼、鲟鱼及500公斤饲料。派科技人员到河北张家口市宣化区科技人员进行对口帮扶工作。

（郭万霞）

【水生野生动物保护】 年内，开展“双随机”检查工作，共进行9次摇号，检查了54

家餐饮企业，全年完成 66 次检查，未发现问题。

（郭万霞）

【渔业宣传】 年内，在官厅水库，妫水西湖悬挂“官厅水库、禁止垂钓、禁止非法捕捞”横幅 30 条，张贴发放新禁渔期公告 50 份，农资下乡宣传工作 1 次，发放宣传材料 350 份。

（郭万霞）

【渔业联合执法】 年内，会同官厅水库管理处和野鸭湖管理处开展四次联合执法行动，联合执法行动其间，清除网具 2500 米、地笼 25 只、劝退垂钓人员 1200 人，形成严厉打击非法垂钓的高压态势，垂钓人员大幅减少。

（郭万霞）

【渔业生产服务】 年内，在渔业生产旺季加强渔业生产养殖管理，通过电话咨询、病鱼接诊和现场出诊，全年为养殖户提供水质检测、病害检测、养殖技术指导、调拨服务等 45 次，有效降低养殖病害发生、遏制水质恶化。年内为养殖户引进长丰鲢水花 400 万尾。

（郭万霞）

【渔业捕捞许可证暂停核发】 年内，因官厅水库（延庆界）捕捞区域与野鸭湖自然保护区核心区重合，经向区环保局、园林绿化局、野鸭湖征求意见，主管副区长批示同意，暂停核发官厅水库（延庆界）2019—2020 年度捕捞许可证。

（郭万霞）

【渔业执法】 年内，出动执法人员 2268 人次，组织资源环境类执法检查 760 次，出动执法车辆 760 台次，劝退垂钓人员 4200 人次，行政立案 24 起，结案 6 起，撤案 18 起，罚款 2300 元，没收渔船两条、钓竿 12 根，收缴网具 7500 米。

（郭万霞）

农机管理

【概况】 北京市延庆区农机服务中心为财政补贴正处级事业单位。承担着全区范围内的农业机械化服务工作。中心机关设有管理科（安全生产科）、政工科、财务科、企业科、办公室 5 个科室，下属单位有北京市延庆区农业机械化技术推广服务站（北京市延庆区农业机械化学校）、北京市延庆区农机监理所 2 个事业单位。2019 年，调整优化农机装备布局，推进农机新技术试验、示范和推广，提高农机化作业水平，进行农机社会化服务体系建设，强化农机监理和农机安全生产执法。全区农机总动力达到 94262.8 千瓦，拖拉机保有量为 890 台，各类配套农机具 2240 台件。全年组织各类培训 17 期，919 人次。其中，春播生产安全培训 1 期，共 67 人；农机购置补贴手机 App 操作系统培训 1 期，59 人；拖拉机驾驶员培训 1 期，51 人；新型职业农民培训 1 期，28 人；送课下乡 1 期，34 人；驾驶员及从业人员培训 12 期，680 人。年内，全区未发生国家等级公路以外一般农机事故，农业机械安全生产形势稳定。接“12345”热线中心反映问题 55 件。北京金拓野拖拉机站归属永宁镇管理正在办理中。

单位名称：延庆区农机服务中心
地　　址：延庆镇东外大街 90 号
电　　话：69101241

（贾延文）

【春耕生产服务】 3 月 21 日，为保障春耕春播生产安全，举办 2019 年延庆区春播生产安全培训班；4 月 1 日至 5 月 15 日，成立春耕技术指导服务队，深入乡镇、村实地帮助农机户做好机具检修。检修拖拉机、配套农机具以及排灌、植保、运输等机具 3555 台件，下发催检通知 200 份；开展 4 行玉米免耕播种机的推广工作，各种机具的配件也配备齐全，及时有效地应对春耕高峰期的配件更换、机具维修等问题；强化农机安全监管责任、加强农机安全执法检查、做好安全检验工作、保障全区农机安全生产。

（贾延文）

【农机减排控制装置加装】 4月，结合管理台账，逐一核准全区加装清单，确认加装清单内100台车辆均符合加装对象的各项要求。5月至7月在延庆公共资源交易中心网站进行招标公示并与河北汉蓝环境科技有限公司签订合同。10月全区100台农机尾气减排控制装置安装完成。经邀请第三方检测机构抽取10台车辆对尾气减排控制装置效果进行检测，结果均合格。

（贾延文）

【农机交通违法专项整治】 5月至11月，在全区范围内深入开展农机交通违法专项整治行动。对农业机械道路安全违法行为开展联合执法检查。与公安交管部门协调配合，完善农机道路交通安全信息互通、联合检查机制，加强拖拉机和联合收割机道路交通安全管理，严查拖拉机和联合收割机的无牌、无证、假牌、假证、注销、违法载人、超速超载、酒后驾驶等违法行为。开展联合检查6次，检查车辆15辆，检查中未发现上述违法行为。

（贾延文）

【北京农机补贴App培训】 7月24日，在延庆区中银酒店举办“农机购置补贴手机App操作系统培训班”。全区各乡镇农机管理人员、农技员、农业农机服务组织负责人、设施园区负责人、种粮大户等及农机中心工作人员共59人参加培训。

（贾延文）

【新型职业农民培训】 10月21日，延庆区2019农机行业新型职业农民培训班在旧县镇西龙湾村开班。培训聘请高级工程师闫京生、高级讲师刘长树两位教师为大家讲解农业机械的操作、维修以及安全理论知识，由西龙湾村农机大户张书安为大家现场演示，培训结束后，由市鉴定总站的老师进行考核验收。培训班历时3天，有四海镇、井庄镇、沈家营镇共28名学员参加，在经过理论和实操两项考核后全部合格，并发给证书。

（贾延文）

【拖拉机驾驶员培训班】 11月4日至8日，在延庆区农业机械化学校永宁校区举办拖拉机驾驶员培训班。培训结束后协调考试部门，于11月15日对参加培训的51人进行“科目一”的考试。

（贾延文）

【送课下乡】 11月25日至27日，针对机手及企业的需要，为万达有机农业有限公司34名机手及农机管理人员送课下乡，本次课程主要涉及交通法规、机械常识、维修保养等。

（贾延文）

【农机购置补贴114.81万元】 年内，加大购置补贴机具的宣传力度，在调查摸底的基础上，充分利用补贴政策，围绕产业发展，积极引导农户购买农业机械。全面启用“北京农机补贴App”网上购机申请。完成4批次50台农业机械的购置补贴网上申报审核工作，并全部补贴到购机户手中。购机总价值378.56万元，补贴资金114.81万元。其中，中央资金补贴88.22万元，市级资金补贴26.59万元。

（贾延文）

【引进移动折叠综合破碎机】 年内，北京张书安农业技术服务专业合作社购置HL1600－500移动折叠综合破碎机，配备两台上料机，处理延庆镇、旧县镇、沈家营镇果园及园林产生的残枝2200吨，有效减少废弃物堆积、焚烧等产生的环境问题。

（贾延文）

【小型气吸式多功能精量播种机研制成型】 年内，依托“农业机械研制与推广”市级职工创新工作室创新团队，并根据地区实际，研制成型2BQF－4型气吸式多功能精量播种机。该机是针对中小型地块，山区及半山区的小型气吸式精量播种机，能够有效解决经济作物播种的需要，是一种高效、精准的多用途播种机，而且具有较大的适应性。4月至6月在大榆树镇、张山营镇、永宁镇等地区试作业53.33公顷（800亩），并进行相关数据的整理采集，此项研制获得市级10万元助推资金。

（贾延文）

【秸秆综合利用】 年内，秸秆综合利用主要有机械还田、机械青贮收获、机械黄贮收获、捡拾打捆、制作有机肥、直接饲喂等方式。2019年全区玉米种植面积8872.67公顷（133090亩），完成玉米秸秆收获8756.23公顷（131343.5亩），综合利用率98.69%。其中：完成青贮玉米收获1055.27公顷（15829亩）、玉米机收作业1333.33公顷（20000亩）、玉米秸秆黄贮333.33公顷（5000亩）、玉米秸秆还田1518.80公顷（22782亩）、玉米秸秆捡拾打捆机械化收集处理作业4515.50公顷（67732.5亩）。

（贾延文）

【农机安全生产宣传教育】 年内，在永宁镇举行以“3·15普法宣传日”为主题的大型宣传活动。向广大农民发放安全生产宣传画、宣传手册等宣传材料100余份；接待咨询人员20余名。6月份组织开展农机“安全生产宣传月”活动，活动涉及全区15个乡镇，共向广大农民发放安全生产宣传画、宣传手册等宣传材料2400余份。三秋时节，在旧县镇举行三秋安全大型宣传培训活动，向广大农民发放安全生产宣传画、宣传手册等宣传材料800余份；接待咨询人员40余名。

（贾延文）

【农机安全执法检查】 年内，加大执法力度，贯穿全年的执法，出动车辆260车/次，执法人员580人/次，执法检查总量355件，足额完成目标。积极开展联合执法，同公安、交通、城管等部门的“蓝天行动”8次。同环保局对拖拉机尾气治理与检查10次。同乡镇各个部门的综合检查8次。

（贾延文）

【拖拉机年度检验】 年内，全区在册拖拉机保有量863台，已验735台，检验率85.17%；联合收割机保有量70台，已验61台，检验率87.14%，均达到指标要求。

（贾延文）

【农机服务体系建设】 年内，在册依法登记注册成立的农机、农业合作社9家，入社人员68人，机具原值1958万元，作业收入541万元，服务农户14944户。

（贾延文）

【农机车辆注销26台】 年内，对辖区内的农业机械存在与否进行核查。根据《农业机械安全监督管理条例》和《北京市农业机械安全监督管理规定》的相关要求，满足注销的农业机械予以公告注销，对车辆已经变卖、灭失等情况进行申请注销。已注销车辆26台，其中变型拖拉机16台（公告注销0台，申请注销16台）、纯拖拉机10台（公告注销0台、申请注销10台）、收割机10台（公告注销0台、申请注销10台）。

（贾延文）

【行政许可办理353项】 年内，拖拉机、收割机注册登记等行政许可事项共计353项。拖拉机、收割机驾驶员审验和补换证等行政许可项目计121项，新增驾驶员0人。拖拉机牌证发放14副。“流动服务大厅”，不断提高服务水平及办事效率，以活动促提升，全区行政许可业务零投诉，满意率高达100%。

（贾延文）

【行政处罚】 年内，全区执法检查农业机械290台，足额完成规定指标。并全部录入执法平台。下发安全隐患通知书10份，责令整改通知书8份、制作处罚文书12卷，其中简易程序10卷、一般程序2卷，罚款100元。

（贾延文）

【结对帮扶】 年内，“区委派驻第一书记”延庆区农业机械化技术推广服务站（农业机械化学校）副校长，到大庄科乡东太平庄村工作。农机中心拨付资金35000元，购置淘粪车1台（厕改之后淘粪）、打药机2台（用于核桃树打药）、微耕机2台（林地耕地除草）、碾米机1台（农产品加工）。

（贾延文）

农村经济管理

【概况】 延庆区农村合作经济经营管理站（简称区经管站），履行“四大管理、两项服务”职能，负责指导全区农村土地承包合同管理、乡村集体经济组织“三资”管理、农民负担管理、农民专业合作经济组织规范化管理；通过全市农村集体“三资”监管平台和农产品产销信息平台，为各级政府管理部门、农民专业合作社和广大农民等提供信息服务；围绕农村经济发展和农民增收进行广泛统计调研，为各级政府进行宏观决策和微观指导提供数据服务。同时负责指导新型集体经济审计、农村土地承包经营纠纷调处、农经政策宣传、农经管理人员业务培训等工作。设政办室、审批科、合同管理科、仲裁科、财务管理科、审计科、调查统计科、培训科，下设农业和农村管理信息中心、农民专业合作社服务中心。年内，推进农村土地确权登记颁证工作；强化农地承包（租赁）及合同规范监管；积极推进农村集体产权制度改革，完成农村集体资产清产核资工作；大力推进新型经营主体规范化建设；做好农村集体经济审计工作；提升农业和农村信息化建设；加强完善农经统计调研职能。

单位名称：延庆区农村合作经济经营管理站
地　　址：延庆镇西街2号
电　　话：69149234

（李颖）

【农村经济运行】 年内，全区农村经济总收入完成140.9亿元，同比增长1.5%。农民人均所得实现22989元，同比增长7.8%。全区农村经济走势较平稳，农民收入水平稳步提升。

（李颖）

【低收入户统计监测】 年内，完成8213户低收入农户和58个低收入村的年度监测任务。8213户和58个低收入村全部脱低，脱低率达100%。

（李颖）

【农村土地确权】 年内，稳步推进农村土地确权登记工作。全区15个乡镇376个行政村，开展确权村数343个，拟确权面积21600公顷（32.4万亩）。公示行政村340个，确权户数5.1万户，确权土地面积21266公顷（31.9万亩），完成拟确权总面积的99%。

（李颖）

【农地承包合同规范监管】 年内，签订农村集体经济合同296份，其中资源类合同211份、资产类合同61份、资金类合同9份、其他类合同15份。截至年底，全区流转土地总面积12000公顷（18万亩），新增流转面积128.33公顷（1924.97亩）。

（李颖）

【农村集体产权制度改革】 年内，通过制定实施方案、开展动员培训、委托中介机构进行清产核资、加强业务指导等工作举措，全力推进康庄镇、八达岭镇、张山营镇、旧县镇、珍珠泉乡5个乡镇的镇级产权制度改革工作。截至年底，镇级集体资产清产核资工作已全面完成。

（李颖）

【农村集体资产财务管理】 年内，启用全国统一的农村集体经济组织登记赋码管理标准，完成了230个村集体经济组织登记证的更换工作；全力推进村级借款问题的整改落实，全区村级借款总额1.3亿元，年底还款金额5121.8万元，还款比例39.4%。

（李颖）

【农村集体资产清产核资】 年内，全面完成全区农村集体资产清产核资工作，以2017年12月31日为清查基准日，全区农村集体资产总额701186.5万元，集体土地总面积为283.3万亩。

（李颖）

【农村集体“三资”专项治理】 年内，坚持问题导向，将村级财务制度执行不严等28项问题作为专项治理重点，完成了村级自查、乡镇自纠、区级督查和问题整改各个阶段的工作。通过专项治理，落实整改共性问题67个；个性问题68个，纠正一批乱象，制止、挽回部分损失。

（李颖）

【农村集体经济审计】 年内，完成376个行政村2018年村级公益事业专项补助资金管理使用情况年度审计工作，审计金额8461.9万元。同时完成2019年度农民负担执法检查工作。

（李颖）

【新型经营主体规范化建设】 年内，积极组织并做好国家级、市级、区级“三级社”的申报工作，9家合作社评为区级规范合作社。对68.6%的区级以上合作社给予扶持。

（李颖）

【农业和农村信息化建设提升】 年内，全区新建益农信息社30家，实现运营87家。现运营的信息社月均销售流水9.93万元，带动农户就业101人，其中残疾2人，人均月收入704元。

（李颖）

【农村矛盾纠纷调处】 年内，依法做好信访接待、矛盾调处及案件办理工作。全年依法接待群众来信来访61起92人次，均严格依照相关法律法规及政策规定予以分析解答。

（李颖）

马铃薯产业园

【概况】 北京马铃薯产业高科技园区延庆筹备办公室，是隶属于北京市延庆区人民政府的纳入规范收入全额拨款事业单位。设办公室、财务室，有下属事业单位1个（延庆区苗圃）。北京马铃薯延庆筹备办的主要职责为负责北京马铃薯产业高科技园区的总体规划建设与管理，协调园区企事业单位与政府职能部门的关系，负责指导全区马铃薯产业发展工作及国际马铃薯中心亚太中心（延庆）项目建设工作。推进马铃薯产业高科技园区种业服务建设和为国际马铃薯中心亚太中心（延庆）项目正式运营做好服务保障工作。年内，马铃薯筹备办组织协调园区内企业北京希森三和马铃薯有限公司，由其负责提供优质马铃薯品种；在区农业农村局提供资金支持、区种植中心负责具体实施的合作帮助下；在康庄、沈家营、永宁、四海四个乡镇开展马铃薯标准化基地建设1000亩，在提高马铃薯产业种植水平，扩大规模的基础上，还组织乡镇农服中心、种植大户及种植企业相关人员到本区种植基地以及河北、山西、内蒙古等马铃薯生产基地进行了4次观摩培训，总人数达到224人次，为延庆区马铃薯产业培养技术骨干、推进低收入户的帮扶工作起到推进和宣传作用。

单位名称：北京马铃薯产业高科技园区延庆筹备办公室

地　　址：延庆镇延农路

电　　话：69148126

（王达超）

【种薯研发】 年内，公司组培车间增加甘薯脱毒苗生产，年产1000万株。用于种植的大棚为97个，有94个大棚用于马铃薯微型薯生产；2个网棚用于杂交试验和新品种的选育；1个坡面棚用于雾培生产。生产的马铃薯品种有

“希森 3 号”“希森 5 号”“希森 6 号”等，全年收获微型薯约 2300 万粒。

（王达超）

【苗圃业务】 年内，区苗圃为延庆市政公司承担的延崇高速两侧绿化项目提供高榆叶梅、五角枫、沙地柏、油松等苗木植物约 2000 株；为江苏建工承担的延庆多个小区绿化升级改造补植项目提供卫矛、金叶女贞、木槿、连翘、金娃娃萱草等苗木植物约 30 万株，提供草坪 2450 平方米。继续深化与国家林业和草原局国际竹藤中心的合作，在苗圃土地上试种包括：百园红霞、彩绘、藏枝红、曹州红等 77 个品种的牡丹。

（王冬）

（栏目编辑：景冰芳）

工业和信息化建设

工　业

概　述

北京市延庆区经济和信息化局（简称“区经信局”），加挂北京市延庆区大数据管理局（简称区大数据局）牌子。区经济和信息化局是负责全区工业经济和信息化领域管理工作的政府工作部门。设综合科、产业发展科（行政审批科）、信息化和中小企业科（安全生产科）3个科室。年内，围绕促进高端要素聚集、支持优势企业发展、夯实创新功能平台、加强优秀人才引进等方面，出台《延庆区绿色高精尖产业结构的指导意见》，明确延庆区主导产业发展的方向、发展目标，提出了五大重点任务；同时，在整合现有普惠性政策基础上，陆续制定四大主导产业精准支持政策并完善支持高精尖产业用地、资金、人才奖励等四个配套政策，旨在营造更加良好的企业发展环境，加快构建延庆区高精尖经济结构。在工业领域，继续优化产业结构，严格按照《北京市新增产业的禁止和限制目录（2018年版）》要求进行项目准入及备案，严格限制不符合生态涵养区功能定位的工业企业落户；同时按照延庆区功能定位、四大主导产业定位以及高精尖指导意见等，积极引导相关产业到延庆园形成集聚发展态势，并对存量企业进行指导，促使其实施改造升级，提高存量产业效率。延庆区经济和信息化局全年备案项目20个，答复相关咨询54件。2019年，全区规模以上工业企业产值109亿元，同比增长19.3%。其中新能源和环保产业产值62.7亿元，同比增长37.3%，占规模以上工业总产值57.5%。全区工业完成税收4.58亿元，同比增长3.5%。疏解退出一般制造业企业8家，超额完成目标任务。打好服务组合拳，持续优化营商环境。以“服务包”为抓手，建立局领导分组负责机制、定期调度和回访机制，深入企业直面问题，主动协调相关委办局，为中机科（北京）车辆检测工程研究院有限公司、岭北筑路材料有限公司等企业解决场地租赁等实际困难10个；为解决企业融资难问题，多次组织相关企业和银行对接，协调为企业发放贷款1800万元，达成贷款意向或正在审批的3000万元；5月，顺利完成国有企业欠款清偿，计336.38万元，政府部门未发现拖欠现象。贯彻落实京津冀协同发展战略，扎实开展与怀来、宣化、兴和区域协作和对口帮扶工作，推进中电智慧的风力发电等项目尽快落地兴和；捐赠12万元、消费扶贫8000元、协助宣化谢家湾村四户贫困户脱贫。

单位名称：延庆区经济和信息化局
地　　址：延庆镇东外大街建业胡同2号
电　　话：69103310

（郑鑫）

【延庆无人机企业打破吉尼斯纪录】 1月，北京远度互联科技有限公司无人机表演团队首次与迪拜警方合作，并在吉尼斯世界纪录官方验证官见证下，在迪拜警察干部毕业典礼仪式上用数百架无人机在空中依次组成迪拜现任酋长肖像、迪拜王子肖像等11个编队图案，为迪拜王室上演了一场精彩的户外无人机编队大秀。延庆区无人机企业被认可打破无人机编队秀吉尼斯世界纪录。

（郑鑫）

【中小微企业培训】 4月至5月，组织两期企业“所得税汇算清缴新政策”财务培训活动，中关村延庆园及各乡镇的197家企业290人参加培训。

（郑鑫）

【创新创业大赛】 7月，在北京市经济和信息化局指导下，北京市延庆区经济和信息化局筹办“创客北京2019”创新创业大赛延庆赛区的比赛，16个项目参赛，选送10个优秀项目参加市级决赛，其中“墨甲机器人乐队”项目获三等奖，延庆被评为优秀赛区。

（郑鑫）

【一般制造业退出企业验收工作完成】 7月，北京市经济和信息化局对延庆区8家一般制造业退出企业的主要生产设备拆除、工商营业执照注销或变更等情况进行实地核查。经检查，企业均按照要求完成疏解退出工作，延庆区通过北京市经济和信息化局验收。

（郑鑫）

【安全生产管理】 年内，印发各项安全生产工作方案等文件11个。出动210人次，对40家工业企业开展64次安全生产指导，组织相关部门参加的联合大检查3次。请北京市经济和信息化局安全处领导对中关村延庆园的42家工业企业培训《北京市经营单位安全生产主体责任规定》等文件。组织局消防演练。请区消防救援支队宣传员到局机关开展“消防安全进单位”培训活动。

（郑鑫）

科技创新产业

【概况】 延庆区科学技术委员会（中关村科技园区延庆园管理委员会）设有办公室（党办）、办公室（政办）、规划发展科、园区统筹发展科、创新能力建设科5个科室。年内，全区有科普场馆9个，其中科技馆3个，科学技术博物馆6个；市级科普教育基地14个，国家级科普教育基地4个；城市科普（技）活动场地329个；科普宣传专用车2辆；科普专职人员152人，兼职人员1033人。截至年底，完成4项科技世园专项申报，获市扶持资金990万元。园区高新技术企业达到252家，2019年新增102家，较比上年增长63%。全区技术交易额达20.4亿元，增长11.2%。举办知识大讲堂、科技周等各类科普活动群众参与1万余人次。2019年3月，延庆区科学技术委员会加挂中关村延庆园管委会牌子。

中关村延庆园占地491公顷，2012年10月纳入中关村国家自主创新示范区，成为“一区十六园”之一，定位为京西北科技创新特色发展区、“三城一区”成果转化承载地。为全面落实“高精尖”发展要求，结合延庆区域定位和冬奥世园两件大事机遇，中关村延庆园将现代园艺、冰雪体育、新能源和能源互联网、无人机产业作为重点培育和扶持产业。园区内企业享受中关村及延庆区各项产业发展扶持政策。园区高新技术企业252家，2019年新增102家，比上年增长63%。其中，“瞪羚”企业18家、“展翼”企业6家、“金种子”企业2家（尚格云、理工全胜）。年内，出台实施高精尖产业用地配套政策，确定入园项目的准入条件，明确产业、投资及创新能力、节能环保等要求，作为土地供应的前置条件；牵头制定四个特色产业专项措施，对重点团队和重大项目加大精准支持力度。实施延庆园创新创业政策，完成项目征评审报工作，114家企业的185个项目将获得1971.95万元资金支持。设立2亿元的延庆首支科技创新基金，制定用于投资延庆资金不少于50%的使用标准，为延庆科技创新产业发展注入更大规模的资金支持。截至年底，高新企业完成总收入99.5亿元，同比增长27.2%，增速排中关村各分园第4位；完成工业总产值55.3亿元，同比增长53.8%，增速排中关村各分园第2位；科技活动从业人员1632人，同比增长35.1%，占期末从业人员的25.5%，占比排中关村各分园第4位；土地产出率为20.2亿元/平方千米，同比增长27.2%，增速排中关村各分园第4位；劳动生产率为155.3万元/人，同比增长20.8%，增速排中关村各分园第3位。围绕现代园艺、体育科技、新能源和能源互联网、无人机四个重点培育产业，组建四个产业专班，引进一批重大项目落地，包括中国花卉发展中心、中电智慧、中科谱遥、中关村智连灾害研究院等重大高精尖产业。引进包括13家世园会参展企业在内的现代园艺企业46家（累计87家）、雪族科技等体育科技企业48家（累计74家）、航天九院等无人机企业10家（累计16家），华业阳光等新能源企业43家（累计75家）。完成12个市级实验室和研发平台建设，设立钟山院士领衔的专家工作站、正在组建7个工作站。举办中国花卉大会、园艺疗法研讨会、“冬奥会倒计时1000天”活动、延庆科技周等产业促进活动4次，高规格参与冬博会、科博会、双创周等重大品牌活动3次，高质量组织延庆分会场及延庆专场推介宣讲会10余次。上述活动经《人民日报》、《北京新闻》、北京冬奥纪实频道、《北京日报》、《北京晚报》等96家市级以上媒体报道200余次。

单位名称：延庆区科学技术委员会（中关村科技园区延庆园管理委员会）

地　　址：康庄镇紫光东路1号

电　　话：69142014

（卓娅）

【延庆区第25届科技活动周】 5月11日，结合园艺产业发展新趋势，在延庆农场举办以“科技强国、科普惠民、融入园艺、醉美延庆”为主题的2019年延庆区第25届科技活动周启动仪式。科技周期间参与群众近15000人，发放宣传材料10000余份。

（卓娅）

【科技世园专项立项】 6月12日，完成第二批“2019科技世园”专项“中国传统菊花新品种培育与产业化关键技术研究”“分子标记辅助培育抗旱月季新品种及其在世园会的示范”“新型冷凉花卉引种及繁育技术研究与示范”“抗逆性菊花新品种筛选及高效栽培技术研发与示范”4个课题的上报，并完成技术方面论证和财政科技经费的评审工作，共申请科技财政经费990万元。

（卓娅）

【科技专项项目申报】 6月21日，依据市科委下发的通知要求，定向组织完成北清通航科技（北京）有限公司申报的“无人机产业公共服务平台建设”、北京北变能源有限公司申报的“北京延庆能源互联网实验室中试平台”2个专项，已完成上报市科委。

（卓娅）

【无人机创新产业基地项目落户延庆】 9月29日，延庆区与中国航天科技集团公司第九研究院签订无人机创新产业基地项目协议。延庆区与航天九院签订框架协议，中关村延庆园管委会与航天九院下属的航天飞鸿公司签订入园协议。航天九院将选址“中关村·长城脚下的创新家园”，与延庆合作建设“飞鸿”无人机创新产业基地，重点打造科技创新、智能制造、大数据平台和培训交流中心四大模块，在前沿技术研发、智能制造、自动测试、数字化集成、大数据、云计算等新兴领域进行探索创新。此项目是北京市军工牵引合作的首个产业化项目，也是北京在无人机领域积极践行军民融合战略的重要举措。

（卓娅）

【国际冬博会设立延庆展区】 10月17日，在国家会议中心，由区科委（中关村延庆园管委会）牵头组织，参与2019国际冬季运动（北京）博览会开幕。在主会场设立“美丽延庆、冰雪夏都”展区，从“美丽延庆”“冰雪夏都”“冬奥梦想”“科技冬奥”四个方面诠释不同角度的延庆，向世界展示冬奥冰雪之城的独特魅力。开幕次日在中关村延庆园企业之家设立分论坛暨冰雪产业发展论坛，邀请国内外体育、金融、冰雪等行业的专家共商未来延庆冰雪产业发展。

（卓娅）

【延庆首座加氢站开工建设】 11月29日，延庆小型多能互补零排供能试验系统示范项目一期（延庆园加氢站）举行开工仪式，中关村延庆园管委会、项目建设方中电智慧综合能源有限公司（以下简称“中电智慧”）及项目监理等单位代表参加开工仪式。延庆小型多能互补零排供能试验系统项目一期，主要将在中关村延庆园内建设一座500千克/天的加氢站，每日能为近33辆氢能公交提供加注服务，建成后，将作为延庆区氢能交通重要基础设施，为2020年高山滑雪世界杯延庆站、北京冬奥会测试赛及2022年北京冬奥会期间氢燃料车辆示范运营提供保障。

（卓娅）

【2019年“科技大讲堂”】 年内，在区委党校举办2019年科技大讲堂4期，包括北京农学院经济管理学院教授、硕士生导师李华主讲的“中国现代农业科技园与田园综合体建设、现代农业转型升级”；北京高技术创业服务中心的李丹和郭景文老师主讲的高新技术企业认定和科技型中小企业评价政策解读及申请流程辅导；中国科学院自动化研究所研究员、博士生导师、中国人工智能学会智能机器人专委会委员、电气和电子工程师协会会员、北京市“翱翔计划”合作导师赵晓光老师主讲的“无人机现状与发展趋势”；中国科学院高级工程师，中国科学院老科学家科普演讲团成员陈贺能老师主讲的“能源科技前沿概览”。全区各职能部门、乡镇（街道）干部和部分企业代表600人次参加活动。

（卓娅）

【市级科普项目通过审计验收】 年内，延庆华海田园天文科普教育基地建设在市科委立项，项目建设内容包括全景式天文圆顶、球幕天象厅、天文科普大讲堂、VR天文科普教育系统四部分内容。通过一年的实施，完成项目规定的所有内容并通过市科委的审计和验收。

（卓娅）

【高新技术企业认定辅导工作完成】 年内，开展高新技术企业认定辅导工作，50家企业获得经科技部备案的高新技术企业资格，截至年底，中关村高新技术企业289家中，经科技部备案的高新技术企业达到146家。

（卓娅）

【扶贫协作】 年内，区科委（中关村延庆园管委会）与内蒙古兴和及河北宣化、怀来三地签署战略合作协议。园区企业赴张家口市宣化区顾家营镇开展精准帮扶并捐赠帮扶资金12万元。

（卓娅）

中关村延庆园服务和入园企业

【概况】 中关村科技园区延庆园服务中心（简称“中关村延庆园服务中心”）隶属于中关村科技园区延庆园管理委员会，下设办公室、金融服务科、人才科、开发建设科、产业促进科、财务科、代办科、技术推广科、资产运行科和安全科10个科室。机构规格相当于正处级公益一类财政补助事业单位。

单位名称：中关村科技园区延庆园服务中心
地　　址：康庄镇紫光东路一号
电　　话：61164927

（闫婷杰）

【科技创新企业和项目】 年内，中关村延庆园新增高新技术企业102家，有高新技术企业253家。其中，既是国家高新技术企业又是中关村高新技术企业93家，中关村高新技术企业160家，入选中关村“瞪羚”企业18家、“展翼”企业6家、“金种子”企业2家，土地产出率、劳动生产率同比增加29.2%和26%。完成创新创业项目征评审报工作，114家企业的185个项目将获得1971.95万元资金支持。

（闫婷杰）

【空间载体规划建设】 年内，布局“一核四区”产业空间，以长城脚下的科技小镇（创新家园）为核心，建立中关村现代园艺产业创新中心、体育科技创新园、氢能产业园和无人机产业园四个特色园中园。推进存量盘活：重新梳理园区土地利用情况，三个片区企业地块共85块，面积约363公顷。与租地各村重新确认租地边界并完成测绘，消除历史遗留问题。促成无人机及高比能量电池项目与中材科技风电叶片股份有限公司、氢能产业项目与北京玻璃研究院就资产租赁事宜达成合作意向，帮扶低效闲置资产重焕生机。

（闫婷杰）

【高精尖产业结构】 年内，协调推进加快科技创新构建高精尖经济结构用地政策意见经区政府审定，初步形成中关村延庆园企业准入退出规则及重点引进企业遴选标准。与启迪之星等平台单位合作，加快招商步伐，2019年度陆续引进百可测、中花怡家、中康增材、中证国泰、清航紫荆等企业877家，注册资金97.2亿元。借势世园会、冬奥会举办机遇，引入现代园艺、冰雪体育、新能源和能源互联网、无人机四个重点培养产业企业191家，占年度总引进企业的22%，其中，引入体育科技类企业68家、现代园艺类企业58家、新能源和能源互联网企业55家、无人机类企业13家。其他领域项目中，重点引入神州数码环保产业项目、国家电力投资集团有限公司（以下简称“国家电投”）氢能产业项目、北京中关村智连灾害感知科学研究院有限公司、国药护康（北京）医疗器械有限公司、北京林大生态环境工程有限公司、北京亿利生物科技有限公司等绿色高精尖企业项目落地。

（闫婷杰）

【创新创业环境优化】 年内，为鼓励企业以科技创新带动发展，强化政策导向作用，出台促进创新创业支持资金管理办法，支持总额由3000万元上调至6000万元，围绕现代园艺、冰雪体育、新能源和能源互联网、无人机四个重点培育产业出台相应的支持创新发展的若干措施。同时，加强科技创新金融支持，设立延庆第一支科技创新基金，存续期限为8年，总额2亿元，重点投资于TMT（Telecommunication Media Technology）、先进制造等10余个北京市重点支持产业领域和延庆区四个重点培育产业。与北京银行签署《支持中关村延庆园园区建设战略合作框架协议》，在三年内意向性给予延庆园授信额度人民币50亿元，重点支持园区基础设施建设，支持重点优质企业、科技创新企业开展融资业务。依托市科委、中关村管委会科技创新资源优势，发挥启迪之星、智造大街等平台作用，举办新技术新产品推介交流、创新创业活动、企业服务平台沙龙座谈会30余场，持续营造创新创业氛围。

（闫婷杰）

【企业“管家式”服务制度落实】 年内，建立园区重点企业联系服务制度，落实“服务管家”职责，深入50家区级高成长重点企业，开展送“服务包”活动，陆续为园区企业解决“公共交通、进京指标、用工缺口、人才住房、高管奖励、双创资金支持”等共性问题10余项。完成企业服务中心施工验收，提出运营方案，相关服务板块已入驻。创业咖啡厅、书吧顺利建成，为企业家沟通休闲提供良好环境。扎实推进人才服务，协调区人力社保局为新华人寿等28家重点企业解决52个2019年度和30个2020年度应届毕生进京指标，为清航装备等18家企业43个承租人（家庭）低价配租30套人才公租房，协助5家企业6名企业人才申购共有产权房，推荐4名企业高管取得正高职级职称，通过“校园招聘、异地招聘、推荐劳务派遣公司、招聘渠道共享”等方式缓解企业招工难题，用实际行动取信于企、全力助推企业发展。推行“全程免费代办”，实行企业设立工商、税务、审批全程免费代办，2019年全年共办理企业设立362家，企业满意率100%。

（闫婷杰）

【招商推介活动】 年内，成功举办北京2022年北京冬奥会倒计时1000天主题系列活动暨“中关村延庆园体育产业助力冬奥 奔向2022”、双创周中关村延庆园推介活动、世园会参展企业落户中关村延庆园签约仪式、国际竹藤组织园赠园暨三方签约仪式、2019国际冬季运动会（北京）博览会（主会场延庆展区及延庆分会场）等近10场招商推介活动，持续扩大延庆高精尖产业发展的影响力。举办“全面深化产教融合 助力无人机产业高质量发展”产教融合协同发展研讨会、灾害感知新技术国际学术研讨会2场研讨会，搭建产学研用融合发展交流平台。同时，在市科委、中关村管委会的大力支持下，持续搭建应用场景对接。举办以“科技冬奥”“智慧民生”“智慧城市管理”主题为主的“yan科技”新技术新产品应用场景系列宣讲对接会暨中关村管委会前沿科技沙龙活动等15场应用场景对接活动，邀请近百家新技术新产品企业来延对接，涵盖5G、人工智能、公共安全等方面近百项中关村前沿领先技术，9项新技术已经在延开展应用。

（闫婷杰）

【金果园老农（北京）食品股份有限公司】 金果园老农（北京）食品股份有限公司成立于2006年12月12日，是一家集食品深加工、专卖店连锁、OEM品牌运作及产品代理为一体的专业休闲食品加工、销售型企业。公司注册资本6545.22万元，资产总额近3亿元，拥有北京市著名商标“果园老农”自有品牌系列休闲干果食品。为进一步扩大产能，公司于2008年、2012年分别在中关村延庆园、永宁农副产品加工基地，建立2个深加工基地，占地面积约8.67公顷，总建筑面积约3万平方米，引进世界一流的全自动深加工流水线，其中现代化立体库房1.2万平方米、具备制药GMP标准的净化车间3000平方米。14年来，解决当地就业达1400余人次，企业累计纳税总额约2.7亿元。公司已经通过ISO9001质量管理体系认证、ISO22000食品安全管理体系认证、ISO14001环境管理体系认证、HACCP体系认证、职业健康安全管理体系认证、能源管理体系认证及食品工业企业诚信管理体系。公司以果仁、蜜饯、果干三大类为主打产品，主要产品甄选国内外原产地最高品级的新鲜原料，坚持采取“不染色、不漂白、非油炸”的工艺技术，产品秉承“原色、原香、原味”的产品特点。公司产品在北京及北方果仁休闲产品市场中占有较大市场份额，销售渠道已经覆盖到北京98%以上的KA（Key Account，重点客户）卖场、全国性连锁综合超市和百货商场，以及近2000家中小型C、D类超市，团购客户1800余家，100多个外埠市场，线上渠道已覆盖所有主流电视平台。公司在参与“光彩事业”“社会公益慈善事业”等方面做了大量的工作。已连续14年参加“手拉手·心连心”大型公益活动，每年向希望工程、延庆区爱心专项基金捐款、慰问孤寡老人、残障儿童、帮扶贫困村、冠名中小学美术班等，已累计捐款、捐物670余万元。公司谨以此实现在自身发展的同时不忘回报社会的企业宗旨。公司在“万企帮万村”精准扶贫工作中，深入康庄镇、大庄科乡、千家店镇等12个乡镇，针对农民增收、农产品滞销、剩余劳动力就业等问题进行交流与探讨。与旧县镇签署战略合作协议，形成农户+经济合作社+龙头企业的运行模式。针对剩余劳动力就业，拟定出10余种就业岗位，针对困难群体、青壮年劳动力、临时工和大学毕业生提出四种就业模式，保障贫困村农民增收致富。将输血变造血，诚、实相融，做到精准帮扶。年内，实现产值4.23亿元，实现销售额3.95亿元，缴纳税金1241万元，精准帮扶就业100多人。

地址：八达岭镇飞东路1号

电话：84598760转8009

（闫婷杰）

【北京卓文时尚纺织股份有限公司】 北京卓文时尚纺织股份有限公司作为具有国际竞争力的全球知名毛针织服装供应商，已成为中国毛针织服装行业领军企业。该公司主要从事毛针织服装的设计、开发、生产和销售，即毛针织服装的原始设计制造商（Original Design Manufacture，ODM）与（Original Brand Manufacture，OBM）业务。公司具有针织成衣全套生产流程及先进的生产设备，拥有近1900台（套）的编织横机、缝合机，具备年出品针织制品1800万件的生产能力。公司通过ISO 9001：2000质量管理体系认证、ISO 14001：2000环境管理体系认证和GB/T 28001-2001职业健康安全管理体系认证。公司建立产品核心技术研发中心和品牌设计中心，凭借强大的研发设计能力、优质的客户群体、严格的质量管理体系、敏锐快速的市场反应能力以及规模化的生产能力，通过ODM业务模式提升公司的抗风险能力，公司已成为中国最大的对欧盟出口毛衫的ODM厂商之一。2019年公司被认定为国家级高新技术企业和中关村高新技术企业。年内，公司再度被国家税务总局北京税务局认定为“出口退免税一类企业”。依据中国服装协会统计公司位列中国服装行业“产品销售收入”百强企业第94名。2019年，公司营业收入实现5.55亿元人民币，实现工业产值2.94亿元。在拓展国际市场的同时，公司积极发展自主品牌“思诺芙德”。2009年“思诺芙德”品牌被北京市工商局认定为“北京市著名商标”，2011年12月，“思诺芙德”品牌被国家工商行政管理局商标局认定为“中国驰名商标”。同时被授予“北京时装之都北京市十大热销服装品牌”称号和“北京十大最具潜力时装品牌”称号。在自有品牌市场建设方面，“思诺芙德”品牌正在从传统渠道向线上渠道发展，在天猫、京东、唯品会等电商平台实现营业额突破亿元。

地址：延庆镇迎泉街3号

电话：53275188

（闫婷杰）

【北京三吉利新材料有限公司】 北京三吉利新材料有限公司成立于2001年7月19日，位于北京市延庆经济开发区，是中国北方稀土（集团）高科技有限公司下属的一家专业稀土合金制备的高科技公司，是中国稀土行业协会会员单位。三吉利是国内第一家引进国外先进薄带炉，生产钕铁硼（NdFeB）合金薄带的专业制造商。公司自2002年引进日本ULVAC生产的第一台真空感应炉，先后引进多台日本、美国等先进的生产设备和检测设备。目前，其主导产品钕铁硼合金薄带年生产能力达到6000吨，已成为国内最大的钕铁硼（NdFeB）合金薄带专业制造商之一，稳定了其钕铁硼合金薄带龙头企业地位。经过多年努力，三吉利在钕铁硼合金的生产加工、工艺调整、质量控制等方面均处于世界领先水平。公司产品以国际先进的质量和性能，在行业内建立了良好的企业信誉，与国内客户建立长期合作关系，并已与日本、欧洲等发达国家客户建立良好的长期业务贸易往来，赢得世界各地客户的一致好评。三吉利于2009年被评为国家级高新技术企业，2013年被评为中关村延庆园高新企业。公司已通过ISO 9001质量管理体系认证、ISO 14001环境管理体系认证、安全生产标准化三级企业。先后获得“北京市纳税信用A级企业”“北京市延庆区工业十佳企业”的荣誉称号。公司获得稀土领域发明专利3项，实用新型6项。年内，公司实现销售收入10.15亿元，产量6953吨，产值5.78亿元，在册员工146人。

地址：延庆镇益祥北街3号

电话：81196955

（闫婷杰）

【北京光瑞机械制造有限责任公司】 北京光瑞机械制造有限责任公司为股份制企业，成立于2001年6月，注册资金369万元。公司位于北京市延庆区康庄镇康祥路11号，占地面积14571平方米，建筑面积7830平方米，员工119人。公司主要经营加工机械零部件，设计机械零部件，道路货物运输，货物进出口，出租商业用房、办公用房。具有与各公司合作开发设计医用X线机的能力，拥有机械加工、焊接、钣金冲压、电器安装、组装、喷漆表面处理等加工生产能力。公司的主要产品为医用X线机系列产品机械装置部分：遥控床、摄影床、数字胸片架、UC臂、导管床、移动床等各种不同类型。主要合作伙伴有北京通用电气华伦医疗设备有限公司，沈阳东软医疗系统有限公司、乐普（北京）医疗装备有限公司、飞利浦医疗（苏州）有限公司、西姆高新技术（江苏）有限公司等。公司具有完整的质量保证体系，自2005年以来先后通过ISO 9001：2000质量管理体系认证，ISO 13485：2003医疗器械质量管理体系、ISO 14001：2004环境管理体系认证。公司始终奉行“诚信求实、致力服务、唯求满意”的企业宗旨，全力跟随客户需求，不断进行产品创新和服务改进。公司先后荣获延庆区创建学习型企业先进单位、延庆区优秀职工之家、北京市就业与社会保障先进民营企业、北京市和谐劳动关系先进单位、首都非公经济“文明单位”、北京市优秀职工小家、北京市厂务公开民主管理示范单位、纳税信用A级企业、中华全国模范职工小家、北京市非公有制经济组织党建示范单位、北京市和谐劳动关系先进单位、北京市工商联诚信经营承诺示范单位、中华全国总工会及国家应急管理部“安康杯”竞赛优胜单位、党员驿站示范点、中关村高薪技术企业等称号。公司钳工车间班组被评为全国“安康杯”优胜班组。2019年实现工业生产值2753万元，实现产品销售收入2954万元；上缴各种税金172万元；净利润-35万元。

地址：康庄镇康祥路11号
电话：61119657

（闫婷杰）

【北京九龙制药有限公司】 北京九龙制药有限公司始建于1983年，于1997年入驻开发区，是集研发、生产、营销为一体的高科技企业。注册资金2040万元，占地面积54711平方米。生产车间完全按照GMP标准设计施工。生产设备均为国内的先进制药设备；检验及试验的仪器设备齐全；生产过程中采用先进的生产监控系统及计算机管理系统，可实现生产的可视监控及自动化管理。公司为GMP认证企业，国家高新技术企业，ISO 9000和ISO 14000认证企业。九龙制药拥有国内一流的中药提取设备和技术，可进行高温溶剂提取、低温浸渍、低温梯度渗滤、真空减压浓缩、双效蒸发浓缩、醇沉、乙醇回收、乙醇蒸馏，真空减压烘干等多种方法的中药有效成分的提取。公司现有四种剂型的生产线，即滴丸剂、片剂（薄膜衣）、颗粒剂、口服溶液剂（10ml～200ml）、合剂，28个品种，其中有12个品种的中药提取。单班年生产能力为：口服溶液剂1500万瓶；滴丸8亿粒；颗粒剂6000万袋；片剂8亿片。同时北京九龙制药有限公司与北京中医药大学合作建立研究生培养基地，并合作开发具有自主知识产权的创新药物。年内，上缴税收226.05万元，完成产值达2000万元。北京九龙制药有限公司的理念是“诚信、务实、拼搏、奋进”，本着对产品精益求精，对社会承诺负责，做好人，做好药，全力打造“北京药、品质药、放心药”。

地址：延庆镇妫水南街13号
电话：69182080

（闫婷杰）

【北京启迪之星创业加速科技有限公司】 2018年4月启迪之星（延庆）揭牌成立，重点聚集了一批从事现代园艺、体育科技、新能源节能环保、无人机等高精尖产业的企业，并初步形成延庆区域创新创业生态体系。启迪之星在延庆设立第113个和第129个创新节点——启迪之星·延庆，以“孵化+投资”的服务模式，结合延庆区域特色、产业定位和启迪之星发展战略，建立从“众创空间—孵化器—加速器”全链条的孵化载体，为科技成果转化、创业企业孵化、创新人才培养、高新企业研发提供发展空间，为企业生命周期内不同发展阶段链接各类资源，为建设“美丽延庆，创新家园”，为北京市的创新发展和科技转化贡献力量。年内，启迪之星（延庆）接待领导到访调研、举办创业活动、座谈127次，签约17家合作服务机构，可为入驻企业提供金融、会议、知识产权、法务、工商财税等多方位科创服务。聘请4位创业导师，可为入驻企业提供一对一创业咨询。获得第六批北京市级众创空间、延庆区统战工作服务站、京津冀体育健身休闲发展协同创新中心延庆研究基地、北京市非公有制经济组织党员驿站示范点4项授牌。成立延庆区第一家院士专家工作站；启迪之星（延庆）同北京银行延庆支行签订战略合作协议；承办歌华有线杯·2019北京市文创大赛延庆区分赛场比赛；启迪之星（延庆）同中国银行北京延庆支行举行战略合作签约仪式；启迪之星（延庆）获评“北京市众创空间”称号；“科技知识大讲堂之走近无人机”活动在启迪之星（延庆）顺利举办；由启迪之星（延庆）配合启迪之星创投共同牵头促成的延庆区第一只科创基金北京宸星创业投资中心（有限合伙）公司完成注册，筹集科创基金2亿元。截至年底，在延庆基地的服务平台上，落地企业96家，累计孵化服务创业企业133家。其中，高端人才创业项目超过50%；新四板企业1家、高新技术企业34家、累计融资企业15家；院士项目8个、“海外高层次人才引进计划项目1个、“长江学者”项目1个、中关村“雏鹰人才”3家、中关村“金种子”企业2家，获得合作项目40余项。

地址：康庄镇八达岭新能源谷27号楼B1口三层

电话：61115686

（闫婷杰）

【北京中科宇清环保有限公司】 北京中科宇清环保有限公司是一家具有环境工程专业承包资质，以系统、高效、快速、低成本水环境治理技术的整体优化和应用推广为特色的系统治水服务商。2018年8月，中科宇清获得中关村高新技术企业资质。公司专业从事分散式生活污水处理、黑臭水体治理，以及河流水生态修复等业务，具有环保工程专业承包三级资质，其主要产品为水体高效富氧装备、智能排口和分散式污水处设立设备。公司下设市场营销部、研发部、技术部和运维实施四个部门。中科宇清高度重视技术研发工作，围绕水体生态修复在纯氧富氧、微生物载体材料，以及排污口智能化改造等领域先后投入研发经费500余万元，形成具有自主知识产权的发明专利10余项。自2017年以来，在系统治水服务方面已累计实现合同额1亿元以上，年营业收入1500万元以上。目前公司业绩遍布北京、河南、湖北、广东等地。目前，公司在中关村延庆园的办公区域内，建立了环境工程实验室（750平方米），具有水质分析检测试验条件，且具备开展水污染治理专用设备、水生态修复工艺的中试规模试验的环境和能力。并加入北京化工大学牵头成立的“北京市水处理环保材料工程技术研究中心”，与北京师范大学、北京化工大学等科研单位紧密合作，投入水处理技术与产品的研发工作。其中，联合开展的新一代水体高效富氧新装备和微动力分散式一体化污水处理装备，具有高溶氧性能、高效率、低能耗的特点，在黑臭水体治理和分散式污水处理方面具有显著的技术优势和广阔的市场前景，已得到初步应用，并取得良好效果。未来，公司将围绕高效富氧技术和分散式污水处理设备两个核心产品，进行多级组合工艺的开发和优化，逐步打造“在线监测+数据分析+设计规划+工程治理”一体化的综合性环境保护业务体系，以期成为具有技术特色和集成优化能力的系统治水服务商。

地址：中关村延庆园风谷四路 8 号院 15 号楼三层

电话：51286880

（闫婷杰）

【北京远度互联科技有限公司】 北京远度互联科技有限公司系启迪控股股份有限公司（以下简称“启迪控股”）旗下企业。依托清华大学及启迪控股旗下优秀无人机研发设计团队，公司致力于成为全球顶尖的无人驾驶航空器产品和整体解决方案供应商。公司团队规模 150 余人，其中研发团队超过 120 人，均来自国内外重点高校及相关行业。是国内少数掌握无人机全产业链关键技术且具备芯片级“智能无人机”研发实力的团队。公司持续探索无人机与新兴前沿技术的融合创新。团队打造的无人机编队表演多次荣登央视“春晚”、湖南卫视等频道的重点节目。目前，公司已在全国 50 多个城市执行数千场无人机表演，获得多方肯定，产品远销海外，并于迪拜创下吉尼斯世界纪录。公司主营行业无人机产品，在无人机智能避障、自动巡航、面向复杂环境的自主飞行等技术领域也都具有深厚积淀，公司产品广泛应用于公安、环保、消防、应急、部队、军贸出口等领域，多次配合应急管理部门及公安部门等参与一线任务行动，产品性能得到各方面充分肯定。

地址：中关村延庆园风谷四路 8 号院 27 号楼

电话：57784888

（闫婷杰）

【北京梦起源体育发展有限公司】 北京梦起源体育发展有限公司（以下简称“梦起源”）于 2015 年 5 月成立，以冰雪项目普及培训、社会社区活动、冰雪赛事、专业冰雪竞技培训、社会冰雪人才培养、室内真冰场建设、室内模拟滑雪机研发及销售为主。公司自行投资建设了高标准、高规格、高要求的滑冰滑雪训练基地，包含室内四季真冰馆、四季模拟滑雪馆。梦起源拥有专业冰雪人才教练团队 70 余人及其他工作人员 30 余人，同时服务于延庆、昌平、门头沟、平谷等多个区。在延庆区服务的冰雪教练达 30 余人，均为国家一级以上退役运动员，全国冰雪赛事前 6 名水平，专业成绩突出，教学经验丰富。2019 年全年，普及冰雪人次达 10 万次，在冰雪竞技赛事中获得 4 金、21 银、3 铜、成功培养达到国家二级运动员水平 30 人以上的好成绩。在冰雪项目普及和培训方面，梦起源为响应 2022 年北京冬奥会的举办，普及冰雪运动，投资约 2000 万元建设延庆区第一座 1800 平方米室内真冰场，引进进口室内模拟滑雪机 3 台，并成立 1200 平方米室内模拟滑雪馆并全部投入使用，同时担负起延庆区青少年冰雪队的组建、训练及全区青少年冰雪项目普及，社会冰雪人才培训，冰雪赛事组织，大众冰雪活动等工作。为更好地满足冰雪市场需求，梦起源于 2019 年 5 月建设模拟滑雪机制造厂，集技术研发、设备制造、设备销售、售后服务为一体。未来，梦起源将为国家实现“3 亿人上冰雪”的目标任务做出应有的贡献，全面做好延庆中小学生冰雪普及、专业队的训练及企事业单位冰雪普及相关工作。加强与北京其他区的交流合作，持续引流到延庆区进行学习和训练，不断扩大专业教练队伍，积极配合促成延庆区冰球、花样、支援等冰雪类项目专业队伍组建。同时，在与东北三省达成战略合作关系的基础上，做强人才输送、交流比赛、专业技术研讨等。梦起源致力于实现高品质、高质量、高服务、高效率的运营发展，面向市场全面拓展冰雪设备，力争以延庆为中心，将冰雪市场辐射全国。

地址：中关村延庆园风谷四路 8 号院 27 号楼

电话：56190329

（闫婷杰）

【中电智慧综合能源有限公司】 中电智慧综合能源有限公司（以下简称“中电智慧”）于 2017 年 7 月在北京投资成立，是国家电力投资集团（以下简称“国家电投”）下属三级子公司。公司服务项目涵盖综合能源解决方案、氢能业务运营及装备研发、多能互补综合能量管理、售电业务代理和能效管理、用电诊断、设备维护等综合能源服务。中电智慧作为中国电力综合智慧能源投资运营平台，承担集团公司北京氢能交通示范应用基础设备投资运营、跨区电力交易业务和京津冀区域绿色能源投资开发，还在搭建综合能源大数据分析中心、能量管理系统研发中心、京津冀综合智慧能源项目集中控制中心。中电智慧综合能源有限公司与北京绿氢科技发展有限公司实施一体化管理模式。定位于氢气的制备、储运和加注及氢能应用项目的投资和运营，同时围绕关键氢能装备开展研发、生产、销售、化验、检测与测试。目前投资建设的氢能产业园一期——小型多能互补零排供能试验系统（延庆园加氢站）已开工建设，预计2020年6月末建成投产，为北京冬奥会测试赛期间氢燃料车辆示范运营提供氢气保障服务。产业园二期、三期初步规划2021年和2022年开工建设，2025年建成投用，建成后将集绿色氢能技术研发、产品测试检测、培训咨询、投资运营为一体，目前已与德国西门子、德国林德工程、美国空气产品、日本丰田等知名企业初步达成合作意向，共同推动产业园建设。氢能产业园代表国家电力投资集团公司氢能发展战略的重要一环，为推动京津冀区域氢能产业布局的实施打下夯实的基础。面向未来，中电智慧将深刻把握全球能源革命趋势，以先进能源技术创新为驱动，以清洁能源供应和能源生态系统集成为方向，助力延庆高质量发展。

地址：中关村延庆园风谷四路8号院27号楼
电话：81182218

（闫婷杰）

信息化建设

【概况】 延庆区经信局依法对全区软件实行行业管理；负责全区政务网络与信息安全管理，统筹协调推进全区城乡一体化中的信息化建设；协调推进有关信息化建设试点示范工作；组织拟订信息化领域的发展规划、年度计划和相关政策；按照规定权限，核准、备案和上报规划内和年度计划内信息化产业固定资产投资项目，并组织实施；配合社会信用体系建设；组织执行软件和信息服务业技术规范和标准；指导和监督政府部门、重点行业的重要信息系统与基础信息的安全保障；负责各乡镇电子政务绩效考核；负责全区无线电管理，开展信息化领域对外合作与交流。年内，通信基础设施日趋完善。宽带光纤覆盖城区及所有376个行政村，并已具备200兆宽带接入能力；新建48个基站的工作任务，实现4G村村通。积极推进5G试点工作，在世园会园区周边及城区主干道路累计完成智慧灯杆建设114根，部署4G基站、路侧停车设施、监控等设施，预留5G位置，并为城市管理、环保等提供可选基础设施；新建680个5G基站，实现城区及重点区域5G覆盖。

单位名称：延庆区经济和信息化局
地　　址：延庆镇东外大街建业胡同2号
电　　话：69103310

（郑鑫）

【延庆区政府网站迁入政务云平台】 3月16日，政府网站迁入延庆政务云平台系统，并经适应性改造升级，网站后台累计迁移900G数据文件共用时两天，于3月17日晚上19点数据迁移完毕，经过3天的试运行，网站运行稳定。

（郑鑫）

【冬奥会延庆赛区外部通信管道北线全线贯通】 10月，在市、区重大办、区经信局的协调推动下，在区城管委、区公路分局、区水务局、区公安分局的大力支持配合下，联通公司承建的延庆城区—妫川路、京银路、古龙路—冬奥管廊，合计24.8千米的冬奥会延庆赛区外部通信管道北线建设完成。确保通信线路在2020

年测试赛实现双路由信号联通。

（郑鑫）

【5G 网络建设】 年内，完成 5G 基站 680 个，其中电信、联通共建共享 590 个，移动 90 个。电信、联通 5G 信号基本实现平原主要区域、城区和主干道路覆盖，速率测试最高达到 900 Mbps。移动 5G 信号主要覆盖北城区、世园园区、京礼高速平原段区域，中关村延庆园、八达岭长城及高校的部分区域。

（郑鑫）

【冬奥延庆赛区通信保障】 年内，延庆赛区外部通信管道北线已全线贯通，完成光缆敷设。京礼高速平原段 2 个基站已完工；铁塔公司在京张高铁沿线完成全部 37 个基站建设。延庆赛区内部移动通信基站项目稳步推进，18 个宏基站已完成施工，为 2022 年冬奥会测试赛提供有力保障。

（郑鑫）

【政务网络与信息安全保障】 年内，检测到对区政府网站的网络进行攻击计 17 万余次，均已拦截并进行应急处理，确保信息安全事件“零发生”。

（郑鑫）

【智慧延庆建设】 年内，完成“大数据三级目录体系建设”市级绩效任务，目前 28 个政府单位，228 个职责目录已梳理，形成 1478 条资源目录。政务云共计开通资源：虚拟机服务器 142 台、vCPU 使用 1466 个、内存使用 4684 GB、存储使用 125356 GB，已入云系统达到 24 个。完成大数据资源池建设、大数据汇聚平台建设、数据治理与管控平台建设。汇聚北京市大数据平台推送的 45 类文件格式的业务数据，41 类 90 多万条结构化业务数据；对接区内 11 个业务部门的 50 余类动态业务数据，采集 30 余类静态业务数据。

（郑鑫）

【社会信用体系建设】 年内，启动区级公共信用信息平台建设，构建以信用信息归集应用、联合奖惩为核心的信用监管体系。区级公共信用信息服务平台项目已完成财政评审，并已启动项目招标工作。信用综合指数排名实现历史性突破。2018 年 10 月 1 日—2019 年 9 月 30 日，延庆区区信用综合指数在全市排名第 1，在 261 个地级市和北京 16 个区中排名第 97。

（郑鑫）

【世园会通信网络保障】 年内，牵头成立通信网络保障领导小组，会同各公司完成近 600 人的通信应急保障队伍组建，7×24 小时待命，确保出现突发事件时能够在 5～10 分钟之内快速处置。世园专线双路由管道、11 条道路 620 余千米的架空线入地、14 条道路 114 根智慧灯杆三项任务全部按照世园攻坚 100 天任务安排完成建设。组织开展世园会通信和信息安全联合应急演练，检验应急处置流程、通信设备及抢修技术，磨合指挥调度机制，完善应急预案。做好保障物质储备，强化沟通，世园会会时通信网络安全平稳。

（郑鑫）

网络安全

【概况】 中共北京市延庆区委网络安全和信息化委员会（简称“区委网信委”）是区委层面研究决策网络安全和信息化重大问题的议事协调机构，中共北京市延庆区委网络安全和信息化委员会办公室（简称“区委网信办”）是其常设办事机构，负责区委网信委日常协调服务工作，列入区委工作机关序列，加挂延庆区互联网信息办公室牌子，设区互联网信息管理中心 1 个事业单位。年内，区委网信办印发《延庆区关于加强新媒体管理服务引导健康有序发展的实施方案》，明确 21 项工作任务，梳理全区范围内 216 个新媒体账号信息，推动构建以北京延庆政务“双微”为区域龙头，协同联动、响应迅速的矩阵体系。加强网上宣传引导，聚焦服务保障中华人民共和国成立 70 周年庆祝活动、世园会筹办举办、冬奥会筹办、“不忘初心、牢记使命”主题教育等。“北京延庆”政务微信发文 2250 余篇，微博 3100 余条，累计阅读量 7900 万余次，互动量 5 万次；组织开展世园现场教学走访、端午文化节等线上线下主题宣传活动 25 次，扩大延庆正能量网络传播范围。完善舆情应对体系，畅通舆情信息流转渠道，形成信息共享、联动处置等工作机制和“七有”“五性”民生舆情转办闭环，实现世园会期间网络舆情事件零发生。开展重大事项事前舆论风险评估，编制重大活动负面舆情案例集，组织开展实战演练，提升危机化解能力。健全完善网络安全工作机制，组织举办国家网络安全宣传周活动，建立属地网站常态化三级动态监测预警体系，开展网络与信息安全月度预警通报，加强互联网各类活动日常管理，协调开展重点网站、重要信息系统、关键信息基础设施专项检查，确保全年网络安全事件零发生。扎实有序推进互联网企业党建工作，形成企业党建和业务双促进的良好局面。

单位名称：中共北京市延庆区委网络安全和信息化委员会办公室
地　　址：延庆镇湖北东路 118 号
电　　话：69109927

（杨策）

【机构改革完成】　3 月，根据全区机构改革方案，区委网络安全和信息化领导小组调整组建为区委网络安全和信息化委员会，日常办事机构为区委网信办，根据“三定”方案，共有行政编制 4 名。

（杨策）

【“延延”小编亲民品牌】　4 月，区委网信办依托北京延庆政务双微平台，推出“延延”小编官方亲民服务品牌，世园会期间建立吃、住、行、游、购、娱全方位服务市民信息库，实行 24 小时不间断线上互动，日均答复回应网民咨询 50 余条，以官方亲民形象连接“党心”“民心”。

（杨策）

【网络安全专题培训】　4 月，区委网信办邀请网络安全专家，对全区处级班子单位主管领导、网站管理员，区内重点保障网站负责人、管理人员等近 300 人开展专题培训；牵头组织 11 家单位开展网络安全实战演练，模拟全区重点保障网站网页被恶意篡改、遭受拒绝服务攻击等情况，着力提升网络安全应急处置能力。

（杨策）

【两级网络发言人团队成立】　4 月，印发实施延庆区网络发言人工作方案，明确团队构成、职责要求、工作内容、工作程序以及保障措施，组建区级和处级班子单位两级网络发言人团队，重点抓好 18 个街乡和重点职能部门的网络发言工作，全年开展专题培训和实战演练 10 余场，着力提升团队舆论素养和实战能力。

（杨策）

【区委网信办获全国“网络舆论引导优秀奖”】　6 月 20 日，第五届全国网络舆情高峰论坛在甘肃兰州举行，围绕“时、度、效”三大网络舆论指标，根据人民网舆情数据中心网络舆论引导指数，区委网信办获评“网络舆论引导优秀奖”。

（杨策）

【世园会集体采访报道】　7 月 12 日，区委网信办联合市委网信办组织北京属地主要网站记者编辑、网络名人约 70 人，走进延庆、走进世园会，开展集体采访报道活动，通过视频、图文等方式，全媒体多平台宽角度宣传展示延庆生态文明成果，展现美丽延庆精彩世园的城市形象。

（杨策）

【网络与信息安全预警通报】　7 月，印发实施《延庆区全面开展网络与信息安全信息通报工作实施意见》，成立网络与信息安全应急小组，年内联合公安、经信等部门开展网络信息安全月度预警通报 6 次。

（杨策）

【专家智库团队组建】 8 月 14 日，区委网信办牵头成立由舆论引导专家、第三方权威机构知名人士、媒体记者、网络“大 V”共 10 人组成的专家智库团队，作为延庆区网络发言人团队的有力支撑，为延庆区舆论引导工作提供及时有效的专业指导和智力支持。区委宣传部和区委网信办共同与智库专家签订名誉聘书，聘期一年。

（杨策）

【世园会现场教学走访活动】 8 月 16 日，区委网信办组织延庆网络发言人专家智库团队成员、延庆传媒联盟自媒体和互联网企业负责人开展世园会现场教学走访活动，通过现场互动学习的方式拉近团队间距离，多方联动宣传，有效凝聚生态发展共识。

（杨策）

【网络安全宣传周活动】 9 月 16 日至 22 日，区委网信办组织区住建委、区司法局、区教委、区经信局、区发改委、区公安分局、区总工会、乡镇（街道）等 29 个部门和单位开展网络安全宣传周活动，围绕“网络安全为人民、网络安全靠人民”主题设立科普日、校园日、电信日、个人信息保护日等 6 个主题日，通过微博、微信、户外电子屏、延庆电视台、延庆广播电台、智慧交通系统等拓宽宣传渠道，运用主题讲座、法治课堂、案例巡展、公益短信、倡议书、H5 有奖问答等形式，普及网络安全知识，提升全民网络安全防范意识和技能。

（杨策）

【中华人民共和国成立 70 周年新媒体作品有奖征集活动】 9 月 20 日至 10 月 25 日，区委网信办策划并组织开展“我和我的祖国”新媒体作品、与“庆祝中华人民共和国成立 70 周年活动标识”合影有奖征集活动，收到歌颂祝福祖国、向往美好生活的影像作品 70 余份，评选一等奖 1 名、二等奖 2 名、三等奖 3 名。

（杨策）

【国庆期间网络安全保障】 9 月，制定国庆其间网络安全服务保障方案，组织专业机构运用渗透测试、漏洞扫描等技术手段，对全区 240 余家单位政务网络和 15 家重点保障网站安全性进行评估，发现存在漏洞单位 29 家。25 日，完成评估和加固整改工作，保障国庆期间全区网络安全稳定运行。

（杨策）

【中华人民共和国成立 70 周年主题宣传】 10 月，区委网信办紧紧围绕中华人民共和国成立 70 周年以来延庆区的光辉历程、伟大成就和变化，开展“70 年京彩印记”之看延庆生态、交通、民居、乡村等 9 个主题活动，其中“70 年京彩印记”之“看延庆旅游”“讲好长城故事，传承长城精神”两条微博，阅读量分别为 275 万、216 万次，得到“@京彩好评”“@头条新闻”“@千龙网”“@梨视频”“@北青网”等“大 V”转发推荐，极大地提升了宣传影响力。

（杨策）

【新媒体监督评估系统启用】 11 月 1 日，区委网信办启用新媒体监督评估系统，建立常态化监管机制，对区内新媒体实时监控，对低频账号、不实信息等进行预警提示，加强互联网信息内容管理，推动“互联网 + 社会治理”在延庆取得实效。

（杨策）

【冬奥测试赛网络安全系列培训】 11 月 12 日至 15 日，区委网信办组织开展高山滑雪世界杯延庆站网络安全服务保障系列专题培训，邀请中国传媒大学、人民网等网络安全和传媒领域专家教授，对网络舆情处置、网络安全、舆论引导、新媒体运营等方面进行授课，全区处级班子单位网络发言人团队成员、舆情业务负责人、网络安全联络员、网评员、政务新媒体和社会新媒体运营人员、区内互联网企业负责人、冬奥施工建设管理人员等近 1000 人次参加培训。

（杨策）

【网络安全代码审计】 11 月，对 2019/2020 赛季国际雪联高山滑雪世界杯延庆站官方网站进行网络安全代码审计，查漏补缺、消除潜在隐患。

（杨策）

【世园网评文章精选集编纂】 年内，成立世园会专项小组，精心策划组织围绕 12 个世园主题发布网络文章300 余篇，精选34 篇优秀文章编纂精品册，形成示范带动效应。

（杨策）

【重大活动事前舆评工作】 年内，区委网信办发挥冬奥世园舆评中心作用，充分运用网络大数据开展 2019 北京世园会、高山滑雪世界杯延庆站、龙庆峡景区重新营业等 6 项重大事项事前舆论风险评估，建立世园舆情指标体系，梳理排查舆情风险点并提出防范对策及建议，编制重大活动负面舆情案例集，组织实战演练，通过桌面推演形成防范化解策略、提升危机化解能力，助推地区治理精细化和决策科学化。

（杨策）

【网络安全三级动态监测预警体系建立】 年内，全面摸排全区党政机关、重点单位关键信息基础设施并建立工作台账，建立三级动态监测预警体系，为网络安全防护奠定基础。

（杨策）

【重大活动网络安全保障】 年内，制定实施重大活动期间网络安全服务保障方案，2019 北京世园会、第二届“一带一路”国际合作高峰论坛、亚洲文明对话大会等重大活动期间和重点时期，制定网络安全保障专项工作方案，执行属地网站 7 ×24 小时实时监测和每日“零报告”制度，开展关键信息基础设施专项检查，针对安全漏洞和隐患，指导督促有关单位整改加固，确保全区网络系统安全稳定运行。

（杨策）

【互联网企业党建】 年内，建立互联网企业党建联络员制度，组织开展红色教育体验、扶贫协作主题党日、践行初心使命专题党课、业务培训等活动，企业党组织负责人、党员代表 100 余人次参加。区委网信办领导班子到重点互联网企业实地调研 5 次，推动解决问题 8 个。

（杨策）

【舆情刊物编发】 年内，创新舆情刊物编发模式，借助互联网大数据，聚焦民生热点，编发《每日舆情》365 期；加强分析研判，及时跟进区内敏感级以上网络舆情事件舆论动态，报送《舆情专报》37 期；聚焦舆情应急管理、舆情回应、互联网发展、社会治理等新形势新理念，出刊《舆情参阅》28 期，充分发挥网信参谋助手作用。

（杨策）

（栏目编辑：景冰芳）

商　贸

概　述

北京市延庆区商务局（北京市延庆区粮食和物资储备局）于2019年3月正式挂牌成立，负责贯彻落实市委关于内外贸易、外商投资、对外经济合作、粮食和物资储备工作的方针政策、决策部署和区委有关工作要求，在履行职责过程中坚持和加强党对内外贸易、外商投资、对外经济合作的集中统一领导。内设办公室、流通管理科、外经外贸科（行政审批科）、安全科（粮食和物资储备科）4个行政科室，粮食管理中心、会展促进中心2个规范事业单位。2019年，区商务局紧紧围绕赛会服务保障，主抓内外贸易经济发展，结合“七有”要求和“五性”需求，着力提升商务行业建设管理和服务水平。顺利完成游客服务与食宿保障；按期完成“疏整促”工作任务，大力发展夜间经济，消费潜力进一步释放；推动服务业扩大开放综合试点方案落地实施；全区商务行业安全管理有序推进；圆满完成第二届进博会采购任务；扎实做好粮食安全区长责任制考核；持续深化“12345”“接诉即办”工作机制；实现经济发展和民生保障同步推进，商务行业营商环境持续优化，人民群众幸福感、安全感进一步提升。截至年底，全区实现总消费197.3亿元，同比增长10.9%。全年实现社零额106亿元，同比增长7.8%，圆满完成“年终总消费增长8.7%，其中社零额增长7.5%”的任务目标。年内，完成延庆区市场疏解任务，拆除北京市八达岭综合市场中心。推进八达岭商圈（一期）长城特色商业文化街项目。完成恒生市场升级改造，市场归行划市经营有序。全年接诉即办工作累计接办76件，满意率保持较高水平。

单位名称：延庆区商务局
地　　址：延庆镇新城街2号
电　　话：69101551

（李洪涛）

【“夜间经济”深入推进】　6月11日，全区首家“深夜食堂”凯思大酒店开业。年内，成立区、镇两级“掌灯人”。通过八达岭夜长城、会展广场星光啤酒花园、环球美食食堂、“八九不离食”美食活动等项目点亮“夜延庆”。

（李洪涛）

【便民服务促进消费】　年内，制定《延庆区城镇社区生活性服务业设施规划（2018—2022）》，推进八类便民服务网点社区覆盖率，便民网点覆盖率由2018年的63.8%提升至2019年的94%。全年新建34个基本便民网点，完成任务189%，完成速度居全市第一。出台《2019年延庆区促消费工作实施方案》，38家企业申报项目，预计使用资金1400万元。推动首农食中心便民综合体于6月初开业经营。引入连锁品牌，延庆首家麦当劳落户首农食中心，延庆环球新意百货开业第一家味多美、肯德基在乡镇首设网点。注重挖掘“特色小店”，制定针对性强的帮扶措施。落实“一店一策”任务，推动百佳商厦等5家企业改造提升。

（李洪涛）

【餐饮职业培训】 年内，开展餐饮职业培训，邀请专家为企业开展“1对1”指导，累计开展23次餐饮服务培训，培训2573人次，组织87名选手参加餐饮技能竞赛。

（李洪涛）

【外资增加】 年内，13家外商投资企业办理新设备案，同比增长44%，中关村延庆园新设外资企业6家、世园会园区内引进外资企业51家。合同外资740万美元，全年实际利用外资2299万美元，同比增长149.3%，超额完成市级下达的任务指标1000万美元。

（吴广云）

【外贸增长】 年内，20家企业办理对外贸易经营者备案，同比增长17.6%。直接进出口总额完成1.85亿美元（合12.78亿元人民币），同比增长36.6%；其中直接出口总额1.44亿美元（合9.96亿元），同比增长55.9%，超额完成市级下达的6亿元任务指标；直接进口总额0.41亿美元（合2.82亿元），同比减少5%。帮助外经贸企业应对中美贸易摩擦、支持外经贸企业高质量发展。对延庆区符合政策支持标准的进出口企业进行梳理，为北京卓文时尚纺织股份有限公司争取139.49万元资金支持，为北京中硅展览有限公司争取10万元资金支持。

（吴广云）

【服务业扩大开放】 年内，落实北京市新一轮服务业扩大开放综合试点工作，完成市级177项任务分工中涉及延庆区牵头的2项任务，制定并实施《延庆区落实全面推进服务业扩大开放综合试点工作实施方案》。征集全区服务业扩大开放项目15个上报市级部门，其中14个区级统筹项目已落地。

（吴广云）

【营商环境优化】 年内，学习宣传“9+N”政策、《优化营商环境条例》等内容，压缩服务事项的办理时限和网办深度，减少企业跑腿次数，提高办事效率。落实服务管家制度，及时了解企业诉求，主动服务、精准对接，帮助企业协调解决问题，为延庆区11家重点企业送达政策“服务包”。

（吴广云）

【延庆海淀商务对接】 年内，落实《延庆区—海淀区结对协作总体工作方案（2019—2022年）》，区商务局与海淀区商务局在延庆区召开签约座谈会，并现场签约。区商务局、农业农村局组织区11家延庆优质农产品种植、加工企业参加海淀区“品牌进社区 服务送万家”活动、“中国农民丰收节”暨第十八届金秋田园体验季活动以及“妫水农耕、健康之源”系列优质农产品海淀行活动，将延庆有机杂粮、绿色蔬菜、优质果品、高档园艺花卉、精品畜牧5大类60余个品种的农产品进行现场展示、品鉴、销售，现场销售收入11万余元。茂源广发农业发展有限公司与海淀区车客家园网络科技发展有限公司完成线上线下对接，截至年底，累计接单55595单，销售各类蔬菜收入52.59万元。

（吴广云）

【世园冬奥服务保障】 年内，区商务局牵头世园会游客服务与食宿保障组，明确5家集配供餐企业和1家专供食品企业作为世园会应急供餐企业，设置应急固定供餐点3个；配送快餐900余份和面包、水等预包装食品3000余份；调配应急物资雨衣8000件、防寒保暖大衣93件。有序落实冬奥会44项任务，摸底区内服务企业能力，推荐冬奥会餐饮原材料备选供应基地18家，牵头冬奥会市场秩序与食宿保障组，落实北京冬奥会及赛前系列测试赛相关服务保障。

（李洪涛）

【粮食物资储备工作】 年内，粮食安全区长责任制考核连续4年被评为优秀等次，完成

2019年粮食库存数量和质量大清查工作，轮换区级储备粮8000吨并通过检查验收，发放退耕还林补助粮1118吨，玉米收购3.6万吨。按机构改革职能调整，延庆区代储市级临时救灾物资储备库完成划转，重新梳理，完善管理体系，目前运转良好，物资倒垛工作已于11月17日完成。协助市粮食和储备局推进新建市级救灾物资储备库延庆分库项目。

（李洪涛）

【商务安全】　年内，区商务局为39家重点企业、近4000家一般企业建立台账，与54家企业签订《安全生产责任书》。举办安全知识讲座5次、集中培训22场，开展大型宣传活动2场。对世园会园区内外、城区、旅游景区等重点区域内的526家企业进行培训，世园会期间牵头开展安全检查和隐患排查16次，配合相关部门开展安全专项整治12次，督促整改375项安全隐患。

（李洪涛）

【会展工作】　年内，推动“美丽延庆 冰雪夏都”主题展区亮相北京文博会。在京交会北京馆搭建延庆合作平台。开展第二届进博会专业观众组织工作，延庆分团有39家单位赴现场参观洽商，达成意向金额150.5万美元。

（李洪涛）

【消费扶贫双创分中心建成】　年内，制定《关于全面推进消费扶贫建设双创分中心　助力打赢脱贫攻坚战工作方案》，消费扶贫延庆双创分中心（以下简称“双创分中心”）于9月开业。组织开展“七进”活动，截至年底，双创分中心、直通车、商超等累计销售115.4万元。

（李洪涛）

商贸企业

【延庆粮油有限公司】　北京市延庆粮油有限公司隶属北京首农食品集团有限公司，是由原延庆县粮食局整体转制组成的市属国有独资企业，从事粮食贸易经营，承担国家和地方储备粮储存、管理，军粮供应，退耕还林粮食供应等职责。公司现有土地面积67.70万平方米，房屋面积13.24万平方米。2019年，根据国有企业改制的规定注销北京康拓饲料加工有限公司。现有北京市隆庆粮食收储有限公司（下属大榆树、康庄、大柏老、永宁、张山营、沈家营6个粮库）、北京京粮隆庆贸易有限公司、北京市昊利恒粮油贸易有限公司、北京市隆庆夏都军粮供应有限公司、北京市成龙工程公司5家企业，业务涉及粮油贸易、粮油储备、不动产经营三大产业，形成以贸易为龙头、仓储和不动产经营齐头并进的经营格局。公司坚持“以收储为基础、以经营为根本、以效益为中心”的工作方针，牢牢把握稳中求进的工作总基调。2019年，公司总资产1.84亿元，不动产经营土地面积23万平方米，年汇总收入8.95亿元，汇总利润331.25万元。全年贸易粮总购进42.49万吨，其中玉米32.74万吨，稻谷2.76万吨，小麦6.95万吨，杂粮304吨，全部销售完毕。随购随销业务28.73万吨。销售成品粮1252.86吨，其中军供粮592.95吨，贸易粮659.91吨。全年入库储备粮3.63万吨，其中市储备玉米2.36万吨、市储备稻谷4592.02吨、区储备玉米5000吨，区储备小麦3042.14吨；共计出库储备粮4.78万吨，其中市储备粮玉米3.98万吨、区储备玉米5000吨、区储备小麦3042.14吨。现储备粮库存合计15.24万吨，其中市储备粮14.09万吨，区储备粮1.15万吨。全年签订租赁合同90份，租金收入691.73万元。

年内，根据延庆区政府对京张路口南区域环境整治与建设的工作要求，配合区政府拆除京张路口南临街门店、房屋，建筑面积1193.79平方米，获得补偿金280.16万元。按照北京市国资委、北京市财政局《关于市属国有企业非经营性资产及在京中央企业职工家属区“三供一业”分离移交工作有关事项的通知》（京国资发〔2017〕15号）和北京市财政局《关于印发〈北京市市属国有企业非经营性资产分离移交财政补助资金管理办法〉的通知》（京财资产〔2017〕1780号）及北京首农食品集团有限公司相关要求，将北京市延庆区石河营东街8号、10号家属楼，北京市延庆区川北小区6号、13号家属楼移交给北京房地集团有限公司管理。按照市局和京粮集团安排部署，对大柏老、大榆树、康庄三个粮库进行“5S”管理推进改造并通过京粮集团验收。公司先后举办由各储粮单位保管组长、保管员、检验员28人参加的“一口清”比赛和第十二届职业技能竞赛暨首席职工评选，评选出公司2019年度首席职工4人（其中保管员3人、检验员1人）。结对帮扶内蒙古兴和县赛乌素镇赛乌素村，出资4万元为帮扶村购置藜麦种子和建立商店。截至年底，上年度退耕还林补助发放到位，涉及15个乡镇311个自然村10657户，面积2130.75公顷，共计发放面粉1118.65吨。

地址：延庆镇京张路口南400米

电话：69144716

（李薇）

【北京市延庆区烟草专卖局（公司）】 北京市延庆区烟草专卖局（公司）（简称“延庆烟草”）成立于1995年3月22日，负责延庆辖区的卷烟经营和市场管理。公司下设7科2室：办公室（安保科）、内部专卖管理监督派驻办公室、专卖监督管理科（专卖稽查支队）、法制科、营销网建科、财务科、人事科、纪检监察科（党建工作科）、配送仓储科。年内，延庆烟草开展以“提升客户形象，深化客我关系”为主题的中小客户店面形象提升工作，通过安装形象提升帮扶柜台（简称“背柜”），引导一批零售客户打造既符合消费者购买心理又兼顾美观的新型卷烟陈列格局。经分析目标客户地理位置、柜台大小、距离远近等方面的因素，制定7批次的安装计划，并于2019年底完成100户形象提升目标客户的背柜安装工作，为客户增加了卷烟经营面积、改善经营形象、优化陈列效果、提升经营能力。延庆烟草利用公安部门建立的快递物流工作微信群，向从业人员宣传烟草专卖法律法规和最新政策。同时，在物流快递经营场所张贴宣传标语，发放举报卡，警示从业人员守法经营。对辖区内的物流快递等场所进行摸底调查，掌握有关基础信息，并建立档案。加大与公安、邮政、交通等部门的协同工作力度，把物流快递行业作为卷烟打假打私的切入点，建立长效工作机制，定期开展物流寄递环节涉烟联合整治，规范物流寄递环节监管工作。先后在延庆区中心商业区环球新意东门、大型集贸市场日上市场、京烟零售店门口开展“3·15”“5·15”“6·29”“12·4”普法宣传活动，通过发放资料、现场咨询、设立展板等形式，“图文并茂”向零售户和消费者宣讲涉烟常见违法行为及处理办法和卷烟真伪鉴别知识；大力宣传“12313”烟草举报电话，提高群众的自我保护意识，鼓励群众积极举报涉烟违法行为，共同打击涉烟违法犯罪行为。全年共制作行政许可卷宗611卷，辖区共有持证卷烟零售户1117户。截至年底，实现税利9114.66万元，同比增长10.76%。查获各类违法卷烟案件68起，查获违法卷烟174.06万支；查获假私烟28.12万支。

地址：延庆镇妫水南街9号

电话：81196686

（孙刚）

（栏目编辑：景冰芳）

金　融

概　述

延庆区金融服务工作在落实北京市关于地方金融业发展的各项政策和工作部署的基础上，引导和规范民间融资，拟定吸纳民间资金的政策、规划与措施。引导民间资本进入金融领域，指导民营银行和非银行机构的设立和发展。加强对新兴地方金融组织的培育、管理和协调服务。负责小额贷款、融资担保、典当行、融资租赁等公司的复核报批、协调服务和年度评级。指导区小额贷款公司、融资担保公司、典当行等行业协会工作，指导各类金融机构做好风险处置等工作。年内，推动设立延庆区首支科技创新基金（政府出资2600万元，与市中小企业服务中心、启迪之星等合伙组建2亿元科创基金），重点支持科技创新企业培育、科技成果转化；推动中华联合财产保险股份有限公司北京分公司在延庆设立支公司；推动解决农村地区金融服务“最后一公里”问题，在金融空白村新建50个乡村便利店。制定《延庆区处置非法集资突发事件应急预案》《2019年延庆区涉嫌非法集资风险专项排查整治行动方案》，健全及早发现、打早打小、存量整治、应急处置、刑事打击“五位一体”金融风险防范和应急机制，进一步增强全区金融风险防控能力和服务实体经济能力。截至年底，全区授信额度380亿元。全区社会各项存款余额540.95亿元，同比增长3.23%；居民储蓄存款余额279.68亿元，同比增长18.50%；银行各项贷款余额199.26亿元，同比增长20.64%。

（肖炉威）

中国银行延庆支行

【概况】　中国银行股份有限公司北京延庆支行（简称“中行延庆支行”）有营业机构3个，支行本部及所辖高塔街、妫水南街经营性网点支行。年内，以世界园艺博览会、2022年冬奥会为契机，贯彻落实总行建设新时代全球一流银行的战略决策，抢抓市场机遇，强化风险管控，加强队伍建设，担当社会责任。大力参与并支持2022年冬奥会、“延庆棚户区改造”等区重点项目。截至年底，人民币存款余额46.53亿元，比上年减少1.05亿元。实现利润5500.26万元，比上年增加1162.78万元。

地址：延庆镇庆园街12号

电话：69141843

（闫立君）

【存款业务】　年内，人民币各项存款余额46.53亿元，比上年47.58亿元减少1.05亿元。其中人民币公司存款余额29.95亿元，减少3.77亿元；储蓄存款余额16.58亿元，增加

2.72 亿元。外币存款余额 704 万美元，与上年相比，减少 60 万美元，其中，公司外币存款余额 0 美元，外币储蓄存款余额 704 万美元。

（闫立君）

【贷款业务】 年内，各项贷款余额为 14.46 亿元，其中人民币公司贷款余额 14.16 亿元，比上年增加 2.06 亿元；人民币零售贷款余额为 2956 万元，比上年减少 2364 万元。不良贷款余额为 0 元，资产不良率为 0%。

（闫立君）

【中间业务】 年内，实现利润 5500.26 万元，比上年增加 1162.78 万元，完成分行任务指标的 104.15%。实现中间业务净收入 869.79 万元，与上年同期相比增加 334.89 万元，完成分行任务指标的 94.45%。

（闫立君）

【国际结算业务】 年内，对公国际结算业务量 531.89 万美元，比上年增加 39.64 万美元。

（闫立君）

中国工商银行延庆支行

【概况】 中国工商银行股份有限公司延庆支行（简称“工行延庆支行”），内设机构 5 个，营业网点 4 个，附属机构 1 个。截至年末，本外币资产总计 77.08 亿元，比年初减少了 9.13 亿元。人民币各项存款时点余额 67.90 亿元，较年初下降 13.36 亿元；各项贷款余额 41.08 亿元，较年初增加 11.01 亿元；拨备前利润 13794 万元，同比增加 849 万元。

地址：延庆镇东街 28 号

电话：69143392

（史玉君）

【网点开业】 8 月 28 日，新增网点中国工商银行股份有限公司北京延庆南菜园支行，营业网点实现了南北城服务全覆盖。

（史玉君）

【代理国库业务】 年内，办理国库业务 30.78 万笔，金额 309.48 亿元，其中，预算收入 27.37 万笔，金额 93.38 亿元。预算支出 3.02 万笔，金额 216.1 亿元；收入退还 3196 笔，金额 3.62 亿元；更正通知书 137 笔，金额 4.72 亿元。办理县区级授权支付和直接支付 2.84 万笔。

（史玉君）

【存款业务】 年内，对公存款余额 37.46 亿元，较年初下降 17.24 亿元。储蓄存款余额 30.45 亿元，较年初增加 3.88 亿元。外币储蓄存款余额 150.16 万美元，比上年下降 27.55 万美元。

（史玉君）

【贷款业务】 年内，个人贷款余额 5.58 亿元，比年初增加 0.28 亿元。公司贷款余额 35.49 亿元，比年初增加 10.74 亿元。

（史玉君）

中国建设银行延庆支行

【概况】 中国建设银行股份有限公司北京延庆支行（简称“建行延庆支行”），设 8 部室（含营业部）、1 个营业中心、2 个个人金融中心。截至年底，实现本外币账面利润 1.74 亿元；本外币存款时点余额 69.91 亿元，本外币信贷资金贷款时点余额 50.21 亿元；五级分类不良贷款余额 375 万元，不良率 0.07%。

地址：延庆镇东外大街 97 号

电话：69101571

（罗璇）

【存款业务】 年内，支行本外币存款时点余额 69.91 亿元，较年初新增 4.22 亿元；企业存款余额 32.17 亿元，企业存款日均余额 29.17 亿元，较年初增加 4.59 亿元；人民币储蓄存款 37.51 亿元，较年初增加 6.46 亿元，储蓄存款日均余额 33.94 亿元，较年初新增 5.89

亿元。

（罗璇）

【贷款业务】 年内，贷款余额50.21亿元，较年初增加0.78亿元，区域四行占比第一。企业贷款余额41.8亿元，个人贷款余额8.41亿元，同比增加1.04亿元，其中，住房贷款余额7.95亿元，较年初新增1.1亿元。

（罗璇）

【中间业务】 年内，实现中间业务净收入5282万元，同比增加699万元。其中，对公中间业务净收入2784万元，对私中间业务净收入2498万元。

（罗璇）

中国农业银行延庆支行

【概况】 中国农业银行股份有限公司北京延庆支行（简称农行延庆支行）内设部门6个，营业网点8个，包括支行营业部和7家二级支行。年内，以客户为中心，以金融科技和业务创新为驱动，围绕“数据化、场景化、智能化、开放化”，推动线上线下一体化融合及数字化转型。

地址：延庆镇东外大街73号

电话：69144474

（郭京雪）

【存款业务】 截至年末，各项存款余额117.7亿元，较上年增加7.9亿元。其中储蓄存款余额66.2亿元，较上年增加6.7亿元；对公存款余额51.5亿元，较上年增加1.2亿元。

（郭京雪）

【贷款业务】 截至年末，各项贷款余额29.0亿元，较上年增加8.6亿元。其中个人贷款余额12.4亿元，较上年增加2.1亿元；对公贷款余额16.6亿元，较上年增加6.5亿元。

（郭京雪）

【中间业务】 截至年末，实现净利润1.41亿元，较上年减少300万元；实现中间业务收入4019.9万元，较上年减少288.1万元。

（郭京雪）

中国农业发展银行延庆支行

【概况】 中国农业发展银行北京市延庆区支行（简称“农发行延庆支行”），1997年成立，内设1室2部，分别为办公室、信贷业务部、会计结算部。主要职责是按照国家的法律法规和方针政策，以国家信用为基础筹集资金，承担农业政策性金融业务，代理财政支农资金的拨付，为农业和农村经济发展服务。2019年，支行紧紧围绕落实分行支行行长会议精神，坚持“党建领行、创新强行、服务兴行、合规治行”的发展思路，按照“党建统领、稳中求进、提升素质、廉洁自律”“四位一体”的工作要求，以支行年初提出的工作思路为主线，精心组织，真抓实干，支行的各项工作稳步运行。截至年底，支行各项贷款余额为67625万元，各项存款余额143577万元。

地址：延庆镇妫水南街33号

电话：69188337

（冯烨）

【政策性粮油贷款管理】 年内，支行严格按照政策性贷款管理办法的有关规定，扎扎实实地做好政策性贷款业务的各项管理工作，不断加大对储备粮库存监管的力度，严格执行定期查库、季度交叉查库制度，认真核实粮食企业库存，确保我行政策性信贷资金的安全。2019年支行累计发放贷款13笔，金额7.75亿元，累计收回贷款15笔，金额4.04亿元。累计办理地方储备粮贷款展期9笔，金额2.39亿元。

（冯烨）

【存款业务】 截至年底，支行各项存款余额14.36亿元，较年初增加6.72亿元，增幅88.09%，占比99.78%，其中，企事业单位存款余额14.31亿元，较年初增加6.86亿元；财政性存款余额503万元，较年初减少1407万元。

（冯烨）

【贷款业务】 截至年底，支行累计投放贷款1.29亿元，累计收回贷款1.29亿元，其中收回中央储备粮贷款9372万元，收回市储备粮贷款1772万元，收回调控粮油贷款1641万元。月末，我行各项贷款余额6.76亿元，其中政策性非扶贫贷款6.75亿元，自营性非扶贫贷款150万元。

（冯烨）

北京农村商业银行延庆支行

【概况】 北京农村商业银行股份有限公司延庆支行（简称“北京农商银行延庆支行”），有营业网点20个，其中1个支行营业部，6个非管辖行级网点，13个分理处级网点。支行围绕地区发展规划，努力为区重点项目、民生工程提供全面的金融服务支持。年内，继续坚持“立足城乡、服务三农、服务企业、服务百姓”的市场定位，以“深化改革、创新发展”为经营主题，努力实现更高质量、更有效益、更可持续的稳健全面发展。

地址：延庆镇东外大街109号

电话：69147141

（韩煦）

【存款业务】 年内，人民币存款总额达到160.16亿元，比上年增加4.09亿元，增长2.62%，占全区市场份额的29.61%，在全区金融机构中排名第一。其中，对公存款余额83.37亿元，减少5.67%，储蓄存款余额76.79亿元，增长13.44%。

（韩煦）

【贷款业务】 年内，各项贷款余额12.33亿元，较上年增加6.51亿元，增长111.86%，占全区市场份额的6.19%，在全区金融机构中排名第七，较上一年度排名前进2名；其中，发放银团贷款4户8笔9.19亿元、中小微企业贷款15户21笔4875万元、个人经营类5户5笔87万元、个人消费类2户2笔160万元。存量不良贷款0.89亿元，不良率7.18%。

（韩煦）

【中间业务】 年内，实现中间业务收入1993万元，比上年增加319万元，增幅19.06%。

（韩煦）

【便民服务】 年内，通过金融空白村调研，加紧乡村便利店建设，开放助农取款功能，新增乡村便利店50家，使全区存量乡村便利店达到104家，增幅92.59%。新增完成智能化改造网点1家，使智能网点数达到4家，为客户带来更加便捷的智能化银行服务体验。

（韩煦）

【精准帮扶】 年内，选派新的“第一书记”上任，实施系列帮扶举措，重点开展春节4.68万元公益性赞助慰问、中秋节慰问困难党员、送金融知识进村、多主题结对共建活动；协助总行完成对庙梁村农产品收购、帮销，多渠道获得帮扶资金7.04万元。全年帮助低收入户（6户8人）实现托底。截至年底，庙梁村全部低收入户25户（45人）在两年帮扶期内全部脱低。

（韩煦）

中国邮政储蓄银行延庆支行

【概况】 中国邮政储蓄银行股份有限公司北京延庆区支行（简称“邮储银行延庆支行”）。

支行机关设4个部室，13个网点。年内，在北京分行的正确领导和支持下，延庆支行紧紧围绕年初工作目标和监管部门要求，坚持稳中求进、改革创新，不断增强改革活力，提升发展质量，各项业务稳步推进。全年无任何资金案件和安全事故。截至年底，实现收入6071.84万元，各项存款余额37.29亿元，各项贷款余额17.13亿元。

地址：延庆镇东外大街72号
电话：69146754

（段玉超）

【存款业务】 年内，各项存款余额37.29亿元，同比增长2.10亿元。其中，居民个人储蓄存款累计34.89亿元，同比增长8.18亿元；对公存款累计2.40亿元，同比增长-6.08亿元。

（段玉超）

【贷款业务】 年内，各项贷款余额17.13亿元，其中个人经营性贷款结余2.38亿元，较年初减少1897万元；个人消费类贷款结余2.79亿元，较年初增加7131万元；小企业贷款结余0.71亿元，较年初增加131万元；公司贷款结余11.25亿元，较年初增加3.76亿元。

（段玉超）

【中间业务】 年内，信用卡发卡2957张，同比增长212张；发展保险业务160.59万元，同比增长-784.76万元；发展理财业务31558.52万元，同比增长-16227.9万元。

（段玉超）

（栏目编辑：景冰芳）

交通邮电业

交通运输

路政管理

【概况】 延庆公路分局作为北京市交通委员会的派出机构，机关设11个职能科室，设1个直属机构公路路政执法大队。2019年，全区公路总里程1961千米，路网密度98.4千米/平方千米。其中国道160千米、市道243千米、县道436千米、乡道597千米、村道471千米、专用道路54千米。延庆公路分局管养县级以上公路里程为732千米，桥梁188座，隧道12座。干线公路一二类桥梁比例达到95%，干线公路中二级以上公路的比例达到83%。受区政府委托代管乡村公路1091千米，桥梁115座。年内，分局完成投资6.6亿元，其中完成市级投资5.7亿元，区级投资0.9亿元（乡村公路投资）。全年实施新改建项目1项，新改建公路15.6千米；实施旧桥改造项目1项、大修工程3项、中修工程6项、改造公路64.516千米；实施综合整治工程3项、地灾防治工程2项、绿化工程2项、公路生命安全防护3项。实施农村公路改造18项共计27千米；实施农村公路桥梁改造4座、安防工程5项，共计269千米。为持续优化营商环境，分局路政大队主动对接辖区内大件装备制造企业及重大建设项目，将Ⅲ类大件运输审批时限由10日压缩为1日，为企业节约宝贵时间。安徽送变电工程有限公司负责人专程将绣有“热情助力柔直电网同心共保纯洁冬奥”和“心系柔直电网共保北京冬奥 倾情大件运输 为民排忧解难”的锦旗送至分局，感谢延庆路政审批人员热情服务和办事效率。市总工会和市交通委召开的2018年京津冀交通一体化（北京赛区）重点建设项目劳动竞赛总结表彰大会，授予延庆公路分局竞赛优胜单位称号、授予分局计划科及工程科优胜班组称号、授予分局副局长黎兴松及分局工程科副科长汪洋岗位标兵称号。分局录制展现延庆公路人激情澎湃爱国情怀的快闪“我和我的祖国”，收录到“学习强国”App，被广泛学习观看。截至年底，分局公路路网交通信息采集与发布设施运维完成投资652.16万元，所管辖区域内337套路网外场设施运行良好，完好率99.97%，在北京10个郊区中位列第一。

单位名称：延庆公路分局
地　　址：延庆镇东外大街50号
电　　话：69142546

（胡明丽）

【东烧路改造完工】 1月12日，东烧路开通公交线路。东烧路南起东羊坊村，北至烧窑峪村，道路全长4.95千米，改造路段路宽6米，路基7米。

（胡明丽）

【京张高铁八达岭站进出口接驳道路完工】 4月，京张高铁八达岭长城站进出口接驳道路完工，工程起点为216省道（S216），终点为110辅线应急线，路线全长0.38千米，项目投资196.28万元，设计等级为三级公路，为京张高铁八达岭长城站周边配套路网建设提供有力支持。

（胡明丽）

【世园会突发事件应对】 4月9日至14日，世园会园区周边东姜路、延康路发生两起其他单位地下管线泄漏事件，分局积极协助区内部门及时完成修复，从而满足世园会开园需要。5月1日，开园后首个游客高峰日，世园会园区P3停车场路面突发破损约200平方米，严重影响车辆通行。分局紧急支援，经过14个小时全部修复破损路面，停车场正常使用。全年，快速果断处理道路积水、风倒树等突发情况，保证安全运行。

（胡明丽）

【延庆公路分局世园保障道路全面完工】 4月15日，分局实施的世园保障项目延康路提级改造工程第一标段、东姜路道路工程顺利完工。延康路提级路段起点为湖南西路，终点为东姜路，道路等级为一级公路，路面宽30米，道路长度2.98千米，项目投资4600万元。东姜路道路工程起点为延康路，终点为规划知夏街，道路等级为一级公路，路面宽40米，道路长度4千米，项目投资1.48亿元。两项工程的完工标志着分局负责的5条世园会保障道路全部完成。

（胡明丽）

【世园会交通基础设施保障应急演练和誓师大会举行】 4月16日，为落实全市世园会保障大会精神，提高园区道路交通基础设施运行能力，分局在世园会外围保障道路百康路举行世园会交通基础设施保障应急演练和誓师大会。应急演练模拟百康路发生交通事故，造成道路遗撒油污、桥梁护栏损坏、车道阻断突发情况。通过演练检验分局应急队伍、物资、装备、技术等方面的准备情况，增强应急人员对突发事件的处置能力。市交通委、延庆区政府、北京市政路桥集团有限公司相关领导和区相关部门参加演练。

（胡明丽）

【大件运输许可服务大走访活动】 4月19日至25日，分局路政大队对辖区内大件装备制造企业及重大建设项目开展大件运输许可服务大走访活动。路政大队主动对接辖区内大件装备制造企业及重大建设项目，通过调查表、座谈会等形式对企业运输需求进行调研，通过微信公众号调查问卷形成大件运输“资源库”，邀请企业负责人加入“北京市大件生产、运输企业服务群”，建立大件运输“朋友圈”。进一步推进大件企业规范有序、高效低费运输，促进大件运输持续健康发展。

（胡明丽）

【康张路高速出口综合整治工程完工】 4月30日，分局负责的康张路高速出口综合整治工程完工。该工程位于康庄高速检查站，项目投资608万元，通过在康庄检查站内设置甄别区和新建劝返通道，对4吨以上、国Ⅲ排放标准以下不符合进京条件的的货车进行甄别劝返，同时设置硬性隔离设施及一处红绿灯灯控设施保证通行安全。

（胡明丽）

【兴阳线、妫川路中修工程交工】 6月18日，分局负责的3中修项目兴阳线（K220+300—K223+650）、兴阳线（K180+131—K187+131）、妫川路工程交工，共计中修道路里程12.75千米，项目总投资2490万元。其中，兴阳线（K220+300—K223+650）中修里程3.35千米，投资966万元；兴阳线（K180+131—K187+131）中修里程7千米，投资734万元；妫川路中修里程2.4千米，投资790万元。三项工程中修内容为病害处理、面层罩面、排水设施、和附属设施完善，提升整体路域环境。

（胡明丽）

【兴阳线、G6 辅路绿化工程交工】 6月18日，分局负责兴阳线、G6 辅路绿化工程交工，道路绿化里程共计6.4千米，投资共计520万元。其中兴阳线工程绿化里程3.4千米，投资275万元；G6 辅路工程绿化里程3千米，投资245万元。绿化内容为隔离带补植苗木、行道树绿化，为世园会营造绿色美丽的通行环境。

（胡明丽）

【昌赤路施工突发事件市级应急演练】 6月28日，市交通委员会在延庆区昌赤路二标山底下桥开展“2019年北京市交通行业公路施工突发事件抢险处置综合应急演练”。延庆分局作为演练组织实施单位，在现场设置“隧道坍塌、高处坠落、火灾救援”3个科目，旨在提高公路施工突发事件应急处置能力和联动应急机制，检验应急救援体系和应急预案的科学性、可行性。进一步提升首都道路交通安全运行水平。

（胡明丽）

【非现场执法设备启用】 8月1日，延庆区正式启用G110 张伍堡站前非现场执法设备，分局在区政府网站、官方微博、延庆融媒体、北京延庆、延庆在线等微信平台发布公告，在张山营、下营、白河堡、康庄、西康、张伍堡综检治超站、执法大队张贴公告海报，加大宣传力度，提示货车司机合法装载、合法运输，远离超限超载行为。

（胡明丽）

【京银路地质灾害防治工程】 9月20日，京银路地质灾害防治工程交工，该项目位于京银路K63+470—K63+940段西侧，治理里程470米，项目投资900万元，共两处治理点，分别为K63+470—K63+500段及K63+870—K63+940段地质灾害隐患点。项目主要内容为清理浮石、主动网、绞索网等。

（胡明丽）

【滦赤路地质灾害防治工程】 9月23日，滦赤路地质灾害防治工程交工，该项目位于滦赤路K137+300－K144+650处，累计治理路段长约700米，项目投资500万元，共5处地质灾害隐患点。项目主要内容为清理浮石、主动绞索网、被动防护网、岩石锚杆、挡墙修复等。

（胡明丽）

【治超非现场执法设备建设工程】 11月，分局负责新建的治超非现场执法设备工程完工。该设备位于G6 辅线外炮村西口，核心桩号K68+780。

（胡明丽）

【大西路隧道“雪亮工程”完工】 11月，分局负责新建雪亮工程视频点位全部完工。该工程共计三套视频监控，分别位于大西路（X008）瓦庙隧道入口、大西路（X008）瓦庙隧道出口以及八达岭路（S325）出口K4+400处省道与高速交叉口。雪亮工程是分局管辖范围内重点路段和主要路口视频监控体系的重要组成部分，旨在实现公路重点路段和主要路口“全域覆盖、全网共享、全时可用、全程可控”目标。

（胡明丽）

【滦赤路和兴阳线大修工程、干沟桥维修改造工程交工验收】 12月5日，滦赤路、兴阳线大修工程、干沟桥维修改造3项工程实体质量等级评为合格，通过交工验收。其中，滦赤路东起河北省滦平县，西至河北省赤城县，大修路段桩号为K137+459—K141+559、K153+900—K159+500，全长9.70千米，投资2209万元，道路等级为二级公路，路面宽7米，设计速度40千米/小时，大修内容为病害处理和路面铺油。兴阳线大修路段起点为延庆怀柔区界段，终点为四海镇，路段桩号为K169+587—K179+984，全长10.40千米，项目投资2558万元，道路等级为三级公路，路面宽6.50米，设计速度30千米/小时，大修内容为病害处理和路面铺油。干沟桥位于延庆区滦赤路，中心桩号K142+109，桥梁全长104米，项目投资742万元，桥宽8米，道路等级为二级公路，设计速度40千米/小时，改造内容为拆除重建。

（胡明丽）

【妫川路交通综合整治工程交工】 12月12日，妫川路交通综合整治工程交工。该项目综合治理范围为大莲路—米家堡桥，道路全长约4千米，共计投资8291万元。项目道路为公路穿城段，沿线住宅商业密集，交通流量大，易发生早晚高峰拥堵现象。

（胡明丽）

【代征道路用地取得不动产权证书】 12月12日，分局取得2宗延康路代征道路用地的不动产权证书。2宗地坐落为延庆区延庆镇，南起百康路，北至规划菜园南街，用地面积共计49408.11平方米，权利类型为国有建设用地使用权，权利性质为划拨，土地用途为公路用地。

（胡明丽）

【旧北路改造完工】 12月18日，旧北路开通公交线路。旧北路南起旧县村，北至北张庄村，该道路旧县村至耿家营村路段道路路宽6米，路基7米，长度1.27千米。

（胡明丽）

【第二批中修工程完工】 12月，分局负责的第二批中修工程昌赤路（K53+000—K70+700）、兴阳线（K209+113—K212+400）、G6辅路（K53+870—K57+700、K59+148—K73+084）完工，中修里程38.8千米，项目总投资3597万元。其中，昌赤路（K53+000—K70+700）中修里程17.7千米，投资1661万元；兴阳线（K209+113—K212+400）中修里程3.3万元，投资635万元；G6辅路（K53+870—K57+700、K59+148—K73+084）中修里程17.8千米，投资1301万元。三项工程中修内容为病害处理、面层罩面、排水设施和附属设施完善，提升整体路域环境。

（胡明丽）

【分局管养路线调整】 年内，根据交通运输部的总体规划，对分局管养路线兴阳线进行调整。兴阳线（G234），起点在河北省兴隆县，终点在广东省阳江市。兴阳线（G234）北京段穿过密云、怀柔、延庆三个区。延庆段起点位于延庆与怀柔交接（原延琉路），桩号为K169+700，先后经过四海镇、刘斌堡乡、永宁镇、沈家营镇、延庆镇、大榆树镇、康庄镇，延庆段终点与市界相接，桩号为K244+000，延庆区境内全长74.3千米。

（胡明丽）

交通行业管理

【概况】 延庆区交通局（简称“区交通局”），设法制监督科、人事科、运输管理科、安全管理科4个行政科室，设北京市延庆区公路运输管理所、北京市延庆区汽车维修管理所、北京市延庆区出租汽车管理所、张山营公路交通检查站、康庄公路交通检查站、火车站管理处、道口办、110高速公路综合检查站、京张高速公路综合检查站、白河堡综合检查站、综合交通协调中心11个事业单位。全区共有公交客运企业1家，区域内运营线路50条，区域公交配车234辆，其中液化天然气（Liguefied Nature Gas，LNG）公交车129辆，纯电动公交车105辆，区域内运营长度1895千米，跨区域公交车（919路）配车140辆，均为LNG天然气公交车，919路运营长度161千米，清洁能源、新能源公交车达到100%，年客运量1400万人次；市郊铁路S2线延庆站、八达岭站到发旅客247.9874万人，客流比上年同期增长1%；出租汽车个体经营者5家，出租企业3家。汽车613辆，其中电动出租企业1家，区域电动出租车300辆；汽车租赁企业9家，车辆38辆；货运企业783家，运营车辆2199辆，其中化危品运输企业1家，运营车辆5辆；水运游船企业6家，游船1艘；汽车维修企业102家；驾培机构3家，教练126人，教练车119辆。年内，区属6个综检站累计检测货车254.39万辆，查处超限货车2.34万辆，超限率0.92%。交通局作为八达岭长城景区道路及长城站站前文化广场改造项目协议搬迁工作综合协调部门，组织八达岭镇、八达岭特区办事处、八达岭旅游总公司等相关职能部门成立搬迁指挥部，截至年底，完成124宗非住宅签约清退工作。

单位名称：延庆区交通局

地　　址：延庆镇湖南东路20号

电　　话：81196921

（张永生）

【沙梁子公交客运站启用】　年初，区交通局制定《沙梁子公交客运站驻班方案》，协调客八分公司进行线路规划和审批，同时帮助千家店镇完成沙梁子客运站的修缮工作。3月26日，千家店镇沙梁子公交客运站正式启用。

（张永生）

【黑车治理】　1月16日至3月31日，按照区委、区政府对“黑车”治理工作要求，由区交通局牵头，会同区城管执法局、公安交通支队和治安支队，成立延庆区打击非法客运工作领导小组，依法依规查处“黑车”，开展联合检查218次，出动执法人员823人次，检查客运车辆1800余辆，下发非法客运告知书3600余份，依法取缔非法车队21家，其中电话约车10家、微信约车8家、公众号约车3家。共处罚非法客运车辆152辆，罚款225.11万元。配合公安治安支队行政警告47人，拘留8人。

（张永生）

【服务保障“世园会”攻坚行动启动】　3月13日，在张山营综合检查站举行服务保障“世园会”攻坚行动启动仪式，成立世园会交通运输环境秩序保障工作领导小组，统筹全局资源；同时，临时成立11个服务保障职能小组，各副职领导依次向小组组长授旗。

（张永生）

【路侧停车电子收费项目】　3月15日，延庆区路侧停车电子收费一期（试点）投入收费运营，项目涉及城区5条道路、429个路侧停车电子收费停车泊位。7月1日正式纳入政府非税收入管理，收入全额上缴区级财政。二期项目规划七条道路，1020个路侧停车电子收费停车泊位。

（张永生）

【党员先锋岗服务世园】　4月29日，创建“延庆区交通局党员先锋岗”，主要针对世园周边专用停车场、S2线火车站等重要区域设立固定岗10个、流动岗2个，以党员队伍为主，引领干部职工开展停车秩序维护、交通疏导、旅客引导等志愿服务，打击非法客运、协调解决投诉建议、处理矛盾纠纷等工作。截至到10月7日，共计上岗1994人次，咨询解答19585人次，协调解决问题643起，好人好事382起，解决矛盾投诉纠纷10起，突发事件4起。

（张永生）

【世园会期间运输及接驳】　4月至10月（世园会其间），在临近园区3号门处增设Y4、Y20、Y44路公交站点。修改Y46路下屯站、李四官庄站及延庆法院站Y9、Y10路公交站牌信息，并于7月初增设Y10路世园3号门、4号门站。将Y9、Y10、Y44、Y46路发车间隔加密至平均10～15分钟。开通1条大客流公交应急专线。设置S2线、外围停车场游客接驳专线，将游客摆渡至园区周边。根据群众需求，紧急加设P1停车场－2号门、6号门至5号门接驳线，调整P7停车场－BH3接驳线路为P7停车场－4号门。开通4条旅游专线，从世园会一站直达龙庆峡、八达岭长城、古崖居、柳沟民俗村等主要景区。

（张永生）

【维修行业专项整治工作启动】　6月4日，区交通局开展机动车维修行业扫黑除恶专项整治工作，检查维修企业115户，其中合格80户，停业6户，因维修车间面积不达标、从业人员和维修设备不齐全等限期整改13户，责令停止经营4户，并收回道路经营许可证正副本（其中1户于7月10日复查合格恢复经营。不在原址经营12户）。

（张永生）

【违法超限超载货车治理】　8月1日至12月

31 日，交通、公安、公路 3 部门 24 小时采用“固定岗加流动巡查”的方式开展联合执法专项治理行动共检测车辆 240075 辆，超载车辆 1694 辆，其中超载 80% 以上的 1117 辆，“百吨王”253 辆，超载特种车为 72 辆，故意遮挡号牌躲避非现场执法设备取证等违法行为车辆 1191 辆。联合执法对部分故意采取特殊手段躲避执法、心存侥幸的司机和货主起到震慑作用，超载货车大幅度减少，杜绝百吨王车辆违法上路行驶。

（张永生）

【公交候车亭改造建设工程】 8 月 13 日，区交通局上年 9 月启动的全区公交候车亭改造和建设工程完成验收。工程共建设候车亭 1285 个：其中城区（A 类）99 个、川区（B 类）343 个、山区（C 类）843 个。在中心城区、世园会周边道路、冬奥会周边道路的公交车站增设智能站牌系统，为乘客和游人提供车辆到站信息和旅游服务信息。

（张永生）

【公交候车亭改造建设工程】 12 月 10 日，按照北京市治超办的工作部署，延庆区治超办组织公安、公路、交通、首发集团等相关部门召开延庆区高速公路入口治超应急保障工作会，针对辖区西拨子、康庄、大浮陀、辛家堡、东红寺等 5 个高速公路入口即将开展的治超应急保障工作事宜进行研究。会议宣讲延庆区高速公路入口治超应急保障工作方案，征求各部门、单位应急保障工作建议，成立区高速公路入口治超应急保障工作指挥部，组建公安、公路、交通高速入口治超联合执法工作小组，采用执法部门在高速入口设置保障执法卡点的模式，24 小时保障首发集团延庆区高速入口治超工作顺利开展。12 月 16 日，高速公路入口治超工作全面启动。公安、公路、交通三部门均抽调专门精干执法力量，为全区高速入口治超工作开展保驾护航。

（张永生）

【京张铁路延庆段征拆】 年内，京张铁路延庆段征地拆迁工作延庆区五项工作名列前茅：率先实现进场施工、率先完成正线红线范围征地拆迁、率先完成“四电”工程进地、率先完成土地组卷上报，率先做好京张高铁开通前安全环境整治工作确保京张高铁顺利通过环评验收，为沿线各区起到示范引领作用。确保 2019 年底京张铁路按期开通运营。

（张永生）

【“清空”行动】 年内，坚持“削峰降速”，积极应对空气重污染。全年启动橙色预警 3 次，各行管科室及执法部门积极采取措施应对空气重污染，持续开展运政执法及监督检查，累计出动执法人员 3663 人次，检查货运车辆 39685 辆，检查企业 113 户，查处违法违章行为 37 起，罚款 54000 元。

（张永生）

【货运“双随机”入户检查】 年内，区交通局对道路货物运输企业实行“双随机”入户检查。出动执法人员 692 人次，入户检查 337 次，复查 20 次，采取限期整改措施 20 起。

（张永生）

【维修行业“双随机”监管】 年内，区交通局对汽修经营单位实施“双随机”监管检查。出动执法人员 126 人、检查业户 63 户、复查 15 户。

（张永生）

【行政许可审批办结率 100%】 年内，区交通局办理业务 21577 件，其中行政许可事项 769 件，其他事项 7399 件，申请注销 75 件，小客车业务办理 4818 件，档案装订 676 件，咨询解答等服务事项 8516 件，办结率 100%，群众满意率 100%。

（张永生）

【运政执法】 年内，区交通局各执法部门共出动执法人员 1.9 万人次，检查车数 26.27 万辆，检查户数 1382 户，查处违章 3288 起，罚没款 404.11 万元，结案率 100%。

（张永生）

【铁路道口安全监管】 年内，区交通局出动检查人员 186 人次，检查道口 404 次处，接送客货列车 10876 列次，进行安全教育 348 人次，全年无安全事故。

（张永生）

邮　政

【概况】 中国邮政集团公司北京市延庆区分公司（简称“延庆区邮政分公司”）是隶属中国邮政集团公司，受集团公司和区委、区政府的双重领导的国有通信企业，担负着全区邮政通信管理经营服务工作。设综合办公室、人力资源部、计划财务部、党委党建工作部、市场经营部、监督检查与安全保障部、寄递事业部 7 个职能部室；以及代理金融业务分局、商函分局、报刊发行分局、电商分销局和集邮公司 5 个专业局。全区有邮政服务网点 23 个（暂停一个），设立普邮道段 45 条，包裹专投 9 条（其中汽车邮路 12 条）；设立机要专投 1 条。服务面积 1993.75 平方千米，服务人口 34.8 万人。全公司设邮路道段 54 条，包含汽车邮路 12 条、全长 1140 千米；电动车道段 42 条，全长 2395 千米；设信筒、信箱 410 个（含村邮站内 376 个）。主要设备有汽车 35 辆，新能源汽车 5 辆，电动三轮车 59 辆，电动两轮车 13 辆；自有房屋面积 15248 平方米，固定资产总值 5212.16 万元。业务功能主要有金融、集邮、发行、包件、函件、汇兑等传统业务和电子商务、礼仪分销、DM 广告策划制作等新型业务。年内，延庆区全资费业务收入完成 6428.02 万元，完成年预算进度的 100.53%；净利润 79.13 万元，完成年预算进度的 232.51%。

单位名称：延庆区邮政分公司
地　　址：延庆镇庆园街 16 号
电　　话：69102695

（邵雪娇）

【“邮政青年服务世园”主题活动】 5 月 11 日，延庆区分公司团支部组织 10 名团员成立世园服务团队青年突击队，开展“邮政青年服务世园”主题活动，分别在世园会园区 1 号门和 6 号门进行明信片盖戳、寄递等邮政服务。

（邵雪娇）

【美丽乡村实施纲要座谈会】 7 月 2 日，分公司与区农业农村局、延庆绿富隆公司、北京北菜园公司、马铃薯公司召开延庆优质农产品流通体系建设及美丽乡村实施纲要座谈会，各方分别代表农业企业产业发展、农产品流通体系、“美丽乡村建设”等方面进行发言，通过座谈各方就延庆流通体系建设及美丽乡村建设达成合作共识。

（邵雪娇）

【“职工技协杯”职业技能竞赛】 7 月 10—11 日，“助力世园冬奥 促进绿色发展”2019 年延庆区“职工技协杯”职业技能竞赛——邮政储蓄、邮政营业技能竞赛在区分公司举行。活动由延庆区总工会主办，区分公司承办。比赛采取理论知识笔试和实操两部分。

（邵雪娇）

【税邮合作成功签约】 9 月 24 日，区分公司与延庆区税务局举办《委托代征协议书》签约仪式，并于 11 月 1 日正式启用税邮系统对外营业，成功为客户开具第一张发票。区分公司也充分发挥邮政独有的资源优势，用足用好邮政各板块资源，全力配合税务部门延伸服务触角、方便纳税人、优化营商环境。

（邵雪娇）

【世园会服务安全保障】 年内，为期 162 天的世园会服务中，延庆邮政服务用户百万人次，在现场服务、产品支撑、邮件收寄和运输等各个环节做到精益求精，收寄邮件 2 万余件、投递邮件 3.5 万余件，实现邮政服务零投诉、安全形势平稳有序、驻点邮政机构广受好评，得到国家邮政局和世园会组委会的肯定和表扬。

（邵雪娇）

电信

【中国联合网络通信有限公司北京市延庆区分公司】 中国联合网络通信有限公司北京市延庆区分公司，隶属中国联合网络通信有限公司北京市分公司，设4部室3中心8网格，分别是办公室、党群工作部、客户服务部、网络部、网络维护中心、政企客户中心、市场营销中心、政务行业网格、创新网格、城市管理行业网格及城关、永宁、康庄、龙庆峡、大榆树综合网格。2019年，区分公司坚持以习近平新时代中国特色社会主义思想为指导，深入贯彻落实党的十九大和十九届二中、三中全会精神，坚定不移地实施聚焦战略，紧密围绕“五新”联通工作思路，深入推进互联网化转型，全面加快创新突破，持续提升自身能力，全力推动公司高质量发展迈上新台阶。年内，全面落实公司作为2022年冬奥会通信服务合作伙伴的各项承诺，做好第十四届全国冬季运动会通信保障工作，分公司有序推进冬奥通信设施建设，全力备战冬奥会首场测试赛。延庆联通历时5天建成公司第一个冬奥标准机房；历时10天，克服低温、大风等困难，完成国内第1条符合国际雪联要求的管道内高山滑雪计时记分线缆敷设工作；历时42天，实现赛区内3G、4G和5G信号全覆盖，运营商中第一个开通传输设备和5G信号，为冬奥会首场测试赛通信保障工作奠定坚实的基础。世园会5G展厅接待游客20.25万人。延庆分公司圆满完成包括习近平主席冬奥视频连线、中华人民共和国七十周年大庆、世园会等特殊日期的通信保障工作。

地址：延庆镇东外大街107号

电话：69141003

（窦文艳）

（栏目编辑：景冰芳）

生态环境保护

生态环境建设

【概况】 北京市延庆区生态环境保护局（简称“区生态环境保护局”）是区政府正处级工作部门，负责本区生态环境保护和污染防治的相关工作，承担区委生态文明建设委员会办公室职能。内设机构3个，分别为办公室、行政审批科、监督管理科；执法机构1个，为生态环境综合执法大队；所属事业单位5个，分别为环境保护宣传信息中心、环境保护应急保障中心、机动车排放管理站、环境保护监测站、生态环境保护中心。年内，大力实施河长制，完成北京市节水型区创建。落实清洁空气行动各项措施，强化环境执法监督，推进污染减排，加强环境监测，严格建设项目审批。大气主要污染物二氧化硫、二氧化氮、可吸入颗粒物、$PM_{2.5}$平均浓度分别为5微克/立方米、29微克/立方米、63微克/立方米、37微克/立方米。二氧化硫同比下降16.7%，二氧化氮同比下降12.1%，可吸入颗粒物同比下降21.3%，$PM_{2.5}$同比下降22.9%。

单位名称：延庆区生态环境保护局
地　　址：延庆镇香苑街102号
电　　话：69104090

（张振环）

【大气污染防治】 年内，区生态环境局聚焦重型柴油车管控，进京综合检查站累计检查49.25万辆次，检测超标18565辆次。淘汰国三排放柴油货车1104辆。深化重点行业污染治理，淘汰退出一般制造业8家，完成目标任务的160%；完成2019年“煤改电”工作，完成入户测量17616户，设备安装16977户16977台，城中村集中供暖项目已完成1066户，村民已正常取暖；完成375家餐饮油烟提标改造，超额完成市级任务。加大执法力度，区城管执法部门累计查处大气污染类违法行为1245起，同比增长88.3%；罚款606.14万元，同比增长7.4%。完成烟花爆竹扩大禁放区域制定工作，禁放区域由原有的三个街道以及延庆镇、康庄两镇部分区域，扩大至3个街道和延庆镇、康庄镇、张山营镇等7个镇。

（张振环）

【水污染防治】 年内，开展排入地表工业企业执法检查，全面排查企业废水排放去向和污染物达标排放情况，通过对涉水污染物排放企业、污水处理厂、垃圾填埋场、饮用水水源保护区检查，发现环境违法问题32个，均已立案，已下发处罚决定29起，罚款612.2万元。开展畜禽养殖专项执法检查，并通过与区农业局、乡镇政府等部门展开联合执法，对部分养殖企业建立并完善一厂一档工作，未发现环境违法行为。开展集中式饮用水源一、二级保护区和饮用水源地专项执法检查，开展饮用水源地保护区专项执法行动，按照《延庆区地表型集中式饮用水源地保护区整改方案》中的问题点位，督促相关乡镇落实属地责任，完成白河堡水库问题点位整改。联合水务局、官厅水库管理处、白河堡水库管理处开展违法垂钓联合打击行动，发现违法垂钓者立案处罚4起，合计罚款2000元。对延庆区7个地下饮用水源地保护区进行全面巡查，重点关注违法倾倒垃圾行为，移送相关乡镇案件3起。结合“绿盾2019”开展自然保护区专项行动，通过卫星遥感点位和地图对延庆区10个自然保护区全面巡查，重点关注违规开办企业、违规开发旅游项目、违法倾倒垃圾、农家乐、畜禽养殖等，督促属地乡镇落实绿盾台账内问题点位整改，移送相关乡镇案件2起。制订延庆区打好碧水保卫战2019年行动计划，积极落实各项任务。完成乡镇级及以上集中式饮用水水源地环境状况评估，并按照要求开展专项排查及整治。每季度向社会公开区级城镇饮用水安全状况信息。开展乡镇间水环境区域补偿工作、完成全区46条河道蓝线划定，治理22处小微水体，完成小流域综合治理58平方千米。

（张振环）

【噪声污染防治】 年内，开展噪声环境信访及中高考其间噪声专项整治行动，向重点商户普及噪声污染相关法律知识。中高考期间，共出动执法人员112人次，检查单位56家次（其中施工工地6家次），严格管理考场周围环境噪声，中高考期间基本上没有发生噪声污染事件。全年接到噪声污染类信访件63件，均及时受理及办结。

（张振环）

【土壤污染防治】 年内，区生态环境局完成区域土壤环境质量调查预评估，共计采集土壤样品1445个，检测各类项目62个，检测数据成果91533条。对2018年关停企业进行筛查，未发现对土壤造成污染的行业企业。全区减少化肥用量570.02万千克，比2016年减少30.09%；减少化学农药使用量6410千克，比2016年减少8.35%；回收农药包装废弃物7085千克，并对1处疑似污染地块进行初步调查。

（张振环）

【固体废物管理】 年内，重点检查涉及危险废物企业的环评及环评批复、危险废物集中处置设施和场所建设、危险废物转移联单、分区分类存放情况、标志标识等，共发现6处环境违法行为，均责令其立即停止违法行为，并处罚，合计罚款10万元。对辖区内工业固体废物、生活垃圾、医院危险废物统一监管、统一收集、集中清运、安全处置。机关学校产生的电子废物交与北京市危废处置中心进行安全处置，收集废旧灯管（泡）6337根（个）、电池12204节、硒鼓4259个、墨盒2215个以及电脑等电子废弃物283件，全部交与有处置资质的相关单位处置。

（张振环）

【辐射环境监管】 年内，对延庆区36家具有射线装置（合计85个Ⅱ类、Ⅲ类射线装置）的单位进行执法检查（无涉源单位），未发现环境违法问题。

（张振环）

【建设项目清理整治】 年内，发现并上账涉污“散乱污”企业18家，目前已整改完成18家。全年环境影响评价审批49项，环境影响登记表备案1209项。

（张振环）

【主要污染物减排】 年内，通过市环科院、市政府污染减排和绩效考核现场检查核查，全年消减二氧化硫、氮氧化物、化学需氧量、氨氮四项污染物分别为116万千克、41.50千克、82.90万千克、10.60万千克；减排比例分别为88.9%、25.8%、180.50万千克、3.30万千克；超额完成市政府制定的60%、24%、30万千克、1万千克减排任务。

（张振环）

【环保执法检查】 年内，出动执法人员9366人次，检查各类污染源3422家次，参与街乡吹哨等联合执法103次，立案114起，下达处罚决定123起，罚款8750404元，查封39起，向公安移送案件4起。对21家“散乱污”企业移交相关部门进行清退工作，截至年底全部完成。

（张振环）

【环境监测】 年内，编写《2018年北京市延庆区环境质量报告书》。继续开展国家重点生态功能区县域生态环境质量监测、评价和考核。开展北京市、河北省地表水跨界断面联合监测工作。全年完成44个地表水断面、10个饮用水源地地下水监测点位共计443次监测、22个降尘点共241个大气降尘监测、噪声195个点位、土壤8个点位的常规监测、24家次污染源废气监测、67家污染源废水共446次监督性监测。配合相关科室，完成信访监测80次，持续开展世园会核心水系、冬奥会赛场重点水库水质监测和巡查检查应急监测，专项监测共计120余次，全年报出各类监测数据合计9887个。

（张振环）

【环境信访】 年内，接到信访件670件，其中大气污染类384件，水污染类80件，噪声污染类63件，咨询及其他部门职责类127件，固废、危废类14件，辐射类2件，立案处罚11起。运用延庆区网格化社会服务管理系统，对网格员上报并转至区生态环境局的环境问题进行及时处理及办结，全年接到事件总数16件，已全部办结。开展热点网格预警排查工作，结合热点网格预警及市局推送报警点位，组织环保监督员对延庆区存在的环境违法行为进行排查。收到报警点位推送28处次，发现问题1起，现场已责令整改。开展双随机执法检查公开。每月将双随机执法情况在局官网上予以公开，共计双随机执法检查301家次。通过开展“双随机一公开”防止“选择性执法”和防范企业和个人环境违法行为发生，推广随机抽查，规范事中事后监管，进一步推进环保行政执法监管的科学化、规范化，克服“任性”检查、实行“阳光”执法。

（张振环）

【环保宣传】 年内，对标生态环境重大部署，对标规划、污染防治、攻坚战要求，统筹利用各类宣传渠道，持续开展新闻宣传和舆论引导。在市、区两级媒体共刊发生态环保新闻235篇（期）。主动公开政府信息共计271条。新媒体平台微信、微博共发布及推送3540期（条）。

结合“6·5”世界环境日、世界地球日等主题日，深入机关、企业、社区、学校、农村开展绿色宣讲进乡镇、生态环保进校园等活动，发放环保资料1万份、宣讲30场，受众达1万人。

（张振环）

【环境应急管理】 年内，召集风险源单位召开环境风险隐患排查培训会，扩大突发环境事件应急预案备案范围，对辖区内存在实验室的单位，要求该单位编制突发环境事件应急预案并向我局进行备案，新备案单位10家。结合世园保障工作，进行突发环境事件应急演练1次，开展突发环境事件应急演练桌面推演1次。编制《北京市延庆区辐射突发环境事件应急预案》，并通过专家评审。

（张振环）

【生态文明建设】 年内，组建区委生态文明建设委员会，高位统筹全区生态文明及“两山”基地建设。围绕市委生态文明委各项工作规则及2019年工作要点，突出延庆区国际一流生态文明建设示范区指标体系，制定区委生态文明委各项工作规则及2019年工作要点、“两山”基地建设三年行动方案及2019年重点任务分解，切实履行生态文明建设委员会办公室职责，推动生态文明建设76项任务及“两山”基地建设55项任务基本完成。履行生态文明体制改革专项小组职责，推动落实各项改革任务。强化生态文明宣传，在世园会延庆月开展生态延庆推介会，拍摄央视《延庆，看见美丽中国》公益宣传片，在全国范围有效推广展示我区生态文明建设成果。

（张振环）

【环境管理体系建设】 年内，组织各部门对环境因素法律法规进行评审及更新，制定年度环境目标指标，组织各牵头单位制定管理方案并积极落实。开展每年度 ISO 14001 环境管理体系审核，保持体系顺利运行。

（张振环）

【化学品调查】 年内，根据国家公布的优先控制化学品名录，对高风险化学品生产、使用进行严格限制，并逐步淘汰替代。调查妫水河、黑河、白河、白河堡水库、2 个工业园评估环境和健康风险，落实防控措施。

（张振环）

【冬奥环境保障】 年内，区生态环境局统筹推进规划环评矩阵表 54 项环保措施、34 项可持续发展承诺任务、延庆赛区行动计划等各项任务顺利开展。按照冬奥会各项目的时间节点，倒排日期，督促各牵头单位做好服务保障工作，督促各建设单位落实主体责任，确保各项措施有序推进。

（张振环）

园林绿化

【概况】 延庆区园林绿化局（延庆区绿化委员会办公室）是负责全区园林绿化工作的政府部门。2019 年，根据京延编办发〔2019〕25 号文件，北京市延庆区森林消防大队整建制划给区应急局。根据区委、区政府三定通知［京延办字（2019）37 号］，内设机构调整为办公室、人事科、绿化科、林业科、森林资源管理科（行政审批科）、自然保护地管理科。下辖延庆区森林公安处、四海森林公安派出所、千家店森林公安派出所和 45 个财政补助事业单位（含纳入工资规范管理事业单位 16 个：延庆区果品服务中心和 15 个乡镇林业站）。年内，区园林绿化局紧紧围绕全区中心工作，牢牢把握“绿水青山就是金山银山”的战略思维，坚持绿色发展、生态优先的发展理念，圆满完成世园会与中华人民共和国成立 70 周年游园展览展示活动服务保障工作；扎实做好“接诉即办”工作，没有出现激化矛盾和越级上访现象；完成造林营林 23360 公顷，全民义务植树 82.1 万株；城区 9 条道路景观提升工程完成 70.44%；创建首都绿色村庄 6 个、首都森林城镇 1 个、花园式单位 1 个、花园式社区 1 个；严厉打击涉林违法犯罪，强化林业有害生物测报和防控工作，不断加强冬奥会赛区野生动植物救助、保护和监测，建立了分级负责的自然保护地监管机制。全年未发生大的森林火灾、火警，世园会举办期间实现了“无烟无火”。成功举办首届北京牡丹文化节、第五届北京百合文化节、第十一届北京菊花文化节和第三届延怀河谷葡萄文化节。国家森林城市创建工作节段性完美收官，荣膺国家森林城市称号。全区森林覆盖率提高到 60.34%，林木绿化率 72.53%，人均绿地面积 53.74 平方米/人，人均公园绿地面积 46.84 平方米/人。年内，全区花卉种植面积稳定在 1000 公顷（1.5 万亩），实现产值 1.5 亿元。林下种植累存面积 3066.8 公顷（46002 亩），主要分布在千家店、四海、珍珠泉等乡镇，平均每亩林地比种植其他农作物增收 1200 元，带动农民劳动就业 3000 余人；全区蜂群总量 15000 群，生产蜂蜜约 259 吨，蜂花粉 2.2 吨，蜂王浆 0.5 吨，实现产值约 56.88 万元。

单位名称：延庆区园林绿化局

地　　址：延庆镇京张路口北粮食大厦院内

电　　话：69103770

（刘艳萍）

【延庆果品获奖】 1 月 19 日，在 2018 中国绿色农业发展年会上，延庆区延怀河谷葡萄地标品牌荣获全国十大最具影响力地标品牌。8 月 25 日，在 2019 年中国葡萄产业科技年会鲜食葡萄评比大赛中北京市延庆区葡萄及葡萄酒产业促进中心选送的“瑞都科美”葡萄获得铂金奖；北京金粟种植专业合作社选送的“兴华一号”葡萄获得金奖。9月，在中国省（区、市）室内展品竞赛中北京市八达岭里炮村种植中心选送的苹果盆栽（盛世金秋）获得特等奖。在全国玫瑰香型葡萄展评中，北京八达岭世界葡萄博览中心选送的“寒香蜜”葡萄获得金奖；北京金粟种植专业合作社“瑞都科美”葡萄获得金奖。9月12日，在第三届延怀河谷葡萄文化节延怀河谷优质鲜食葡萄擂台赛上，延庆区葡萄及葡萄酒产业促进中心的“瑞都科美”与“兴华一号”品种获得一等奖，北京金粟种植专业合作社的“金田美指”品种获得二等奖，延庆区葡萄及葡萄酒产业促进中心的“夏黑”品种取得三等奖。

（刘艳萍）

【“世界湿地日”宣传】 2月2日，是第23个世界湿地日。区园林绿化局在夏都公园以“湿地——应对气候变化”为主题，开展宣传活动。发放手提袋、创建国家森林城市日历和海报、宣传折页、知识图册等各类宣传材料4000余份，并就群众提出的湿地知识、珍惜植物保护、野生动物救助、森林防火、室内花卉养护管理等问题进行解答。

（刘艳萍）

【2019年创建国家森林城市动员会】 3月4日，召开2019年创建国家森林城市（以下简称“创森”）动员会，就国家森林城市创建工作进行动员部署。区创森工作领导小组成员单位、“创森”各工程项目落实单位等50余个单位的领导参加会议。

（刘艳萍）

【“共创国家森林城市 携手保护母亲河”宣传活动】 3月9日，区园林绿化局、区水务局在夏都公园联合举办“共创国家森林城市 携手保护母亲河——2019保护母亲河日”宣传活动。发放“创森”工作手册、“创森”宣传折页、“创森”倡议书、水资源保护管理和法规、水生态系统保护、水污染防治等宣传材料1000余份。

（刘艳萍）

【全民义务植树活动】 3月30日，开展“创森林城市建美丽延庆”大型全民义务植树活动。区四套班子领导及1000余名干部群众在紧邻世园会围栏区外的延庆镇南辛堡村西栽植白皮松、油松、金枝国槐、金叶复叶槭、栾树、元宝枫等常绿、彩色树木1000余株。植树日活动期间，全区10万人参加义务植树，栽植各类树木1.6万株，养护树木31万株，出动绿色小信使5300人，清扫绿地60万平方米。截至年底，全区参加义务植树共计25.4万人，完成义务植树82.1万株，其中新植树木14万株。年内，区园林绿化局组织接待团体植树活动43次，2707人，累计栽植油松、元宝枫、栾树、金枝国槐2431株。

（刘艳萍）

【“爱鸟周”野生动物保护月主题活动】 4月7日，由区园林绿化局、北京野鸭湖国家湿地公园管理处等单位联合主办的第三十七届“共创森林城市共护鸟类资源”暨“爱鸟周”野生动物保护月主题活动在北京野鸭湖国家湿地公园拉开帷幕。现场设立“创森”公益宣传展台，发放各类“创森”公益宣传品1000余份。

（刘艳萍）

【纪念“世界地球日”植树活动】 4月22日，全国绿化委员会办公室、中国绿化基金会在八达岭林场共同组织2019年纪念世界地球日植树活动。全国绿化委员会办公室、中国绿化基金会、全国妇联、中央电视台科教频道、中国邮政集团公司等单位130余人参加植树，栽植白皮松、木棉、海棠等450株。全国绿化委员会办公室和延庆区委、区政府相关领导参加活动。

（刘艳萍）

【区级自然保护区勘界立标】 4月底，7个区级自然保护区（玉渡山、太安山、白河堡、大滩、水头、莲花山、金牛湖）勘界立标工作全部完成。总面积4.0万公顷，包括2个湿地类型和5个森林类型。

（刘艳萍）

【果品产业政策出台】 5月，延庆区先后印发出台延政办发〔2019〕15号《北京市延庆区人民政府办公室关于印发〈延庆区促进果品产业发展的意见（试行）〉的通知》，延园绿文〔2019〕116号《北京市延庆区园林绿化局、北京市规划和自然资源委员会延庆分局、北京市延庆区农业农村局关于果品产业项目配套设施用地的管理办法（暂行）》以及延园绿文〔2019〕107号《北京市园林绿化局关于果品产业专项扶持资金的管理办法（试行）》，用以支持延庆区果品产业的发展。

（刘艳萍）

【首届北京牡丹文化节】 5月6日，首届北京牡丹文化节在延庆区旧县镇妫州牡丹园开幕。文化节由北京市园林绿化局、北京市公园管理中心、北京林业大学、北京花卉协会、北京市延庆区人民政府共同主办，以“盛世牡丹靓京都 国色天香庆世园”为主题，持续至5月30日，全区设立世界葡萄博览园、旧县镇妫州牡丹园和大榆树镇国色牡丹园三个展区。

（刘艳萍）

【白蜡窄吉丁防治工作现场会】 5月10日，市林业保护站、市林业工作总站、北京林业有害生物防治协会联合在延庆区旧县镇小柏老村南侧平原造林地块召开全市白蜡窄吉丁防治工作现场会。延庆区林业保护站介绍了白蜡窄吉丁防治工作的主要经验做法。各区林业站、林保站150余人参加。

（刘艳萍）

【妫水河世园段防灾减灾联合演练】 5月13日，区园林管理中心联合区安监局、区防汛办等相关单位在妫水公园开展妫水河世园段防灾减灾联合演练。演练包括树木倒伏清理、人员落水救援、河中大型漂浮物可能冲击坝体救援、橡胶坝有限空间操作降坝流程4个项目，30名职工参加。

（刘艳萍）

【市种苗站“双随机”检查通过】 5月22日，北京市种苗站领导及工作人员组成检查小组，对北京大榆树苗木有限责任公司、北京绿荫种植有限公司2个苗木企业进行“双随机”检查。现场查看生产经营档案，对生产经营记录、合同、票据、种子标准、检疫证书、标签等进行检查。区2个受检单位顺利通过检查。

（刘艳萍）

【“共创国家森林城市 保护生物多样性”宣传活动】 5月22日，区园林绿化局在夏都公园举办“共创国家森林城市 保护生物多样性”2019年国际生物多样性日宣传活动。发放创森知识手册、珍稀动植物名录、保护生物多样性宣传单等材料1000余份，并对现场群众提出的问题进行解答。

（刘艳萍）

【花灌木修剪培训】 5月23日，区园林管理中心在庆园街中银北侧绿地举办花灌木修剪现场培训。由北京园林科学院姚士才教授授课，并现场对榆叶梅、连翘、丁香、海棠和藤蔓月季等样板树示范修剪及讲解。区园林管理中心所辖各园队共60余人参加。

（刘艳萍）

【食用林产品质量安全工作会】 6月11日，在区葡萄与葡萄酒产业促进中心召开2019年延庆区食用林产品质量安全工作会议。制定并下发《延庆区2019年食用林产品质量安全工作实施方案》《延庆区2019年食用林产品三品认证奖励办法》。对2018年23家公司（合作社）食用林产品三品认证兑现奖励26.38万元。截至年底，全区无公害认证新增2家基地61.38公顷（920.7亩）、食用林产品153份样品抽样检测合格率100%，建立3家追溯试点，4项市级考核项目全部达标。

（刘艳萍）

【国家林业和草原局防控工作检查】 6月14日，国家林业和草原局检查组到区，对《2015—2017年重大林业有害生物防治目标责任制》履责情况进行考核。检查组通过听汇报、查档案、看现场等方式对防控工作进行核查，区园林顺利通过检查验收。

（刘艳萍）

【防灾减灾联合演练】 6月18日，区园林管理中心联合区环保局、区安监局、区水务局和区红十字会举办2019年防灾减灾联合演练。主要演练了树木倒伏清理、人员落水救援、河中大型漂浮物可能冲击坝体救援、橡胶坝降坝操作、有限空间作业等科目。

（刘艳萍）

【第五届北京百合文化节】 6月29日，第五届北京百合文化节在八达岭旅游总公司世界葡萄博览园开幕。文化节由北京市园林绿化局、中国园艺学会球宿根花卉分会、北京花卉协会和延庆区人民政府主办，北京市延庆区园林绿化局、北京市延庆区文化和旅游局、北京市八达岭旅游总公司、北京市延庆区花卉协会协办。以“百花竞放迎华诞，群芳争艳庆世园”为主题，7月31日结束，为期一个月。分为室外展和室内展两部分，室外种植百合70多万株，64个主要品种，室内展总面积4500平方米，分为品种展示区、花艺作品展示区、大型花艺造景区、花事活动体验区和花卉衍生品售卖区五大部分。

（刘艳萍）

【生态科普亲子活动】 9月13日，夏都公园生态宣传教育基地组织生态科普亲子活动。家长和孩子们在工作人员的带领下，参观地质博物馆、地质广场（夏都公园内），制作微缩盆景。共有10个家庭20多人参加活动。

（刘艳萍）

【第十一届北京菊花文化节】 9月22日，第十一届北京菊花文化节在世界葡萄博览园开幕。文化节由市园林绿化局、市公园管理中心、北京花卉协会、北京菊花协会、延庆区人民政府主办，以“百花竞放迎华诞，群芳争艳庆世园”为主题。园区分为室外和室内两个展区，展出50500株、88个品种的菊花及其他花卉5万株。10月30日结束。

（刘艳萍）

【平原生态林管护调研】 10月11日至12日，由中国科学院动物研究所、北京林业大学、北京市园林科学研究院、中国林科院、北京市林业保护站、北京林业有害生物防控协会组成的专家组到延庆开展为期两天的平原生态林经营管理技术调研工作。专家组先后对绿建、康绿集体林场平原生态林地块进行现场踏查。首席专家陆元昌、沈应柏教授对当下平原造林中白蜡病虫害等突出问题进行针对性调查，并从土壤、水分、栽植结构、树种搭配、适地适树等方面剖析问题出现的原因，专家组结合实际，对以后延庆区管护工作给予指导性建议。

（刘艳萍）

【妫水公园设立暖心驿站】 10月15日，妫水公园成立暖心驿站3处，分别是橡胶坝管理处、静心园、花博园。驿站里提供微波炉和医药箱，旨在方便职工生活。10月22日，3处暖心驿站通过工会的检查验收，正式挂牌启用。

（刘艳萍）

【秋季苗木质量检查合格】 10月28日，市园林绿化局国有林场和种苗管理处、北京市林业种子苗木管理总站、北京市林业保护站相关人员组成检查组到延庆开展秋季造林苗木质量检查。检查组在康庄镇徐家营村北2019年平缓地造林工程二标段进行现场检查，此标段施工面积145.08公顷，检查内容包括树高、胸径及土陀的直径等苗木指标，监理《苗木调查记录表》两证一签情况等，所查指标基本合格。

（刘艳萍）

【森林防火宣传】 11月9日，区园林绿化局在妫川广场开展森林防火宣传活动。出动森林公安民警、巡查队员、消防队员40余人，发放宣传材料上千份。

（刘艳萍）

【市专家团队调研传统种质资源】 11月14

日，市园林绿化局、市农业农村局、市种苗站、延庆区园林绿化局、延庆区种植业服务中心领导及北京农学院、北京农业职业学院、北京市农林科学院教授共30余人到八达岭镇帮水峪村对传统果种槟子种质资源保护进行调研，以保护濒临灭绝的传统水果。

（刘艳萍）

【园林绿化技能培训】 11月22日至12月15日，区园林绿化局联合区人力资源和社会保障局联合开展园林绿化技能培训。培训内容主要为职业道德素养、森林培育、园艺疗法、林下经济发展等知识。有1400余名职工参加。

（刘艳萍）

【延怀河谷葡萄产区产业共建座谈会】 12月13日，区园林绿化局组织召开延怀河谷葡萄产区产业共建座谈会。座谈会围绕延怀两地如何深层次开展葡萄及葡萄酒产业共建工作进行讨论并达成共识。

（刘艳萍）

【花卉产业培训】 12月20日，区园林绿化局和延庆区花卉协会联合举办“2019年花卉产业培训”。邀请北京农学院、北京市农林科学院教授以及园艺专家授课。培训内容主要为“家庭阳台的绿化和美化”“菊花，月季的病虫害防控”等，相关乡镇街道93人参加培训。

（刘艳萍）

【林业案件查处】 年内，森林公安接报警112起，同比下降17%。其中立林业行政案件46起、经查无违法事实不立案44起、移交4起、重复信访18起。经处警初查受立案46起，同比下降24%。办结案件36起，其中毁坏林木案18起、滥伐林木案6起、非法开垦林地案1起、擅自改变林地用途案7起、野外用火案4起。案件造成损失包括：林地6774.8平方米、林木1181株、立木材积45.6552立方米，直接经济损失29168.9元。截至年底，处理违法单位9个、违法个人27人，行政罚款15.49万元，补种树木1945株。

（刘艳萍）

【果树技术培训】 年内，组织技术培训23次，参与讲课老师61人次，培训果农1000余人次，发放技术材料500余份。培训主要涉及苹果、葡萄、板栗、核桃、杏等几大树种的修剪技术（拉枝、环割、树体改造等）、肥水管理技术（肥料的选择、施肥时期、数量、方法、灌溉等）、花果管理技术（疏花、疏果、果实套袋、铺反光膜等）、有害生物防控技术（物理防治、化学防治等）、采收分级技术。培训地点涉及延庆区十五个乡镇及重点果树基地。

（刘艳萍）

【退耕还林验收】 年内，年度退耕还林验收工作涉及千家店、张山营、旧县、井庄、沈家营5个乡镇21个行政村，92.92公顷（1393.80亩）。验收合格面积89.81公顷（1347.20亩），其中生态林87.81公顷（1317.20亩）、经济林2公顷（30亩）；不合格面积3.11公顷（46.60亩），其中生态林2.64公顷（39.60亩）、经济林0.47公顷（7亩）；保存率100%。

（刘艳萍）

【木材苗木运输检查】 年内，延庆木材检查站（四个执法站点）检查相关车辆7809车次，载有原材6万余立方米，苗木10万余株，对不符合规定的以及属于区里重点打击抢栽抢种的304余车次予以劝返。

（刘艳萍）

【林业有害生物测报】 年内，全区设立国家级测报点1个、市级测报点40个、区级测报点80个、美国白蛾监测点80个，在世园会园区及冬奥会赛区周边建立监测点75个、设置巡查路线20条。安装各类诱捕器660套，利用太阳能测报灯30台，对60余种林业有害生物进行监测，测报准确率达到95%以上。发布林业有害生物发生趋势2次，发布虫情信息16期、270份，制作延庆区有害生物测报点分布图、测报设备分布图和踏查线路图。

（刘艳萍）

【林业有害生物检疫】 年内，办理产地检疫

251 份，涉及苗木 1846.20 万株；开具调运证书 125 份，涉及苗木 14.60 万株；开具要求书 6422 份，涉及 27 个省市。开具新建种苗繁育基地记录单 12 份，面积 108.70 公顷（1630.50 亩）；枯死木鉴定 137 份，涉及苗木 30847 株。完成世园会、新一轮百万亩绿化造林等工程苗木复检 4986 车、1438.10 万株，产地检疫率 100%。

（刘艳萍）

【林业有害生物防治】 年内，采取悬挂诱捕器、红色粘虫板、缠绑粘虫胶带、施放周氏啮小蜂等天敌和喷药的方法，完成全区林业有害生物防治面积 8866.7 公顷（13.3 万亩），无公害防治率 95 % 以上，成灾率控制在 1‰以下。

（刘艳萍）

【京津冀协同防控】 年内，与河北省张家口市怀来、赤城、涿鹿、崇礼、宣化等区县森防站开展座谈交流活动 14 次。其中，开展联合宣传 2 次，发放宣传材料 1000 余份；开展联合踏查、检查、培训活动 8 次，重点对冬奥赛区周边进行松材线虫病、舞毒蛾、黄褐天幕毛虫等林业有害生物踏查；参加京北、京西会议交流 4 次，对林业有害生物防控工作进行沟通，推动协同防控工作深入开展。

（刘艳萍）

【园林绿化重点工程】 年内，完成京津风沙源治理工程治理面积 2033.33 公顷（3.05 万亩）。其中，困难地造林 33.33 公顷（500 亩），封山育林 2000 公顷（30000 亩）；彩色树种造林工程造林面积 200 公顷（0.3 万亩）、栽植苗木 5.8 万株；森林健康经营林木抚育项目完成 7000 公顷（10.5 万亩）；国家重点公益林管护工程完成 1933.33 公顷（2.9 万亩）；平原生态林管护完成 10533.33 公顷（15.8 万亩）。

（刘艳萍）

【“新一轮百万亩造林”工程】 年内，“新一轮百万亩造林”工程建设任务完成 1893.22 公顷（28398.61 亩）。其中，延庆区 2019 年山前平缓地造林工程 779.73 公顷（11696.09 亩），延庆区 2019 年浅山台地造林工程 926.67 公顷（13900.15 亩），延庆区 2019 年浅山荒山造林工程 33.33 公顷（500 亩），延崇高速（平原段）绿色通道建设工程 151.94 公顷（2279.12 亩），延庆区小微绿地建设工程 1.55 公顷（23.25 亩）。

（刘艳萍）

【延庆城区道路景观提升工程】 年内，北京世园会延庆城区道路绿化景观提升工程，涉及延庆城区内 9 条道路，分别为东环城路、妫水街、医孟路、玉皇阁大街、汇川街，庆园街、高塔路、东外大街、湖北路。截至年底，进场施工面积 133157 平方米，栽植乔灌木 93136 株（落叶乔木栽植 813 株，亚乔木栽植 1921 株，常绿树栽植 373 株，花灌木栽植 90029 株），种植时令及地被花卉 23.21 万平方米；铺设绿化浇灌管道 16315.58 米，砌筑各类水井 108 座；新建休闲场地 18 处，总面积 2981.31 平方米；新建园路 410 米；更新路缘石 3132.9 米；安装铁艺、石材、防腐木栏杆共计 5195 米；砌筑挡土景观矮墙 291.4 米；安装休闲座椅 18 组，安装石材车挡 120 个。

（刘艳萍）

【森林资源管理】 年内，审核审批占用林地 57 件，审核面积 107.2982 公顷，收取森林植被恢复费 22867.209 万元。办理林木采伐审批 712 件，采伐林木 24140.96 立方米，29.93 万株。其中主伐 1046.16 立方米，更新采伐 2204.96 立方米，其他采伐 14188.92 立方米，低效林改造 707.95 立方米，抚育间伐 5992.97 立方米。批准林木移植 134 件，移植林木 72820 株。受理城区树木伐移 36 件，批准砍伐树木 202 株，批准移植树木 78 株。完成延庆区第一职业学校迁址新建工程项目（北京市工程建设项目多规合一协调会商系统）等 17 个项目和大浮陀村京张高铁安置房建设项目（规土委园林审查征求意见函）等 14 个建设项目园林绿化审查意见的复函。

（刘艳萍）

【古树名木管理】 年内，区园林绿化局编制《延庆古树名木》画册。对世园会内原谷家营村委会门口二株二级古树国槐采取堵树洞、修死枝、做仿真树皮、拉钎、输营养液等措施进行抢救，使二株濒危古树重新焕发生机。

（刘艳萍）

【野生动物驯养繁殖监督检查】 年内，对全区取得野生动物驯养繁殖许可证的单位以及个人进行监督检查2次，其中对八达岭野生动物世界检查10次。全区5个野生动物疫源疫病监测站执行信息日报告制度，全年无异常状况发生。

（刘艳萍）

【野生动物救助】 年内，救助野生动物42只，其中国家二级重点保护动物19只，北京市一级重点保护动物3只。帮助赤城、怀来救助野生动物5只，实现北京、河北两地救助联动。在区野鸭湖湿地公园、野生动物救护中心等野外进行玉米投喂两次。

（刘艳萍）

【野生动物损害补偿】 年内，区内野生动物造成损失涉及14个乡镇，198个行政村，1786户，造成农作物损失面积81.73公顷（1225.95亩）［玉米60.40公顷（906亩），土豆0.26公顷（3.9亩），玉米种子21.03公顷（315.45亩）］，约47万公斤。野生动物损害家禽家畜2554只，大部分为柴鸡，损失金额1141476元。按照补偿比例70%进行补偿，补偿金额为799033元。

（刘艳萍）

【生态林护林员管理】 年内，完成2019—2020年度生态林护林员轮岗工作，涉及山区生态林管护员7239人，其中低收入村55个，低收入户1056人。上岗护林员全部参加培训。年度申请生态林补偿资金5926.49万元。

（刘艳萍）

【“创森五进”活动】 年内，继续开展“创森五进”活动，设计制作40余处“创森”公益宣传标语宣传森林文化和园艺知识。区创森办工作人员走进第一职业学校举办“创森”知识讲座，为师生介绍区国家森林城市建设相关知识。向第七幼儿园发放“创森”倡议书和创森科普手册200本。

（刘艳萍）

水资源管理

【概况】 北京市延庆区水务局（简称“区水务局”）是区人民政府的水行政主管部门，统一管理全区地下水、地表水和再生水等水资源；统一管理全区供水、排水、节水、水土保持、水环境治理、水生态修复、水库移民以及水旱灾害防御、水务工程建设管理、涉水违法事件查处、水务工程质量和安全监管等工作。2019年完成机构改革，行政科室由7个内设机构调整为5个，人事教育科、财务审计科、办公室整合为一个机构，设置办公室、水利工程管理科（行政审批科）、规划计划科、供排水管理科、水政水资源科共5个内设机构。按照新版“三定”工作方案，调整后，行政内设机构5个、参公管理事业单位2个、规范工资事业单位3个、财政补助事业单位8个、经费自理事业单位4个。年内，落实从严治党新要求，树立良好行业新形象；深入开展“不忘初心、牢记使命”主题教育，局班子成员和支部书记率先垂范，以问题为导向与中心工作深度融合，补齐短板，激励党员干部牢记初心勇担使命，取得实实在在的成效。全年各项任务圆满完成。紧扣冬奥世园会服务保障任务，围绕“五水共治”治水思路，全年用水总量5480万立方米，万元地区生产总值水耗下降率8.2%，全区污水处理率达到90%，处理污水1721万立方米，再生水利用量1110万立方米，完成建安投资超过6亿元，四个国控、市控考核断面水质全部达标。一年来，实现了治水观念由点向面转变，工程由注重建设向监管转变，管理由粗放向精细化“三个转变”。主要取得八方面成效，全力服务保障世园会筹办举办圆满成功，冬奥会延庆赛区实现供水；水资源管理初见成效，宝林寺河6孔泉眼复涌；节水管理再上新台阶，顺利通过节水型区创建验收；农村安全饮水巩固提升，解决延庆镇西北片18个村历史遗留吃水问题，实施供水改造工程总体进度过半，农村污水治理加快推进，超额完成全年建设任务；水生态环境明显改善，体制机制逐步完善，获评全国水生态文明城市。联合供排水科对区域内餐饮企业开展关于禁止向雨水收集口、雨水管道排放或倾倒污水、污物和垃圾等废弃物的普法宣传。组织水务系统及全区15个乡镇水务站工作人员进行依法行政法制培训，全面提升水政执法人员依法行政意识。水务执法、行政审批管理实现新突破，实现水务领域安全和工程质量安全总目标。

单位名称：延庆区水务局
地　　址：延庆镇龙庆南路6号
电　　话：69101385

（杜洋）

【河湖水环境管理“河长制”】 3月25日，2019年第一次总河长会议召开，总结2018年河长制工作，部署2019年主要任务。穆鹏出席会议并讲话。年内，完成市总河长令“清河行动”22处小微水体治理任务。完成河湖“清四乱”专项行动119处问题“回头看”工作。46条河道蓝线及管理范围全部划定、公示完毕。落实例会制度及河湖长效管护机制，共完成全区河湖问题清理2100余处，有效改善河湖水环境。以保障世园会、冬奥会为重点，对全区46条河流进行巡查、检查、督查，同时开展7次河湖“月拉练”活动，全力提升赛会周边水环境质量。截至年底，组织开展6期基层河长培训，河长制一线工作人员700余人参加，有效促进基层河长扎实履职。

（杜洋）

【水资源公报】 年内，延庆区水资源总量为1.2832亿立方米，按照年末常住人口34.8万人计算，延庆区人均水资源占有量为369立方米。全区地表水资源量0.4713亿立方米，地下水资源量0.8119亿立方米，水资源总量为1.2832亿立方米。全区入境水量为1.3809亿立方米，出境水量为1.7673亿立方米。全区平原区2018年地下水平均埋深为9.61米，地下水位比2017年回升0.27米，地下水储量相应增加0.11亿立方米。全区地下水位埋深9.4米，比上年全区地下水埋深9.61米上升0.21米。

（杜洋）

【水资源调度】 年内，白河堡水库入库水量7120万立方米，出库水量7997万立方米。其中向密云水库输水2801万立方米；通过南干渠和补水渠向延庆妫河、世园会小流量输水3507万立方米；通过南干渠向宝林寺河补水166万立方米；向十三陵水库应急保障输水1325万立方米；向平原地表水厂供水149万立方米；通过北干渠加压泵站向冬奥造雪工程补水49万立方米。

（杜洋）

【行政审批】 年内，全年受理全程办代理事项403件，其中审批事项318件，服务事项85件，全部办结。其中受理全区建设项目水影响评价文件56个、全区建设项目防洪评价报告3个，其中51个项目获得水务局批复，受理水影响评价事项咨询80次，全部予以答复。

（杜洋）

【“12345”水务热线】 年内，受理群众热线诉求384件，转派48件，实际办理336件，其中有效件282件，问题主要集中在供水、排水、应急抢修、工程管理、政策咨询、拖欠工资等情况，解决率79.43%，满意度81.2%。

（杜洋）

【供水统计】 年内，全区总用水量5480万立方米，其中农业用水1812万立方米、工业用水190万立方米、家庭居民生活用水1245万立方米、公共服务用水834万立方米、园林绿化用水567万立方米、其他用水832万立方米。

（杜洋）

【排水统计】 年内，全区污水处理总量为1721.95万立方米，其中城区污水处理量为1068万立方米，镇级污水处理量为200.4万立方米，村级污水处理量为453.55万立方米，污水处理率为90.25%，再生水利用量为1110万立方米。处理污水厂污泥2.06万吨，使用污泥转运联单2346份。2019年共办理和更换到期《排水许可证》91份，办理接口手续10份。

（杜洋）

【世园保障服务】 年内，在供排水方面，3月启动城南配水厂供水，城区整体供水能力达到4.5万吨/日，世园会自开园以来日供水约为0.28万吨左右，世园会期间累计供水47.77万立方米。世园会其间城西污水处理厂为世园会园区绿化及附属供应提供再生水约1.30万吨/日左右，世园会期间累计供水139.50万立方米；在保护水环境方面，在园区周边3千米范围内开展“日巡查”和专项督查检查165次，组建河长志愿服务队开展7次河湖保洁“月拉练”活动，应对世园围栏区藻类暴发、供排水管线抢修和水污染抢险5次，圆满完成世园会服务保障任务。

（杜洋）

【农村饮水达标率提高】 年内，按照“一村一策”的模式编制改水方案，通过新建水源工程、供水站升级改造、安装供水消毒设备的方式，计划全区农村饮水工程全部提升，年底工程进度过半。完成新建供水管线、升级赵庄水厂等工程措施，将延庆镇西北片10个村庄纳入城区供水范围，年末实现市政供水。

（杜洋）

【供排水监管】 年内，加强供水行业监管，制定各类供水和应急保障预案，加密巡查检查力度，特别在重要节日节点、极端天气期间，加强监管，落实责任，保障供水设施平稳运行。每季度向社会公布区级集中式生活饮用水出厂水水质安全状况，引导群众共同监督。解决群众反映各类问题，处理非紧急救助单、每日舆情89件。加强排水行业监管，每月对镇及以上污水处理厂和污泥处置厂开展日常检查，通过制定保障方案、部署协调等各项措施，保障污水处理厂平稳运行，共检查城镇污水处理厂及污泥处置厂66次，村级污水处理站102次。

（杜洋）

【小城镇污水处理配套管网工程】 年内，新建污水管网建设51.40千米，涉及张山营、沈家营、千家店、延庆镇、刘斌堡、四海镇、大庄科7个乡镇35个村。已开工建设千家店、珍珠泉、四海、刘斌堡、大庄科、张山营田宋营6座污水处理厂。

（杜洋）

【村级污水治理及监管】 年内，完成21个村级污水治理项目。对全区52处污水在线监测设施进行集中管理，在线率达到90%，每季度统计污水处理量报送。

（杜洋）

【生态清洁小流域综合治理】 年内，投资2372.5万元，完成35平方千米生态清洁小流域综合治理任务，涉及2018年延庆区京津风沙源小流域综合治理工程山西沟小流域20平方千米和2018年延庆区国家水土保持重点建设工程古城小流域6平方千米以及东龙湾小流域9平方千米。

（杜洋）

【节水型社会建设】 年内，创建节水型小区10个、单位5家、村庄3个；在全区3个街道换装节水型生活器具13200套；12月11日，延庆区通过市级验收，获得“节水型区”称号。

（杜洋）

【“两田一园”工程】 年内，完成“两田一园”农业高效节水灌溉3600公顷（5.40万亩），惠及14个乡镇108个村。健全完善农业灌溉和计量、收费等基础设施及机制建设，大幅提高农业用水效率，助力节水型区创建工作。

（杜洋）

【农村水务管理】 年内，完成全区16个典型灌区灌溉系数测算工作。重新组建村级水务协管员队伍，共计588人。推进农业水费征收工作，将水价收费过低的村调整到合理水价范围。

（杜洋）

【水库移民后期扶持登记和资金发放】 年内，核定农业户口水库移民23888人，发放直补资金1433.34万元；核定农转非水库移民3784人，发放无固定职业就业培训补贴211.736万元。以上双核登记总人数为27678人，总发放资金为1645.076万元。

（杜洋）

【移民精准扶持项目】 年内，完成教育补贴、大病救助、创业扶持3个项目。其中，核定教育扶持人员701人，发放扶持资金132万元；核定创业扶持人员1人，发放扶持资金0.3万元；核定大病救助人员99人，发放救助资金78.88万元。

（杜洋）

【移民接收村专项资金扶持】 年内，完成移民后扶专项资金项目33个，拨付资金4800万元，工程内容涉及供排水改造、产业发展、基础设施建设、环境改造等，实施105个村农村供水厂站升级改造和新建水源工程；完成延庆镇西北片赵庄水厂改造项目及17个村水表安装项目，投资2000多万元。

（杜洋）

【水务执法监察】 年内，针对涉水违法行为开展专项巡查，涉及非法凿井、侵占河道、违规排污、破坏水生态环境等水事违法行为检查共计185次，参加街乡部门吹哨报到等联合执法检查40余次，出动执法人员700余人次、出动执法车辆300余车次、巡查长度5804千米。全年共立案查处水事违法案件170件，一般处罚案件69件，简易处罚案件101件，处罚金额780834元。全年人均检查次数291次，人均处罚金额23.86万元。

（杜洋）

【水务工程质量与安全监督】 年内，监督注册在建水利工程项目11项，新增水利工程安全备案10项（标）。参与完成竣工验收7项，单位工程验收4项，分部工程验收47项。日常监督检查238人次，形成监督检查记录和下达的通知书126份，约谈施工单位一次，行政处罚12次（包括安全处罚11次），处罚金额1.1万元。组织开展教育培训2次，开展安全评估2次，迎接市水务局督查和考核4次。全年在建水务工程质量与安全处于受控状态，并取得全市水利建设质量考核第三名。

（杜洋）

【水务安全管理】 年内，梳理更新综合应急预案（含1个总预案、3个子预案及9个单位预案），核定应急队伍物资装备。开展有限空间、燃气、用电、供排水等安全检查，出动人员280人次，检查单位110家，整改问题隐患96项。开展城市安全风险评估，印发《延庆区水务局城市安全风险评估三年工作方案》，选举行业4家企业作为首批评估单位，并上报3家供排水企业风险评估初步情况。完成“四场活动”水务安保，联合区城管委、区民政局、延庆镇等成立专项检查组对我区水、电、气、热等重点部门开展反恐检查，出动人员24人次，检查隐患8项。围绕水务重点，开展行业乱象治理和水务系统扫黑除恶专项斗争，取得阶段成果。

（杜洋）

【“智慧河长”信息平台建立】 年内，建立“智慧河长”信息平台，实现河湖管理信息化，投入使用延庆“智慧河长”App，将园林中心纳入App系统中强化城区水面管理。全面提高河道管护专业化水平，引进河道割草船 17 搜，采取“河道割草船＋人工打捞”新方式治理水草和水面浮萍。动态更新河道问题台账，并将台账问题点位纳入区城市指挥中心系统，时时在指挥中心大屏幕上挂账督办。

（杜洋）

（栏目编辑：景冰芳）

城乡建设和管理

规划和自然资源管理

【概况】 北京市规划和自然资源委员会延庆分局（简称“市规划自然资源委延庆分局”）于2019年3月21日正式挂牌。分局机关内设办公室、法制科（信访与信息公开科）、规划编制与城市设计科、市政交通科、规划实施科、综合审批科（规划土地核验科）、自然资源调查监测科、自然资源所有者权益科（自然资源开发利用科）、自然资源保护科（国土空间生态修复科、矿产资源管理科）、财务科、机关党委（党建工作科、人事科）、纪检办公室12个科室。下设北京市延庆区规划和自然资源执法队以及北京市规划和国土资源管理委员会延庆分局第一、二、三、四、五、六规划和国土资源管理所7个行政执法机关单位。下设北京市延庆区不动产登记事务中心、北京市延庆区规划信息中心、北京市延庆区规划展览中心、北京市延庆区城市建设档案馆、北京市延庆区土地利用事务中心、北京市土地整理储备中心延庆区分中心、北京市延庆区规划设计所、北京市延庆区测绘勘察所8个事业单位。

单位名称：北京市规划和自然资源委员会延庆分局

地　　址：延庆镇香苑街6号

电　　话：69101119

（左婧）

【市规划和自然资源委延庆分局挂牌】 3月21日，北京市规划和自然资源委员会延庆分局挂牌成立。市规划和自然资源委员会及延庆区委、区政府相关负责人出席。

（左婧）

【招募责任规划师】 9月，举办美丽乡村规划建设实践论坛暨延庆区责任规划师招募，向全社会招募责任规划师。年底确定“1+7”责任规划师（团队）模式，即1个区级责任规划师（团队）+7个街镇（乡）责任规划师（团队）。

（左婧）

【规划研究和编制】 11月20日，市政府批复《延庆分区规划（国土空间规划）（2017年—2035年）》。年内，启动新城控规试点编制工作，完成2019年128个美丽乡村规划的编制工作。完成2018年度城市体检。

（左婧）

【规划审批和服务事项】 年内，完成城镇建筑工程以及乡村建筑工程审批69件，其中，建设项目选址意见书6件，总用地面积66.40公顷（996亩）；建设工程规划许可证39件（包含简易低风险项目6件），总建筑规模112.37平方米；乡村建设规划许可证2件，总建筑规模12.44万平方米；规划条件（自有用地）3件；规划条件（土地储备前期整理）2件，乡村规划条件2件；建设项目用地预审意见6个；地名通知1件；规划验线3件，规划核验1件。核发国有建设用地划拨决定书6个，总用地面积约20万平方米；核发临时用地批准书1个，用地面积1602平方米。完成乡镇村集体公益事业占地项目审批1个，用地面积2.56公顷（38.40亩）。市政基础设施审批94件，其中，选址意见书及用地预审合并办理2件，选址意见书（含社会投资规划条件）3件，总用地面积约22.90万平方米；建设项目规划条件17件，总长度约14.20万米；建设工程规划许可证46件，道路工程总长度约4.50万米，总面积约158.60万平方米，管线工程总长度约28.03万米，场站工程总面积约6.30万平方米；临时用地批准书12件，总用地面积约88.20万平方米；“一会三函”项目设计方案审查意见2件；用地预审意见2件；拟定建设工程规划用地测量条件6件；建设用地规划许可证2件；方案审查意见2件。完成征地批准3个、征地前期工作2个，总用地面积约108.55公顷（1628.25亩）；完成农转用前期1个，总用地面积1.39公顷（20.90亩）。完成土地整治新增耕地验收项目7个，新增耕地43.54公顷（653.10亩）；已实施完成正在进行工程验收项目1个，预计新增耕地6公顷（90亩）；完成建设项目压覆重要矿产资源核查7件。

（左婧）

【优化营商环境】 年内，完成社会投资类简易低风险《建设工程规划许可证》6个。不动产登记实现“一窗受理、内部流转、即时办结、同窗出证”的“综合窗口”服务模式，与住建、税务部门联办业务100%进入综合窗口，实现1小时或3个工作日办结，开通PC终端、微信、支付宝等支付平台。

（左婧）

【地名管理】 年内，完成中交富力“樾熙府”等7个建筑物名称核准；完成1条城市支路道路命名。

（左婧）

【延庆区第三次全国国土调查】 年内，开展外业核查及互联网在线举证工作，核查图斑76772块，调查面积1994.90平方千米。完成区级全图斑核查、重点地类检查、数据流量分析工作。调查成果通过市级核查后报自然资源部。

（左婧）

【耕地保护与占补平衡】 年内，完成4个占补平衡项目，补充耕地面积34.23公顷（513.39亩）；立项康庄镇棚改增减挂项目1个，新增耕地13.6公顷（204.12亩）；完成表土剥离方案验收6个。临时用地土地复垦审查方案9个，新建北京至张家口铁路项目（延庆段）临时用地土地复垦完成部分验收，验收面积7.79公顷（116.85亩），完成设施农业备案3宗。

（左婧）

【土地入市】 年内，北京八达岭开发区天佑路东侧工业用地土地一级开发项目6018、6016地块发布入市预公告，两个地块用地面积为7.23公顷（108.45亩），建筑规模10.13万平方米。

（左婧）

【土地储备开发】 年内，在施一级开发项目8个，在施面积244.39公顷（3665.85亩），建设用地面积165.79公顷（2486.85亩）。

（左婧）

【多规合一】 年内，纳入“多规合一”协同平台出具意见37件，其中，建设项目出具初审意见12件（海淀外国语学院，第二、第五幼儿园分园等），会商意见16件（万达广场、刘斌堡中学改造项目等），供地意见3件（创新家园一期项目6016、6018地块；6013、6014地块和南菜园1—5巷棚户区改造项目经营性地块），市政项目出具会商意见6件。

（左婧）

【住宅用地供应】 年内，完成中关村延庆园创新家园一期项目（6013、6016、6018地块）和南菜园1—5巷棚改项目商品住宅入库，总用地面积 10.84 公顷（162.6 亩），完成率108%［年度商品住宅入库任务 10 公顷（150 亩）］；完成中关村延庆园创新家园一期项目（6016、6018 地块）供应，总用地面积 7.23 公顷（108.45 亩），完成率 145%［年度商品住宅供地任务 5 公顷（75 亩）］。

（左婧）

【城乡建设用地减量】 年内，通过市级验收的减量图斑面积 276.59 公顷（4148.85 亩），超额完成我区年度减量任务。

（左婧）

【不动产登记】 年内，受理各类业务 25358 笔，其中受理不动产登记业务 7996 件，受理查询业务 16528 件，存量房录入 770 条，接诉即办 64 件。完成权属审查 51 个项目，涉及宗地 501 宗，面积 105.10 万平方米，权籍调查共涉及宗地 37 宗，土地面积是 138.10 万平方米，建筑面积是 31.80 万平方米。

（左婧）

【规划监督】 年内，核发规划核验意见 27 件，总建筑面积 72.50 万平方米。其中建设工程规划验收合格通知书 24 件，总建筑面积 67.30 万平方米。建设工程规划验线合格通知书 3 件，规划核验备案意见函 3 件（其中 8 条综合管廊长度为 7107.60 米，7 条管线长度为 17096 米）。在 10 个工作日内核发世园会建设工程规划核验意见 14 件、规划核验备案意见函 3 件。

（左婧）

【执法监察】 年内，出具规划违建认定函 279 件，涉及总建筑面积 12.14 万平方米、围墙 4 处总计 757.68 延米。土地违法立案查处 220 宗，其中下达行政处罚决定 14 宗，未实施处罚决定 144 宗（案件调查过程中，已全部实施拆除），结案 150 宗，罚款约 2.17 万元；矿产违法立案查处 3 宗，其中下达行政处罚决定书 3 宗，结案 3 宗，罚款约 16.35 万元。

（左婧）

【地质灾害防治】 年内，发生 4 起崩塌事件，崩塌土石方约 180 立方米，均得到及时清理，无人员伤亡、财产损失情况。发布地质灾害蓝色预警信息 5 次。调查各类地质灾害隐患点 598 处。（2019 年刘斌堡乡营盘村新增隐患点 1 个，共计 3 户 11 人）2017 年 2 个项目均已完成，2018 年 3 个项目完成财政资金评审，2019 年 4 个项目正在进行财政资金评审。

（左婧）

【信访接待】 年内，办理信访诉求 365 批次，同比增加 38.30%。其中来信 158 件次（同比下降 62.90%），来访 261 批次/537 人次（同比增加 83.30%/2.10%），网上信访 57 件次（同比增加 256.20%）。其中，集体访 17 批次/210 人次（同比下降 51.4%）；重复访 170 批次/262 人次（同比减少 17.3%）。

（左婧）

住房建设

【概况】 北京市延庆区住房和城乡建设委员会（以下简称“区住建委”）加挂北京市延庆区人民政府住房保障办公室、北京市延庆区人民政府房屋征收办公室、北京市延庆区重大项目协调服务中心、北京市延庆区住房和城乡建设综合执法大队牌子。区住房城乡建设委是负责本区住房和城乡建设行政管理的区政府组成部门。设办公室、住房保障办公室（房屋征收办公室）、行业管理科（行政审批科）、工程管理科、房屋管理科 5 个行政科室。下设延庆区建设工程质量监督站（安全监督站）1 个参公事业单位，建筑材料行业管理办公室、建设工程招投标管理办公室、房屋安全鉴定站、房屋市场管理中心、居住小区物业管理办公室、房屋租赁管理办公室、住房保障事务中心、房屋征收事务中心、建设工程质量检测中心、房地产勘察测绘所、危改康居办公室、重大项目协调服务中心（内设：综合科、规划科、宣传联络科、棚改环境整治办公室、公路拆迁办公室、重点项目推进办公室）12个事业单位。年内，完成天润·和丽嘉苑共有产权住房项目（全市首个共有产权住房项目）竣工验收备案，并交付使用。办理新增物业服务项目合同备案13项、变更14项、注销9项。完成商品住宅专项维修资金使用审核6件16.50万元。实施2018年度老旧小区综合整治工程，涉及5个小区，完成工程总量的85%。完成既有住宅加装电梯12部。完成全区15个乡镇国有土地城镇房屋的安全检查510.13万平方米。完成新建商品住宅房源入市供应1890套共计21.41万平方米，存量房网上签约1551件，成交二手房1427套共计12万平方米。存量直管公房161户402.50间。办理工程招标投标入场登记23项，合计中标价55634.80万元，建筑面积2.20万平方米。审核房产实测绘成果18项，建筑面积76.15万平方米。竣工联合验收8项，建筑面积16.30万平方米。建设工程安全监督项目118项，建筑面积436.05万平方米，线性工程长度128.02千米。建设工程质量监督项目60项，建筑面积317.52万平方米，线性工程长度3.59万米。完成房地产面积测绘业务24项，测绘面积约100万平方米。全年办理建设工程消防验收及备案7项。实施住建领域行政处罚187起、罚款134.52万元。完成房地产面积测绘业务24项，测绘面积约100万平方米。实现488户农村危房改造全部开工，年末主体结构完工率92.42%、竣工率80.33%。延庆山地新闻中心项目通过超低能耗建筑专家论证，建筑面积1.65万平方米。施工现场扬尘治理累计出动执法检查人员3032人次，检查工程1211项次，下发责令改正通知书556份。存量房地产开发企业50家，建筑业企业125家。完成建筑业总产值45.26亿元，同比增长1.42%。实施棚户区改造项目6个，占地面积277.30万平方米，涉及3804户。实现全区122项重点工程开复工77项，其中政府投资项目27项，社会投资项目50项；完工28项。落实年度固定资产建安投资任务80.40亿元、完成投资127亿元，占年度投资任务的158%。基本完成16项线性工程的拆迁补偿工作。受理“12345”群众诉求1998件、来信来访182件、每日舆情116件，全部办结。区住房城乡建设委获得“首都环境建设样板单位”和“创建国家卫生区工作先进单位”荣誉称号。

单位名称：延庆区住房和城乡建设委员会
地　　址：延庆镇东外大街89号
电　　话：69103360

（王海余）

【建设工程消防验收及备案】 5月13日至6月30日，向10家申请消防验收企业出具《建设工程消防验收意见书》，7月1日起，正式承接建设工程消防备案及验收，受理并办结建设工程消防验收及备案7项，其中消防验收3项、消防备案4项（2项备案抽中检查，2项备案未抽中）。

（王海余）

【保障性住房建设与管理】 年内，世园会交通市政配套工程定向安置房项目（2018年度北京市保障房“一会三函”项目）完成“多规合一”平台材料申报；中交富力·雅郡共有产权住房项目24栋住宅楼全部封顶；天润·和丽嘉苑共有产权住房项目完成竣工验收备案。

（王海余）

【保障性住房受理与备案】 年内，共受理公租房申请并取得市级备案资格家庭216户，受理公租补贴申请并取得市级备案资格家庭49户，受理市场租房补贴申请并取得市级备案资格家庭3户。享受廉租住房租金补贴9户，享受公租住房租金补贴218户，享受市场租房补贴10户。发放廉租房租金补贴3.8万元，发放公租住房租金补贴137.08万元，发放市场租房租金补贴6.37万元。

（王海余）

【保障性住房配租配售】 年内，筹集公租房房源24套，为9户低保、低收入城镇居民家庭实施专项配租。完成中交富力·雅郡共有产权住房项目二次申购配售，配售房源1097套、已选房源479套、剩余房源618套。完成天润·和丽嘉苑共有产权住房项目614套签约房源的交付使用。

（王海余）

【物业服务企业管理】 年内，组织全区物业企业安全生产培训会2场，培训160余人次；物业企业执法检查96次，下达责令改正通知6件，约谈物业企业2次，行政处罚6起、罚款9.95万元；办理新增物业服务项目合同备案13项、变更14项、注销9项。

（王海余）

【专项维修资金使用审核】 年内，完成商品住宅专项维修资金使用审核6件，金额16.50万元。其中，污水改造工程4件4.60万元，屋面防水工程2件11.90万元。

（王海余）

【老旧小区综合整治】 年内，实施2018年度老旧小区综合整治工程，共涉及南菜园北二区、南菜园二区、康安小区、香苑小区、颍泽州小区（51#、53#）5个小区95栋楼，建筑面积50.20万平方米，总投资39205.11万元。其中市级财政出资26205.11万元，区级财政出资13000万元。康安小区、颍泽州小区综合整治完成；香苑小区除绿化工程外其他工程全部完成；南菜园北二区、南菜园二区楼主体改造完成，公共区域改造完成70%。

（王海余）

【普通地下室管理】 年内，与62家普通地下室安全使用责任人签订《2019年度延庆区普通地下室安全使用责任书》。组织开展6次专项执法行动，整改安全隐患83处，发放限期整改通知单30份，约谈告诫2人次，实施行政处罚9起、罚款4.55万元。

（王海余）

【城镇房屋安全检查】 年内，完成全区15个乡镇国有土地上城镇房屋的安全检查，建筑面积510.13万平方米。其中，完好房建筑面积382.69万平方米，基本完好房建筑面积127.33万平方米，一般破损房建筑面积0.06万平方米，严重破损房建筑面积0.05万平方米。

（王海余）

【超期公共建筑排查】 年内，排查有可能超过合理使用期的公共建筑5处，建筑面积8639.30平方米。通过排查，5处公共建筑均未超出合理使用期限。

（王海余）

【城镇房屋防汛】 年内，制定并印发《2019年延庆区城镇房屋安全迎汛工作要点》《2019年延庆区城镇房屋防汛应急预案》，面向社会公开发布《2019年延庆区房屋防汛公告》。汛期接报维修电话3个，处理积水6处，全区城镇房屋未发生房屋倒塌情况。

（王海余）

【玻璃幕墙安全检查】 年内，对延庆区使用年限10年以上的12幢建筑物上的玻璃幕墙开展安全检查，检查玻璃幕墙面积7132平方米。发放宣传材料400余份，对2家玻璃幕墙存在严重安全隐患的产权单位下达责令整改通知书，责令其限期整改。

（王海余）

【普通地下室消防知识培训】 年内，联合区人防办针对普通地下室安全使用责任人开展消防安全知识培训2次，培训140人次。

（王海余）

【雪后城镇房屋安全专项检查】 11月至12月，组织物业服务企业和直管房管理单位开展雪后城镇房屋安全专项检查，全年出动458人次，检查楼房756幢、平房402.50间，未发现安全问题。

（王海余）

【房地产经纪机构管理】 年内，召开房地产经纪行业工作部署会4次；开展房地产交易市场执法检查118家次，行政处罚3起，约谈房地产经纪机构2次。

（王海余）

【新建住宅项目入市供应】 年内，办理商品房预售许可6件，现房销售备案1件，涉及珑祥府、樾熙府、世园村3个新建住宅项目，完成住宅房源入市供应1890套，建筑面积21.41万平方米，戊类库房1625套，建筑面积3.29万平方米。

（王海余）

【存量房交易网签】 年内，完成存量房购房资格审核2584件，存量房网上签约1551件，成交二手房1427套，建筑面积12万平方米。

（王海余）

【房地产交易市场管理】 年内，开展房地产交易市场执法检查52次，发放责令改正通知4件，约谈房地产开发企业、预售资金监管银行11次。

（王海余）

【直管公房管理】 年内，全区直管公房共有161户402.5间，分别位于延庆城区、南菜园一巷、康庄镇四街。全年出动房屋检查人员100余人次，开展房屋安全检查37次，重点检查房屋防汛安全、消防安全、秋冬季预防一氧化碳中毒等情况，未发生安全责任事故及直管公房违规转租转借现象。

（王海余）

【建设工程招标投标管理】 年内，办理建设工程招标投标入场登记23项，均为公开招标，合计中标价55634.80万元，建筑面积2.20万平方米。

（王海余）

【房产实测绘成果审核】 年内，完成18个项目的房产实测绘成果审核工作，涉及98栋楼，建筑面积76.15万平方米。

（王海余）

【施工许可证及竣工验收备案】 年内，办理施工许可证53项，建筑面积195.26万平方米、线性工程长度8.90万米。施工登记意见函3项，建筑面积14.17万平方米、线性工程长度860米。办理竣工验收备案32项，建筑面积67.43万平方米、线性工程长度2.61万米，包括房屋建筑工程26项，建筑面积67.31万平方米；装修工程1项，建筑面积0.18万平方米；市政基础设施工程5项，建筑面积0.12万平方米、线性工程长度2.61万米。

（王海余）

【企业资质管理与建造师注册】 年内，建筑业企业资质新设立13项，增项9项，延续1项，升级2项，主动注销1项，分立2项，变更33项。房地产企业新办暂定资质3项，暂定级变更5项，暂定级延续12项，暂定级升四级1项，四级延续9项，四级变更7项。二级建造师初始注册60人，增项注册13人，变更注册62人，延续注册104人，注销155人，重新注册87项，补办5项。

（王海余）

【企业资质管理】 年内，对全区26家施工劳务企业和钢结构工程专业承包企业开展企业资质专项核查，其中14家企业初查不达标，12家企业复查达标，2家企业逾期未参加复查。

（王海余）

【建设工程质量监督管理】 年内，建设工程质量监督项目共计60项，其中房屋建筑工程55项、建筑面积317.52万平方米，市政基础设施工程6项、长度3.59万米（有1项工程既纳入房屋建筑工程又纳入市政基础设施工程进行质量监管）。累计出动质量监督执法检查400余人次，检查工程项目100项次。实施行政处罚24起、罚款29.64万元，其中简易处罚3起、罚款0.30万元，一般处罚21起、罚款29.34万元。竣工验收25项。受理各类工程质量投诉53起，办结率100%、满意率95%以上。

（王海余）

【建设工程竣工联合验收】 年内，牵头组织市规划自然资源委延庆分局、延庆消防支队等15家“9+N”联合验收小组成员单位及相关26家建设单位，完成工程竣工联合验收8项，建筑面积16.30万平方米，包括房屋建筑工程2项、建筑面积12.76万平方米，装修工程6项、建筑面积3.54万平方米。全市排名第4。

（王海余）

【建设工程安全监督管理】 年内，建设工程安全监督项目共计118项，其中房屋建筑工程81项、建筑面积436.05万平方米，市政基础设施工程37项、长度128.02千米。全年出动安全监督检查人员2210余人次，检查工程项目530余项次，排查并消除各类安全隐患900余项。实施行政处罚106起、罚款46.30万元，其中简易处罚66起、罚款6.60万元，一般处罚40起、罚款39.70万元。发生1起亡1人安全生产事故。

（王海余）

【施工现场扬尘专项治理】 年内，召开各类施工现场扬尘治理工作会议18次。出动扬尘治理执法检查人员3032人次，检查工程1211项次，下发责令改正通知书556份。其中，责令停工整改68项，立即整改488项，约谈125起。移交区城管执法局处罚47项，报请市住建委进一步处理1起。全区细颗粒物（$PM_{2.5}$）累计平均浓度37微克/立方米，同比下降22.9%，完成全区细颗粒物46微克/立方米的市级年度任务目标。

（王海余）

【综合执法行政处罚】 年内，开展施工现场扬尘治理、市场行为、违法建设、建筑市场、建筑材料、企业资质、房屋中介、小区物业、房屋安全及设备管理等住建领域综合执法并实施行政处罚54起，罚款52.48万元。其中，简易处罚2起、罚款0.15万元，立案处罚51起、罚款52.33万元，不予处罚1起。

（王海余）

【施工现场劳务管理】 年内，检查劳务总承包企业67家，监理单位63家，劳务（专业）分包单位320家，涉及工人约2.20万人，下发责令整改通知书42份，约谈26次，处罚劳务企业3家，罚款6.10万元。协调解决拖欠建筑业农民工工资问题43起，涉及1164人2465.30万元。

（王海余）

【农村危房改造】 年内，完成农村危房改造671户（4类重点对象和低收入农户623户、优抚对象48户），其中，183户通过随亲属合住、入住养老机构等方式解决住房安全问题，488户为建设任务。年内实现开工488户，开工率100%；主体结构完工451户，主体结构完工率92.42%；竣工392户，竣工率80.33%。

（王海余）

【建筑节能管理】 年内，完成3家建设单位6项节能专项验收备案，建筑面积8.60万平方米。开展综合执法检查5次，开展建材、禁止现场搅拌、建材采购备案、建筑节能及热计量装置、建筑节能与钢管扣件等专项检查45次，实现新建民用建筑施工阶段100%执行节能设计标准。

（王海余）

【预拌混凝土管理】 年内，针对全区4家具有资质的混凝土搅拌站开展日常检查24次，督促其严格执行《2019年度北京市预拌混凝土绿色生产管理规程》有关规定，逐步实现混凝土搅拌站生产全密闭化。在市住建委、区生态环境局、区住建委对4家混凝土搅拌站的绿色生产联合专项检查中，3家单位获评良好，1家单位获评合格。

（王海余）

【公共建筑节能改造】 年内，完成辉煌假日度假区（酒店及酒庄）节能绿色化改造项目综合验收，核定奖励面积58626.46平方米、核定节能率20.2%。

（王海余）

【超低能耗建筑示范】 年内，延庆山地新闻中心项目通过超低能耗建筑专家论证，建筑面积1.65万平方米。该项目建成后，供暖、空调和照明一次能源消耗量与满足《公共建筑节能设计标准》（GB50189）的参照建筑相比，相对节能率达60%。

（王海余）

【重点工程项目推进】 年内，122项重点工程中实现开复工77项（续建48项，新建23项，推进6项），其中政府投资27项，社会投资50项。实现延崇高速北京段、冬奥综合管廊、京张高铁延庆段、西白庙220千伏输变电工程、冬奥村（玉渡）110千伏输变电工程、海陀110千伏输变电工程、冬奥会延庆赛区应急水源保障工程、佛峪口河水生态廊道建设工程、冬奥会延庆赛区造雪引水及集中供水工程、体育中心（全民健身中心）建设工程等28项重点工程完工。

（王海余）

【棚户区改造】 年内，南菜园1—5巷棚改项目单位建房区（北区）4栋安置房建设基本完工。10月21日完成北区居民选房工作，12月12日取得建筑工程规划核验意见；经营性地块1月4日取得用地预审，11月18日取得二级权属审查，12月17日取得二级规划条件。南菜园1—5巷棚改二期项目9月份通过中期调整纳入北京市棚改计划实施册。小营—石河营棚改项目签约870户，签约率86.6%，7月4日通过安置房设计方案专家评审，8月31日二次启动签约奖励期，开展剩余157户的签约工作，12月16日取得多规合一平台初审意见。下屯村棚改项目1月31日取得规划条件（一级），2月1日取得用地预审意见，9月19日通过安置房设计方案专家评审会，10月25日取得立项批复，已完成签约654户，签约率100%。康庄镇一二三街棚改项目签约654户，签约率98%。7月19日通过安置房设计方案专家评审会，12月27日举行安置房地块奠基仪式。南辛堡—民主村—百眼泉棚改项目安置房建设全面开工，09地块12栋安置房完成结构封顶，07地块24栋安置房建设达到±0以上。

（王海余）

【线性工程征拆】 年内，基本完成兴延高速、延崇高速、昌赤路、南山环线（一期）4项道路工程，百康路、东姜路、延农路、延康路、康张路、滦赤路干沟桥危桥6项道路提级改造工程，西白庙220千伏、海陀110千伏、玉渡110千伏、永东110千伏、大路110千伏及京张高铁牵引站220千伏输变电线路6项电力工程，共计16项线性工程的征拆工作。

（王海余）

【平安建设】 年内，制定《区住建委2019年平安延庆建设工作要点》，完善《区住建委“四场活动”维稳安保工作方案》，建立重点人员排查、重点矛盾排查、风险评估、农民工讨薪以及信息员队伍工作台账5本，组织召开维稳工作部署会5次，上报信息16篇，安全稳定情报信息周会商19条，总结报告4篇，考核材料1卷，整理档案13卷。

（王海余）

【接诉即办】 年内，受理“12345”群众诉求1998件，已全部办结。其中，老旧小区综合整治及农村危房改造类717件、占比35.89%，保障性住房类284件、占比14.21%，物业管理类182件、占比9.11%，房屋质量及施工安全类174件、占比8.71%，拆迁、棚户区改造类217件（小营—石河营棚改106件）、占比10.86%，施工管理及扬尘治理类115件、占比5.76%，重大项目工程类87件、占比4.35%，房地产市场管理类47件、占比2.35%，房屋安全鉴定类32件、占比1.6%，行政审批类11件、占比0.55%，北科国杰健康城相关问题48件、占比2.4%，观澜国际相关问题65件、占比3.25%，其他类诉求19件、占比0.95%。整理“接诉即办”档案34卷，顺利通过区城市管理指挥中心考核。

（王海余）

【信访接待】 年内，收到并办结信访件182

件。其中，房屋质量类 41 件、节能改造类 32 件、棚改安置补偿类 19 件、小区管理类 25 件、拖欠工程款类 19 件、住房保障类 17 件、房地产市场管理类 3 件、人民建议类 6 件、重点工程 4 件、施工现场管理类 3 件、危房改造类 3 件、世爵华府相关问题 2 件、招投标管理类 1 件、其他类 2 件；化解多年市级积案（赵秀兰反映石河营小区 7 号楼 107 室平改坡漏雨问题）1 件，结案市级积案 4 件。

（王海余）

【舆情受理】　年内，受理并办结每日舆情 116 件。其中，物业管理类 26 件、施工管理类 21 件、住房保障类 15 件、施工安全和房屋质量类 15 件、重点工程类 5 件、保温施工问题 10 件、北科国杰健康城相关问题 4 件、棚改拆迁类 5 件、房地产市场管理类 3 件、直管公房类 2 件，协办及不属于区住建委处理范围 10 件。

（王海余）

市政管理

【概况】　延庆区城市管理委员会是负责全区城市管理、城乡环境建设的综合协调和市容环境卫生管理、能源日常运行管理、相关市政公用事业管理的区政府工作部门。下设市政行业管理科（行政审批科）、市政设施规划管理科、城乡环境管理科、办公室（安全生产科）、能源运行管理科、财务科 6 个科室。下属延庆区环境卫生服务中心、延庆区市政管理处、延庆区市政工程公司、延庆区市政材料设备供应站、延庆区地下管廊和管线管理中心、延庆区供暖管理办公室、延庆区街巷管理中心、延庆区垃圾渣土管理办公室、延庆区农村环境管理办公室、延庆区市政工程项目管理办公室 10 个基层事业单位。年内，编制全区生活垃圾全流程运行模式专项规划，构建延庆区“5” + “1”分类模式，即“5”分类为厨余垃圾、可回收物、有害垃圾、其他垃圾、大件垃圾。党政机关、社会单位、居住小区在“5”分类基础上 + “1”类为装修垃圾，村庄在“5”分类基础上 + “1”类为灰土垃圾，初步形成生活垃圾分类、收集、运输、处理的全流程管理体系。全区垃圾分类示范片区创建覆盖率 72.2%，超过市级下达 60% 的任务。完成世园会景观布置及环境整治工作。组织各成员单位清理生活垃圾 46240 吨，清理乱堆乱放 40921 处，清运餐厨垃圾近 300 吨，抽运粪污 1087 吨，清理小微水体浮萍面积 2.23 万平方米，水草 70 平方米，清理占道经营 10486 处，治理流动商贩 6252 处，立案处罚无照游商、工地问题 7240 起，实现世园会周边各类环境问题动态清零。《服务保障世园会备战攻坚 100 天十组计划任务清单》各项任务按期完成。以供水、电力、燃气、通信、综合管廊等城市生命线为核心，按照一般情况常态保障（二、三级响应）、重要特殊时期驻地保障（一级响应）保障世园区红线外 30 平方千米内的市政基础设施安全稳定运行。整个世园会期间，处理突发事件 20 件。启动延庆区冬奥会环境整治项目（一期）。开展人居环境整治工作、城区及城乡接合部“百日攻坚”环境整治专项行动。实施延庆城区交通环境整治工程。构建垃圾分类全过程体系。完成有路无灯建设任务并强化路灯管理。实施城中村“煤改电”电力工程，推进“送气下乡”工作。

单位名称：延庆区城市管理委员会
地　　址：延庆镇东外大街 89 号
电　　话：69103648

（张冰）

【世园会周边环境整治】　年内，在京礼高速、延康路、百康路、圣百街、东姜路等 12 条世园会周边道路及西顺城街等 3 条城区道路沿线环境景观薄弱区域实施环境整治提升，拆除主通道、联络线及世园会园区周边老旧建筑、私搭乱建及破旧设施 15.30 万平方米，清理渣土

15.42 万立方米，绿化提升 60.33 万平方米，种植乔木 6197 株、灌木 8217 株、绿篱 2.12 万平方米，地被花卉 16.47 万平方米；回填种植土 20.36 万立方米，修复破损路面 3.77 万平方米，粉饰围墙及建筑立面 1.85 万平方米，安装路灯 4 千米共 220 杆、护栏 5200 平方米。

（张冰）

【世园会会时景观布置】 年内，完成世园会会时景观布置工程，其中，安装 6610 面广告宣传道旗，9 个单立柱广告画面，471 块公交站亭世园主题广告，水塔彩绘 1 处 350 平方米，箱体、杆体美化 4421 平方米，刷防粘贴涂料 2612 平方米。布置花卉 232 万株，包括布置 8 处大型花坛，22 处景观节点、4000 组容器花卉，地栽花卉 150 万株；在辉煌国际酒店门口布置花坛 1 座，在康张大桥两侧悬挂硬质横幅 2 面。

（张冰）

【交通环境整治】 年内，完成湖北东路等 23 条道路 51023 米护栏拆除更新工作。在妫水街等 16 处交通秩序混乱地段安装护栏（1300 米）、U 型隔离桩、挡车石（400 余块）。在妫水街、延康路施划立体行人过街斑马线 32 组。在东外大街、高塔街等路段施划自行车停放区 800 余平方米，在妫水北街、庆隆街、庆园街等 7 条道路，施划停车泊位 1045 个。更换东外大街、庆园街、高塔街等 32 条道路 204 块路名牌，新增公租自行车 1500 辆，新增站点 70 个。

（张冰）

【城乡环境整治】 年内，整改各类环境问题 1085 处，整改率 100%，其中，整治店外经营类问题 485 处，街面秩序类问题 277 处，广告牌匾类问题 92 处，基础设施类问题 24 处，背街小巷类问题 207 处；巡查属地“门前三包”问题 1082 处，完成整改 986 处，整改率达 91.13%；整治铁路沿线环境问题 433 处，其中白色污染 71 处、非法小广告 181 处，乱堆乱放 132 处、乱倒垃圾渣土 31 处、私搭乱建 18 处。清理废旧自行车 6 辆、铺设防尘网 3000 平方米。在 2019 年首都环境建设管理综合考评中，延庆区综合管理、重点任务、社会调查三项指标内容在生态涵养发展区排名第一，综合成绩位列 16 个区第一。

（张冰）

【农村人居环境整治】 年内，整治各类环境问题 79117 处，拆除私搭乱建 8727 处、248746.47 平方米，清理垃圾渣土 662163 立方米，新增绿地面积 269407 平方米。在市农业农村局组织的农村人居环境考评验收中我区第二批、第三批村庄均在 13 个涉农区位列第一。

（张冰）

【垃圾分类积分兑换】 年内，推广百泉街道源头排放登记、积分兑换奖励制度，居民投放厨余垃圾 843 吨，再生资源收集 19.10 吨，居民积分卡发放 8546 张，积累积分 169 万分，兑换积分 103 万分。

（张冰）

【垃圾分类宣传】 年内，开展垃圾分类宣传培训活动 402 次，学校主题活动 32 次、党员带头引领活动 44 次、志愿者活动 29 次、社区宣传活动 297 次，受众超 10 万人。

（张冰）

【背街小巷环境整治】 年内，联合区文明办按照“十无”标准检查全区 114 条背街小巷，建立问题整改台账，完成拆除私搭乱建 48 处，拆除违规牌匾及广告 58 处，清理乱堆乱放垃圾及物品 216 处，修复破损路面 8000 余平方米，立面粉饰 214 平方米，安装围栏 256 米，绿化 245 平方米。

（张冰）

【城市照明管理】 年内，在体育公园、百泉公园、迎宾公园、湖南路、湖北路敷设电缆 11 万米，安装地埋腰鼓灯 4500 盏、庭院灯 1500 盏、投光灯 4800 套。

（张冰）

【渣土车专项整治】 年内，开展渣土车联合执法 179 次，出动人员 2864 人次，出动车辆

1253 车次。约谈运输企业 18 家次，对 34 家违规运输企业进行扣分处理，累计扣分 547 分。对违规情节严重的 3 家运输企业，撤销经营许可和准运许可。

（张冰）

【垃圾治理专项行动】 年内，通过卫星监测、巡查等方式排查全区各街道（乡镇）乱倒垃圾渣土点位 587 处，产生垃圾渣土 577 万立方米，建立区、镇两级问题台账，专人跟踪督办清理整治，整改 587 处，整改率 100%。

（张冰）

【行政许可】 年内，办理行政许可 396 件，其中，办理设置标语宣传品许可 27 件，办理临时占道 3 件，挖掘城市道路 28 件，建筑垃圾消纳许可 89 件，建筑垃圾、土方、砂石运输车辆准运许可 227 件，从事生活垃圾经营性清扫、收集、运输服务审批许可 21 件，设置建筑垃圾消纳场所许可 1 件。

（张冰）

【供暖供热】 截至年底，全区共有供热单位 13 家，供暖总面积 804 万平方米。其中居民供热面积 540 万平方米，占总面积的 67%；非居民供热面积 264 万平方米，占总面积的 33%。城区有居民 41688 户，均由北京京能延庆热力有限公司集中供暖。

（张冰）

城管执法监察

【概况】 延庆区城市管理综合行政执法监察局，是负责本区城市管理综合行政执法工作的区政府直属行政执法机构，具有综合协调、综合执法、综合监管职能。2019 年 5 月 30 日，按照中共北京市延庆区委机构编制委员会《中共北京市延庆区委机构编制委员会关于调整组建北京市延庆区部分领域行政执法机构的通知》京延编委发〔2019〕3 号文的要求，北京市延庆区城市管理综合行政执法监察局更名为北京市延庆区城市管理综合行政执法局。年内，围绕世园国庆服务保障工作开展专题调研 14 次。落实区委、区政府各项决策部署，以服务保障冬奥世园为核心，全年立案处罚各类案件 11010 起，同比上升 89.08%，罚款 679.42 万元，同比上升 18.56%，职权履行率 39.18%。新职权履行方面，园林绿化类处罚 359 起，同比上升 510.34%；再生资源管理类处罚 7 起，同比上升 700%；电力执法类处罚 7 起，同比上升 700%。全年违建销账 850 处 49.60 万平方米，完成市级任务的 124%；腾退土地 93.20 公顷（1398 亩），完成市级任务的 233%；全区拆除违建 9577 处 81.7 万平方米；查处占道经营 8591 起，同比增长 87.42%，罚款 20.68 万元，同比增长 135.21%；查处施工扬尘类违法行为 416 起，罚款 556.16 万元；查处运输车辆类违法行为 215 起，罚款 40.55 万元；查处露天烧烤和露天焚烧类违法行为 608 起，罚款 6.23 万元；查处占道经营 8591 起，同比增长 87.42%，罚款 20.68 万元，同比增长 135.21%。编发《城市管理综合监管通报》39 期，办结市级向区政府派发《监管通知单》75 件，反馈率 100%，整改率 90.14%；派发《监管通知单》1275 件，按期反馈率 94%，整改率 100%，解决环境秩序问题 2000 余件，全市考核排名由第 11 名上升到第 8 名，保持生态涵养区第 1 名。接“12345”举报案件 52 件，响应率 100%，解决率 100%；接城管“96310”热线举报 810 件，响应率 100%，解决率 95%。延庆区城市管理综合行政执法局在全市城管执法系统总排名由第 16 位提升至第 13 位。

单位名称：延庆区城市管理综合行政执法监察局
地　　址：延庆镇京张路口北
电　　话：69103763

（邢思琪）

【世园会环境保障服务】 年内，加强世园会环境保障服务，园区周边 30 千米范围内，立案查处各类违法行为2213起，罚款174.77万元。

（邢思琪）

【无违建乡镇创建】 年内，千家店镇、四海镇、刘斌堡乡开展无违建乡镇创建，完成创建单元全域建筑物摸底排查，摸排调查图斑27073块，创建乡镇上账工作基本完成。

（邢思琪）

【扫黑除恶线索】 年内，收集扫黑除恶各类线索23条，上报区公安局2条，上报市城管执法局1条，均不构成黑恶势力。

（邢思琪）

【专项巡查整改】 年内，市委巡视反馈的协管员因生病不能到岗、原领导违法建房问题整改完成。区委“六个专项”整治检查情况集中反馈的三个方面25个问题完成整改。

（邢思琪）

公用事业

供　　电

【概况】 国网北京延庆供电公司（简称延庆供电公司），是国网北京市电力公司直属供电企业，负责延庆地区范围内的电网规划建设、运行管理、电力销售和供电服务工作。设办公室、发展策划部、党委组织部、财务资产部、安全监察质量部、建设部、纪委办公室、党建工作部、电力调度控制中心9个职能部门，设置运维检修部（检修分公司）、营销部（客户服务中心）、冬奥供电服务中心3个业务支撑与实施机构，1家集体企业，协助华商电灯公司管理7个供电所。2019年，城网供电可靠性完成99.96%，优于考核指标0.004个百分点，农网供电可靠性完成99.91%，优于考核指标0.02个百分点。2019年，延庆区为北京地区投运容量最大、工程项目最多的电网建设高地，延庆供电公司作为建管单位，高峰期现场施工人员达1200余人，全年投入施工人员10万余人次，有基建四级以上风险作业现场57个，新建铁塔261基、架空线路83千米、电缆65.40千米。全年完成全国两会、高考保电等各类保障任务52项，其中特级保电任务5项，一级保电任务2项，累计保电天数332天。部署冬奥会测试赛供电保障工作。延庆地区连续4次刷新用电负荷高峰记录，成功应对38.40万千瓦地区最大负荷考验，同比2018年度冬季最大负荷增长15.34%。公司获国网公司庆祝中华人民共和国成立70周年活动保电先进单位、2019年世园会延庆区服务保障先进集体及北京公司“三场重大活动”突出贡献单位荣誉称号。2019年公司蝉联年度“全国文明单位”荣誉称号、连续13年荣获“首都文明单位标兵”称号，获得延庆区交通安全先进单位等荣誉。

单位名称：延庆供电公司
地　　址：延庆镇庆园街53号
电　　话：69101219

（张铭扬）

【煤改电工程】 年内，延庆地区共完成64个村2.04万户的“煤改电”外电源配套电网改造，新投运30条10千伏“煤改电”线路677个台区，新增“煤改电”负荷约8万千瓦。

（张铭扬）

【电网规划与建设】 年内，110千伏米家堡、耿家营变电站纳入多规合一平台，取得初审意见，“十三五”期间地区电网规划项目全面落地。110千伏海陀、冬奥村变电站投产发电；110千伏世园会、永东变电站完工；完成110千伏康庄站、35千伏旧县站增容改造；完成500千伏延庆换流站、柔直下送、张昌三工程、220千伏西白庙工程、220千伏大浮陀京张高铁牵引站外电源线路工程等前期协调任务。

（张铭扬）

【营销与优质服务】 明确专班管控业扩报装流程，持续深化“三零”服务，惠及小微企业908户，平均接电时长3.60天，为客户节约投资1030万元。“三省”服务创新实施，已完成送电3项，平均接电时长由78天缩短至15天，为客户节约费用83.20万元。截至年底，公司“12345” “95598”热线等的投诉量同比下降53%。

（张铭扬）

【安全生产】 年内，发现并治理各类安全隐患317件，治理率实现100%。出动检查人员623人次，领导检查146人次，发现问题131件，全部落实整改。制止施工作业175次，消除树线隐患153处。分换装变压器75台，输电线路综合检修7条，建110千伏变电站1座，35千伏变电站1座完成检修预试。全年发生配网故障14次，同比减少29次，降幅67.44%。验收投产变电站8座、主变14台、GIS设备7套、开关柜242面，消除设备缺陷及隐患125项。

（张铭扬）

【经营管理】 年内，完成2016年至2018年大修技改、人力资源专项审计及“煤改电”工程跟踪审计等9项审计工作，整改落实57项审计遗留问题，已整改48项，整改完成率84.2%。结合“廉洁办奥”工作要求，协调推进冬奥会项目监督审计，确保公司依法合规推进重点工程。落实国网要求、突出冬奥特色，统筹推进“移动式发充储放充电站”等21项泛在电力物联网重点建设任务，2019年已建成6项。

（张铭扬）

供　　气

【概况】 延庆区燃气管理办公室设于区城市管理委员会，行使延庆区燃气行业管理职能。年内，全区4家天然气企业，铺设中压管线20千米；5家液化石油气企业，其中4个充装站，1个储罐站。

单位名称：延庆区燃气管理办公室
地　　址：延庆镇东外大街89号
电　　话：60168635

（张冰）

【送气下乡】 年内，建设村级液化气换瓶点282个，开户75495户，销售液化气26.60万瓶。累计开户14.2万户，累计销售123.72万瓶。

（张冰）

环境卫生

【概况】 北京市延庆区环境卫生服务中心隶属于北京市延庆区城市管理委员会，负责城区清扫保洁、垃圾清运、公厕维护及主要环卫基础设施管理等工作。下设环卫清扫保洁一队、环卫清扫保洁二队、环卫清运一队、环卫清运二队、小张家口粪便消纳站、小张家口垃圾卫生填埋场、永宁垃圾卫生填埋场、环卫公厕保洁队8个正科级作业单位，内设行财科、政办室、管理科、安全科、收费室5个副科级科室。年内，完成城市清扫保洁、垃圾清运、公厕管理、垃圾处理工作。

单位名称：延庆区环境卫生服务中心
地　　址：延庆镇广兴街72号
电　　话：69103800

（张冰）

【清扫清运】 年内，新增机扫面积73万平方米，机扫总面积161.77万平方米；新增清扫保洁组合工艺作业面积37.29万平方米，组合工艺作业总面积123.22万平方米；增加垃圾清运路线2条。道路洗地用水量54980吨，道路尘土残存监测平均值由16.02克/平方米降至8.50克/平方米；签订生活垃圾协议417份、餐厨垃圾协议693份，与施工单位签订建筑渣土消纳协议99份，清运垃圾74002.7吨，抽运粪污 11695 吨，清运渣土 14810 吨，清理大件垃圾 7211 件。

（张冰）

【公厕管理】 年内，全区新建、改建、提级改造公厕共计 158 座，其中城区 37 座，乡镇 121 座。

（张冰）

【垃圾处理】 年内，填埋垃圾 11.60 万吨，处理渗滤液 4.10 万方。小张家口粪便消纳站调试运行，处理粪污 738 吨，渣土场消纳建筑渣土 9 万吨。

（张冰）

气　　象

【概况】 延庆区气象局（简称“延庆气象局”）受北京市气象局及区委、区政府的双重领导，负责区气象工作及气象行政管理，负责协助管理国家气象局档案馆延庆分馆和北京市人影办炮械库。下辖延庆国家基本气象站和佛爷顶国家一般气象站，下设综合办公室、业务管理科、社会管理与法制科 3 个管理科室；气象台、气象服务中心、人工影响天气办公室 3 个事业单位。主要工作职能为气象观测业务类（地面观测、区域气象站观测、生态气象观测、设施农业观测、卫星接收与雷达）、气象预报预警服务类（常规天气预报预警服务、决策气象服务、公众气象服务、专项气象服务）、农业气象服务、气象防灾减灾服务、人工影响天气服务、气象行政执法。辖区内有 1 部天气雷达（海陀山雷达）、2 个国家级气象站、77 个区域自动气象站（其中冬奥核心区 17 个站）、2 个土壤水分观测站、3 个设施农业观测站、10 个 GPS/MET 水汽站、1 部风廓线雷达、1 部闪电定位仪、10 个防雹增雨站和 16 个高山地基增雪烟炉。2019 年汛期，延庆地区出现 50 余次降雨过程，其中有“7·5—7·7” “7·28” “8·9” 等重大天气过程。制作发布各类气象灾害预警信号 116 期，其中与市规划自然资源委延庆分局联合发布地质灾害气象风险预警 5 期，《天气情况》70 期，《重要天气报告》8 期，节假日气象服务专报 7 期，决策气象服务信息 2346 期，公众气象服务信息 872 期，发布各类气象短信共计 406 万余条。年内，圆满保障冬奥会相关考察调研及重大活动、2019 年中国北京世界园艺博览会、2019 首创集团国际雪联中国北京越野积分大奖赛（北京延庆站）、世界花卉大会、“美丽中国” 2019 延庆森林半程马拉松等一系列服务工作。开展科普巡展 6 次，科普讲座 4 次。延庆区气象信息员培训 160 余人。为八达岭旅游总公司干部职工进行气象防灾减灾知识培训，并组织开展应急演练。

单位名称：延庆区气象局
地　　址：延庆镇湖南西路 12 号
电　　话：81196359

（杨航）

【延庆气象服务分中心投入使用】 10 月 31 日，2022 年冬奥会和冬残奥会（以下简称“冬奥会”）延庆气象服务分中心（以下简称“分中心”）正式投入使用。分中心是冬奥会延庆赛区气象服务及冬奥会预警信息发布场所，在冬奥会筹办举办期间承担赛区气象服务保障任务。年内，分中心完成冬奥会核心区雪道造雪和缆车验收、全国新年登高健身大会北京主会场（八达岭）、首届世园文化庙会等重大活动气象服务保障以及冬季 2 次大雪天气服务保障。

（杨航）

【世园会气象服务保障】 年内，对接完成世园会网络供电、消防验收、信息通信等基础设施的布设和调试，推动园区内生态气象馆和世园会网站建设，完成世园会气象保障工作。

（杨航）

【全年气象】 年内，全区平均累计降水量为

430 毫米，较上年同期 433.10 毫米偏少 3.10 毫米。延庆城区年降水量为 365.30 毫米，较常年同期 441.50 毫米偏少 76.20 毫米，较上年同期 460.50 毫米偏少 95.2 毫米。年平均气温 10.50℃；年日照时数 2721.80 小时。

（杨航）

【气象行业监管】 年内，执法 193 次，较上年执法检查 153 次增长 26%；排查隐患 17 家，消除隐患 16 家，整改率 94%。联合区应急管理局、文化和旅游局、中关村延庆科技园、康庄镇政府执法 4 次。全年行政处罚 5 件；施放气球活动审批 2 件、防雷装置设计审核许可 15 件、防雷装置竣工验收许可 6 件。

（杨航）

【人工影响天气作业】 年内，开展高山烟炉增雪作业 20 次，发射烟条 45 根；组织各作业站点高炮防雹作业 60 余次，发射炮弹 2860 发；火箭增雨作业近 60 轮次，发射火箭弹 236 枚。

（杨航）

防震减灾

【概况】 北京市延庆区地震局（简称“区地震局”），承担区地震监测预报和地震灾害预报、地震专业技术服务及防震减灾科普宣教等职责，是区政府负责管理地震工作的职能部门。归口区应急管理局管理，下设综合科、监测预报科和震灾防御科。下属地震观测台点有松山地震观测站、南老君堂地震观测点、旧县盆窑地震观测点、新庄堡地震观测点和 14 个宏观测报点（震情灾情速报点）。年内，针对首都圈地区尤其是延怀盆地、京西北—晋冀蒙交界地区开展地震前兆观测，利用网络专用软件对观测数据进行处理和分析，及时落实地震异常情况。完成 100 期周、月会商和加密会商。完成中华人民共和国成立 70 周年、北京世园会等重大活动和重要会议时段震情应急跟踪监测任务，排查落实松山水氡高值异常和张山营镇下板泉村自来水小井渗水异常，落实张山营 01 基准站选址，解决松山地震观测站供暖问题，协助市地震局完成碓臼石强震台搬迁和延庆地区地震监测能力提升项目台点选址工作。配合区应急管理局完成珍珠泉村综合减灾示范社区创建工作。组织全区 7 所中小学参加 2019 年北京市中小学生防震减灾科普创客大赛。获得第六届北京市防震减灾“科普讲解大赛”最佳组织奖，获得“2019 年度区地震监测预报工作先进单位”荣誉称号。

单位名称：延庆区地震局
地　　址：延庆镇西街 1 号
电　　话：69144269

（尤美倩）

【冬奥会应急专题培训班】 12 月 10 日，联合区应急管理局举办北京市延庆区 2019 年应急安全员业务培训暨地震灾情信息速报培训班，市防震减灾宣教中心高级工程师郭心做《假若地震来临，你准备好了吗?》的主题讲座，全区 18 个乡镇和街道的应急安全员、区应急管理局和区地震局相关科室人员约 430 人参加。

（尤美倩）

【震后应急跟踪处置】 年内，北京圈、延怀盆地及周边地区先后发生 12 次弱震感地震事件。其中包括：4 月 7 日海淀 M2.9 级地震、4 月 14 日怀柔 M3.0 级地震、5 月 19 日宣化 M2.9 级地震、6 月 24 日蔚县 M2.9 级地震、7 月 20 日涿鹿 M2.6 级地震、9 月 12 日四海 M1.5 级地震、9 月 28 日蔚县 M3.1 级地震、10 月 21 日赤城 M1.9 级地震、10 月 27 日怀安 M2.8 级地震、12 月 3 日怀安 M3.4 级和 M2.9 级地震、12 月 5 日丰南 M4.5 级地震及 12 月 23 日蓟州 M3.3 级地震。区地震局开展加密观测、宏观调查、区域联防、舆情追踪等工作。

（尤美倩）

【地震公共安全宣教】 年内，开展科普宣传和应急演练活动16场次，发放宣传资料和宣传品2万余份，受益群众1.50万人次。

（尤美倩）

【地震科普示范单位认定】 年内，认定康庄中心小学为区防震减灾科普示范学校，区级防震减灾科普示范学校达到8所。

（尤美倩）

（栏目编辑：池尚明）

教　育

教育管理

【概况】 延庆区教育委员会（简称“区教委”）是主管全区教育事业的职能部门。区教委与区委教工委合署办公，下设教育工委办公室、行政办公室、人事科（行政审批科）、基建财务科、体育美育科、小学学前教育科、中学教育科、职业教育与成人教育科、政策法规科（安全生产科）、督政督学科，代管延庆区人民政府教育督导室。全系统在岗教职工5062人，专任教师3696人。年内，继续落实九年义务教育阶段各项减免政策，落实资金1113.54万元，惠及学生52435人次。其中，落实义务教育阶段“三免两补”减免资金913.58万元，惠及50324人次；发放高中国家助学金59.26万元，惠及731人次；发放中等职业学校资助投入44.99万元，惠及423人次；精准扶贫81.31万元，惠及882人次；学前教育阶段资助14.40万元，惠及75人次。延庆区人民政府与海淀区人民政府签约教育结对协作。20名干部赴东城区学校全脱产挂职培训，38名干部赴山东临沂革命老区进行党性锻炼。76名干部到辽宁省盘锦市魏书生中学、福建省福州市晋安区第三中心小学和第四中心小学进行实训研修。10名干部参加北京教育学院“名校长培养工程”。104名学员参加区青年人才管理能力提升培训班。9名校长参加北京育英学校于会祥校长工作室培训。1750人次参加干部“理论大讲堂”。3100人参加中小学教师教学基本功和教学技能培训，800人参加幼儿园全员培训，4771人参加市级公共必修课程培训。区级专项培训14项2600人次。175人参加与北京教育学院合作单独组班培训，28人参加“青蓝计划”“卓越计划”“国培计划”培训，486人参加与首都师范大学的合作培训，15人参加与北京师范大学合作的中小学班主任培训，334人参加与海淀区教师进修学校合作的“名师工作室”培训。全年完成市区项目培训58项，共计参加11327人次；中小学、幼儿园、职业教育的学科学段培训33400人次。举行延庆区中小学生校园足球联赛，75支队伍858名队员进行了227场比赛。北京教育科学研究院、区教委和延庆教育科学研究中心共同编写的《2019年中国北京世界园艺博览会知识读本》，作为北京市地方教材在全市发行，供中小学使用。全区中小学世园会知识普及率100%。开展世园会知识技能培训5.40万人。146名小学生参加世园会开幕式，100幅世园会主题中小学绘画比赛作品被用于开幕式宣传展览，200名师生参加闭幕式活动。延庆区13所学校被评为全国青少年校园足球特色学校，18所学校被评为北京市校园足球重点学校，延庆区被教育部确定为全国青少年校园足球试点区和全国“满天星”足球训练营。

单位名称：延庆区教育委员会
地　　址：延庆镇高塔街 51 号
电　　话：69143122

（张美丽）

【法治教育研讨会】 1 月 17 日，区教委在延庆一中召开法治教育研讨会。区教委介绍教育系统“七五”普法工作开展情况；延庆一中校长汇报依法治校、依法执教工作和学生法治教育成果；教育部教育装备研究与发展中心领导就新时代背景下教育法治装备政策研究的方向及重点内容做介绍；市教委讲解对全市青少年法治教育要求及相关工作现状、特点和计划。教育部、市教委、区教委领导以及延庆一中干部、教师参加。

（宋佳）

【延庆一中青少年法治教育实践基地揭牌】 1 月 17 日，延庆一中青少年法治教育实践基地建成举行揭牌仪式，教育部、市教委及区教委相关领导参加。基地占地面积 350 平方米，可以同时容纳 150 人学习、体验。

（宋佳）

【教育系统文艺会演】 5 月 18 日至 19 日，延庆教育工会举办教育系统“五月鲜花”文艺会演。63 个基层工会上报 69 个节目，1370 名教职工参加，评出最佳节目奖 30 个，优秀节目奖 39 个。

（赵文新）

【延庆、海淀结对协作项目名师工作室落户延庆】 7 月 12 日，海淀区与延庆区结对协作项目名师工作室落户延庆正式启动。旨在推进两区结对协作工作，拓宽培训渠道，为延庆青年骨干教师搭建学习展示的平台，实现优质教育资源共享。协作项目包括成立 25 个名师学科工作室和 1 个教科研中心发展工作室，涵盖高中 9 个学科、初中 9 个学科、小学 4 个学科、音体美 3 个学科。每个名师工作室分别由 1 名海淀名师作为负责人和 10 名左右延庆中青年骨干教师成员组成。

（晏博文）

【举行师德榜样评选活动】 年内，区委教工委、区教委和区教育工会联合开展教育系统师德榜样（先锋）评选活动，经“学校推荐、纪检部门审核、现场汇报、结果公示”等环节，评出师德榜样 10 名，师德榜样提名 10 名，师德先锋 113 名。

（赵文新）

【校园周边交通综合治理】 年内，区教委联合区交通队在校园周边设置隔离线、步行区和禁停区，增加交通疏解交警 30 人、志愿服务者 390 人。协调公路局和城管勘测全区校园周边设施设备情况，为 59 个办学点新增交通标志 216 套，施画交通标线 7678 平方米、立体斑马线 430 平方米，新增斑马线 75 平方米，更新减速带 5 处、网格线 2 处。

（宋佳）

【师资队伍补充 92 人】 年内，经区人力社保局批准，区教委发布教师招聘公告并成立考核组。应聘人员均参加面试，北京应届、往届毕业生和非京应届毕业生按照面试考核成绩由高到低排序，录用教师 92 人（北京市户籍 71 人，京外户籍 21 人），其中高中教师 17 人，初中教师 12 人，小学教师 21 人，幼儿教师 40 人，直属单位 2 人。

（张美丽）

【教师岗位交流】 年内，区教委开展教师岗位交流工作，城区学校派出教师 90 人到对口山区学校任教，其中，全职交流教师 78 人、兼职交流教师 12 人、骨干教师 23 人，47 人从农村学校到城区学校、幼儿园定岗交流。

（张美丽）

【教师资格认定】 年内，组建教师资格认定专家审查委员会，对春季、秋季申请教师资格认定人员进行考评。经评审对 293 人认定教师资格，其中初级中学教师资格 27 人、小学教师资格 182 人、幼儿园教师资格 84 人。

（张美丽）

【教师职称评定】 年内，从北京市职称评审专家库中随机抽取本区评议组成员 42 人进行专项培训。全区申报职称评定教师 156 人，其中申报正高级教师4人，高级教师67人，中级教师85人。通过评审、评定获晋升职称教师149人，其中正高级教师2人，高级教师65人，中级教师82人。

（张美丽）

学前教育

【概况】 2019年，全区有幼儿园50所，教育部门办园36所、集体办园2所、民办园12所。共有教职工1172人，其中专任教师847人。教学班278个，入园幼儿2617人（北京市户籍2579人），在园幼儿7610人（北京市户籍6482人），离园幼儿2504人（北京市户籍2303），入园率95%。年内，扩建姚家营中心小学附属幼儿园，有2个班共60个学位；新建沈家营天成家园小区配套幼儿园6个班共180个学位、世园村小区配套幼儿园9个班共270个学位。

（张美丽）

【幼儿园干部教师培训】 7月8日至12日，区教委举办幼儿园干部教师全员培训。邀请6名国家级、市级专家，14名延庆区市级骨干、区级骨干、学前研训员、优秀业务干部，开展“幼儿园突发与急救常识”“园所特色文化建设的实践探索”“幼儿园社会领域教育”等讲座20场。区幼儿园干部教师730人参加。

（张美丽）

【一名教师被评为首都教育新闻人物】 年内，延庆区第一幼儿园保育主任解春荣被评为第八届“首都十大教育新闻人物”。解春荣1991年参加工作，曾获得北京市教育领域公信人物、市级骨干教师、延庆名师等称号。

（张美丽）

中小学教育

【概况】 2019年，全区有小学28所，其中，中心学校24所、完全小学4所；教学班460个，招生2350人，在校生12700人（其中外省市户口借读生1617人），毕业2014人；小学入学率、巩固率、毕业及格率均100%；教职工1324人，其中专任教师1131人。有中学20所，其中初中11所，完全中学2所，高中2所，九年一贯制学校5所；教学班298个，其中初中198个、高中100个。毕业2584人，其中初中1500人，高中1084人；招生3028人，其中初中1876人，高中1152人；在校生8638人，其中初中5439人，高中3199人，在校生中外省市户口借读生497人。初中入学率100%，巩固率100%，毕业合格率100%；高中入学率98.35%，毕业合格率92.16%。教职工2084人，其中专任教师1430人。有特殊教育单位1个，教学班9个，其中小学班6个、初中班3个，在校生84人（小学51人，初中33人），教职工37人（专任教师31人）。残疾儿童入学率100%。中小学教师学历合格率99.9%（小学100%，初中100%，高中99.3%）。中小学市级特级教师7人（小学1人，初中1人，高中5人），高级专业技术职务教师420人（小学60人，初中197人，高中163人）。全区1079人参加高考，共5人被清华大学、北京大学录取，6人被录取为飞行员，本科上线率89.71%，高考录取率98.96%，其中本科录取率83.41%。中考成绩达到生态涵养区平均水平，高中阶段教育升学率98.5%（含延庆一中“1+3”的70人）。初中入学率100%，巩固率100%，毕业合格率100%；四所普通高中入学率75.56%，四所普通高中毕业合格率92.16%。延庆第一职业学校65名学生被高职院校自主招生录取。全区学校占地面积共11.37万平方米，产权校舍建筑面积共5.62万平方米。固定资产总值26077.50万元。

（张美丽）

【中小学生冰雪比赛】 1月22日，区教委分别在八达岭国际会展中心滑冰馆和万科石金龙滑雪场举行中小学生冰雪比赛。比赛分冰上和雪上2个项目，其中冰上项目为混合接力赛，雪上项目为双板蹬坡绕障碍直滑降计时赛。比赛分中学组和小学组，20所学校132名学生参加。延庆四中和延庆四小分获各组别团体冠军。

（赵文新）

【千人葫芦丝齐奏迎世园会】 3月29日，延庆一小举办以“千人吹奏迎世园 千人带动千家行”为主题的迎世园会活动，1000名小学生葫芦丝齐奏乐曲“荷塘月色”和“幸福永远”，并向家长发出“践行1234做文明有礼延庆人”倡议。

（赵文新）

【获奖课现场展示】 3月，区教委举办第二届“延教杯”学本课堂获奖课现场展示活动。延庆十一学校八年级数学教师、延庆体校数学教师现场展示，从单元设计和教学内容分析、教学特色及教学反思等方面进行说课，也进行现场授课。邀请市特级教师、海淀名师做点评，区教委领导、区教科研中心研训员、初中学校相关人员共150人参加活动。

（赵文新）

【合作学习型课堂教学现场会】 4月19日，区教委在康庄中心小学召开合作学习型课堂教学实践现场会。活动以“发展学生核心素养 推进合作学习型课堂”为主题，与会人员观摩语文、数学、英语以及音体美等科目共12节课堂教学，观看“改变，我们从这里起航”专题片，听取康庄中心小学负责人“发展学生核心素养 推进合作学习型课堂”专题报告，观摩康庄小学团队“合作学习型课堂”教学沙龙。首都师范大学初等教育学院及区教科研中心领导进行点评。延庆区各小学校长、教学干部、教师等共230人参加。

（张美丽）

【6所京郊示范高中组建生态教育联盟】 5月10日，延庆一中、顺义牛栏山一中、密云二中、昌平一中、昌平二中、北师大附属平谷中学6所京郊示范高中在延庆一中组建生态教育联盟，制订联盟协议。建立统一考务平台，实现考试数据共享；开展青年教师赛课、学科表彰、联合教研、课题研究、同课异构等活动；建立校长联席会议制度。

（赵文新）

【中学生汉字听写大赛】 6月13日，延庆区举行中学生汉字听写大赛。大赛由区教委、区语委（区语言文字工作委员会）、区教科研中心联合举办，经过校级初赛、区级预赛，从全区17所初中学校138人中选拔6支代表队30人参加决赛。赛制与“中国汉字听写大会”赛制相同，内容为给汉字注音、找出词语中错误的字并改正、选出与主题短语无关的短语、写出含有指定汉字的四字词语、根据拼音和词义写出原词语等题型。延庆四中、延庆十一学校和下屯中学获得团体奖。

（赵文新）

【5名学生被录取为飞行员】 9月，延庆首届空军及民航类特色班5名学生被录取为飞行员。2016年，延庆五中面向本校高一学生招收34人，开设空军及民航类特色班，学制3年，实行军事化全寄宿制管理。学习期满，达到飞行员体检要求的学员获得中国民航局从业人员体检合格证书，保送至对口航校享受全公费培养；不能满足飞行员体检要求的学员，被送入航空类院校的空管、安全、雷达、无人机等专业继续学习。

（赵文新）

【延庆五中开设青海玉树对口高中班】 9月，延庆五中开设青海玉树对口高中班。开设藏语和英语两个班，招收青海玉树藏族自治州所辖市县初中毕业生39人，在北京市教委注册高中学籍，在延庆五中完成3年高中学业，参加北京市普通高中学业水平考试，由北京市教委颁发毕业证，高中毕业后回青海省参加高考。

（赵文新）

【奥林匹克教育联盟成立】 10月18日，北京冬奥会三大赛区学校奥林匹克教育联盟成立仪式在延庆张山营学校举行。延庆张山营学校、姚家营中心小学、靳家堡中心小学、西屯中心小学、八里庄中心小学、珍珠泉中心学校，张家口市崇礼区高家营小学、崇礼区乌拉哈达完全小学，海淀区羊坊店中心小学及石景山区电厂路小学10所学校负责人签署《北京冬奥会三大赛区学校奥林匹克教育联盟章程》，约定共同在学校开展奥林匹克教育。10所学校学生分别进行融合滑雪、滑冰、舞蹈、健美操、武术等特色展示，参加轮滑、地壶球、旱地滑雪、旱地冰球以及剪纸、豆塑、糖人面塑、口子花制作等活动。10所学校共500名师生参加。

（赵文新）

【课程一体化建设实践研讨】 12月18日，北京市课程建设优秀成果推广暨中华优秀传统文化与学校课程一体化建设实践研讨会在延庆四中召开。延庆四中12位教师做观摩课，延庆四中校长和教师代表分别汇报学校在课程一体化建设、学科课程群建设、教师专业水平和学生核心素质提升等方面所做工作及取得的成效。北京师范大学教授以“基于学校发展的课程建构”为题进行微讲座，与会领导和专家对学校课程建设和区域课程建设的推进现状进行点评。北京市各区教师代表、山东东营市实验中学教师，以及延庆区19所中学相关干部与教师共200人参加研讨会。

（赵文新）

【儿童入学率100%】 年内，全区残疾儿童少年义务教育入学率100%，融合教育比例75%以上，初步实现零拒绝、全覆盖。针对部分孩子按照政策要求应该在户口所在地农村学校入学，但是家长无法接送、照看孩子的情况，经区教委协调，孩子到有寄宿条件的学校进行就读，或者到有空余学位的城区周边学校就读，儿童入学率100%。非京籍和京籍非延庆区户口的学龄儿童可以和其他儿童享受同样的教育。

（张美丽）

职业与成人教育

【概况】 年内，全区4所职业成人学校学历教育招生874人。其中中职生99人，成人中专学员371人，高等成人学历404人。面向全区各乡镇农民、街道居民、企事业单位职工开展培训活动3110期65385人次。组织教师参加教育教学科研活动971人次。区教委出台《延庆区职业教育改革发展行动计划（2019—2025）》，确定本区职业教育发展总目标。制定《延庆区教育委员会关于加强乡镇（街道）教育管理工作的实施方案》，配齐18名乡镇街道助理。北京开放大学延庆分校被北京市教委认定为“北京市职工继续教育基地”。香营乡周顺海被评为市级学习之星。“妫川学堂”和“放学来吧”被评为市级学习品牌。延庆一职在京郊联盟信息化比赛中一职荣获一等奖1个，二等奖4个；2019年北京市中职校烹饪专业技能大赛中获热菜一等奖。

（高寒）

【社区教育工作总结会】 1月11日，区教委召开社区教育工作总结会暨“市民终身学习积分制”积分兑物表彰总结会。表彰优秀学员38人、学习之星19人、网络学习之星8人、优秀社区教育基地6个、社区教育特殊贡献奖7人和优秀社区教育志愿者奖10人；进行文艺演出，表演舞蹈、健身操、合唱等节目。区教委领导，部分街道、社区相关负责人，社教中心学员共120人参加。

（宋佳）

【学习型组织先进单位评估认定】 1月15日

至18日，完成2018年学习型组织先进单位评估认定工作。由区学习办、教委职成科、学习型组织指导教师、学习型组织建设专家顾问团及牵头单位组成评估组，按照听取被评单位领导创建工作自查报告、召开座谈会、查看创建工作档案、查看学习环境等程序，对7个新创建单位进行创建工作评估，对1所单位和2个社区进行学习型组织先进单位创建工作复评。认定7家单位为区级学习型组织先进单位，延庆三小为区级学习型组织示范单位。

（宋佳）

【合作培训】 2月至3月，区教委与北京世园凯悦酒店合作开展培训。酒店选派员工86人到延庆一职参加业务能力培训，为期9天，培训内容包括餐饮服务、员工素养提升等。截至年底，延庆一职烹饪专业毕业生27人通过面试进入北京世园凯悦酒店、北京世园海泉湾商务酒店和北京世园璞燊酒店开展为期半年的顶岗实习和企业实践，参与世园会期间接待和服务工作。

（宋佳）

【学习之星、学习品牌评选认定】 3月26日，延庆区开展学习之星和学习品牌评选、认定工作。依据评选认定标准，通过审阅申报材料、评议打分等环节，评选认定区级学习品牌4个，区级学习之星24人。

（宋佳）

【应急救护培训】 4月1日至2日，首届世园会酒店志愿者应急救护培训开班。培训班由北京世园资产运营有限责任公司商务酒店主办，北京开放大学延庆分校承办，学时两天，招收学员28人，培训内容包括红十字运动知识、现场急救概述、常见急症与心肺复苏等内容，采取理论教学、操作示教、情景模拟、分组练习等形式。市区红十字会督导员进行现场模拟应急救护考试，通过的学员获得红十字救护员证和大培训证书。

（宋佳）

【职成教师转型培训】 11月28日，区教委启动职成教师转型培训项目。对延庆社教中心、职教中心等4所职成学校文化课教师及兼职教师40人进行培训，培训内容为烹饪、美容美发、园林、计算机、冰雪等14门专业课程，申请培训保障经费32万元，委托延庆第一职业学校实施。

（宋佳）

【第十五届全民终身学习活动周】 11月至12月，举办以“学习促素质提升，教育助区域发展”为主题的区第十五届全民终身学习活动周。活动周期间，各单位和市民终身学习基地共设立分会场105个，开展主题教育、参观学习、知识讲座、读书演讲、岗位练兵、摄影绘画比赛等活动1000场，参加活动人员4万人次。评选学习型家庭51户、认定延庆区地质博物馆为区级市民终身学习服务基地。“妫川学堂”和“阳光课堂放学来吧”被评为北京市市民学习品牌，香营乡“金剪子”果树服务队队长周顺海被评为北京市市民学习之星。表彰百泉街道“学分银行”优秀社区及先进个人，为区级市民终身学习服务基地颁牌。

（宋佳）

【延庆一职新增冰雪体育专业】 年内，经北京市教委审批，延庆一职开设冰雪体育专业，列入2019年招生计划，招生范围为北京市初三毕业生，招生9人。采取校企合作模式，与北京市梦起源体育发展有限公司合作，开展冰雪实操课程，为2022年冬奥会赛事培养服务人员，毕业后可推荐相关工作或到对口高职院校继续学习。

（宋佳）

校外教育

【概况】 年内，全区有校外教育机构2个，即延庆区青少年活动中心和延庆区科学技术馆，两个单位合署办公，占地面积1.33万平方米，建筑面积 9995 平方米。延庆区青少年活动中心开设舞蹈、书画、器乐、体育等 40 个专业，招生 6400 人次。教职工 41 人，其中，本科以上学历 40 人，副高级职称 8 人，中级职称 19 人，专任教师 25 人，延庆区骨干教师 2 人。图书馆藏书 2604 册。固定资产总值 3227.72 万元。全年教育经费投入 1810.75 万元，学校信息化经费投入 48.20 万元，拥有计算机 95 台，多媒体教室座位 19 个。校园网出口总带宽 800 Mbps，数字资源量 200 GB。延庆区科学技术馆内设展览教育部、培训部、办公室 3 个机构，开设创意搭建、少儿科技制作、趣味软陶等 6 个专业，招生 114 人次。教职工 20 人，其中，专任教师 19 人。教职工中本科以上学历 19 人，副高级职称 3 人，中级职称 11 人。图书馆藏书 3991 册，电子图书 1.20 万册。固定资产总值 688.40 万元。全年教育经费投入 640 万元，学校信息化经费投入 12.70 万元，拥有计算机 52 台，网络多媒体教室 4 个，校园网出口总带宽 100 Mbps，数字资源量 1070 GB。

（赵文新）

【园艺科普体验中心建成】 5 月 10 日，由延庆区科学技术协会投资 97 万元建设的青少年园艺科普体验中心建成。青少年园艺科普体验中心位于延庆区科学技术馆二层，建筑面积 480 平方米，内设 VR 体验台 12 个、VR 影院设备 30 套、平板电脑 AR 植物图片识别及植物百科 App 40 个、AR 体验设备 15 套、虚拟自助拍照设备 1 套、虚拟导游互动设备 1 套，可体验科技园艺、学习园艺知识，欣赏延庆世园会、冬奥会举办地，以及龙庆峡等景色。免费向全区中小学生开放，年内接待 2000 人次。

（赵文新）

【7 个项目入选市优质项目】 5 月，延庆区 7 个项目入选市教委校外教育“三个一”优质项目。延庆区青少年活动中心的“延庆区电子琴实践活动”、延庆区科学技术馆的“延庆区冬奥小记者”被评定为创新项目；延庆区青少年活动中心的“水墨丹青国画活动”“延庆少年合唱基础团”“创意素描实践活动” 3 个项目和区科学技术馆的“趣味软陶 DIY”被评定为特色项目；延庆区青少年活动中心的“延庆少年合唱团”被评定为精品项目。“三个一”活动是市教委在“十三五”时期为满足全市中小学生对优质校外教育需求，在全市校外教育机构中开展的校外教育“供给侧”改革活动。

（赵文新）

【“最美宫娃娃”器乐展示】 6 月 2 日，延庆区青少年活动中心开展“展世园风采‘最美宫娃娃’献礼祖国 70 华诞”器乐展示活动。青少年活动中心小学一至六年级器乐班 21 名学员展示，7 人获“出彩宫娃娃”称号，2 人获“艺彩宫娃娃”称号，1 人获“最美宫娃娃”称号。

（赵静）

【第二届本草节知识决赛】 6 月 6 日，在区科学技术馆举办以“长城脚下的本草节”为主题的第二届中小学生本草节知识决赛。活动由区教委、区科学技术馆主办，井庄镇卫生服务中心协办。在各学校组织初赛基础上，全区 16 所学校 48 名学生参加决赛。评选出一等奖 10 人，二等奖 14 人，三等奖 24 人；延庆二小等 12 所学校获优秀组织一等奖。

（郑艳玲）

【太空种子种植大赛】 6 月 25 日，延庆区科学技术馆联合北京八达岭世界葡萄博览中心和北菜园种植基地举办延庆区第五届中小学生太空种子种植大赛。全区 16 所中小学校 237 名师生参加，展出“太空杭椒”“太空花卉”“天空番茄”等 44 盆太空植物，提交 19 份种植论文。参加市中小学生太空种子种植大赛，区 16 所学校 189 名学生参赛，7 个项目获市级一等奖，20 个项目获市级二等奖，36 个项目获市级三等奖，155 名教师获优秀辅导教师奖，延庆区科学技术馆获优秀组织单位奖。

（郑艳玲）

【延庆少年合唱团获国际金奖】 7 月 22 日，

延庆少年合唱团参加在维也纳举办的第十届世界和平合唱节比赛，演唱 *Minnelied*，*Ave Maria* 和《诙谐歌——哈密瓜熟了》3 首曲目，获得比赛金奖。延庆少年合唱团 2012 年 1 月成立，3 个梯队 164 名成员来自全区中小学校，2019 年被评为北京市优质项目。

（赵文新）

【创意搭建嘉年华活动】 12 月 13 日，在区十一学校举行“激情冬奥，创意无限——2019 年创意搭建嘉年华”活动。活动分为作品展与现场竞技，现场竞技包括雪球弹射、钢架雪车、冰球接力及冰球对抗 4 个项目。活动由区教委主办，延庆区科学技术馆承办。16 支中小学生代表队、3 支社区代表队参加。延庆五中、延庆八中、延庆四小、延庆区科学技术馆等 6 所学校和单位分获各组别一等奖。

（郑艳玲）

特殊教育

【概况】 北京市延庆区特殊教育中心（以下简称“区特殊教育中心”）占地面积 1.98 万平方米，建筑面积 0.40 万平方米，体育场（馆）面积 1.04 万平方米，绿化用地面积 4000 平方米。图书馆（室）藏书 2.32 万册，电子图书 1 万册。固定资产总值 2265.97 万元，全年教育经费投入 158.56 万元。学校信息化经费投入 2 万元，有计算机 110 台，网络多媒体教室 1 个，校园网出口总带宽 100 Mbps，数字资源量 300 GB，开设“信息技术”课程 2 课时/周。教职工 37 人，其中，高级职称 4 人、中级职称 19 人。专任教师 31 人，本科及以上学历 34 人。开设教学班 9 个（小学阶段 6 个、初中阶段 3 个）。毕业 8 人（全部为初中阶段）；招生 11 人（全部为小学阶段）；在校生 84 人（小学阶段 51 人、初中阶段 33 人），其中，听力残疾 1 人、言语残疾 1 人、肢体残疾 10 人、智力残疾 57 人、精神残疾 2 人、多重残疾 13 人，包括寄宿生 17 人。年内，组织教师 17 人次到杭州、长沙、无锡、苏州、南京、内蒙古参加金字塔教学法和 PECS、融合教育、特教联盟、特奥运动以及养成教育等培训；6 人参加北京市性健康教育理论初级班、中级班培训；推选 7 人到北京朝阳区安华学校参加“体验式”培训；开展专题性教研 8 次。组织教师参加北京市“五优联评”活动和师生电脑作品征集活动，6 人获得一等奖，7 人获得二等奖，5 人获得三等奖。组织学生开展参与学校种植、废品回收变卖、卫生打扫等活动；到北京汽车博物馆、延庆妫川牡丹园、平北抗日纪念馆、柳沟豆腐工作坊、世界葡萄博览园、延庆博物馆等地参加社会大课堂活动；参加六一展示活动。举办特教中心残疾人运动会，2 名学生代表北京队参加全国第七届特殊奥林匹克运动会滚球比赛，获得 1 枚金牌、3 枚铜牌。组织学生到普通中小学参加融合教育活动 4 次；3 名教师为 18 名极重度残疾学生提供送教上门；配合区教委完成“北京市服务实体验收评估”工作。

（周英杰）

【手拉手活动】 1 月 17 日，区特殊教育中心和延庆区科学技术馆、延庆一中开展手拉手活动。区科技馆教师为特教学生带来九连环、拼插等玩具，并指导学生玩玩具；延庆一中学生志愿者指导特教学生编制手工作品、绘画、制作钻石画、制作美食、打冰壶球等。师生共 70 人参加。

（周英杰）

【社会实践】 3 月至 11 月，区特殊教育中心持续组织家长和学生开展社会实践活动，到公园、银行、大地电影院、联通公司、张山营社区医院、世界葡萄博览园、柳沟农家院等场所，观赏四季景色，学习取钱、购物、买电影票等，了解电话和宽带业务等知识，学习挂号就医流程，体验豆腐制作。师生、家长共 400 人次参加。

（周英杰）

【融合教育活动】　3月至11月，区特殊教育中心学生到各自划片的普通中小学参加融合教育活动，到20所普通中小学参加课堂学习、大扫除、课间活动，参观校园。特殊教育中心教师作为巡回指导教师，到学校指导学生参与融合教育活动13人次。特教中心学生共80人次参加活动。

（周英杰）

【香皂制作体验】　5月14日至15日，区智协（区智力残疾人及亲友协会）志愿者指导学生进行手工香皂制作体验活动，经过配料、调色、定型、加热等环节，制作出香皂30块。家长、学生共100人次参加。

（周英杰）

【2名学生参加全国特奥会获奖】　8月23日至9月2日，区特殊教育中心2名学生代表北京队参加全国第七届特殊奥林匹克运动会滚球比赛并获奖。经过预赛、决赛，特教中心学生喻琪贤在12～15岁低能力组获得个人赛铜牌，杨桓在16～20岁高能力组获得个人赛金牌，两人组队参加滚球双打获得铜牌。同时，喻琪贤被组委会评为体育道德优秀运动员，杨桓获得北京市运动员进步奖。全国25支代表队90名运动员参加滚球项目，北京队只有延庆区特殊教育中心2名学生参加此项目比赛。

（周英杰）

【三地25人参加联盟学研活动】　11月1日，延庆特殊教育中心开展朝阳、延庆、密云联盟教研活动。围绕“包班制下班级课程设计及实施”主题，开展经验汇报、教学观摩、交流研讨等活动，联盟校教师25人参加。

（周英杰）

教育督导

【概况】　2019年，延庆区人民政府教育督导室（简称“区教育督导室”）以教育综合改革、教育督导改革要求为指导，以促进义务教育优质均衡发展为目标，以提升教育教学质量为重中之重，为教育科学发展提供服务和保障。年内，成立延庆区教育督导和教育质量评估监测中心；完成市、区两级经常性督导工作；开展幼儿园办园质量督导评估工作；开展春季和秋季开学专项督导；完成国家义务教育质量监测工作、学前教育发展状况监测工作和义务教育阶段减轻学生过重课业负担督导监测工作；开展安全管理情况督导检查；修改完善《区政府履行教育职责督导评价指标体系》，有序推进区义务教育优质均衡发展工作。

（宋佳）

【督导评估系统测试】　3月8日，市督学管理与信息化处在延庆一幼和延庆六幼介绍延庆区幼儿园质量督导评估信息管理系统的开发思路和操作方法，指导教师模拟填报扩展信息，上传自评材料，各幼儿园管理人员共90人参加。

（宋佳）

【民办幼儿园督查】　4月10日，北京市幼儿园办园质量督导评估专家组13人到延庆区红苹果艺术幼儿园督查，在前期进行审阅园所电子档案材料和家长满意度调查基础上，通过听取园长汇报、巡视校园、考察幼儿半日活动、随机访谈、查阅纸质档案等环节，评估红苹果艺术幼儿园的等级为B级。

（宋佳）

【义务教育质量监测】　5月23日，延庆区完成国家义务教育质量监测。监测对象是四年级和八年级部分抽样学生及相关教师，监测涉及语文和艺术学科。全区12所小学、8所中学共595名学生接受测试，177名教师参加问卷调查。

（宋佳）

【学前教育监测统计】　9月，区教育督导室统筹协调安排区教委、区公安分局、区卫健委3个单位开展学前教育发展状况数据采集工作，对全区各乡镇街道学龄儿童数、常住人口数、户籍人口数、幼儿园师资配置、经费投入等情况进行统计，根据北京市学前教育发展状况监测统计表分工填报数据，进行数据核对、汇总、审核、上报，完成学前教育监测统计工作。

（宋佳）

【安全管理督导检查】　12 月，区教委督政督学科组织挂牌责任督学49 人，对全区103 所中小学校、职业学校、民办学校、各级各类幼儿园按照安全工作领导组织机构、突发事件应急预案、视频监控系统、学校封闭式管理、高峰勤务等28 项内容进行督导检查，提出存在的问题，并督促整改。

（康艳宁）

【区督导与质量评估监测中心成立】　12 月，延庆区督导与质量评估监测中心成立。该中心负责全区教育督导、教育质量评估检测和教育督导科研工作。全区实施督导点位100 个，包括学前（各类幼儿园）、小学、初中、高中、职高、成人教育、校外教育等各级各类教育单位，实施挂牌督导。划分5 个督学责任区，实行责任区组长负责制。

（宋佳）

【教育满意度调查】　年内，开展教育满意度调查，采用网络调查和随机访问相结合的方式，依据评价标准，从政府职责、学校管理、师资队伍和教育效果四个方面对学前教育、义务教育、高中教育和职业教育进行调查。延庆区教育满意度综合得分89.8 分，在全市和生态涵养区排名均为第二，比上年提升一名。其中，学生家长、干部教师、人大代表、政协委员和督学分类综合评价得分均高于市均值和生态涵养区区域均值，四个维度和专项指标评价得分位于全市和生态涵养区区域前列。

（宋佳）

【幼儿园办园质量督导评估】　年内，全区37 所幼儿园参照《北京市幼儿园办园质量督导评估标准》于4 月底完成网上自评工作（含公办园29 所、村办园2 所、有证民办园6 所），其中13 所幼儿园参与评估（含直属园3 所、中心园和校办园8 所、民办园2 所）。专家组在查阅幼儿园自评材料及家长满意度调查结果的基础上，对照评估标准与评价要点进行实地评估，通过听取园长汇报、巡视园所环境、跟踪班级半日活动、查阅档案、个别访谈等环节，收集园所资料。6 月底完成参评B 级幼儿园的实地督导工作，10 月完成参评A 级幼儿园的实地督导工作，并上报市教委。延庆二幼等3 所幼儿园的等级被评为A 级，八达岭幼儿园等10 所幼儿园的等级被评为B 级。

（宋佳）

（栏目编辑：池尚明）

文　化

概　述

延庆区文化和旅游局（简称“区文旅局”），是负责全区文化、文物、博物馆、广播电视和文化旅游市场综合执法工作的区政府工作部门。3月19日，延庆区文化和旅游局正式挂牌，内设办公室、公共服务科、行业管理科、产业发展科、文物遗产科（行政审批科）、安全与应急科（假日办）、人事科7个行政科室和1个文化市场综合执法大队；内设旅游信息服务中心、乡村旅游发展中心、旅游宣传中心、旅游发展研究中心、旅游产品研发中心、旅游标准化促进中心6个规范事业科室；下属文化馆、图书馆、公益电影放映中心、文物管理所（博物馆）、文化中心后勤服务中心、新华书店6个基层单位。2019年，全区各类文物遗存点473处，其中，国家级文物保护单位4处（长城延庆段、万里长城八达岭段、京张铁路南口至八达岭段、古崖居）；市级文物保护单位6处（玉皇庙山戎墓遗址、永宁天主教堂、木化石群、北关龙王庙、灵照寺、花盆关帝庙和戏楼建筑群）；区级文物保护单位116处。年内，全力做好冬奥会世园会服务保障工作，完成延庆区长城保护三年行动计划编制工作，举办“长城聚首 壮美中华”2019北京八达岭长城文化节，成立“北京长城文化研究会”。文化文物行政审批48件，其中设立歌舞娱乐场所1家、变更2家、延续2家；电子游艺娱乐场所变更1家、延续1家；内地营业性演出审批3项63场次；涉外营业性演出备案2项219场次（世园园区内）；上网服务场所变更2家，筹建1家；有线广播电视传输覆盖网工程建设及验收审核1件；设立变更出版物零售单位21家；设立营业性文艺表演团体2家、变更2家、延续3家；修缮区级不可移动文物审批事项3项，接受各种业务咨询300余人次，公文答复意见86件。完成千家店镇、沈家营镇、珍珠泉乡、大庄科乡、大榆树镇综合文化中心建设，推进村级文化室升级改造，人均享受公共文化设施建筑面积提升至0.38平方米。开展公益惠民文化活动2000余场，流转图书60余万册。完成星火演出1128场、周末场演出54场、百姓周末大舞台6场，年累计演出总时长超过10万小时。完成公益电影放映1.5万场，观看群众85万余人次。举办大型展览21期，开展社会大课堂、红领巾读书等宣传教育活动14项，完成妫川大讲堂讲座11场。开展文化骨干培训400余次，服务群众3.5万人次。

单位名称：延庆区文化和旅游局

地　　址：延庆镇妫水北街72号

电　　话：81191198

（徐攀）

文化行业管理

【延庆获“舞动北京”团体金奖】　11月1日，区文化馆选送的原创作品《老百姓的好心情》和《新天新地新时代》参加在地坛体育馆举行的第十四届“舞动北京”群众广场舞蹈大赛决赛展演，获团体金奖。

（徐攀）

【宣传文化组织员培训】　11月13日至14日，区文旅局在八达岭会展中心举行文化管理干部及宣传文化组织员培训，围绕公共文化服务与基层活动组织、新时代文化和旅游融合发展、宣传工作的意识形态和网络舆情监测，以及文物巡查管理、室外健身器材使用、文化组织员岗位职责等方面进行详细讲解。全区15个乡镇和3个街道的文化管理干部以及宣传文化组织员共460余人参加。

（徐攀）

【图书阅读服务】　年内，区图书馆购书19331种81240册，订购期刊442种、报纸80种。新办读者证2065个，累计持证读者2.94万人，到馆人次19.61万人次，图书流通12.81万册次。

（徐攀）

文化活动

【第四届延庆冰雪文化庙会】　2月5日至10日，延庆世界葡萄博览园举办第四届延庆冰雪文化庙会，此次庙会以“冰雪邀约、迎世园冬奥，文化庙会、贺盛世新春”为主题，开展新春祈福、冰雪体验项目、喜迎世园冬奥等活动。庙会期间，接待游客8.50万人次，实现收入175万元。

（黄妹妹）

【元宵节花会展演】　2月19日，在庆园街、广兴街、庆隆街至新城街1.80千米的环形路段，组织2019年元宵节花会展演活动。活动以“迎世园乐舞新时代 闹元宵延庆开新篇”为主题，40档花会参演。

（徐攀）

【延庆区第二十四届消夏避暑季】　5月19日，延庆区第二十四届消夏避暑季启动。活动以八达岭长城为主会场，延庆世界葡萄博览园为分会场。以“长城脚下看世园，冰雪夏都享清凉”为主题，推出包含“古城游、山水游、画廊游、红色游、长城游”五大主题的“消夏避暑”线路。推出以清凉避暑、登山健身、文化体验为特色的10类近60项旅游产品。延庆区携手FM103.9北京交通广播共同打造“世园延庆号”消夏避暑旅游大篷车活动。

（张晓赫）

【第十五届“龙庆峡杯”中华缘大赛】　5月25日，第十五届“龙庆峡杯”中华缘大赛决赛在韩国首尔的国会“议员会馆”举行，大赛由韩中文化友好协会、北京龙庆峡风景区携手主办。晋级本届大赛决赛的有27组75名选手，他们分别由韩国首尔、仁川、釜山、光州、安阳、济州岛、浦项、龙仁等韩国各地的上百所高中、中文学院等机构推荐，进行预选赛和决赛。此项活动于2005年创办，旨在促进中韩文化交流。

（付艳春）

【端午文化节分会场活动】　6月7日至9日，举办第十一届北京端午文化节活动，活动以“游延庆 逛世园 长城脚下过端午”为主题，围绕“长城聚首”“我家门口是长城”“妫水河畔共度端午”三大板块，开展端午之夜交响音乐会、长城文化带非遗展、世园非遗手工艺市集、京台妫水龙舟交流赛、包粽子比赛及世葡园亲子踏青寻宝、冰上端午趣味活动等18项活动。全区各乡镇街道、民俗小院、景区景点同时开展活动 90 余项。

（徐攀）

【“文化和自然遗产日”活动】　6 月 8 日，在八达岭长城景区举行“文化和自然遗产日”活动，活动以“保护革命文物、传承红色基因”为主题，国家文物局党组成员、副局长胡冰等领导为 11 位长城保护员授旗并发放装备。延庆舞蹈协会表演舞蹈《长城脚下的故事》。活动通过 CCTV 新闻频道、首都经济之窗现场直播。

（张晓赫）

【第五届北京百合文化节】　6 月 29 日至 7 月 31 日，区文旅局在世界葡萄博览园举办第五届北京百合文化节。活动以“百花竞放迎华诞，群芳争艳庆世园”为主题，推出百合公主选美大赛、亲子嘉年华、插花艺术表演等精品项目。期间，接待游客 0.76 万人次，实现收入 101.05 万元。

（黄妹妹）

【文化夜市活动】　7 月 26 日至 10 月 31 日，每周五、周六晚 21 点至 22 点，在妫川广场为百姓开展吉他、小提琴、古筝、长笛等公益器乐演奏演出 19 场。

（徐攀）

【夏日文化广场活动】　8 月 3 日至 13 日，举办 2019 年夏日文化广场活动，启动仪式在旧县镇盆窑村举行。活动以“辉煌七十载 奋进新时代”为主题，全区 18 个街道（乡镇）均演出 5 场以上。同时，流动电影放映队和各村数字影厅进行公益电影放映。

（徐攀）

【中国长城国际摄影周活动】　8 月 8 日至 9 月 7 日，举办“2019 中国长城国际摄影周”活动。活动由中国艺术摄影学会指导，延庆区委宣传部主办，延庆区文化和旅游局、八达岭特区办事处、八达岭旅游总公司、中国摄影报社共同承办，是国内首个以长城命名的国际性大型摄影活动。活动包括：“百年长城影像”主题展、长城聚首专题展、中外长城摄影精品收藏展、中华人民共和国成立 70 周年特邀展、长城脚下是故乡主题联展、冰雪之约迎冬奥专题展、摄影接力活动落地展 7 大专题展览；中外摄影名家聚焦长城拍摄活动、映像长城·艺术家驻地拍摄活动、“我为长城代言，我为祖国祝福”影像接力活动、“我与长城合个影”大型影像互动交流展示 4 项主题活动，展出中外 300 余位摄影家的作品 1500 多组件。

（张晓赫）

【北京长城文化研究会成立】　8 月 10 日，北京长城文化研究会在延庆区成立，并召开第一次会员大会。会议表决通过《北京长城文化研究会筹备工作报告》《北京长城文化研究会章程（草案）》和《北京长城文化研究会第一次会员大会选举办法（草案）》等文件，选举产生北京长城文化研究会第一届理事会及监事会，长城保护专家、北京建筑大学教授汤羽扬当选为北京长城文化研究会第一届理事会会长。60 余名从事长城文化保护、研究方面的专家学者参会。

（晏博文）

【“延庆特色文化月”活动】　9 月 1 日至 30 日，在世园会园区举办“延庆特色文化月”活动。在世园会园区五大演出场地，推出 7 大主题活动。举办大型原创歌舞剧《妫川颂》、大型原创生态儿童剧《妫河仙子》、“长城聚首”推介会、《妫川故事堂》、“与我同行”延庆论坛以及展览展示等近 200 场。

（徐攀）

【第三届延怀河谷葡萄文化节】　9 月 1 日至 10 月 10 日，第三届延怀河谷葡萄文化节在世界葡萄博览园成功举办。文化节推出品优质葡萄、赏民俗表演、尝特色葡宴、游休闲葡园、住高端民宿等活动，期间，接待游客 1.70 万人次，实现收入 133.91 万元。

（黄妹妹）

【第十一届北京菊花文化节】　9 月 22 日至 10 月 30 日，第十一届北京菊花文化节在世界葡萄博览园成功举办。文化节以“百花竞放迎华诞，群芳争艳庆世园”为主题，开展优质鲜食葡萄擂台赛等活动，推出精品旅游线路。期间，接待游客1.10万人次，实现收入109.32万元。

（黄妹妹）

【八达岭长城文化节】 10月19日至26日，在八达岭长城举办2019北京八达岭长城文化节，以“长城聚首·壮美中华”为主题，分开幕式、高峰论坛、展览展示、“夜话长城”、闭幕式五大板块。文化节期间，发布长城守护倡议和《延庆区长城保护三年行动计划》，举办绘画、书法、篆刻等长城艺术作品展览，以长城“保护·利用·发展”为主题开展高峰论坛3场。

（徐攀）

文物管理

【长城测绘启用无人机】 1月1日，无人机测绘延庆长城花家窑段工作启动，利用无人机倾斜摄影、卫星遥感、激光点云等新技术，获取长城基础地理空间信息，进行数据采集和建模，建立精准化的长城数据系统。通过对古长城和古遗址进行精确测量和计算，全面、准确掌握现存古长城古遗址的规模、分布、构成、走向及其自然与人文环境等数据，搭建长城数据管理平台。

（时丽霞）

【长城保护员队伍建设】 4月29日，延庆区首批长城保护员队伍正式成立，长城沿线12个乡镇128人经过保护员专业培训，考核通过后持证上岗。实现长城重点段全天巡查、一般点段定期巡查、出险点段快速处置、长城野游科学管控，形成全覆盖、无盲区的长城遗产保护网络。

（时丽霞）

【国家文物局副局长调研长城修缮保护工作】

12月12日，国家文物局副局长宋新潮到区视察长城保护工作，在八达岭镇实地察看石峡段89号、90号敌楼，了解长城修缮保护情况。主管副区长陪同调研。

（晏博文）

【九眼楼虚拟修复】 年内，在不干预文物本体的前提下，采用三维数据采集、无人机影像采集、纹理数据采集、三维模型构建、彩色正射影像、安置监测设备等一系列高科技手段，进行病害检测分析，制作电子拓片，并结合虚拟科技手段，通过数据采集和虚拟复原，打破时间与空间的界限，实现九眼楼虚拟修复，完整还原历史原貌。

（时丽霞）

【长城文化带建设】 年内，完成延庆长城65号楼、85号楼、86号楼、87号楼4处敌台抢险加固工程。首次运用长城结构监控手段对施工全程实时监测，对施工中的基础下沉、墙体位移做到精准预警，保证排险过程中的人员及文物本体安全。修缮过程中出土石雷21枚，铸铁材质瓦刀1件，石炮弹1枚、疑似佛郎机子铳1件；在65号敌楼清理出炕灶遗址一处，以白灰打底、倒放板瓦而成的排水槽2处，此遗迹在延庆历年来的长城抢险修缮工作中尚属首次发现。在85号敌楼出土阅示鼎建碑残碑1通，在68号敌楼中首次出土完好的阅示鼎建碑1通，碑文清晰，所载内容对研究佐证延庆长城营造和当时的官备情况具有重要的价值。截至年底，延庆区已累计修缮长城墙体19766延米，其中砖石长城19024延米，石边长城537延米，土边长城205延米，城堡11座，敌台73座，烽火台10座。

（时丽霞）

【博物馆文化宣传】 年内，延庆博物馆举办“长城韵”长城文化专题收藏展、视觉·长城档案——北京长城文化带之延庆展览、“匠心艺韵 绘梦世园”延庆世园主题非遗作品展3次；举办妫川大讲堂长城专题讲座21期，参加人数3000余人次；编辑出版《延庆文物珍藏》一书。接待观众2万人次，月平均观众流量超过1600人次，接待团体观众9051人，讲解230场。

（刘忆晗）

文学艺术

【概况】 延庆区文学艺术界联合会（简称“区文联”）是区委、区政府联系全区广大文艺家和文艺工作者的桥梁和纽带，履行联络、协调、服务职能。下属作家、美术、摄影、书法、楹联、诗词、老年书画研究会、戏剧、曲艺、音乐、根雕、民间文艺、泽润书画院等19个协会组织，会员总数2657人。其中，市级会员594人，国家级会员91人。年内，制定《延庆区文联深化改革方案》。按照“贴近实际，贴近生活，贴近群众”的要求，以队伍建设、展示艺术家风采、文艺创作等为载体，围绕中心，服务大局，举办系列文艺活动，编辑出版《流韵壮妫川》《醉美延庆》两册图书，编辑出版文学季刊《妫川》4期，举办大型活动15次。

单位名称：延庆区文学艺术界联合会

地　　址：延庆镇西街1号

电　　话：69186426

（郭强）

【文艺志愿服务队成立】 1月3日，区文联召开新时代文明实践文艺志愿服务队成立动员会。新时代文明实践延庆区文艺志愿服务队下设6个志愿服务分队，包括曲艺志愿分队、舞蹈志愿分队、摄影志愿分队、戏曲志愿分队、书画志愿分队、诗联志愿分队；设立4个新时代文明实践志愿服务基地，包括泽润书画院服务基地、红色评书服务基地、儿童艺术服务基地、民间艺术服务基地。

（郭强）

【送春联下基层】 1月，区文联组织区内书法家500人次，到15个乡镇，为群众现场书写春联70余场次。

（郭强）

【世园会影像资料留存】 2月1日，组建世园会影像资料拍摄队伍70余人，开展世园会场馆建设、场馆外道路、绿化等建设情况拍摄活动。截至10月9日，派出摄影师2020人次，拍摄照片约100万张。

（郭强）

【两地书画摄影展】 2月28日，第二届北京市延庆区、西城区书画摄影展在延庆举办。参展作品以庆世园、迎冬奥题材为主题，同时突出春节文化和长城文化内涵。展出美术、书法、摄影作品共140幅。

（郭强）

【区朗诵协会成立】 4月2日，召开延庆区朗诵协会成立大会。会议通过《延庆区朗诵协会选举办法》《延庆区朗诵协会章程》。选举产生14名理事。

（郭强）

【名家书画作品邀请展】 5月8日，在柳沟村举办“庆世园、迎冬奥”全国名家书画作品邀请展。北京、上海、浙江、安徽、福建、贵州、陕西、新疆、黑龙江等17省、市及美国、加拿大华侨共80余名书画家的140余件作品参加展出。

（郭强）

【《评书话世园》播出】 5月13日开始，延庆文联组织的《评书话世园》节目，在北京人民广播电台“故事广播”栏目播出。《评书话世园》共30集，每集10分钟。

（郭强）

【“庆七一、迎国庆”书画展】 6月28日，在延庆区千家店镇新时代文明实践活动所举行“庆七一、迎国庆”延庆区书画作品邀请展，展出120幅书画作品。

（郭强）

【驻延部队文艺培训】 7月6日至31日，延庆区舞蹈协会到延庆区十几支驻延部队的营地，开展安塞腰鼓、歌曲、舞蹈、小品等文艺培训活动。培训的节目在世园会举办的“八一”建军节晚会演出。

（郭强）

【迎国庆书画摄影展】　9月8日，区文联举办“培根铸魂，引领社会风尚；笔墨传情，讴歌七十华诞”——喜迎中华人民共和国成立七十周年书画摄影展。北京市民族宗教委员会机关领导、延庆区领导及相关单位负责人，书画界艺术家、媒体记者及特邀嘉宾共80余人参加开幕式，活动展出书画摄影作品99幅。

（郭强）

【《延庆区文联深化改革方案》下发】　9月12日，《延庆区文联深化改革方案》（京延办发〔2019〕29号）正式下发。该方案主要参考《北京市文联深化改革方案》制定，分三个部分23项内容，即结合区文联工作实际，提出完善协会主席值守制度，从各协会择优选拔部分主席、会长兼职文联副主席，参与文联日常工作；拓宽文联文艺服务渠道，创立延庆区文学艺术活动基地，发挥文联文艺之家的作用；健全和加强文艺志愿服务力量建设，利用包装项目和购买服务的方式，开展文艺志愿服务。

（郭强）

【国庆文艺演出】　9月18日，“欢度国庆70周年华诞——延庆区音乐协会文艺演出”在区文化馆小剧场举办。活动由区文联、区文旅局主办、区音乐协会承办。二胡协会、戏曲协会、雅兰联谊会、旗袍协会协办。演出独唱、合唱、乐器演奏、舞蹈、戏曲等节目。

（郭强）

【对联写作讲座】　10月24日，区文联在区老干部局会议室举行对联写作讲座，邀请原北京楹联学会秘书长迟恩来讲授“对联分类与写作”。区诗词楹联学会、老年书画研究会113名会员参加。

（郭强）

【《北京文学》社长兼执行主编到区讲座】　11月9日，区文联、区作家协会举办文学讲座，邀请《北京文学》社长兼执行主编杨晓升以《新媒体时代，作家该怎么写、写什么?》为题，讲授文学的现状、文学的内外部环境以及文学的意义、文学存在的理由。区作家协会会员、文学爱好者共40余人参加。

（郭强）

【长篇小说《白乙化》出版】　5月，区作家协会主席周诠历时两年创作的长篇小说《白乙化》，由北京十月文艺出版社出版。该书共30万字，对抗战英雄白乙化进行多角度、全方位的呈现。著名作家李洱、杨庆祥、梁鸿和张悦然向读者推荐该书。

（郭强）

【“我和我的祖国”主题征文】　年内，区文联举办“我和我的祖国”主题征文活动，收到诗词、楹联、散文随笔等作品70余篇，评选出一等奖1名，二等奖2名，三等奖5名，优秀奖10名。

（郭强）

【妫川文学发展基金资助出版文集3部】　年内，区妫川文学发展基金资助出版的3部作品分别是：赵万里的小说集《家宴散后》、孙广勋的散文随笔集《微幸福》、连禾的诗歌集《等待秋天》，由作家出版社出版并在全国发行。妫川文学发展基金由中国国际文化交流基金会和延庆区作家协会共同设立，用于开展妫川文学奖评选，资助区籍作家、文学爱好者出版文学作品，鼓励区内作家冲击国内外文学大奖。

（郭强）

融媒体建设

【概况】　北京市延庆区融媒体中心是区级财政补助（全额拨款）规范管理事业单位，下辖延庆人民广播电台、延庆电视台、延庆区新闻中心（负责《延庆报》采访编辑出版）。负责制订广播电视新闻事业发展规划并组织实施；负责广播电视新闻业务研究、培训、交流等工作；负责广播电视节目的采录、制作、播放、转播等工作；负责广播电视事业的技术服务、设备管理与维护等工作；负责农村广播电视覆盖工作；负责新闻采访、编辑、制作、发布等工作；负责主报出版等工作。延庆区融媒体中心下设总编室、采访部、编发部、新媒体部、技术部、综合服务部、工程办。设办公室、人事科、财务科、总编室、媒体融合科、新闻科、专题科、文艺科、广播科、社教科、广告科、技术科、播控科、纸媒采访科、纸媒编辑科15个科室；北京市延庆区电视转播站、北京市延庆区广播电视记者站、北京市延庆区广播电视服务部3个科级事业单位；基层报道部、基层新闻部、党建办、工会、食堂、内保科6个部门。延庆电视台自办栏目有《延庆新闻》《聚焦时分》《天气预报》《印象妫川》《百姓大舞台》《妫川英语大家说》《消费风向标》《宏超讲故事》；联办栏目有《卫生新视野》《水润妫川》《妫川说法》《妫川税务》《金盾之光》《法庭内外》《检察视点》《阳光民政》《绿色家园》《中医话健康》《一路平安》《延庆教育》《德蕴清风》《工商视点》。延庆人民广播电台自办栏目有《延庆新闻》《生活导航》《今日农村》《快乐调频928》《佳作欣赏》；联办栏目有《市场监管进万家》《大东说消费》《世园连着我和你》；书场类节目有《名家讲坛》《百家书场》《广播剧场》《小说连播》。年内，《延庆区融媒体中心改革总体方案》《延广融媒文化发展有限公司组建方案》经区委常委会审议通过，服务部人员、劳服中心人员、中心人员转签“延广融媒文化发展有限公司”工作。完成国庆70周年庆祝活动转播保障任务。完成世园会期间转播保障任务，出动记者近3000人次，《延庆报》、延庆电视台《延庆新闻》栏目和延庆人民广播电台刊播新闻、图片、文字等5200余条次，推出《服务保障世园会“延庆乡亲”在行动》世园系列直播13期，观看量150万人次。“延庆融媒”微信公众号发送相关文章120条，阅读量52万；微博发送相关文章196条，阅读量392.30万。抖音、快手及今日头条、北京时间、百度百家号、网易等政务号发送与世园会相关内容近1000条，浏览量约1.05亿次。中心抖音短视频《城市的温暖我们不是陌路人》播放量94.70万次，点赞量1万次；《延庆小伙香港守护国旗》播放量70余万次，点赞量5.40万次。中心推送的世园会新闻在北京电视台播出47条、中央电视台播出5条，北京新闻广播播出50条、专题4期，海南卫视播出9条。中心推送的《八达岭长城灯光秀》新闻先后在中央电视台和安徽、湖南、山东、江西等省市电视台播出。与内蒙古兴和县店子镇店子村开展结对帮扶工作。《延庆新闻》全年制播365期，总时长8000多分钟；《延庆报》出报155期，刊发正版版面620个，加刊版面近100个，刊发版面700余个，撰写编辑新闻稿件460余万字。“延天下”微信、微博于7月更名为“延庆融媒”。截至年底，微信推送新闻1650条；微博推送1977条；抖音推送435条；北京日报客户端“北京号”、今日头条、网易新闻、一点资讯平台、北京时间、搜狐号6个政务号共推送新闻2513条。《紧抓机遇趁势而上，在冬奥会世园会备战中推动媒体深度融合》一文入选国家广电总局优秀案例汇编。延庆区融媒体中心评获2019“指尖融媒榜”最具影响力县级融媒中心。

单位名称：延庆区融媒体中心
地　　址：延庆镇高塔街73号
电　　话：69103462

（赵飞）

【《延庆报》扩版】 1月2日，《延庆报》正式改版，当日出版第一份新版报纸，由原有的四开四版扩大为对开四版，版面内容增加近

3 倍。

（赵飞）

【融媒体中心新址投入使用】 4 月 27 日，融媒体中心二期建设竣工并投入使用。融媒体中心新址建筑面积 4800 平方米，分为地上四层，地下一层，设置近百个工位，引入数字化和开放的模式打造多功能办公空间，是国内首家“报纸 + 广电模式”的“中央厨房”，形成一个集报纸、广播、电视、网站、“两微一端一抖”共融交汇的全媒体阵地，搭建指挥调度平台、“中央厨房”移动采编平台、舆情技术监控平台、媒体服务备料平台 4 大功能系统，实现机构、机制、流程、服务、内外宣传、数据从相“加”向相“融”的转化。世园会期间，接待中宣部、北京市委宣传部、北京市广电总局及山东、山西、江苏、四川等地区共 707 家媒体 1573 人参观、交流。

（赵飞）

【70 家媒体参观采编平台】 5 月 11 日，参加“第四届两岸媒体人北京峰会”的 70 家媒体及相关机构代表，参观延庆融媒体“中央厨房”移动采编平台，感受和体验科学技术为传统媒体带来的新变革，了解延庆融媒体发展状况及发展趋势。区委相关领导陪同。

（赵飞）

【“四力”媒体融合指数 82 分】 11 月 19 日，区委宣传部、区融媒体中心联合举办智慧融媒体中心建设与新闻舆论“四力”（传播力、影响力、引导力、公信力）评估学术研讨会，60 余名新闻传播研究领域的专家学者、媒体行业代表，经过“四力”指标体系的测算，延庆区融媒体中心的媒体融合指数为 82 分，成为全国首个发布“四力”媒体融合指数的区县级融媒体中心。

（赵飞）

【《中医话健康》开播】 11 月 20 日，延庆电视台播出新节目《中医话健康》，节目由区融媒体中心与北京中医医院延庆医院联办，旨在普及中医健康知识以及医学常识，每月播一期。

（赵飞）

【媒体联络站对外服务】 年内，世园新闻中心延庆区媒体联络站完成为区外媒体提供综合服务保障的任务。为中央电视台、新华社等 12 家主流媒体在区内 10 家酒店预订 2130 个房间，抽调 33 名工作人员在 9 家酒店为媒体提供服务 131 人次，提供接驳服务 240 车次，提供生活保障服务 3000 余人次。在世园新闻中心延庆区媒体联络站接待咨询 50 余人次，帮组 7 家媒体参加城市线路采访，帮助 5 家媒体解决住宿、晚间交通等问题。

（赵飞）

档案管理与应用

【概况】 延庆区档案局和延庆区档案馆（简称“区档案局”和“区档案馆”）的职能是贯彻执行档案工作方针、政策及法律、法规，负责全区档案工作的检查和指导，接收与征集党和国家永久、长期保管的档案，对档案进行整理和科学管理，研究和出版档案史料，积极提供利用，为政治文明、精神文明、物质文明和生态文明服务。设政办室、法规科、业务指导科、管理科、编研科、信息技术科。年内，开展档案执法双随机检查 30 个单位，制发检查清单 133 份。对 9 家市级优秀单位进行满 3 年复查工作。举办档案知识培训班 12 次，培训专兼职档案员 400 余人次。全年接听业务电话 1500 余次，上门指导 100 余次，为 90 余家立档单位开展档案指导服务。接收 33 家单位档案 13354 卷 82211 件、实物 3187 件、公章 68 枚。完成馆藏 112.8 万页档案的原文扫描，规范数据库文件题名 27.2 万条。截至年底，馆藏 137 个全宗，纸质档案 132450 卷 231792 件，照片档案 14857 张，数码照片 13484 张，实物 6148 件，录音录像 190 件，印章 881 枚。馆藏图书资料577卷9296册，特藏室存放征集档案资料8859卷（件、册）。全年接待档案利用者4475人，提供档案资料20344卷2537件次。

单位名称：延庆区档案局（馆）
地　　址：延庆镇妫水北街14号
电　　话：69144530

（王晓洁）

【“永远的雷锋”主题展览】　3月5日，区档案馆举办“永远的雷锋”主题展览。展览分为“雷锋日记”“雷锋故事”“领导人题词”3个部分，500余名群众参观。

（王晓洁）

【第十一届档案馆日宣传活动】　6月9日至16日，区档案馆以“新中国的记忆”为主题，开展国际档案日暨第十一届档案馆日系列宣传活动。内容包括主题展览、现场档案查询体验、档案征集、档案违法案例宣传等活动。现场征集到“长江行书”字帖手稿资料，其中汉字9333个，符号、字母288个。主题展览推出“传承历史文明 谱写时代篇章——纪念中华人民共和国成立70周年展览”和“区委、区政府荣誉展”，近1000名群众和学生参观。大庄科乡、旧县镇、八达岭镇3个分会场分别开展档案参观宣传活动，130余名村干部和村档案员参观乡镇档案室。

（王晓洁）

【首届“妫川兰台书画情”书画笔会活动】　9月25日，区档案馆以“妫川兰台书画情”为主题，举办首届书画笔会活动。区内20名书画家创作书画作品40余幅，捐赠给档案馆收藏，区档案馆向书画家颁发捐赠证书。

（王晓洁）

【冬奥会档案工作部署会】　11月27日，区档案局、档案馆组织召开冬奥会延庆赛区档案工作会，对冬奥会档案工作进行专题部署，确保冬奥会档案收集齐全、完整、整理规范、保管安全、按时移交。冬奥会工作成员单位“三处十二组一团队”（“三处”即综合处、值班调度处和督查处；“十二组”即工程建设组、城市运行保障组、景观环境保障组、社会治安与安全保卫组、交通保障组、生态环境保障组、新闻宣传与文化活动组、社会动员与志愿者组、医疗卫生保障组、市场秩序与食宿保障组、赛后利用及产业发展组、接待联络组；“一团队”即外围保障团队）牵头单位主管领导和相关工作人员参加。

（王晓洁）

【档案编研】　年内，出版《延庆发展简史》《回眸——庆祝中华人民共和国成立70周年》编研材料，两本书近7万字，收录照片600多张。

（王晓洁）

【世园会档案接收】　年内，成立世园会档案工作领导小组、世园会档案接收专班，制发《2019年中国北京世界园艺博览会档案工作方案》，召开世园档案接收工作会，通过电话、实地进行档案业务监督指导近600次。接收56个单位涉世园会文书档案纸质档案6225件，电子文件类1279件，科技纸质档案121件，电子文件431件，照片150583张，视频10712个，实物62件，图书98册。

（王晓洁）

【区档案馆新馆立项】　年内，完成区档案馆新馆建设立项工作，新馆选址延庆镇百莲路75号，建筑面积6506.94平方米。

（王晓洁）

地方志编纂

【概况】　延庆区史志办公室（简称“区史志办”），是区委系统党史、地方志工作的职能部门，下设党史科、志鉴科和综合科。年内，出版《北京延庆年鉴2019》《延庆县志（1995—2010）》和《大庄科乡志》，推进《北京市延庆区地名志》编纂。对《岔道村志》终审稿进行审阅修改，启动市级传统村落志《柳沟村志》编纂工作；指导全区修志和参与区域历史文化建设，完成课题《地方志公共文化服务功能的探讨与实践》；办理政协委员关于为即将“消失”的村庄留住“乡愁”提案。

单位名称：延庆区史志办公室

地　　址：延庆镇新城街2号

电　　话：69103604

（孙越凡）

【《大庄科乡志》编纂】 9月，历时4年，修改9稿，共计16万字的《大庄科乡志》印刷成书。全书共10编38章，通过国家级环境优美乡、旅游名胜、平北抗日、文物古迹等突出大庄科乡“古色、绿色、红色”乡情特点，实事求是记述自然、社会、经济、文化、人文、风土等方面的历史与现状，系统地反映出大庄科乡的整体面貌。

（孙越凡）

【《北京延庆年鉴2019》出版发行】 12月，《北京延庆年鉴2019》印刷发行，为延庆年鉴总第十六卷，全书87.7万字，设置28个类目、彩插照片107张，收录内容涵盖110多家单位。与上年相比，《北京延庆年鉴2019》调整框架，设置世园会和冬奥会专题栏目，增加世园会和冬奥会的彩页专版，直接反映年度筹备世园会和冬奥会两件重要任务，突出中心工作和年度特点。同时，专门设置生态环境建设栏目，凸显延庆生态建设特色。

（孙越凡）

【《延庆县志（1995—2010）》编修】 年内，配合北京出版社完成《延庆县志（1995—2010）》“三审三校”工作，并印刷出版。《延庆县志（1995—2010）》共计27编96章331节，约141万字。志稿质量和编纂进度均居北京市18部规划区县志前列。续修《延庆县志》历时10年，参与收集资料，撰写、评审、修改和审查志稿的专家及领导达百余人，市地方志办7次邀请专家审核，征集到区地方志编委会成员单位意见20多条、社会各界相关人员意见30多条，补充修改近2000处，内容涵盖下限2010年年底延庆县行政区域内自然、政治、经济、文化和社会五大部类，系统地记述县域全貌。

（孙越凡）

【《北京市延庆区地名志》编纂】 年内，《北京市延庆区地名志》编纂工作进入初稿撰写阶段，8月底，完成自然地理实体、政区聚落、交通设施、古迹名胜、生产和公共服务设施5篇12章67节60万字资料整理，9月份开始初稿编纂。截至年底，完成关于9个街道乡镇和生产公共服务设施的初稿撰写。

（孙越凡）

【市级地方志课题研究】 年内，组织完成市级地方志课题：《地方志公共文化服务功能的探讨与实践——以延庆地方志为例》研究。课题涉及全地区高中（延庆区全部）和两所初中，以及延庆区文史爱好者和部分一线教师；让方志文化走进学校课堂，阐释历史疑问；走进机关社区，服务人民大众，成为联系乡土情结的纽带，推动史志成果转化利用；澄清一些因循已久的错误知识。课题提出一些新的观点，如居庸北口的确切位置；探讨“妫”与延庆的历史渊源等；提供一些实施地方志公共文化实践功能的途径，为地方公共文化建设服务。

（刘继臣）

（栏目编辑：池尚明）

旅　　游

概　　述

延庆区文化和旅游局（简称“区文旅局”），是负责全区旅游发展统筹协调、产业促进和行业管理的区政府工作部门。3月19日，延庆区文化和旅游局正式挂牌，内设办公室、公共服务科、行业管理科、产业发展科、文物遗产科（行政审批科）、安全与应急科（假日办）、人事科7个行政科室和1个文化市场综合执法大队，内设旅游信息服务中心、乡村旅游发展中心、旅游宣传中心、旅游发展研究中心、旅游产品研发中心、旅游标准化促进中心6个规范事业科室。下属文化馆、图书馆、公益电影放映中心、文物管理所（博物馆）、文化中心后勤服务中心、新华书店6个基层单位。全区现有景区景点30余处，其中A级以上旅游景区13家，包括5A级景区1家（八达岭长城景区），4A级景区6家（龙庆峡、百里山水画廊、松山森林旅游区、水关长城、野鸭湖湿地公园和世界葡萄博览园）。有星级以上酒店17家、旅行社及其分支机构45家、全国休闲农业与乡村旅游示范点5家，另有星级民俗旅游村66个、星级民俗户1420户、“世园人家”201家、精品民宿小院270个。年内，全力做好冬奥世园服务保障工作，全区38个旅游咨询站接待游客约112万人次。完成14家酒店与冬奥组委签约工作，发放6家星级饭店签约奖励资金7759.20万元。北方地区首个民宿集群合宿——延庆姚官岭开业，全球知名旅游度假品牌Club Med正式入驻。完成14座景区和民俗村的旅游厕所改造和2座游客中心的改造。

单位名称：延庆区文化和旅游局
地　　址：延庆镇妫水北街72号
电　　话：81191198

（徐攀）

旅游行业管理

【妥善处理“2·8”龙庆峡冰灯展区落石事件】　2月8日20时07分，龙庆峡冰灯展区周边山体发生落石，造成游客1人死亡，12人受伤。事发后，延庆区成立由区文化和旅游局、区公安分局、区规划自然资源局、区安监局等多部门组成的调查组，对龙庆峡冰灯展区事发地进行实地勘查，调取应急演练、安全保障方案及风景区排石记录、教育培训记录等相关证据材料，对当事人及相关人员等23人进行询问，查明事件的经过，在综合各方面证据和专家意见的基础上，分析事件的原因，认定事件的性质。调查组认定：本次事件是一起由自然灾害引发的一般旅游突发事件。事件发生后，按照区政府有关要求，开展冰灯展区危险区山体治理。经过前期勘测和设计，5 月 16 日，北京市勘察设计研究院有限公司正式进场并成立“北京龙庆峡景区边坡防护工程”项目部。8 月 10 日治理工程全部完工，历时近 3 个月。工程分 5 个区域，设计总防护面积 6.30 万平方米，工程总费用 1767.60 万元，其中合同内建设资金 1615.50 万元、勘察设计费 110.30 万元、监理费 41.80 万元。

（付艳春）

【国家全域旅游示范区创建】 2 月，延庆区开始国家全域旅游示范区创建工作。4 月，通过市级验收初审，在 96 家申请认定的候选单位中，成绩排名第一。6 月，通过国家文化与旅游部验收审核。9 月 20 日，被认定为“国家全域旅游示范区”。

（徐攀）

【旅游资源推介洽谈会】 4 月 2 日，组织召开“世园年·最延庆”旅游推介洽谈会。活动整体介绍世园会期间延庆旅游资源，对 8 个主题 22 条世园会精品旅游线路重点推介。区主要旅游企业制定针对世园会签约旅行社和平台的票务优惠政策，现场开展业务洽谈。中青旅、中国旅行社总社、遨游网、大麦网等 55 家世园签约旅行社、线上平台及合作方，以及区内主要景区、酒店、旅行社、美食联盟、民宿联盟负责人共计 100 余人参加。

（徐攀）

【延庆区民宿管家风采大赛】 4 月 3 日，在刘斌堡乡北方民宿学院举办延庆区民宿管家风采大赛，全区 30 余家品牌民宿参加，北方民宿联盟成员单位、各品牌民宿主等近 100 人参与。通过主题演讲、床品整理、才艺展示和情景模拟 4 个环节的展示评比，左邻右舍的王小燕、山楂小院的周正萍等 10 名管家获得“延庆十佳民宿管家”称号。

（徐攀）

【北京国际旅游博览会获奖】 6 月 18 日至 20 日，区文旅局组织重点旅游景区、宾馆饭店等 25 家企业，参加 2019 年北京国际旅游博览会，延庆展区围绕“长城、冬奥、世园”主题，设置冬奥世园、全域旅游、文旅资源、乡村旅游、生态文明等 9 大展示区，会期 3 天，发放宣传资料 20 余种 8000 余份，接待咨询 6000 人次，获得 2019 年北京国际旅游博览会“文旅融合创新奖”。

（徐攀）

【2 个村庄入选全国乡村旅游重点村名录】 7 月 12 日，文化和旅游部发布《关于公示第一批拟入选全国乡村旅游重点村名录乡村名单的公告》，井庄镇柳沟村、刘斌堡乡姚官岭村入选，入选村庄总数位列北京第一。

（徐攀）

【第三届北方民宿大会】 9 月 3 日至 5 日，举办“乡村的荣耀”第三届北方民宿大会，活动发布《延庆民宿产业发展白皮书》，成立中商企协民宿（客栈）专业委员会；北方民宿联盟与河北省怀来城投乡村建设有限公司签订《合作战略框架协议》，就延庆民宿品牌运营输出达成合作意向。同时举办民宿产业金融论坛、北方民宿大会高端论坛、延庆民宿考察等活动。京津冀地区和浙江、云南等地旅游行业主管部门、中商企协民宿（客栈）专业委员会等行业组织和金融机构相关负责人以及知名民宿主共 300 人参加。

（徐攀）

【2 家旅游饭店挂牌五星级】 9 月 30 日，北京辉煌松山度假酒店、北京世园凯悦酒店经全国旅游星级饭店评定委员会批准，正式成为五星级旅游饭店。

（徐攀）

【冬季旅游市场对接会】 11 月 7 日，召开延庆冬季旅游市场对接会。会议内容包括：整合包括山地滑雪、龙庆峡冰灯、冬季森林体验、文化庙会、冰雪乐园、精品民宿、冬季美食在内的特色旅游资源，利用节庆活动、户外品牌广告，以及 FM103.9 交通广播、美丽延庆新媒体等搭建宣传矩阵；促成 1 家滑雪场、3 家世园会酒店、Clubmed 度假区、中银酒店等宾馆饭店以及民宿、美食联盟等相关行业联动合作；携程网、美团网等线上平台主推“宿”延庆产品。北京地接旅行社、携程网、美团网以及延庆旅游景区、酒店、民宿联盟、美食联盟等40余家旅游业态参加。

（徐攀）

【八达岭景区周边遗址遗迹保护】 年内，对五郎像、六郎影、魁星阁等遗迹进行抢险保护，规划游览线路；对青龙桥火车站近现代遗址进行保护展示；围绕八达岭关城进行整体打造，突出文化内涵，弱化商业氛围，加强大景区规划；对岔道古驿进行抢险，对岔道土边进行试点保护。

（徐攀）

【长城主题民宿建设】 年内，打造石光长城、长城胤巷等长城主题民宿，形成石峡村精品民宿集聚区。石佛寺村、岔道村多业态融合发展民宿集聚区打造长城精品客栈30余家，客房400余间。开发闯王餐长城主题美食，举办跑小驴、捏明小兵面人、中秋文化节长城主题民俗活动，开设长城文创售卖区。

（徐攀）

【旅游饭店星级评定】 年内，完成辉煌松山度假酒店、世园凯悦酒店五星级评定工作；完成世园海泉湾酒店四星级评定工作。完成金隅智选酒店、新华家园酒店三星级评定工作；完成中银酒店、金隅八达岭温泉度假村酒店三星级复核工作。

（徐攀）

【旅游市场管理】 年内，组织专项联合执法检查行动20余次；依法查处黑车24辆、“黑导游”3人，行政拘留10人，清理游商摊贩300余人次，行政处罚19起，罚款1.5万元。收到旅游投诉35件，接诉即办87件，均进行及时有效处理。

（徐攀）

【旅游行业培训】 年内，开办重点饭店骨干从业人员培训班、文明劝导志愿服务培训班、京郊旅游“百千万”管理人员及从业人员培训班等28个培训班，培训6000人次。开展线上培训课程130节，注册学员3000余名。

（徐攀）

旅游活动

【第十五届“龙庆峡杯”冰雕雪雕大赛】 1月15日至17日，龙庆峡景区举办第十五届“龙庆峡杯”冰雕雪雕国际大奖赛，美国、俄罗斯、加勒比、河北、吉林、沈阳以及龙庆峡等国家和地区的24支代表队48名选手参加，共制作冰雕作品48件，雪雕作品24件。龙庆峡一队参赛选手王艳强、贾磊制作的参赛作品《如鱼得水》《宁静》《漩涡》获得大赛三等奖。

（付艳春）

【国际奥林匹克日全面健身跑活动】 6月23日，在八达岭残长城举行2019国际奥林匹克日全面健身跑活动。活动以“从美丽世园到冰雪冬奥”“奥林匹克精神来到长城”为主题，延庆区的120名18岁至65岁的参赛者分别参加3千米徒步和7千米健身跑项目。

（张晓赫）

【玉渡山徒步大会】 7月27日，北京市社会体育管理中心、北京市延庆区体育局、北京市徒步运动协会、共青团延庆区委员会、北京玉渡山旅游发展有限公司联合组织的“走向2022——美丽延庆 冰雪夏都”2019（第六届）延庆徒步大会在延庆玉渡山举办，1000余名徒步爱好者参加。

（付艳春）

【第二十一届北京国际旅游节】 10月3日，在世园会草坪剧场举办第二十一届北京国际旅游节开幕式，来自国内外的20余支表演团队参加，国际旅游节为期3天。活动期间，举办“丝路风情，舞动世园”盛装巡游、“美好生活，欢聚世园”主题演出、“文化互鉴，京彩世园”国际文化旅游创意市集、“璀璨京华七十年”北京文化旅游图片展、“追寻文化脉络，畅游魅力北京”快闪活动。

（徐攀）

【京津冀户外邀请赛】 10月26日至27日，由北京市大学生体育协会主办，北京市大学生体育协会户外运动分会、北京高科大学联盟、中国地质大学（北京）、北京指北针体育发展有限公司承办的2019年首都高校学生户外挑战赛暨京津冀户外邀请赛在延庆区玉渡山风景区举办。比赛项目包括山地自行车、越野跑和定向越野3个部分，20余所高校100余名学生参加。

（付艳春）

【第三十四届冰雪欢乐节】 12月10日，以“燃动冰雪，乐在延庆”为主题的京津冀冬季冰雪文化旅游体验推广活动暨延庆区第三十四届冰雪欢乐季正式启动。启动仪式上，京、津、冀三地文旅部门共同签署发布《京津冀促进冬季文旅发展区域合作联合倡议书》。第三十四届冰雪欢乐季包括冰雪欢乐季启动仪式、世园灯会暨文化庙会、龙庆峡冰灯艺术节和民宿红火过大年等4个品牌活动以及冰雪推介会、冰雪嘉年华、冰灯艺术节、冰雪灯会庙会、冰雪过大年和冰雪赛事6大板块共60项休闲体验活动。推进整合“冰灯+”“世园+”“住宿+”等惠民套餐，形成“宿”延庆旅游产品。

（徐攀）

景区管理

【八达岭特区办事处】 延庆区八达岭特区办事处是1981年由北京市人民政府批准成立的旅游特区，同年6月正式挂牌。八达岭特区办事处作为延庆区人民政府的派出机构，负责辖区内的行政事务和社会公共事务，发展旅游事业和公益事业，贯彻执行法律、法规、规章，以及市、区人民政府的决定、命令，完成市、区人民政府部署的各项任务。设办公室、党建办公室、人事科、财政科、规划基建科、综合治理办公室、文物管理科、外事办公室、监察科、保卫科、旅游安全应急办公室、经济合作办公室12个职能科室。设宣传营销中心、票务管理中心、后勤服务中心、环境保洁中心、游客服务中心、信息管理中心、园林绿化中心、综合管理中心、长城文化研究中心9个科级事业单位。

年内，完成《长城—八达岭景区段保护规划》编制工作，完善《八达岭—十三陵风景名胜区（延庆部分）详细规划（2017—2025）》《北京市长城文化带保护发展规划（2018—2035）》《长城保护总体规划》三个规划。推动八达岭水关长城景区与八达岭残长城景区移交接收工作。开展“文化和自然遗产日”宣传活动。全年完成游客服务111.50万人次，同比增长9%。其中饮水、休息、阅览、导游等服务20.10万人次，咨询服务29.20万人次，提供各类便民服务30.10万人次，共处理投诉424件，广播服务10.30万人次，医疗处置及门诊售药0.60万人次，医疗紧急救助217人次，残障服务200余人次，制作标识牌万余块。在景区旅游重要节点设立志愿服务岗11个，培训志愿者18次共400余人次；开展志愿服务活动18次，活动时长165余天，参与人员2300余人，全年服务21万人次。

完成八达岭特区办事处安保基地建设工程、八达岭长城景区关城锅炉房改造工程、八达岭特区办事处绿化保洁办公用房修缮工程、八达岭长城景区望京寺油漆彩绘工程，以及新办公楼、万金裕办公楼、中国长城博物馆的改造维修工程。配合区交通局完成滚天沟区域内全部商业设施拆除工作，拆除商铺、摊位等非住宅设施116处，建筑面积12100余平方米；协助区公路分局完成延庆区S110辅路应急线延长线道路工程，实现S216至S110辅路应急线之间的道路贯通；完成水关污水处理站及污水管线改造主体结构及管线敷设。完成文物巡查1000余人次，下发维修通知单25次，更换地面砖、台阶砖500余块，松动封顶砖200余块，维修焊接、更换扶手30处。完成八达岭长城数字档案示范工程，项目资金共126万余元。推进北城彩叶景观林种植工程，完成和平园1500平方米林地恢复，12万盆花卉摆放13处花坛景观。开展环境集中清理16余次，清扫清运积雪7次，清理卫生死角50处、景区内杂草5次、垃圾9吨，出动车次15次，更换维修景区垃圾桶500余个，清除城墙上乱刻乱画100余处，出动保洁员834余人次，清运固体垃圾1498.26吨、液体垃圾4461吨。

全年针对景区假日旅游接待、热点事件、文化交流和员工风采等内容在中央电视台、北京电视台和延庆电视台进行电视宣传报道40条；在《人民日报》《北京日报》《北京晚报》《北京晨报》《北京青年报》和《法制晚报》等市级报刊对景区风光、服务接待、交通秩序、文明旅游等进行平面新闻报道69篇次；在人民网、新华网、中国网、北京旅游信息网、搜狐网、新浪网、千龙网、乐途网等网络媒体刊载八达岭长城相关新闻1万余篇；利用八达岭长城微信公众号“八达岭长城”平台宣传推送文章85条。该公众号全年关注用户72万人，同比增长68.20万人。全年完成国际国内媒体采访和媒体拍摄27次；策划组织并协助完成各类文体活动25场次。

完成八达岭特区办事处安全生产标准化二级达标复核以及2019年北京世园会安全生产保障工作。综合治理出动检查人员300余人次，发现环境秩序、市场秩序、服务设施、食品安全、服务质量等方面问题70个，派发整改通知单38份；检查游客810万人次、各类箱包415万只、存包4.1万个，查收违禁品202余万件，其中打火机约200万个、刀具类8073把、条幅2961条、酒精类易燃易爆品7752瓶、无人机76架、上访材料27份、其他1625件；组织旅游专项整治行动120余天，出动联合执法人员910余人次，执法车辆242台次，检查核录各类旅游车辆2900余台次；治安拘留11人，行政警告76人，劝诫驱离扰序兜售310余人次，处罚非法兜售14起，罚款2015元；对景区内一家店外经营商户进行停业整顿并罚款5000元；对景区周边民俗户餐饮服务和食品安全开展规范整治，发放宣传品230余份，进行检查警示教育商户82户；处罚未经许可从事巡游出租汽车经营2起，罚款2万元；清理商家广告牌匾18块，罚款600元；交通秩序管理共抓拍并上传交通违章行为430笔，纠正机动车、非机动车乱停乱放行为1020余次；组织“3·15”消费者权益日、“4·15”国家安全日及“12·4”国家宪法日宣传活动，共发放各类宣传资料4000余份。召开安全生产工作会7次，制定各类安全生产、消防安全方案预案15项，与各部门签订责任书6次150份。与施工单位、大型活动主办单位签订安全生产协议18份次。落实年度安全生产5710份档案手册工作。开展各类安全检查400余次，发现隐患300余处，整改完成率90%。开展警示教育宣传、演练8次，向景区经营商户发送宣传提示信息8次，大屏幕滚动播放全景区禁放和防火提示信息11条次。

举办“2019北京八达岭长城文化节”，召开中国长城文化学术研讨会。举办“长城好汉2019”年度创意拍摄、第十一届北京端午文化节系列之“长城聚首”音乐品鉴、《我爱你中国》全球钢琴快闪拍摄、从美丽世园到冰雪冬奥——2019国际奥林匹克日全面健身跑等文化活动。举办“我与长城合个影”大型影像互动交流展示活动，展出中外300余位摄影名家的精彩代表作1500多组件。开展“中国旅游日”志愿服务活动；举办“忠诚担当，履职尽责，维护形象”安保基地开放日活动；国庆节期间举办“祖国万岁 我爱你中国”主题灯光秀活动。举办“2019中国长城国际摄影周”巡展，从1000余幅参展作品中精选出67幅长城作品，在北京大兴国际机场国际到达厅“拾光艺术长廊”展出。

（张晓赫）

【八达岭旅游总公司】 北京市八达岭旅游总公司为区属国有企业，按二级班子单位管理。内设9部1室（职能部室）。包括办公室、党群工作部、财务部、经营管理部、市场营销部、基建工程部、应急管理部、人力资源部、监察审计部、事业发展部。下辖企业13家，即北京八达岭索道有限公司、北京八达岭畅安地面缆车运营有限公司、北京八达岭智慧旅游有限公司、北京八达岭饭店有限公司、北京八达岭世界葡萄博览中心、北京八达岭物业管理有限公司、北京古崖居旅游发展有限公司、北京八达岭国际旅行社有限公司、北京长城五洲风采文化传播有限公司、北京夏都文化传播有限公司、北京长城全周影院有限公司、北京万科八达岭旅游开发有限公司、北京八达岭水关旅游开发有限责任公司。年内，总公司理顺管理体制，将水关长城景区和残长城景区移交八达岭特区办事处统一管理。注销北京市八达岭综合市场中心、北京八达岭岔道古城旅游开发有限公司、北京八达岭旅游发展有限公司、北京九眼楼旅游开发有限公司、北京八达岭森林户外运动管理有限公司5家企业，盘活闲置资产，实现资源有效配置。接收华兴实业公司、葡萄酒交易中心2家公司和龙庆峡出租汽车有限公司部分股权，进一步壮大国有资产。2019年实现旅游收入47867.75万元，比上年同期37641.34万元增加10226.41万元；上缴税金形成区级财政收入6615.02万元，比上年同期5006.06万元增加1608.96万元；实现利润12316.52万元，比上年同期4906.15万元增加7410.37万元。

（黄妹妹）

【龙庆峡管理处】 龙庆峡管理处于1987年成立，属政府派出机构，同时成立北京市龙庆峡旅游公司，属国有企业。1990年8月，龙庆峡脱离水利部门，1998年10月加盟北京控股公司，成立北京龙庆峡旅游发展有限公司，属中外合资企业，2008年5月归属京泰实业集团有限公司。景区内有北京龙庆峡旅游发展有限公司、北京市龙庆峡旅游公司、北京腾龙游乐有限公司、北京玉渡山旅游发展有限公司4个单位联合办公，有20个科室部所，主要负责龙庆峡景区和玉渡山景区的日常管理、旅游开发、服务接待等工作。年内，成立安全工作领导小组，逐级签订安全生产责任书，完善《生产安全事故应急预案》《龙庆峡夏季突发事件应急救援预案》《龙庆峡舆情风险防范应对预案》等各项安全制度，开展安全检查20次，落实整改措施20余条，开展旅游市场综合整治15次，开展各类应急救援演练10余次。成立游客服务中心、特种设备科，规范停车场、公园科的管理职能，对售检票岗位职能进行分离，使龙庆峡景区的各项管理工作和职能设置制度化、规范化、合理化。继续强化旅游宣传促销营销措施，在北京及周边的电视台播放景区游览信息和天气预报，在龙庆峡公众号发布景区旅游资讯15次。在《北京青年报》《北京晨报》《北京晚报》等报刊上刊登景区旅游信息6期。通过今日头条、抖音网红、微博、微信、北京美丽乡村网、微信公众号平台发布景区开业信息50余条。参加世园局组织的承德旅游宣传大篷车、2018年吉林雪博会、中国品牌旅游发展论坛，组织举办“冰雪情——中韩缘文化节”、第十五届“龙庆峡杯”中华缘大赛、中国旅游日等规模较大、规格较高、公信力较强的旅游宣传推广活动。截至年底，共接待游客40.60万人次，比2018年同期的59.40万人次减少18.80万人次。实现旅游收入3838万元，比2018年同期的5487万元减少1649万元。玉渡山景区共接待游客32.10万人次，比2018年同期的26.80万人次增加5.30万人次，旅游收入1322万元，比2018年同期的1063万元增加259万元。

（付艳春）

【野鸭湖湿地自然保护区】 野鸭湖湿地自然保护区（简称“野鸭湖”），是1997年7月批准成立的县级自然保护区，2000 年 12 月晋升为市级自然保护区。2011 年成立野鸭湖湿地公园管理处，2013 年国家林业局对野鸭湖国家湿地公园进行授牌。野鸭湖湿地公园管理处与野鸭湖湿地自然保护区管理处合署办公，主要职能为：贯彻执行国家有关湿地管理的方针、政策和法规，拟定并监督实施野鸭湖湿地自然保护区的管理政策；拟定并实施野鸭湖的规划、计划；承担野鸭湖湿地的保护、管理和开发利用，确保资源永续利用；组织开展对外宣传；协助有关部门开展科学研究和科普教育；协调解决辖区内及周边乡镇、村的各类问题；完成地方政府交办的其他事项。年内，实施 2018 年湿地保护补助资金项目，申报 2019 年湿地保护补助资金项目；开展 2018 年第四季度点位核查，开展“绿盾 2019”、“绿盾 2018”整改、“绿盾 2018”市级联合检查组反馈问题整治及 2017 年市级加密监测点位整改工作。监测到半蹼鹬、斑胸滨鹬、黑脸琵鹭、暗灰鹃鵙、灰林鵰 5 种新鸟种，鸟类总数 348 种，其中国家一级 11 种，国家二级 49 种。野生动物救护站救助和放归鸟 30 只。

（张志华）

【北京延庆世界地质公园管理处】 北京延庆世界地质公园管理处设综合管理科、地质遗迹保护与开发科、地质科普与宣传科、地学旅游与开发科 4 个科室，下属事业单位延庆区地质博物馆。年内，编写完成《延庆世界地质公园 2018—2021 年建设行动纲要》，拟定扩园再评估工作方案。围绕“地质遗迹保护、地学科普宣传和地学旅游开发”的宗旨，完成同希腊莱斯沃斯世界地质公园及中国地质大学（北京）联合开展硅化木保育项目，对编号 QQ0055、QQ0048 硅化木和一株新挖掘硅化木进行保育工作；完成政协第 60 号提案（关于加强世界地质公园恐龙足迹化石产地保护的建议）第一阶段答复办理；完成地质公园 355 块标识牌巡查维护工作；同天下图公司技术团队勘测并研讨龙庆峡、恐龙足迹化石区地灾隐患风险监测预警事宜；在元宵节、端午节等传统节日和地球日、环境日等主题节日，开展科普讲座、有奖问答等丰富多彩的科普活动；成立延庆世界地质公园第六届讲解员工作坊；举办延庆区首届“地质公园杯”围棋赛。

在世园会园区内举办“中国地质公园主题宣传活动”，聚力助推中国生态文明建设，发起设立“地质公园日”的倡议，通过电视对活动进行不同角度的地质公园专题性的宣传推广，共有 40 余家区内外媒体进行报道及转载。举办“迎世园 盼冬奥 张灯结彩闹元宵”第二届元宵节文化体验活动，结合“延庆是我家 世园靠大家”新春第一课活动，推出猜灯谜、对楹联、长学问 3 种文化体验项目以及“祝福世园”签名活动，并发放近千份“文明有礼 1234”倡议书。第 50 个地球日举办“五个一”科普宣教系列活动，通过“一场科普知识问答活动”“一场支部共建活动”“一场专题展览”“一场科普报告会”“一个青少年互动活动”，传播珍惜自然资源、保护生态环境的理念。

（李昀倩）

【康西草原管理处】 康西草原管理处和康西草原旅游公司在 1989 年 12 月经延庆区人民政府批准成立。康西草原管理处和康西草原旅游公司为一套机构两块牌子，归延庆县旅游办公室管理，属于企业性质，独立核算，自负盈亏。总占地面积 38.67 公顷（580.05 亩）。1990 年正式对外开放营业，同年 2 月经延庆区机构编制委员会延编发字〔1990〕第 4 号文批准，康西草原管理处为自收自支事业单位，实行企业管理。2005 年 9 月，康西草原旅游开发公司整体转制，大部分职工进入民营企业（北京中坤投资集团成立的“北京中坤康西草原旅游开发有限公司”）。康西草原旅游公司职工 102 人与原公司解除劳动合同，78 名职工与北京中坤康西草原旅游开发有限公司签订劳动合同。康西草原旅游公司保留、承担转制前遗留的债权、债务问题。2006 年 1 月 13 日，根据延编办〔2006〕第 02 号文件要求，重新组建

“延庆区康西草原管理处”（2015 年 12 月改称延庆区康西草原管理处），确定为全额拨款事业单位，履行服务、协调、监督职能。内设办公室和综合治理办公室。

（赵彦）

景区景点

【八达岭长城】　八达岭长城是万里长城的杰出代表，明长城的精华，位于北京市延庆区南部八达岭镇域内，距北京市区约 60 千米，始建于明朝弘治十八年（公元 1505），由抗倭名将戚继光、谭纶督建，历经弘治、嘉靖、隆庆、万历四代皇帝（公元 1505—1589），是扼守京西北居庸关—八达岭关沟军事防御体系的重要组成部分。明代《长安客话》中说：“……路从此分，四通八达，故名八达岭，是关山最高者。”八达岭长城 1958 年正式对游人开放，“国保”段全长 7441 米，游览开放段全长 3741 米，19 个敌楼。景区规划面积 70.10 平方千米，核心景区面积 55.05 平方千米。年内，八达岭长城接待中外游人 1035.17 万人次，同比增长 3.86%。突破旅游收入 3 亿元，同比增长 0.44%。全年接待三级以上外事勤务 112 次，其中接待外国元首 9 位，八达岭长城累计已接待外国元首、政府首脑 524 位。八达岭残长城景区位于八达岭长城西南 10 千米处，是八达岭长城防御体系的西大门，景区于 2000 年 4 月 29 日对外开放，属国家 AAA 级风景区，是北京市爱国主义教育基地。古长城是在原来城体的基础上进行一种维持原貌的加固和修缮，保存原始。虽然残缺，雄峰犹存，断壁残垣，让人能从心底感受长城应有的历史沧桑感和厚重感。八达岭古长城全长约 13534 米，开放段全长 6120 米，城台、附墙台及空心敌台 18 座。古砖窑和采石场遗址，供游人了解城砖的烧制过程和长城建造的历史，具有较高的考古价值。水关长城位于北京西北 40 千米，此段长城是八达岭段长城东端，因修建中国第一条自主设计的京张铁路而被截断，属国家 AAAA 级旅游景区。水关长城历史悠久，古老沧桑又不失雄伟壮观，是明长城遗址，距今已有 400 多年的历史，是拱卫京畿的重要关口之一，由抗倭名将戚继光督建，以宏伟的景观、完善的服务设施和深厚的历史文化内涵而著称。水关长城全长约 2300 米，开放段全长 1500 米，城台、附墙台及空心敌台 9 座。

（张晓赫）

【中国长城博物馆】　中国长城博物馆坐落于八达岭长城景区内，是一座以长城为主题，全面反映长城历史、军事、建筑、经济、文化艺术及现状的专题性博物馆。1994 年 9 月建成开馆，由时任国家主席江泽民题写馆名。2007 年全面改陈，建筑面积 4000 平方米，展览面积 3200 平方米。展览主题为“世界奇迹 · 历史丰碑”。博物馆设五部一室，分别为人事部、财务部、业务部、社教部、保卫部和办公室。年内，接待观众 49.27 万人次，其中学生 8.11 万人次，外宾 0.82 万人次。为观众免费讲解 750 次，接待冬奥会专家组等领导调研 72 次，连续多年保持接待零投诉。新征集藏品 1110 件套，包括长城门票及票证 1008 件套、隆庆五阅示鼎建碑 1 件、元首文化礼物 97 件套等。举办《长城聚首“一带一路”合作国家政要与八达岭长城友好交往》主题展览，参观人数为 40.83 万人次。举办“相约长博 奏响华章”国庆活动、“长城建筑的科学性”知识讲座活动、“长城印记”长城砖石拓片实践活动、“了解长城文化，弘扬长城精神”大课堂活动等文明实践活动 46 场次，参与人数 3733 人次。完成合作单位汉中市研学实践教育协会到八达岭长城进行的实践教学活动，参与学生约 3000 名。获得“第十四届（2019）北京阳光少年文化科普进校园活动”先进集体称号和“第十四届（2019）北京市阳光少年活动”优秀组织奖。

（王丽萍）

【龙庆峡】 龙庆峡是国家AAAA级景区，距北京市区70千米，古称“古城九曲”，是一处水绕山环，风光秀丽的峡谷。属于自然水域风光型景区，既有南国山水的妩媚秀丽，又不失北国山水的雄浑壮观。1973年10月，建龙庆峡水库，大坝高70米，坝顶长90米，整个水库流域面积119平方千米，库区面积34万平方千米，库容852立方米。1984年成立旅游公司，开始发展旅游事业，龙庆峡是“新北京十六景”之一。年内，接待游客40.6万人次，实现旅游收入3838万元。

（付艳春）

【玉渡山景区】 玉渡山景区为国家AA级景区，隶属于北京龙庆峡旅游发展有限公司，2002年7月正式对外接待游客，下设有财务科、旅游开发科、公司管理科和办公室4个科室。景区位于“燕山第一高峰”海陀山脚下，地域面积75平方千米，植被覆盖率90%以上，景区内有维管束植物105科380属713种。乔木、灌木种类繁多，覆盖山野；山中溪水长流，春夏秋时节，花开不断，空气含氧量比市区高2～3倍，堪称“天然氧吧”；夏季凉爽宜人，最高温度只有28℃，比市区低5℃～6℃，是消夏避暑的佳地。

（付艳春）

【野鸭湖国家湿地公园】 野鸭湖国家湿地公园位于北京市延庆区西北部，位于新中国“建国第一库”官厅水库之滨，北依松山、大海陀山，是由官厅水库，延庆辖区及环湖海拔479米以下淹没区及滩涂、河流、库塘、沼泽组成的自然-人工复合型湿地，是国家AAAA级旅游景区。公园面积为283.4万平方米，是北京地区鸟类重要栖息地，也是国际鸟类迁徙路线东亚—澳大利亚路线的中转驿站。每年迁徙季节，有众多鸟类在此停歇，其中雁、鸭种类和数量最多，野鸭湖由此得名。野鸭湖湿地动植物资源丰富，已经记录到国家一级保护鸟类10种、国家二级保护鸟类43种、植物472种、高等植物456种、昆虫182种、鱼类40种。其中野大豆（Glycine soja Sieb）、绶草（Spiranthes sinensis）为国家二级保护植物。是人们亲近自然、放飞心灵的好去处。有5千米徒步、自行车骑游、湿地观鸟、湿地科普、千亩荷花园等生态游览项目。年内，接待游客20万人次，实现旅游收入901万元；举办第四届冰雪马拉松比赛、第37个爱鸟周主题活动、“共创森林城市 共护鸟类资源”野生动物保护月活动、第七届北京中小学观鸟赛、第十八届高校观鸟赛等大型宣传活动。

（张志华）

【延庆地质博物馆】 延庆地质博物馆是以延庆世界地质公园为依托，集地质科普、延庆地质遗迹、自然景观与人文风貌于一体的综合性、公益性博物馆。博物馆以“燕山之魂”为展览主题，全面展示地质科普知识、延庆典型地质遗迹类型以及与地质与文化、社会发展的关系等内容。2013年7月20日正式开馆，先后被评为“中国地质大学教学科研基地”“北京市科普基地”“延庆区中小学生社会大课堂实践活动基地”“延庆区中小学地质科普知识师训基地”“全国科普基地”“北京市社会大课堂资源单位”“延庆区新时代文明实践基地”和中国古生物学会“全国科普教育基地”。年内，延庆地质博物馆挂牌“延庆市民终身学习基地”；完成地质博物馆日常设备检查维护，定期对博物馆进行安全排查；组织博物馆全体职工开展应急急救知识培训；开展丰富多彩的科普宣教活动，招募47名志愿者开展志愿服务1360小时。全年接待延庆区社会大课堂中小学生1500余人次。接待游客5.10万人次，其中个人游客4.20万人次，团队80批次共计9000人次。

（李昀倩）

【古崖居景区】 古崖居景区位于延庆区张山营镇域内，南邻妫水，北依海陀，1991年初步对外开放，据说在距今1000多年的我国五代时期，延庆北部山区曾活跃过一支游牧民族——西奚族，这是他们曾经居住过的山寨。

古崖居景区属国家 AAA 级旅游景区，是中国目前已发现规模最大的崖居遗址；有石室 160 个，大小不均、形状不一，上下多层、层层相通。全部石室或圆或方，均合乎美学规矩，表现出一种原始的审美情趣，古崖居的来历至今仍是千古之谜。年内，古崖居景区接待游客 9.79 万人次，实现旅游收入 316.32 万元。

（黄妹妹）

【世界葡萄博览园】 世界葡萄博览园位于北京市延庆区张山营镇的东南部，是葡萄主题公园，属国家 AAAA 级旅游景区。2014 年 7 月 25 日正式对外开放，是集葡萄品种展示、观赏采摘、生态体验、景区游览、科普教育、休闲娱乐等功能于一体的综合性博览园。园区落实“以农业为基础、以教育为支撑、以旅游为补充”的规划目标，打造“四季有花”的农业主题，举办百合文化节、菊花文化节、葡萄文化节以及冰雪节和文化庙会。年内，葡萄博览园接待游客 13.74 万人次，实现旅游收入 758.74 万元。

（黄妹妹）

【万科石京龙滑雪场】 万科石京龙滑雪场位于延庆区张山营镇东北部，始建于 1999 年，是北京地区首家滑雪场，也是全国首家采用人工造雪的滑雪场。2016 年年底，滑雪场重装开业，成为国内首家互联网滑雪场。营造开放式、平台式、友好型滑雪体验，客户可通过手机移动端实现网络订票、现场取票、雪具租赁、消费、滑雪等所有功能，实现滑雪场内无现金消费。年内，万科石京龙滑雪场接待游客 8.17 万人次，实现旅游收入 1611 万元。

（黄妹妹）

（栏目编辑：池尚明）

卫生 体育

卫生健康管理

【概况】 北京市延庆区卫生健康委员会（简称“区卫健委”）是负责全区卫生健康工作的区政府工作部门。下设有办公室（卫生应急办公室）、公共卫生科（行政审批科）、医政科（医改办）、综合监督科、中医管理科、人口监测与家庭发展科、爱国卫生运动推进科（健康促进科）、人事科。卫生健康系统有31个单位，其中卫生单位11个，包括卫生健康监督所、疾病预防控制中心、北京急救中心延庆分中心、卫生干部进修学校、中心血站、社区卫生服务管理中心、信息中心、卫生和计划生育宣传中心、计划生育家庭服务中心、卫生应急保障中心、老龄事业发展中心；二级医疗机构4家，包括区医院、区中医医院、区妇幼保健计划生育服务中心（加挂“北京市延庆区妇幼保健院”“北京市延庆区第四医院”“北京市延庆区牙病防治所”牌子）、区精神病医院（加挂“延庆区精神卫生保健所”牌子）；社区卫生服务中心16家；群团组织2个，包括计划生育协会、医学会。全系统卫生技术人员1864人。年内，在全系统开展“党建加强年”“优质服务年”“技术提升年”活动，完成2016—2018年延庆区地方病防治专项攻坚行动自评工作。全区74家医疗机构同步实施医耗联动综合改革，规范调整6621项医疗服务价格，降低医用设备检验项目价格，提升中医、病理、康复、精神、手术等医疗服务项目价格，取消医用耗材加成，实行药品耗材集中采购。改革启动后至12月底，全区医疗费用增幅8.16%，次均门急诊费用297.12元，同比上涨1.31%，较去年同期增幅下降1.44%，例均出院费用12856.40元，同比上涨1.06%，较去年同期增幅下降1.12%，医疗费用增幅放缓。全年出院26013人次，病床使用率82.40%，平均住院日8.40天。医护比1∶0.98。全年总收入227911.97万元，其中财政拨款104619.38万元、业务收入119956.20万元；总支出199560.93万元。计划生育财政总投入1481.09万元。全年基建财政投入2亿元，完成区中医医院迁建一期工程项目主体结构施工，二次结构建设完成95%；完成大庄科乡社区卫生服务中心改扩建项目前期手续办理和施工招标。评选“孝顺之星”50名，孝道文化传承人70名，“敬老爱老助老示范单位”13家。获“国家卫生区”荣誉称号。

单位名称：延庆区卫生健康委员会
地　　址：延庆镇东顺城街26号
电　　话：69101695

（龚伟）

【机构改革】 3月15日，组建北京市延庆区卫生健康委员会，不再保留北京市延庆区卫生和计划生育委员会。5月7日，将北京市延庆区民政局所属事业单位——北京市延庆区老龄工作委员会办公室整建制划入北京市延庆区卫生健康委员会。5 月 30 日，北京市延庆区卫生和计划生育监督所更名为北京市延庆区卫生健康监督所，机构性质、规格、隶属关系、处级领导职数等均不变。11 月 6 日，北京市延庆区老龄工作委员会办公室更名为北京市延庆区老龄事业发展中心。

（龚伟）

【助力冬奥会送医疗服务活动】 4 月 23 日，区卫健委联合区重大项目协调服务中心，到中铁十八局集团有限公司冬奥会管廊土建项目部，向冬奥会延庆赛区建设者赠送医疗急救物品，并进行义诊活动和健康知识讲座。北控置业集团、首发集团、京投管廊公司、各总包单位施工建设者代表等 80 余人参加活动。

（龚伟）

【生命统计】 年内，全区人口出生率 12.16‰，人口死亡率 7.07‰，人口自然增长率 5.09‰。因病死亡 1877 人，占总死亡人数的 92.15%。死因顺位前十位疾病依次为脑血管病，恶性肿瘤，心脏病，损伤和中毒，呼吸系统疾病，内分泌、营养和代谢等其他疾病，消化系统疾病，神经系统疾病，精神障碍，肌肉骨骼和结缔组织疾病。人均期望寿命 80.10 岁，其中男性 78.06 岁、女性 82.30 岁。

（龚伟）

【社区卫生服务】 年内，社区卫生服务中心 17 个，社区卫生服务站 57 个，全年门急诊量为 130.71 万人次，同比增长 10.17%，上门服务 1.62 万人次。家庭医生签约率 42.12%，其中重点人群签约率 91.54%。二、三级医疗机构支援社区医务人员 524 人次 1495 天，上转患者 9.79 万人次。建立电子健康档案 22.29 万份，健康档案电子化率 64.08%，健康档案动态使用率 61.83%。

（龚伟）

【农村卫生室服务覆盖率 100%】 年内，村级卫生室 186 个，全部为村办，服务覆盖率 100%。乡村医生 254 人，岗位培训人均 143 学时。

（龚伟）

【传染病防治】 年内，无甲类传染病报告。乙类传染病发病 444 例，死亡 5 例，发病居前三位的是梅毒、痢疾、肺结核。性病新发病 157 例；艾滋病患病 55 例，其中新发病 8 例、死亡 2 例；结核病患病 90 人，其中新发病 90 人。布鲁氏菌病发病 6 人，无死亡；无其他人畜共患疾病报告。

（龚伟）

【慢性病和地方病防治】 年内，新成立高血压自我管理小组 30 个、糖尿病同伴支持小组 25 个。新培养全民健康生活方式指导员 300 人。脑卒中高危人群随访 996 人。新培训老年人防跌倒操队伍 17 支。户籍肿瘤患者随访 664 例。监测居民碘盐 301 份；监测尿碘 801 件，其中育龄妇女 200 件、孕妇 200 件、成年男子 200 件、小学生 201 件；全区无地方性氟中毒、碘缺乏病报告。未发现鼠间鼠疫和人间鼠疫病例。

（龚伟）

【精神卫生】 年内，在册严重精神障碍患者 1923 人，报告患病率 4.95‰，其中 6 类严重精神障碍患者 1666 人，免费服药 1182 人，较上年增加 97 人；免费发放药品 1.4 万人次，免费服药率 61.46%。在册患者规范管理率 93.46%，在册患者规律服药率 76.05%，精神分裂症在册服药率 86.70%，在册患者面访率 88.59%。监护人看护管理补贴申领率 91.70%。

（龚伟）

【学校卫生】 年内，全区应检学生 21090 人，实检 20403 人，受检率 96.74%。查出视力不良 58.16%，营养不良 19.78%，超重 11.49%，肥胖 22.73%，恒牙龋齿 10.53%，贫血 1.15%，无沙眼。无传染病暴发、集体食物中毒事件报告。

（龚伟）

【计划免疫】 年内，接种第一类疫苗12种共计85131人次、第二类疫苗21种共计39729人次。应急接种麻风疫苗5次12人次。医务人员接种麻风疫苗64人次。流动人口接种麻疹疫苗和A+C群流脑疫苗各144人次。接种流感疫苗23850人次，其中学生免费接种7752人，接种率34.77%；60岁以上老人免费接种14609人，接种率42.07%；保障人员接种133人；医务人员接种602人；中小学教师接种143人；自费接种611人。接种不良反应发生率28.93/10万针次，调查处理疑似预防接种异常反应44例，其中一般反应26例、异常反应13例、偶合疾病5例。全区接触毒害物质企业102家，接触职业危害人数1638人，应体检人数1638人。全年共监督检查9户次。新发职业病2例，其中1例布鲁氏菌病，1例确诊尘肺病。

（龚伟）

【食品卫生及饮用水监测】 年内，检测生活饮用水样品465件，合格率81.72%，主要超标指标为农村生活饮用水的微生物。检测食品化学污染物及有害因素、微生物及其致病因子及食源性疾病监测样品共计631件，其中15件冲调谷物制品中检出克罗诺杆菌属及蜡样芽孢杆菌，71件食源性疾病监测样本中检出致病菌。

（龚伟）

【健康促进区创建】 年内，启动全国健康促进区创建工作，创建健康社区11个、健康村104个、健康示范家庭245户、健康促进学校43所（4所星级健康促进学校）、健康单位5家、健康促进医院5家。全区有无烟机关19家，无烟医院18家，无烟学校覆盖率100%。开展健康大课堂432场，受益2.31万人次。开展健康知识宣传612次。开展周末卫生大扫除130次，出动1.85万人次，清理垃圾6936.85吨。防鼠设施合格率96%，鼠、蚊、蝇、蟑螂的密度达到国家病媒生物密度控制标准。完成5513户农村户厕改造，无害化卫生户厕覆盖率达到98.14%。千家店镇完成国家卫生镇复审工作。

（龚伟）

【综合监督】 年内，辖区公共场所482个，量化分级426个，其中A级242个、B级164个、不予评级20个。日常监督1084户次，监督覆盖率97.93%，合格率93.27%；双随机监督356户次，监督覆盖率84.23%，合格率82.30%；处罚125件，罚没金额1.70万元。医疗机构卫生双随机监督370户次，监督覆盖率81.61%，合格率97.57%；处罚27件，罚款90800元，没收非法所得8588.10元，对57家医疗机构下达《医疗机构不良执业行为积分通知书》。2019年延庆区医师多机构备案66人次。生活饮用水卫生日常监督104户次，监督覆盖率61.02%，合格率95.19%；双随机监督99户次，监督覆盖率83.90%，合格率94.68%；处罚46件，罚款1万元。传染病与消毒双随机监督435户次，监督覆盖率76.63%，合格率94.85%；处罚31件，罚款1万元。计划生育行政执法督查4户次，监督覆盖率100%，合格率100%。未发现“两非”行为机构。

（龚伟）

【妇女保健】 年内，全区常住孕产妇3757人，孕产妇系统管理率94.41%，住院分娩率100%。高危产妇2972人，高危孕产妇管理率99.93%。剖宫产1743例，剖宫产率45.80%。孕产妇死亡0例，死亡率0。婚前检查347人，婚检率7.75%，疾病检出率8.65%。全年新生儿死亡7例，死亡率1.99‰；婴儿死亡10例，死亡率2.84‰；5岁以下儿童死亡13例，死亡率3.70‰。围产期出生缺陷发生率12.30‰，出生缺陷前三位依次为副耳、多指、肾积水。6个月内母乳喂养率70.05%。0～6岁儿童11290人，系统管理率95.39%，贫血患病率3.76%。

（龚伟）

【生育服务】 年内，免费孕前优生健康检查定点医院1家，各乡镇街道为育龄群众提供生殖健康体检和生殖健康教育10万人次，有517对待孕夫妇参加免费孕前优生健康检查。登记《北京市生育服务证》3008例，其中办理二孩生育登记1424例；再生育行政确认129例。流动人口本地出生150人，办理二孩以内生育登记170例。落实免费“四术”2人次。流动儿童预防接种率100%。全区免费避孕药具发放网点477个，其中47个提供24小时服务，占10%。全年发放男用避孕套122325盒、口服短效避孕药8570板、外用避孕药1260盒。

（龚伟）

【独生子女家庭奖励帮扶】 年内，符合计划生育奖励扶助政策26653人，奖励总金额9432380元。其中，独生子女父母奖励费标准为60元/人/年，奖励22928人共1375680元；独生子女父母一次性奖励标准1000元/人，奖励1292人共1292000元；独生子女意外伤残、死亡一次性经济帮助标准10000元/人，享受帮扶15人共15万元；独生子女死亡特别扶助金8640元/人/年，帮扶152人共1313280元；独生子女伤残特别扶助金7080元/人/年，帮扶109人共771720元；农村部分计划生育家庭奖励扶助标准2100元/人，奖励2157人共4529700元。为101人投保住院护理保险10.10万元。为计划生育家庭投保意外伤害保险、女性两癌特别关爱保险、家庭劳动力综合意外伤害保险、家庭子女综合保险和男性安康保险42373份，投保167万余元，其中有13个乡镇街道补贴共计21万元、有14个乡镇的103个村补贴共计14万元。

（龚伟）

【采血供血】 年内，有采血点1个、采血车1辆，全年机采血小板3031治疗量、全血2397单位，全年供全血23单位、红细胞悬液3227单位、血小板225治疗量。自体采血176人506单位。

（龚伟）

【信息化建设】 年内，信息化建设总投入1366万元，完成智慧健康一期项目。3家二级医院应用“延庆健康通”平台。区医院建成急诊急救管理信息系统和移动护理管理系统。区中医医院应用41台自助设备，新建HIS、PACS、电子病历等24个信息系统。

（龚伟）

【冬奥会世园会服务保障】 年内，世园会接诊患者6943人次，园区接诊率0.07%，转运率5.99%；开展4轮公共卫生风险评估、健康监测48万人次，病媒生物消杀38轮。冬奥会医疗保障中心装修改造项目一、二、四、六层基本完工，完成造雪医疗保障任务，组织101人的冬奥会医疗保障团队，分批进修学习，开展8次高山滑雪医疗救援实战演练。

（龚伟）

【对口支援】 年内，与河北省张家口市宣化区、怀来县，内蒙古自治区乌兰察布市兴和县签订帮扶协议5份，派出专家29批91人次，诊治患者1220人次，实施小针刀手术95例，胆结石、胆囊手术10例；举办“名老中医走进宣化经验交流与学术研讨会”2次，开展学术讲座3次，受益435人次。免费接收42名医护人员进修学习；向兴和县、宣化区、怀来县捐赠价值共计33.37万元的会议视频系统设备、心电图仪、激光治疗仪、血压计等医疗设备。利用与兴和县蒙中医院建立的医学影像远程诊疗和会诊平台，出具远程诊断结果18437份；为蒙中医院引入中医适宜技术，治疗1500人次。区妇幼保健院与海淀区妇幼保健院建立远程会诊系统，投入资金1173万元，改造区妇幼保健院手术室、远程诊疗系统、危重症新生儿抢救中心，开展远程会诊1次，实施剖宫产和妇科类的大手术38台，清宫和宫腔镜类小手术44台。

（龚伟）

【延庆区医院】 延庆区医院为延庆区卫生健康委直属单位，差额拨款全民所有制事业单位，是全区集医疗抢救、教学科研、预防保健为一体的综合性二级甲等医院。占地6.80万平方米，床位 610 张，在职职工 1238 人，硕士、博士研究生共 120 人。专业技术人员中，高级职称 141 人，中级职称 361 人，初级职称 620 人。全院设 16 个职能科室，26 个临床科室，10 个医技科室，1 个健康体检中心，1 个 120 分中心。拥有核磁成像仪、全身螺旋式 CT 机、新型数字减影血管造影机、高压氧舱、彩色超声诊断仪、全自动生化分析仪、免疫测定仪、肾透析机、CR、DR 影像处理系统、心脏彩色多普勒超声仪、经颅多普勒脑血流检查仪 TCD、脑地形图仪、电子胃肠镜、腹腔镜、宫腔镜及各种内窥镜等大型医疗设备器械。全年门诊 901708 人次，急诊 148270 人次，出院 19720 人次，住院手术 6522 例，病床使用率 78.94%。体检站共接待体检 29343 人次，其中，高考体检 1500 人。年内，特级护理合格率 98.80%，护理技术操作合格率 99.30%，护理文件书写合格率 98.80%，急救物品完好率 100%，基础护理合格率 97.90%。共开展新技术、新项目 80 项。

地址：延庆镇东顺城街 28 号

电话：69103020

（龚伟）

【延庆区中医医院】　延庆区中医医院始建于 1994 年 12 月，是一所中医特色突出、中西医并重，集医疗、教学、科研、预防保健、康复为一体的综合性二级甲等中医医院，承担着延庆地区中医医疗、教学、科研、预防和基层指导任务。医院为国家级县级公立医院改革试点单位、国家中医药管理局第四批“治未病”预防保健服务试点单位、国家中医药管理局针灸理疗康复重点建设单位、“北京市示范中药房”单位、北京市中医皮肤特色诊疗中心协作单位、延庆区老年护理保健院，2015 年被国家中医药管理局确定为全面提升县级中医院综合能力单位之一，是河北北方学院教学实习医院。医院目前占地面积 13500 平方米，开放病床 150 张，日均门诊量 1300 余人次，年出院病人 4300 余人次。医院有在职职工 365 名，其中正、副主任医师共 39 人，双高人才 5 名，博士研究生 4 名，硕士研究生 41 名。有 25 个临床医技科室，包括 3 个北京市重点专科，2 个北京市中医管理局国家中医重点专科（“1 + X + N”）辐射工程首都区域专科，2 个基层老中医传承工作室，设有专病专台。有多排螺旋 CT、全自动生化分析仪、体外冲击波碎石机、彩色多普勒超声诊断仪、大型 X 光诊断仪、腹腔镜、宫腔镜、电子胃肠镜等大型设备 20 台件，中医诊疗设备 127 件。中药房常备中药饮片 530 余种，能够提供普通饮片、小包装饮片及中药配方颗粒剂。

地址：延庆镇新城街 11 号

电话：69146621

（龚伟）

体　　育

【概况】　北京市延庆区体育局是负责全区体育工作的行政职能部门。局机关设办公室、业务科 2 个职能科室；社会体育管理中心（体育产业发展中心）、体育中心和青少年业余体校 3 个事业单位。年度内荣获创建国家卫生区工作先进单位、敬老爱老助老示范单位、结构长城杯银质奖工程证书等多项荣誉，延庆区被评为北京市体育产业示范基地和国家体育产业示范基地。全区共有 43 个体育生活化社区，1 个体育示范街道，6 个体育特色乡镇，22 个体育单项协会。年内举办区级全民健身活动 41 次，市级赛事活动 9 次，京津冀赛事 5 次，国家级比赛 3 次，国际级比赛 1 次，协助机关单位、街道组织开展健身活动 9 次，年内活动参加人数 12.37 万人次。举办社会体育指导员和体育骨干培训班 11 次，培训 8762 人次，对 3000 人进行成年人国民体质达标测试。由 137 名体育技能领域带头人组成的健身体育服务志愿团队为群众提供 8 个项目的健身指导服务，完成有效点单302次，1.20万余人次参与。组建14人的青少年滑雪业余训练队和18人的青少年短道速滑业余训练队。全区14所学校被命名为体育传统项目学校，其中，市级体育传统项目学校5所、区级体育传统项目学校10所（1所既为市级也为区级）。有青少年体育俱乐部3所。全区共设电脑体育彩票专营店18家，体彩总销售量共计3288.88万元。为中国人民解放军61923部队安装30件健身器材和5个棋牌桌。开展公共体育设施建设，安装286套棋苑、181套健身器材和101套室外篮球架，建设11公里健身步道，全民健身中心竣工并完成五方验收。经第四次全国经济普查及体育场地统计调查，区体育场地总面积221.65万平方米，建筑总面积29.63万平方米，人均体育场地面积6.37平方米，全区经常参加体育锻炼人数比例占全区总人口的49%。年内，延庆区获评国家体育产业示范基地称号。

单位名称：延庆区体育局
地　　址：延庆镇湖北东路118号
电　　话：69144456

（张小利）

【全国新年登高健身大会】 1月1日，全国新年登高健身大会北京主会场活动在延庆八达岭长城举行，2022名市民参与。本届全国新年登高健身大会北京主会场活动由国家体育总局主办，国家体育总局登山运动管理中心、中国登山协会、北京市体育局、北京市体育总会、延庆区人民政府承办，北京市社会体育管理中心、延庆区体育局、八达岭特区办事处、八达岭旅游总公司等单位协办。已连续24届在延庆八达岭长城举办。

（张小利）

【围棋比赛】 1月1日，延庆区少儿围棋级位赛在区体育中心围棋教室举行，比赛分为2级组、5级组、10级组3个组别，60余名中小学生参加比赛。6名小选手晋升1级，8名小选手晋升2级，15名小选手晋升5级。2月16日至17日，区围棋运动协会承办的第三届“冬奥杯”围棋赛在延庆区体育中心围棋教室举行。秦春海获男子甲组个人冠军，刘若曦获女子甲组个人冠军，张腾宇获男子乙组个人冠军，李韬获女子乙组个人冠军。秦春海、孙占林和郑坤组成的队伍获得团体冠军。7月7日，2019年延庆区暑期少儿围棋分龄赛在体育中心围棋教室举行，70余位小棋手参与。比赛根据年龄分为4个组别。冯朗、刘若曦分别获少年组男、女冠军；秦靖、罗语涵分别获少儿乙组的男、女冠军；王霄澈、陈心桐分别获少儿甲组的男、女冠军；关德硕、关兆昕分别获幼儿组男、女冠军。8月24日至25日，区围棋运动协会承办的“庆世园、迎冬奥、筑梦新时代”2019年延庆区首届“世园杯”围棋比赛在体育中心围棋教室举办。秦春海获得男子甲组个人冠军，王欣怡获得女子甲组个人冠军，张腾宇夺得男子乙组个人冠军，李韬夺得女子乙组个人冠军。张亚光、董桂顺、吴攸组成的团队夺得团体冠军。

（张小利）

【区代表队参加市级以上竞赛获奖】 1月5日，选派延庆区滑雪协会10名滑雪爱好者组队参加北京市第一届冬季运动会群众组滑雪比赛，获得高山滑雪和单板滑雪比赛2项团体三等奖。1月29日，延庆选手赵岳参加在石京龙滑雪场举办的“京张携手、助力冬奥”第一届京张大众滑雪交流赛，获得男子高山滑雪（大回转）冠军。6月25日至27日，在延庆区旧县镇举办“福润杯”第十九届北京市农民象棋赛，延庆区代表队取得团体二等奖，获得“优秀组织奖”和“体育道德风尚奖”，延庆区体育局、北京福润自游自在酒店有限公司获得“突出贡献奖”。7月16日，延庆区选派妫川情缘健身舞蹈队参加在地坛体育馆举行的北京市第六届广场舞比赛，获得广场舞规定套路一等奖。10月20日，区体育局组织各街道乡镇的7支代表队参加由北京市体育局主办的2019年北京市民体质促进项目挑战赛，获得一等奖1个，二等奖3个，三等奖3个。全年选派432余人次的运动员参加了包括田径、举重、武术套路、跆拳道、足球、篮球、乒乓球、羽毛球、皮划艇、短道速滑、双板滑雪等在内的青少年锦标赛和11项冠军赛的比赛，40人次进入前三名，其中13人次拿到第一名，1人获一级运动员等级证书，13人获二级运动员等级证书。在北京市青少年足球锦标赛上，选派男子甲组、男子乙组、男子丙组、女子乙组、女子丙组5支足球队参赛，4支代表队进入前八名，男子甲组足球队获得第四名，在北京市青少年短道速滑锦标赛中取得两银两铜的奖牌突破。

（张小利）

【滑雪教练员培训】 1月10日至24日，区委组织部、区人保局、区体育局联合举办延庆区服务冬奥滑雪教练员培训班暨瑞士国家职业滑雪指导员培训班，72名学员参训，69名学员获得初级滑雪指导员证书，其中29名学员获得滑雪教练指导员一级教学证书，4名学员获得滑雪教练指导员二级滑行技能证书。

（张小利）

【国内外冰雪赛事落户延庆】 1月19日，2018—2019全国大众速度滑冰马拉松系列赛（北京·延庆站）在延庆区东湖户外滑冰场举办。1月21日，第十三届首都高校大学生滑雪比赛暨首届京津冀大学生滑雪比赛在万科石京龙滑雪场举办。3月4日，2019首创集团·国际雪联中国北京越野滑雪积分大奖赛在八达岭国际会展中心举办。6月15日，2019第九届北京国际自行车骑游大会在延庆举行。12月21日至22日，由北京市体育局主办，北京市体育竞赛管理中心、区体育局、北京泰瑞智杰体育产业有限公司共同承办，北京万科八达岭旅游开发有限公司协办的北京市青少年高山滑雪锦标赛在延庆万科石京龙滑雪场举行。

（张小利）

【第三届青少年速度滑冰赛】 1月30日，由延庆区体育局、延庆区教育委员会主办，延庆川影冰雪轮滑俱乐部、北京利月体育培训有限公司承办，北京市延庆区园林管理中心、延庆区水务局协办的第三届青少年速度滑冰赛在夏都滑冰场举行。10余所学校近100名青少年参赛。聂一凡获幼儿组冠军，芦森、于松旭、刘恒、何一鸣获得男子甲、乙、丙、丁组冠军，张俊雅、赵雨晴、谢悠然、李晴曦分别获得女子甲、乙、丙、丁组冠军。

（张小利）

【第四届延庆海陀冰雪徒步大会】 2月2日，由延庆区人民政府、北京冬奥会组委延庆运行中心、北京体育广播双奥之声支持，北京市徒步运动协会、北京市社会体育管理中心、延庆区体育局、八达岭旅游总公司主办的“走向2022燃激情冬奥”第四届延庆海陀冰雪徒步大会在延庆世界葡萄博览园举办，2022名徒步运动爱好者以徒步6千米的形式为3年后的冬奥会预热造势。

（张小利）

【象棋比赛】 2月23日，区象棋协会承办的延庆区第二十四届象棋冠军争王赛在区体育中心象棋室举办，40名棋手参赛。孙玉强以6胜1负的战绩获得延庆“棋王”头衔。3月8日，区象棋协会承办的庆“三八”象棋混双赛在区体育中心象棋室举办，4支混双队伍参加比赛。马玉昌、鲁军霞组合以3战全胜成绩获冠军。4月14日，区象棋协会承办的延庆第十四届象棋会员联谊赛在区体育中心象棋室举办，马永超获得个人冠军，孙玉强、王东华分别获得第二、三名；张宝常、鲁旭红、王和利、宋维明、唐健豪分获公平竞争奖、最佳风采奖、积极参与奖、体育道德风尚奖和敢斗奖。

（张小利）

【踢毽友谊赛】 3月16日，由区体育局和区体育总会主办、区毽球协会承办的2019年延庆区踢毽友谊赛在会展中心体育馆举办，比赛以“践行新思想，拥抱新时代”为主题，各机关单位及3个街道的10支代表队80余人参加比赛。区医院的胡秀梅获得个人一分钟计数赛第一名，区教委吴金慧、区财政局张玉梅分获第二、三名；建庆代表队、区教委代表队、秀安代表队分别获得大白毽集体表演赛前三名。

（张小利）

【第七届退休干部趣味运动会】 3月19日至21日，由延庆区人力社保局、延庆区体育局共同主办的“世园知识培训暨第七届退休干部趣味运动会”在区体育馆举办，全区53个行政事业单位，69所学校的2217名退休干部参加。运动会设世园知识问答、套圈、投篮、门球射门、沙包打地靶5项比赛。

（张小利）

【社会体育指导员培训】 3月28日，区体育局在永宁镇文体中心举办2019年延庆区体育节——组织管理类社会体育指导员培训班，课程内容为小型体育活动组织编排和室外健身器材分类及使用，全区15个乡镇89名体育骨干参加。4月3日，区体育局在区体育馆举办2019年延庆区广场舞社会体育指导员培训班，聘请国家级社会体育指导员王广成老师教授广场舞《点赞新时代》，全区3个街道200余名学员参加。4月10日，区体育局、香水园街道共同举办的2019年北京市延庆区社会体育指导员岗位再培训在香水园街道举行，邀请首都体育学院阎守扶教授介绍冬奥会所有比赛项目及后奥运时代为延庆带来巨大经济效益，运用体医融合的方式就如何进行科学健身进行详细讲解和指导，61名社会体育指导员参加。7月11日，2019年延庆区气排球社会体育指导员培训班在永宁学校举办，首都体育学院排球教研室主任、副教授安琪老师对发球、垫球、拦截、跑位等几个方面的动作进行讲解。理论课后，村民们进行实操练习，并以村为单位进行比赛，140余名村民参加。7月18日，2019年延庆区气排球社会体育指导员培训班在延庆区体育馆举办，首都体育学院排球教研室主任、副教授安琪作为主讲老师，对理论技术、发球、垫球、拦截、跑位等几个方面的动作进行讲解，并安排学员们进行实操练习，对技战术动作进一步分析讲解。全区70余名气排球爱好者参加。7月25日，区体育局在体育馆举办“庆世园 迎冬奥 筑梦新时代”2019年延庆区花毽社会体育指导员培训班，北京毽绳协会的白瑞珍、鲁振宇两位老师进行授课，介绍毽子文化和踢毽礼仪。4个乡镇的97名学员参加。9月5日，2019年延庆区花毽社会体育指导员培训在区体育馆举行。一级社会体育指导员冯薇、邱梅两位老师到场进行花毽项目传授，全区100余名花毽爱好者参加。9月7日至8日，2019年区太极拳社会体育指导员培训在区体育中心田径场举行，区武术协会4位太极拳老师现场教学，来自各晨练点和部分乡镇文化站的100余名太极拳爱好者参加。

（张小利）

【赛事组织管理人员培训班】 3月30日至31日，由区体育局主办的2019年北京市延庆区赛事组织管理人员及滑雪裁判员培训班在区体育局举办，区滑雪协会、海陀农民滑雪队的60余名滑雪爱好者参与培训。中央财经大学副教授、高山滑雪国家级裁判员马越老师围绕滑雪赛事组织运行与管理、高山滑雪竞赛规则和裁判法进行培训讲解。

（张小利）

【市冬运会延庆区代表团总结大会】 4月2日，区体育局召开北京市第一届冬季运动会延庆区代表团总结大会，区领导穆鹏、于波等出席会议。会议总结延庆区代表团参赛情况，穆鹏为平昌冬残奥会上勇夺轮椅冰壶项目冠军的延庆籍运动员陈建新颁发100万元奖金。

（张小利）

【乒乓球比赛】 4月9日，由区体育局、区人保局共同举办的“世园杯”延庆区第十八届退休干部乒乓球决赛在区体育馆举办，全区37个机关事业单位和44所学校共195名退休干部参加。区人保局的赵瑞合和第一中学的李昌仙两名选手分获男子、女子组第一名。5月11日至12日，由区体育局、区水务局联合举办的北京市第十三届“和谐杯”乒乓球比赛暨延庆区第十五届“节水杯”乒乓球公开赛在区体育馆举办，37 支队伍 300 余名选手参赛。开幕式上授予延庆自行车协会和老干部局乒乓球协会“社会节水志愿服务队”称号。激情兄弟队获得男子团体冠军；高涛、鲁宇航分别获男单、女单冠军；周尚兴、袁红岩分别获老年组男单、女单冠军；胡博锐、白佳钰获得小学男子、女子组第一名。11 月 13 日，由区体育局、区残联联合举办的延庆区第六届残疾人乒乓球比赛在区体育馆举行，18 个街道（乡镇）50 余名残疾运动员参加。旧县镇的王海波卫冕男子组冠军，香水园街道的宋小民获得女子组冠军。11 月 23 日至 24 日，举办 2019 年延庆区“乒协杯”乒乓球公开赛，各街道乡镇及俱乐部共31 支队伍200 余名选手参赛，金瑞辰峰一队获男团冠军；儒林苑二队获女团冠军；纪冉、贺佳、姬书玉、岳淑芳分获男单、女单、老年组男单、老年组女单冠军。

（张小利）

【空竹培训】 4 月 15 日，北京市社会体育管理中心和北京市社会体育指导员协会选派优秀空竹社会体育指导员 5 人深入延庆基层，为群众开展空竹技能培训，50 余名空竹爱好者参加。

（张小利）

【延庆区获国家体育产业示范基地称号】 4 月 16 日，国家体育总局批复认定延庆区为国家体育产业示范基地。8 月 22 日，在 2019 年国家体育产业基地工作会议上对延庆区进行授牌。

（张小利）

【冬季冰雪运动员选拔】 4 月 25 日至 29 日，区体育局分别在布局高山滑雪项目的延庆区第二小学和布局短道速滑项目的延庆区第四小学开展运动员选拔。经过对第二小学 1—3 年级的700 余名学生的专项测试，100 名学生进入高山滑雪第二阶段选拔。对第四小学 1—4 年级 1200 余名学生的专项测试，90 名学生进入短道速滑第二阶段选拔。5 月 6 日至 8 日，进行第二阶段选拔工作，短道速滑选拔中，区体育局邀请前中国短道速滑运动员隋宝库对运动员选材进行指导，隋教练采取身体素质测试和冰感测试的方式，从 90 余名学生中选拔出 23 名符合标准的学生。高山滑雪选拔中，区体育局滑雪教练刘吉、何颖惠来延参与运动员选拔，通过模拟测试、身体素质测试等多个环节的测试，最终从100 名学生中选拔出25 名符合标准的学生。

（张小利）

【第二届“妫川税务杯”气排球比赛】 4 月 27 日至 28 日，由区税务局、区体育局、区总工会共同主办的 2019 年延庆区第二届“妫川税务杯”气排球比赛在延庆体育馆举办。比赛以“庆世园 · 迎冬奥 · 筑梦新时代”为主题，全区 19 支代表队 200 余人参赛。建然一队、阳光羽排建然二队分别获得男子组、女子组冠军。

（张小利）

【冬奥知识大讲堂】 5 月 10 日，在香水园街道举办 2019 年延庆区冬奥知识大讲堂及陆地冰壶体验活动，由国家体育总局原冬季运动管理中心副主任，中国滑冰、冰球、滑雪协会副主席朱承翼老师授课，介绍冬奥会冰上项目、雪上项目及冬奥会历史，100 余名社区居民参加。6 月 21 日，在八达岭镇文体中心，聘请北京体育大学运动训练硕士研究生、冰球一级社会体育指导员丁平老师进行授课，介绍冬奥会的比赛项目和陆地冰壶的运动特点，220 余名村民参与。7 月 4 日，在永宁镇文体中心，邀请首都体育学院奥林匹克教育执行团队核心讲师王浩老师，介绍冬奥会和冬残奥会比赛项目、历史由来及冬奥会和冬残奥会冠军，140 余名村民参与。9 月 18 日，在百泉街道，邀请首都体育学院奥林匹克宣讲团团长陈晓桐老师介绍冬奥会冰上项目、雪上项目、冬奥会历史、冬奥会场馆、冬奥会明星等，讲座结束后，居民们在专业教练指导下进行陆地冰壶体验，100 余名社区居民参加。11 月 8 日，在北京第二外国语学院（延庆校区），邀请到首都体育学院奥林匹克宣讲团团长陈晓桐老师介绍冬奥会冰上项目、雪上项目，100 余名学生参加。

（张小利）

【创建国家森林城市健康跑】 5 月 11 日，在世界葡萄博览园举办 2022 延庆区创建国家森林城市健康跑活动，活动由区创森办、区体育局主办，延庆区长跑运动协会、北京延庆世界葡萄博览园承办，区园林绿化局、张山营镇政府协办，以“从世园跑向冬奥”为主题，设有 10 公里组、亲子组 2 个组别。全区的 100 组家庭 700 余人参加。林益涵、胡东旭分别获得 10 公里男子组、女子组第一名。

（张小利）

【创建国家森林城市广场舞展演】 5 月 11 日，在妫川广场举办北京 2022 年冬奥会倒计时 1000 天系列活动暨延庆区创建国家森林城市广场舞展演，由区创森办、区体育局主办，区园林绿化局协办，200 余名广场舞爱好者集体展示广场舞《点赞新时代》和《请到长城来滑雪》。5 月 23 日，在区体育馆举办“庆世园，迎冬奥，筑梦新时代”2019 年延庆区创建国家森林城市广场舞社区组大赛，29 支社区代表队 600 余名广场舞爱好者参与。石河营东社区、川北东社区、儒林苑社区、振兴北社区、振兴南社区获得一等奖。6 月 19 日，在永宁镇文体中心举办乡镇组比赛，13 个乡镇 260 余人参赛。延庆镇获得一等奖，旧县镇、八达岭镇、沈家营镇获得二等奖，张山营镇、香营乡、康庄镇、永宁镇获得三等奖。

（张小利）

【退休干部科学健身大讲堂】 5 月 15 日，由区体育局、区人力社保局共同主办的 2019 年延庆区退休干部科学健身大讲堂活动在江水泉公园举办，健康专家赵之心老师围绕夏季养生及老年人常见疾病的病理、预防和保健等进行健康指导，近 200 名退休干部参加。

（张小利）

【“中旺世达杯”篮球联赛】 5 月 16 日至 27 日，由区体育局、区总工会共同举办的庆世园·迎冬奥·筑梦新时代 2019 年延庆区“中旺世达杯”篮球联赛在区体育局篮球场开赛，16 支代表队参赛。区委教工委代表队获得冠军，区水务局、区应急管理局、野鸭湖管理处代表队分获第二、三、四名，延庆法院、区税务局、区人力社保局代表队获得体育道德风尚奖。陈星蝉联三分球大赛冠军。

（张小利）

【端午节龙舟赛】 6 月 6 日至 9 日，第十一届北京端午文化节暨京台妫水龙舟交流赛、首都高等学校第九届北京大学生妫水龙舟锦标赛分别在夏都公园擂鼓开战。29 支代表队 520 余名队员参加。区委教工委代表队夺得京台妫水龙舟交流赛冠军，京台龙舟联队获得最佳团队协作奖。清华大学男队、女队分别获得北京大学生妫水龙舟锦标赛男子组、女子组冠军。

（张小利）

【首届京张大众钓鱼联谊赛】 6 月 22 日，由北京市钓鱼协会支持，区体育局、区文化和旅游局、旧县镇人民政府主办，延庆区钓鱼运动协会、张家口市钓鱼协会承办的 2019 年首届京张大众钓鱼联谊赛暨旧县镇创建全国运动休闲小镇钓鱼联谊赛在旧县镇盆窑村清泉垂钓园举办，延庆及张家口地区的 80 余名钓鱼爱好者参与。延庆区钓鱼协会李银河获得第一名，耿豪杰、姚云良分别获得第二、三名。

（张小利）

【“庆世园迎冬奥”全民健身跑】 6 月 23 日，由区委宣传部指导、区体育局主办、区长跑协会承办、八达岭特区办事处协办的“从美丽世园到冰雪冬奥”2019 庆世园迎冬奥全民健身跑活动在八达岭古长城脚下举办，100 余名健身爱好者以 7 公里健身跑和 3 公里徒步的方式庆祝国际奥林匹克日。

（张小利）

【第十届工间操比赛】 6月28日，由区总工会、区体育局联合主办的延庆职工第十届工间操比赛在区体育馆举办，15支代表队300余名职工表演第九套广播体操和创编工间操“新面孔”。延庆第三幼儿园代表队获第九套广播体操冠军，第五幼儿园代表队获创编工间操冠军。

（张小利）

【亲子滑冰培训】 7月15日至8月4日，区体育局、区妇女联合会共同举办延庆区首期“小手拉大手”亲子滑冰培训，香水园街道、百泉街道共60组家庭代表参加。8月5日至25日，举办第二期培训，儒林街道、延庆镇共65组家庭代表参训。

（张小利）

【对口帮扶】 7月18日，区体育局赴内蒙古兴和县就对口帮扶工作与兴和县城关镇交流座谈。兴和县副县长就兴和县贫困人口现状、存在的困难、脱贫攻坚工作开展情况以及2019年脱贫攻坚工作面临的形势和任务等情况进行介绍，区体育局与城关镇签订帮扶协议，捐赠结对帮扶资金10万元用于励志超市及庭院经济帮扶项目建设。

（张小利）

【第六届延庆徒步大会】 7月27日，由北京市社会体育管理中心、区体育局、北京市徒步运动协会、共青团延庆区委员会、北京玉渡山旅游发展有限公司等单位共同举办的“走向2022——美丽延庆 冰雪夏都”2019（第六届）延庆徒步大会在玉渡山启动，1000余名徒步爱好者环玉渡山忘忧湖徒步5公里。启动仪式上，全国首个徒步专业社会体育指导员俱乐部——北京市徒步运动协会“社会体育指导员徒步俱乐部”正式成立。

（张小利）

【全民健身展示】 8月8日，由区体育局、区创城办、香水园街道、区体育总会、区园林绿化局共同举办的2019年全国全民健身日活动在妫川广场举办。活动以“喜迎中华人民共和国成立70华诞，庆祝第十一个全民健身日”为主题，妫川健身队300余名全民健身爱好者展示《祝福祖国》《世园一家人》《礼让斑马线》等8个健身操舞。在延庆区体育中心举办“助力冬奥荧光跑”活动，300余名市民参加。

（张小利）

【“足协杯”足球邀请赛】 8月10日至25日，由北京市足球运动协会、区体育局、区体育总会指导，区足球运动协会主办的“花乡花木集团”2019延庆区足协杯足球邀请赛开幕。开幕式上，正式成立延庆区足球运动协会。邀请赛有6支球队参加，健龙祥合足球队获冠军，鼎盛惠普足球队获得亚军，老男孩足球队获得季军。

（张小利）

【儿童轮滑赛】 8月18日，由区体育总会支持，区滑冰协会主办，川影冰雪轮滑俱乐部、北京向宽行体育有限公司协办的“庆世园、迎冬奥”2019年延庆区儿童轮滑赛在会展中心举办。100余名小选手参赛，涵盖延庆区十余所学校，最小参赛选手2岁半。比赛设有竞速轮滑、花样轮滑、滑步车3项内容，分为幼儿男、女组，儿童甲、乙、丙组。组委会为各组前六名的小选手颁发奖牌、证书及奖品。

（张小利）

【体质测试培训班】 9月11日，区体育局在大榆树镇文体中心举办国民体质测试培训班，街道、乡镇的42名组织员参加。由北京市体育科学研究所讲师籍晓蕾授课，讲解人体体质的概念、特征、范畴等六方面内容及测试器材的实践操作，为100名村民进行测试，并出具测试报告。

（张小利）

【区体育局与金鸡集团对接】 9月12日，区体育局与金鸡集团召开座谈会。金鸡集团表示将以高山滑雪为基础与延庆进行合作，通过开展品牌体验中心与雪具租赁服务，开拓延庆滑雪市场。

（张小利）

【首届短道速度滑冰比赛】 9月22日，2019年延庆区短道速度滑冰邀请赛在会展中心梦起源滑冰馆举行。比赛设追逐赛、500米速滑赛2个项目，分8个组别，昌平、门头沟、平谷及延庆4区的7支代表队128名选手参赛，区体育局选派的运动员包揽500米速滑赛男子丁组的冠、亚军及女子丁组比赛的冠军。

（张小利）

【“创森杯”全民健身技能展示活动】 9月24日至25日，“庆世园、迎冬奥，喜迎国庆70周年”2019年延庆区“创森杯”全民健身技能展示活动在区体育中心篮球场举行，38支代表队分别展演健身操舞、空竹、花棍、太极拳、健身气功、健身腰鼓等项目，街道、社教中心以及大榆树镇小张家口村民近900名健身爱好者参加。

（张小利）

【第六届武术大会】 10月13日，由区体育局、区体育总会主办，区武术协会承办的“庆世园、迎冬奥”2019年延庆区第六届武术大会在延庆区体育馆举办。街道、乡镇以及武术馆的18支代表队280余名武术爱好者参加。高塔社区、通背拳研究会获得二十四式太极拳项目一等奖，高塔社区、东外社区获得太极扇项目一等奖，泰安社区、振兴拳馆获得健身气功八段锦项目一等奖。

（张小利）

【骨关节活力操展示】 10月18日，由创建慢性病综合防控示范区办公室、区卫健委、区疾控中心主办，区体育局、区总工会和区文旅局协办的骨关节活力操展示活动于区文化中心剧场举办。全区街道乡镇、机关、企事业单位的10支代表队200余名职工参加。北京大学第三医院延庆医院获骨关节活力操展示活动一等奖。

（张小利）

【“迎冬奥”羽毛球公开赛】 11月2日至3日，由区体育局、区体育总会主办的“2019年延庆区迎冬奥羽毛球公开赛”于大城堡羽毛球馆举办，28支队伍共170余名羽毛球爱好者参加。星云靓月队获得冠军，冰雪奇缘队、北菜园－有机健康合作社队分获第二、三名。

（张小利）

【足协杯五人制足球赛选拔赛】 11月2日至9日，举办“2019延庆区足协杯（五人制）暨北京市足协杯五人制足球赛选拔赛”，12支球队143人参加。御乾一队足球队、西北狼足球队、索克能量足球队、老男孩2019足球队分别获得前四名。获得第一名的御乾一队足球队将代表延庆足协参加“北京市足协杯五人制”比赛。

（张小利）

【延庆区政府与中冶集团、中国奥林匹克委员会备战办公室签订协议】 11月29日，延庆区政府、中冶集团与中国奥林匹克委员会三方就冬奥会场馆建设、特色小镇建设、体育产业综合发展、基础设施综合开发等主要项目签订《延庆区基础设施建设战略合作框架协议》。

（张小利）

【冬奥滑雪战队队员选拔测试】 12月8日，延庆区冬奥滑雪战队队员选拔测试在石京龙滑雪场进行。选拔分为“S”形滑降、犁式滑降与倒滑、抱物登坡3个测试项目，80余人报名参加。通过北京市雪上运动协会专家评分，52人完成测试项目。

（张小利）

【体育行业应急演练】 12月20日，开展体育行业安全生产工作培训会暨应急演练活动。区治安支队、区交通支队、区消防支队相关专家针对安保、交通安全、消防安全进行详细讲解，15个单项体育协会负责人、20个体育项目经营单位负责人及体育局全体干部职工参加。

（张小利）

（栏目编辑：池尚明）

社会民生

人力资源和社会保障

【概况】 延庆区人力资源和社会保障局有行政、事业科室23个，其中行政科室9个，事业科室14个（含副处级事业单位2个，其中社会保险事业管理中心内设14个科室，人力资源公共服务中心内设6个科室）。具有促进就业、统筹建立覆盖城乡的社会保障体系、指导事业单位人事制度改革等职能11项，行政权责事项136项。主要工作职能具体概括为6个板块，即：就业工作、社会保障工作、人才工作、人事工作、收入分配（工资）工作和劳动关系工作。年内，以习近平新时代中国特色社会主义思想为指引，全面贯彻落实党的十九大精神，坚持稳中求进工作总基调，坚持民生为本、人才优先，惠民生与促发展相结合，全面提升人力资源和社会保障工作质量和效能。全区城镇居民实现人均可支配收入48701元，同比增长8.40%。

单位名称：延庆区人力资源和社会保障局

地　　址：延庆区高塔街53号

电　　话：69181846

（林萍）

人事管理

【人事代理和档案管理】 年内，各类存档共26715份，其中正式存档21951份，未毕业大中专毕业生档案4764份。新增存档5623份。集体存档5072份，个人存档数字化扫描人事档案5115份，接转失业人员档案3899份。世园会冬奥会征占地转居劳动力建档接档61份。核定失业保险金待遇1989人次，代缴社会保险1706人次，办理医疗费用报销32人次，为553名存档人员办理退休手续。

（林萍）

【人事考试】 年内，组织18场1.42万人次人事考试。其中组织935人次参加事业单位公开招聘工作人员笔试，组织239人次参加全国计算机应用能力考试；组织2443人次参加一级建造师执业资格考试，组织2006人次参加二级建造师执业资格考试；组织623人次参加全国一级注册消防工程师考试。组织5775人次参加北京市各级机关考试录用公务员公共科目笔试，组织932人次参加中央机关及其直属机构2019年考试录用公务员公共科目笔试，组织358人次参加经济师资格考试，组织49人次参加翻译专业资格考试，组织157人次参加初级专业技术资格考试，组织260人次参加编外合同制工人招聘笔试，组织413人次参加各社会公益性就业组织公开招聘笔试和计算机考试。

（林萍）

【事业单位公开招聘和管理】 年内，招聘事业单位工作人员257人。截至年底，完成34个部门262家事业单位岗位设置，共设置三类岗位10499个，聘用9158人。其中，管理岗位1420个，现聘1117人；专业技术岗位8370个，现聘7512人；工勤技能岗位709个，现聘529人。专业技术岗位中，高级岗位1173人，中级岗位3078人，初级岗位3261人，高级、中级、初级岗位人员结构比例为1.6∶4.1∶4.3。

（林萍）

【支农毕业生管理】 年内，招聘乡村振兴协理员25人。合同期满大学生村官50人全部就业，就业率100%，其中公务员23人，事业单位16人，企业及其他11人；留延庆就业16人。深入推进“把脚印留在妫川大地上”主题实践活动，开展“魅力乡村青春行”主题培训，积极引导支农毕业生聚焦农村发展、助力冬奥世园干事创业。

（林萍）

【退休审批】 年内，审批企业退休人数1666人，其中正常退休1173人、特殊工种提前退休149人、病退14人、退职4人、职工保险转居民保险326人。行政审批补缴养老保险111人，个人账户补填5人，延期退休备案36人。审批机关事业退休人数227人，其中公务员83人，事业管理人员21人，专业技术人员85人，编内合同制工人38人。

（林萍）

【编制外合同制工人管理】 年内，全区承接行政事业单位编制外合同制工人共涉及14家单位，在岗职工3600人，新签劳动合同115人，续签劳动合同163人，解除劳动合同743人。

（林萍）

【退休人员管理】 年内，为52名离休人员调整离休补贴标准，为6名离休人员提高护理费标准。完成223名机关事业单位退休人员的退休项目补差工作。截至年底，全区实行社会化管理退休人员1.08万人，建立数字化档案，实现联网共享。走访慰问高龄重病、鳏寡孤独退休人员。管理和服务科级及以下退休干部5014人，组织开展“世园知识讲座”“第十八届退休干部乒乓球比赛”“庆祝中华人民共和国成立七十周年书画展”“庆祝中华人民共和国成立70周年暨重阳节慰问演出”等17项活动，参加各项活动的退休干部共3600余人次。

（林萍）

【人才引进和服务】 年内，制定出台区促进科技创新推动高精尖产业发展人才引进管理办法，引进非北京生源毕业生105人，办理北京市工作居住证183人。稳步推进积分落户工作，8人获得落户资格。落实职称结构比例调整，将原高级、中级、初级职称结构比例由0.8∶5∶4.2调整为1.3∶4∶4.7。指导区卫健委完成《世园冬奥公共卫生保障策略》高级研修班申报，获得市级资助10万元。

（林萍）

创业就业

【统筹城乡劳动力就业】 年内，促进城乡劳动者就业8637人，其中城镇登记失业人员就业4115人，农村劳动力转移就业4522人。实现城镇新增就业8539人。帮扶城乡就业困难人员就业6655人，其中城镇就业困难人员就业2133人。城镇登记失业率4%，城镇登记失业人员就业率62.62%。对困难失业人员、困难企业职工和安置农民工较多的企业进行两节期间走访慰问；社会公益性就业岗位累计安置城乡就业困难人员3192人。

（林萍）

【就业补贴补助】 年内，宣传落实市、区两级用人单位岗位补贴和社会保险补贴政策，灵活就业（自谋职业）社会保险补贴政策，公益性就业补助政策和城市公共服务类岗位补助政策。全年落实促进就业资金6.73亿元，其中市失业保险基金4.74亿元，区财政1.99亿元，促进3.26万人次稳定就业。

（林萍）

【城市公共服务类岗位对接】　年内，推进城市公共服务类岗位安置农村地区劳动力就业促进农民增收工作，为实现农村劳动力“成建制、走得出、干得好、留得住”，加大公交乘务管理、轨道交通安检、环卫作业等岗位开发，与12家企业签订合作协议，召开招聘会16场，深入对接海淀区，落实补贴办法，保障每人每月2500元补贴资金，输送本区农村劳动力585人，其中对接海淀区输送256人。

（林萍）

【创业就业】　年内，广泛宣传就业创业扶持政策，发挥32名创业导师作用，为406个村（社区）配备437名村级就业创业指导员。举办延庆区创意创新创业大赛，推荐优秀创业项目参加市级参赛，“低空无人机防御系统”项目获创新组三等奖，获得项目扶持金10万元。鼓励城乡劳动力实现创业93人，带动就业204人。

（林萍）

【高校毕业生就业】　年内，有902名高校毕业生档案回到延庆区，通过就业调查，开展未就业高校毕业生实名制登记就业服务和就业指导，有序推进青年就业见习计划，实行困难家庭毕业生一对一帮扶，就业率达95.8%。

（林萍）

【公共职业介绍和职业指导】　年内，采集空岗信息7294个，办理求职登记432人，推荐就业9人次，开展职业指导4839人次。组织招聘会252场，提供岗位8.34万个次，参会求职4.6万人次，达成就业意向4810人次，其中围绕服务保障赛会招聘8场，提供岗位571个次，达成就业意向392人。

（林萍）

【基层公共就业服务平台建设】　年内，开展村级就业创业指导员政策培训和业务练兵活动，调研了解各乡镇街道社会保障服务情况，实地督导优化营商环境、精细化服务、基础设施建设和窗口服务等工作。

（林萍）

【扶贫协作与帮扶合作】　年内，深化与内蒙古、河北等对口帮扶地区合作，建立跨地区就业协作机制，从促进就业政策、人力资源供求信息资源共享、联合招聘、劳务输出、职业技能培训、劳动维权、工作经验交流等方面开展协作。联合开展招聘会5场，延庆区84家（次）用人单位提供岗位3336个次，达成就业意向333人；免费培训1096人，其中建档立卡贫困劳动力862人，447人经过培训实现签约就业。

（林萍）

技能培训

【“十万人次大培训”行动计划】　年内，深入推进“十万人次大培训”行动计划，与瑞士白朗峰滑雪场、北京住总集团、北京万科石京龙滑雪场等国内外95家培训机构和中石油、中视传媒等200余家企业合作，制定无人机驾驶员、物联网安装调试员等68个新职业（工种）的培训标准和补贴标准，构建“政府发单、群众点单、机构接单、企业收单”全培训链模式，设立VIP学员超市，围绕促进就业创业、赛会服务保障、产业发展等培训569个班次26777人次，实现培训后就业2776人。

（林萍）

【职业技能培训】　年内，对农村劳动力、城镇失业人员、企业职工等开展面点制作、电子商务、餐饮服务等职业技能培训24939人次。其中企业在职职工6515人次，城镇失业人员4238人次，农村劳动力转移就业培训14186人次。申请市级技能提升行动专项资金岗位安置培训补贴15万元。

（林萍）

【职业技能鉴定】　年内，组织参加职业技能鉴定228人，取得职业资格证书188人，全部为中级。鉴定涉及保育员、中式烹调师、中式面点师3个职业工种。继续推广“寻找技能达人活动”成果，联合开展“助力世园冬奥，促进绿色发展”职业技能竞赛和“助力冬奥，有我更精彩”2019—2020大众滑雪、农民滑雪比赛活动。

（林萍）

【公务员培训】 年内，组织257人参加面试考官培训；135人参加人事考试监考员培训；46人参加技工培训。

（林萍）

劳动保障

【工伤认定】 年内，强化对交通事故、意外伤害事故、因工死亡事故以及建筑施工事故等重点案件的核实，办理工伤认定487例，认定工伤431例，不予认定工伤4例，终止工伤认定9例，工伤认定时限内办结率达100%。工伤职工康复治疗19人次。以建筑业为重点，推动工伤保险扩面，组织开展工伤保险主题宣传活动，发放各类宣传材料1万余份，推动71个在建工程项目实现参保。

（林萍）

【劳动能力鉴定】 年内，落实鉴定工作标准化建设，通过硬件设施建设、窗口服务建设、开辟绿色通道组织专场鉴定。组织劳动能力鉴定347人，其中工伤评残323人（已达到伤残等级239人，未达到伤残级别78人，配置辅助器具确认2人，停工留薪期确认4人），同比增加11%；因病鉴定人数24人（达到完全丧失劳动能力20人），同比增加60%。组织专场鉴定68人，上门鉴定1人。

（林萍）

【劳动合同监控】 年内，对重点行业、重点企业实施劳动合同监控，共办理劳动合同季报172家，涉及劳动者1.6万人次，合同签订率95.68%。推进各项劳动关系审批备案工作，截至年底，集体合同备案单位376家，涉及职工2.73万人；综合计时工作制单位161家，涉及1.39万人；不定时工作制单位24家，涉及379人；劳务派遣新增22家。

（林萍）

【劳动监察】 年内，建立农民工工资诉求联合接访处置机制，以冬奥世园、政府保障房项目等政府投资类建筑工地为重点，加强对工程建设领域劳动用工和工资支付情况的监控，开展根治欠薪专项大检查，搭建微端维权平台，确保农民工讨薪案件“双清零”。全年处理农民工结算纠纷298件，为1890人追发补发工资1704.20万元，结案率100%，责令整改27家，行政处罚企业1家。

（林萍）

【劳动人事争议调解仲裁】 年内，优化办案流程，实行要素式办案机制和审裁衔接机制，成立劳动争议速裁小组，规范实施“一裁终局”，指导全区49个基层调解组织开展争议预防和调解工作。全年受理各类争议案件686件，同比增长11.91%，其中集体争议50件，涉及职工266人，同比减少21.53%。结案率100%，调解率65.16%，终局裁决率44.19%，为劳动者挽回经济损失1361万元。

（林萍）

【世园会占地安置】 年内，配合做好世园会占地安置，完成21名超转人员和37名农转非劳动力信息采集入库、变更工作。完成百眼泉村、大路村等6个村64人养老、失业、医疗保险补缴工作，累计补缴金额约1335万元。

（林萍）

工资福利

【考核奖励】 2019年，全区有89家事业单位（含纳入规范管理事业单位及机关工勤）10853人参加年度考核，其中规范事业单位1648人，一般事业单位8988人，机关工勤217人。参加考核人员中，优秀等次2178人，合格等次8597人，基本合格等次4人，不合格等次7人，未定等次67人。未参加考核34人。获得嘉奖奖励2169人（含纯嘉奖194人），获得记功奖励204人。

（林萍）

【工资及奖金发放】 年内，完成全区240家单位1.26万余名在职、离休人员工资按月统发工作。核定事业单位2019年度工资总额10.98亿元。完成1.01万人次工资正常晋升工作，其中晋升级别工资720人，晋升级别工资档次621人，事业晋升薪级工资8768人。正常调整工作性津贴479人。完成工资日常变动审核1357人次。审批享受农林一线科技干部浮动工资96人，浮动工资转固定40人。完成各项津贴补贴审批及按季度核准工作。落实机动车排放执法人员外勤补助发放工作，首次补发34人。完成2018年度奖金核定审批工作，涉及平安建设考核奖、政府绩效管理考核奖、国家机关年终一次性奖金、工作性津贴剩余部分、综合目标考核奖、年终业绩考核奖六项。完成教育系统2018—2019学年度学年奖审批工作。规范政府绩效考核奖、平安建设考核奖两项奖金，审核发放机关绩效津贴5587人、事业单位岗位绩效8832人。完成住房公积金缴存基数核定、工龄接续审批工作。为区教委等18家单位拨付统筹使用福利费50万元。为95名去世人员审批丧葬费、一次性抚恤金。为28名去世人员遗属办理生活困难补助手续。为542名享受生育津贴职工办理产假工资核算工作。

（林萍）

【企业最低工资标准2200元】 年内，会同区国资办做好国有企业工资内外收入调查工作，完成人力资源和社会保障部（简称“人社部”）和北京市人力资源和社会保障局两次薪酬调查。9月1日起，企业最低工资标准从2120元提高到2200元，增长3.77%。

（林萍）

社会保险

【社会保险基金】 年内，“五险”累计收缴25.90亿元，同比增加2.14亿元，增幅9.00%；“五险”累计发放24.63亿元，同比增加2.81亿元，增幅13.18%。社保稽核受理投诉案件57件，涉及职工57人，38家单位补缴基数差额共计123.52万元；发放催缴通知书93件，企业补缴金额43.03万元。

（林萍）

【社会保险待遇调整】 年内，调整企业退休人员基本养老金，增幅5.98%左右；城乡居民基本养老保险基础养老金增幅14.08%，城乡居民老年保障福利养老金增幅17.43%，失业保险金增幅12.39%；调整工伤保险待遇，包括伤残津贴、供养亲属抚恤金和生活护理费，分别增幅7.44%、10.42%和9.39%。

（林萍）

【工伤保险医疗费用审核】 年内，工伤保险医疗费用共审核结算5038人次，同比增幅7.65%，其中工伤保险门诊费用结算4857人次，同比增长6.89%；工伤保险住院费用结算181人次，同比增长33.09%。工伤保险基金支付金额1219.99万元，同比增长81.48%，其中门诊基金支付313.41万元，同比增长40.06%；住院基金支付金额906.58万元，同比增长102.15%。

（林萍）

【社会保险参保率增长】 截至年底，基本养老保险参保6234户，同比增长24.06%；参保10.19万人，同比增长3.61%。失业保险参保6107户，同比增长24.28%；参保8.37万人，同比增长5.07%。工伤保险参保6351户，同比增长24.04%；参保9.12万人，同比增长1.98%。生育保险参保6006户，同比增长24.68%；参保8.32万人，同比增长5.41%。基本医疗保险参保5970户，同比增长25.00%；参保12.65万人，同比增长3.21%。

（林萍）

【城乡居民养老保险】 截至年底，参加城乡居民养老保险人数5.22万人，收缴金额5673.39万元。领取养老金人数3.24万人，领取保险金额 32247.89 万元。上调基础养老金标准，上调后 64 岁及以下为每人每月 800 元，65 岁及以上为每人每月 820 元。

（林萍）

【福利养老金管理】 截至年底，城乡无社会保障老年人享受福利养老金人数 2.17 万人，同比减少 4.77%。累计发放福利养老金 20087.70 万元，同比增长 9.79%。上调基础养老金标准，上调后 64 岁及以下为每人每月 715 元，65 岁及以上为每人每月 735 元。

（林萍）

医疗保障

【概况】 北京市延庆区医疗保障局（简称区医保局）于 2019 年 3 月 20 日挂牌成立，为区政府工作部门，行政编制 5 名，内设综合科。主要职能包括：贯彻执行国家有关医疗保险、生育保险、医疗救助等医疗保障制度的法律法规和政策规定，落实市医疗保障制度地方性法规、政府规章、政策、规划和标准，执行市医疗保障筹资和待遇政策；负责全区医疗保障基金支付预算、管理及拨付工作；负责区定点医药机构协议管理，监督管理纳入医保范围的医疗服务行为和医疗费用，依法查处医疗保障领域违法违规行为；落实北京市异地就医管理、费用结算政策；执行医疗保障关系转移接续制度；完成区委、区政府交办的其他任务。2019 年 11 月 6 日，区医保局所属事业单位延庆区医疗保险事务管理中心经区委编委会批准成立，核定事业编制 23 名。设基金监督科，登记登缴科、实时结算审核科、手工报销科、定点医药机构管理科 5 个科室。主要职责包括：承担本区城镇职工和城镇居民基本医疗保险、生育保险、新型农村合作医疗、离休干部医疗费用统筹的审核工作，协助做好定点医疗机构和零售药店协议管理等工作。不再保留北京市延庆区农村合作医疗管理中心。

年内，完成 2019 年度全区各定点医药机构年度考核及协议续签工作，与辖区 74 家定点医疗机构签订补充服务协议。完成 2018 年新增 4 家定点零售药店协议签订工作。按照《延庆定点医疗机构医保服务医师管理办法（试行）》，对 39 家医院的 306 名医师进行扣分处理，累计扣除 543 分。制定提质增效、总额预算工作方案，测算并下达 67 家预算管理定点医疗机构指标，按月监控费用增长情况，对预警医院开展现场核查，帮助医院查找问题，提高医保管理质量。2019 年全区 74 家定点医疗机构总额基金申报 4.10 亿元，同比增长 8.9%，全年指标合计 3.96 亿元，全年指标使用率 103.2%，各项指标平稳可控。稳步推进 DRGs 付费改革工作。加强辖区内医保住院病案管理，提高医保住院信息上传质量，做好进一步推广按病种付费的基础性工作，成立医保病案首页检查专家组，协助市医保中心做好区内二级定点医疗机构病案检查，组织对辖区内一级定点医疗机构病案检查。

单位名称：延庆区医疗保障局
地　　址：延庆镇高塔街 40 号
电　　话：69145896

（路畅）

【城乡居民医保参保】 年内，城乡医保参保缴费 13.29 万人，同比基本持平，其中享受政府资助免缴待遇 2.63 万人。基金收入 2.36 亿元，支付 2.76 亿元。

（路畅）

【医疗费用审核】 年内，医疗费用审核结算 308.29 万人次，同比增长 25.63%。其中，城镇职工基本医疗保险审核结算 162.65 万人次，占总人次数的 52.76%。城乡居民基本医疗保险、生育保险、离休人员、超转人员、异地人员医疗费用审核结算人次数分别为 142.70 万人次、3326 人次、6259 人次、19465 人次、328 人次，分别占总审核人次数的 46.29%、

0.11%、0.20%、0.63%、0.01%。基金支付10.07亿元，其中，城镇职工基本医疗保险基金支付6亿元，占总金额的59.58%。城乡居民基本医疗保险、生育保险、离休人员、超转人员、异地人员医疗保险基金支付分别为3.77亿、1048.57万元、533.26万元、964.64万元、430.86万元。

（路畅）

【城乡居民医保补助】 年内，支付城乡居民大病保险1069人次共计989.54万元。支付城乡居民医保区级补助187人次共计59.52万元。

（路畅）

【医疗救助】 年内，城镇特困职工一次性医疗救助22人共计36万元。2019年7月，社会医疗救助业务由区民政局移交区医保局，7月至12月，全区累计救助4197人次共计685.12万元。其中，社会救助对象住院门诊费用3668人次共计418.93万元；重大疾病费用340人次共计171.72万元；住院押金减免和出院即时结算费用166人次共计58.25万元；生育救助1人次共计2239.23元。

（路畅）

【定点医疗机构管理】 年内，检查定点医疗机构147家次，拒付违规费用27笔1.94万元。检查定点零售药店14家次，未发现违规问题。

（路畅）

【打击骗保】 年内，开展打击欺诈骗取医疗保障基金专项治理。4月确定为打击欺诈骗保集中宣传月，集中宣传解读医保基金监管法律法规与政策规定，强化定点医药机构和参保人员法制意识，维护医保基金安全。5月28日至8月9日，开展区内定点医药机构打击欺诈骗保专项治理现场检查。通过三轮检查，8家定点医疗机构存在违规问题，拒付/追回违规费用共计8.86万元。对1605名超封顶线人员进行核查，涉及金额5690.76万元。共对61名参保人下发医疗保险告知书，其中，警示52人，约谈9人，追回6名违规人员费用共计2.65万元。

（路畅）

民　　政

【概况】 延庆区民政局（简称“区民政局”）与延庆区委社会工作委员会（简称“区委社会工委”）合署办公。区委社会工委、区民政局贯彻落实党中央、市委关于社会建设、民政工作的方针政策、决策部署和市委、区委有关工作要求，在履行职责过程中坚持和加强党对社会建设、民政工作的集中统一领导。区委社会工委、区民政局是负责本区流浪乞讨人员救助工作的主要责任部门，承担有关工作任务。合署办公后共有15个科室，其中行政科室5个，包括综合科（安全生产科）、社会救助科、养老服务科、社区党建科和社会组织工作科（行政审批科）、基层政权和社会建设科；事业科室10个，包括困难群众救助服务指导中心（居民经济状况核对中心）、接受救灾捐赠事务管理中心、社会工作人才服务中心、婚姻登记处、殡葬管理所、社会建设工作中心、社会福利生产管理办公室、社区服务中心、救助管理站、殡仪馆。年内，区养老服务中心实现运营。出台《延庆区“老年幸福餐桌”升级农村幸福晚年驿站管理办法》。在18个社区老年配餐站推广制定营养食谱。为4000余名城乡特困老年人、低收入老年人、高龄老年人和独居老年人提供生活照料、助洁、助浴、助医、精神文化娱乐服务。举办2019年居家失能老年人家庭照护培训6期，培训247人次。为1669人次社会救助对象发放医疗救助资金170.99万元。为137户因病致贫家庭发放医疗救助资金136.03万元。为71名急难群众发放救助资金20.24万元，解决城乡群众突发性、紧迫性、临时性基本生活困难。为44名低保、低收入家庭大一新生发放高等教育新生入学救助资金19.59万元；为20名区农委认定的标准线下低收入农户大学生发放救助资金8.94万元。

接收延庆镇民主村、南辛堡村、百眼泉村、中屯村4个村和张山营镇西大庄科村、康庄镇大路村征地超转人员192人。为全区958名超转人员发放生活补助费共计3173.45万元。救助大病家庭169户，发放救助款320.20万元；救助突发事件家庭1户，发放救助款2万元。出版志愿服务教材《轨迹——延庆慈善“1+1”关爱空巢助老新时代文明实践纪实》一书；在2019年度“首都慈善奖”评选中获“慈善组织奖”。

单位名称：延庆区民政局

地　　址：延庆镇东外大街59号

电　　话：69171520

（张琦）

养老服务

【“老年幸福餐桌”建设】　年内，建设40家“老年幸福餐桌”，其中35家实现运营。截至年底，全区共推进建设93家“老年幸福餐桌”，可为1.70万名农村老年人提供用餐、助餐服务。

（张琦）

【“老年幸福餐桌”管理】　年内，依托区养老服务指导中心信息平台，开发餐桌管理系统，实现对就餐环境、就餐过程、就餐次数的实时记录；统一备案，实行“五公示”（健康证、食品安全管理制度、食品安全承诺书、监督电话、收费价格及优惠）制度，出台考核与奖励办法，加大运营补贴力度。老人中餐、晚餐补贴标准由原来的每人每餐3元，提高至每人每餐5元，取消10万元补贴上限，按实际服务流量核定运营补贴，增加餐桌运营交通工具一次性补贴，最高达1万元。

（张琦）

【养老驿站建设】　年内，实现八达岭镇小浮陀村，康庄镇马坊村、火烧营村，香水园街道高塔社区和儒林街道康安社区5家养老驿站开工建设。其中高塔社区养老服务驿站实现运营。截至年底，推进社区养老服务驿站9家。

（张琦）

【慈善“1+1”关爱空巢助老项目】　年内，15个乡镇195个村开展慈善“1+1”关爱空巢助老服务项目，1182名志愿者为1560名困境老年人提供生活照料和精神慰藉等上门服务5万余次。

（张琦）

【养老机构安全管理】　年内，联合区应急管理局、区消防支队、区市场监管局、区卫健委，开展执法检查128次；依法对17家正常营业的存量养老机构集中开展备案工作，已备案12家，备案率71%；开展养老机构达标建设工作，根据55项基础性指标、28项重大风险隐患清单和国家标准《养老机构服务质量基本规范》对照检查，合格率100%。

（张琦）

【养老机构标准化建设】　年内，为18家养老机构制作安装名称、功能、标识“三统一”的外部标识牌；对10家养老机构开展养老机构服务质量星级评定，其中2家被评为一星级，8家被评为二星级。

（张琦）

【惠老政策落实】　年内，为10021名老人的养老助残卡充值999.10万元；为999名90～99周岁老年人发放高龄津贴82.11万元；为11名百岁老人发放高龄津贴1.56万元；为30名95周岁及以上老年人报销医疗补助7.68万余元；10月1日起施行《北京市老年人养老服务补贴管理实施办法》，为9147人发放高龄津贴190.48万元，为633人发放困难老年人服务补贴53.07万元，为2746人发放失能老年人护理补贴254.99万元；春节、重阳节期间慰问10名百岁老人，共发放慰问金1.80万元，慰问品折款0.30万元；为我区2178名享受城乡特困和城乡低保待遇的老年人购买2018—2019年度老年人意外伤害保险，2029名老年人实现自主参保。

（张琦）

【养老服务队伍建设】 年内，开展养老机构的管理人员、护理人员和评估人员分类专业培训4期，培训200人次；举办养老机构服务人员职业技能大赛，14家养老机构100余名养老服务人员参与，评出综合奖3个、团体奖5个、鼓励奖3个和参与奖14个。

（张琦）

【居家养老巡视探访服务】 年内，就近委托1家养老照料中心作为巡访机构共巡访4000余名老人。巡视探访服务对象范围进一步扩大至60周岁以上的独居老年人、不与子女共同生活且至少有一人年满80周岁的老年人家庭、与重残子女共同居住的老年人和不与子女共同生活且双方身体状况和精神状况较差的老年人家庭4类对象。

（张琦）

社会救助

【“两节”走访慰问】 年内，慰问5大类29小类对象共计7098人（户），慰问福利机构3家，慰问救助资金共计813.79万元。其中，市级下拨454.31万元，区财政承担158.58万元，部门专项资金200.90万元。

（张琦）

【城乡最低生活保障】 年内，城乡低保标准从家庭月人均1000元调至1100元，城乡特困分散供养标准从家庭月人均1500元调至1650元，城乡低收入标准从家庭月人均2000元调至2200元。全区有城乡低保对象2264户3649人，累计支出低保金4627.50万元；城乡特困人员共计974户978人，累计支出资金2744.24万元；城乡低收入家庭共69户95人，累计支出资金26.07万元。为城乡低保和城乡特困人员发放电价补贴28.37万元，为城乡低保和城乡特困人员发放临时价格补贴179.40万元。

（张琦）

【困难家庭采暖救助】 年内，对燃煤自采暖低保家庭和分散供养特困人员1339户发放采暖补贴131.11万元；为清洁能源自采暖的低保家庭和分散供养特困人员1667户发放采暖补贴284.78万元；为集中供热采暖的低保家庭和分散供养特困人员99户发放集中供热采暖补贴16.25万元。

（张琦）

【定期生活补助】 年内，为困境儿童发放基本生活费114.47万元；为白河县伤残民工发放补贴款173.60万元；为定期救济人员发放补贴款0.76万元。共计288.83万元。

（张琦）

【“妫川希望”助学】 年内，资助低保家庭在读小学生、初中生、高中生、大学新生、大学老生341人，发放助学款121.86万元。

（张琦）

【“SOS”紧急救助6人】 年内，救助重大疾病、意外事故急难群众6人，发放救助款3万元。

（张琦）

【慰问“爱心患者”302人】 年内，慰问2018年度“共产党员献爱心”和“春风送暖”社会捐助活动且罹患重大疾病的捐助者302人，发放慰问金30.20万元。

（张琦）

【爱心专项基金救助】 年内，对低保、低收入、残疾人、孤儿和因病致贫特困的5类人员实施再救助，发放救助金24.90万元。

（张琦）

【“春风送暖”社会募捐】 年内，开展“爱心暖阳”系列之“春风送暖”社会募捐活动，募集善款102.30万元，收捐衣物150包合50余件。日常接收4人捐款1600元。

（张琦）

【残疾人补贴】 年内，发放残疾人两项补贴资金3936.19万元，其中困难残疾人生活补贴资金3118.82万元，重度残疾人护理补贴资金817.37万元。

（张琦）

【流浪乞讨人员救助】 年内，出动救助车辆1288车次，巡查人员3472人次，对延庆城区主要街道、城中村、“世园会”周边等12个重点区域进行巡查，街面巡查劝返17人次，站内救助流浪乞讨人员79人次。其中，女受助人员11人次，未成年人7人次，老年人9人次，残疾人（智力残疾、肢体残疾）11人次，医疗救助8人次。自行离站61人次，亲属接领3人次，跨省护送2人次，流出地救助机构接领3人次，疑似精神病受助人员接回安置5人次。全年受助人员在站接受救助天数145天。

（张琦）

【世园会期间救助保障】 年内，在世园会举办期间，救助站共计出动街面巡查车360余车次，巡查人员1080人次，跨省护送受助人员2人次，跨省接回5人次，对符合救助条件的38人次全部给予救助。

（张琦）

【慈善超市和捐助站点建设】 年内，香水园街道、旧县镇、香营乡、八达岭镇、刘斌堡乡、沈家营镇、珍珠泉镇7个街乡完成慈善超市创新建设。旧县镇、香营乡、八达岭镇、刘斌堡乡、沈家营镇、珍珠泉镇、大榆树镇、康庄镇、永宁镇、张山营镇、井庄镇、千家店镇、四海镇13个街乡完成捐助站点规范化建设。

（张琦）

【留守（困境）儿童关爱服务】 “六一”儿童节期间，开展留守（困境）儿童“爱心关注成长、真情温暖家园”——庆“六一”关爱留守儿童慰问活动，为全区133名留守儿童送上书包、玩具礼盒等爱心礼物，价值3.35万元。

（张琦）

【对口帮扶】 年内，资助怀来县5所农村小学5万元，用于购置温开水器13台；援助怀来县困难群众棉衣100件、棉被100条、羽绒服104件、单人床50张，总价值24.20万元。资助兴和县城关镇杏花沟村励志超市资金10万元，用于基础设施修缮、物品购买及庭院经济奖励。

（张琦）

社会建设

【概况】 年内，起草《北京市延庆区民政局关于设立北玻嘉园社区居民委员会的工作方案》《北京市延庆区民政局关于设立和润社区居民委员会的工作方案》，经区政府批复，6月正式成立北玻嘉园社区居民委员会，12月正式成立和润社区居民委员会。印发实施《关于加强新时代街道工作的实施方案》。明确105条改革路径，确定35项街道工作重点任务和10项实事项目。截至12月底，除1项任务需要市级给予指导，其余44项任务全部完成。组织205家社会组织进行年检，合格192家，基本合格13家。下沉协管员737名。2家社会组织被列入严重违法失信名单，6家社会组织被列入社会组织活动异常名录。政府购买社会组织服务14项。建立3支街道应急服务小分队。建立3家街道社会组织孵化基地。拨款52万元，用于开展社会工作服务冬奥会等重大活动及中心工作试点服务项目，确定北京市泽煦青少年社会工作服务中心为监管单位，北京增能社会促进发展中心和北京市延庆区鹏鲲社会工作事务所为实施单位。100栋单位自管楼完成向属地街道移交。

单位名称：中共延庆区委社会工作委员会
地　　址：延庆镇东外大街59号
电　　话：69171520

（张琦）

民政社会治理现代化

【首届“社区邻里节”】 10月26日至27日，举办首届“社区邻里节”活动，全区48个社区利用周末时间，组织居民开展文体、公益等互助活动85场次，1万余人次参与。

（张琦）

【“两委”换届选举】 年内，全区18个乡镇（街道）完成第十一届村民委员会和第十届居民委员会“两委”换届选举工作。376个村百分百实现“一肩挑”；村委会党员比例65.72%、女委员比例39.21%、女村主任比例16.2%。47个社区居委会党员比例80.72%；居委会直接选举和户代表选举社区比例74.47%；居委会成员本地化比例63.47%。选举产生村“两委”干部1920名，平均年龄47.10岁，最小年龄24岁，大专及以上学历287人，其中研究生学历6人；选举产生社区“两委”干部440名，平均年龄42岁，最小年龄22岁，大专及以上学历201人，其中研究生学历9人。新一届“两委”干部平均年龄较上届下降2.50岁，“90后”36人；大专及以上学历较上届提高15%，研究生学历15人。

（张琦）

【村（居）民委员会统一社会信用代码】 年内，完成376个村委会和47个居委会的基础信息采集、核对，录入全国村（居）民委会统一赋码管理系统，印制发放基层群众性自治组织特别法人统一社会信用代码证书，保障村（居）民委员会社会、经济活动事项的正常开展。

（张琦）

【“一中心两站点”建设】 年内，完成湖南社区心理服务中心、新兴西社区心理服务站点和格兰二期社区心理服务站点“一中心两站点”建设工作，开展社区心理服务疏导、慰藉工作。

（张琦）

【志愿服务】 年内，有注册志愿者80199人，其中实名认证74686人；注册团体2260个，其中法人组织12个，未登记的志愿服务组织2248个。

（张琦）

【社会组织管理】 年内，全区有登记注册社会组织247家。其中，社会团体141家，民办非企业单位106家。社会团体中，农业及农村发展领域38家，社会工作领域27家，卫生领域21家，体育领域10家，文化领域9家，工商业服务领域9家，职业及从业者领域6家，法律、宗教、生态环境及科学研究领域8家，其他领域13家。办理社会团体成立登记7家，变更登记21家，注销登记15家。民办非企业单位中，社会工作类59家、法律类2家、教育类27家、科学研究类4家、生态环境类2家、体育类5家、卫生类3家、文化类3家、农业及农村发展类1家。办理民办非企业单位成立登记9家，变更登记11家，注销登记3家。

（张琦）

【社会组织评估】 年内，对40家社会组织进行评估。其中6家社会组织被评为5A级，12家社会组织被评为4A级，13家社会组织被评为3A级，3家社会组织被评为2A级，6家社会组织被评为1A级。

（张琦）

【社会组织行政检查】 年内，对8家社会组织违法行为进行立案调查，分别给予撤销登记（1家）、警告（7家）处罚。

（张琦）

【社会组织扶贫协作】 年内，10家社会组织与贫困村签订帮扶协议书。举办“爱从这里传递——携手宣化·共建共享·延宣农副产品精准扶贫推广活动”。为扶贫地区免费安装闪光可视门铃及火灾报警一体机，为贫困老人和贫困儿童送去慰问品，为敬老院捐赠养老床。

（张琦）

【社工队伍管理】 年内，完成96名社会工作者职业水平证书登记服务工作。截至年底，全区共有持证社工364人，助理社会工作师290人，社会工作师74人。区总工会、区残联、区禁毒委、区司法局、区文明办5个部门178名社会工作者全部纳入社区工作者范畴，下沉到街道乡镇社区工作。

（张琦）

社会专项事务

【见义勇为权益保护】 年内，组织25名见义勇为人员进行健康体检，组织参观2019年中国北京世界园艺博览会，开展见义勇为宣传月活动。对见义勇为对象信息数据进行核查，对缺失数据进行完善和补录。推荐李伟参加“首都见义勇为好市民”评选并受到表彰；为25名见义勇为人员发放慰问金和生活困难补助6.20万元。

（张琦）

【婚姻登记】 年内，办理婚姻登记4447件。其中结婚登记2252件，离婚登记1294件，补领结婚登记780件，补领离婚登记119件，出具婚姻登记证明2件，依法登记合格率100%。

（张琦）

【殡葬管理】 年内，接运、火化遗体1637具，土葬区安葬遗体226具；发放丧葬补贴35万元；开展殡葬行业行政执法检查52次，依法查处违法违规行为28起，依法没收并销毁封建迷信殡葬用品78.66公斤，没收违法所得并处罚金7400元；开展绿色殡葬宣传活动4次，发放宣传海报4000张、横幅100个、宣传册5000册、殡葬指南5000本。

（张琦）

【殡仪馆基础设施改造】 年内，申请财政资金495.40万元，开展殡仪馆环境提升项目工程，改善群众治丧环境，截至年底，完成工程量70%；申请财政资金96.38万元，更新改造馆内自备井，截至年底，完成工程量90%；申请财政资金33.10万元，自筹资金16.15万元，完成骨灰临时寄存处增改单体冷存室3个，守灵室2个。

（张琦）

【福利彩票销售】 年内，全区23家销售站销售福利彩票合计3060.60万元，其中电脑彩票销售额为2485万元，即开型彩票销售额为575.60万元。

（张琦）

【社会保障资金发放】 年内，为30.17万人次发放低保、社会救助、优抚等社会保障民政资金共计1.73亿元。

（张琦）

退役军人事务

【概况】 北京市延庆区退役军人事务局（简称“区退役军人局”）是区政府工作部门。2019年3月19日，区退役军人局正式挂牌成立，负责全区军队转业干部、复员干部、离退休干部、退役士兵和无军籍退休退职职工的移交安置工作以及自主择业、就业退役军人服务管理工作；落实伤病残退役军人服务管理和抚恤工作；落实国家关于退役军人医疗、疗养、养老等机构的规划政策；承担全区拥军优属工作；负责全区烈士及退役军人荣誉奖励、军人公墓管理维护及纪念活动等工作。内设行政科室综合科，有北京市延庆区退役军人服务中心、北京市延庆区军队离休退休干部休养所、平北抗日烈士纪念园管理处、北京市延庆区光荣院4个事业单位。年内，制定《延庆区创建全国双拥模范城考评验收工作实施方案》（审议稿），制定出台《北京市延庆区随军家属接收安置办法》。为55名驻军子女解决入园、幼升小、小升初需求，入学率100%。召开“延庆区开展新一届双拥模范城（县）创建活动动员部署大会”。在北京世园会草坪剧场，举办“世园冬奥耀妫川，军民共建促发展”庆“八一”双拥慰问演出。“八一”建军节前，由区领导带队对驻区所有部队进行走访慰问，投入约50万元购买慰问品。成立北京市延庆区退役军人服务中心，乡镇、街道成立退役军人服务站，全区130个区级、乡镇（街道）级、村

(社)级退役军人服务中心(站)完成挂牌。召开全区退役军人工作会暨退役军人服务保障体系建设推进会。完成中华人民共和国成立70周年纪念章发放工作。建军节期间推出“军人免费游世园”活动，惠及3.10万名现、退役军人。组织“军地鹊桥联谊”活动，140余人参加。发放春节慰问金225.75万元，全年为2271名优抚对象发放定期抚恤、补助资金2576.32万元；发放价格临时补贴65.03万元；为107名困难优抚对象发放救助金10万元；为1名病故军人遗属发放一次性抚恤金38.58万元；为38名残疾军人优抚对象发放残疾辅助器具38套共计13.5万元；为213名优抚对象报销2018年超支医疗费157.09万元，为13家卫生院下达2019年基本医疗费预算138.87万元；发放2018—2019年采暖季部分优抚对象供热采暖补助329.32万元；为169名义务兵发放优待金838.78万元；为167名义务兵发放家庭补助金104.25万元，对2200余名优抚对象进行数据核查。采集退役军人及其他优抚对象信息计10552人，悬挂光荣牌10356个。全年新增优抚对象58人，去世优抚对象94人。

单位名称：延庆区退役军人事务局

地　　址：香水园街道高塔街58－1

电　　话：69102571

(李双成)

【国庆阅兵仪式参训人员服务保障】 3月，区退役军人局组织10名退役军人，参加中华人民共和国成立70周年阅兵仪式的预备役方队的训练。专门指定一名干部，负责协调解决参训人员思想、生活方面的问题，区领导、区退役军人局领导慰问参训人员及家属10余次，支出6万余元。为参训人员制作“亲属寄语”视频光盘。国庆阅兵结束后，区领导接见受阅人员，组织所有受阅人员及家属免费游览世园会。安排4名无业受阅人员到区委后勤中心工作。

(李双成)

【授牌颁章】 4月10日，延庆区军队干部休养所为30名军休干部和7名军工举行“光荣之家”授牌仪式，为37名退役军人家庭悬挂光荣牌。国庆节前夕，区军休所为全区10名中华人民共和国成立前参加革命的军队离休干部颁发“庆祝中华人民共和国成立70周年”纪念章。

(王颖)

【清明节祭扫】 4月，区退役军人局、区民政局将祭奠英烈与新时代文明实践相结合，以“红色咏颂”“红色祭扫”“红色故事”为主题，开展祭奠英烈系列活动。双方工作人员与万名中小学生，赴全区22处烈士纪念地，为717名烈士扫墓、敬献花篮，缅怀先烈。

(李双成)

【烈士纪念日公祭活动】 9月30日，在平北抗日烈士纪念园举行延庆区第六个国家烈士公祭活动，区四套班子领导出席仪式。活动中全体人员齐唱《义勇军进行曲》，少先队员代表献唱《我们是共产主义接班人》，向烈士纪念碑敬献花篮。全区党、政、军代表以及老战士代表和学生代表，平北抗战老领导的子女，北京榜样代表和金牌志愿者等500余人参加。

(夏霖)

【平北抗日烈士纪念碑落成30周年纪念】 10月21日，区退役军人局举办平北抗日战争烈士纪念碑落成30周年纪念活动。活动内容包括向纪念碑敬献花篮并全体默哀，相关领导致辞。原延庆县人大常委副主任90岁的许丛林老人讲述纪念碑选址及建成经过，刘香林老师朗诵平北抗日战争烈士纪念碑碑文。抗日战争时期战斗在平北八路军的后代、拥军模范的后代、延庆区退役军人局干部职工、学生代表等100余人参加活动。

(夏霖)

【退役军人服务站建设】 年内，延庆区设立1个区级退役军人服务中心，统筹全区退役军人工作；设立18个乡镇(街道)退役军人服务站，由乡镇政府（街道办事处）管理，乡镇（街道）党（工）委书记兼任站长；退役军人和其他优抚对象超过30人（含30人）的111个村（社区）设立退役军人服务站，由村（社区）党组织书记兼任站长。

（王娜）

【退役士兵安置】 年内，接收计划分配军队转业干部9人，全部安置到行政事业单位；接收自主择业军队转业干部12人，接收符合政府安排工作条件退役士兵15人，全部安置到国有企事业单位；接收2019年夏秋季退役士兵96人，发放自主就业一次性经济补助1149.01万元。组织退役士兵专场招聘会2次，组织33名自主就业退役士兵参加适应性培训。

（王娜）

【烈士褒扬】 年内，投资9.90万余元，升级改造香营乡西河烈士纪念碑；为1家自行维护散葬烈士墓家属拨款1000元。清明节和“9·30”烈士纪念日期间，在北京延庆官网和微信公众号刊登网上敬英烈活动倡议书，号召全社会通过网上祭奠的形式缅怀烈士。

（王娜）

【纪念园基础设施建设】 年内，完成平北抗日烈士纪念园新建基础设施建设工程，投入建设经费12.27万元。完成平北抗日烈士纪念园广场东侧护坡工程，投入建设经费38.07万元。完成平北抗日烈士纪念园主展馆屋顶防水和部分室内修缮工程，投入建设46.98万元。全年平北抗日烈士纪念园接待参观人数26.30万人次，连续多年保持接待零投诉。

（夏霖）

【光荣院文化建设】 年内，区光荣院组织身体健康老人成立老年秧歌队，开展秧歌表演8次。休养区设立红色活动室，布展“芳华时您参军，暮年时我养老”“昔日为革命南征北战，今朝享清福安享晚年”红色主题文化墙2面，举办红色传承文化活动3次。在休养区四楼设立绘画室，供休养对象开展绘画、书法等活动。

（吴晨晨）

【光荣院设施建设】 年内，区光荣院完成休养楼前厅687.40平方米屋顶漏水工程，投入建设经费5.58万元。完成配电箱更换工程，投入建设经费26.06万元，统一更换配电箱3个以及配套主电缆。完成光荣院室外管道维修工程，投入建设经费2.62万元，更换主楼南侧地下15米管道。完成光荣院消防维修改造工程，投入建设经费26.78万元，在休养楼主楼楼梯处安装4道防火卷帘门、4个应急防火门，在休养楼办公楼楼道之间安装4个防火门及配套烟感设备。

（吴晨晨）

民族宗教

【宗教界代表人士座谈会】 10月11日，区委统战部组织召开宗教界代表人士座谈会。天主教爱国会、伊斯兰教爱国领导小组、佛教协会、基督教“三自”爱国领导小组4个团体代表共10人参加。会议听取2019年各宗教团体工作开展及经费使用情况，部署下一步工作。各宗教团体负责人就引导和团结信教群众、抓好宗教工作分别发言。

（陈鸽）

【民族宗教群体事件应急演练】 11月，区委统战部联合区应急管理局指导区佛教协会在泽润寺开展消防演练，防范宗教活动场所可能发生的火灾隐患，天主教爱国会、伊斯兰教爱国领导小组、佛教协会、基督教“三自”爱国领导小组30余人参加。

（陈鸽）

【宗教活动】 年内，平安夜、圣诞节接待信教群众及参观人员1500余人次。开斋节和古尔邦节会礼接待穆斯林群众520人次。

（陈鸽）

【少数民族乡村获专项资金 670 万元】 年内，区获民族乡村经济发展专项扶持资金 670 万元，用于区民族村经济发展建设。

（陈鸽）

【确定 5 个民族乡村经济发展项目】 年内，确定 5 个民族乡村经济发展项目，分别为井庄镇南老君堂村景观提升项目、井庄镇王仲营村陡坡加固工程项目、永宁镇东灰岭村景观提升建设项目、康庄镇东官坊村景观提升项目、大庄科乡慈母川新村特色院墙及门楼建设二期工程项目。

（陈鸽）

残疾人事业

【概况】 延庆区残疾人联合会（简称“区残联”）是区委、区政府领导下残疾人自身代表组织、社会福利团体和事业管理机构的残疾人事业团体。具有“代表、服务、管理”3 种职能，是中国残联的地方组织。内设政办室、残疾人康复服务指导站、残疾人劳动就业服务中心、残疾人文化体育指导站、残疾人组织联络中心 5 个科室及下属事业单位。年内，组织区残联全体党员赴门头沟宛平抗日烈士纪念园、爨底下村开展“不忘初心、牢记使命”主题党日活动。开展“庭院式”残疾人法律服务宣传活动。走访慰问贫困残疾人 3965 人，发放慰问品及慰问金 298 万元，享受残疾人补贴 11708 名共计 3660 万元。与兴和县、宣化区、怀来县对接，拨付帮扶资金 50 万元，解决 46 户低收入户销售困难。安置 420 名残疾人就业，职业技能和农村实用技术培训 535 名。为 219 名残疾人提供社区和居家康复服务 6178 次，为 3121 名残疾人配发各类辅助器具 4368 件。开展“上冰雪”活动 1 万次。“接诉即办”接受“12345”市民服务热线工单 81 件，解决率 75%，满意率 88%。新建村级温馨家园 11 家，截至年底，全区共有村级温馨家园 30 家，乡镇级温馨家园 18 家。永华职康型就业基地的作品“手工灯笼”获北京市第 28 个国际残疾人日主题活动暨残疾人就业成果展示一等奖。

单位名称：延庆区残疾人联合会
地　　址：延庆镇百泉路 37 号院
电　　话：69102602

（李征）

【第三届中国残疾人冰雪运动季】 1 月 18 日，“第三届中国残疾人冰雪运动季”暨北京市残疾人“心系冬奥 喜迎新春”冰雪嘉年华活动，在区世界葡萄博览园举行。全市 16 个区和燕山地区残联的 18 支代表队近 900 名残疾人参加活动。

（李征）

【志愿者手语培训班】 3 月 26 日，区残联举办助力冬奥会助残志愿者手语培训班，邀请北京师范大学盲文与手语研究中心于缘缘、王晨华两位教授授课，各乡镇、街道共计 21 名志愿者参加培训。

（李征）

【残疾人园艺培训】 4 月 26 日，区残联在王木营蔬菜种植专业合作社组织“助力世园会 展职康风采”残疾人园艺培训，学习世园会知识和多肉植物种植养护知识，参观花卉种植大棚，亲自动手种植多肉盆景。全区职康学员及辅导老师共 93 人参加。

（李征）

【助残演出】 5 月 15 日，由中国残疾人联合会（简称“中残联”）、区残联、中国特殊艺术协会联合主办，北京世界园艺博览会协办的“自强脱贫 助残共享”专场演出活动在世园会妫汭剧场举办。中残联艺术团团长邰丽华及主管副区长等参加活动并致辞。450 余名残疾人及 30 余名志愿者观看演出。

（李征）

【永华残疾人温馨家园获“残疾人之家”称

号】 5月16日，在第六次全国自强模范暨助残先进表彰大会上，区永华残疾人温馨家园被国务院残疾人工作委员会授予“残疾人之家”称号，国家主席习近平亲自为永华残疾人温馨家园负责人徐永华颁发荣誉证书并合影留念。

（李征）

【残疾人书画笔会】 7月20日，区残联举办“妙笔丹青写初心 华意锦句画世园”书画笔会，知名书画家和40余名残疾人书画爱好者参加活动。

（李征）

【无障碍环境建设座谈】 8月20日，张家口市残联与延庆区残联共同召开2022年冬残奥会筹备无障碍环境建设座谈会。会上，区残联理事长对延庆区无障碍环境建设情况以及工作方法措施进行介绍，双方共同探讨工作开展经验和做法，并进入世园会实地体验无障碍环境建设情况。

（李征）

【第六届社区残疾人艺术会演】 9月26日，第六届社区残疾人艺术会演在香营乡文体中心举办，演出舞蹈、独唱、快板书、京剧等28个节目，100余名演职人员参加。

（李征）

【残疾人职业技能培训班】 11月，区残联在延庆区和兴和县两地分别举办中式面点师取证班和美发培训班，培训历时两周，两地的70余名残疾人参加。

（李征）

红十字事业

【概况】 延庆区红十字会是区委、区政府领导下从事人道主义工作的社会救助团体，以发扬“人道、博爱、奉献”精神，保护人的生命和健康，促进人类和平进步事业为宗旨。机关内设办公室和业务部，下属事业单位应急救护指导中心。有红十字团体会员单位91个，会员5693人，有红十字志愿服务队伍4支，志愿者700人，在“志愿北京”官方网站注册的红十字志愿者有68人。年内，组织开展应急救护知识普及、预防艾滋病宣传、“三献”科普教育宣传、敬老助残、扶贫帮困等志愿服务活动60余次，参与志愿者300余人次，官方网站统计红十字志愿服务时长3300余小时。举办各类培训班104期，培训3804人次。截至年底，接收募捐款110.36万元。救助689户困难家庭，发放救助款83.2万元。

单位名称：延庆区红十字会
地　　址：延庆镇西街1号
电　　话：69104066

（曹军娟）

【红十字会义诊】 3月22日，“同心·共铸中国心”健康起跑线天使半程马拉松赛在延庆野鸭湖湿地自然保护区举行，志愿者及社会爱心人士1000余人参加。同时，在延庆区乡、镇、村及养老院设立12个义诊点，组织17家医院近200位医务工作者开展义诊巡诊、健康宣教、慰问等爱心公益活动，共发放药品价值50万元，义诊巡诊患者3260人次，慰问困难家庭35户和10位养老院老人。

（曹军娟）

【世界红十字日宣传】 5月7日，区红十字会在区文化馆小剧场，开展以“冬奥世园 爱心相随 绿色发展‘救’在身边”为主题的“五八”世界红十字日宣传活动，活动以播放宣传片、人物访谈、歌舞、红十字运动知识互动、情景剧等形式，展示在“三救”“三献”、志愿服务、助力精准扶贫等人道救助工作取得的成就，对应急救护、防灾避险、无偿献血、遗体和人体器官捐献工作、造血干细胞捐献进行宣传动员，同时启动2019年“博爱在京城”募捐活动。全区志愿者和市民近300人参加。

（曹军娟）

【红十字青少年夏令营】 7月8日至10日，区红十字会在北京西点密云训练基地，以“奉

献世园冬奥 争当最美小红豆”为主题，开展第二届红十字青少年夏令营活动，延庆第二中学、第三中学、第四中学、乡营中学、张山营中学和十一学校的30名优秀红十字青少年参加活动。

（曹军娟）

【首个“红十字募捐箱”设立】 11月26日，区红十字会与北京首农商业连锁有限公司延庆分公司共同签署《北京市延庆区红十字募捐箱合作协议》，在延庆首农食中心地下一层超市门口设置区首个“红十字募捐箱”。

（曹军娟）

【首个“红十字村”启动仪式】 12月12日，延庆区首个“红十字村”启动仪式在大庄科乡沙塘沟村举行，北京市红十字会、延庆区相关领导参加，举行“红十字村”揭牌、授红十字旗、“沙塘沟村红十字志愿服务队”授旗仪式，为沙塘沟村部分会员颁发会员证并进行入会宣誓，开展入户慰问、现场和远程义诊、应急救护培训等活动。

（曹军娟）

【关爱失独家庭】 年内，开展“人道惠民——关爱失独家庭”活动，慰问69周岁以上失独人员23名，给每人发放慰问金1000元；为69周岁（含69周岁）以下失独人员101名缴纳护理保险，每人1000元。共发放救助金12.40万元。

（曹军娟）

【应急救护取证培训班】 年内，举办4学时应急救护取证培训班55期，1640人取证；8学时应急救护取证培训班4期，125人取证；16学时应急救护取证培训班18期，645人取证。

（曹军娟）

【红十字运动宣传】 年内，围绕“世界红十字日”“世界献血日”“世界急救日”，在文化馆小剧场、环球新意等地，开展宣传活动17场，发放《捐献须知》《献血流程》《献血知识问答》等宣传资料2万余份，现场应急救护知识咨询1700余人次。

（曹军娟）

【造血干细胞血样采集】 年内，组织志愿者开展无偿献血、造血干细胞捐献、遗体捐献宣传活动，52人完成造血干细胞血样采集，成为中华骨髓库造血干细胞志愿者。

（曹军娟）

【白内障复明150人】 年内，开展“白内障”复明——医疗服务下基层活动，组织华夏民众眼科医院和美尔目第二眼科医院进行眼科义诊筛查、眼健康档案建立和白内障手术，对全区9个乡镇60余个村庄近3000位村民建立眼部健康档案，为150名白内障患者进行复明手术，白内障复明基金累计补助30万余元。

（曹军娟）

（栏目编辑：池尚明）

街道 乡镇

香水园街道

【概况】 香水园街道辖区位于妫水湖中心线以北、妫水北街以东，北至团结路和庆园街、东至龙庆路和京银路，所辖区域面积 7.50 平方千米。所辖 12 个居委会，居民楼房 302 栋，总计 1.60 万户 4.90 万人。有 11 个社区党委，63 个社区党支部，8 个“两新”组织党支部，3 个机关党支部，中共党员 2698 人。有党群工作和综合办公室、民生保障和社区建设办公室、城市管理和平安建设办公室 3 个行政科室，市民活动中心、市民诉求处置中心、便民服务中心 3 个事业科室，1 个综合行政执法队，4 个外派站所。

年内，做好党员、党组织“双报到”工作，接收在职党员报到 5283 人，驻地单位党组织报到 131 个。开展党员志愿服务活动 392 次，党组织共建活动 176 次。新发展预备党员 9 名，预备党员转正 12 名。开展第二期基层党组织书记主题培训班，新当选社区党组织书记、社区党务工作者近百人参训。全面开展“学习强国”平台注册安装使用工作，党员注册人数 1825 名，居民注册人数 2020 人。新成立 12 个“两新”组织联合党支部，开展党建引领物业服务企业和业委会参与社会治理试点工作，12 个社区全部纳入试点。领导班子成员到社区讲党课，党员观看《决胜时刻》《小巷管家》电影，赴北京香山革命纪念地开展主题党日活动。11 个社区党委和 74 个党支部按照规定程序与规定动作完成专题组织生活会和民主评议党员工作。12 个社区团组织和 7 个非公团支部配备规范团旗、团徽。妇联组织学习培训 13 场次，入户了解妇女情况 100 余户。完成居务监督委员会选举，选举居务监督委员会委员 36 名。完成业主委员会换届选举。街道成立记者站，街道微信公众号每周推送一期文章，从 7 月份开始每天推送一期。开展亲子读书、社区读书等主题活动 40 余场次，评选“学习型家庭”24 户。

全年查处违法经营等行为 944 起，罚款 20.65 万元。完成 2019 年世园会、国庆 70 周年保障服务，出动执法人员及网格员 1806 人次，检查辖区商户 2000 余家次。处罚非法广告 15 起，查处大气污染类违法行为 31 起、占道经营违法行为 756 起，检查燃气使用商户 90 余家，拆除违法建设 10 处，拆除违法建设面积 3710.90 平方米。做好各类矛盾隐患的日常排查、风险评估和管控工作。核发失业保险金 1277 人次，办理退休 33 名；为 157 名失业人员办理灵活就业手续，为 30 户家庭办理申请保障性住房和租金补贴手续。就业培训 446 人，促进 433 名失业人员就业，240 名就业困难人员实现就业。9 个社区创建延庆区充分就业社区，川北西社区创建北京市充分就业示范社区。成立街道、社区退役军人服务站，开展双拥模范城创建工作。在册低保人员30户57人，发放社会救助金67万余元。慈善救助捐款11135元，红十字捐款11370元。采集退役军人信息1200余条。为562人受理和审批高龄老人津贴、困难老人生活补贴和失能老人护理补贴。建立7个老年配餐站。两癌筛查76人，育龄妇女和流动高龄妇女健康体检837名。春节期间慰问党员169名，发放慰问品112份，慰问金6.70万元。有持证残疾人1112人，一卡通延期激活709人次，发放残疾人养老助残券1009人次，慰问困难残疾人129名，发放慰问金9.85万元。为4名残疾人推荐就业岗。完成社工劳务合同续签手续68名，办理社工劳务合同终止手续4人。

完成首都文明办和中央文明办年终测评工作。组织3次大规模入户工作，制作小垃圾桶、小按摩器、健康油壶、刮皮刀共21400个，公益广告展板650余块、消防检查记录卡2600张，印制宣传材料2万份。结合世园会、冬奥会、新时代文明实践、中华人民共和国成立70周年等主题，举办知识讲座、百姓宣讲、环境专项整治、周末大扫除、世园会压力测试等活动50余场。组织2000余人次对日上广场、恒生广场、绿韵广场进行集中整治，结合“双报到”组织在职党员8000余人次和120余个共建单位全年开展周末大扫除40余次。全年开展各类活动33次，其中市级6次、区级16次、街道级11次；开展各类培训600余次。在世园会期间，完成舞蹈展演、《我和我的祖国》合唱录制、闭幕式火炬手排练等工作。情景舞蹈《有你才美》在“百姓齐欢歌 礼赞新时代”百姓春晚的节目中获一等奖。围绕庆祝中华人民共和国成立70周年，组建“我和我的祖国”宣讲团，石河营西社区选送的黄秀娥参加全区宣讲比赛获二等奖。创建“北京市全民健身示范街道”被评为优秀类。李怀滨、高雪平被评选为区级金牌志愿者。街道“马上零距离”志愿服务队被评为“2019年区级优秀志愿服务队”。石河营西社区闫素平被评为2019年月度北京榜样。（香水园街道社区基本情况统计见表1）

单位名称：香水园街道办事处
地　　址：延庆镇妫水北街70号
电　　话：69177807

（郭文涛）

【扫黑除恶】 年内，建立社区日查日摸、机关业务科室专查专摸、社区志愿者群查群摸3项运行机制，印制和悬挂宣传条幅52条，发放宣传折页、宣传扇等各种宣传材料1.80万余份。

（郭文涛）

【自管楼交接】 年内，完成辖区75栋自管楼接收任务。川北西社区8家自管楼单位21栋楼房向社区移交，引入物业公司进驻服务。

（郭文涛）

【健康促进】 年内，创建慢性病防控示范区，参加骨关节操获得活动创新奖。完善家庭医生签约健康档案，免费体检近400人。在新兴西社区建立心理服务站，培养心理社工人才并参加市区学习培训。

（郭文涛）

【社会组织建设】 年内，成立“新馨健康管理服务”应急分队，由好益生医院为新兴西社区70岁以上空巢老人服务，对80余名老人身体状况进行登记造册，分类建立健康管理档案。

（郭文涛）

【接诉即办】 年内，吹哨75次，办理民生相关问题43件，涉及“12345”市民热线诉求48件，参与执法人员572人次。对下沉街道的87名网格员统一监管。受理“12345”市民热线1181件，响应率100%，解决率为81.88%，满意率为88.08%，综合评分89.48分。

（郭文涛）

【安全生产】 年内，检查企业1997家次，发现隐患842项，人均检查量285家次。综合执法和专项行动10余次。完成小微企业达标20家，三级标准化11家，安全生产责任险62家。

（郭文涛）

【食药监督】 年内，出动人员6535人次，检查1890家（户）次。其中，涉及食品经营户1596（户）次，下达行政告诫44份，责令改正61份。涉及保健食品经营户85户，化妆品经营户62户，药品经营企业11家，诊所、卫生服务站23家，医疗器械经营使用35家。

（郭文涛）

【法律服务】 年内，在街道微信公众号开设“法律门诊我来选”预约挂号平台，全年为居民提供律师服务1516余人次，开展大讲堂活动12次，参与接诉即办工单处理29件次。

（郭文涛）

表1 2019年香水园街道社区基本情况统计

序号	居委会名称	党支部书记	居委会主任	户 数（户）	人 口（人）
1	川北东社区	王惠荣	王惠荣	1706	4610
2	川北西社区	刘云涛	刘云涛	1288	3805
3	石河营东社区	张富臣	杨晓润	1030	2865
4	石河营西社区	曹艳华	曹艳华	1030	2865
5	新兴东社区	纪艳蕊	纪艳蕊	990	3868
6	新兴西社区	彭永军	彭永军	3000	8827
7	高塔社区	董 强	李怀滨	2654	6741
8	恒安社区	郝洪勇	郝洪勇	1371	3803
9	东外社区	曹玉环	曹玉环	895	2345
10	双路社区	马立新	马立新	1023	3056
11	泰安社区	张志亮	张志亮	709	2238
12	兴运嘉园社区	张培新	张培新	218	545

儒林街道

【概况】 儒林街道辖区内有9个社区居民委员会；3个社区党委，3个社区党总支，3个社区党支部，17个社区二级党支部；3个机关党支部，4个非公经济党支部，2个社会组织党支部（儒林劳务服务中心党支部和出租驾校党支部）；驻区企事业单位70个。机关内设党群工作和综合办公室、民生保障和社区建设办公室、城市管理和平安建设办公室3个行政科室，1个行政执法科室（儒林街道综合执法队），市民活动中心（党群活动中心）、便民服务中心（退役军人服务站）、市民诉求处置中心（城市管理指挥分中心、综治中心、河长制工作服务中心）3个事业科室。

年内，完成街道机构改革。完成区委政治巡察和“六个专项整治”（“选人用人专项整治”“开展规范基层党组织建设专项治理”“进一步深化违反中央八项规定精神突出问题专项治理”“进一步深化为官不为、为官乱为突出问题专项治理”“进一步深化侵害群众利益不正之风和腐败问题专项治理”“农村集体‘三资’专项治理”6个方面专项整治行动）整改落实工作。“四场活动”（国庆服务保障、第二届“一带一路”国际合作高峰论坛、2019

年北京世园会、亚洲文明对话大会）出动群防群治力量 8.39 万人次。“不忘初心、牢记使命”主题教育培训 25 场，通过微信公众平台推送学习资料 300 余次，观看先进事迹宣传片及警示教育片 20 余次。接收 45 个驻地单位党组织 3285 名在职党员报到，服务群众 2 万余人次。各社区党支部全年开展主题党日活动 100 余次，确定入党积极分子 9 名，发展党员 5 名，预备党员转正 9 名。打造康安世园风情社区、格兰二期冬奥主题社区等主题社区。拆除沿街避风阁 360 平方米，完成格兰二期北门开口、铺路、停车系统安装等工作，完成康安社区抗震节能综合改造工程。

全年发放残疾人生活困难补助 26.47 万元，助残券 5.21 万元，护理补贴 17.23 万元。为 3 名残疾人大学生申请教育救助 1.56 万元。为 8 名低保家庭学生申请妫川助学金 2.96 万元。为 42 名重性精神病患者监护人申请看护补贴 9.24 万元。申请供暖补贴 6.40 万元、医疗救助 2.19 万元、助学金 4500 元。发放低保金 23 万余元。对 22 户低保家庭实施动态管理服务，医疗救助 24 人次，报销药费 2 万余元。筹集慰问物资米面 480 千克、油 24 桶、慰问金 6 万元，慰问残疾、大病、低保低收入人员共 84 人。发放老年人养老服务补贴津贴 209 人共计 10.86 万元。建社区养老配餐服务站 5 个。办理丧葬补贴 8 人共计 4 万元。小型维修支出资金 21.62 万元，安装、维护、抢修各类基础设施 35 次。动态巡查辖区内的 727 个垃圾桶、2834 个探井、991 个雨箅子、93 个排水沟，巡查 180 余家污染源企业门店 300 余次，街道社区两级河长巡河 2557 人次，巡河 9984.11 千米。开展联合执法 196 次、吹哨综合执法 44 次，规范各类违法行为 6000 余起，服务保障市民群众 1000 余次。综合执法查处违法行为 1031 起，罚款 26.55 万元；拆除违法建设 94 处，拆除建设面积 2253.49 平方米，占地面积 1177.45 平方米，拆除率 100%，完成拆违任务 120%；完成各类工作台账整改问题 398 个；出动执法人员 2496 人次，检查生产经营单位 1248 家次，下达执法文书 1648 份，发现隐患问题 399 项，整改隐患问题 399 项，整改率 100%。

全年开展技能培训 600 余人次，百姓春晚海选、花会选拔赛、社区好声音卡拉 OK 大赛、红歌合唱比赛、文化会演活动等 160 余场。举办第九届“灯盏灯谜筑梦新时代 世园冬奥扬帆新征程 凝神聚力建文化新儒林”元宵灯展灯谜会、第八届社区文化艺术节、第二届“幸福人家”颁奖演出活动。评选“幸福人家”100 户。年内，城镇登记失业人员就业 268 人，帮助就业困难对象就业和再就业 83 人，开展招聘会帮助失业人员公益性就业 13 人，空岗信息采集 450 个，企业用工跟踪回访 105 次，办理灵活就业人员社会保险补贴 91 人，发放失业保险金 575 人次共计 96.23 万元，发放社保卡 621 张，办理城乡医保 210 人，手工报销药费 58 人次共计 31.67 万元，定点医疗机构变更 114 人次，全年新办理保障房 20 户，公租补贴 1 户。“接诉即办”处理工单 708 件，群众诉求响应率 100%，解决率、满意率均为 99.11%，综合评分 99.38。处理每日舆情、网站互动栏目等各类事件 44 件，办结率 100%。

2019 年，获北京市第十二届全面健身体育节优秀组织奖，第二届礼让斑马线广场舞比赛三等奖，“迎国庆展形象 做新时代文明北京人”第二届礼让斑马线广场舞展演活动纪念奖，延庆区第六届社区残疾人艺术会演优秀组织奖，延庆区 2019 年“最美家庭”活动优秀组织奖。（儒林街道社区基本情况统计见表 2）

单位名称：儒林街道办事处
地　　址：康安小区 16—2
电　　话：69100237

（朱博）

【全国文明城区创建】 年内，组织“周末卫生大扫除”、废旧物品置换活动等近 200 次，整改问题 170 余项，评选出优秀志愿服务社区 4 个，优秀志愿服务组织 9 个，优秀志愿者 40

名，优秀在职党员志愿者30名，青少年优秀小志愿者9名，优秀志愿服务家庭21户。

（王佳新）

【新时代文明实践活动】 年内，通过“点单派单”平台组织党员干部群众到基地预约参观4次，参加基地主题活动14次，参加服务超市活动26次。发布各类活动信息132项，街道所辖基地开展主题活动17次。

（沈焱）

【计划生育】 年内，办理生育登记服务单125份，免费孕前优生健康检查55对夫妇，无业育龄妇女免费两癌筛查1200余名。发放独生子女父母各类奖励7.73万元、特别扶助对象兑现14人。全年新生儿出生上报205人，其中男97人、女108人，无违法生育现象，符合政策率100%。

（王建新）

【法治建设】 年内，康安社区新建占地6平方米的“新时代普法凉亭”。胜芳园社区成立“小蜜蜂普法小分队”，开展普法宣传5次，开展“暑期法治微课堂”活动10余次。

（崔秀妮）

【垃圾分类】 年内，举办垃圾分类宣传活动32次、发放宣传材料2500余份，置换生活用品300余件；组织辖区170家餐饮服务单位签订《北京市餐厨垃圾及废弃油脂收集运输服务协议》，对辖区36家机关企事业单位开展垃圾强制分类工作，期间，逐家考核指导1次。

（肖丽娜）

【“小巷管家”街巷巡访】 年内，78名“小巷管家”街巷巡访1.23万小时，处理各类事件1098件，发放各类宣传手册1500册。

（肖丽娜）

【清空净水行动】 年内，动态监管辖区687家单位、门店，对180家餐饮企业、机关事业单位食堂油烟净化设备进行“拉网式”排查，完成97家餐饮单位油烟净化设备升级改造工作，完成全年任务的128%。完成辖区内平房区居民自采暖煤改电工作。

（闫承宝）

【森林城市创建】 年内，完成街道150平方米“楼顶花园”建设，种植佛甲草600平方米，在各社区显著位置悬挂条幅22条，电子屏宣传森林城市创建口号300余次，宣传栏张贴海报1000余张，设置专题宣传展板18期，组织专题活动20余场，创森工作免检通过。

（闫承宝）

【安全生产检查】 年内，出动检查人员2854人次，检查生产经营单位1427家次，整改隐患376项，整改率100%；完成21家小微企业、5家三级企业标准化达标创建工作，完成65家企业安责险参保工作，组织开展“安全咨询日”、家庭安全知识竞赛等活动20余场；开展世园会安保、校园周边、液化石油气安全等专项检查14次。

（康蔓）

表2 2019年儒林街道社区基本情况统计

序号	居委会名称	党支部书记	居委会主任	户 数（户）	人 口（人）
1	温泉南区东里社区居委会	郤凤云	郤凤云	1783	5349
2	温泉南区西里社区居委会	王景宇	王景宇	646	1845
3	温泉馨苑社区居委会	贾国庆	贾国庆	415	679
4	格兰山水二期社区居委会	李瑞森	李瑞森	3166	7500
5	胜芳园社区居委会	尹晓临	尹晓临	606	2400

续表 2

序号	居委会名称	党支部书记	居委会主任	户　数（户）	人　口（人）
6	永安社区居委会	陈文琪	陈文琪	909	2070
7	儒林苑社区居委会	安尚丽	安尚丽	370	1190
8	康安社区居委会	赵俊英	于　敏	2010	6023
9	悦安居社区居委会	李景全	李景全	682	1910

百泉街道

【概况】 百泉街道位于延庆城区南部，东至京银路路中，西至汇川街和延康路，南至东江路、百泉街和姜家台村南侧，北至妫水河河中线，总面积约6.2平方千米，下辖社区居委会9个。驻区内行政、企业、事业单位61家，辖区楼房223栋、常住户数11345户共计31839人，常住户籍人口户数6284户共计14121人，外来人口709人。含满族、回族、蒙古族、维吾尔族和壮族5个少数民族。

辖区内有中、小学校及幼儿园共10所，医疗卫生服务机构4所，敬老院、集中供暖所、集中供气所（大地燃气）各1处。所辖生产经营单位351家，宾馆2家，较大超市、养老机构、网吧各1家，中小型餐饮店73家，其他类273家。百泉街道下设党群工作和综合办公室、民生保障和社区建设办公室、城市管理和平安建设办公室3个行政科室；城管执法队1个；市民活动中心（党群活动中心）、便民服务中心（退役军人服务站）、市民诉求处置中心（城市管理指挥分中心、综治中心、河长制工作服务中心）3个事业科室，“爱相随”“手相牵”“心相连”“常青藤”志愿服务组织4个。2019年，街道工委下辖基层党组织39个，包括5个社区党委、3个党总支、31个党支部。年内发展党员3名，预备党员转正5名。完成党组织关系转接20人次，建立流入流出党员工作台账，其中流出12人、流入25人。审查12个下设党组织中959名党员的入党档案材料，未发现问题。完成在职党员“双报到”工作，接收在职党员3096人，报到党组织26个，组织党建活动50余场。开展党内信息系统人员信息校对工作，更正干部信息500余条。完成38名困难党员情况申报及审批工作。组建北京市延庆区交通职业教育中心、北京市延庆区百泉街道情润妫川社会组织服务中心、北京市延庆区百泉街道协管员规范管理服务中心、北京市延庆区百泉街道爱相随志愿者协会、北京市延庆区百泉街道办事处计划生育协会5个社会组织党组织。区域内非公企业共22家，正式党员27名，流动党员21名，单独建立正式党组织3个，联合建立党组织1个。落实党建引领物业服务企业和业主委员会参与社会治理工作，成立联合党支部11个。

年内，社保采集空岗信息560条。举办专场招聘会2场，职业指导服务271人次。举办失业人员技能培训308人。灵活就业377人，其中新办理111人，停止156人。全年接、转、借、还档案676份，新增登记失业人员271人，促进登记失业人员就业302人，就业困难人员就业107人，登记失业人员就业率65.76%。养老金资格核查1278名。居民医保参保1337人，新办卡212张，医保卡补换卡340人次，变更医疗机构42人次，报销药费84人次。受理公租房咨询167户、公租房申请30户、租房补贴申请3户。公租房资格终止10户，公租房复核76户，廉租房复核1户。采集现役军人信息600余条。办理军人优抚对象取暖费补差手续30人。完成低保家庭复审3户，困难人员临时救助3户，医疗救助4户，重大疾病报销4

人共计 8941.67 元，低保二次报销 7 人共计 8.43 万元。救助小学生 3 人、高中生 2 人、大学生 2 人，救助资金 1.90 万元。2019 年“爱心暖阳”系列之“春风送暖”主题社会捐助 224 人捐款 9070 元。“博爱在京城”募捐活动捐助 228 人，捐款金额 9770 元。录入职业技能培训 20 人，儿童康复录入 2 人，辅具器具审核 20 人；精准扶贫 48 人。每月给社会办报送“四公开一监督”信息 1 次，世园会期间报送各类排查信息 10 余次。审核通过 18 周岁以内独生子女父母 1184 人，一次性奖励 57 人，一次性经济帮助 2 人；出具计划生育手术免费计账单 2 例，办理独生子女父母光荣证 1 例，孕前优生免费检查预约登记 2 对，核查户籍一胎生育服务登记 13 例，审核通过户籍二胎生育服务登记 12 例；无业育龄妇女健康体检 583 人。

全年城管执法出动执法人员 2200 余人次，出动执法车辆 350 余车次，录入执法检查单 4521 条，人均 411 条；整改首都环境办台账 69 起、整改网格化台账 149 起；处理非紧急救助、巡查系统举报共 297 起。参加联合执法 200 余起。实施行政处罚 632 起，罚款 55.48 万元。其中：拆除违规广告牌匾标识 140 余块，处罚 3 起，罚款 2500 元；非法小广告报送停机 5 起，处罚 5 起，罚款 1800 元；涉及大气污染问题 103 起，罚款 45.18 万元；查处占道经营行为 519 起，罚款 2.03 万元；查处非法营运 2 起，罚款 2 万元；检查燃气供应企业 1 家，餐饮公服用户 75 家，隐患整改 37 项，处罚 6 起，罚款 3100 元。完成世园会、中华人民共和国成立 70 周年、创建文明城市等重大活动的环境秩序保障服务工作。拆除违法建筑 14 处，任务量 0.20 万平方米，完成面积 2.15 万平方米，销账比例 1074%，腾退面积 2.30 万平方米，全区第一；棚户区改造任务数 50 处，完成 351 处；提升便民网点 5 处；占道经营任务量 1 处，完成点位 1 处，完成度 100%；“开墙打洞”整治专项实行动态清零，完成 2 处；散乱污专项行动涉及企业 1 处，完成 1 处，完成度 100%；无证无照任务量 8 处，完成量 8 处，完成进度 100%。126 人次巡河 256.58 千米，巡河率 100%。其中，街巷河长巡河 42 人次共计 137.13 千米，村级河长巡河 84 人次共计 119.43 千米。

街道领导班子成员围绕世园和国庆安保、接诉即办、服务居民“最后一公里”等问题，调研 9 个社区、50 家“两新组织”150 人次，征求意见建议和发现问题 87 项。协助社区和辖区企业整改安全隐患 315 项次，清理可燃物 150 吨，打通消防通道 257 处，安装燃气烟感器 490 套；清理违规充电电动自行车 2300 余辆次，协调建充电棚 13 个，配备充电桩 2216 个、充电插座 367 个；100 项政务服务事项纳入政务服务大厅，实现“一站式”办理。街道统筹资金 123 万余元，开展维修 58 项。建设莲花苑社区配餐点 1 处，改造小区出入口 3 处、修剪树冠 400 多棵、改造供暖管道 2 处、维修阳台 2 处。融资 22 万元，用以兑换新华书店购书凭证，1500 户受益，振兴南社区和振兴北社区分别获得“优秀组织”奖励，并获奖金 1 万元。解决上都首府家园社区、国润家园社区存在的楼道堆积物等历史遗留问题。“接诉即办”工作全市排名第八、全区排名第一。截至年底，宣传上报信息 1000 余篇，综合类稿件 156 篇，《延庆报》采用 93 篇，《延庆信息》刊登 25 篇，各类网络平台宣传 21 篇；利用“党群翼家”App 和“百泉印象”微信公众号推送专刊 72 期。开展主题实践活动 10 场，主题实践日活动 30 余场，大扫除 37 次，在职党员 8000 人次参加。“爱相随”“手相牵”“心相连”志愿服务团队借助“麻利儿”心理健康咨询室服务群众心理健康。开展“小板凳读书会”“三式小课堂”“有一说一党群议事”活动，3000 余人次参与。开展在职党员进社区“带头遵纪守法、带头服务社区、带头垃圾分类、带头礼让行人、带头文明养犬”活动，2000

余人次参与。百泉街道办事处获2019年北京市安全生产先进单位、北京市安全生产检查队青年先锋岗称号。(百泉街道社区基本情况统计见表3)

单位名称：百泉街道办事处

地　　址：延庆镇鸿川北路6号

电　　话：59512703　69186601

(朱振银)

【“党群翼家”App积分兑换】 3月11日，完成“党群翼家”App积分兑换工作，参与志愿者489人，兑换总积分值10.41万分，折合人民币10.41万元。

(朱振银)

【自管楼交接洽商会召开】 3月25日，由街道物业办、飞行空军部队、会娟物业三方联合召开湖南社区空军家属院自管楼交接洽商会。形成四项决议：一是空军部队继续收取居民水费；二是院内停车位由空军部队负责划定；三是在未做保温之前，1号楼和甲2号楼出现因未做保温而发生的舆情或不缴纳物业费情况，由空军部队负责处理；四是推选业主代表、发布移交事项由空军部队负责实施。

(朱振银)

【端午节开展活动】 6月，街道新时代文明实践站组织开展“五彩香囊，飘香端午”“童年童心绘世园，粽情粽香飘端午”“共享美好端午，传承中华文明”“浓情端午粽飘香 志愿服务情义长”“粽叶飘香迎端午，幸福和谐邻里情”活动，500余人次参与。

(朱振银)

【社区邻里节活动】 10月26日，街道9个社区组织开展以“友邻为伴、幸福百泉”“邻里乐、邻里颂、邻里情”为主题的社区邻里节，开展厨艺比拼、面点制作、绘画大赛、插花讲座、趣味运动会等活动，500余人参与。

(朱振银)

【供暖管道改造】 11月，完成湖南社区22号、23号居民楼供暖管道改造，冬季室温各户均达到18摄氏度以上，解决数年来困扰居民的挨冻过冬问题。

(朱振银)

【安装充电桩65台】 年内，在街道及9个社区新建自行车、充电车车棚13个，安装自行车充电桩19台、电动汽车充电桩46台。

(朱振银)

【居委会换届选举】 年内，9个社区居委会完成换届选举。登记户代表3357名，参加投票选举的户代表3115名。选举产生45名社区居委会成员，9个社区全部实现书记、主任“一肩挑”。

(朱振银)

【业委会换届选举】 年内，街道9个社区居委会完成14个业主委员会换届选举工作。选出业主代表370人，其中党员163人，占44%；选出业委会成员70名，其中党员43人，占61%。

(朱振银)

【成立2个司法调解室】 年内，成立“明兴”品牌调解室和“晓琴”婚姻家庭调解室，参与社区矛盾化解，开展居民法治宣传和维权活动。解答婚姻困惑问题50余次，指导婚姻登记办证3件。

(朱振银)

【优抚人员信息采集】 年内，街道对辖区退役军人、烈士遗属、因公牺牲军人遗属、病故军人遗属、现役军人家属等相关人员信息进行采集，采集600余名人员信息，经过认证、核实，为641户家庭颁发“光荣之家”荣誉牌。

(朱振银)

【非京籍务工人员子女审核】 年内，非京籍务工人员子女审核工作由原来的五证合为四证，无人监护证和居住证合并，共审核通过25户。

(朱振银)

【第一届“最美母亲”宣传活动】 年内，街道新时代文明实践站组织开展第一届“最美母亲”宣传活动，以“浪漫花礼，寄语母亲”为主题，开展花艺 DIY 制作活动。活动收集“最美母亲”事迹 90 余份，在社区内展示宣传，共计 300 余人次参加。

（朱振银）

【青少年科普实践活动】 年内，各社区开展“科普进社区、科普进家庭”青少年实践活动，包括安全知识讲座、好少年观影、种植体验、无人机体验、3D 打印、机器人编程等，开展活动 9 场，共计 200 余人次参加。

（朱振银）

【湖南社区成立“议事厅”】 年内，湖南社区成立“议事厅”，建立“大事共议、难事共商、要事共决、实事共办”的工作机制。到年底，商议解决 22 号和 23 号楼供暖改造、4 号楼绿地种植蔬菜、39 号楼无物业管理、空军家属院物业自管、14 号和 15 号楼并入物业服务管理 5 个问题，受益居民 600 余人。

（朱振银）

【食品药品安全】 年内，监督检查经营主体 520 户次，核发、延续、变更《食品经营许可证》50 件。协助 12 家餐饮单位通过品质餐饮评定，认证阳光餐饮 107 家。开展主题宣传教育活动 7 次，发放宣传材料、纪念品 2100 余份。报送监管信息 48 篇。受理食品类投诉举报 18 件，其中“12345”派单 8 件，其他为“12331”派单，属实的 3 件已解决。立案调查 42 件，办结 42 件，罚没款 5.07 万元。完成流通快检 140 件，其中生产食品 8 件、保健食品 10 件、餐饮食品 40 件。

（朱振银）

【执法检查】 年内，出动执法检查 3543 人次，检查生产经营单位 1269 次，联合检查 85 次，发现隐患问题 315 项次，下发整改通知 1579 份，全部整改完毕。督促企业上保险 41 家，完成投保率 121%，投保金额 22.52 万元。

（朱振银）

【接诉即办】 年内，接收“12345”市民诉求工单 655 件，综合排名全区第一、全市第八，解决未诉先办事件 268 件。截至年底，吹哨 57 次，其中普通哨 50 次、重点哨 5 次、疑难哨 2 次。办理民生领域问题 46 件，涉及“12345”服务热线群众诉求 45 件，开展综合执法类 16 件/次，报到率 100%，办结 54 件，办结率 94.7%。其中 42% 为物业管理类问题、28% 为综合执法类问题、其他类 30%。

（朱振银）

表3 2019 年百泉街道社区基本情况统计

序号	居委会名称	党支部书记	居委会主任	户 数（户）	人 口（人）
1	颍泽洲社区居委会	赵志强	赵志强	1438	3821
2	湖南社区居委会	马 里	马 里	1587	4917
3	燕水佳园社区居委会	李旭阳	李旭阳	1126	2674
4	莲花苑社区居委会	张 龙	张 龙	1001	3057
5	振兴北社区居委会	郭 栋	郭 栋	1642	5209
6	振兴南社区居委会	王冬华	王冬华	1867	5565
7	国润家园社区居委会	鲁 菲	鲁 菲	1439	3489
8	舜泽园社区居委会	刘金洁	刘金洁	805	1923
9	上都首府家园社区居委会	王 帅	王 帅	440	1184

延 庆 镇

【概况】 延庆镇位于延庆区中心区域，是延庆区委、区政府所在地。全镇总面积75平方千米，另有接收山区整体搬迁村山场面积1670公顷（4.59万亩）。下辖45个行政街村、7个物业管理小区。2019年，全镇户籍户数2.16万户，户籍总人口4.29万人，其中农业人口1.79万人、城镇居民人口2.50万人。流动人口1.09万人。农村从业人员2.09万人，从事第一产业的0.18万人，从事第二产业的0.24万人，从事第三产业的1.67万人。年内，出生人口475人，出生率11.08‰，死亡人口262人，死亡率6.11‰，人口自然增长率4.97‰。

全镇有经营单位1854家，其中法人企业724家、个体工商户1130家。新增注册经营单位732家，其中个体工商户307家、企业425家。中心小学2所、分校3所，成人学校1所。公有制幼儿园1所，民办幼儿园10所。镇级卫生院1所，敬老院1所，家庭寄养指导中心1所。健身广场37处，达标村级文化大院35个。文物古迹49处，其中市级文物保护单位2处、区级文物保护单位11处。古树12株，其中一级国槐7株、榆树1株，二级国槐2株、榆树2株。2019年，镇党委辖基层党支部68个，其中农村党支部45个。年内发展党员18名，预备党员转正18名，全镇共有党员2292名。新增11名农村实用人才，全镇农村实用人才共198人。全镇耕地面积2857.10公顷（42856.50亩），其中粮田面积304.80公顷（4572亩），蔬菜面积192公顷（2880亩），果林面积154.80公顷（2322亩）。年产蔬菜847.60万千克、干鲜果品47.80万千克。设施园区155.40公顷（2331亩），有日光温室640栋，春秋棚1279栋。可利用水域面积120公顷（1800亩），规模养殖小区3个。畜牧生产方面，奶牛存栏2154头，年产奶976.90万千克，出栏肉牛132头，出栏羊1479只，出栏家禽1.66万只，鲜蛋产量19.50万千克，水产产量4.85万千克。全年全镇农村经济总收入431071万元，农民人均劳动所得2.5406万元。财政收入3342万元，财政支出24720.50万元。旅游收入4930.34万元，接待游客54.10万人次。

年内，完成市政3条道路两侧30米绿化带、延庆综合交通服务中心（换乘中心）、延庆综合交通服务中心（公交停保中心）、玉渡110千伏输变电线路迁改、城北路10千伏输变电线路迁改5项重点工程项目。完成唐家堡伊木园气调库建设，建设广积屯排涝沟350米，推进金粟种植专业合作社和龙海源种植专业合作社一、二、三产业融合发展，完成世园会茂源广发园区提升改造项目，完成延庆镇东北片区产业发展总体规划。完成“两田一园”工程159.33公顷（2390亩），完成西北片10个村安全饮水工程。美丽乡村建设完成4个村土建工程、9个村规划设计、22个村启动规划；完成16个村煤改电、3个村集中供暖，为1853户配送优质型煤6083.25吨。卓家营、祁家堡民俗村安装导览牌、座椅、垃圾桶、生态卫生间；西屯村北京妫川顺欣农家院被评为三星级民俗户；为北京汇金元农家餐厅、卓家营肆舍精品民宿、顺世华乡村酒店发放奖励资金11.20万元。

全年完成农村劳动力转移就业779人，城镇失业人员再就业856人，灵活就业324人，为243名失业人员发放失业金共633万元；城乡居民养老保险6509人，领取无保障和城乡养老保险金6490人，城乡医疗保险13941人；开展培训93班次共计2152人次参加，举办招聘会6次，提供岗位2548个。新增城乡低保50户、城乡特困23户、城乡低收入1户，撤销城乡低保36户、城乡特困2户；困难救助17人共计11.22万元，医疗救助374人共计76.50万元，临时救助1人0.10万元，助学救助37人共计15.05万元，冬令春荒救助14人共计0.90万元；采暖补贴259户共计39.56万元，丧葬补贴14人共计7万元，严重精神病障碍患者看护补贴159人共计34.10万元，残疾人补贴15230人次共计342.30万元，残疾人社会保险补贴60人次共计63.40万元，助残补贴468人共计28.50万元，养老补贴406人共计27.70万元，老年人医疗药费补贴133人共计1.66万元，发放养老助残卡12574人共计125.81万元，为431人缴纳老年人意外伤害保险共计2.38万元；慰问残疾儿童9人、困难群众781人共计43.75万元及376份米、面、油，红十字会帮助41户共计4.10万元，90周岁以上残疾老年人17人共计0.50万元；困难家庭危房改造5户共计13.60万元，低收入户残疾人危房翻建1人共计0.55万元。完成356户公租房初审、32户公租房租金补贴资格年度复核。为4979名妇女免费体检，为246名独生子女父母发放一次性奖励金共24.60万元，为384人发放奖励扶持金80.64万元，为独生子女失独家庭、困难独生子女户、独生子女伤残户发放慰问金共计24.09万元，发放独生子女费20.09万元。全镇低收入户241户393人，人均可支配收入2.40万元，同比增长10.5%，已全部实现脱低，产业资金返利帮扶48户低收入户5.76万元，399人投保低收入农户意外伤害保险。筹资25.85万元对中华人民共和国成立前老党员、困难党员、困难群众、劳动模范、离休干部进行慰问。辖区新安装一氧化碳报警器（150台）以及电动自行车充电桩。新建中屯养老餐桌正式运营，日均就餐80人。

截至年底，全镇拆除违法建设185处共计10.57万平方米，国土、卫片整改销账48宗，治理砂场2处；应对空气重污染预警7次，环保整改点位83处，吹哨9次。$PM_{2.5}$累计浓度36微克/立方米，降尘累计浓度4.80吨/（平方千米·月）。开展人居环境整治，拆除私搭乱建610处共计2.30万平方米，清理乱堆乱放2870处，清理建筑垃圾、渣土8.90万立方米，清理粉刷小广告3182条，清退林地和村庄空闲地29亩，整治坑塘4处共计7800平方米，改造公厕5个；开展垃圾分类，购买垃圾大箱10个，为各村配备240升分类垃圾桶920个；对49条街巷巡查956次，处理事件712件。新建1个村级卫生室，改造5个村66户农村户厕。依法取缔无照经营摊位120个，拆除违规广告牌匾370块，查处店外经营310起、小广告13起、施工工地61家、无照售煤6起、“三烧”23起，处罚各类违法行为1040起，罚款119.34万元。实现安全生产标准化三级达标企业3家、小微企业岗位达标30家，安全生产责任保险投保企业120家，投保金额47.70万元。全国“两会”、“一带一路”高峰论坛、亚洲文明对话大会、2019年中国北京世界园艺博览会、中华人民共和国成立70周年庆祝活动和十九届四中全会等重大活动期间，严格落实维稳安保工作，出动群防群治力量31万人次，开展消防演练2次、反恐演练1次，劝阻烟花燃放170次。全镇45个新时代文明实践站举办各类活动120余场，“点单派单”650次，服务群众1.30万人次。（延庆镇各村基本情况统计见表4）

单位名称：延庆镇政府
地　　址：延庆镇湖北东路109号
电　　话：69101687

（黄荣）

【农村妇联换届选举】 1月，启动农村妇联换届选举工作，完成45个村妇联执委、兼职副主席和妇联主席选举，实现村妇联主席100%进入村“两委”班子目标。

（黄荣）

【扶贫协作对接】 7月27日至28日，延庆镇与内蒙古兴和县城关镇、河北省宣化区深井镇进行扶贫协作对接，分别向兴和县城关镇、宣化区深井镇捐赠15万元用于产业项目帮扶。

（黄荣）

【小区物业移交】 9月30日，延庆镇与儒林街道正式签订胜芳园小区权属移交协议，胜芳园小区移交至儒林街道。12月20日，延庆镇与香水园街道签订北高塔小区、体育场小区和恒安小区3个小区的权属移交协议，3个小区移交至香水园街道。

（黄荣）

【2个工会组织成立】 10月25日，成立北京市延庆区延庆镇协管员服务与管理中心工会，会员88人。10月31日，成立北京夏都拓时劳务服务中心工会，会员204人。

（黄荣）

【“客厅式”政务服务建设】 12月11日，延庆镇通过市级政务服务体系建设工作验收，政务大厅营造“客厅式”温馨环境，政务服务负面清单化管理，“一门”办理、“一窗”受理、“一站”服务，提供96项便民服务，全年接待服务对象2万人次。

（黄荣）

【“世园之家”服务】 年内，延庆镇与中青旅联合成立“世园之家”交通志愿服务队，有队员50人；参与世园会162天外围保障，开设“世园之家社会大讲堂”，举办剪纸、合唱、舞蹈等培训24场，服务1200人次。

（黄荣）

【助老志愿服务】 年内，蒋家堡“妫川仁爱”志愿服务队有志愿者24人，受助空巢老人22人，全年开展志愿服务131次。

（黄荣）

【创建儿童之家】 年内，小营村等37个村创建儿童之家，其中蒋家堡村、八里庄创建的儿童之家被评为区级“示范儿童之家”。

（黄荣）

表4 2019年延庆镇各村基本情况统计

村委会名称	党支部书记	村委会主任	户数（户）	人口（人）	经济总收入（万元）	人均所得收入（元）
解放街	闫建利	闫建利	215	385	2484.50	29488
自由街	刘玉华	—	911	2467	21546.60	28688
民主街	陈壮有	陈壮有	428	782	13790.50	24597
胜利街	赵利萍	赵利萍	974	1689	27724.70	32421
东　关	黎兴军	黎兴军	1054	1952	23081.40	28079
西　关	张印明	张印明	498	945	9168.20	21528
北　关	雷胜利	雷胜利	809	1778	16300.80	23692
蒋家堡	唐瑞云	唐瑞云	276	519	5593.80	20604
双　营	李英蕊	潘　贵	275	530	4076.60	20502
广积屯	马计常	马计常	543	1048	14266.40	23452
王泉营	王广庆	王广庆	646	1263	11387.50	21003
司家营	张志安	张志安	821	1650	20555.80	20164
百眼泉	赵学军	赵学军	520	1078	9374.60	29169
民主村	郭　庆	郭　庆	390	653	12078.00	26745
南辛堡	—	曹长合	659	1156	17872.40	34648

续表 4

村委会名称	党支部书记	村委会主任	户　数（户）	人　口（人）	经济总收入（万元）	人均所得收入（元）
李四官庄	张海霞	张海霞	373	821	6077.40	34596
谷家营	陈　燚	林　虎	646	1464	6846.60	32612
小　营	王　伟	王　伟	866	1893	22861.20	33077
石河营	刘志清	刘志清	991	2003	20369.00	31930
莲花池	房文生	房文生	580	1188	19108.20	20675
上水磨	杜宁宁	杜宁宁	234	639	4778.50	21388
下水磨	潘贵利	潘贵利	287	564	5305.40	26267
王　庄	车记娥	车记娥	188	393	1952.30	20987
三里河	赵静云	赵静云	491	1034	6240.90	22159
赵　庄	贺爱忠	贺爱忠	474	900	6132.50	19503
八里庄	史军利	史军利	557	1027	5546.50	21706
孟　庄	孟志利	孟志利	694	1300	7252.00	20745
老仁庄	穆　泽	穆　泽	191	364	2223.00	24837
祁家堡	郝东长	郝东长	99	184	2779.80	27203
米家堡	贺志永	贺志永	280	540	14249.20	20490
唐家堡	吴建军	吴建军	219	401	3825.40	23735
卓家营	鲁振忠	鲁振忠	337	616	25319.30	29035
陶　庄	吴三成	吴三成	194	363	2732.10	19799
鲁　庄	鲁红兵	鲁红兵	186	355	3049.50	19823
郎　庄	郎永福	郎永福	294	575	2778.00	20154
张　庄	张东富	张东富	163	298	3125.80	21341
西辛庄	王　波	王　波	549	1064	7438.60	28520
小河屯	贺　伟	贺　伟	178	316	2094.20	19741
付余屯	许玉其	—	447	838	3670.80	20193
东五里营	吴国珍	吴国珍	592	1126	3525.90	20072
新白庙	李建军	栾彩文	434	905	4323.90	20993
东　屯	封文娟	封文娟	287	541	4468.40	20373
中　屯	段明晨	段明晨	377	711	6192.10	21977
西　屯	李淑华	李淑华	716	1382	9355.80	23428
西白庙	于宗乐	于宗乐	611	1164	8146.90	23093

康 庄 镇

【概况】 康庄镇镇域面积100.70平方千米，下辖3个社区居委会、31个村委会。全镇户籍数14498户，户籍人口26912人，其中农业人口14362人、非农业人口12550人。全年出生人口357人，出生率13.26‰；死亡人口153人，死亡率5.68‰；人口自然增长率7.57‰。全镇有大学3所，教职工492人，在校生7274人。中学1所，教职工71人，在校生264人。小学3所，教职工158人，在校生1059人。公办幼儿园1所，校办幼儿园2所，民办幼儿园3所，教职工102人，入园儿童800人。成教学校1所，教职工1人，年内培训2430人。卫生院1所，医护人员65人。卫生服务站3所，村级卫生室11所。邮电所2处、电管站1处、通信营业厅1处、农业银行网点1处、农商银行网点1处。2019年，康庄镇党委下辖基层党组织46个，其中镇机关党支部3个、农村党支部31个、社区党支部2个、企事业单位党支部10个。年内发展党员4名，预备党员转正18名，全镇党员共1692名。

2019年，完成农村经济总收入14.30亿元，农民人均劳动所得23790元，财政收入1621.80万元。为341名享受低保人员发放低保金432.32万元，为353名残疾人发放生活补助128.80万元，为128名残疾人发放助残券15.36万元，新型农村合作医疗参合率99.30%。粮食作物播种面积728.93公顷(10934亩)，亩产561.27千克，总产量613.70万千克。主要农作物播种面积617.60公顷(9264亩)，总产量588.65千克。牛出栏10头，存栏589头；羊出栏1465只，存栏1485只；家禽出栏18.01万只，存栏12.07万只。牛奶产量216.46万千克；鲜蛋产量61.91万千克；肉类产量31.19万千克；渔业产品产量3.85万千克；干鲜果品产量51.59万千克。造林279公顷（4185亩），栽植树木18.85万株。

年内，全镇立足“园艺风情小镇、科技创新家园”发展定位、“一城三区”功能布局和“一体两翼”产业布局，坚持稳中求进，抢抓发展机遇，全面推进五位一体建设。成立延庆区人民法院康庄镇“法官工作站、法官联系点”。京张高铁涉迁村大王庄、小曹营安置房如期回迁。镇一二三街棚户区改造项目开槽动工。京张高铁正线及支线单边完成铺轨作业，进入联调联试阶段。完成世园会生态停车场建设，重要迎宾通道增置景观小品。启动社会面防控，投入警力44人，群防群治力量4656人；对10个重点网格村、周边景区、通道进行环境整治；农家院提档升级，挂牌“世园人家”9家，特色星级民俗户26户，接待收入861.28万元。拆除违法建设24处41465.40平方米，腾退土地75662.70平方米，国土部土地督察发现问题83宗，已整改76宗；开展绿盾专项行动，17个项目已完成13处，剩余4处为历史遗留点位；整改“开墙打洞”12家、无证无照经营7家。对13条背街小巷进行亮化绿化美化。强化“三烧”、道路扬尘、劣质燃煤巡查整治，依法查处各类问题64起，罚款28万元；实施煤改气1015户，实施煤改电3068户；百万亩平原造林工程，增加绿地4164亩，栽植树木30万余株；健全秸秆收集处置机制，对6162亩秸秆进行回收处理再利用；整改污水直排39处，管控施工工地18处，清理乱贴乱画、违规广告牌匾60处。对北菜园设施大棚升级改造。完成榆林路、晨光街和汇通路3条主干路工程方案设计；三街集体土地租赁住房项目完成前期手续；完成许家营、张老营污水处理厂建设，启动农民就业基地污水处理厂改造升级项目。22个村开展美丽乡村建设，8个村完成规划编制。20个村881户完成户厕改造。安置城镇失业人员369人，转移农业就业402人；实现低保救助全覆盖，救助城乡五保户、低保户和低收入户共计108人次，全镇30

个村873户低收入户全部脱低。建立7个老年餐桌。实施危房改造39户。康庄中心小学和康庄幼儿园挂牌首都师范大学附属学校，促进康庄中学与北京八一中学合作。发挥城管执法职能，查处各类案件330起，罚款74.53万元。镇内开通便民服务热线“69131234”。截至年底，“接诉即办”答复办理“12345”工单2261件。（康庄镇各村基本情况统计见表5）

单位名称：康庄镇政府

地　　址：康庄镇四街

电　　话：69131007

（房继欣）

【村民议事会召开】 3月21日，在康庄镇小丰营村召开“延庆乡亲·康庄镇村民议事会”。会议内容包括世园会给自己的生活带来的变化、做好志愿服务、营造好诚信经营氛围、做好环境保护等，小丰营村村民及周边村民共120人参加。

（房继欣）

【农药规范使用宣传】 3月26日，康庄镇联合市、区两级植保站到刁营村集中联合开展宣传农药规范使用活动，宣传使用者严格按照农药标签标注安全、规范使用农药，践行“科学选药用药，依法规范生产”理念，刁营村村民200人参加宣传活动。

（房继欣）

【建筑工地消防演练】 4月26日，在康庄镇大王庄村回迁建设施工工地组织消防应急演练，演练内容包括初期火灾处置、人员应急疏散、人员触电现场处置、人员高处坠落救护等，80人参加。

（房继欣）

【扫黑除恶宣传巡讲】 6月17日，在镇政府及大路等5个村开展扫黑除恶宣传巡讲活动，区扫黑除恶专项斗争工作5名宣讲员、区法院宣传人员现场讲解扫黑除恶相关知识。各村村民共200余人参加。

（房继欣）

【人居环境拉练检查】 6月29日，康庄镇对镇域进行人居环境拉练检查。检查以第二批9个美丽乡村为重点，以人居环境整治村问题台账为依据，针对653个点位逐一查看清理拆除情况，针对难点点位现场检查、现场制定整改措施、限时整改。

（房继欣）

【剪纸培训】 7月26日，康庄镇新时代文明实践所举办以“新时代世园情 巧手慧心家园美”为主题的手工艺技术培训活动。邀请北京工艺美术学院教师进行“非遗课堂——北京传统剪纸”培训，讲解剪纸历史、分类、技法和制作等相关知识。全镇宣传文化组织员及剪纸爱好者50人参加。

（房继欣）

【“妫川希望”助学救助】 8月6日，康庄镇对低保家庭小学至大学阶段在读学生开展救助。经过筛查，救助符合救助条件23人，发放救助金额9.12万元。

（房继欣）

【中国结工艺技术培训】 8月14日，康庄镇新时代文明实践所举办“新时代世园情 巧手慧心家园美”中国结手工艺技术培训活动。邀请北京工艺美术学院教师讲解中国结历史渊源、分类及编织工艺步骤等相关知识。各村宣传文化组织员及编织爱好者55人参加。

（房继欣）

【高考优秀学生获奖励】 8月22日，康庄镇召开2019年高考优秀学生表彰大会。表彰64名优秀高考学生。其中，19名本科一批学生，奖励每人3000元；45名本科二批学生，奖励每人2000元。

（房继欣）

【独生子女新兵家庭受表彰】 9月5日，康庄镇表彰独生子女新兵家庭，给每个家庭发放奖励金1000元。

（房继欣）

【志愿服务】 9月29日，康庄镇组织志愿服务队，为镇内29户42位空巢老人赠送牛奶、八宝粥、饺子等慰问品，为老人体检、理发、清洁室内外卫生。

（房继欣）

【对口帮扶】 11月29日，康庄镇32名机关干部赴内蒙古兴和县团结民族乡开展扶贫共建活动。参观当地酿造酒厂、服装加工车间以及农户农产品加工场所，为当地贫困家庭带去慰问金2万元。

（房继欣）

表5 2019年康庄镇各村基本情况统计

村委会名称	党支部书记	村委会主任	户　数（户）	人　口（人）	经济总收入（万元）	人均所得收入（元）
榆林堡	陈淑春	陈淑春	836	2027	8407.60	22038
一　街	吕海顺	吕海顺	366	1192	3037.00	23317
二　街	马志刚	马志刚	260	586	2852.00	25425
三　街	宋文柱	宋文柱	280	510	5456.00	24836
四　街	梁　磊	梁　磊	227	848	4632.00	20203
刁千营	张玉华	张玉华	249	879	7605.90	22844
马　坊	孙全锁	孙全锁	285	725	3536.40	23517
西桑园	谢春金	谢春金	360	733	3655.10	24330
西红寺	罗贵存	罗贵存	303	793	3654.00	29107
郭家堡	段秀成	段秀成	316	834	8938.40	25474
小北堡	李金生	李金生	176	322	3290.80	26553
大丰营	卢建文	卢建文	154	475	2888.00	24969
大　营	宁学义	宁学义	817	1289	10897.00	27463
火烧营	王桥海	王桥海	104	188	580.10	19907
太平庄	徐海珠	徐海珠	300	663	2207.20	23906
张老营	张文利	张文利	417	763	1896.10	22277
许家营	吴　波	吴　波	196	570	1873.10	22089
马　营	孙金文	孙金文	460	1203	3745.20	21027
苗家堡	胡爱民	胡爱民	230	605	1719.90	21009
刘浩营	张树山	张树山	293	597	2521.50	24720
屯军营	王　龙	王　龙	470	1286	7804.00	21422
小曹营	王艳波	王艳波	110	369	1085.00	23794
大王庄	王　永	王　永	432	1203	6164.50	22693
北曹营	曹艳永	曹艳永	161	413	1980.00	21833
南曹营	曹　婷	曹　婷	91	310	1510.50	23617
小王庄	张进军	张进军	150	408	1595.00	21779

续表 5

村委会名称	党支部书记	村委会主任	户　数（户）	人　口（人）	经济总收入（万元）	人均所得收入（元）
小丰营	张建军	张建军	678	2181	25335.50	28427
东红寺	鲁玉柱	鲁玉柱	321	903	5534.90	21608
王家堡	李晓宾	李晓宾	260	485	1285.00	20000
东官坊	哈玉民	哈玉民	153	321	2304.20	28137
大　路	张旭军	张旭军	57	276	818.00	20971

八达岭镇

【概况】 八达岭镇地域总面积96平方千米，下辖15个村民委员会。2019年，全镇户籍数4754户，户籍总人口8694人。全镇年内出生人口115人，出生率13.20‰，死亡人口29人，死亡率0.30‰。镇域70%为山区，30%为平原和丘陵，有建设用地937.47公顷（14062亩），耕地625.87公顷（9388亩），基本农田154.33公顷（2315亩）。林地面积4266.67公顷（6.40万亩），林木绿化率77.20%。镇域内有10千伏高压输变电站、110千伏变电站等基础设施，华北联网的50万伏高压电网、110千伏高压线路穿越镇域，中科院太阳能1兆瓦光热发电示范电站；有供水场、污水处理厂等节能设施。有中学1所，小学1所，中心幼儿园1所，学前班1所，镇级社区卫生服务中心1所，村级卫生室9个，社区服务站2个。全镇实现农村经济总收入11亿元、同比增长3%，农民人均劳动所得32371元、同比增长7.6%，完成财政收入1879.25万元。全年民俗旅游接待44.3万人次，收入5039.3万元，同比增长34.7%。

年内，镇党委下辖基层党组织25个，有基层党支部25个，其中农村党支部15个；有党员805人，其中农村党员598人。全镇党组织开展“不忘初心、牢记使命”主题教育活动，成立4个工作组与15个联系指导组，开展集中学习18天、交流研讨7次；围绕“四个聚焦”（聚焦国庆服务保障、聚焦提升基层党建工作能力、聚焦解决群众“最后一公里”、聚焦提高基层治理）开展专题调研294次，完成调研报告13篇，收集各类意见建议及问题177件。重点抓好农村党支部、同步抓好机关党支部、统筹抓好非公基层党组织主题教育活动，起草简报16期。在全区率先完成农村社区“两委”换届选举。严把党员“入口”关，新确定入党积极分子32名，接收预备党员10名，预备党员转正10名。引领帮水峪村与岔道村、水关长城党支部等帮扶共建，实现转化提升。完成国庆70周年庆祝活动和世园会重大活动服务保障任务。办结各类问题线索11件、立案调查5件、给予党内处分5人。

全年大气污染治理处罚23起，罚款23.12万元。落实河长制，全年巡河1348人次6168千米，完成河道整改通知168次，清理河道垃圾、杂物2.30万立方米，河道环境整改与巡河任务在区考核排名均第一。第一批6个美丽乡村进展顺利，第二批8个完成规划编制。完成京礼高速沿线3个养殖户的退养清退工作，升级改造公共卫生间4座，改造户厕31座，整治环境问题8330处，拆除私搭乱建1.10万平方米，清理乱堆乱放1647处，清理垃圾渣土3.70万立方米。在市级人居环境验收中，全区排名第三位的村9个、百分村5个、创建“最美家庭”59户。八达岭生态休闲公园百万亩平原造林工程竣工。推动京张高铁、张北柔性直流电网换流站等重点工程征拆工作，发放征拆补偿资金7900万元。京礼、京藏、S2线高速道路等世园会主要交通沿线环境整治，完成营城子村剩余户集体产权土地腾退工作。与北京启迪之星创业加速科技有限公司签订合作协议，八达岭华融商旅服务区（长城文化广场A区）开工建设，小浮陀村田园综合体项目基本落地。里炮村园艺盆景作为全区唯一一个村级产业走进世园会参展，代表延庆区企业亮相中国（北京）生态食品博览会“北京特展”平台。

截至年底，建成运行老年餐桌10家，实现“儿童之家”“妇女之家”全覆盖。献血99份共计1.98万毫升，超额完成献血任务。104户低收入农户共计213人全部脱低并完成10%增幅。为60名享受低保、特困人员发放低保、特困补助共156万余元，为1857名残疾人发放生活补助83.10万元，为618名残疾人发放助残券10.50万元，新型农村合作医疗参合率100%。“接诉即办”全年受理群众诉求867件，有效回访716件，解决工单456件，解决率63.69%，群众满意率74.16%。15个行政村集体经济组织完成清产核资工作，通过市级验收。里炮村获得全国乡村治理示范村称号。（八达岭镇各村基本情况统计见表6）

单位名称：八达岭镇政府

地　　址：八达岭镇西拨子村

电　　话：69120356

（张晶晶）

【“两委”换届选举】 1月底，完成农村、社区“两委”换届选举工作，选举产生107名新一届“两委”干部，完成新一届农村“两委”干部集中培训工作。

（张晶晶）

【2个村级退役军人服务站揭牌】 5月21日，镇政府以及岔道、大浮陀下属的2个村级退役军人服务站揭牌成立。

（张晶晶）

【对口帮扶】 6月28日，镇有关人员到内蒙古兴和县赛乌素镇、河北省张家口市宣化区李家堡乡结对帮扶，提供帮扶资金20万元。

（张晶晶）

【镇一届人代会第四次会议召开】 7月13日，北京市延庆区八达岭镇第一届人民代表大会第四次会议召开，补选产生八达岭镇人民政府镇长1人、副镇长2人，人民代表大会主席1人。

（张晶晶）

【市少儿围棋升段赛在里炮村举行】 8月3日至10日，在里炮村举行2019年“园艺小镇杯”北京市少儿围棋升段赛，由延庆围棋协会、延庆区八达岭镇人民政府主办，“园艺小镇”里炮村承办，分为1级升1段组、1段升2段组、2段升3段组、3段升4段组、4段升5段组，共5个组别。中小学生、围棋培训学校学生、青少年围棋爱好者共计800名选手参赛。

（张晶晶）

【世园会执勤安保工作者慰问演出】 9月6日，慰问世园会执勤安保工作者周末场专场文艺演出在镇文化体育服务中心举办，党员干部群众与300余名执勤安保工作者观看演出。

（张晶晶）

【第二届中国“晴耕雨读”田园诗歌摄影书画大赛颁奖晚会在石峡村举办】 9月13日，第二届中国“晴耕雨读”田园诗歌摄影书画大赛颁奖典礼在石峡村举行，大赛由国家农业图书馆、农业农村部职工摄影俱乐部、延庆区八达岭镇人民政府联合主办，北京丝路文化发展协会承办，评出优秀作品诗歌类36件、摄影类16件、诗画类6件。颁奖典礼分为“玉兔东升”“那时明月”“月是故乡明”3个篇章，内容有诗歌朗诵、传统舞蹈、民乐演奏、歌曲吟唱、传统拜月仪式。获奖作者代表、诗歌摄影书画爱好者、游客和村民共计200余人参加。

（张晶晶）

【义诊活动在营城子村举办】 9月21日，九三学社北京西城医药卫生支社、北京儿童医院支社在营城子村以“不忘初心、牢记使命”为主题开展义诊活动，参加义诊的有北京市协和医院、北京市积水潭医院、北京市儿童医院、北京市第二医院、北京市肛肠医院5家医院的泌尿外科、运动医学骨科、内科、中医骨科、神经外科、疼痛科、口腔科、小儿耳鼻喉科、小儿消化内科、心内科、内分泌内科、骨外科等18个专科医师。根据现场就诊情况对轻度患者进行免费治疗，对较重患者，给予提出继续诊断治疗方案和健康知识指导。活动现场进行义诊和健康咨询300多人次。

（张晶晶）

【38人参加国庆群众游行】 10月1日，八达岭镇38人作为“乡村振兴”方阵队员参与中华人民共和国成立70周年农民群众游行活动。

（张晶晶）

【补选区级人大代表2名】 12月10日，区第二十七选区1895名选民投票补选区级人大代表2名。

（张晶晶）

表6 2019年八达岭镇各村基本情况统计

村委会名称	党支部书记	村委会主任	户数（户）	人口（人）	经济总收入（万元）	人均所得收入（元）
石峡	李汉	李汉东	99	189	1706.60	27899
帮水峪	刘燕	龚友	401	751	2663.60	20196
里炮	张良	张良	199	417	2520.10	37928
外炮	田飞	田飞	178	309	1161.80	23447
营城子	王万发	王万发	606	1152	9112.50	28227
东曹营	詹志刚	詹志刚	424	729	5406.20	23538
大浮陀	耿雪	耿雪	646	1193	9292.00	25470
小浮陀	李宪斌	李宪斌	339	632	5797.20	27220
程家窑	王纪春	王纪春	278	489	2228.90	22992
岔道	张宝龙	陈刚	691	1293	41536.10	56630
西拨子	康雪生	康雪生	249	415	9054.60	36347
南园	史志刚	史志刚	140	299	1610.40	21405
东沟	李玲	李玲	125	253	1251.90	25759
石佛寺	高瑞华	高瑞华	169	303	14251.40	63746
三堡	宋海英	宋海英	48	80	1233.10	34125

永宁镇

【概况】 永宁镇辖区面积146.50平方千米，耕地面积4131.33公顷（61970亩），下辖36个村民委员会。2019年，全镇户籍户数14098户，其中农业户7967户、非农业6131户；户籍总人口26950人，其中农业人口16551人、非农业人口10399人。年内出生人口289人，出生率10.72‰；死亡人数195人，死亡率7.23‰；人口自然增长率为3.49‰。镇内有永宁古城、妫水源头、青龙潭等旅游景点。有九年一贯制学校1所，在校生967人，教职工172人。幼儿园1所，入园儿童373人，教职工89人。社区医院1家。镇党委辖基层党组织44个，包括党总支1个、党支部43个。年内发展党员9名，全镇有党员1654名。全镇农作物耕种面积1635.50公顷（2.45万亩），化肥使用量11269千克。主要农作物玉米的播种面积、总产量和单产分别为752.77公顷（11291.50亩）、4558.70千克和403.71千克；蔬菜播种面积和单产分别为550.38公顷（8255.70亩）、2154千克；干鲜果总产量27.39万千克，其中鲜果24.08万千克。全年生猪出栏8563头，存栏5860头；羊出栏4375只，存栏2972只；肉牛出栏313头，存栏215头；鲜蛋产量2231.76千克。农村经济总收入7.43亿元，人均所得17227.2元。

全镇就业人口7676人，其中外出就业人员4493人。城乡基本医疗保险参保人数12895人，参保率98%。全镇残疾人数2337人，比2018年增加66人。其中，视力残疾404人；肢体残疾1203人；精神残疾157人；智力残疾150人；多重残疾116人。发放社保卡13917张，其中二次申领4人，修改信息992人，社保卡丢失补卡429张，新参保452人，减员76人，退费52人，为26人申请“特批红名单”。为参保人变更定点医疗机构560人次，修改个人信息992人次，175人以现金缴费的形式参保，收取现金4.79万元。收取293人住院及门诊手工报销票据1886张共计578.10万元。城乡居民大病二次补偿117人共计104.9万元。空岗信息采集453人，全年指标为450人，完成指标率101%。城乡居民基本养老保险参保人数6078人。

年内，完成永宁镇环城路、永宁法庭至北关新区、昌赤路利民街至阜民街路段、延琉路吴坊营、新华营路段综合整治及绿化，整治土地面积201.40万平方米。与镇区319家商户签订“门前三包”责任书。镇城管执法队立案查处各类违法案件907件，按一般程序进行处罚58起，罚款15.85万元。2019年全年，人均处罚量11.60，在生态城镇发展区排名第三，人均检查量1511.80，在18个街乡镇排名第一。举办“百年五四迎世园 篮球健儿展风采”青年篮球赛，端午文化节活动。星火工程演出120场，其中专业演出40场，业余演出80场。镇鸣凤艺术团外出交流演出18场，永康艺术团外出交流演出9场。（永宁镇各村基本情况统计见表7）

单位名称：永宁镇政府
地　　址：永宁镇永宁大街39号
电　　话：60171741

（张啸雪）

【举办新春文化庙会】 1月30日至2月20日，永宁镇举办“游京郊永宁古城 寻最浓中国年味”新春文化庙会。庙会包括彩灯展示，灯笼制作、猜灯谜、延农产品展销、山货大集5项内容。灯展区围绕世园会、冬奥会、年节主题，以玉皇阁为中心，辐射周边东、西、南、北四条主街干道有6700米轮廓灯带2000盏造型各异的灯笼灯串、21挂五彩灯帘，6组大型灯组。

（张啸雪）

【开展世园会主题培训】 3月，镇妇联组织开展“巾帼建功新时代 我为世园添光彩”世园会主题培训活动。王木营蔬菜种植专业合作社进行“女性创业、园艺栽培、农业产业发展”培训和花卉栽培实操培训及“社交礼仪，世园常识”培训，永宁镇女性职工及36个村妇联主席共计120余人参加。

（张啸雪）

【举办世园会知识大赛】 4月9日，永宁镇党委、政府和永宁镇新时代文明实践所在永宁剧院举办“文明迎世园，建功新时代”新时代文明实践世园会知识大赛。永宁镇下辖各个村级代表队100余人参加，竞赛分为初赛和决赛两个环节，题目内容包括世园会、十九大、新时代三个部分，小南元村代表队获得一等奖。

（张啸雪）

【举办好家风文化讲堂活动】 5月4日至5

日，永宁幼儿园在镇文化站举办以“母教孝亲和谐家庭 家园共育 立德树人”为主题的2019年中华母亲节推进活动暨缙山书院好家风文化讲堂活动，活动内容包括专家讲座、家长沙龙以及向社会开放等。中华母亲节促进会和延庆区妇联、区教委、永宁镇相关领导出席，幼儿园儿童及家长共计500余人参加。

（张啸雪）

【退伍军人志愿服务队成立】 7月30日，延庆区首支由退伍军人组成的志愿服务队——“橄榄枝退役军人志愿服务队”在永宁镇和平街新时代文明实践站成立。全队有10名队员，均为和平街退役军人。服务队队员中年龄最大的60岁，最小的30岁。志愿队服务内容为防火防汛、应急救援、安全维稳、环境整治等。

（张啸雪）

【产业园举办中秋节庆祝活动】 9月11日，永宁镇新时代文明实践所在南山健源农业生态产业园举办中秋节庆祝活动，活动内容有月饼制作、兔爷儿DIY和手工灯笼制作、旱地冰壶。附近村民及游客共计100人参加。

（张啸雪）

【国庆主题演出】 9月26日，永宁镇新时代文明实践所在永宁剧场举办“唱响主旋律 讴歌新时代——我和我的祖国”庆祝中华人民共和国成立70周年主题演出活动，演出分为“同心同力同战斗”“山笑水笑人欢笑”“新天新地新时代”3个篇章。镇政府机关干部、幼儿园代表、永宁镇各村、社区文化演出团队以及永宁镇社会各界群众共计500余人参加。

（张啸雪）

【“盛世永宁杯”气排球邀请赛举办】 10月26日至27日，“盛世永宁杯”气排球邀请赛举办，比赛地点在永宁中学体育馆。活动由延庆区体育局、延庆区地税局、延庆区总工会、永宁镇人民政府主办，延庆区气排球协会承办，延庆区19支代表队及永宁镇20支代表队参赛，比赛分为小组赛和阶段赛，八达岭总公司1队获得冠军，中鼎华信、新兴西社区1队、新兴西社区2队分获第二、三、四名。

（张啸雪）

【2个菊花品种获奖】 年内，永宁镇新华营村北京双时助农花卉种植专业合作社培育的35种新品种7万余株盆栽菊花在世园会展出，“杏芳”和“夏妆”2个品种被审定为北京市良种，获得2019年北京世园会盆花新品种培育竞赛金奖。

（张啸雪）

表7 2019年永宁镇各村基本情况统计

村委会名称	党支部书记	村委会主任	户 数（户）	人 口（人）	经济总收入（万元）	人均所得收入（元）
河 湾	张大海	张大海	225	437	554.90	14061
北 沟	张振宗	张振宗	27	45	139.60	13037
清泉铺	卫宇廷	池春红	340	679	907.60	13832
罗家台	—	—	181	341	390.30	13906
王家堡	王 玉	王 玉	80	153	234.10	19196
水口子	贺祥君	—	54	119	447.60	16436
偏坡峪	钱志龙	刘春亮	37	79	373.30	21667
二 铺	吕淑春	吕淑春	131	240	977.80	17365
营 城	刘存福	刘存福	219	430	1410.00	19192

续表 7

村委会名称	党支部书记	村委会主任	户　数（户）	人　口（人）	经济总收入（万元）	人均所得收入（元）
马蹄湾	巴士义	巴士义	68	145	245.00	14151
西山沟	宋利军	宋利军	183	334	651.30	14098
永新堡	李秀环	李秀环	191	400	587.70	15312
狮子营	韩　颖	—	200	358	890.50	14953
上　磨	訾景成	訾景成	260	476	2422.60	20082
吴坊营	吴永成	吴永成	664	1234	4409.00	17288
小庄科	魏石兰	魏石兰	194	566	1084.10	17648
前平坊	韩贵洲	韩贵洲	164	319	760.90	14812
孔化营	梁志鑫	梁志鑫	789	1432	4663.70	18890
新华营	朱正喜	朱正喜	1213	2308	7725.60	23544
左所屯	张　恒	—	1372	2551	5811.00	15749
北　关	苏金全	苏金全	240	482	7712.70	19829
西　关	钱永青	钱永青	932	1827	5846.70	19239
小南元	闫占江	闫占江	184	337	791.60	14086
盛世营	李　森	李　森	179	329	674.10	15412
南　关	田秀梅	田秀梅	357	695	1174.70	12966
太平街	杨金禄	杨金禄	795	1501	2314.90	15835
利民街	盛长栓	盛长栓	914	1729	4774.10	13641
和平街	颜铁柱	颜铁柱	540	1040	2049.30	13727
阜民街	李顺来	李顺来	844	1530	3599.20	17951
王家山	肖玉成	肖玉成	495	990	1767.30	16716
南张庄	张振林	张振林	183	400	1631.00	23871
东灰岭	赵金柱	赵金柱	567	1079	3457.00	23290
彭家窑	彭永强	彭永强	256	522	806.80	12654
西灰岭	于秀利	于秀利	377	747	1483.10	13444
头　司	韩建华	韩建华	80	155	314.70	17308
四　司	陈钇锦	陈钇锦	144	323	571.40	15415

旧 县 镇

【概况】 旧县镇辖区面积 109.70 平方千米，下辖22个行政村，户籍户数11314户，总人口22637人。全年出生318人，出生率14.04‰，死亡人口141人，死亡率6.23‰，人口自然增长率7.81‰。镇域有延庆古八景中的三处："古城烟树""神峰列翠""独山夜月"；有绿色产业：528亩牡丹园，1000亩绿富隆观光园种植有机蔬菜，600余亩的国光苹果种植园，有11万棵苹果树的瑞德苹果园种植园；有休闲旅游场所：龙庆峡、华海田园天文农庄、盆窑陶艺、云瀑沟、露营公园、摩崖造像；有高端民宿：白河堡康养民宿、九州星宿、伴月山舍、自游自在、左邻右舍。全镇有中小学校4所；幼儿园3所，其中公立2所、私立1所。医院1所，数字影院23个，其中固定影院22个、流动影院1个。健身广场23个。镇党委辖基层党组织29个，其中农村党支部22个；年内，发展党员12名，按期转正9名，全镇有党员1467名。

2019年，全镇粮食作物播种面积1088.93公顷（16334亩），总产量6810.30吨。其中玉米播种面积1064公顷（15960亩），产量6749.20吨；谷子播种面积16.67公顷（250亩），产量37吨；大豆播种面积8.26公顷（124亩），产量24.10吨。年内羊出栏2291只，存栏3626只；牛出栏1203头，存栏2849头；猪出栏831头，存栏0头；家禽出栏17.76万只，存栏5.83万只；马出栏18匹，存栏22匹；驴出栏12头，存栏50头；骡出栏4头，存栏11头。完成财政收入256万元，同比增长19%；实现农村经济总收入15.70亿元，同比增长4.70%；实现人均劳动所得2.98万元，同比增长7.50%。全年旅游接待69.20万人次，同比增长66%，旅游收入5247.90万元，同比增长49%。城乡居民基本医疗保险参保10763人，为690人次提供医疗救助122.45万元。为2214名无保障老人发放补助1865万元。

年内，完成危房改造85户。清退4家"散乱污"企业，督促15家餐饮单位完成油烟净化改造升级，淘汰国三柴油车44辆。逐一核查32个裸露土地图斑，清理复绿建筑垃圾渣土裸地1.12万平方米、苫盖2.63万平方米；全力制止"三烧"行为，回收秸秆1.23万亩。古城、东羊坊、车坊、盆窑、团山等村1949户完成"煤改气"，优质燃煤替换6386.15吨，打击劣质燃煤巡查86次，取缔固定摊位1处。开展涉气专项执法检查108次，查处施工扬尘违法行为2起，罚款2万元；查处施工工地类违法行为7起，罚款6.22万元；查处运输车辆类违法行为14起，罚款1.70万元；查处露天焚烧树叶秸秆44起，罚款880元。严格落实河长制，累计巡查河道614次，镇村两级巡河率100%，前三季度巡河排名全区第一。整治河道环境问题，出动810人次、510车次，清理河道垃圾渣土1650立方米，拆除涉河违法建筑30平方米、清理倒伏树14棵、清理水面漂浮物2.72万平方米，整改问题400余处，其中整改区级问题40次71处，整改率100%。强化土壤污染源头管控，为1585户村民办理生物农药补贴卡，回收农药包装废弃物、地膜1.81万斤。落实生态绿色循环工程，对秸秆机收作业补贴60余万元，将玉米、蔬菜秸秆机收制肥，为种植户配送有机肥5492吨。拆除违规广告牌匾154块，清理乱堆乱放7592处，拆除私搭乱建519处共计2.13万平方米，在村庄内和周边栽种各类花草近600亩。全镇新建公厕14座，旧县等8个村的阳光浴室完成修缮，实现全年开放。完成户厕改造1243户。白河堡和盆窑2个村完成污水主干管网项目，三里庄、东羊坊等5个村的污水项目水评、环评获批。北张庄等4个村的污水厂站完成可行性调研。栽植银杏树700余棵，硬化道路4.35

千米，升级改造公交站亭 40 余座，开通华海田园天文科普教育基地旅游专线 1 条。打造“世园人家”民俗接待户 22 家。实施 3 家畜禽规模化养殖场粪污资源化利用项目，经营性畜禽养殖场退养 48 户，高风险生猪养殖场退养 2 户。全年拆除违法建设 57 处共计 8547.50 平方米，完成任务 142%，完成留白增绿 4.35 亩任务量。整改销账区级渣土问题台账 18 处，自查整治渣土问题点位 4 处，查处偷倒垃圾行为 2 起。，查处规范占道经营类行为 424 起违法行为 500 起，罚款 0.46 万元。治理无证无照经营户 11 家。检查全镇 386 家生产经营单位 723 家次，发现整改隐患 228 项，整改率 100%。对 386 家企业、17 家驻镇单位、23 个村（社区）开展消防安全隐患专项排查，共排查整改隐患 837 处。开展校园周边联合执法 6 次，开展食药安全专项检查 50 余次，食品快速检测 107 次，蔬菜样本检测 200 次。

截至年底，举办文化体育活动 100 多场次，吸引 2 万余人次参与。举办第三届“独山夜月”旅游文化体验周、第七届妫州牡丹文化节、第十二届夏季群众文化广场、第四届苹果文化节、第十二届冬季群众文化艺术节、第三届延庆天文科普论坛等特色活动。完成“助力冬奥喜迎国庆”首届京张钓鱼联谊赛、“迎冬奥”京津冀冰钓联谊赛、“福润杯”北京市第十九届农民象棋比赛等市区级比赛。组织 35 支志愿服务队、1200 多名志愿者开展各类志愿服务活动 650 余次，服务群众 1 万余人次。提供化妆、健身舞蹈等文体培训，近 600 人次参加培训。图书流转 4 万册次，村级借阅超过 1000 人次，电影放映 820 场。在 22 个村建设 28 套体育设施。开展文明城区创建活动，制作创城各类展板 100 余块，悬挂横幅 200 余条，逐村逐户发放创城折页、围裙 7000 余份。在全镇公厕增设无障碍设施 16 个，在镇政府院内、文体中心、大柏老、商业街增划停车位 100 余个，开展多次联合执法，对镇区秩序开展专项整治。推荐区级文明家庭 66 户，区级文明示范家庭 4 户。完成白草洼、盆窑 2 个村乡情村史陈列室建设，启动白河堡村、闫庄村陈列室设计。第三届北京·延庆天文科普发展论坛被中国科协评为 2019 年全国科普日优秀活动。获得首都环境建设管理委员会颁发的“首都环境建设样板单位”及北京陆军预备役高射炮兵某团颁发的“预备役工作先进单位”荣誉称号。获延庆区第十一届北京端午文化节龙舟竞渡比赛二等奖。（旧县镇各村具体情况统计见表 8）

单位名称：旧县镇政府
地　　址：旧县镇旧县村
电　　话：61151206

（吕秀芳）

【第三届“独山夜月”文化体验周】 9 月 12 日至 15 日，旧县镇举办第三届“独山夜月”文化体验周活动，活动以“月圆京城 情系中华”为主题，有“赏独山夜月、颂家国情怀、品文创新知、观星空花海、话一镇一品、游美丽延庆”六大板块 30 余项中秋主题活动。在“赏独山夜月”板块中，以高端音乐文化品鉴为主要内容，国乐演奏家吴题、陈氏二胡流派第三代传人陈依妙、中央人民广播电台指导播音员虹云等表演艺术家登台献艺。音乐品鉴会通过《妫川明月》《缙山金牛》《独山夜月》三个篇章，讲述“独山夜月”的历史文化。活动周期间接待游客约 2 万余人。

（吕秀芳）

【美丽乡村建设】 年内，首批 13 个村“美丽乡村建设”规划和实施方案通过区级审批，11 个村完成项目招标，白河堡、烧窑峪、旧县、黄峪口、盆窑 5 个村开工建设，工程进度完成 70% 以上。第二批米粮屯、白草洼等 5 个村规划方案通过区级部门征求意见。

（吕秀芳）

【基础设施建设】 年内，建成镇级渣土垃圾填埋场 1 处，规范建设村级渣土场 13 处，在镇区安装垃圾分类设施棚架 59 处，配发分类垃圾桶61套252个，完成白羊峪、大柏老、西龙湾等11个村饮用水井房改造，团山等6个村新建水源井。升级改造东烧路等5条乡村公路7.78千米，完成乡村公路生命防护工程隐患点改造38.40千米，为三里庄和耿家营2个村开通公交，完成大柏老等13个村外围电网改造和村内低压配网改造工程。

（吕秀芳）

【造林绿化】 年内，完成“新一轮百万亩造林”绿化207.37公顷（3110.55亩），做好644.14公顷（9662.10亩）平原地区生态林管护工作。栽植国槐、油松等近700株，种植矢车菊、石竹等4公顷（60亩）。

（吕秀芳）

【脱低增收】 年内，现有低收入农户622户1342人全部脱低，全年人均可支配收入增长率10.5%。完成低收入户危房改造42户，为4户有改造意愿但无改造能力的低收入户进行统建，实现住房安全60户。依托阳光果园等3家助残就业增收基地，低收入户残疾人72人实现就近就业，每月增收2120元。推进北张庄、烧窑峪、白河堡3个低收入村的5个帮扶产业项目，累计拨付项目资金816.70万元，覆盖低收入户171户。3个低收入村光伏发电项目完工。分别向洋河南镇和鄂尔栋镇捐助帮扶资金10万元，向受援镇村节日慰问、捐赠各类生活用品折合人民币2.65万元，开展两地互访对接4次。

（吕秀芳）

【“接诉即办”】 年内，“接诉即办”接单1296件，其中响应1296件，响应率为100%；已解决988件，解决率为76.23%；满意1132件，满意率为87.35%。“三率”综合排名全区第四，在15个乡镇中排名第一。

（吕秀芳）

【就业培训】 年内，开展西餐、拉面、插花、电子商务、观光车司机、花馍制作等就业培训22次，培训964人次。组织2场招聘会，提供就业岗位1098个。全镇劳动力就业9807人，就业率94%。

（吕秀芳）

【幸福餐桌建设】 年内，新建“老年幸福餐桌”8家，共运营11家，11个村独居、高龄、空巢老人的生活所需得到解决。全镇幸福餐桌覆盖率50%。

（吕秀芳）

【“吹哨报到”】 年内，“吹哨”109次，出动执法力量2300人次，检查相关企业及商户445家，消除安全隐患84处，责令整改81家。全年城管执法检查3855次，处罚595件，罚款10.59万元。

（吕秀芳）

表8　2019年旧县镇各村基本情况统计

村委会名称	党支部书记	村委会主任	户　数（户）	人　口（人）	经济总收入（万元）	人均所得收入（元）
白草洼	陈进行	陈进行	163	366	2031.90	21834.50
三里庄	孟和平	张月玲	503	1064	2065.90	18637.50
烧窑峪	李来有	李来有	131	286	713.90	16542.70
北张庄	田金来	田金来	470	1110	2292.80	16066.00
白羊峪	王建立	程二合	52	117	449.60	18812.50
黄峪口	程立存	程立存	173	361	557.90	18449.00
白河堡	赵庆中	赵庆中	126	279	1346.60	20443.30

续表 8

村委会名称	党支部书记	村委会主任	户 数（户）	人 口（人）	经济总收入（万元）	人均所得收入（元）
闫 庄	赵风武	闫爱民	956	1855	3981.80	19069.90
耿家营	雷志强	谷海风	407	783	1935.60	19333.30
车 坊	王海龙	王海龙	500	988	3187.70	19630.20
旧 县	高华彪	高华彪	1415	2913	17921.60	31383.50
东羊坊	张 鹏	李德有	517	1027	2626.80	21067.80
米粮屯	王连月	王连月	978	1983	6739.10	22633.30
古 城	李云龙	李云龙	964	1983	15072.10	53667.40
常家营	王爱柱	王爱柱	405	866	3030.50	22368.00
常里营	李腾飞	李腾飞	273	500	1367.50	15576.40
盆 窑	王海涛	王海涛	302	584	3121.40	29516.50
团 山	耿海庆	耿海庆	599	1148	4047.50	20482.70
大柏老	闫国庆	闫国庆	1180	2300	40658.40	52287.90
小柏老	苗振泉	李春霞	184	414	2331.20	30776.40
西龙湾	张 杰	张 杰	422	814	8350.50	40058.50
东龙湾	周新军	周新军	256	487	1531.50	22733.60

张山营镇

【概况】 张山营镇镇域面积 267 平方千米，全镇户籍总人口 2.45 万人。全镇有九年一贯制学校 1 所，小学 2 所，中心幼儿园 3 所，社区卫生服务中心 1 所，村级卫生室 6 所，文体中心 1 座，数字影厅 26 座，健身广场 21 处。2019 年，镇党委辖基层党组织 46 个，其中农村党支部 32 个。2019 年预备党员转正 7 名，发展预备党员 10 名，全镇有党员 1587 名。开展“五个一”（学习一堂党性教育讲座、举办一次党建知识竞赛、慰问一批老党员及困难党员、组织一场党员献爱心活动、观看一场红色文艺演出）系列活动。举办海陀之音歌手大赛。举办“唱响主旋律 讴歌新时代”庆祝中华人民共和国成立 70 周年文艺演出。全年果品产量 128.70 万千克，果品收入 3783.30 万元。取得有机果品认证合作社 5 家，认证面积 65.40 公顷（981 亩）。全镇 40 套精品民宿投入运营，全年接待收入 750 余万元。

2019 年城镇居民基本养老保险参保率达 99%，全镇有残疾人 1700 人，占全镇人口的 7%。“接诉即办”接工单 2085 件，解决率为 78.57%，满意率为 80.02%，较年初分别上升 33.6 和 35.6 个百分点。2018 年启动建设的 10 个美丽乡村中，已有 7 个村完成规划招标，其中，苏庄、吴庄、小河屯 3 个村已进入施工阶段；年内上报的 22 个美丽乡村中，18 个村完成规划编制。全年拆除违法建设 54 处 2.35 万平方米，完成全年任务的 117%。完成煤改清洁能源 26 个村 9649 户，$PM_{2.5}$ 平均浓度达 34 微克/立方米，TSP 浓度明显下降。镇级河长巡河率 100%，村级河长巡河率 93.23%，整改水环境问题200余处。农村户厕改造1103户，整改乱堆乱放、私搭乱建等环境问题台账2947处，32个村通过市级人居环境整治验收。冬奥会综合管廊、造雪引水及集中供水、应急水源保障等外围配套工程主体施工建设全部完成；海陀、玉渡110千伏输变电工程施工建设已基本完成；生态廊道工程完成管线、浮船的清登评估、协议签订和补偿款的发放。截至年底，全镇一般公共预算收入完成1.77亿元，同比增长94.30%；全镇居民人均可支配收入完成21128.8元，同比增长7.70%左右；低收入农户人均可支配收入完成21308.3元，同比增长10.50%左右，实现100%脱低。（张山营镇各村具体情况见表9）

单位名称：张山营镇政府
地　　址：张山营镇佛峪口村南
电　　话：69111051

（陈述升）

【镇一届三次党代会召开】 1月20日，镇第一届党员代表大会第三次会议召开，108名代表参会，会议总结2018年工作，部署2019年工作。会议提出2019年全镇要抓住冬奥会世园会筹办举办的契机，为建设冬奥冰雪休闲小镇努力奋斗。

（陈述升）

【镇一届五次人代会召开】 1月25日，镇第一届人民代表大会第五次会议召开，代表51名和列席代表8名出席。会议总结2018年全镇经济社会发展取得的成绩，明确2019年将重点做好世园会和冬奥会测试赛各项服务保障工作等九个方面工作。

（陈述升）

【元宵节花会展演举办】 元宵节前，张山营镇组织以“延庆是我家 世园靠大家”为主题的元宵节花会展演，通过集中展演和分散展演演出高跷、秧歌、小车会等。全镇7档花会参加。

（陈述升）

【冬奥森林公园建设】 4月30日，冬奥森林公园建设项目启动。年内，完成总工程量的42%。冬奥森林公园位于张山营镇政府西侧，规划建设面积32公顷（480亩），总投资4519万元。

（陈述升）

【开展义务植树活动】 5月8日，全镇机关干部80余人在田宋营村开展以“创森林城市，建美丽延庆”为主题的义务植树活动。张山营镇2019年义务植树目标为3.30万株，年内种植树木4.70万株。

（陈述升）

【西大庄科村宅基地签约】 6月16日，张山营镇西大庄科村土地一级开发项目宅基地签约工作正式启动，签约工作当天全村53户村民35宗宅基地100%完成签约。西大庄科村的提升改造在保留村庄肌理、使村民的生活就地得到延续和改善的基础上，在冬奥会举办契机下转换和提升村民生产生活方式，使村庄与冰雪产业深度融合和共享。

（陈述升）

【开展冬奥会文明故事宣讲活动】 6月20日，北京2022冬奥会文明故事宣讲活动在张山营镇举办，身残志坚的残奥会冠军刘玉坤、“北京榜样”郎恩鸽、2008年奥运会“北京欢迎你”书法作者郭宝庆、《北京青年报》记者杨信分别讲述自己与冬奥会的故事，全镇机关干部200余人参加。

（陈述升）

【举办新时代文明实践主题活动】 6月23日，张山营镇与北京住总集团工程总承包二部冬奥会延庆赛区项目部，共同开展以“从美丽世园到冰雪冬奥”为主题的国际奥林匹克日新时代文明实践主题活动。镇“海陀之星”地壶球队的小队员和冬奥工程一线建设者们进行友谊地壶球赛，近100人参加。

（陈述升）

【征地补偿款发放到位】 7月15日，张山营镇西大庄科村土地一级开发项目宅基地补偿款全部发放到位。全村共征拆53户村民的35宗宅基地，发放补偿款5148万元。

（陈述升）

【镇一届六次人代会召开】 7月28日，镇第一届人民代表大会第六次会议召开，52名人大代表和9名列席代表出席。会议审议并通过2019年上半年镇政府工作报告，并对下半年工作进行部署，选举产生镇人大主席1人及副镇长3人。

（陈述升）

【“最美家庭”故事宣讲】 8月9日，万户家庭守礼仪“最美家庭”故事宣讲活动在张山营镇举办。区商务局康艳云家庭、儒林街道张合平家庭、张山营镇张伟琴家庭等7个家庭分别讲述各自家庭“崇德向善、互谅互让，追求忠贞爱情和家庭幸福美满”的故事。全区各乡镇（街道）妇联副主席、张山营镇各村妇联主席，以及历年获“最美家庭”代表、妇女典型等共计120人参加活动。

（史建美）

【考学奖励】 8月25日，张山营镇举办2019年独生子女考学奖励大会，为3名考入“985”“211”类重点本科，35名考入普通本科，28名考入重点高中的独生子女分别按照5000元、3000元、1000元的标准发放励志金共计15.40万元。镇独生子女考学奖励政策已连续实施14年，累计为684人次发放励志金123万元。

（陈述升）

【举办广场舞大赛】 8月25日，张山营镇新时代文明实践所举办2019年广场舞大赛。全镇有张山营、龙聚山庄、水峪、下芦凤营、丁家堡、西卓家营、下营、东门营、黄柏寺、中羊坊、韩郝庄、上板泉、佛峪口、晏家堡14个村200余位队员参赛。

（陈述升）

【奥林匹克教育联盟成立】 10月18日，由延庆区5所学校牵头的北京冬奥会三大赛区学校奥林匹克教育联盟在张山营镇成立，并开展首届冬季奥林匹克教育嘉年华活动。联盟校有10所，分别为：张山营镇姚家营中心小学、张山营学校、靳家堡中心小学、西屯中心小学、八里庄中心小学、珍珠泉中心学校、张家口市崇礼区高家营小学、崇礼区乌拉哈达完全小学、海淀区羊坊店中心小学及石景山区电厂路小学。

（陈述升）

【首个人工智能实验室建成】 12月20日，姚家营小学“AI+梦想空间人工智能实验室”揭牌，这是延庆区首个人工智能实验室。实验室由市交通运输业商会等单位捐建，配置人形表演机器人、编程无人机、VR视频车、可编程机械臂、自平衡小车等。

（陈述升）

表9 2019年张山营镇各村基本情况统计

村委会名称	党支部书记	村委会主任	户数（户）	人口（人）	经济总收入（万元）	人均所得收入（元）
下营	刘志军	刘志军	750	1900	9069.30	22193
东门营	孙铁合	孙铁合	272	696	5875.60	20474
姚家营	郭维奇	郭维奇	490	1235	7582.50	20841
胡家营	胡顺泉	胡顺泉	243	652	3567.70	20045
水峪	刘忠诚	刘忠诚	182	486	1841.30	22355
佛峪口	杨根山	杨根山	127	321	1745.50	23137
西大庄科	徐建喜	徐建喜	27	73	339.50	32929

续表 9

村委会名称	党支部书记	村委会主任	户 数（户）	人 口（人）	经济总收入（万元）	人均所得收入（元）
西五里营	盛永民	盛永民	560	1143	6062. 50	21240
前黑龙庙	王合亮	王合亮	176	410	2895. 10	23207
后黑龙庙	杜皂银	杜皂银	141	250	1674. 70	20162
西卓家营	张爱民	张爱民	147	372	2415. 60	20500
马　庄	马海山	马海山	55	130	537. 80	21345
张山营	卢兴民	卢兴民	585	1450	9513. 80	22637
上芦凤营	卢瑞明	卢瑞明	83	212	847. 50	20047
下芦凤营	刘继芳	刘继芳	124	264	2449. 50	20000
小河屯	曹艳华	曹艳华	560	1660	6000. 40	20736
玉皇庙	吕　顺	吕　顺	52	234	1513. 40	22809
上板泉	郭占祥	郭占祥	503	1174	7434. 10	20526
下板泉	刘志涛	刘志涛	523	1311	3521. 20	20498
西羊坊	李海深	李海深	247	524	4905. 30	20797
辛家堡	辛春利	辛春利	153	360	2576. 70	20912
丁家堡	丁书星	丁书星	243	461	1768. 20	20947
田宋营	徐宇亮	徐宇亮	392	951	3531. 40	20073
吴　庄	卢铁墩	卢铁墩	96	260	1491. 80	20450
靳家堡	段廷艳	段廷艳	360	782	4349. 90	20260
晏家堡	王富贵	王富贵	374	707	3370. 80	20340
龙聚山庄	郭明德	郭明德	376	760	9387. 40	22448
中羊坊	许跃斌	许跃斌	490	1160	4452. 20	20015
黄柏寺	于　杰	于　杰	280	603	3562. 00	20703
韩郝庄	刘浩江	刘浩江	210	466	2363. 40	21161
上郝庄	万铁忠	万铁忠	63	181	737. 40	23338
苏　庄	古文叶	古文叶	133	291	1548. 10	21000

四　海　镇

【概况】　四海镇镇域面积 115. 70 平方千米，下辖 18 个行政村、6 个自然村。全镇户籍户数 3459 户，户籍总人口 6948 人，常住户数 2345 户，常住人口 4564 人。镇域四面环山，森林资源丰富，森林覆盖率为 79. 42%。全镇平均海拔 700 米，昼夜温差大，年积温 2700℃，平均气温 7. 4℃，年降水量在 550 ～ 700 毫米之间，无霜期 155 天左右，光照充足，平均年日照时间 2826 小时，属温带大陆型气候。有明代天顺八年（公元1464）修筑的四海城遗址、万里长城第一楼之称的“九眼楼”长城、西沟里自然风景区以及天门关“摩崖石刻”旅游景点。境内有延琉路、安四路、四宝路3条主要公路，18个行政村全部实现公路村村通。有社区卫生服务中心1所，医务人员45名，床位15张，下设17个村级卫生室。镇党委下辖基层党支部26个，其中镇机关党支部2个、退休党支部1个、村级党支部18个、社区党支部1个、社区卫生服务中心党支部1个、供销社党支部1个、大学生村官党支部1个、种植合作社党支部1个，全镇共有党员808名。2019年，镇党委开展“不忘初心、牢记使命”主题教育活动，查摆问题230条，提出批评意见122条，立行立改问题100个，制订整改措施200余条。

年内，全镇花卉种植面积2000公顷（3000亩），主要种植经济类花卉，有万寿菊、百合、串红、马鞭草、茶菊、天鹅绒紫薇、箭兰等。种植大榛子35公顷（525亩），发展订单农业欧李26.66公顷（400亩）。全镇农村经济总收入24291.50万元，农民人均所得17692元。全镇有民俗户48家，其中包括星级户38家，其中五星户1家、四星户5家、三星户8家、二星户12家、一星户12家。南湾村花海山庄和大胜岭村秀华家缘农家餐厅被评为“世园人家”挂牌户。乡里乡居花海小镇建高端民俗院落7家，投入运营5家。全镇旅游年收入1581万元，游客10.31万人次。实施浅山台地造林62.26公顷（934亩）。创建“基本无违建乡镇”，拆除违法建设1.06万平方米。镇内污染源上账问题全部销账。$PM_{2.5}$平均值28微克/立方米，降尘浓度3.8吨/（平方千米·月），均低于区级任务指标。垃圾分类率100%。清理整治河道环境54.10千米，镇、村两级河长巡河率100%，巡查问题销账率100%，综合评分100分。完成菜食河村“科技小院”建设。11个村通过全市人居环境整治验收。18个村成立新时代文明实践志愿服务队。新建4个村级养老餐桌，实施6个村级温馨家园基础设施改造；城乡居民基本医疗保险参保率100%；农村劳动力转移就业225人。（四海镇各村基本情况见表10）

单位名称：四海镇政府
地　　址：四海镇四海村
电　　话：60187798

（柴璐）

【送文化下基层系列活动举办】 1月17日，由中国美术馆、延庆区委宣传部、延庆区新时代文明实践中心主办的送文化下基层暨延庆区“花开新时代，温暖过大年”系列活动四海站活动在前山村新时代文明实践站举行。中国美术馆书法家向四海镇新时代文明实践所捐赠馆藏画册100册，并为前山村及其附近村民撰写福字、对联。延庆区新时代文明实践文化志愿服务分队演出舞蹈《张灯结彩迎世园》、河北梆子《龙江颂》、京东大鼓《迎冬奥》等节目。区卫生志愿服务分队和四海镇社区卫生服务中心现场提供问诊，以及测血压、血糖等医疗服务。妫川书院的书法家为前山、四海、西沟外、永安堡等6个村村民写春联、福字。区安监局、四海镇安全科向村民发放节日安全宣传品，宣讲预防煤气中毒等安全知识。区司法局、延庆司法所邀请相关律师事务所开展现场法律咨询，发放法律宣传品。

（柴璐）

【镇一届三次党代会召开】 1月23日，四海镇党员第一届代表大会第三次会议召开。84名党代表出席，10名代表列席。会议审议四海镇2018年度党委工作报告、纪委工作报告、党费收缴使用情况报告。

（柴璐）

【“扶贫义工”活动】 4月21日，万达商业规划院30余名职工到前山村，开展“扶贫义工”活动，与前山村结下共建对子，到10户村民家中走访调研，为60户村民送上“爱心大礼包”。

（柴璐）

【举办端午文化节活动】 6月6日，在四季花海核心区举办“游延庆、逛世园，长城脚下过端午”主题活动，活动内容有包粽子体验和“长城脚下过端午”主题演出。区文旅委“长城文化带”重点剧目——九眼楼戍边出征仪式首次试演。村民及游客500余人观看演出。

（柴璐）

【镇一届六次人代会召开】 7月28日，四海镇第一届人民代表大会第六次会议召开。40名代表出席，29名代表列席。会议选举四海镇人民政府镇长1名。

（柴璐）

【“花海山歌”赏花季活动开幕】 8月24日至10月1日，四海镇在花海核心景区举办“花海山歌”2019年“赏花季”花海骑行活动，有花海骑行、“同唱祖国好”“共舞中国梦”等庆祝中华人民共和国成立70周年主题演出、“我和国旗同框”新浪微博话题互动3项活动。“花海骑行”线路涵盖四季花海旅游廊道沿途主要花卉景观，突出“从美丽延庆到冰雪冬奥”的绿色发展主题，设置“乐动花海”“长城之花”“冰雪冬奥”等7个打卡点，每个打卡点都有一个贴合主题的景观小品。游客可以免费领取“花海骑行”活动的同款骑游“护照”，作为纪念品。“花海山歌”赏花季活动自2008年创办以来，已举办11届，累计旅游收入4亿余元。

（柴璐）

表10 2019年四海镇各村基本情况统计

村委会名称	党支部书记	村委会主任	户数（户）	人口（人）	经济总收入（万元）	人均所得收入（元）
四　海	巩长海	巩长海	247	740	3751.40	18146
海字口	翟艳燕	喻永才	417	835	3005.50	17929
岔石口	吴怀英	吴怀英	262	547	1507.90	18197
郭家湾	王飞明	王飞明	167	338	1118.40	18290
椴木沟	赵久满	赵久满	220	415	1460.00	16449
永安堡	赵桂梅	赵桂梅	212	390	1248.90	15994
菜食河	王　静	王　静	195	395	920.70	14561
西沟里	潘自荣	潘自荣	68	124	749.30	18000
西沟外	张树平	张树平	175	297	987.10	18245
石　窑	史怀莲	史怀莲	87	183	612.70	16792
黑汉岭	闫立炜	闫立炜	298	596	1902.30	20242
大胜岭	程宾义	程宾义	185	341	1429.30	17552
南　湾	任振江	任振江	330	614	1829.20	18297
楼　梁	夏俊英	夏俊英	85	171	415.50	17213
王顺沟	韩成强	韩成强	142	262	577.80	15508
前　山	王永怀	王永怀	105	189	542.00	17938
大吉祥	程文利	程文利	196	385	1847.60	18377
上花楼	秦淑旺	秦淑旺	68	126	385.90	18367

千家店镇

【概况】　千家店镇镇域面积371平方千米。下辖19个行政村、72个自然村，人口1.16万人。2019年出生72人，出生率6.22‰；死亡94人，死亡率8.12‰，人口自然增长率-1.90‰。镇党委辖28个党支部，有党员1175名。黑河、白河流经镇域。镇域内有硅化木、乌龙峡谷、滴水壶、朝阳寺、龙王庙、关帝庙6处售票景点，7个星级民俗村、203个星级民俗户，其中四星、五星民俗户共13个。镇域生态林面积3.29万公顷（49.40万亩）；林木绿化率74.57%，林木覆盖率64.66%；年内造林128.46公顷（1927亩），留白增绿3.17公顷（47.59亩），重点公益林管护工程313.33公顷（4700亩）。2019年，$PM_{2.5}$累计平均浓度为21微克/立方米、TSP平均浓度84微克/立方米，降尘浓度0.6吨/（平方千米·月），西帽山市级考核断面全年水质达到地表水Ⅱ类水平。

2019年，全镇经济总收入5.60亿元，人均劳动所得24758元。全镇种植黄芩667公顷（1万亩），新增调整花卉、杂粮、中药材种植71.06公顷（1066亩）；“两田一园”高效节水灌溉140.26公顷（2104亩）；“悠客小院”等4个民宿品牌9个院落通过民宿联盟品牌验收。平台子、水泉沟、牤牛沟、大石窑4个村以满分通过市级人居环境整治百日攻坚验收；通过国家卫生乡镇复审；424个低收入户903人全部脱低。年内，村两委换届，选举产生村两委干部103人；科级干部岗位轮换20人。河口村获得“首都绿色村庄”称号。全年开展各类技能培训共计培训3000余人次，实现转移就业370人；红旗甸村、平台子村完成养老餐桌建设。投入243.20万元为低保户等6类人群进行房屋修缮；发放农村低保救助资金198.65万元，发放慰问救助款43.97万元；成立热线服务科，设置热线服务电话（60181234）；组建“千家乐”等志愿服务队16支，招募志愿者228名。截至年底，拆除违法建设237宗共计4.60万平方米。（千家店镇各村具体情况见表11）

单位名称：千家店镇政府
地　　址：千家店镇千家店村后沟32号
电　　话：60188345　60188048

（赵军利）

【镇一届三次党代会召开】　1月23日，中国共产党千家店镇第一届党员代表大会第三次会议召开。会议听取、审议镇党委《凝聚力量，振奋精神，奋力加快百里山水画廊乡村振兴发展步伐》的工作报告；听取、审议纪委的工作报告和党费收缴、使用情况报告。

（赵军利）

【中华志愿者协会到镇慰问】　1月24日，中华志愿者协会医疗专家志愿者委员会向镇因病致贫、返贫家庭、民革助学儿童、乡村医生等捐赠慰问物品。慰问4户有大病医疗救助需求的家庭及2名多年从事村级卫生工作的乡村医生。

（赵军利）

【镇一届人大五次会议召开】　1月25日，千家店镇第一届人民代表大会第五次会议召开。会议听取并审议千家店镇政府工作报告，书面审议千家店镇人大工作报告和2018年财政预算执行情况及2019年财政预算安排（草案）。收到人大代表建议、意见15件。

（赵军利）

【第三届元宵花会展演举办】　2月18日，镇政府举办以“福满京城 春贺神州”为主题的第三届元宵节花会展演活动，全镇10个行政村的12支秧歌队、小车会等表演队伍在镇商业街至朝阳寺广场的道路、广场上为村民展演。

（赵军利）

【表彰先进党组织及个人】　6月28日，千家店镇召开庆祝中华人民共和国成立七十周年"七一"表彰大会。表彰5个先进基层党组织、8名优秀党务工作者、28名优秀共产党员；同时进行"庆七一"文艺演出，表演歌曲、舞蹈、快板、戏曲联唱等节目。基层干部与党员150人参加。

（赵军利）

【第四届重阳文化节举办】 10月7日，千家店镇举办以"孝满京城 德润人心"为主题的第四届重阳文化节，镇政府领导为敬老院的老人们送上新衣，"千家乐"志愿者服务队为敬老院的老人们演出文艺节目，提供助洁、助餐等服务。

（赵军利）

【第一届最美乡村路骑游大会举办】 10月20日，"骑行百里 印象画廊"——北京延庆最美乡村路骑游大会在千家店镇举办。活动由北京市延庆区千家店镇人民政府主办，北京百里山水旅游公司、延庆百里山水画廊滴水壶景区协办，设置15公里骑行学生体验组和42公里骑游组两个组别。其中，学生体验组线路为滴水壶—硅化木—千家店镇车站终点，单程15公里；骑游组线路为滴水壶—硅化木—千家店镇—花盆—乌龙峡谷终点。全国各地300多名骑行爱好者参加活动。

（赵军利）

【"启迪之星"开展党建活动】 11月19日，清华科技园"启迪之星"10余家企业到镇，开展"1+1"党建活动。探讨借助清华科技园、启迪控股以及启迪之星的孵化网络资源对千家店镇在教育、科技、文化、旅游方面进行对口帮扶，到花盆村黄芩茶种植基地、大楝树村中药材种植基地以及菜木沟村新农村建设情况进行调研。启迪控股党委书记、清华科技园管委会主任，以及区政府、区委统战部、区工商联、镇党委、镇政府相关负责人出席座谈会。

（赵军利）

【举办农民运动会】 12月13日，举办2019年度农民运动会，设置跳绳、拔河、定点投掷、负重跑、踢毽子、定点投篮、运球跑等项目。全镇300余名农民参加。

（赵军利）

表11 2019年千家店镇各村基本情况统计

村委会名称	党支部书记	村委会主任	户 数（户）	人 口（人）	经济总收入（万元）	人均所得收入（元）
河 口	贾祥山	贾祥山	127	314	1802.60	27542
石 槽	崔造林	崔造林	56	125	742.00	29945
红石湾	李进华	李进华	254	564	2518.10	22979
千家店	葛娅惠	葛娅惠	568	1288	10581.10	27560
河 南	张晓辉	张晓辉	274	622	3210.30	24646
下德龙湾	常建国	常建国	273	633	4241.20	32021
水 头	焦玉海	焦玉海	104	231	1653.80	33079
大石窑	侯文会	侯文会	121	258	1909.50	26993
红旗甸	王书刚	王书刚	147	308	2042.90	22510
六道河	刘秀国	刘秀国	294	687	3859.00	24993
大楝树	王富强	葛凤军	351	769	3593.40	20783

续表 11

村委会名称	党支部书记	村委会主任	户 数（户）	人 口（人）	经济总收入（万元）	人均所得收入（元）
沙梁子	张春和	张春和	243	560	3028.80	20127
四潭沟	刘兴军	刘兴军	127	295	1737.50	19773
下 湾	纪文里	纪文里	121	295	2610.10	28837
菜木沟	刘春付	刘春付	224	487	3366.00	26122
牤牛沟	贺旺林	贺旺林	69	130	743.70	22954
水泉沟	御凤元	御凤元	136	276	2210.10	20240
花 盆	闫振国	闫振国	341	721	3285.50	18904
平台子	白广辉	白广辉	200	451	3108.20	25541

沈家营镇

【概况】 沈家营镇镇域面积 37.30 平方千米。下辖 22 个行政村。全镇户籍户数 6341 户，户籍人口 12573 人。其中农业户口 3809 户共计 8310 人，非农业户口 2532 户共计 4263 人；男性 6393 人、女性 6180 人。年内，出生人口 192 人，出生率 15.27‰；死亡人口 56 人，死亡率 4.45‰；人口自然增长率 10.82‰。镇域内有初级中学 1 所、中心小学 1 所、打工子弟学校 1 所、幼儿园 1 所，社区卫生服务中心 1 所。建成村级卫生室 20 个，党群服务中心 1 个，数字影院 22 个，健身广场 21 个。有工业企业 3 个，工业产品主要有毛衣制品、腐乳等。镇党委下辖基层党支部 35 个，有党员 1050 名，其中农村党支部 22 个、农村党员 889 名。全年发展党员 4 名。年内，镇党委落实全面从严治党主体责任，对 1065 名党员进行档案核查。从解决群众身边困难入手，每个基层党支部为群众办一件好事。聚焦矛盾化解和群众诉求，实施接诉即办“五级干部抓、五个环节抓、五种机制抓”“三个五”工作法，建立“7×24 小时”全响应机制，形成“一工单一专班”办理模式，解决涉及群众切身利益的煤改清洁能源、路灯照明、社区物业服务等高频问题。在 21 个村（社区）党支部打造红色文化墙。解决兴安堡等 4 个村饮水问题和西王化营、马匹营等村阳光浴室运行问题。完成镇文化中心及 2 个村文化活动室建设，为各村更新健身器材、棋牌桌、篮球架等设施。开展“法治沈家营”建设。完成“四场活动”服务保障工作。

全镇税收完成 4895.50 万元，财政收入 1009.10 万元，比上年增长 10%；农村经济总收入 86224.70 万元，人均劳动所得 24711 元。粮食作物播种面积 868.76 公顷（13031.40 亩），亩产 520 千克，总产量 677.15 万千克。全镇奶牛存栏 1765 头、蛋鸡存栏 14.10 万只。全年为 112 户 157 名享受低保人员发放低保金 201.55 万元，为 526 名残疾人发放生活补助 185.79 万元，为 1619 人次发放助残券 16.19 万元，城乡居民医保参保率 100%。办理计生综合保险 2450 户 2635 份，保费 10.43 万元。育龄妇女健康体检 1900 余人。全镇无偿献血 89 人次。百万亩造林完成 17.79 公顷（266.85 亩），栽植各类树木 10859 株，其中常绿树 3010 株、落叶树 7849 株。15 个村 81.66 公顷（1224.90

亩）菜田，发放补贴 59.77 万元。东王化营村水库移民美丽乡村项目 6 栋回迁楼主体工程完成。美丽乡村建设涉及 12 个村，5 个村已实施建设，7 个村完成规划设计方案。完成改气、改电工程 21 个村 5439 户。7 个村卫生室通过验收。完成户厕改造 18 个村 580 户，实施危房改造 24 户；4 个村新建水源井，2 个村完成供水站升级改造。建立镇级退役军人服务站 1 个、村级退役军人服务站 5 个。人居环境整治创建满分村 6 个。镇、村两级河长巡河率均 100%，治理河道 14.50 千米；拆除违法建设 62 处 1.29 万平方米；整治沙坑，新增耕地 33.33 公顷（500 亩），平原造林 17.79 公顷（266.85 亩）；完成 2 个规模猪场和 18 户生猪养殖散户退养；燃煤锅炉和小煤炉“动态清零”。开展露天焚烧专项整治。下花园村升级为 4 星级民俗旅游专业村，9 户高端民宿投入使用，新增民俗户 30 余户，总数达到 60 余户，其中高端民宿 1 户，“星级”民俗户 18 户，11 户民俗户被评为“世园人家”。197 户共计 335 名低收入农户全部脱低。与河北省宣化区顾家营镇和内蒙古兴和县大库联乡开展对口帮扶工作，提供帮扶资金各 10 万元。（沈家营镇各村具体情况见表 12）

单位名称：沈家营镇政府
地　　址：沈家营镇沈家营村
电　　话：61131575

（赵曦）

【第五届元宵花会展演举办】 2 月 18 日，沈家营镇在粮库广场举办“繁荣乡村文化 舞动时代风采”第五届元宵花会，16 个行政村 400 余名演员参加，展演高跷、跑驴、九只船等 16 档传统民间花会。

（赵曦）

【志愿服务队开展卫生清扫活动】 3 月 5 日，沈家营镇组织机关和 23 个村（社区）共 28 支志愿服务队 500 余人，开展“保护妫河，扮靓家园，志愿我先行”活动，捡拾妫河沿岸白色垃圾、清理村庄卫生死角。

（赵曦）

【举办“春风行动送岗下乡”专场招聘会】 3 月 22 日，在镇养老服务中心举办“春风行动送岗下乡”专场招聘会。36 家企业单位提供就业岗位 1057 个，涉及餐饮服务、机械加工、物业管理、旅游服务等行业，应聘者 600 余人，初步达成意向 267 人。

（赵曦）

【举办世园会知识竞赛】 4 月 8 日，镇新时代文明实践所举办“世园知识大比拼 服务保障我先行”知识竞赛，镇机关和 22 个村的参赛选手参加，评选出一等奖 3 名、二等奖 3 名、三等奖 18 名。

（赵曦）

【第三届端午文化节举办】 6 月 2 日，在下花园村举办“和满京城奋进九州 厚德故里情寄端午”第三届端午文化节活动。活动内容有文艺演出、民俗旅游产品展示、“最美沈家营人”表彰、包粽子比赛、义诊、为老人及困难家庭送粽子送爱心等系列活动。600 余名群众参加。

（赵曦）

【举办“七一”文艺演出】 6 月 28 日，镇党委组织举办庆“七一”文艺演出，演出合唱、舞蹈、乐器合奏、快板、戏曲等节目，全镇 22 个村 300 余人观看。

（赵曦）

【区卫健委巡回宣讲团到临河村宣讲】 7 月 11 日，在临河村组织开展“妫川天使·守护健康”巡回宣讲，区卫健委巡回宣讲团 8 名卫生战线工作人员进行宣讲，70 余名干部群众参与宣讲活动。

（赵曦）

【群众舞蹈大赛举办】 8 月 23 日，举办“共祝祖国好 追梦新时代”群众舞蹈大赛，22 个村代表队表演广场舞、健身操、民族舞、古典舞、现代舞等节目，评选出一等奖 1 名、二等奖 3 名、三等奖 6 名，共计 500 余人观看。

（赵曦）

【基层党支部开展主题教育】 9月，在35个基层党支部开展“不忘初心、牢记使命”主题教育，创新实施“创建1个特色品牌、制作1份宣传册、打造1个主题阵地、培育1支服务队、录制1段微视频、讲好1系列微故事、亮出1张成绩单+支部规范化建设”的“7+1”举措。为党员精心设计“学1次党章、观看1次专题教育片、听1次党课、进行1次交流发言、重温1次入党誓词、开展1次志愿服务、推选1名典型人物、联系1户群众、认领1个服务岗位、提出1条合理化建议”10项规定动作。临河村党支部代表全区接受市委第七巡回指导组的检查，获得好评。

（赵曦）

【举办诗词诵读大赛】 11月20日，沈家营镇新时代文明实践所在镇数字影厅举办“不忘初心 牢记使命”爱国主义诗词诵读大赛，《中国梦》《我骄傲我是中国人》等22件个人作品、5件集体作品参加比赛，评选出一等奖2名、二等奖4名、三等奖6名。

（赵曦）

【全市首个农村餐厨垃圾分类处理站启用】 年内，完成农村餐厨垃圾处理站建设并投入使用，餐厨垃圾日处理能力500千克，是北京市首个正式启用的农村餐厨垃圾分类处理站。餐厨垃圾经过绿色资源化处理变成有机肥后，分给农户，使垃圾变废为宝。

（赵曦）

【“双沟通”活动吸纳新会员75人】 年内，镇总工会每月开展2次“双沟通”活动，通过现场悬挂横幅、设立宣传咨询台、免费发放宣传材料等形式，吸纳零散就业职工加入工会组织。全年举办“双沟通”活动18次，咨询人数230余人，新增会员75人。截至12月底，全镇建立10家独立工会组织，工会会员725人。

（赵曦）

【安全生产检查】 年内，检查镇内企业172家，日常检查覆盖率100%，全年检查707次，下达责改文书161份，发现隐患176项，整改率98.86%。

（赵曦）

【4户民俗户的美食获奖】 年内，4户民俗户参加延庆区乡村美食文化节。北京世爱农家院餐厅的“家宴”获“最美乡村味道奖”；北京元香居农家院餐厅的“盔锅牧骨”和永吉家宴的“永吉春饼宴”获“最具地方特色奖”；北京妫川香城农家院餐厅的“砂锅”获“最佳创新创意奖”。

（赵曦）

【先进典型获表彰】 年内，“永华残疾人温馨之家”获“全国残疾人之家”称号，园长徐永华被评为“北京榜样”周榜样人物，受到习近平总书记接见。大学生村官（选调生）范婕妤被评为“北京青年榜样”。36户文明家庭和4户文明家庭示范户参与全区评选并获得奖励。

（赵曦）

【创建“阳光餐饮”单位62家】 年内，创建“阳光餐饮”单位62家，全部实现食品加工过程可视化，其中透明厨房16家、网络厨房33家、视频厨房13家。

（赵曦）

【农业宣传科普基地落成】 12月24日，西王化营村农业宣传科普教育基地举行落成仪式。市农业农村局、恒丰银行北京分行、中国食品安全网、北京智农天地网络技术有限公司、区经管站相关负责人以及30多位市民、网友参加。基地设置村容村貌展示区、科普知识展示区、三农视频宣讲区、网络宣传展示区、特色产品展示区和周边休闲采摘路线展示区。在网络宣传展示区公开9个有关农业农村宣传微信公众号二维码，游客通过关注微信公众号，可以了解农业政策、科技和科普知识服务信息。在“三农之声”视频宣讲区中，循环播放农业科普知识视频、动漫视频，还可以和农业专家进行视频互动咨询。特色产品展示区为促进产销对接，摆放着红薯、白薯、紫薯等特色农产品。休闲采摘路线展示区展示4条西王化营村周边特色农产品和特色休闲采摘路线。

（赵曦）

表12 2019年沈家营镇各村基本情况统计

村委会名称	党支部书记	村委会主任	户 数（户）	人 口（人）	经济总收入（万元）	人均所得收入（元）
沈家营村	冯永红	冯永红	255	530	6139.00	30396
东王化营村	段振忠	段振忠	146	374	2213.40	24952
冯庄村	王怀礼	王怀礼	72	207	1351.10	25845
曹官营村	马立红	马立红	260	750	7627.50	26707
新合营村	徐桂莲	徐桂莲	130	349	1816.00	24384
临河村	宋兰根	宋兰根	266	760	4677.90	25092
前吕庄村	韩新民	韩新民	257	733	4176.50	23670
连家营村	郑宏伟	郑宏伟	140	302	2327.00	22603
魏家营村	张海山	张海山	145	343	2861.30	27289
兴安堡村	李根伏	李根伏	240	647	9634.60	23162
北老君堂村	李海旺	李海旺	210	610	7211.10	26098
香村营村	胡志忠	胡志忠	445	1246	10128.90	26116
后吕庄村	刘春旭	刘春旭	210	615	2434.30	22325
马匹营村	侯春栓	侯春栓	128	352	2351.30	23815
孙庄村	段四利	段四利	121	280	1623.80	24518
下郝庄村	丁 锐	丁 锐	54	146	1385.90	20110
北梁村	孙占奎	孙占奎	82	220	666.30	18168
西王化营村	王 军	王 军	212	528	2454.70	22784
八里店村	林永顺	林永顺	440	1114	10494.30	25180
下花园村	郭振远	郭振远	118	262	1397.60	24542
上花园村	郭玉滨	郭玉滨	49	138	1284.20	22174
河东村	房建金	房建金	145	421	1968.00	21734

大榆树镇

【概况】 大榆树镇镇域面积60.70平方千米，下辖25个行政村。2019年，全镇户籍数6122户，户籍总人口1.51万人。其中男性7785人、女性7668人。年内出生人口285人，出生率18.87‰；死亡人口97人，死亡率6.42‰；人口自然增长率12.45‰。镇域内有学校4所，镇级社区服务中心1所，村级卫生室18家，健身广场26处。镇党委辖基层党组织35个，其中农村党支部25个；新发展预备党员2人，转正党员9人，入党积极分子11人，全镇党员1230名。镇党委制作“不忘初心、牢记使命”主题教育任务清单，开展主题教育252场次，班子调研294次，发现问题210个，解决问题210个，形成调研报告13份，志愿服务115场次。全镇粮食作物播种面积732.27公顷

(10984 亩)，总产量 547.49 万千克。蔬菜作物种植面积 192.17 公顷（2882.60 亩），总产量 945.52 万千克。牛、羊、家禽存栏量分别是 128 头、4154 只、7.66 万只。2019 年，旅游综合收入 1164.55 万元。实现财政收入 1198.10 万元，农村经济总收入 4.68 亿元，农民人均劳动所得 22904 元。为 233 名享受低保人员发放低保金 307.04 万元，为 460 名残疾人发放生活补助 225.54 万元，全年累计发放助残券 25.92 万元、2592 人次。新型农村合作医疗参合人数 7121 人。

年内，有序推进重点工程，完成下屯棚改项目宅基地征拆工作，奖励期内签约率 100%。完成涉及 11 个村、80 基铁塔征拆建设的 4 条输变电工程的征拆工作。推进“疏整促”，疏解拆除“华夏名砚苑”“长城铁花”等地共计 12 万余平方米，腾退土地 33.90 万平方米，“留白增绿”430 平方米，“留白复垦”1500 平方米，疏解一般制造业企业 1 家。整治占道经营 182 起、无证无照经营 7 户、“散乱污”企业 3 家，违法群租等任务实现动态清零。世园会周边清脏治乱专项整治，拆除违规加水点 1 处、私搭乱建 2 处、清理垃圾渣土 760 余吨、沿途乱堆乱放 500 余处。人居环境整治，建立销账、周例会、约谈、奖励、一票否决等机制，“三本台账”挂账问题 6233 处，整改率 100%；拆除私搭乱建 386 处 11752.39 平方米。市级人居环境验收全区排名第四，优秀率 100%，参加验收的 21 个村中满分村 11 个。10 个村实施煤改清洁能源工作，优质燃煤替代 527.50 吨。$PM_{2.5}$浓度累计均值 36.63 微克/立方米，同比下降 30.36%，降尘量浓度累计均值 5.2 吨/（平方千米·月），同比下降 15.45%，均在目标值以内。出动 630 余车次 3200 余人次对施工工地、重点道路进行扬尘管控巡查，查处违法行为 469 起，罚款 37.40 万余元。落实“河长制”，执行镇、村两级河长日常巡查制度，2364 人次巡河 9957 千米，发现问题 104 处，立行立改 104 处，清理垃圾 3300 立方米，整改率 100%。小微水体整治实现 100% 销账。完成 12 个村 340.60 公顷（5109 亩）节水灌溉工程，实施 20 个村饮水升级改造项目；完成“新一轮百万亩造林”任务 20.03 公顷（300.48 亩），完成 155.23 公顷（2328.50 亩）生态林管护工作；首批 4 个美丽乡村的规划全部批复，2 个村已开工。第二批 12 个村庄的规划和实施方案正在审批中。

开展扫黑除恶专项斗争，开通线索督办“直通热线”、公布举报电话、设置 26 个意见箱、安装硬质横幅 40 处，收到线索 17 件，办结 15 件，2 件办理中。建立“街乡吹哨，部门报到”机制，“吹哨”130 次，执法 115 次，解决民生问题 28 件。完成无偿献血 1.70 万毫升。加强烟花爆竹禁限放工作，为 28 户办喜事家庭送去电子炮和鲜花。落实“5710”(即落实五大职责，实行七项制度，建立十类档案）工程，检查生产经营单位 1306 家次，出动 2927 人次，发现隐患 473 项，整改隐患 473 项，整改率 100%。完善“接诉即办”、舆情处置回应机制，对群众反映的突出问题实行挂账督办、限期回复。全年接收有效工单 1851 件，解决率 50.10%、群众满意率 77.50%。

完成世园会及国庆 70 周年服务保障工作，5 个网格设立党员先锋岗，世园会投入安保力量 13 万人次。完成第二届“一带一路”国际合作高峰论坛等重大活动的服务保障任务。各村选拔 37 名群众参加国庆 70 周年“乡村振兴”方阵。打造大榆树村、高庙屯村两个典型新时代文明实践站。开展大型活动 25 场、志愿服务 60 次、星火演出 75 场、电影放映 1400 场，交流配送图书 2.4 万余册。小张家口村新时代文明实践站的腰鼓队走进世园会开展演出活动。截至年底，全镇 199 户 384 人低收入农户人均收入全部脱低。镇政府制定帮扶计划，落实社保托底、教育救助、就业帮扶等措施，助力对口帮扶，与内蒙古乌兰察布市兴和县大同夭乡、河北省宣化区庞家堡镇签订帮扶协议，向内蒙古乌兰察布市兴和县大同夭乡捐赠帮扶资金 15 万元、河北省宣化区庞家堡镇捐赠帮扶资金 10 万元用于产业帮扶，助力受援地区如期脱贫，慰问 60 岁以上老党员及未脱贫的困难群众。新增就业 450 余人，城乡参保规模 1.12 万人次。（大榆树镇各村具体情况统计见表 13）

单位名称：大榆树镇政府

地　　址：大榆树镇大榆树村 52 号

电　　话：61182045

（黎梦婷）

【50 名残疾人参加冰雪体验活动】 1 月 3 日，大榆树镇残联组织辖区 50 名残疾人到世界葡萄博览园参加残疾人冰雪运动项目体验，内容包括滑雪、雪地坦克、雪地摩托等雪上项目。

（黎梦婷）

【开展志愿服务主题活动】 3 月 28 日，大榆树镇残联在西杏园村开展“爱满京城”志愿服务主题活动。40 多名志愿者通过文艺演出，法律知识宣传，为重度残疾人理发、量血压，打扫卫生等多种形式，为村内 20 余人提供志愿服务。

（黎梦婷）

【开展“打击非法集资”宣传活动】 5 月 21 日，镇政府在大泥河村开展“打击非法集资”宣传活动。通过悬挂挂图、发放宣传资料、现场讲解等形式，宣传非法集资的危害，普及相关法律知识，现场解答群众咨询 10 余人次，发放宣传资料 100 余份。

（黎梦婷）

【餐饮作品《江南宴》参加乡村美食文化节获奖】 5 月 19 日，在世界葡萄博览园举办的“花开世园，飨约妫川”乡村美食文化节活动中，大榆树镇“忆江南农家餐厅”代表大榆树镇参赛，其餐饮作品《江南宴》获最佳创新创意奖。

（黎梦婷）

【“僵尸车”整治】 8 月 1 日，大榆树镇组织城管、公安、交通、安监等多个职能部门，对北科大学城 27 号楼前的“僵尸车”进行清理，清理“僵尸车”20 余辆。

（黎梦婷）

【举办法律讲座】 9 月 20 日，镇司法所邀请北京胡李律师事务所律师，在镇公共法律服务大厅举办“分家析产、婚姻家庭、邻里关系”相关法律讲座，为 20 余名群众答疑解惑。

（黎梦婷）

【残疾人艺术会演获奖】 9 月 26 日，在区残联举办的第六届社区残疾人艺术会演活动中，大榆树镇残疾人赵秀平表演的歌曲《山丹丹花开红艳艳》和李合梅的器乐独奏《月光下的凤尾竹》均获得三等奖。

（黎梦婷）

【开展“主题教育送学上门”活动】 10 月 16 日，大榆树镇开展“不忘初心、牢记使命”主题教育送学上门活动，为高龄、行动不便的党员佩戴党徽，送学习资料 100 余份，镇“不忘初心、牢记使命”主题教育实现全覆盖。

（黎梦婷）

【开展“禁毒知识进校园”宣传活动】 11 月 14 日，镇社会治安综合治理办公室组织城管执法队、教育委员会、网格员在大榆树小学召开“禁毒知识进校园”宣传活动。通过专题讲座、悬挂横幅、张贴标语、发放宣传单和手册、现场问答等方式，向全体小学生宣传禁毒相关知识，发放宣传物品 100 余件。

（黎梦婷）

【开展“宪法宣传进机关”活动】 12 月 3 日，大榆树镇开展“宪法宣传进机关”活动，内容包括专题讲解、发放宪法小册子、播放宪法宣传片等，发放宣传材料 100 余份，100 余人参加活动。

（黎梦婷）

表13 2019年大榆树镇各村基本情况统计

村委会名称	党支部书记	村委会主任	户 数（户）	人 口（人）	经济总收入（万元）	人均所得收入（元）
姜家台	潘秀芬	潘秀芬	260	650	1963.20	24686
陈家营	张淑兰	张淑兰	199	517	1488.80	24396
杨户庄	张 京	张 京	220	545	1451.70	23310
阜高营	曹桂华	曹桂华	230	570	1856.50	25727
奚官营	张红岩	张红岩	78	195	419.70	17120
下辛庄	乔雅静	乔雅静	215	530	1596.70	24801
上辛庄	杨土来	杨土来	112	276	526.00	17822
宗家营	李建宾	李建宾	352	860	2555.70	23713
大榆树	张 俊	张 俊	280	698	2168.90	24709
高庙屯	李宝财	李宝财	400	975	1643.30	16822
刘家堡	李永泉	李永泉	128	316	1290.80	20638
北红门	王爱军	王爱军	136	357	738.70	17122
南红门	宋宝良	宋宝良	133	323	766.50	16884
东桑园	马德山	申玉昆	252	622	2201.00	24608
大泥河	马俊飞	赵春生	596	1571	5950.20	21200
小泥河	刘黎明	刘黎明	78	219	871.50	21349
小张家口	刘 永	刘 永	188	453	1080.10	15969
下 屯	聂增元	朱占文	626	1309	4528.20	27934
东杏园	翟永春	翟永春	278	717	1405.00	25093
西杏园	闫三平	闫三平	162	401	893.90	24296
岳家营	高凤兴	高凤兴	156	381	752.90	24622
簸箕营	王京友	王京友	366	980	6150.60	25870
新宝庄	康国余	康国余	221	538	2403.00	25561
程家营	刘 杰	刘 杰	206	510	1672.30	24429
军 营	张景义	张景义	250	614	1335.40	19584

井 庄 镇

【概况】 井庄镇镇域面积126.10平方千米，下辖31个行政村，全镇户籍户数7221户，户籍人口12916人。全年出生人口134人，出生率10.40‰。死亡人口92人，死亡率7.10‰，人口自然增长率3‰。镇内有中学1所，中心小学2所，在校生242人，在岗教师82人。有敬老院1所，村卫生室10处。镇党委辖基层党组织37个，其中农村党支部31个，党员1132人。年内发展党员7名，按期转正15名。2019

年，镇党委开展“不忘初心 牢记使命”主题教育活动。班子成员集中学习 17 次，下村入户调研 165 次，发现并解决问题 103 个。粮食作物播种面积 1125.20 公顷（16878 亩），秋粮产量 5923 吨，经济作物播种面积 53.13 公顷（797 亩），产量 4.10 吨，蔬菜播种面积 46.63 公顷（699.50 亩），产量 1733.20 吨。森林覆盖率 48%，林木绿化率 64%，抚育森林面积 1.11 万亩。全镇林地面积 8667 公顷（13 万亩），其中果园面积 130.40 公顷（1956 亩），主要品种有杏、梨、葡萄、苹果等，坚果和鲜果产量 321.30 吨，耕地面积 2340.50 公顷（35107.50 亩）。肉鸡出栏 1.74 万只，禽蛋产量 407.20 吨。肉牛出栏 560 头，奶牛存栏 1101 头，鲜奶产量 4624.70 吨，山羊、绵羊出栏 2457 只。农村经济总收入完成 43232.30 万元，同比增长 7.70%。农民人均劳动所得完成 19665 元，同比增长 10.10%。财政收入 162 万元，财政支出 17080.72 万元。全年旅游接待人数 74.69 万人次，旅游接待收入 3321.80 万元。

年内，有农村劳动力 6201 人，就业 6159 人，其中常年外出务工 2184 人、本地务工 1290 人，未就业 42 人。发放低保、五保资金 456.43 万元。享受助残券补贴 1792 人，补贴 17.92 万元。低保、五保、低收入群体医疗费二次报销救助 279 人次，救助金额 42.45 万元。为 191 名残疾人进行健康体检。投入资金 115 万元，新建、改建村级卫生室 10 个，为 3 个村级卫生室配备硬件设备。完成 42 对夫妻孕前优生检查，对 6 户计划生育贫困家庭进行帮扶。推出栖柳园等 3 个市级“妇字号”基地。完成 15 个村级妇女儿童之家建设。清理景观带以内的枯死树木 460 余株。完成图书流转站建设，配备图书 6000 余册。组建“燕羽情”巾帼志愿服务队，志愿者 137 人。（井庄镇各村具体情况统计见表 14）

单位名称：井庄镇政府
地　　址：井庄镇井庄村
电　　话：61192367

（翟金永）

【举办法律知识进校园活动】 1 月 14 日，镇司法所新时代文明实践服务队在井庄小学举办“预防青少年违法犯罪，做遵纪守法小公民”法律知识进校园活动。志愿服务队律师为在校师生近 200 人讲解预防青少年违法犯罪、青少年法律维权等相关法律知识。

（翟金永）

【开展拉练式环境大检查】 3 月 9 日，镇党委班子成员和镇市政市容所、城管分队、水务站相关业务科室对王木营、柳沟、莲花滩等 6 个村进行拉练式环境大检查。检查中发现垃圾、渣土乱堆乱放，外来垃圾随意倾倒等问题，要求责任科室和所涉及的村及时落实整改，为做好世园会的服务保障工作打好基础。

（翟金永）

【开展文艺节目巡演活动】 4 月 1 日，镇文化站组织各村文化管理员及各村文艺爱好者近 20 人，编排以“延庆是我家 世园靠大家”为主题的舞蹈、相声、快板等文艺节目，在全镇 31 个村进行巡演。

（翟金永）

【镇第一届人代会六次会议召开】 6 月 30 日，延庆区井庄镇第一届人民代表大会第六次会议召开，大会审议镇人大工作报告、政府工作报告、财政工作报告。补选产生井庄镇第一届人民代表大会人大主席 1 名，井庄镇人民政府镇长 1 人，井庄镇人民政府副镇长 1 人。

（翟金永）

【举办庆“七一”主题党日活动】 7 月 4 日，镇党建办举办“一颗红心永向党、砥砺奋进新时代”庆“七一”主题党日活动。活动内容包括红色文艺节目演出、党员宣讲典型先进事迹、新党员集体宣誓及先进党支部、优秀党支部书记、优秀党务工作者、优秀共产党员表彰。镇领导班子成员、机关党员干部、村两委党员干部近 200 人参加。

（翟金永）

【民俗旅游业提档升级】 年内，整合社会资源推出高品质民宿，打造世园小院10家。完成自行车骑行道路绘制，宝林寺河景步道铺设、主题公园建设完工。98家民俗户参加诚信民俗户验收工作，37家通过验收。

（翟金永）

【精准脱贫】 年内，对351户651人低收入农户进行动态监测。建立低收入农户帮扶台账和低收入农户收入统计台账，做到一户一台账、一户一措施，低收入农户帮扶全覆盖。低收入农户人均可支配收入19473元，同比增长10.60%。

（翟金永）

【落实“河长制”职责】 年内，落实镇、村两级“河长制”职责，全年巡河3000人次8800千米。发现问题269处，完成整改268处，清理垃圾1.50万余立方米。

（翟金永）

【4个山区村回迁】 年内，推进窑湾、冯家庙、莲花滩、碓臼石4个山区村回迁工作。窑湾村回迁户200户，已回迁187户。冯家庙村回迁户213户，已回迁70户。莲花滩村回迁户138户，提供回迁房84套。碓臼石村回迁户106户，提供回迁房87套，已回迁35户。

（翟金永）

【清空净水】 年内，完成2个村466户煤改电工作和6个村1652户煤改气工作。制止露天焚烧240余起，开出环境保护罚单16件。清理河边养殖6户，清理建筑垃圾1280立方米。

（翟金永）

【绿化美化】 年内，完成平原造林334公顷（5000余亩），百万亩造林补植47公顷（700余亩）。完成拆违1.50万余平方米。清理乱堆乱放50余处，增加绿化9000平方米。

（翟金永）

表14　2019年井庄镇各村基本情况统计

村委会名称	党支部书记	村委会主任	户　数（户）	人　口（人）	经济总收入（万元）	人均所得收入（元）
南老君堂	张　鑫	张　鑫	321	664	3253.50	25014
艾官营	李纪华	李纪华	160	382	1383.20	17507
王木营	刘全德	刘全德	383	1070	3589.50	16927
井　庄	徐世利	徐世利	285	800	2929.70	17863
三　司	张永田	张永田	163	368	1417.40	18689
柳　沟	胡宝祥	胡宝祥	360	992	7048.40	22812
房老营	房书明	房书明	123	293	1296.10	18094
东小营	李　钢	李　钢	220	672	2904.70	17850
宝林寺	罗　森	罗　森	88	279	1028.50	18359
小胡家营	胡金昭	胡金昭	86	230	821.70	19574
东石河	张六林	张六林	148	365	1036.90	18736
二　司	高来所	高来所	97	240	994.70	21567
果树园	张玉明	张玉明	71	260	1965.50	20858
王仲营	王秀苹	王秀苹	52	195	1394.30	25302

续表 14

村委会名称	党支部书记	村委会主任	户　数（户）	人　口（人）	经济总收入（万元）	人均所得收入（元）
东红山	赵玉龙	赵玉龙	70	165	1187.30	18542
张伍堡	韩维江	韩维江	57	135	1127.20	19643
八　家	张爱宁	张爱宁	104	280	835.90	18268
西红山	张土山	张土山	133	300	986.80	16968
西二道河	陈建国	陈建国	104	272	787.50	18477
东　沟	陈德军	陈德军	109	230	782.90	18000
窑　湾	崔永启	崔永启	103	322	1069.10	17373
老银庄	康素合	王海龙	138	292	856.20	17894
冯家庙	孙石根	孙石根	103	251	1117.50	25034
孟家窑	马爱城	马爱城	86	223	818.40	17885
莲花滩	沈合义	沈合义	57	156	539.50	18505
箭杆岭	赵云鹏	赵云鹏	30	66	282.60	17450
曹　碾	高落实	高落实	21	43	249.30	16828
碓臼石	王　伟	王　伟	45	89	459.60	16793
门泉石	朱怀荣	朱怀荣	24	56	362.90	19780
北　地	张学余	张学余	47	108	587.50	23644
西三岔	丁春宇	丁春宇	11	23	112.00	24000

大庄科乡

【概况】 大庄科乡总面积126.50平方千米，下辖29个行政村、40个自然村。乡域内有河流5条，总长74.175千米，流域面积123.60平方千米。2019年，全乡户籍户数2887户，总人口5903人，其中农业人口4837人、城乡居民人口1066人。农村从业人员3141人，从事第一产业的1931人，从事第二产业的35人，从事第三产业的1175人。出生人口52人，出生率8.80‰；死亡人口50人，死亡率8.50‰；人口自然增长率0.30‰。乡党委下辖基层党支部33个，其中农村党支部29个，年内预备党员转正2名，共有党员767名。全乡有个体工商户324家，中心小学1所，幼儿园1所，乡级卫生院1所，敬老院1所。文体中心1处，村级文化大院29个，文物古迹8处，其中国家级文物保护单位1处、区级文物保护单位7处。古树13株。全乡粮食播种面积91.12公顷（1366.80亩），粮食产量34万千克，平均亩产248.76千克。蔬菜播种面积13.87公顷（208亩），蔬菜产量26.90万千克，平均亩产1293.27千克。果园面积374.80公顷（5622亩），果品产量179.48万千克，平均亩产319.25千克。家禽存栏1.17万羽，鲜蛋产量5.40万千克。蜂蜜产量1.60万千克。农村经济总收入16132.30万元，同比增长持平，农民人均劳动所得17600元，同比增长5%。财政收入282万元，同比减少16%；财政支出

11612.40万元。旅游收入1557.90万元，接待游客19.90万人次。

镇域全年降水量534.30毫米，较上年同期增长28.09%。汛期之前在沙塘沟村组织大型联合防汛演练活动，演练科目包括信息发布、决策、调度、人员转移等，为地区防汛提供实操案例。做好全国“两会”、北京世园会、中华人民共和国成立70周年庆祝活动等重大活动维稳安保，出动群防群治力量8000人次。完成2次优质燃煤配送，换煤1986.75吨，其中完成26个村庄770户换煤1925.75吨，完成5处村集体及公共服务设施换煤61吨。完成董家沟、里长沟两村地源热泵项目可行性研究报告编制、报审工作，得到市发展改革委可研批复；完成环境影响评估、地勘、管理公司、初步设计概算招投标、地勘报告编制工作；完成两村地源热泵项目初步设计概算报审及初审。完成慈母川村煤改地源热泵工程申报；准备编制慈母川村地源热泵可行性研究报告。完成董家沟、里长沟、慈母川、沙塘沟、瓦庙5个村美丽乡村村庄规划编制及审批工作。完成部分村庄美丽乡村道路、路灯、供排水施工工作。完成铁炉村的中国美丽休闲乡村打造及申报工作。董家沟村山区搬迁主体工程完工。里长沟、黄土梁、瓦庙、沙塘沟、黄土梁山区搬迁工作稳步推进。全年开展公路沿线专项整治行动26次，清理乱堆乱放260处、建筑垃圾1045立方米、非法小广告530处；整治公路沿线小公园4个，增加绿化美化面积8000平方米；拆除私搭乱建1035处1.96万平方米，清除乱堆乱放3079处；开展白色垃圾换取日用品活动，更换白色垃圾90吨；为29个行政村配置垃圾大箱。

动态监测大庄科乡低收入农户468户886人，分别占总户数的18.20%、总人口数的15.20%，实施大庄科乡香草种植及种苗基地建设、大庄科乡香草资源圃育苗温室改造、大庄科乡香草产业科技研发中心建设、延庆区大庄科香草萃取设备及配套等低收入村户增收项目。办理农村劳动力转移就业证43人；登记失业人数14人，办理就业失业证13个，办理失业保险金申领12人，灵活就业新增7人；对58名失业人员的档案进行管理，新接收档案27份，转出19份；完成社会化退休档案精准识别53份。城乡居民医疗保险参保人数3713人，新增170人，补办社保卡102人，门诊手工报销33人次，总额37527.18元，住院手工报销14人次，总额118305.58元；完成2018年药费大病二次报销36人287554.70元。发放农村干部城乡居民养老保险补助52人共计43600元；农村劳动力参加社会保险52人；完成660名享受福利养老金无保障人员信息采集和生存认证。招聘5名劳动保障协管员。全年举办9批次培训班累计培训515人次。大庄科乡铁炉村获评2019年中国美丽休闲乡村。（大庄科乡各村基本情况统计见表15）

单位名称：大庄科乡政府
地　　址：大庄科乡大庄科村南
电　　话：60189804

（常成）

【《平北星火之源》首映】 1月7日，大型原创舞台剧《平北星火之源》在大庄科乡文体中心首映。由北京长城之恋艺术团15人、大庄科乡村民28人参演。该剧是大庄科新时代文明实践所倾力打造的原创舞台剧，讲述抗日战争时期八路军三进平北，开辟平北地区第一个革命根据地，带领人民开展党的建设、武装斗争和统一战线的故事。

（常成）

【开展迎新春文艺大会演】 1月15日，大庄科乡新时代文明实践所组织29个村的演艺人员，在大庄科乡文体中心开展《福满京城 春贺神州》迎新春文艺大会演，演出歌曲、舞蹈、京剧、快板、情景剧等29档节目，152人参演。

（常成）

【乡第一届党代会三次会议召开】 1月26日，

中国共产党大庄科乡第一届党员代表大会第三次会议召开。会议审议乡党委工作报告、乡党委领导班子述职报告，乡党委代表、村书记等100余人参加会议。

（常成）

【第四届端午文化节开幕】 6月5日，大庄科乡第四届“慈孝暖端阳 红色润山乡”端午文化节在慈母川村开幕，全乡29个村共300余人参加活动。活动内容主要包括包粽子比赛、演唱红色歌曲等。

（常成）

【爱国歌曲大赛】 6月25日，大庄科乡第二届爱国歌曲大赛在霹破石村举行，大赛主题为“壮丽70年 奋进新时代”，乡党委书记致辞，全乡29个村500余人参加。东二道河村以歌曲《南泥湾》获第一名。

（常成）

【乡第一届人代会六次会议召开】 7月5日，大庄科乡召开第一届人民代表大会第六次会议。会议听取审议大庄科乡政府工作报告、人大工作报告和财政工作报告，补选大庄科乡人民政府乡长1名、副乡长1名。

（常成）

【第三届邻里文化节开幕】 10月21日，“不忘初心担使命 红色山村话家风”第三届邻里文化节在铁炉村开幕，乡机关干部、村干部在铁炉干训所接受“不忘初心、牢记使命”教育、观看文艺演出等。周边10个村500余人参加活动。

（常成）

表15 2019年大庄科乡各村基本情况统计

村名	党支部书记兼村委会主任	户数（户）	人数（人）	经济总收入（万元）	人均所得收入（元）
大庄科	田玉华	120	335	1694.00	25821
小庄科	杜　彪	129	255	831.80	23569
二道河	郭双柱	169	331	656.10	17900
里长沟	赵文海	125	251	379.60	14104
董家沟	胡瑞山	105	218	640.50	14060
慈母川	王九叶	199	388	1483.90	26211
汉家川河南	王长合	232	524	1030.10	17290
汉家川河北	赵有刚	105	228	442.10	15022
水泉沟	闫海明	145	312	1414.80	18080
暖水面	宋立荣	116	252	1193.30	17524
东太平庄	刘殿群	65	157	259.20	13166
黄土梁	刘　钊	49	110	167.40	13400
台自沟	董士勇	106	217	487.60	15369
榆木沟	刘造环	27	39	92.50	16333
解字石	王振良	81	163	403.90	16718
东三岔	付景飞	96	226	810.80	16482
东王庄	王有军	45	103	354.10	16320

续表 15

村名	党支部书记兼村委会主任	户　数（户）	人　数（人）	经济总收入（万元）	人均所得收入（元）
香　屯	王俊清	39	72	206.60	19861
龙泉峪	王建国	41	68	142.70	14632
旺泉沟	于守利	57	112	247.10	18938
松树沟	刘仕旺	69	156	244.50	16795
铁　炉	韩台山	172	351	872.20	16410
西沙梁	韩艳波	35	90	323.00	22444
瓦　庙	王海霞	46	87	246.40	20690
霹破石	杨忠云	98	208	314.10	14519
车　岭	张　玉	34	60	118.00	16917
景而沟	杨秀云	59	110	213.00	16482
沙　门	闫贵发	24	55	127.50	18291
沙塘沟	张红霞	146	319	735.50	17053

刘斌堡乡

【概况】 刘斌堡乡面积116.20平方千米，下辖16个行政村，全乡户籍人口3716户7281人，其中农业人口2568户5524人，非农业人口1148户1757人。年内出生人口52人，出生率7.14‰；死亡人口51人，死亡率7.0‰；人口自然增长率0.14‰。全年农村经济总收入17574.80万元，同比增长5.6%；人均可支配收入15680元，同比增长9.9%。全乡低收入户数1158户2424人，人均可支配收入1.57万元，超过标准线35.3%，全部脱低。有中学、小学、幼儿园各1所；社区卫生服务中心1所、医护人员19名，社区卫生服务站2个，农村卫生室14个；北京农商银行支行1所；国家电网网点1个。年内，乡党委下辖基层党组织20个；其中农村党支部16个，乡机关党支部1个，社区党支部1个，事业单位（卫生院）党支部1个，全乡共有党员798名。2019年，全乡粮食作物播种面积725.49公顷（10882.30亩），粮食总产量463.90万千克。耕地地力保护补贴面积458.50公顷（6877.50亩），补贴资金206.33万元，惠及农户1244户；菜田补贴面积26.52公顷（397.88亩），补贴资金17.71万元，惠及企业、合作社9个，农户112户。“三品”认证面积21.20公顷（318亩）。全乡畜牧养殖存栏：羊1094只、牛5头、鸡10700只。

年内，完成浅山台地造林工程204公顷（3060亩），煤改电990户。全年$PM_{2.5}$累计浓度31微克/立方米；降尘累计4.8吨/（平方千米·月）；TSP（总悬浮颗粒物）累计浓度94微克/立方米。16个行政村全部通过北京市人居环境整治考核验收，其中第二批验收全区排名第一。制定《刘斌堡乡工商开户注册地址审核办法（暂定）》。截至2019年年底，全乡有7个旅游合作社，6个村41处民宿投入运营。“接诉即办”全年接到市中心直派单436件，响应436件，响应率100%，办结436件，办结率100%，有效回访273件，解决162件，解决率59.34%，满意176件，满意率64.47%，全市乡镇排名第8。帮扶低收入户就业110人。统筹低收入产业资金实施6个村50.13公顷（752亩）种植项目和7个村24个民宿小院项目，带动低收入劳动力就业140余人。办理城乡低保29户48人，农村特困10户10人。提高山区生态林管护岗位补贴，最低达到每人每月638元。完成高端民宿特色小镇旅游设施提升改造项目，安装太阳能路灯741个、可移动卫生间26组；配备垃圾桶101个、休息座椅314个；设立一级标识牌10块、二级标识牌37块。户厕改造316户，改厕率100%。开展扫黑除恶、创城创森、2019世园会等活动20余次。组织广场舞大赛，夏日文化广场、“虎文化节”和各项传统节日文艺演出等文体活动30余次。组织各类培训40余次，参加人数约1000人。全年放映电影700余场，星火演出48场，图书流转2.8万余册。小观头村“延庆优质农产品乡村便利店”揭牌。“山楂小院”等13家民宿被评为北京市乡村酒店和五星级民俗旅游户，下虎叫、小观头2个村被评为北京市五星级民俗旅游村。姚官岭村入选由文化和旅游部、国家发改委确定的第一批全国乡村旅游重点村名单。下虎叫村入选农业农村部全国第九批“一村一品”示范村镇。“青山园”获农业农村部颁发的国家农村创新创业园区称号。（刘斌堡乡各村基本情况统计见表16）

单位名称：刘斌堡乡政府
地　　址：刘斌堡乡刘斌堡村
电　　话：60181485

（侯得书）

【义务献血49人】 7月12日，组织义务献血活动，献血人数49人，献血量13400毫升。超额16瓶完成献血任务。

（侯得书）

【乡一届人代会六次会议召开】 7月14日，延庆区刘斌堡乡第一届人民代表大会第六次会议召开，44名代表出席，会议听取审议刘斌堡乡政府工作报告，选举刘斌堡乡人民政府乡长1名、副乡长1名。

（侯得书）

【人居环境整治】 年内，开展“人居环境整治大干60天”等活动，全年清理人居环境整治挂账点位4087处，整改率100%。第一批次6个村通过验收，姚官岭村为满分村；第二批次10个村以全区排名第一的成绩通过验收。

（侯得书）

【结对帮扶】 年内，乡政府组织工作人员赴张家口市宣化区河子西乡开展结对帮扶工作，捐赠帮扶资金10万元，用于建档立卡贫困户的扶贫工作。

（侯得书）

【千亩杂粮基地建设】 年内，北京燕云种植专业合作社在刘斌堡村建设千亩有机杂粮基地，延海协作资金支持350万元，种植谷子33.93公顷（509亩），豆类20公顷（300亩），隔离作物13.33公顷（200亩）。谷子产量6万千克，小米产量4.50万千克，豆类产量0.50万千克。

（侯得书）

【5个村建成养老助残餐桌】 年内，在刘斌堡、营盘、上虎叫、周四沟、小观头5个村建成5家养老助残餐桌，为5个村的281名老年人和重度残疾人提供配餐、送餐服务。

（侯得书）

【两村开展慈善助老服务】 年内，在周四沟村和刘斌堡村开展慈善“1+1”助老志愿服务项目，39名志愿者每月定期为74户103人开展志愿服务。

（侯得书）

表 16　2019 年刘斌堡乡各村基本情况统计

村委会名称	党支部书记	村委会主任	户　数（户）	人　口（人）	经济总收入（万元）	人均所得收入（元）
刘斌堡村	卢兴勇	卢兴勇	580	1860	7540. 90	15408
大观头村	侯春艳	魏金波	337	745	2768. 10	15645
周四沟村	陈桂香	陈桂香	194	442	1044. 40	15998
红果寺村	韩永财	韩永财	108	225	432. 00	15237
上虎叫村	张有德	张有德	49	88	323. 50	17772
下虎叫村	时永纲	时永纲	63	142	312. 70	16809
营盘村	焦万亮	许秀华	159	365	799. 30	15399
营东沟村	李燕霞	李燕霞	23	50	142. 90	16100
马道梁村	徐瑞华	徐瑞华	160	395	880. 50	15046
山西沟村	郝明辉	胡　强	183	355	955. 20	15922
山东沟村	雷占余	雷占余	96	194	515. 50	15523
山南沟村	赵志忠	赵志忠	64	132	338. 00	16603
小观头村	贾雪林	贾雪林	60	126	363. 80	16592
观西沟村	张军宗	张军宗	95	203	579. 20	16095
姚官岭村	张晓静	张晓静	50	101	261. 90	15893
小吉祥村	宋兰坤	宋兰坤	47	101	317. 30	16374

香　营　乡

【概况】　香营乡辖区面积 117 平方千米，其中山区面积 79 平方千米，占全乡总面积的 67%。下辖 20 个行政村。全乡户籍户数 4615 户，人口 8855 人，其中，农业户数 2813 户 6154 人，非农业户数 1802 户 2701 人，常住人口 6737 人。全年出生 79 人，出生率 8. 90‰；死亡 78 人，死亡率 8. 80‰；人口自然增长率 0. 10‰。乡域有“燕山天池”美誉的白河堡水库、辽代缙阳寺遗址、明代烽火台、长城边墙遗址等自然、人文景观。全乡有九年一贯制学校 1 所，教职工 66 人，在校学生 168 名。中心幼儿园 1 所，入园儿童 47 名。社区卫生服务中心 1 所，卫生技术人员 22 名。卫生服务站 2 所，村卫生室 7 所，乡村医生 12 人。全乡耕地面积 1. 43 万公顷（2. 14 万亩），果林面积 316 公顷（4712 亩），设施农业 15. 96 公顷（238. 50 亩），农作物播种面积 871 公顷（1. 30 万亩）。2019 年，全乡农村经济总收入 63136. 7 万元，农民人均劳动所得 19700 万元；财政收入 115. 30 万元，完成全年任务数的 174%；低收入户人均劳动所得 2. 05 万元，达标率 100%，人均收入同比增长 26%左右。

乡党委辖基层党支部 26 个，其中农村党支部 20 个、事业单位党支部 1 个、社区党支部 1 个、机关党支部 4 个。有党员 625 名。年内发展党员 3 名，培训入党积极分子 20 名。制定完善《村干部考核方案》，在人居环境整治、接诉即办等重点工作中设置专项奖。举办香营乡村“两委”干部培训班 2 期，完成上垙、东白庙、孟官屯3个软弱涣散村整顿转化工作，同时做好新增的香营、新庄堡软弱涣散村整顿工作。全年对18名党员干部“双早”预警谈话，处理4件涉黑涉恶线索，立案审查9件，共给予党纪处分14人，其中开除党籍3人，免职村党支部书记2人。

年内，医保卡同步、补换卡160人，居民大病医疗保险二次报销36人共计30.27万元。有低收入户682户1372人，开展低收入户电子商务、民俗接待、花馍等主题培训班25期，受训人数1172人，受益低收入农户239人。申报低保、五保户、优抚户危房翻建71户。新申报新庄堡八棱脆盆栽项目和下垅、黑峪口、新庄堡3个村的特色民宿产业项目；聂庄村蔬菜大棚项目年产值近150万元，上垅村光伏发电项目实现村集体年收益8万元左右。乡内有18个低收入产业项目，落实低收入产业帮扶资金1656.45万元。首发集团捐资230万元支持聂庄蔬菜大棚建设；建工集团向下垅村捐助10万元修建村级文化广场，招录2名村民到集团就业；市供销总社免费向42户社员发放谷物、玉米优质种苗，优化种植面积5.33公顷（80亩）。

全年拆除违法建设22处1.97万平方米，腾退土地3.82万平方米，“留白增绿”308.45平方米。占道经营实现动态清零，整治无证无照经营3户，疏解一般制造业1家。平原造林151.46公顷（2272亩）。清理乱堆乱放4788处、私搭乱建495处、小广告1456处、建筑垃圾渣土14.70万立方米、白色垃圾3845千克。治理污水64处。$PM_{2.5}$累计浓度31微克/立方米。全年巡河6484千米，清理水域周边垃圾2500立方米，整改问题200处。2019年美丽乡村创建5个村，正在编制村庄规划。全乡12个村571户户厕改造，完成改造118户，46户正在实施。15个村完成煤改气工程，5个村拟实施煤改电工程。表彰高考考生20名，发放奖学金6万元。城管执法查处违法行为526起，下发责令改正通知书、谈话通知书37次，立案查处509起，罚款14.65万元，其中一般程序45件，罚款14.07万元，简易程序464件，罚款5755元。查处施工工地违法行为8起，罚款12.40万元；运输车辆违法行为11起，罚款1万元。遏制焚烧行为51起，立案查处49起，罚款980元；露天烧烤3起，罚款1050元。依法查处燃气安全违法行为2起，罚款1000元。依法查处各类占道经营违法行为371起，罚款5765元。规范设置广告牌匾11起，依法查处擅自张贴、散发小广告6起，罚款1700元；未落实门前三包责任制查处3起，罚款800元。查处市容市貌类违法行为46起，罚款1160元。推进扫黑除恶专项斗争常态化、制度化、规范化。开展毒品原植物踏查。消防安全执法检查累计出动人员382人次，检查156家次，查处隐患点116处，全部整改完成。

完成国庆期间氛围营造、景观布置等工作。接诉即办解决率、满意率全市排名由第307名上升到第138名，全区排名第8名。全乡1个乡级新时代文明实践所、21个村级新时代文明实践站、5个新时代文明实践基地共开展服务活动182次。组织群众文艺会演、杏花文化节和广场舞大赛等大型活动13场，4000余人次参与。开展广场舞等培训50余次，共计1200余人参加。42支志愿服务队开展志愿服务活动4651次。乡舞蹈队代表北京市参加全国农民舞蹈大赛，两个规定动作和团体总分分获全国二、三等奖。（香营乡各村具体情况统计见表17）

单位名称：香营乡政府
地　　址：香营乡香营村
电　　话：60161043

（郑学伟）

【举办首届灯展活动】 2月15日至21日，香营乡举办“福满京城 春贺神州”暨“迎盛会 点赞新时代 闹元宵缙阳谱新篇”首届灯展活动，展区位于香营乡清风园，主广场悬挂灯笼2000余盏，灯笼的设计包含社会主义核心价值观、世园会、冬奥会、新时代等元素。设有文艺演出、花会表演及猜灯谜活动。

（郑学伟）

【组织防火实战演练】 3月30日，香营乡组织乡应急队队员、扑火队队员、护林员、村干部、村民等100余人，携带二号灭火工具、风力灭火机、灭火弹、灭火器等器材，在香营乡香营村西小孤山进行森林防火实战演练。

（郑学伟）

【世园会赏花线路体验活动启动】 4月16日，“花开新时代 同心迎世园”主题活动暨延庆区“游延庆 逛世园 品花宴 宿花田”第一条赏花线路体验活动在香营乡新庄堡杏树基地启动。活动内容有艾草及产品展示、文艺演出、民乐演奏、汉服展示、书画展示、摄影采风等，800人参加活动。

（郑学伟）

【举办端午文化节】 6月6日至9日，香营乡新时代文明实践所举办“我为世园添光彩 点赞美好新时代”端午文化节。包括文艺演出、包粽子比赛、香囊制作、跳绳、踢毽、“赛龙舟”，以及艾草特色产品展示和农事体验等活动。

（郑学伟）

【乡一届人代会六次会议召开】 7月20日，香营乡第一届人民代表大会第六次会议在香营乡文体中心二层会议室召开，43名代表出席。非代表的党政班子成员、村党支部书记、村委会主任列席。大会听取并审议香营乡人民政府工作报告，选举香营乡人民政府乡长1名，选举香营乡人大主席1名。

（郑学伟）

【普法宣传】 年内，法治广播420场次，内容涉及扫黑除恶、宪法、诈骗、房屋土地、信访、私搭违建等14个方面的法律法规；张贴宣传挂图480余份；自发组织宣传活动53场次；参与宣传活动61场次。

（郑学伟）

【提供法律服务活动】 年内，为农村群众提供法律服务活动71场次，解答群众问题咨询1300余人次，代书198份，代理96件，非诉5件，为乡党委政府提供法律建议9条，为村委会提供法律建议15条。全年调解各类纠纷矛盾126起，预防纠纷矛盾32起。

（郑学伟）

【低收入帮扶】 年内，促进就业帮扶275户389人，生态建设帮扶683户1372人，社会保障托底帮扶217户274人，社会力量帮扶26户45人，产业帮扶640户1226人次。

（郑学伟）

【就业帮扶】 年内，职业指导完成108人，农村劳动力转移就业证年审2033人；办理《农村劳动力转移就业证》78人；公共职业介绍机构用工需求档案跟踪回访企业23家；办理《就业失业登记证》32人；办理失业登记40人；办理失业金领取手续10人；办理灵活就业19人，办理灵活就业停止手续12人；办理转档手续70人。截至年底，管理城镇失业人员档案153份、退休人员档案182份，新增本市农村劳动力21人在社保所代办保险缴费。

（郑学伟）

【开展技能培训26期】 年内，组织电子商务、手工皂制作、民俗接待、凉皮凉面制作、讲解员、花馍制作、计算机、月饼制作、剪纸、手工布艺包制作、火勺制作、年夜饭制作等技能培训26期，覆盖全乡20个行政村，培训1362人次，1358人取得培训结业证书，培训后持证上岗75人，申请开办农家院10户，开始经营3户，成功注册网店70家，已有10多名学员网上销售土特产品、手工制品，成为代理商。

（郑学伟）

【开展文艺培训654次】 年内，开展合唱、腰鼓、大鼓、鬼步舞、广场舞、锣鼓等培训654次，参与人员6300人次。

（郑学伟）

【环境整治】 年内，购置垃圾清运车3辆、垃圾方桶10个、垃圾大箱3个、分类垃圾桶133套。清理昌赤路、香龙路、香刘路3条公路沿线渣土1.10万立方米、白色垃圾1508立方米。免费清运建筑渣土11.70万立方米；清理小型私搭乱建455处8266.22平方米；清理小广告1456处；整治无照经营、店外经营、流动经营64起；治理污水横流45处。治理乱堆乱放投入人员500余人次，出动铲车7辆次，出动大小清运车辆32辆次。

（郑学伟）

【妫河河道治理】 年内，治理妫河河道6.50千米，围绕河道中心树木建设人工岛17座，其中大岛约40平方米，小岛约5平方米；在人工岛及河道岸坡种植花卉、麦苗1.33公顷（20亩）。

（郑学伟）

【百万亩造林109.41公顷】 年内，完成百万亩造林109.41公顷（1641.20亩），栽植乔木45372株、花灌木5973株。核实2020年百万亩造林地块面积80公顷（1200亩）；在三道沟村、高家窑村、南窑村进行公益林抚育248.80公顷（3732亩）；在三道沟村、高家窑村、南窑村、庄科村、前山林场进行森林健康经营林木抚育项目，面积达1483.33公顷（22250亩）。

（郑学伟）

【美丽乡村建设】 年内，下垅、后所屯、三道沟、小川、八道河5个美丽乡村创建村已通过区技术审查，正在编制村庄规划和实施方案。旱厕改造14个村571户，改厕率100%。山底下村是市级美丽乡村建设试点村，同时实施搬迁工程，涉及回迁人口68户168人，回迁房建筑面积12600平方米，分为两期建设，建设形式为两层联排回迁房含院落（约40～50平方米）。一期工程11幢回迁房49套共计9600平方米已全部封顶。

（郑学伟）

表17 2019年香营乡各村基本情况统计

村委会名称	党支部书记	村委会主任	户数（户）	人口（人）	经济总收入（万元）	人均所得收入（元）
八道河	柳艳云	柳艳云	32	67	468.00	21231
屈家窑	屈金安	屈金安	83	166	820.00	16962
黑峪口	刘九来	刘九来	128	230	1626.00	18929
上　垅	卢六来	卢六来	76	147	542.00	16993
下　垅	郭　磊	郭　磊	100	195	3022.00	17990
山底下	王树元	赵　军	73	162	942.00	20000
东白庙	闫长军	闫长军	667	1297	7904.00	18807
孟官屯	王利江	王利江	448	880	4665.00	20291
小　堡	乔书明	乔书明	382	752	4200.00	19957
香　营	赵　学	赵　学	551	1120	4589.00	20450
新庄堡	王德喜	王德喜	445	843	2264.00	19109
后所屯	尤红存	尤红存	640	1140	8718.00	18899
里仁堡	雷东海	雷东海	643	1228	7945.00	21350
聂　庄	周海龙	周海龙	168	328	2510.10	20311

续表 17

村委会名称	党支部书记	村委会主任	户 数（户）	人 口（人）	经济总收入（万元）	人均所得收入（元）
庄　科	薛进良	薛进良	27	53	169.00	16321
高家窑	高小亮	高小亮	36	70	204.00	18967
小　川	闫皂荣	闫皂荣	27	34	239.00	29259
三道沟	李桂海	李桂海	40	67	265.00	18448
南　窑	—	—	30	49	157.50	20171
东　边	孙进有	孙进有	18	28	227.00	28615

珍珠泉乡

【概况】 珍珠泉乡乡域面积144平方千米，林木绿化率88.13%，森林覆盖率68.39%。下辖15个行政村、29个自然村，总人口3948人，其中农业人口3130人、非农户人口818人。2019年出生32人，出生率8.11‰；死亡44人，死亡率11.14‰；人口自然增长率-3.03‰。境内有珠泉喷玉、齐仙岭、仙壶沟等景区。有中心小学1所，幼儿园1所，在校生共70人，教职工23人；社区卫生服务中心1所，医务人员3人，村级卫生室13所。二级旅游咨询服务中心1处，公共厕所14座。农民专业合作社共26家，其中市级示范社2家。乡党委辖18个党支部，包括15个行政村党支部、2个机关党支部、1个社区党支部。全乡共有党员526名，年内发展党员4名，有党员志愿服务队17个，志愿者281人。各基层党支部开展集中学习15次，革命传统教育3次，形势政策教育14次，先进典型教育5次，专题研讨7次，“议初心”“找差距”“谈使命”主题党日活动3次。开展日常调研150余次，解决问题77个。接受区委巡察，领导班子成员检视问题117个，制定整改措施174条。对7个方面21项重点整治任务开展专项整改。2019年，全乡农村经济总收入完成11591.90万元，同比增长3.40%；人均所得完成18110元，同比增长7.50%。2019年享受农村低保待遇58户101人；五保户79户80人。全乡低收入产业资金3175.40万元；低收入人口524户1088人，低收入农户人均可支配收入同比增长10.5%，脱低率100%。医疗救助311人次，资金41.45万元。城乡居民医疗保险参保人数2981人，参保率99%；城乡居民养老保险参保人员1243人，续保率100%。

年内，完成万亩造林208.39公顷（3125.93亩），完成率100%。公益林管护334.40公顷（5016亩），森林健康经营830.66公顷（12460亩），完成国家森林城市创建任务。订购优质燃煤1400吨。巡河1539次7873千米。人居环境整治2809处。全乡 $PM_{2.5}$ 平均浓度25微克/立方米，同比下降16.70%，降尘平均浓度3.5吨/（平方千米·月），同比下降10.3%，TSP平均浓度86微克/立方米，空气质量各项指标全区排名均在前列。拆除违法建设25处8537.40平方米，完成率285%；核查整改涉地乱象6处，整改完成2宗规划土地卫片；整治无证无照经营1处；开展综合执法检查1920次，处罚量173件。规范垃圾运输收集，实现沿线9个村垃圾统一清运。部署“小手拉大手”垃圾分类专项行动，全面开展五类细分工作。清理私搭乱建856处17985平方米，乱堆乱放1375处，建筑垃圾7800立方米。第二批全市验收中6个村优秀率100%，其中满分村2个，全区排名第7。升级改造公厕14

座，户厕改造197户。为15人发放珍珠山水励志奖学金3.50万元。乡文体服务中心投入使用，完成庙梁村文体中心建设工程。举办鸟节、仙水壶文化节、端午文化节、首届玫瑰采摘节、中秋游园会、“守初心、担使命、迎冬奥”农民运动会等活动。（珍珠泉乡各村基本情况统计见表18）

单位名称：珍珠泉乡政府
地　　址：珍珠泉乡珍珠泉村
电　　话：60186546

（秦颖）

【首届玫瑰采摘节举办】 7月20日至10月8日，在珠泉喷玉广场举办珍珠泉首届玫瑰采摘节。珍珠泉村玫瑰采摘广场展出梅朗口红、朱墨双辉、金凤凰等玫瑰花种类近10万株玫瑰花，花海中设有罗马遗迹雕塑群。采摘广场分为珠泉喷玉广场和留香谷情侣庄园两个区域。珠泉喷玉广场中部用999株红玫瑰组合成心形图案；留香谷情侣庄园设有20米长的玫瑰花长廊。采摘节由珍珠泉乡政府和北京西单商业街珍珠山水物业管理有限责任公司主办，珍珠泉村委会、庙梁村委会、中青旅遨游国际旅游有限公司、北京青年旅行社股份有限公司、北京嘻游国际旅行社有限公司、中国妇女旅行社及北京飞屋环旅网络科技有限公司协办。

（秦颖）

【首届农民运动会举办】 11月6日，珍珠泉乡在珠泉喷玉广场举办“守初心、担使命、迎冬奥”首届农民运动会。设有扔飞镖、定时定点投篮、20米往返障碍推铁环、曲线托球跑等8项个人项目和村集体10人拔河团体项目。全乡15个村代表队250余人参加。

（秦颖）

【新时代文明实践活动】 年内，乡新时代文明实践所、16个实践站完成乡、村两级干部培训3000余人次；17支党员志愿服务队281名志愿者为空巢老人理发、做饭、打扫卫生、整理柴火，扫雪铲冰，拆除违建等1500余人次，解决实际问题300个，上门服务2200人次。完成农业技术、手工制作、法律普及等159次点单派单。

（秦颖）

【特色种植面积扩大】 年内，全乡新增榛子种植面积8公顷（120亩），补植20公顷（300亩），建成千亩大榛子种植基地。种植富硒梨9.33公顷（140亩）、五味子13.33公顷（200亩），试种紫色玉米0.66公顷（10亩）。林下套种土豆、谷子、黄豆等作物15.4公顷（231亩），栽种食用菌（木耳）菌棒9万株。

（秦颖）

【美丽乡村建设】 年内，珍珠泉、庙梁、八亩地、小川、仓米道、桃条沟、双金草7个村的村庄规划已经批复。上水沟、下水沟、下花楼、转山子、小铺5个村的村庄规划通过联审。编制完成9个美丽乡村建设实施方案，珍珠泉、称沟湾村工程项目进入收尾阶段。

（秦颖）

【民生保障】 年内，接收市民服务热线派单512件，工单反馈率100%，满意率和解决率均达到80%以上，全市街乡镇排名第225名，全区排名第13名。全乡城镇新增劳动力和农村劳动力转移就业205人，残疾人就业113人，举办各类技能培训222人次。成立5家老年餐桌，服务136人。下花楼村搬迁工程共计新建房89栋，回迁入住67户，给排水工程、强弱电工程已完工。小川村、桃条沟村、仓米道村3个村庄搬迁工程，已经完成清场工作，正在推进多规合一平台审批，进入会商阶段。开通桃条沟与小川北口公交站接驳车。

（秦颖）

【社会治理】 年内，乡、村两级上报网格事件8885件，处理卫星遥感事件221起。全年动员群防群治力量5000余人次，完成“一带一路”高峰论坛、2019年世界园艺博览会及庆祝中华人民共和国成立70周年等重大活动安保维稳任务。

（秦颖）

表 18　2019 年珍珠泉乡各村基本情况统计

村委会名称	党支部书记兼村委会主任	户　数（户）	人　口（人）	经济总收入（万元）	人均所得收入（元）
珍珠泉	于甫琴	294	542	1839. 50	19560. 40
称沟湾	范长宇	113	210	581. 10	14744. 40
庙　梁	于凤华	312	608	2060. 40	20479. 50
下水沟	尤　存	58	123	444. 20	17008. 50
上水沟	张树合	118	220	604. 80	17518. 30
下花楼	周汉兴	140	275	741. 20	18061. 40
八亩地	于海林	113	213	762. 80	19118. 60
转山子	姜亦成	185	366	780. 80	16800. 00
水泉子	石长海	283	532	1578. 90	18000. 00
双金草	张自起	96	150	471. 10	19693. 00
小　川	崔　勇	187	312	820. 10	16816. 00
桃条沟	翟永亮	54	102	213. 30	15737. 90
仓米道	刘玉臣	30	60	158. 70	16444. 40
小　铺	罗光超	60	88	235. 00	16341. 20
南天门	于亚全	80	147	300. 00	15205. 50

（栏目编辑：池尚明）

人 物 荣 誉

2019 年组织机构负责人

中国共产党北京市延庆区第二届委员会

书　记　穆　鹏
副书记　于　波（满族，1 月任）　李军会
常　委　穆　鹏　于　波（满族，1 月任）
　　　　李军会　张　远　刘学亮
　　　　叶大华（4 月任）　黄克瀛（女）
　　　　吕桂富　谢文征（4 月免）　蒋达峰
　　　　张　琦　吴世江（10 月任）
委　员　（按姓氏笔画为序）
　　　　于　波（满族，1 月任）
　　　　卫红涛（满族）　马红寰　王罗颐
　　　　叶大华　吕桂富　孙凤霞（女）
　　　　刘学亮　刘瑞成　祁增华　李军会
　　　　吴世江　张　远　张利忠　张　琦
　　　　张景军　杨国柱（7 月任）　陈合安
　　　　陈桂芬（女）　孟顺利
　　　　赵琳锋（12 月免）　胡玉民
　　　　胡春华　胡耀刚　段福华　祖　宇
　　　　贺常荣（女）　贾春媚（女）
　　　　徐自成　黄克瀛（女）　黄金龙
　　　　常迎六（满族）　崔旭龙（12 月免）
　　　　董　亮（12 月免）　蒋达峰
　　　　鲁世宽（7 月免）
　　　　谢文征（4 月免）　穆　鹏
候补委员　（按得票多少为序排列）
　　　　张　莉（女）　郭慧成
　　　　卫洪英（女）　郭清尧
　　　　魏旭斌（7 月免）

中共北京市延庆区委工作机构负责人

办公室　［加挂区委机要局（密码管理局）、档案局牌子］主任　马红寰（5 月免）
　　　　吕桂富（兼，5 月任）
常务副主任　刘聪玲（女，蒙古族，5 月任）
区委机要局（密码管理局）局长
　　　　刘聪玲（女，蒙古族，5 月任）
档案局局长　刘聪玲（女，蒙古族，5 月任）
保密局（机构改革后由区委办公室管理改为设在区委办公室）局长
　　　　张光临（3 月免）
组织部（加挂公务员局牌子）部长
　　　　刘学亮（兼）
常务副部长　杨志强（5 月免）
　　　　梁利锋（6 月任）
公务员局局长　梁利锋（7 月任）
宣传部（加挂政府新闻办公室、新闻出版局牌子）部长　黄克瀛（兼，女）

常务副部长　张树清（女）
政府新闻办公室主任　张树清（女，3月任）
新闻出版局局长　张树清（女，3月任）
精神文明建设办公室（机构改革后由挂靠宣传部改为设在宣传部）主任
齐鲁延（3月免）
统战部（加挂民族宗教侨务办公室牌子）部长
黄克瀛（兼，女）
常务副部长　徐　赟（9月免）
齐鲁延（9月任）
民族宗教侨务办公室主任
徐　赟（3月任，9月免）
齐鲁延（9月任）
区委台湾工作办公室（台湾事务办公室）（机构改革后与区委统战部合署办公）
主任　王　云（女，4月免）
徐　赟（4月任，9月免）
齐鲁延（9月任）
政法委书记　吕桂富（兼）
常务副书记　张勇军
社会治安综合治理委员会办公室（机构改革后不再设立）主任
张勇军（3月免）
维护稳定工作领导小组办公室（机构改革后不再设立）主任
张勇军（3月免）
流动人口和出租房屋管理委员会办公室（机构改革后不再设立）主任
张勇军（3月免）
防范和处理邪教问题办公室（机构改革后不再设立）主任
路俊海（满族，3月免）
研究室（区委改革办设在研究室）主任
刘聪玲（女，蒙古族）
老干部局局长　郑玉伶（女）
机构编制委员会办公室主任　张　河
网络安全和信息化委员会办公室（加挂互联网信息办公室牌子）主任
诸葛福琨（女，4月任）
互联网信息办公室主任
诸葛福琨（女，5月任）
巡察工作领导小组办公室主任　靳　柯
直属机关工作委员会书记　李军会（兼）
常务副书记　郝　健

中共北京市延庆区委派出机构负责人

农村工作委员会书记　贺常荣（女）
教育工作委员会书记
王建军（满族，3月免）
常迎六（满族，3月任）
社会工作委员会书记
吴　皓（5月免）
孙凤霞（女，5月任）
百泉街道党工委书记
赵振华（9月免）
洪　炜（9月任）
儒林街道党工委书记
马素军（女，4月任）
香水园街道党工委书记
冯浙军（3月免）
齐鲁延（3月任，9月免）
姜之波（9月任）
中关村科技园区延庆园党工委书记
王振龙（3月免）
发展和改革工作委员会、经济和信息化工作委员会、住房和城乡建设工作委员会、商务工作委员会、旅游发展工作委员会，机构改革后不再保留

中国共产党北京市延庆区第二届纪律检查委员会

书　记　蒋达峰
副书记　韩　策　杜国华　冯殿荣（7月免）
赵春生（7月任）
常　委　蒋达峰　韩　策　杜国华

冯殿荣（7月免） 赵春生
祁春生（9月免） 高国忠（7月免）
王新生 沈小嘉（女，6月免）
霍阿强（7月任） 代 强（7月任）
王茂华（7月任）
委 员 （按姓氏笔画为序排列）
王茂华 王秋林 王新生 代 强
冯殿荣 吕 莉（女） 祁春生
杜志军 杜国华 李庆民
杨立宏（女） 吴 皓
吴连军（满族） 沈小嘉（女）
张胜军 孟庆云 赵春生 郤占军
徐怀安 高国忠 郭 蓬（女）
郭东亮 郭铁石 曹艳军
蒋达峰 韩 策 韩志忠
焦万宏（女）
焦顺新（满族） 霍阿强
魏秀芝（女，满族）
监察委员会主任 蒋达峰
副主任 韩 策 杜国华 冯殿荣（10月免）
赵春生（10月任）

北京市延庆区第二届人民代表大会常务委员会

主 任 胡耀刚（12月免）
吕桂富（12月任）
副主任 武 克（12月免）
郑世华（12月免） 郭永华
闫承发 张景军（12月任）
贺常荣（女，12月任）
吴辰英（女，不驻会）
常 委 （按姓氏笔画为序排列）
王铁林 古燕翔（女） 田玉柱
田毅敏（女）
付 强（满族，3月免）
冯浙军（3月免） 司彦忠 吕毅夫
朱怀明 任秀莲（女）
刘井辉 刘世记
刘亚欣（女，蒙古族，11月免）
刘金江 李富兴 杨青林
吴 皓（12月任） 吴子广
张玉华（女） 张光临（12月任）
张勇军 赵伯玉 赵振华
柳千训（朝鲜族） 贺鸿文（女）
席维国 鲁亚军（女）
鲁明祥 鲁振中 谭 颖

北京市延庆区第二届人大常委会工作机构负责人

办公室主任 付 强（满族，3月免）
张光临（3月任）
法制办公室主任 刘金江
财政经济办公室主任 鲁亚军（女）
教育科技文化卫生体育办公室主任 刘世记
城市建设环境保护办公室主任 席维国
农村办公室主任 鲁明祥
代表联络室主任 司彦忠
研究室主任 刘亚欣（女，蒙古族，5月免）
吴 皓（6月任）

北京市延庆区人民政府

区 长 穆 鹏（1月免）
于 波（1月任）
常务副区长 张 远
副 区 长 谢文征（5月免）
叶大华（5月任） 刘瑞成
祖 宇 罗 瀛（女，满族）
董 亮（12月免）
吴世江（12月免）
陈桂芬（女，5月任）

北京市延庆区人民政府工作机构负责人

政府办公室 （加挂政府外事办公室牌子）

党组书记、主任
黄金龙（3 月免）
张胜军（3 月任）
政府外事办公室主任　张胜军（3 月任）
政府外事办公室（加挂政府侨务办公室牌子）（机构改革后并入政府办公室，不再保留单设的政府外事办公室，不再保留政府侨务办公室牌子）党组书记、主任　王卫东（3 月免）
发展和改革委员会党组书记
祁增华（5 月免）
赵琳锋（5 月任，12 月免）
主　任　程大庆（5 月免）
赵琳锋（6 月任，12 月免）
教育委员会（加挂政府教育督导室牌子）主任
魏旭斌（3 月免）
王建军（满族，3 月任）
教育督导室（机构改革后由教育委员会代管改为挂牌）主任
闫利宽（3 月免）
王建军（满族，3 月任）
科学技术委员会（加挂中关村科技园区延庆园管理委员会牌子，不再保留知识产权局牌子）党组书记
国学利（3 月免）
付　强（满族，3 月任）
主　任　杨雪平（女，3 月免）
付　强（满族，3 月任）
中关村科技园区延庆园管理委员会
主　任　罗　瀛（兼，女，满族）
常务副主任　王振龙（3 月免）
付　强（满族，3 月任）
知识产权局局长　杨雪平（女，3 月免）
经济和信息化局（加挂区大数据管理局牌子）
党组书记、局长　黄金龙（3 月任）
大数据管理局局长　黄金龙（3 月任）
经济和信息化委员会（机构改革后更名为经济和信息化局）党组书记、主任
徐自成（3 月免）

民政局（机构改革后与社会工作委员会合署办公，不再保留民族宗教事务办公室牌子）
党组书记　胡玉民（3 月撤销党组，3 月免）
局　长　胡玉民（5 月免）
孙凤霞（女，6 月任）
社会建设工作办公室（机构改革后不再保留）
主任　吴　皓（3 月免）
司法局党组书记、局长
张书亭（3 月免）
冯浙军（3 月任）
政府法制办公室（机构改革后不再保留）
财政局党组书记、局长　张景军
人力资源和社会保障局党组书记、局长
胡春华（3 月免）
孟顺利（3 月任）
市规划和自然资源管理委员会延庆分局党组书记、局长
张　奇（4 月任党组书记、6 月任局长）（市区双管单位）
生态环境局党组书记、局长
徐自成（3 月任）
环境保护局（机构改革后不再保留）党组书记、局长
常迎六（满族，3 月免）
住房和城乡建设委员会（加挂住房保障办公室牌子、房屋征收办公室牌子）党组书记、主任
赵琳锋（5 月免）
胡玉民（5 月任党组书记、6 月任主任）
住房保障办公室主任
赵琳锋（5 月免）
胡玉民（6 月任）
房屋征收办公室主任
赵琳锋（5 月免）
胡玉民（6 月任）
城市管理委员会（加挂城乡环境建设管理委员会办公室牌子）党组书记、主任
鲁世宽（2 月免）

李新生（2月任）
城乡环境建设管理委员会办公室主任
鲁世宽（2月免）
李新生（2月任）
交通局党组书记、局长　李明海
水务局党组书记、局长
苏利茂（3月免）
郭铁石（3月任）
农业农村局党组书记、局长
贺常荣（女，3月任，5月免党组书记）
农村工作委员会（加挂山区建设办公室牌子）［机构改革后不再保留农村工作委员会（山区建设办公室）］
党组书记、主任　贺常荣（女，3月免）
山区建设办公室主任　贺常荣（女，3月免）
农业局（挂动物卫生监督管理局牌子）［机构改革后不再保留农业局（动物卫生监督管理局）］
党组书记、局长　池合仓（3月免）
动物卫生监督管理局局长　池合仓（3月免）
商务局（加挂粮食和物资储备局牌子）党组书记、局长
辛文军（3月任）
粮食和物资储备局局长　辛文军（3月任）
商务委员会（加挂粮食局牌子）（机构改革后更名为商务局，不再保留粮食局牌子）
文化和旅游局党组书记　姜言泉（3月任）
主　　任　叶　东（3月任）
文化委员会（机构改革后不再保留）党组书记、主任
叶　东（3月免）
旅游发展委员会（机构改革后不再保留）党组书记、主任　姜言泉（3月免）
卫生健康委员会党组书记、主任
尹文强（3月任）
卫生和计划生育委员会（机构改革后不再保留）党组书记、主任
尹文强（3月免）
退役军人事务局党组书记、局长
王　琦（3月任）
应急管理局党组书记、局长
臧文柱（3月任）
安全生产监督管理局（机构改革后不再保留）党组书记、局长　臧文柱（3月免）
市场监督管理局（加挂知识产权局、食品药品安全委员会办公室牌子）
党组书记、局长　田素芬（女，3月任）
知识产权局局长　田素芬（女，3月任）
食品药品安全委员会办公室主任
田素芬（女，3月任）
审计局党组书记、局长
焦万宏（女，3月免）
张利忠（3月任）
国有资产监督管理委员会党委书记、主任
邬劲松（9月免）
曲荣杰（9月任党委书记、10月任主任）
体育局党组书记、局长　党　强
统计局党组书记、局长　吴连军（满族）
园林绿化局（挂绿化委员会办公室牌子）党组书记、局长
田全升（3月免）
徐志中（3月任）
绿化委员会办公室主任
田全升（3月免）
徐志中（3月任）
政务服务管理局党组书记、局长
赵红英（女，3月任，5月免）
祁增华（5月任党组书记、6月任局长）
政务服务管理办公室（机构改革后不再保留）
党组书记、主任
赵红英（女，3月免）
人民防空办公室党组书记、主任
胡树森（3月任）
民防局（机构改革后更名为人民防控办公室）
党组书记、局长
包喜全（蒙古族，3月免）
信访办公室党组书记、主任

孙凤霞（女，3 月任，5 月免）
祁春生（9 月任党组书记、10 月任主任）
区委、区政府信访办公室（加挂社会矛盾调处中心牌子）（机构改革后更名为信访办公室，不再保留社会矛盾调处中心牌子）党组书记、主任
孙凤霞（女，3 月免）
社会矛盾调处中心主任
孙凤霞（女，3 月免）
医疗保障局党组书记、局长
葛　新（3 月任）

北京市延庆区人民政府直属行政执法机构负责人

城管执法监察局党组书记、局长
贺建昌（3 月免）
陈东严（4 月任党组书记、5 月任局长。7 月，更名为城管执法局党组书记、局长）
陈东严（7 月任党组书记、8 月任局长）

北京市延庆区人民政府派出机构负责人

百泉街道办事处主任
谷建英（女，4 月免）
冯玉青（女，蒙古族，5 月任）
儒林街道办事处主任
马素军（女，4 月免）
马向东（5 月任）
香水园街道办事处主任
李艳芬（女，4 月免）
王建柱（5 月任）

区属事业单位、临时机构、企业负责人

区委党校（加挂北京市延庆区行政学院、北京市延庆区社会主义学院牌子，不再加挂北京科技大学延庆分校牌子）
校委会主任、校长　李军会（兼）
社会主义学院院长　黄克瀛（兼，女）
北京科技大学分校校长　谢文征（兼，5 月免）
常务副校长、北京科技大学延庆分校常务副校长、社会主义学院常务副院长　杨国柱
融媒体中心党组书记、主任　空　缺
广播电视中心（挂新闻中心牌子）（机构改革后，不再保留广播电视中心）党组书记、主任　董喜延（5 月免）
史志办公室主任　王留艳
档案馆馆长　史建柱
地震局局长　晏红利（3 月免）
贺建昌（3 月任）
机关事务管理服务中心党组书记、主任
张立新
康西草原管理处党组书记、主任　吴立新
农村合作经济经营管理站党组书记、站长
宋　刚
农机服务中心党组书记、主任　杜　壮
水产服务中心党组书记　空　缺
主　　任　闫富军
投资促进局党组书记、局长　邢　涛
种植业服务中心党组书记　空　缺
主　　任　路宝庆
八达岭特区办事处党组书记
赵建军（3 月免）
王铁林（3 月任）
主　　任　王铁林（3 月任）
中国长城博物馆馆长
赵建军（3 月免）　空　缺
野鸭湖自然保护区管理处党组书记、主任

孙胜利

北京延庆世界地质公园管理处党组书记、主任

尤宝军

中关村科技园区延庆园服务中心

党组书记、主任

王 楠（4月免）

景铁军（朝鲜族，4月任）

重大项目协调服务中心主任

赵琳锋（5月免）

胡玉民（5月任）

北京马铃薯产业高科技园区延庆筹备办公室

党组书记、主任 空 缺

北京世界园艺博览会延庆区筹备领导小组办公室（挂北京世界园艺博览会园区管理委员会筹备办公室牌子）

主 任 吴世江（兼）

党组书记、常务副主任 郭清尧

八达岭旅游有限公司

党委书记、董事长人选 王铁林

总经理 莫广涛

龙庆峡管理处党委书记、主任

朱 岩（4月免）

北京市龙庆峡旅游公司经理

刘宗贤（4月任）

绿富隆农业科技发展有限公司

党委书记、董事长 刘 宇

总经理 韩慧敏

中关村延庆园投资发展公司总经理 夏建伟

国有资本投资运营中心总经理

陈志海（4月任）

妫川八达岭商业发展公司

董事长 姚建华（4月任）

总经理 刘 涛（4月任）

庆隆建设管理公司

董事长 刘 军（4月任）

总经理 刘汉宇（4月任，12月免）

夏都园林绿化公司总经理 朱 虎（4月任）

燕北保障性住房建设投资公司总经理

董小伟（4月任）

供销合作总社党委书记、主任 高俊岭

市区双管单位负责人

市规划和自然资源委员会延庆分局党组书记、局长

张 奇（4月任党组书记、6月任局长）

市规划和国土资源管理委员会延庆分局（机构改革后不再保留）党组书记、局长

郎运波（3月免）

市交通委员会延庆公路分局

党委书记 空 缺

局 长 刘元则

国家税务总局北京市延庆区税务局

党委书记、局长 王 竺（女）

气象局党组书记、局长 闫 巍

邮政局党委书记、局长 赵惠卿（女）

烟草专卖局党组书记、局长 王献军

经济社会调查队队长 国造红（女）

中国人民政治协商会议
北京市延庆区
第二届委员会常务委员会

主 席 陈合安

副主席 刘明利 谷艳兰（女） 张立新

张留全 程大庆（不驻会）

杨雪平（女，不驻会）

秘书长 马 岗（藏族）

常 委（按姓氏笔画为序排列）

王 力 王 竺（女） 王金玲（女）

王宝海 王剑英（满族）

王惠杰（满族） 白 华（蒙古族）

朱万富 朱向晨 许泽玮

孙艳萍（女） 李迎霞（女）

杨宏华（女） 吴金淑（女）

张天路 张艳波（女） 周 坤

徐红梅（女） 高文洲 曹艳华（女）

释悟凡 蔡玉芳（女） 薛雪菲（女）

政协北京市延庆区第二届常委会工作机构负责人

办公室主任 张燕霞（女）
研究室主任 马健壮
专委会工作一室主任 吴月清
专委会工作二室主任 刘存华（女）
专委会工作三室主任 韩冬雪（女）
专委会工作四室主任 王剑英（满族）
专委会工作五室主任 李志红（女）

北京市延庆区各人民团体负责人

总工会主席 郭永华（兼）
党组书记 池合仓（3 月任）
共青团延庆区委员会书记 林 俊
妇女联合会党组书记、主席
卫洪英（女，5 月免）
贾春媚（女，5 月任）
残疾人联合会党组书记、理事长 朱万富
工商业联合会党组
书 记 徐 赟（4 月免）
张绍芬（女，4 月任）
主 席 许泽玮（兼）
常务副主席 张绍芬（女）
文学艺术界联合会党组书记、主席 高文洲
科学技术协会党组
书 记 贾春媚（女，5 月免）
赵红英（女，5 月任）
主 席 贾春媚（女，5 月免）
程大庆（5 月任）
红十字会
会 长 罗 瀛（兼，女，满族）
党组书记、常务副会长 王丽敏（女）

北京市延庆区乡镇主要负责人

延庆镇党委书记 郭慧成
镇长 张海峰
永宁镇党委书记 葛 新（3 月免）
郭雄强（3 月任）
镇长 陈志海（4 月免）
曹凯锋（7 月任）
康庄镇党委书记 陈桂芬（兼，女）
镇长 张春元（4 月免）
王 楠（7 月任）
张山营镇党委书记 崔旭龙（9 月免）
吴世江（兼，10 月任）
镇长 郁世民
八达岭镇党委书记 孟顺利（3 月免）
王振龙（3 月任）
镇长 曹凯锋（4 月免）
郝建云（女，7 月任）
旧县镇党委书记 郭铁石（3 月免）
马红寰（5 月任）
镇长 王 赢
千家店镇党委书记 张利忠（3 月免）
王晓娟（女，4 月任）
镇长 王晓娟（女，4 月免）
卢石军（7 月任）
四海镇党委书记 张胜军（3 月免）
马庆有（4 月任）
镇长 马庆有（4 月免）
郭清尧（7 月任）
沈家营镇党委书记 郭雄强（3 月免）
卫洪英（女，5 月任）
镇长 王建柱（4 月免）
陈仲文（7 月任）
井庄镇党委书记 曲荣杰（9 月免）
赵振华（9 月任）
镇长 刘 军（4 月免）
荣欣锋（6 月任）
大榆树镇党委书记 辛文军（3 月免）

赵满江（4月任）
镇长 赵满江（4月免）
桂铁杰（7月任）
香营乡党委书记 李新生（2月免）
董喜延（5月任）
乡长 李英铁（5月免）
苑立杰（7月任）
刘斌堡乡党委书记 崔秀海
乡长 程立军（4月免）
侯士杰（7月任）
大庄科乡党委书记 徐志中（3月免）
杨志强（5月任，9月免）
乡长 荣欣锋（5月免）
尤 轩（7月任）
珍珠泉乡党委书记 王 琦（3月免）
闫茂先（4月任）
乡长 闫茂先（4月免）
赖慧武（7月任）

北京市延庆区政法、军事机构负责人

人民检察院检察长 段福华
人民法院院长 王罗颐
人民武装部政委 张 琦
部长 屈 辉
市公安局延庆分局局长 祖 宇
政委 许 杰

2019年延庆区个人及单位获奖情况

序 号	奖项名称	姓 名	单 位
1	全国五一劳动奖章	徐建喜	张山营镇政府
2	首都劳动奖章	薛雪菲（女）	金果园老农（北京）食品股份有限公司
3	首都劳动奖章	郭清尧	北京世界园艺博览会延庆区筹备领导小组办公室
4	首都劳动奖章	闫 明（女）	北京市延庆区妇女联合会
5	全国三八红旗集体	—	延庆区公共文明引导大队

（栏目编辑：池尚明）

统 计 资 料

国民经济和社会发展主要统计指标

项　目	单位	2018 年	2019 年
人　口			
户籍人口	万人	28.7	28.9
常住人口	万人	34.8	35.7
经济总量			
地区生产总值	亿元	179.3	195.3
第一产业	亿元	7.8	7.4
第二产业	亿元	46.1	51.0
第三产业	亿元	125.4	136.9
固定资产投资			
固定资产投资（不含农户）增速	%	81.6	7.3
#基础设施投资增速	%	10.6	16.1
#建安投资增速	%	70.8	16.3
#房地产开发投资增速	%	467.3	－37.2
能源消费			
能源消费总量	万吨标准煤	68.47	66.71
万元地区生产总值能耗	吨标准煤	0.382	0.342
万元地区生产总值能耗下降率	%	2.85	9.03
财政收支			
一般公共预算收入	亿元	19.2	21.4

续表 1

项　目	单位	2018 年	2019 年
一般公共预算支出	亿元	140.1	128.3
农　业			
农林牧渔业总产值（现价）	亿元	20.0	18.9
主要农产品产量			
粮食产量	万吨	7.2	5.9
蔬菜产量	万吨	5.8	6.6
禽蛋产量	万吨	2.8	1.2
干鲜果产量	万吨	1.1	1.2
牛奶产量	万吨	4.0	3.3
出栏猪	万头	10.4	2.2
出栏鸡	万只	190.0	137.0
工　业			
规模以上工业总产值（现价）	亿元	90.6	110.2
轻工业产值	亿元	22.4	20.8
重工业产值	亿元	68.2	89.4
规模以上工业年末从业人员	人	8021	7617
建筑业			
建筑业总产值	亿元	45.1	45.3
商　业			
社会消费品零售额	亿元	100.2	108.0
商品交易市场成交额	亿元	10.8	10.9
旅游业			
A 级及主要景区景点接待人次	万人次	1608	1704
A 级及主要景区景点旅游收入	亿元	10.9	10.9
观光民俗旅游接待人次	万人次	545.5	465.4
观光民俗旅游收入	亿元	3.9	3.6
对外经济贸易			
实际利用外资	万美元	922	2299
外贸进出口总额	万美元	13552	18516
#出口额	万美元	9259	14435
金　融			
金融机构存款余额	亿元	512.0	540.9

续表 1

项　目	单位	2018 年	2019 年
#储蓄存款余额	亿元	236.0	279.7
金融机构贷款余额	亿元	168.7	203.3
教　育			
学校数			
高等学校	所	4	4
普通中学	所	21	21
职业中学	所	1	1
小 学	所	28	28
幼儿园	所	51	50
在校学生数			
高等学校在校学生数	人	8221	7962
普通中学在校学生数	人	8458	8638
职业中学在校学生数	人	983	657
小学在校学生数	人	12496	12700
幼儿园在园幼儿数	人	7350	7610
文　化			
公共图书馆藏书	万册（件）	64.1	70.7
电影放映场次	万场	1.5	1.5
卫　生			
卫生机构数	个	318	333
卫生机构床位数	张	1102	1102
卫生技术人员数	人	2583	2743
#执业医师（含助理医师）	人	1113	1194
注册护士	人	995	1054
人民生活			
全区居民可支配收入	元	33887	36482
全区居民生活消费支出	元	23023	24652
城镇居民人均可支配收入	元	44916	48701
城镇居民人均消费支出	元	29238	31422
城镇单位在岗职工工资总额	万元	547478	597047
城镇单位在岗职工平均工资	元	83843	101322

（栏目编辑：池尚明）

附　录

中共延庆区委主要文件目录

中共延庆区委文件

京延发〔2019〕1号　中共北京市延庆区委关于印发《2019年北京市延庆区全面从严治党重点工作任务清单》的通知

京延发〔2019〕2号　中共北京市延庆区委北京市延庆区人民政府关于印发《2019年北京市延庆区委、区政府重点工作折子工程》的通知

京延发〔2019〕3号　中共北京市延庆区委关于印发《区委常委会2019年工作要点》的通知

京延发〔2019〕5号　中共北京市延庆区委印发《关于深化落实全面从严治党主体责任的实施方案》的通知

京延发〔2019〕6号　中共北京市延庆区委北京市延庆区人民政府关于印发《延庆区街道管理体制改革方案》的通知

京延发〔2019〕7号　中共北京市延庆区委北京市延庆区人民政府关于印发《北京市延庆区机构改革实施方案》的通知

京延发〔2019〕8号　中共北京市延庆区委北京市延庆区人民政府印发《延庆区关于全面深化改革、扩大对外开放重要举措的行动计划》的通知

京延发〔2019〕9号　中共北京市延庆区委关于印发《延庆区村、社区“两委”干部素质提升工程五年行动计划》的通知

京延发〔2019〕10号　中共北京市延庆区委北京市延庆区人民政府关于表彰2018年度考核先进单位的决定

京延发〔2019〕11号　中共北京市延庆区委关于印发《延庆区贯彻落实〈2018—2022年北京市干部教育培训规划〉的实施意见》的通知

京延发〔2019〕12号　中共北京市延庆区委关于印发《北京市延庆区党务公开实施办法》的通知

京延发〔2019〕13 号	中共北京市延庆区委北京市延庆区人民政府印发《延庆区关于加强新时代街道工作的实施方案》的通知
京延发〔2019〕14 号	中共北京市延庆区委印发《关于巩固村“两委”换届选举成果进一步加强农村基层组织建设的实施意见》的通知
京延发〔2019〕15 号	中共北京市延庆区委北京市延庆区人民政府关于印发《加快推进延庆教育现代化实施方案（2019—2025 年）》的通知
京延发〔2019〕16 号	中共北京市延庆区委北京市延庆区人民政府关于印发《全面深化新时代教师队伍建设改革的实施方案（2019—2025 年）》的通知
京延发〔2019〕17 号	中共北京市延庆区委印发《关于加强党的政治建设的任务分工方案》的通知
京延发〔2019〕18 号	中共北京市延庆区委北京市延庆区人民政府关于印发《延庆区落实农业农村优先发展扎实推进乡村振兴战略的实施方案》的通知
京延发〔2019〕19 号	中共北京市延庆区委关于印发《延庆区关于进一步加强新时代人才工作的意见》的通知
京延发〔2019〕20 号	中共北京市延庆区委印发《关于延庆区新时代加强和改进人大工作的实施意见》的通知
京延发〔2019〕21 号	中共北京市延庆区委印发《关于在全区开展“不忘初心、牢记使命”主题教育的实施方案》的通知
京延发〔2019〕22 号	中共北京市延庆区委员会北京市延庆区人民政府印发《关于推动生态保护和绿色发展的若干措施》的通知
京延发〔2019〕23 号	中共北京市延庆区委印发《关于延庆区新时代加强和改进政协工作的实施意见》的通知

中共延庆区委办公室文件

京延办发〔2019〕1 号	中共北京市延庆区委办公室北京市延庆区人民政府办公室关于印发《延庆区服务保障世园会备战攻坚 100 天行动计划》的通知
京延办发〔2019〕3 号	中共北京市延庆区委办公室北京市延庆区人民政府办公室印发《关于支持检察机关依法开展公益诉讼工作推动法治延庆建设实施意见》的通知
京延办发〔2019〕4 号	中共北京市延庆区委办公室印发《关于集中整治形式主义、官僚主义的实施方案》的通知
京延办发〔2019〕5 号	中共北京市延庆区委办公室关于印发《区委常委会班子 2018 年度民主生活会查摆问题整改方案》的通知
京延办发〔2019〕6 号	中共北京市延庆区委办公室关于印发《延庆区党委系统办公部门 2019 年工作要点》的通知
京延办发〔2019〕8 号	中共北京市延庆区委办公室北京市延庆区人民政府办公室关于印发《延庆区 2 月份各街乡镇接诉即办情况通报》的通知
京延办发〔2019〕9 号	中共北京市延庆区委办公室北京市延庆区人民政府办公室印发《延庆区“绿水青山就是金山银山”实践创新基地建设行动方案》的通知

京延办发〔2019〕10 号	中共北京市延庆区委办公室印发《关于明确机构改革后承担领导或管理职能的单位与被领导或管理单位关系问题的意见》的通知
京延办发〔2019〕12 号	中共北京市延庆区委办公室北京市延庆区人民政府办公室关于印发《北京市延庆区党政领导干部接访工作制度》的通知
京延办发〔2019〕13 号	中共北京市延庆区委办公室关于印发《北京市延庆区 2019 年政党协商计划》的通知
京延办发〔2019〕14 号	中共北京市延庆区委办公室关于印发《政协北京市延庆区委员会 2019 年协商工作计划》的通知
京延办发〔2019〕15 号	中共北京市延庆区委办公室北京市延庆区人民政府办公室印发《关于进一步转变工作作风、切实减轻基层负担的若干措施》的通知
京延办发〔2019〕16 号	中共北京市延庆区委办公室北京市延庆区人民政府办公室关于印发《2019 年度落实〈延庆区关于加强新时代街道工作的实施方案〉35 项重点任务》和《北京市延庆区 2019 年街道工作实事项目》的通知
京延办发〔2019〕17 号	中共北京市延庆区委办公室关于印发《2019—2023 年延庆区村级后备干部队伍建设规划》的通知
京延办发〔2019〕18 号	中共北京市延庆区委办公室印发《关于进一步加强村干部管理监督工作的指导意见》的通知
京延办发〔2019〕19 号	中共北京市延庆区委办公室关于调整区纪委区监委派驻（出）机构设置的通知
京延办发〔2019〕20 号	中共北京市延庆区委办公室北京市延庆区人民政府办公室关于印发《北京市延庆区“街乡吹哨、部门报到”工作办法（试行）》的通知
京延办发〔2019〕21 号	中共北京市延庆区委办公室北京市延庆区人民政府办公室印发《关于在“街乡吹哨、部门报到”工作中开展“党员教育”“干部优选”“规范整治”活动方案》的通知
京延办发〔2019〕23 号	中共北京市延庆区委办公室北京市延庆区人民政府办公室印发《延庆区 2019 年全面加强农村人居环境整治工作方案》的通知
京延办发〔2019〕28 号	中共北京市延庆区委办公室北京市延庆区人民政府办公室关于印发《北京市延庆区党政领导干部安全生产责任制实施细则》的通知
京延办发〔2019〕30 号	中共北京市延庆区委办公室北京市延庆区人民政府办公室印发《延庆区落实〈关于治理基层涉地乱象和涉地腐败的意见〉〈关于加强规划和自然资源领域内部约束监督的意见〉推进规划和自然资源领域存在问题整改的实施方案》的通知
京延办发〔2019〕31 号	中共北京市延庆区委办公室北京市延庆区人民政府办公室关于印发《北京市延庆区安全生产督察方案（试行）》的通知
京延办发〔2019〕32 号	中共北京市延庆区委办公室北京市延庆区人民政府办公室关于印发《北京市延庆区领导干部自然资源资产离任审计实施细则（试行）》的通知

延庆区人民政府主要文件目录

延庆区人民政府文件

延政发〔2019〕1号	北京市延庆区人民政府关于小大路遏止抢栽抢种树木苗木行为的通告
延政发〔2019〕2号	北京市延庆区人民政府关于成立国际雪联高山滑雪世界杯延庆站组委会的通知
延政发〔2019〕3号	北京市延庆区人民政府关于印发政府工作报告的通知
延政发〔2019〕4号	北京市延庆区人民政府关于刘振华等同志试用期满任职的通知
延政发〔2019〕5号	北京市延庆区人民政府关于刘友谊等同志试用期满任职的通知
延政发〔2019〕6号	北京市延庆区人民政府关于乔永延等同志职务任免的通知
延政发〔2019〕7号	北京市延庆人民政府印发《延庆区城镇社区生活性服务业设施规划(2018—2022)》的通知
延政发〔2019〕8号	北京市延庆区人民政府关于实行错时上下班措施的通告
延政发〔2019〕9号	北京市延庆区人民政府关于开展延庆区第三次全国国土调查的通知
延政发〔2019〕10号	北京市延庆区人民政府关于刘宇等同志职务任免的通知
延政发〔2019〕11号	北京市延庆区人民政府关于王铁林等同志职务任免的通知
延政发〔2019〕12号	北京市延庆区人民政府关于李新生等同志职务任免的通知
延政发〔2019〕13号	北京市延庆区人民政府关于印发区政府重大决策出台前向区人大常委会报告工作办法的通知
延政发〔2019〕14号	北京市延庆区人民政府关于贺建昌等同志职务任免的通知
延政发〔2019〕15号	北京市延庆区人民政府关于成立国际雪联高山滑雪世界杯延庆站组委会的通知
延政发〔2019〕16号	北京市延庆区人民政府关于印发北京市延庆区水土保持规划的通知
延政发〔2019〕17号	北京市延庆区人民政府关于印发《延庆区创建全国健康促进区实施方案》的通知
延政发〔2019〕18号	北京市延庆区人民政府关于印发《2019年中国北京世界园艺博览会延庆区园区外突发事件总体应急预案》的通知
延政发〔2019〕19号	北京市延庆区人民政府关于陈志海同志任职的通知
延政发〔2019〕20号	北京市延庆区人民政府关于陈东严同志职务任免的通知
延政发〔2019〕21号	北京市延庆区人民政府关于董小伟同志任职的通知
延政发〔2019〕22号	北京市延庆区人民政府关于景铁军等同志职务任免的通知
延政发〔2019〕23号	北京市延庆区人民政府关于姚建华等同志职务任免的通知
延政发〔2019〕24号	北京市延庆区人民政府关于刘军等同志任职的通知
延政发〔2019〕25号	北京市延庆区人民政府关于朱虎同志任职的通知
延政发〔2019〕26号	北京市延庆区人民政府关于谢文征同志免职的通知

延政发〔2019〕27 号　北京市延庆区人民政府关于朱爱军等同志试用期满任职的通知

延政发〔2019〕28 号　北京市延庆区人民政府关于印发《延庆区职业教育转型改革发展行动计划（2019—2025 年）》的通知

延政发〔2019〕29 号　北京市延庆区人民政府关于印发落实《北京市人民政府关于加快科技创新构建高精尖经济结构用地政策的意见（试行）》的实施方案的通知

延政发〔2019〕30 号　北京市延庆区人民政府关于印发《2019 年延庆区扶贫协作工作计划》的通知

延政发〔2019〕31 号　北京市延庆区人民政府关于刘聪玲等同志职务任免的通知

延政发〔2019〕32 号　涉密

延政发〔2019〕33 号　北京市延庆区人民政府关于梁利锋等同志职务任免的通知

延政发〔2019〕34 号　北京市延庆区人民政府关于印发《北京市延庆区落实全面推进服务业扩大开放综合试点工作实施方案》的通知

延政发〔2019〕35 号　北京市延庆区人民政府关于划定新建北京至张家口铁路线路安全保护区的通告

延政发〔2019〕36 号　北京市延庆区人民政府关于印发《延庆区商标战略实施意见（修订稿）》的通知

延政发〔2019〕37 号　北京市延庆区人民政府关于印发《延庆区重大项目征占流转土地及地上物补偿指导意见（试行）》的通知

延政发〔2019〕38 号　涉密

延政发〔2019〕39 号　北京市延庆区人民政府关于印发《延庆区 2018—2022 年清洁空气行动计划》的通知

延政发〔2019〕40 号　北京市延庆区人民政府关于陈东严等同志任职的通知

延政发〔2019〕41 号　北京市延庆区人民政府关于 2019—2020 年度森林防火的通告

延政发〔2019〕42 号　北京市延庆区人民政府关于祁春生等同志职务任免的通知

延政发〔2019〕43 号　北京市延庆区人民政府关于印发《延庆区加快科技创新发展绿色高精尖产业的指导意见》的通知

延政发〔2019〕44 号　北京市延庆区人民政府关于赵延明同志免职的通知

延政发〔2019〕45 号　北京市延庆区人民政府关于进一步加强烟花爆竹禁放安全管理工作的通告

延政发〔2019〕46 号　北京市延庆区人民政府关于印发《北京市延庆区创建国家知识产权试点城区工作方案》的通知

延庆区人民政府办公室文件

延政办发〔2019〕1 号　北京市延庆区人民政府办公室关于规范对外签署协议等文件审批程序的通知

延政办发〔2019〕2 号　北京市延庆区人民政府办公室关于印发《延庆区“大棚房”问题清理调查工作实施方案》的通知

延政办发〔2019〕3 号　北京市延庆区人民政府办公室关于进一步加强区政府会议纪律的通知

延政办发〔2019〕4号	北京市延庆区人民政府办公室关于印发《延庆区2018—2019年度农业废弃物循环利用实施方案》的通知
延政办发〔2019〕5号	涉密
延政办发〔2019〕6号	北京市延庆区人民政府办公室关于印发《延庆区污染防治攻坚战2019年行动计划》的通知
延政办发〔2019〕7号	北京市延庆区人民政府办公室关于印发《延庆区知识产权联席会议制度》的通知
延政办发〔2019〕8号	北京市延庆区人民政府办公室关于印发《2019年全区经济社会发展指标及任务分工》的通知
延政办发〔2019〕9号	北京市延庆区人民政府办公室关于做好机构改革期间法规、规章适用及执法衔接工作的通知
延政办发〔2019〕10号	北京市延庆区人民政府办公室关于印发《延庆区清理拖欠民营企业中小企业账款工作方案》的通知
延政办发〔2019〕11号	北京市延庆区人民政府办公室关于印发《延庆区2018—2020年绿色出行行动计划》的通知
延政办发〔2019〕12号	北京市延庆区人民政府办公室关于印发《延庆区2019年度美丽乡村建设专项行动工作方案》的通知
延政办发〔2019〕13号	北京市延庆区人民政府办公室印发《延庆区2019年非京籍儿童少年入学证明证件材料审核实施细则》的通知
延政办发〔2019〕14号	北京市延庆区人民政府办公室印发《延庆区关于本市非延庆区户籍无房家庭适龄儿童入学办法》的通知
延政办发〔2019〕15号	北京市延庆区人民政府办公室关于印发《延庆区促进果品产业发展的意见（试行）》的通知
延政办发〔2019〕16号	北京市延庆区人民政府办公室关于进一步提高会议工作质量做好《2018年区政府会议重要议题计划》实施工作的通知
延政办发〔2019〕17号	北京市延庆区人民政府办公室关于区政府领导同志工作分工的通知
延政办发〔2019〕18号	北京市延庆区人民政府办公室关于印发《北京市延庆区大额专项资金管理办法》的通知
延政办发〔2019〕19号	北京市延庆区人民政府办公室关于印发《延庆区低收入农户兜底帮扶工作措施》的通知
延政办发〔2019〕20号	北京市延庆区人民政府办公室关于印发《延庆区2019年农村地区村庄冬季清洁取暖工作实施方案》的通知
延政办发〔2019〕21号	涉密
延政办发〔2019〕22号	涉密
延政办发〔2019〕23号	空号
延政办发〔2019〕24号	北京市延庆区人民政府办公室关于印发《延庆区—海淀区结对协作总体工作方案（2019—2022年）》的通知
延政办发〔2019〕25号	北京市延庆区人民政府办公室关于印发《北京市延庆区2019年政务公开工作要点》的通知

延政办发〔2019〕26 号	涉密
延政办发〔2019〕27 号	北京市延庆区人民政府办公室关于印发《延庆区城市地下管线管理办法（试行）》的通知
延政办发〔2019〕28 号	北京市延庆区人民政府办公室关于印发《延庆区 2019—2020 年农业废弃物循环利用实施方案》的通知

延庆区旅游景区（点）名录

名　称	等　级	电　话
八达岭长城景区	AAAAA	69121225
龙庆峡景区	AAAA	69191026
八达岭水关长城景区	AAAA	81181185
北京延庆百里山水画廊景区	AAAA	60188022
北京野鸭湖国家湿地公园	AAAA	69131226
北京八达岭世界葡萄博览中心	AAAA	81186018
北京延庆松山森林旅游区	AAAA	69112020
八达岭野生动物世界	AAA	69121842
北京国家局旅游发展有限公司	AAA	69119228
万科石京龙滑雪场	AAA	69190989
八达岭古长城景区	AAA	69120820
北京阳光时代马球俱乐部	AAA	84648201
玉渡山风景区	AA	69195188

延庆区学校和幼儿园名录

幼儿园

名　称	地　址	电　话
北京市延庆区第一幼儿园	延庆区儒林街道西街 11 号	69181002
北京市延庆区第二幼儿园	延庆区百莲路 10 号	15710095122
北京市延庆区第三幼儿园	延庆区新城街 133 号	69172957
北京市延庆区第四幼儿园	延庆区延庆镇高塔街 49 号	69103790
北京市延庆区第五幼儿园	延庆区百泉街道舜泽园小区内	81197900
北京市延庆区第六幼儿园	延庆区延庆镇西关村北	60166646
北京市延庆区第七幼儿园	延庆区庆园街 82 号	69106191

名　称	地　址	电　话
北京市延庆区第九幼儿园	延庆区庆园街82号	69106151
北京市延庆区永宁幼儿园	延庆区永宁镇东街14号	60171281
北京市延庆区康庄幼儿园	延庆区康庄镇一街村文汇街1号	61163651
北京市延庆区八里庄中心幼儿园	延庆区延庆镇八里庄村南	61121811
北京市延庆区康庄小区幼儿园	延庆区康庄镇康庄一区	61163651
北京市延庆区旧县中心幼儿园	延庆区旧县镇旧县村	61151965
北京市延庆区张山营中心幼儿园	延庆区张山营镇上板泉村	69177325
北京市延庆区沈家营中心幼儿园	延庆区沈家营镇沈家营村	61132021
北京市延庆区大榆树中心幼儿园	延庆区大榆树镇大榆树村	61181179
北京市延庆区井家庄中心幼儿园	延庆区井庄镇井庄村	61191704
北京市延庆区刘斌堡中心幼儿园	延庆区刘斌堡村东	60181013
北京市延庆区香营中心幼儿园	延庆区香营乡后所屯村	60162029
北京市延庆区珍珠泉中心幼儿园	延庆区珍珠泉乡珍珠泉村34号	60186413
北京市延庆区八达岭中心幼儿园	延庆区八达岭镇西拨子村北	69129491
北京市延庆区千家店中心幼儿园	延庆区千家店镇后沟村33号	60188403
北京市延庆区大庄科中心幼儿园	延庆区大庄科乡大庄科村东	60189814
北京市延庆区四海中心幼儿园	延庆区四海镇四海村	60187972
北京市延庆区永宁幼儿园分园	延庆区永宁镇吴坊营村西	60170258
北京市延庆区大柏老中心幼儿园	延庆区旧县镇大柏老村	81185158
北京市延庆区广积屯幼儿园	延庆区延庆镇广积屯村	51051227
北京市延庆区姚家营幼儿园	延庆区张山营镇姚家营村	69111250
北京市延庆区中阳坊幼儿园	延庆区张山营镇中阳坊村	69190712
北京市延庆区太平庄幼儿园	延庆区康庄镇马营村东	69130174
北京市延庆区西二道河幼儿园	延庆区井庄镇西二道河村南	61180360
北京市延庆区小丰营中心小学幼儿园	延庆区康庄镇小丰营村西	81187470
北京市延庆区下屯中心幼儿园	延庆区大榆树镇下屯村西北	61119517
北京市延庆区第一小学幼儿园	延庆区延庆镇杨家胡同42号	69143708
北京市延庆区第二小学幼儿园	延庆区延庆镇高塔街62号	69175158
北京市延庆区第三小学幼儿园	延庆区延庆镇东外大街66号	69103581
北京市延庆区延庆镇司家营幼儿园	延庆区司家营村	69108698
北京市延庆区延庆镇莲花池村幼儿园	延庆区延庆镇莲花池东	69184485
北京市延庆区五星幼儿园	延庆区延庆镇小营新村9排5号	13661254080
北京市延庆区城远幼儿园	延庆区延庆镇孟庄村	61122569
北京市延庆区红苹果艺术幼儿园	延庆区新城街10号	6918 9962
北京市延庆区博苑幼儿园	延庆区东外大街68号	81196292.
北京市延庆区人文大学附属幼儿园	延庆区康庄镇西官路1号	61169882
北京市延庆区丫丫幼儿园	延庆区旧县镇旧县村	61151069
北京市延庆区金果幼儿园	延庆区京张路兴运嘉园底商	15901162672
北京市延庆区育心幼儿园	延庆区百泉街道振兴南2号楼	15210220052

名　称	地　址	电　话
北京市延庆区康庄镇育才幼儿园	延庆区康庄镇商业街 51 号	13641375788
北京市延庆区金才幼儿园	延庆区北街 17 号	13810077926
北京市延庆区三育幼儿园	延庆区儒林街道永安小区 6 号楼后平房	15801576273
北京市延庆区睿智育婴亲子园	延庆区延庆镇尚书苑小区底商 4－13	69142811

小　　学

名　称	地　址	电　话
北京市延庆区西屯中心小学	延庆区延庆镇新白庙村北	61111890
北京市延庆区莲花池小学	延庆区延庆镇莲花池村	61111890
北京市延庆区司家营小学	延庆区延庆镇司家营村	61121890
北京市延庆区八里庄中心小学	延庆区延庆镇八里庄村南	61121811
北京市延庆区广积屯完小	延庆区延庆镇广积屯村	5105127
北京市延庆区榆林堡小学	延庆区康庄镇榆林堡村	61164164
北京市延庆区小丰营中心小学	延庆区康庄镇小丰营村西	81187470
北京市延庆区太平中心小学	延庆区康庄镇马营村东	69130174
北京市延庆区八达岭中心小学	延庆区八达岭镇西拨子村北	69129491
北京市延庆区旧县中心小学	延庆区镇旧县村东	61151965
北京市延庆区大柏老中心小学	延庆区旧县镇大柏老村西	61151980
北京市延庆区姚家营中心小学	延庆区张山营镇姚家营村	69110567
北京市延庆区四海中心小学	延庆区四海镇四海村	60187972
北京市延庆区千家店学校	延庆区千家店镇后沟村 33 号	60188403
北京市延庆区沈家营中心小学	延庆区沈家营镇沈家营村	61132021
北京市延庆区大榆树中心小学	延庆区大榆树镇大榆树村西 259 号	61182347
北京市延庆区下屯中心小学	延庆区大榆树镇下屯村北	61110495
北京市延庆区井家庄中心小学	延庆区井庄镇井庄村	61191704
北京市延庆区西二道河中心小学	延庆区井庄镇西二道河村南	61180360
北京市延庆区大庄科中心小学	延庆区大庄科乡大庄科村东	60189814
北京市延庆区刘斌堡中心小学	延庆区刘斌堡乡刘斌堡村东	60181013
北京市延庆区珍珠泉中心小学	延庆区珍珠泉乡珍珠泉村 34 号	60186413
北京市延庆区第一小学	延庆区延庆镇杨家胡同 42 号	69143708
北京市延庆区康庄中心小学	延庆区康庄镇一街村	61164164
北京市延庆区第二小学	延庆区高塔街 62 号	69175158
北京市延庆区第三小学	延庆区延庆镇东外大街 66 号	69103581
北京市延庆区第四小学	延庆区延庆镇南菜园二区	81198749
北京市延庆区靳家堡中心小学	延庆区张山营镇靳家堡村	69190712

中　　学

名　称	地　址	电　话
北京市延庆区康庄中学	延庆区康庄镇榆林堡村东	61164849
北京市延庆区第七中学	延庆区延庆镇西关村北	69184272
北京市延庆区体育运动学校	延庆区延庆镇赵庄村	69101175
北京市延庆区八达岭中学	延庆区八达岭镇西拨子村北	69120429
北京市延庆区旧县中学	延庆区旧县镇旧县村西	61153400
北京市延庆区沈家营中学	延庆区沈家营镇冯庄村北	61131284
北京市延庆区大榆树中学	延庆区大榆树镇大榆树村东南	61183693
北京市延庆区下屯学校	延庆区大榆树镇下屯村北	61110032
北京市延庆区井庄中学	延庆区井庄镇艾官营村南	61191948
北京市延庆区刘斌堡中学	延庆区刘斌堡乡刘斌堡村东	60181629
北京市延庆区十一学校	延庆区延庆镇西关村北	69184272
北京市延庆区香营学校	延庆区香营乡香营村西	60161845
北京市延庆区第四中学	延庆区香苑街 110 号	6920892.
北京市延庆区第八中学	延庆区延庆镇广积屯村甲 5 号	69175356
北京市延庆区永宁学校	延庆区永宁镇东门外	60171305
北京市延庆区张山营学校	延庆区张山营镇下芦凤营村	69113386
北京市延庆区庆源学校	延庆区沈家营镇沈家营村	13716705327
北京市延庆区第三中学	延庆区延庆镇香苑街 106 号	69171191
北京市延庆区第二中学	延庆区延庆镇菜园南街 19 号	81196606
北京市延庆区第一中学	延庆区高塔路 5 号	69182699
北京市延庆区第五中学	延庆区湖南东路 10 号	81198943

特殊教育

名　称	地　址	电　话
北京市延庆区特殊教育中心	延庆区张山营镇中阳坊村西	81183889

职业教育

名　称	地　址	电　话
北京市延庆区第一职业学校	延庆区湖南东路 8 号	69185797

延庆区卫生机构名录

名　称	地　址	电　话
延庆区卫生健康委员会	延庆镇东顺城街 26 号	69101965
延庆区医院	延庆镇东顺城街 28 号	69144448
延庆区中医医院	延庆镇新城街 11 号	69146621
延庆区妇幼保健计划生育服务中心	延庆镇庆园街 8 号	69101275
延庆区疾病预防控制中心	延庆镇百泉路 39 号	69188100
延庆区卫生健康监督所	延庆镇新城街 96 号	69141173
延庆区卫生干部进修学校	延庆镇东顺城街 27 号	69171388
延庆区精神病医院	张山营镇张山营村	69111163
北京急救中心延庆分中心	延庆镇东顺城街 28 号	69101271
延庆区卫生计生委信息中心	延庆镇东顺城街 26 号	69185840
延庆区社区卫生服务管理中心	延庆镇东外大街 98 号	69175279
延庆区中心血站	延庆镇西街 13 号	69183866
八达岭镇社区卫生服务中心	八达岭镇西拨子村东	69120365
大庄科乡社区卫生服务中心	大庄科乡大庄科村	60189817
大榆树镇社区卫生服务中心	大榆树镇大榆树村	61182983
永宁镇社区卫生服务中心	永宁镇东街	60171487
张山营镇社区卫生服务中心	张山营镇张山营村	69111163
井庄镇社区卫生服务中心	井庄镇井庄村	61191705
旧县镇社区卫生服务中心	旧区镇旧区村	61151602
康庄镇社区卫生服务中心	康庄镇文汇街 2 号	61161313
刘斌堡乡社区卫生服务中心	刘斌堡乡刘斌堡村	60181714
千家店镇社区卫生服务中心	千家店镇后沟村 34 号	60188440
沈家营镇社区卫生服务中心	沈家营镇沈家营村	61132245
四海镇社区卫生服务中心	四海镇四海村	60187205
香营乡社区卫生服务中心	香营乡香营村	60162454
延庆镇社区卫生服务中心	延庆镇公安医院西侧	69172966
南菜园社区卫生服务中心	延庆镇妫水南街 0 号	69181772
延庆区计划生育家庭服务中心	延庆镇东外大街 98 号	69176754
延庆区卫生和计划生育宣传中心	延庆镇东顺城街 26 号	69176660
延庆区老龄事业发展中心	延庆镇东顺城街 26 号	69141067
延庆区卫生应急保障中心	延庆镇东外大街 98 号	69177162
延庆区计划生育协会	延庆镇东顺城街 26 号	69144703

延庆区司法所、公益法律服务中心、公证处、律师事务所名录

延庆区司法所名录

名 称	地 址	电 话
八达岭司法所	八达岭镇敬老院院内	69120485
百泉司法所	鸿川北路6号	69183341
大榆树司法所	大榆树镇原毛衣厂院内	61182521
大庄科司法所	大庄科乡政府院内	60189330
旧县司法所	旧县镇综治维稳中心	61151807
井庄司法所	井庄镇综治维稳中心二楼	61192561
康庄司法所	康庄镇综治中心院内	69133148
刘斌堡司法所	刘斌堡乡政府东院	60181718
千家店司法所	千家店镇综治中心三楼	60188155
儒林司法所	延庆区北街6号	69100305
沈家营司法所	沈家营镇镇政府院内东侧	69180148
四海司法所	四海镇综治中心	60176420
香水园司法所	新兴西社区42号楼东侧	69178375
香营司法所	香营乡政府东楼南侧平房	60161303
延庆司法所	延庆镇北关村高庙东综治大院	69142268
永宁司法所	永宁镇东门口	60173614
张山营司法所	张山营镇文化站院内	69111080
珍珠泉司法所	珍珠泉乡珍珠泉村村西路南二楼	60176344

公益法律服务中心名录

名 称	地 址	电 话
八达岭镇公益法律服务中心	八达岭镇敬老院院内	69129735
百泉公益法律服务中心	妫水南街8号	69183341
大榆树镇公益法律服务中心	大榆树镇原毛衣厂院内	61182009
大庄科公益法律服务中心	大庄科乡政府院内	60189330
旧县镇公益法律服务中心	旧县镇综治中心	61151807
井庄镇公益法律服务中心	井庄镇综治维稳中心二楼	61192561
康庄镇公益法律服务中心	康庄镇综治中心院内	69133299
刘斌堡乡公益法律服务中心	刘斌堡乡政府东院	60181156

名　称	地　址	电　话
千家店镇公益法律服务中心	千家店镇综治中心三楼	60188155
儒林公益法律服务中心	延庆区北街6号	69100305
沈家营镇公益法律服务中心	沈家营镇综治中心院内	69180148
四海镇公益法律服务中心	四海镇综治中心	60176420
香水园公益法律服务中心	新兴西社区42号楼东侧	69178375
香营公益法律服务中心	香营乡政府东楼南侧平房	60161303
延庆镇公益法律服务中心	延庆镇北关村高庙东综治大院	69142268
永宁镇公益法律服务中心	永宁镇东门口	60173614
张山营镇公益法律服务中心	张山营镇文化站院内	69111080
珍珠泉乡公益法律服务中心	珍珠泉乡珍珠泉村村西路南二楼	60176344

公证处

名　称	地　址	电　话
北京市夏都公证处	延庆镇东外大街96号	69101807

律师事务所名录

名　称	地　址	电　话
北京胡李律师事务所	延庆区延庆镇东街27号	13381117173
北京李顺存律师事务所	延庆区石河营建材城南城35号	69189192
北京李自永律师事务所	延庆区南菜园北二区57号楼1门	61116228
北京刘世斌律师事务所	延庆区康安小区38号201室	69144305
北京赵建宇律师事务所	延庆区工业大厦403室	13693218127
北京延恒律师事务所	延庆区东外大街49号院5－811室	13691132886
北京高怀亮律师事务所	延庆区湖北西路23－8号	13810677885
北京宸轩律师事务所	延庆区康安小区37号楼302室	15811177597

延庆区社区居委会名录

名　称	地　址	电　话
百泉街道办事处颍泽洲社区居委会	颍泽州小区12号楼南平房	81193704
百泉街道办事处湖南社区居委会	湖南小区甲3号	51058996
百泉街道办事处燕水佳园社区居委会	燕水佳园12号楼南	81196573
百泉街道办事处莲花苑社区居委会	莲花苑小区16号楼101	51058400
百泉街道办事处振兴北社区居委会	南菜园北2区甲57号楼	61116006
百泉街道办事处振兴南社区居委会	南菜园2区甲2号9门	81196370

名　称	地　址	电　话
百泉街道办事处国润家园社区居委会	国润家园小区 6 号楼 602 室	61113658
百泉街道办事处舜泽园社区居委会	舜泽园小区 26－3 底商	61113698
百泉街道办事处上都首府家园社区居委会	上都首府家园小区 2 号楼 2 单元 102	81190098
儒林街道办事处温泉南区东里社区居委会	格兰山水小区 6 号楼 1 楼	69175737
儒林街道办事处温泉南区西里社区居委会	孟家庄路 61 号院 21 号楼 111 室	69172284
儒林街道办事处温泉馨苑社区居委会	温泉馨苑小区 5 号楼 3 单元 101	69181080
儒林街道办事处格兰山水二期社区居委会	延庆镇孟家庄路 61 号院 8 号楼	69172780
儒林街道办事处胜芳园社区居委会	东顺城街 26 号	69175122
儒林街道办事处永安社区居委会	延庆镇东顺城街 13 号	69177500
儒林街道办事处儒林苑社区居委会	延庆镇东街 12 号	69100372
儒林街道办事处康安社区居委会	康安小区 16－1 底商	69188054
儒林街道办事处悦安居社区居委会	乐安居小区 4 号楼底商－1	61126482
香水园街道办事处川北东社区居委会	川北小区甲 25 号楼 201 室	52512258
香水园街道办事处川北西社区居委会	建业胡同建业 3 号楼西园内	52512298
香水园街道办事处石河营东社区居委会	石河营村毛衣厂院内	52513300
香水园街道办事处石河营西社区居委会	石河营西社区 10 号楼西	51059001
香水园街道办事处新兴东社区居委会	香苑小区 1 号楼西平房	69172250
香水园街道办事处新兴西社区居委会	新兴小区 1 号楼东侧	51051289
香水园街道办事处高塔社区居委会	尚书苑小区 8 号楼 8－13	69175842
香水园街道办事处恒安社区居委会	中医院北	69176557
香水园街道办事处东外社区居委会	东外社区 14－101	52513200
香水园街道办事处双路社区居委会	双路小区 19 号楼 4 单元	69107371
香水园街道办事处泰安社区居委会	王全营路凯旋公寓西侧	51052800
香水园街道办事处兴运嘉园社区居委会	兴运嘉园小区 2 号楼底层	60165008
张山营社区居委会	张山营镇政府	69111358
张山营镇龙聚山庄社区居委会	张山营镇龙聚山庄中心区办公楼	69111358
沈家营镇社区居委会	沈家营镇政府	61132055
八达岭镇社区居委会	八达岭镇政府	69120676
大榆树镇社区居委会	大榆树镇政府	61182895
莘庄镇社区居委会	井庄镇政府	61192535
康庄镇社区居委会	康庄小区	61163128
康庄镇望都家园社区居委会	望都家园社区	61163128
香营乡社区居委会	香营乡政府	60162671
大庄科乡社区居委会	大庄科乡政府	60189558
千家店镇社区居委会	千家店镇千家店村	60188622
永宁镇社区居委会	永宁镇阜民街	60171741
旧县镇社区居委会	旧县镇旧县村	61151861
四海镇社区居委会	四海镇四海村	60187772

名 称	地 址	电 话
刘斌堡乡社区居委会	刘斌堡乡刘斌堡村	60181515
珍珠泉乡社区居委会	珍珠泉乡珍珠泉村	60186612

延庆区国家级、市级、区级文物保护单位名录

延庆区全国重点文物保护单位名录

序号	名 称	年 代	地 点	批 次	公布时间
1	延庆境内明长城	明	八达岭等11个乡镇	第七批	2013年3月
2	古崖居遗址	不详	张山营镇东门营村北	第七批	2013年3月
3	京张铁路（八达岭段）	1909年	八达岭镇青龙桥火车站	第七批	2013年3月
4	长城—八达岭段	明	八达岭镇	第一批	1961年3月

延庆区市级文物保护单位名录

序号	名 称	年 代	地 点	批 次	公布时间
1	玉皇庙山戎墓遗址	不详	张山营镇玉皇庙村	第五批	1995年10月1日
2	天主教堂	清	永宁镇阜民街村	第六批	2001年7月12日
3	木化石群	侏罗纪	千家店镇下德龙湾辛栅子村	第六批	2001年7月12日
4	北关龙王庙	清	延庆镇北关村	第七批	2011年3月7日
5	灵照寺	清	延庆镇解放街村	第七批	2011年3月7日
6	花盆关帝庙及戏楼建筑群	清	千家店镇花盆村	第七批	2011年3月7日

延庆区区级文物保护单位名录

序号	名 称	年 代	地 点	批 次	公布时间
1	西五里营龙王庙	清	张山营镇西五里营	第一批	1984年6月16日
2	西五里营西楼	清	张山营镇西五里营	第一批	1984年6月16日
3	西阳坊惨案纪念碑	1995年	张山营镇西阳坊	第一批	1984年6月16日
4	胡家营戏楼	清	张山营镇胡家营	第一批	1984年6月16日
5	中阳坊戏楼	清	张山营镇中阳坊	第一批	1984年6月16日
6	二毛子坟	1900年	延庆镇老白庙	第一批	1984年6月16日
7	积善桥	清	延庆镇三里河	第一批	1984年6月16日
8	杜家坟	清	延庆镇上水磨村	第一批	1984年6月16日
9	赵庄关帝庙	清	延庆镇赵庄	第一批	1984年6月16日
10	李四官庄石刻	明	延庆镇李四官庄	第一批	1984年6月16日
11	李尚书坟	明	延庆镇二区北	第一批	1984年6月16日

序号	名称	年代	地点	批次	公布时间
12	东红寺戏楼	清	康庄镇东红寺	第一批	1984年6月16日
13	东红寺戏楼	明	康庄镇东红寺	第一批	1984年6月16日
14	岔道烈士陵园	1954年	八达岭镇岔道	第一批	1984年6月16日
15	岔道万人坑	1943年	八达岭镇岔道	第一批	1984年6月16日
16	营城子龙王庙	民国	八达岭镇营城子	第一批	1984年6月16日
17	分修边墙题名碑	明	八达岭镇水关长城	第一批	1984年6月16日
18	石佛寺石雕造像群	元明	八达岭镇石佛寺村	第一批	1984年6月16日
19	五桂头及弹琴峡	明	八达岭镇三堡村北	第一批	1984年6月16日
20	望京石及天险	明	八达岭镇八达岭村	第一批	1984年6月16日
21	分修长城题名碑	明	八达岭镇长博等	第一批	1984年6月16日
22	清水河分界碑	明	八达岭镇岔道	第一批	1984年6月16日
23	石佛洞石佛	明	八达岭镇岔道东沟村	第一批	1984年6月16日
24	狮子营石刻	清	永宁镇狮子营	第一批	1984年6月16日
25	山戎墓葬群	西周	永宁镇罗家台等	第一批	1984年6月16日
26	莲花池石刻（石狮）	唐	文物所	第一批	1984年6月16日
27	平北疗养所遗址	1941年	大庄科乡车岭村西	第一批	1984年6月16日
28	莲花山八仙庙	清	大庄科乡莲花山	第一批	1984年6月16日
29	延庆西街石刻（石狮）	明	文物所	第一批	1984年6月16日
30	儒学训导碑	明清	文物所	第一批	1984年6月16日
31	缙阳寺功德碑	辽	文物所	第一批	1984年6月16日
32	石峡石刻（石狮）	元	文物所	第一批	1984年6月16日
33	姚家营戏楼遗址	清	张山营镇姚家营	第一批	1984年6月16日
34	永宁旧城遗址	明	永宁镇永宁	第一批	1984年6月16日
35	黑龙潭及其览胜碑	明	八达岭镇岔道	第二批	1985年1月1日
36	小寺遗存（上卢凤营铁钟）	清	张山营镇上卢凤营	第二批	1985年1月1日
37	白马泉	不详	延庆镇三里河	第二批	1985年1月1日
38	八仙洞	不详	张山营镇松山林场	第三批	1993年2月1日
39	应梦寺	辽	文物所	第三批	1993年2月1日
40	姚家营洞穴遗址	不详	张山营镇姚家营	第三批	1993年2月1日
41	平北司令部遗址	1941年	张山营镇海沟村	第三批	1993年2月1日
42	路家河遗址	旧石器	张山营镇路家河村	第三批	1993年2月1日
43	藏文摩崖石刻	元	八达岭镇特区院内	第三批	1993年2月1日
44	窑湾烈士纪念碑	1984年	井庄镇窑湾	第三批	1993年2月1日
45	白河堡分界碑	清	香营乡白河堡水库西壁	第三批	1993年2月1日
46	出入民人恩准碑	清	四海镇印刷厂内	第三批	1993年2月1日
47	四海革命烈士碑	1949年	四海镇四海中学	第三批	1993年2月1日
48	天门关摩崖石刻及碑	明	四海镇天门关村	第三批	1993年2月1日
49	珍珠泉	不详	珍珠泉乡珍珠泉村	第三批	1993年2月1日

序号	名称	年代	地点	批次	公布时间
50	金刚寺	元	龙庆峡管理处	第三批	1993年2月1日
51	神仙院	明	旧县镇龙庆峡	第三批	1993年2月1日
52	烧窑峪摩崖造像	明	旧县镇烧窑峪村	第三批	1993年2月1日
53	菜木沟遗址	旧石器	千家店镇菜木沟村	第三批	1993年2月1日
54	滴水壶	不详	千家店镇沙梁子村	第三批	1993年2月1日
55	沙梁子龙王庙	清	千家店镇沙梁子村	第三批	1993年2月1日
56	文昌宫碑	清	千家店镇千家店小学	第三批	1993年2月1日
57	山南沟胡家坟	清	刘斌堡乡山南沟村	第三批	1993年2月1日
58	孔化营菩萨庙	明	永宁镇孔化营	第三批	1993年2月1日
59	古家窑新石器遗址	新石器	千家店镇古家窑村	第三批	1993年2月1日
60	董家沟佛爷庙	明	大庄科乡董家沟村	第三批	1993年2月1日
61	劈破石	不详	大庄科乡劈破石村	第三批	1993年2月1日
62	白龙潭纪念碑	1988年	大庄科乡白龙潭	第三批	1993年2月1日
63	孙庄地堡	1937年	沈家营镇孙庄村	第三批	1993年2月1日
64	沈家营二一号地堡	1937年	沈家营镇	第三批	1993年2月1日
65	沈家营一号地堡	1937年	沈家营镇	第三批	1993年2月1日
66	上花园地堡	1937年	沈家营镇上花园村	第三批	1993年2月1日
67	黄龙潭龙王庙	明	永宁镇上磨村	第三批	1993年2月1日
68	韩郝庄一号地堡	1937年	张山营镇韩郝庄	第四批	1995年11月10日
69	韩郝庄二号地堡	1937年	张山营镇韩郝庄	第四批	1995年11月10日
70	古城口地堡	1937年	旧县镇古城村	第四批	1995年11月10日
71	巾帼英雄纪念碑	1990年	井庄镇柳沟村	第四批	1995年11月10日
72	果树园烈士纪念碑	1966年	井庄镇果树园村	第四批	1995年11月10日
73	平北抗日纪念碑	1989年	平北抗日战争纪念馆	第四批	1995年11月10日
74	上花园地堡	1937年	沈家营镇上花园村	第四批	1995年11月10日
75	91917部队地堡	1937年	151部队	第四批	1995年11月10日
76	佛峪口七孔洞遗址	不详	张山营镇佛峪口村	第五批	1998年12月8日
77	狐狈沟洞穴遗址	不详	张山营镇水峪村	第五批	1998年12月8日
78	商周村落遗址	周商	张山营镇胡家营村	第五批	1998年12月8日
79	石佛寺	仿清	八达岭镇水关长城	第五批	1998年12月8日
80	金鱼池	不详	八达岭镇	第五批	1998年12月8日
81	五桂头山洞	清	八达岭镇三堡村北	第五批	1998年12月8日
82	五郎影摩崖造像	不详	八达岭镇三堡村北	第五批	1998年12月8日
83	六郎像摩崖造像	元	八达岭镇青龙桥	第五批	1998年12月8日
84	八达岭碉堡	1939年	八达岭镇林场一带	第五批	1998年12月8日
85	香村营遗址	商周	沈家营镇香村营村	第五批	1998年12月8日
86	李明英雄纪念碑	1984年	旧县镇白草洼村	第五批	1998年12月8日
87	榆林堡古城遗址	明代	康庄镇榆林堡村	第五批	1998年12月8日

序号	名称	年代	地点	批次	公布时间
87	千家店革命烈士碑	1967年	千家店镇桥南路边	第五批	1998年12月8日
88	千家店朝阳寺	清	千家店镇千家店村	第五批	1998年12月8日
89	烂角朝阳洞遗址	不详	张山营镇大庄科村	第五批	1998年12月8日
90	烂角焦家洞遗址	不详	张山营镇大庄科村	第五批	1998年12月8日
91	永宁南关关帝庙	清	永宁镇南关	第六批	2003年12月29日
92	东屯真武庙	清	延庆镇东屯村	第六批	2003年12月29日
93	下营崇善寺	清	张山营镇下营村	第六批	2003年12月29日
94	南寨坡遗址	明	大榆树镇南寨坡	第六批	2003年12月29日
95	大营烽火台	明	康庄镇大营村	第六批	2003年12月29日
96	和平街火神庙	清	永宁镇和平街	第六批	2003年12月29日
97	永宁南关龙王庙	清	永宁镇南关	第六批	2003年12月29日
98	西五里营关帝庙	清	张山营镇西五里营	第七批	2010年7月1日
99	岔道戏楼	清	八达岭镇岔道村	第七批	2010年7月1日
100	岔道关帝庙	清	八达岭镇岔道村	第七批	2010年7月1日
101	朝阳寺石佛	明	张山营镇西阳坊村	第七批	2010年7月1日
102	中羊坊龙王庙	清	张山营镇中羊坊村	第七批	2010年7月1日
103	中羊坊关帝庙	清	张山营镇中羊坊村	第七批	2010年7月1日
104	寺沟摩崖造像	不详	张山营镇张山营村北	第七批	2010年7月1日
105	岔道城隍庙	清	八达岭镇岔道村	第七批	2010年7月1日
106	香村营土地庙	清	沈家营镇香村营村	第七批	2010年7月1日
107	四司青龙潭	不详	永宁镇四司村	第七批	2010年7月1日
108	黄龙潭	不详	永宁镇上磨村	第七批	2010年7月1日
109	和平街三义庙	清	永宁镇和平街	第七批	2010年7月1日
110	延庆基督教堂	清	延庆镇解放街	第七批	2010年7月1日
111	丁香谷观音摩崖石刻	元	八达岭林场	第七批	2010年7月1日
112	丁香谷三世佛摩崖石刻	元	八达岭林场	第七批	2010年7月1日
113	佛峪口释迦牟尼佛摩崖造像	不祥	张山营镇佛峪口村	第七批	2010年7月1日
114	东门营泰山庙	清	张山营镇东门营村	第七批	2010年7月1日
115	东门营关帝庙	清	张山营镇东门营村	第七批	2010年7月1日
116	西五里营三义庙	清	张山营镇西五里营	第七批	2010年7月1日

（栏目编辑：池尚明）

索　引

说　明

本索引采取主题索引法编纂，主题以《北京延庆年鉴　2020》正文中出现的专业名词和词组为主。正文条目之外的《区情综述》《特载》《专文》《大事记》《国民经济和社会发展主要统计指标》《2019 年组织机构负责人》《附录》等栏目的内容不在索引范围之内。

本索引按汉语拼音音序、以词组首字拼音的第一个字母为序顺延排列。以阿拉伯数字为首的主题词，排在最前面。索引词条后面括号中的阿拉伯数字表示内容所在页码，a 和 b 分别表示正文中的栏别：左栏为 a，右栏为 b。

0－9

A

H

K

L

M

N

T

W

X